suhrkamp taschenbuch
wissenschaft 1647

John Dewey (1859-1952), der schon zu Lebzeiten als »der Philosoph« Amerikas galt und den Richard Rorty zu den »bedeutendsten Philosophen des 20. Jahrhunderts« zählt, erfährt als einer der Hauptvertreter des Pragmatismus in den letzten Jahren große Resonanz, die weit über die engen Fachkreise der Philosophie hinausreicht. In diese Sammlung wichtiger Aufsätze sind neben einem autobiographischen Essay Texte zur Geschichte der Philosophie (Platon, Darwin, Peirce, James), zum Verhältnis von Philosophie und Wahrheit sowie zu den Themen Logik, Wert und Erkenntnis aufgenommen. Die große Abhandlung »Ein allgemeiner Glaube« enthält in nuce Deweys ›Religionsphilosophie‹. Der Band bietet einen Überblick über zentrale Themen und Thesen der Philosophie Deweys und kann hervorragend als Einführung in sein Denken dienen.

John Dewey war Professor für Philosophie an der Columbia University in New York. Im Suhrkamp Verlag sind erschienen: *Kunst als Erfahrung* (stw 703), *Erfahrung und Natur* (1994), *Die Suche nach Gewißheit* (stw 1527), *Logik. Die Theorie der Forschung* (2002) und zuletzt *Philosophie und Zivilisation* (stw 1674).

John Dewey

Erfahrung, Erkenntnis und Wert

Herausgegeben und übersetzt von Martin Suhr

Suhrkamp

Sämtliche Texte sind erschienen in:
The Collected Works of John Dewey,
Southern Illinois University Press, Carbondale, Illinois

Bibliografische Information der Deutschen Nationalbibliothek
Die Deutsche Nationalbibliothek verzeichnet diese Publikation in der Deutschen Nationalbibliografie; detaillierte bibliografische Daten sind im Internet über http://dnb.d-nb.de abrufbar.

2. Auflage 2021

Erste Auflage 2004
suhrkamp taschenbuch wissenschaft 1647

Satz: TypoForum GmbH, Seelbach
Druck und Bindung: C. H. Beck, Nördlingen
Printed in Germany
Umschlag nach Entwürfen von
Willy Fleckhaus und Rolf Staudt
ISBN 978-3-518-29247-1

Inhalt

Editorische Notiz

Als Dewey im Jahr 1930 in dem Aufsatz »Vom Absolutismus zum Experimentalismus« (Abhandlung 1 des vorliegenden Bandes) eine Darstellung seiner geistigen Entwicklung gab, war er gerade siebzig Jahre alt geworden. Die Feier zu seinem Geburtstag war ein öffentliches Ereignis, Dewey stand unbestritten auf dem Höhepunkt seiner Geltung als »der Philosoph« Amerikas. Seine Schaffenskraft war ungebrochen, wie man an der Vielzahl seiner Veröffentlichungen in dem folgenden Jahrzehnt ermessen kann – in der Gesamtausgabe umfassen sie neun Bände mit jeweils mehr als 500 Seiten. Knapp zehn Jahre später, kurz vor seinem achtzigsten Geburtstag, erschien sein umfangreiches Buch *Logik. Die Theorie der Forschung*, das er als Abschluss seiner mehr als vier Jahrzehnte währenden Bemühungen um eine Naturgeschichte der Erkenntnis ansah. Der erste Band der von Paul Schilpp herausgegebenen Reihe *Living Philosophers*, der ein Jahr darauf, 1939, erschien und John Dewey gewidmet war, war ein Tribut an Deweys führende Rolle auf dem Schauplatz des amerikanischen Geisteslebens – und ist ein Beweis für Deweys unerschöpfliche, geradezu wunderbar anmutende Energie. In diesem Band antwortete Dewey ausführlich – und gelegentlich etwas gereizt – auf seine Kritiker (Abhandlung 12).

Die vorliegende Auswahl an Texten orientiert sich an diesen beiden Schriften Deweys. In seiner Autobiographie nennt Dewey – nach einer Schilderung der wichtigsten Phasen seiner Entwicklung, die ihn zunächst zu Hegel hinführten, bis er schließlich langsam von ihm »wegtrieb« – vier Themen, die für ihn von besonderer Bedeutung waren. Zunächst, bis etwa 1916, als *Demokratie und Erziehung* erschien, beschäftigte er sich vornehmlich mit der Theorie und Praxis der Erziehung. Das zweite wichtige Thema war die sich ständig vergrößernde Kluft zwischen den sich rasant entwickelnden Naturwissenschaften und der Theorie der Moral. Als dritten Punkt nennt er den starken Einfluss, den William James auf ihn ausübte. Der vierte Punkt betrifft die Wichtigkeit »der Kategorie des Sozialen« und insbesondere die Kategorien der Teilhabe und der Kommunikation.

Die vorliegende Auswahl versucht, diese Selbstdarstellung Deweys zu belegen. Zunächst: Was die historischen Einflüsse auf Dewey angeht, so war William James zwar vielleicht der wichtigste, aber bei weitem nicht der einzige Autor, der ihn tief beeindruckt hat. Wie Dewey betont, waren Platon (Abhandlung 3) und Hegel immer seine Lieblingsautoren; und was den Einfluss von James anbelangt, so ist James (Abhandlung 4) seinerseits ohne den Einfluss einerseits von Darwin (Abhandlung 2) und andererseits von Peirce (Abhandlung 5) nicht zu denken.

Was an der James'schen Psychologie war es, das Dewey so tief beeindruckte? Dewey nennt hier die biologische Auffassung von der *Psyche*, zu der James unter dem Einfluss von Darwins Evolutionstheorie zurückgekehrt sei, das heißt zu der Leib-Seele-Einheit, wie sie sich schon in der aristotelischen Auffassung von der Seele als Form des Körpers fand.[1] Auf dieser Basis entwickelt Dewey seine philosophische Position, die er »Instrumentalismus« nannte. Die Interaktion von Organismus und Umwelt tritt an die Stelle der Subjekt-Objekt-Spaltung, die die europäische Philosophie seit der Zeit Descartes' heimgesucht hatte – gleichsam das biologische Gegenstück zu Heideggers »In-der-Welt-Sein«. »Die These der Essays ist, dass Denken ein Instrument zur Beherrschung der Umwelt ist, und dass diese Beherrschung durch Akte bewirkt wird, die ohne die frühere Auflösung einer komplexen Situation in gesicherte Elemente und ohne begleitenden Entwurf von Möglichkeiten – das heißt ohne Denken – nicht unternommen würden.« (Abhandlung 6, S. 113) Dieser Standpunkt ist so neu nicht; schon Schopenhauer spricht von der Erkenntnis als einem »auf dieser Stufe der Objektivation des Willens [das heißt auf der Stufe der höheren Lebewesen] erfordertes Hilfsmittel, μηχανή, zur Erhaltung des Individuums und Fortpflanzung des Geschlechts ... mit diesem Hilfsmittel, μηχανή, steht nun mit einem Schlag die Welt als Vorstellung da mit allen ihren Formen«.[2] Nur kann Dewey seinen Instrumentalismus in viel stärkerem Ausmaß auf einerseits die neuzeitliche, darwinistische Biologie, andererseits auf die Zeichentheorie von Peirce stützen. Auf diese Weise versucht er, sowohl dem Idealismus wie dem Realismus zu entgehen. Welche Veränderungen sich daraus, speziell für die Logik, aber auch für die Philosophie ganz allgemein, ergeben, zeigt Dewey in der 1916 neu verfassten Einleitung zu den *Essays in Experimental Logic* von 1903 (Abhandlung 6) sowie in der programmatischen

1 Aristoteles, *De anima*, Buch II, Kap. 1.

2 A. Schopenhauer, *Die Welt als Wille und Vorstellung*, Buch II, § 27.

Schrift über die Selbsterneuerung der Philosophie (Abhandlung 7).[3] Eine Darstellung seiner Auffassung von Philosophie, die vor allem die Verbindung von Philosophie und Sozialwissenschaften betont (man vergleiche den vierten von Dewey genannten Punkt), gibt ein Vortrag, den Dewey im Jahre 1930 hielt (Abhandlung 8).

Die letzte Gruppe von Schriften ist dem zweiten wichtigen Punkt in Deweys Aufzählung gewidmet, der Überwindung der Kluft zwischen der Denkweise der Naturwissenschaft und der Moral. Die Debatte um Werte, die in Deutschland schon mit Lotze eingesetzt hatte und später durch Nietzsche erneuert wurde, ist in Amerika zuerst von Hugo Münsterberg, einem Anhänger Rickerts und Windelbands, bekannt gemacht worden. Später waren es vor allem die Emigranten aus dem Wiener Kreis um Otto Neurath, die an der Überwindung des Konflikts zwischen Natur- und Sozialwissenschaften interessiert waren.[4] Neurath überredete Dewey, einen Band zu der *Enzyklopädie der Einheitswissenschaft* beizutragen. Deweys *Theorie der Wertschätzung* (Abhandlung 11) erschien 1939 als 4. Stück in Band II der *Encyclopedia of Unified Science.* In welchem Ausmaß dieses Thema Dewey beschäftigte, lässt sich an zwei weiteren Schriften aus dem Bereich der Theorie der Werte zeigen: an Deweys Wahrheitstheorie (Abhandlung 9) sowie an seiner in *Ein allgemeiner Glaube* (Abhandlung 10) entfalteten ›Religionsphilosophie‹, die die Summe aus der »persönlichen Krise« zieht, von der er in seiner Autobiographie (Abhandlung 1) spricht.

Auch wenn die hier versammelten Texte natürlich nur einen geringen Ausschnitt aus dem reichhaltigen Material bieten können, mit dem man Deweys vier Hauptinteressen belegen könnte, vermitteln sie doch einen repräsentativen Eindruck von der theoretischen Tendenz und der praktischen Relevanz der Philosophie Deweys.

Martin Suhr

3 Horkheimer hat diesen Essay einer heftigen, aber sicherlich unangemessenen Kritik unterzogen, siehe M. Horkheimer, *Kritik der instrumentellen Vernunft*, Frankfurt/M. 1967, S. 48 ff.).

4 Vgl. dazu: *Einheitswissenschaft* (hg. von J. Schulte und Brian McGuinness), Frankfurt/M. 1992.

I. Autobiographisches

1. Vom Absolutismus zum Experimentalismus

In den späten siebziger Jahren,[1] als ich mit dem Studium begann, waren in den kleineren Colleges in Neu-England Wahlkurse noch unbekannt. Aber in dem College, welches ich besuchte, der Universität von Vermont, bestand noch die Tradition eines speziellen Kurses für den Abschlussjahrgang. Dieser Kurs galt als eine Art intellektuelle Krönung des in früheren Jahren errichteten Baues oder zumindest als Schlussstein in dem Gewölbe. Er umfasste Kurse in politischer Ökonomie, internationalem Recht, Geschichte der Zivilisation (Guizot), Psychologie, Ethik, Philosophie der Religion (Butlers *Analogie*), Logik usf., nicht Geschichte der Philosophie, außer nebenbei. Die Aufzählung dieser Titel erfüllt vielleicht nicht den Zweck, dem sie dienen soll; aber dahinter steckte der Grundgedanke, dass dieses letzte Jahr nach drei Jahren etwas spezialisierten Studiums in Sprachen und Wissenschaften einer Einführung in ernsthafte geistige Themen von umfassender und tiefer Bedeutung vorbehalten sein sollte – einer Einführung in die Welt der Ideen. Ich bezweifle, dass es in vielen Fällen sein geplantes Ziel erreicht hat; meinen eigenen Neigungen freilich kam es entgegen, und ich bin für dieses Jahr meiner Schulzeit immer dankbar gewesen. Im Jahr davor bestand allerdings schon ein Kursus, der einen, wie man vielleicht im Rückblick sagen könnte, Vorgeschmack auf die Philosophie vermittelte. Es handelte sich dabei um einen ziemlich kurzen Kurs in Physiologie, ohne Arbeit im Laboratorium, dem ein Buch von Huxley als Textgrundlage diente. Es ist schwierig, mit Genauigkeit darüber zu sprechen, welche intellektuellen Veränderungen ich vor so vielen Jahren durchmachte, aber ich habe den Eindruck, dass sich von jenem Studium ein Gefühl der wechselseitigen Abhängigkeit und inneren Einheit herleitete, das bis dahin unfertigen intellektuellen Regungen eine Form gab, und eine Art Typ oder Modell einer Ansicht von Dingen schuf, dem das Material in jedem Bereich entsprechen sollte. Zumindest unbewusst war in mir der Wunsch nach einer Welt und einem Leben mit denselben Eigenschaften geweckt worden, wie sie ein menschlicher Organismus in dem Bild besaß, das sich aus dem Studium von Huxleys Abhandlung herleitete. Auf

1 [A. d. Ü.: des 19. Jahrhunderts]

alle Fälle vermittelte mir dieses Studium mehr Anregungen als alles andere, mit dem ich vorher in Berührung gekommen war; und da ich keinerlei Bedürfnis empfand, diese spezielle Disziplin weiterzuverfolgen, datiere ich das Erwachen eines deutlichen philosophischen Interesses auf jenen Zeitpunkt.

Die Universität von Vermont rühmte sich ihrer philosophischen Tradition. Einer ihrer frühesten Lehrer, Dr. Marsh, war beinahe der erste Mensch in den Vereinigten Staaten, der sich auf die spekulativen und zweifelhaft orthodoxen Meere des deutschen Denkens hinauswagte – die von Kant, Schelling und Hegel. Allerdings wurde das Abenteuer weitgehend auf dem Weg über Coleridge unternommen; Marsh gab eine amerikanische Ausgabe von Coleridges *Aids to Reflection* heraus. Selbst dieser Grad an spekulativer Generalisierung, in seiner etwas offensichtlichen Tendenz, das System der theologischen Lehren des Christentums zu rationalisieren, verursachte schon einen Wirbelsturm in ekklesiastischen Taubenschlägen. Insbesondere tobte der Kampf zwischen den germanisierenden Rationalisierern und den orthodoxen Repräsentanten der Schottischen Denkschule in Gestalt ihrer Vertreter in Princeton. Obgleich es sehr lange her ist, dass ich mit diesen Dingen Kontakt hatte, kann ich mir vorstellen, dass diese Kontroverse immer noch Stoff für einen Abschnitt, wenn nicht gar für ein ganzes Kapitel in der Geschichte des Denkens in den Vereinigten Staaten bietet.

Obgleich die Universität ihren Stolz auf ihre Pionierarbeit beibehielt und ihre Atmosphäre für die damalige Zeit in theologischer Hinsicht »liberal« war – vom Typus der Kongregationalisten –, war der Philosophieunterricht doch im Ton zurückhaltender geworden, stärker beeinflusst von der immer noch herrschenden Schottischen Schule. Der zuständige Professor, H. A. P. Torrey, war ein wahrhaft sensibler und kultivierter Geist, von ausgeprägtem ästhetischen Interesse und Geschmack, der in einer kongenialeren Atmosphäre als der des damaligen nördlichen Neu-England Bedeutendes hätte erreichen können. Er war freilich schüchtern veranlagt und ließ seinem Denken niemals wirklich freien Lauf. Ich erinnere mich, dass er in einer Unterredung, die ich ein paar Jahr nach meinem Examen mit ihm hatte, sagte: »Zweifellos ist der Pantheismus intellektuell die befriedigendste Form der Metaphysik, aber er verstößt gegen den religiösen Glauben.« Ich denke, dass diese Bemerkung von einem inneren Konflikt zeugte, der seine angeborenen Fähigkeiten hinderte, zur vollen Reife zu gelangen. Sein Interesse an Philosophie war freilich echt, nicht oberflächlich; er war ein ausgezeichneter Lehrer, und ich stehe in einer doppelten Schuld bei ihm, erstens, weil er meine Gedanken endgültig auf die Philosophie als Lebensaufgabe gelenkt hat, und zweitens für das großzügige Opfer an Zeit, das er mir gebracht hat, als ich ein Jahr lang privat unter seiner Leitung Klassiker in der Geschichte der Philosophie las und lernte, philosophisches Deutsch zu lesen. Bei unseren Spaziergängen und Gesprächen während dieses Jahres, nach drei Jahren, die ich selber schon als Lehrer an der Hochschule hinter mir hatte, ließ er seinem Denken viel freieren Lauf als beim Unterricht und zeigte Fähigkeiten, die ihn zu einem der führenden Köpfe in der Entwicklung einer freieren amerikanischen Philosophie hätten machen können – aber die Zeit dafür war noch nicht gekommen.

Zu jener Zeit waren Philosophielehrer fast ausnahmslos Geistliche; in den meisten Colleges wurde der Philosophieunterricht von den angeblichen Erfordernissen der Religion oder Theologie bestimmt. Wie und warum gerade die Schottische Philosophie den Anforderungen der Religion so gut entsprach, kann ich nicht sagen; wahrscheinlich waren die Ursachen eher äußerer als innerer Art; aber auf alle Fälle bestand eine feste Allianz zwischen Religion und der Sache der »Intuition«. Es ist heute wahrscheinlich unmöglich, die beinahe sakrosankte Aura zu beschwören, die die Idee der Intuitionen umgab; aber irgendwie stand die Sache aller heiligen und wertvollen Dinge in dem Ruf, mit der Gültigkeit des Intuitionismus zu stehen und zu fallen. Der einzige wirklich lebendige Konflikt bestand zwischen dem Intuitionismus und einem sensualistischen Empirismus, der die Realität aller höheren Objekte wegerklärte. Die Geschichte dieser einstmals so dringlichen und heute beinahe vergessenen Debatte hat wahrscheinlich zur Entwicklung einer gewissen Skepsis gegenüber der Tiefe und Reichweite rein zeitgenössischer Streitfragen bei mir beigetragen; höchstwahrscheinlich werden viele der Fragen, die jetzt äußerst wichtig erscheinen, in einer Generation ebenfalls auf den Status des Lokalen und Provinziellen zusammengeschrumpft sein. Im Übrigen trug sie dazu bei, bei mir ein Gefühl für den Wert der Geschichte der Philosophie zu entwickeln. Der Anspruch, sie sei der einzige Zugang zum Studium philosophischer Probleme, scheint mir zwar in die Irre zu führen und regelrecht schädlich. Aber der Wert, den sie hat, um uns im Hinblick auf unmittelbare zeitgenössische Streitfragen eine Perspektive und ein Gefühl für Proportionen zu geben, kann kaum überschätzt werden.

Ich erwähne diese theologische und intuitionistische Phase nicht deshalb, weil sie einen dauerhaften Einfluss auf meine eigene Entwicklung gehabt hätte, außer negativ. Ich erlernte die Terminologie einer intuitionistischen Philosophie, aber sie ging nicht tief und genügte in keiner Weise dem, wonach ich undeutlich suchte. Ich war in einer konventionell evangelischen Atmosphäre der eher »liberalen« Art aufgewachsen; und die Kämpfe, die sich später zwischen der Annahme dieses Glaubens und der Verwerfung traditioneller und institutioneller Bekenntnisse erhoben, entstammten persönlichen Erfahrungen und nicht den Wirkungen philosophischer Belehrung. Mit anderen Worten, in dieser Hinsicht hat mich Philosophie weder angesprochen noch beeinflusst – obgleich ich nicht sicher bin, ob nicht umgekehrt Butlers *Analogie* mit ihrer kalten Logik und scharfsinnigen Analyse zu der Entwicklung meines »Skeptizismus« beigetragen hat.

Während des oben erwähnten Jahres privater Studien entschloss ich mich, Philosophie zu meiner Lebensaufgabe zu machen, und ging deshalb im nächsten Jahr (1884) an die Johns Hopkins Universität, um mit der damals ganz neuen Einrichtung, der Arbeit als Graduierter, zu beginnen. Dieser Schritt war etwas riskant; die dort angebotene Tätigkeit war beinahe der einzige Hinweis, dass es im Bereich der Philosophie wahrscheinlich auch für Nicht-Geistliche auskömmliche Berufe gab. Abgesehen von der Wirkung meines Studiums bei Professor Torrey bewog mich ein anderer Einfluss, das Risiko einzugehen. Während der Jahre nach der Graduierung hatte ich die philosophische Lektüre fortgesetzt und sogar einige Artikel geschrieben, die ich Dr. W. T. Harris, dem bekannten Hegelianer und Herausgeber des *Journal of Speculative Philosophy*, der damals einzigen philosophischen Zeitschrift im Land, sandte, da er und seine Gruppe beinahe die einzige Organisation von Laien bildete, die sich aus nicht-theologischen Gründen der Philosophie widmeten. Bei der Übersendung eines Artikels fragte ich Dr. Harris hinsichtlich der Möglichkeit um Rat, meine philosophischen Studien erfolgreich fortzusetzen. Seine Antwort war so ermutigend, dass sie entscheidend zu meinem Entschluss beigetragen hat, Philosophie als Berufslaufbahn zu versuchen.

Die übersandten Artikel waren, soweit ich mich erinnere, in

hohem Maße schematisch und formal; sie waren in die Sprache des Intuitionismus gezwängt; von Hegel hatte ich damals keine Kenntnis. Meine tieferen Interessen waren bislang noch nicht befriedigt worden, und mangels eines entsprechenden Stoffs waren die einzigen mir zur Verfügung stehenden Gegenstände solche, die einer lediglich formalen Behandlung zugänglich waren. Ich glaube, dass meine Entwicklung weitgehend von einem Kampf zwischen einer angeborenen Neigung zum Schematischen und Formallogischen und jenen Ereignissen persönlicher Erfahrung bestimmt worden ist, die mich zwangen, mich auf konkrete Fragen einzulassen. Wahrscheinlich besteht in den bewusst artikulierten Ideen jedes Denkers ein Übergewicht genau der Dinge, die seinen natürlichen Tendenzen widersprechen, eine Betonung der Dinge, die seiner innersten Neigung zuwiderlaufen und die er deshalb nur schwer zum Ausdruck bringen kann, während andrerseits die angeborene Neigung für sich selbst sorgen kann. Auf jeden Fall lassen sich gute Gründe für die Behauptung anführen, dass die Betonung des Konkreten, Empirischen und »Praktischen« in meinen späteren Schriften zum Teil auf Erwägungen dieser Art beruht. Sie war eine Reaktion gegen das, was mir natürlicher war, und diente als Protest und Schutz gegen etwas in mir, das ich unter dem Druck des Gewichtes wirklicher Erfahrungen als Schwäche erkannte. Mittlerweile ist die Erkenntnis wohl zum Allgemeingut geworden, dass die scheinbar gegen andere gerichteten Bemerkungen eines ungebührlich streitlustigen Menschen sich in Wirklichkeit auf einen Kampf in seinem Innern beziehen. Die Zeichen, die Stigmata, der Bemühung, die Charakteristika eines formalen, theoretischen Interesses und das Material einer reifenden Erfahrung des Kontaktes mit den Realitäten zu verschmelzen, zeigten sich natürlich auch im Schreibstil und der Darstellungsweise. Während der Zeit, als das Interesse an Schematisierung bei mir vorherrschte, fiel mir das Schreiben verhältnismäßig leicht; ich erhielt sogar Komplimente wegen der Klarheit meines Stils. Aber von jenem Zeitpunkt an wurden Denken und Schreiben zu einer harten Arbeit. Es ist leicht, der dialektischen Entwicklung eines Themas freien Lauf zu lassen; der Druck der konkreten Erfahrungen wog freilich schwer genug, so dass das Gefühl intellektueller Aufrichtigkeit mich daran hinderte, diesen Weg weiterzugehen. Aber auf der anderen Seite bestand das formale Interesse weiter fort, so dass ich ein innerliches Verlangen nach einer intellektuellen Technik spürte, die konsistent und gleichwohl geeignet war, sich flexibel an die konkrete Vielfalt der erlebten Dinge anzupassen. Es ist kaum nötig zu betonen, dass mir die Vereinigung der Fähigkeiten, diesen beiden entgegengesetzten Anforderungen, der formalen und der materialen, zu genügen, nicht leicht gefallen ist. Genau aus diesem Grund ist mir eine Tendenz anderer Denker und Schriftsteller deutlich, ja zweifellos nur allzu deutlich, eine scheinbare Klarheit und Einfachheit dadurch zu erreichen, dass sie Erwägungen, die ihnen ein größerer Respekt vor dem konkreten Material in der Erfahrung aufgezwungen hätte, schlicht ignorieren.

Es ist hinlänglich bekannt, dass die Eröffnung der Johns Hopkins-Universität eine neue Epoche in der höheren Erziehung in den USA bezeichnete. Wahrscheinlich sind wir bislang noch nicht in der Lage abzuschätzen, in welchem Ausmaß ihre Gründung und die Entwicklung von Graduierten-Schulen in anderen Universitäten, die ihrem Beispiel folgten, eine Wende in unserer amerikanischen Kultur bezeichnen. Die achtziger und neunziger Jahre scheinen den endgültigen Abschluss unserer Pionierperiode und die Wende von der Bürgerkriegsära zu dem neuen Zeitalter der Industrie und des Handels zu bezeichnen. Zumindest in der Philosophie beruhte der Einfluss der Johns Hopkins-Universität nicht auf dem Umfang der getroffenen Maßnahmen. Es gab ein halbes Jahr Vorlesungs- und Seminarbetrieb unter der Leitung von Professor George Sylvester Morris von der Universität Michigan; [bezeichnend für ihn waren] der Glaube an die »demonstrierte« (eins seiner Lieblingswörter) Wahrheit der Substanz des deutschen Idealismus und die »demonstrierte« Wahrheit des Glaubens an dessen Eignung, einem Leben des strebenden Denkens, Fühlens und Handelns die Richtung zu weisen. Ich habe niemals einen redlicheren und hochherzigeren Menschen kennen gelernt – einen Mann ganz aus einem Guss; obwohl ich mich seitdem weit von seinem philosophischen Glauben entfernt habe, würde ich nur allzu gern glauben, dass der Einfluss, den der Geist seiner Lehre auf mich ausgeübt hat, von Dauer war.

Obgleich es unmöglich war, dass die enthusiastische und gelehrte Hingabe von Morris einen jungen und beeindruckbaren Studenten, dem kein Gedankensystem bekannt war, das seinen Kopf ebenso wie sein Herz befriedigte, nicht tief, bis hin zu einer zumindest zeitweiligen Konversion beeindruckt hätte war diese Wirkung bei weitem nicht die einzige Quelle meines »Hegelianismus«. Die achtziger und neunziger Jahre waren eine Zeit der Gärung im englischen Denken; die Reaktion gegen den atomistischen Individualismus und den sensualistischen Empirismus war in vollem Gange. Es war die Zeit von Thomas Hill Green, der beiden Cairds, Wallace sowie des Erscheinens der *Essays in Philosophical Criticism*, einer Gemeinschaftsarbeit von einer jüngeren Gruppe unter Leitung des verstorbenen Lord Haldane. Diese Bewegung war zu der damaligen Zeit die einzige vitale und konstruktive Bewegung in der Philosophie. Sie harmonierte ganz natürlich mit der Philosophie von Morris und verstärkte sie. Es gab nur einen merklichen Unterschied, und dieser sprach, wie ich glaube, für Morris. Morris kam zu Kant über Hegel statt zu Hegel über Kant, so dass seine Haltung zu Kant die kritische Einstellung war, die Hegel zum Ausdruck brachte. Außerdem behielt er etwas von seiner früheren Ausbildung in der schottischen Philosophie des *Common-Sense*-Glaubens an die Existenz einer Außenwelt bei. Er machte sich über alle lustig, die glaubten, die Philosophie müsse die *Existenz* dieser Welt und der Materie beweisen. Für ihn war die einzig philosophische Frage die Frage nach der *Bedeutung* dieser Existenz; sein Idealismus war gänzlich vom objektiven Typus. Wie sein Zeitgenosse, Professor John Watson aus Kingston, verband er eine logische und idealistische Metaphysik mit einer realistischen Erkenntnistheorie. Mit seinem Lehrer in Berlin, Trendelenburg, teilte er eine große Verehrung für Aristoteles und hatte keine Schwierigkeit, Aristotelismus mit Hegelianismus zu verbinden.

Es gab freilich auch »subjektive« Gründe für den Reiz, den Hegels Denken auf mich ausübte; es befriedigte ein Verlangen nach Einheit, das zweifellos eine intensive emotionale Sehnsucht und gleichwohl ein Hunger war, den nur intellektuelles Material befriedigen konnte. Es ist mehr als schwierig, es ist unmöglich, jene frühere Stimmung wiederaufleben zu lassen. Aber das Gefühl von Teilungen und Trennungen, die ich, wie ich glaube, als Folge eines Erbes der Kultur Neu-Englands nur allzu deutlich empfand, Trennungen in Gestalt der Isolierung des Ich von der Welt, der Seele vom Körper, der Natur von Gott, führte zu einer schmerzhaften Unterdrückung – oder vielmehr, sie waren eine innere Verletzung. Mein früheres Philosophiestudium war eine intellektuelle Gymnastik gewesen. Dagegen war Hegels Synthesis von Subjekt und Objekt, von Materie und Geist, des Göttlichen und des Menschlichen keine lediglich intellektuelle Formel; sie bewirkte eine unendliche Erleichterung, eine Befreiung. Hegels Behandlung der menschlichen Kultur, der Institutionen und Künste beinhaltete dieselbe Auflösung fest gefügter Trennwände und übte einen besonderen Reiz auf mich aus.

Obgleich der Konflikt traditioneller religiöser Überzeugungen mit Meinungen, die ich selbst aufrichtig vertreten konnte, wie schon angedeutet, die Quelle einer quälenden persönlichen Krise war, stellte er zu keiner Zeit ein beherrschendes philosophisches Problem für mich dar. Das könnte so aussehen, als ob diese beiden Dinge auseinandergehalten wurden; in Wirklichkeit beruhte es auf dem Gefühl, dass jede wirkliche religiöse Erfahrung sich an alle Überzeugungen anpassen kann und soll, für die man gute intellektuelle Gründe hat – zunächst ein halb unbewusstes Gefühl, das aber in den folgenden Jahre zu einer fundamentalen Überzeugung geworden ist. Infolgedessen sah ich mich außerstande, der Religion als philosophischem Problem allzu viel Bedeutung beizumessen – obgleich ich, wie ich hoffe, einen gebührenden Grad an persönlicher Sympathie mit Menschen habe, die die Wehen einer persönlichen Einstellungsänderung durchmachen; denn die Wirkung dieser Bindung scheint am Ende doch nur darin zu bestehen, aufrichtiges philosophisches Denken zu den angeblichen, aber künstlichen Zwängen irgendeines bestimmten Systems von Überzeugungen zu verführen. Ich habe genug Vertrauen in die Tiefe religiöser Neigungen von Menschen, um zu glauben, dass sie sich jeder erforderlichen intellektuellen Veränderung anpassen und dass es vergeblich (und sehr wahrscheinlich unaufrichtig) ist, vorschnell eine Voraussage zu machen, welche Formen das religiöse Interesse infolge der großen intellektuellen Transformation, die jetzt gerade stattfindet, annehmen wird. Da mir oft ein ungebührliches Schweigen über die Probleme der Religion vorgeworfen worden ist, füge ich diese Erklärung ein: Mir scheint, die große Beunruhigung, die viele Personen, die ihren Glauben an die Universalität des Bedürfnisses nach Religion verkünden, über die Gegenwart und Zukunft der Religion empfinden, beweist, dass sie in Wirklichkeit eher durch ein parteiisches Interesse an einer bestimmten Religion als durch das Interesse an religiöser Erfahrung motiviert werden.

Diese Bemerkungen werden freilich hauptsächlich deshalb an dieser Stelle eingefügt, um einen Kontrast zu verdeutlichen. Soziale Interessen und Probleme besaßen für mich von jeher einen intellektuellen Reiz und boten mir den intellektuellen Rückhalt, den viele andere primär in religiösen Fragen gefunden zu haben scheinen. In meiner Studentenzeit war ich in der College-Bibliothek auf Harriet Martineaus Darstellung Comtes gestoßen. Ich kann mich nicht erinnern, dass sein »Drei-Stadien-Gesetz« mich besonders beeindruckt hat; aber seine Auffassung vom desorganisierten Charakter der modernen westlichen Kultur, die auf einem desintegrativen »Individualismus« beruht, sowie seine Idee einer Synthesis der Wissenschaft, die eine regulative Methode für ein organisiertes soziales Leben sein sollte, beeindruckten mich tief. Es schien mir, dass ich dieselbe Kritik, nur mit einer tieferen und weiterreichenden Integration verbunden, bei Hegel fand. In den Tagen, als ich Francis Bacon las, entdeckte ich noch nicht den Ursprung der Comte'schen Idee bei ihm, und ich hatte noch nicht die Bekanntschaft Condorcets gemacht, dem verknüpfenden Glied zwischen ihnen.

In den folgenden fünfzehn Jahren trieb ich vom Hegelianismus fort; das Wort »treiben« drückt den langsamen und lange Zeit unmerklichen Charakter der Bewegung aus, obwohl es nicht den Eindruck vermittelt, dass es einen angemessenen Grund für die Veränderung gab. Nichtsdestoweniger würde ich nicht im Traum daran denken zu verkennen, geschweige denn zu bestreiten, worauf scharfsinnige Kritiker dann und wann als neueste Entdeckung verweisen – dass die Bekanntschaft mit Hegel einen dauernden Eindruck in meinem Denken hinterlassen hat. Die Form, der Schematismus seines Systems erscheint mir jetzt höchst künstlich; aber im Inhalt seiner Ideen liegt oft eine außergewöhnliche Tiefe und in vielen seiner Analysen, wenn sie nur aus ihrem mechanischen dialektischen Rahmen herausgelöst werden, ein außergewöhnlicher Scharfsinn. Könnte ich überhaupt Anhänger irgendeines Systems sein, würde ich immer noch glauben, dass es bei Hegel einen größeren Reichtum und eine größere Vielfalt an Einsicht gibt als bei jedem anderen systematischen Philosophen – obwohl ich, wenn ich dies sage, Platon ausnehme, der immer noch meine philosophische Lieblingslektüre darstellt. Denn ich sehe mich außerstande, in ihm jenes allumfassende und überwältigende System zu finden, das ihm eine spätere Deutung unterstellt, ein, wie mir scheint, höchst zweifelhaftes Geschenk. Die antiken Skeptiker übertrieben einen anderen Aspekt des platonischen Denkens, als sie ihn als ihren geistigen Vater betrachteten, aber sie waren, wie ich glaube, näher an der Wahrheit als jene, die ihn in das Gefängnis einer streng systematisierten Lehre pressen.

Obgleich ich keineswegs die Aversion gegen ein System als solches habe, die mir manchmal nachgesagt wird, hege ich große Zweifel an meiner Fähigkeit, zu einer umfassenden und systematischen Einheit zu gelangen, und infolgedessen vielleicht auch an jener Fähigkeit bei meinen Zeitgenossen. Nichts könnte dem gegenwärtigen Philosophieren hilfreicher sein als eine Bewegung »Zurück zu Platon«; aber es müsste eine Bewegung zurück zu dem dramatischen, ruhelosen, kooperativ forschenden Platon der *Dialoge* sein, der eine Angriffsform nach der anderen ausprobiert, um zu sehen, wohin sie führen könnte; zurück zu dem Platon, dessen höchste Flüge der Metaphysik immer mit einer Hinwendung zum Sozialen und Praktischen endeten, und nicht zu dem künstlichen Platon, den phantasielose Kommentatoren konstruiert haben, die ihn als den Ur-Universitätsprofessor behandeln.

Den Rest der Geschichte meiner intellektuellen Entwicklung kann ich nicht erzählen, ohne mehr an Fälschungen vorzunehmen, als mir lieb ist. Was ich bislang berichtet habe, liegt so weit zurück, dass ich über mich wie über eine andere Person berichten kann; und vieles ist so blass geworden, dass einige wenige Punkte hervorstechen, ohne dass ich mir Mühe geben muss, sie in den Vordergrund zu rücken. Der Philosoph, wenn ich dieses Wort auf mich selbst anwenden darf, zu dem ich wurde, als ich mich vom deutschen Idealismus abwandte, ist viel zu sehr das Ich, das ich noch bin, und ist viel zu sehr im Prozess der Veränderung begriffen, als dass er sich festlegen ließe. Ich beneide bis zu einem gewissen Grad alle, die ihre intellektuelle Biographie in einer einheitlichen Form schreiben können, die aus wenigen deutlich unterscheidbaren Strängen des Interesses und des Einflusses gewoben ist. Im Gegensatz dazu scheine ich so unstabil zu sein wie ein Chamäleon und mich der Reihe nach vielen und sogar unvereinbaren Einflüssen auszusetzen; bemüht, aus ihnen allen etwas zu assimilieren, und trotzdem entschlossen, dieses dann so weiterzuentwickeln, dass es mit dem früher Gelernten übereinstimmt. Im Ganzen gesehen stammen die Kräfte, die mich beeinflusst haben, eher von Personen und Situationen als von Büchern – nicht, dass ich nicht, wie ich hoffe, eine Menge aus philosophischen Schriften gelernt habe, aber was ich aus ihnen gelernt habe, war im Vergleich zu dem, woran und worüber ich aufgrund irgendeiner Erfahrung, in die ich mich verwickelt fand, nachdenken musste, eher technischer Natur. Aus diesem Grunde kann ich ehrlicherweise nicht sagen, dass ich diejenigen, auf die ich hingewiesen habe, völlig oder über einen bestimmten Punkt hinaus beneide. Ich denke gerne, mag es auch eine Verteidigungsreaktion sein, dass der Weg, den ich gehen musste, zum Ausgleich für seine Unbequemlichkeit den Vorteil hat, das Denken nicht vor den Erfahrungen geschützt zu haben – was schließlich vielleicht selbst von einem Philosophen nicht als der Keim einer Krankheit betrachtet werden sollte, gegen den er Widerstandskräfte entwickeln muss.

Obwohl ich keine Rechenschaft über meine intellektuelle Entwicklung geben kann, ohne ihr den Anschein einer Kontinuität zu geben, die sie in Wirklichkeit nicht besitzt, gibt es doch vier besondere Punkte, die hervorzustechen scheinen. Einer ist die Wichtigkeit, die die Praxis und die Theorie der Erziehung für mich gehabt haben: besonders die Erziehung der Jüngeren, denn ich bin niemals imstande gewesen, viel Optimismus hinsichtlich der Möglichkeiten »höherer« Erziehung zu empfinden, wenn sie auf deformierten und schwachen Fundamenten steht. Dieses Interesse verband Interessen zu einer Einheit, die sonst getrennt geblieben wären – das an Psychologie und das an sozialen Institutionen und dem gesellschaftlichen Leben. Ich kann mich nur an einen einzigen Kritiker erinnern, der angedeutet hat, mein Denken sei allzu sehr von dem Interesse an Erziehung durchdrungen. Obgleich viele Jahre lang ein Buch mit dem Titel *Demokratie und Erziehung* dasjenige war, in dem meine Philosophie, wie sie ist, am vollständigsten dargelegt war, ist mir nicht erinnerlich, dass, im Unterschied zu Lehrern, philosophische Kritiker jemals darauf Bezug genommen hätten. Ich habe mich oft gefragt, ob solche Tatsachen bedeuten, dass Philosophen, die doch selbst gewöhnlich Lehrer sind, Erziehung im Allgemeinen so wenig ernst genommen haben, dass ihnen gar nicht in den Sinn gekommen ist, ein vernünftiger Mensch könnte es wirklich für möglich halten, Philosophieren solle sich auf die Erziehung als das höchste menschliche Interesse konzentrieren, ein Interesse, in dem sich darüber hinaus noch andere, kosmologische, moralische, logische, Probleme zuspitzen. Auf alle Fälle sei mir dieser Hinweis an alle zukünftigen Kritiker gestattet, die davon vielleicht Gebrauch machen wollen.

Ein zweiter Punkt ist folgender: Je weiter mein Studium und mein Denken voranschritten, desto mehr beunruhigte mich der intellektuelle Skandal, den der geläufige (und traditionelle) Dualismus von »Wissenschaft« und »Moral« darstellt, sowohl was den logischen Standpunkt wie ihre Methoden betrifft. Ich habe seit langem das Gefühl, dass die Konstruktion einer Logik, das heißt einer Methode effektiver Forschung, die ohne abrupten Bruch der Kontinuität auf beide Gebiete angewendet werden könnte, die mit diesen Namen bezeichnet werden, ein dringend notwendiges theoretisches Zersetzungsmittel sowie die Erfüllung unserer größten praktischen Bedürfnisse ist. Diese Überzeugung hatte viel mehr mit der Entwicklung des »Instrumentalismus« zu tun, wie ich ihn in Ermangelung eines besseren Ausdrucks genannt habe, als die meisten anderen Gründe, die dafür angeführt worden sind.

Der dritte Punkt bildet die große Ausnahme von dem, was ich darüber gesagt habe, dass von Büchern kein wesentlicher Einfluss auf mich ausgegangen sei; er betrifft den Einfluss von William James. Sofern ich überhaupt einen einzelnen spezifizierbaren philosophischen Faktor entdecken kann, der in mein Denken einging und ihm so eine neue Richtung und Qualität gab, ist es dieser. Wenn ich sage, dass er eher von seiner *Psychology* ausging als von den Essays, die in dem Band mit dem Titel *Will to Believe*, seinem *Pluralistic Universe* oder *Pragmatism* gesammelt sind, so bedarf das der Erklärung. Denn meiner Ansicht nach gibt es zwei unverbundene Stränge in der *Psychology*. Der eine findet sich in der Übernahme des subjektiven Tenors früherer psychologischer Tradition; selbst wenn die besonderen Überzeugungen dieser Tradition radikal kritisiert werden, bleibt ein zugrunde liegender Subjektivismus zurück, zumindest im Vokabular; und die Schwierigkeit, ein Vokabular zu finden, das eine wirklich neue Idee auf authentische Weise zum Ausdruck bringen kann, ist vielleicht das stärkste Hindernis für den Fortschritt der Philosophie. Ich darf als Illustration die Ersetzung der diskreten Elementarzustände durch den »Bewusstseinsstrom« zitieren: Der dadurch erzielte Fortschritt war enorm. Nichtsdestoweniger blieb der Gesichtspunkt derjenige eines für sich bestehenden Reichs des Bewusstseins. Der andere Strang ist objektiv und hat seine Wurzeln in einer Rückkehr zu der früheren biologischen Auffassung von der *Psyche*, aber einer Rückkehr, die eine neue Kraft und einen neuen Wert besitzt, die auf dem immensen Fortschritt der Biologie seit der Zeit des Aristoteles beruhen. Ich zweifle, dass wir bislang auch nur schon angefangen haben zu erkennen, was wir William James für die Einführung und den Gebrauch dieser Idee verdanken; wie ich schon angedeutet habe, glaube ich nicht, dass er es selbst vollständig und konsistent erkannt hat. Auf jeden Fall durchdrang sie mehr und mehr alle meine Ideen und wirkte als ein Ferment, das die alten Überzeugungen transformierte.

Hätte James diese biologische Auffassung und Herangehensweise voreilig verfestigt, hätte ihre Wirkung möglicherweise nur darin bestanden, einen Schematismus durch einen anderen zu ersetzen. Aber es ist keine Tautologie, wenn man sagt, dass James' Gefühl für das Leben selbst lebendig war. Er hatte ein profundes Gefühl für den Unterschied zwischen den Kategorien des Lebendigen und des Mechanischen, das seinem Ursprung nach vielleicht eher künstlerisch und moralisch als »wissenschaftlich« war; vielleicht wird irgendwann einmal jemand einen Essay schreiben, der zeigt, wie die bezeichnendsten Faktoren in seiner allgemeinen philosophischen Anschauung – Pluralismus, Neuheit, Freiheit, Individualismus – alle mit seinem Gefühl für die Qualitäten und Merkmale des Lebendigen zusammenhängen. Über die Idee des Organismus ist von vielen Philosophen schon vieles gesagt worden; aber sie haben ihn strukturell und deshalb statisch aufgefasst. Es blieb James vorbehalten, über das Leben in Begriffen des Lebens in Aktion zu denken. Dieser Punkt wie auch der, welcher sich auf den objektiven biologischen Faktor in James' Auffassung des Denkens (Unterscheidung, Abstraktion, Konzeption, Generalisierung) bezieht, sind fundamental, sobald die Rolle der Psychologie in der Philosophie in den Blick kommt. Es ist wahr, dass die Wirkung ihrer Einführung in die Philosophie häufig, sogar in der Regel darin bestanden hat, die Philosophie zu verwässern und zu verzerren. Aber das war deshalb so, weil die Psychologie eine schlechte Psychologie war.

Ich will damit nicht unterstellen, die Verbindung von Psychologie mit der Philosophie sei, abstrakt gesehen, am Ende enger als die anderer Zweige der Wissenschaft mit ihr. Logisch steht sie auf derselben Ebene mit ihnen. Aber historisch und in der gegenwärtigen Konstellation hatte und hat die von William James herbeigeführte Revolution eine eigentümliche Bedeutsamkeit. Auf der negativen Seite ist sie wichtig, denn sie ist unentbehrlich als Purgativ von der schweren Last schlechter Psychologie, die so in die philosophische Tradition eingebettet ist, dass sie allgemein überhaupt nicht als Psychologie erkannt wird. Als Beispiel würde ich nennen, dass das Problem der »Sinnesdaten«, das im jüngsten englischen Denken einen solchen Umfang angenommen hat, meiner Meinung nach nichts anderes ist als ein Überbleibsel einer alten und ausgefransten psychologischen Lehre – obgleich diejenigen, die sich mit dem Problem befassen, zum größten Teil zu jenen gehören, die starrsinnig die vollständige Irrelevanz der Psychologie für die Philosophie behaupten. Auf der positiven Seite haben wir das Gegenstück zu dieser Situation. Die neuere objektive Psychologie bietet, pädagogisch, wenn nicht abstrakt den einfachsten Weg, wie man eine fruchtbare Konzeption des Denkens und seiner Tätigkeit erreichen und so die logische Theorie verbessern kann – vorausgesetzt, Denken und Logik haben etwas miteinander zu tun. Und beim gegenwärtigen Zustand des menschlichen Geistes wird die Verbindung von Philosophie mit den bedeutsamen Streitpunkten wirklicher Erfahrung durch die beständige Interaktion mit den Methoden und Schlussfolgerungen der Psychologie erleichtert. Die abstrakteren Wissenschaften, Mathematik und Physik zum Beispiel, haben einen unauslöschlichen Eindruck auf die traditionelle Philosophie gemacht. Die Mathematik, in Verbindung mit einer übertriebenen Ängstlichkeit hinsichtlich formaler Gewissheit, hat mehr als einmal darauf hingewirkt, philosophisches Denken von der Verbindung mit Fragen zu trennen, die ihre Quelle in der Realität haben. Die Ferne der Psychologie von solchen Abstraktionen, ihre Nähe zu dem, was eigentlich menschlich ist, gibt ihr zum gegenwärtigen Zeitpunkt einen emphatischen Anspruch darauf, aufmerksam gehört zu werden.

Im Zusammenhang mit einer wachsenden Anerkennung dieses menschlichen Aspekts entwickelte sich der Einfluss, der den vierten Punkt dieser Aufzählung bildet. Die objektive biologische Vorgehensweise der James'schen Psychologie führte geradewegs zur Wahrnehmung der Wichtigkeit charakteristischer sozialer Kategorien, besonders der Kommunikation und der Teilhabe. Ich bin überzeugt, dass ein großer Teil unseres Philosophierens unter diesem Gesichtspunkt erneuert werden muss und dass letztlich eine integrierte Synthesis in einer Philosophie erfolgen wird, die mit der modernen Wissenschaft übereinstimmt und auf die wirklichen Bedürfnisse in Erziehung, Moral und Religion bezogen ist. Man muss sich einmal ganz unvoreingenommen einen größeren Überblick verschaffen, um zu erkennen, wieweit die charakteristischen Züge der Wissenschaften von heute mit der Entwicklung sozialer Themen verknüpft sind – Anthropologie, Geschichte, Politik, Wirtschaft, Sprache und

Literatur, soziale und therapeutische Psychologie usf. Die Entwicklung ist in einem intellektuellen Sinne so neu und wir sind so sehr ein Teil von ihr wie sie ein Teil von uns, dass sie der expliziten Aufmerksamkeit entgeht. Technisch ist der Einfluss der Mathematik auf die Philosophie offensichtlicher. Die große Veränderung, die in den letzten Jahren in den herrschenden Ideen und Methoden der Naturwissenschaft stattgefunden hat, zieht viel leichter die Aufmerksamkeit auf sich als das Anwachsen der gesellschaftlichen Themen, einfach, weil ihr Einfluss auf uns ferner liegt. Intellektuelle Prophezeiungen sind gefährlich; aber wenn ich die kulturellen Zeichen der Zeit richtig deute, wird die nächste synthetische Bewegung der Philosophie genau dann entstehen, wenn die Bedeutsamkeit der gesellschaftlichen Wissenschaften und Künste in derselben Weise zum Gegenstand reflexiver Aufmerksamkeit geworden ist wie die mathematischen und Naturwissenschaften in der Vergangenheit und wenn ihre volle Bedeutung erst einmal richtig begriffen worden ist. Wenn ich diese Zeichen falsch deute, dann mag diese Behauptung trotzdem als Zeichen eines für meine eigene intellektuelle Entwicklung bedeutungsvollen Faktors gelten.

Auf jeden Fall, so meine ich, zeigt es einen beklagenswerten Mangel an Einbildungskraft zu glauben, die Philosophie werde sich unendlich innerhalb des Bereichs von Problemen und Systemen weiterdrehen, den uns zweitausend Jahre europäischer Geschichte vermacht haben. In der langen Perspektive der Zukunft gesehen ist die Gesamtheit der europäischen Philosophie eine provinzielle Episode. Ich erwarte nicht, dass ich zu meinen Lebzeiten eine echte Integration des Denkens, im Unterschied zu einer erzwungenen und künstlichen, erleben werde. Aber ein Geist, der nicht allzu egoistisch ungeduldig ist, kann darauf vertrauen, dass diese Vereinigung erfolgen wird, sobald ihre Zeit gekommen ist. In der Zwischenzeit ist es eine Hauptaufgabe all jener, die sich Philosophen nennen, dazu beizutragen, den nutzlosen Ballast loszuwerden, der die Wege unseres Denkens versperrt, und sich zu bemühen, die Pfade zu öffnen, die in die Zukunft führen. Es ist kein trauriges Schicksal, vierzig Jahre lang in einer Wildnis wie der Gegenwart umhergewandert zu sein, wenn man sich nicht einredet, diese Wildnis sei am Ende selbst das Gelobte Land.

II. Zur Geschichte der Philosophie

2. Der Einfluss des Darwinismus auf die Philosophie

I

Dass die Veröffentlichung des Buches *Die Entstehung der Arten durch natürliche Zuchtwahl* in der Entwicklung der Naturwissenschaften Epoche gemacht hat, ist dem Laien wohlbekannt. Dass diese Kombination der Worte *Entstehung* und *Art* eine geistige Revolution war und ein neues geistiges Klima schuf, wird sogar von dem Experten leicht übersehen. Die Vorstellungen, die zweitausend Jahre lang in der Philosophie der Natur und Erkenntnis geherrscht hatten, die Vorstellungen, die zum vertrauten Hausrat des Geistes geworden waren, beruhten auf der Überlegenheit des Unwandelbaren und Endgültigen; sie beruhten auf der Überzeugung, Veränderung und Entstehung seien ein Zeichen von Mangel und Unwirklichkeit. *Die Entstehung der Arten* führte dadurch, dass es Hand an den heiligen Schrein absoluter Permanenz legte, dass es die Formen, die als Typen der Unwandelbarkeit und Vollkommenheit gegolten hatten, als entstehend und vergehend behandelte, eine Denkform ein, die schließlich die Logik der Erkenntnis und infolgedessen die Behandlung von Moral, Politik und Religion transformieren sollte.

Kein Wunder also, dass die Veröffentlichung von Darwins Buch vor einem halben Jahrhundert eine Krise heraufbeschwor. Die wahre Natur der Kontroverse bleibt uns freilich aufgrund des theologischen Lärms, der sie begleitete, nur allzu leicht verborgen. Die lebhaften und populären Züge des antidarwinistischen Streits tendierten dazu, den Eindruck zu hinterlassen, es handle sich um einen Streit zwischen der Wissenschaft auf der einen und der Theologie auf der anderen Seite. Das war nicht der Fall – der Streit war primär innerwissenschaftlich, wie Darwin selbst frühzeitig erkannte. Der theologische Aufschrei ließ ihn von Anfang an kalt, er nahm ihn kaum zur Kenntnis, außer soweit er sich auf »die Gefühle von weiblichen Verwandten« bezog. Aber zwei Dekaden lang vor der endgültigen Veröffentlichung rechnete er mit der Möglichkeit, seine wissenschaftlichen Kollegen könnten ihn als Narren oder Verrückten hinstellen; und er setzte sich als Maßstab seines Erfolgs den Grad, bis zu dem er drei Männer der Wissenschaft beeinflussen würde:

Lyell in der Geologie, Hooker in der Botanik und Huxley in der Zoologie.

Religiöse Erwägungen verliehen der Kontroverse zwar ihre Leidenschaft, aber sie lösten sie nicht aus. Intellektuell sind religiöse Emotionen nicht kreativ, sondern konservativ. Sie hängen sich gern an die gängige Weltanschauung und geben ihr eine gewisse Weihe. Sie baden und färben geistige Gewebe in dem schäumenden Kessel der Emotionen; aber sie bilden nicht deren Kette und Einschlag. Ich glaube, es gibt kein einziges Beispiel dafür, dass Religion ganz von sich aus eine bedeutende Idee über die Welt hervorgebracht hat. Obgleich die Ideen, die sich wie bewaffnete Krieger gegen den Darwinismus erhoben, ihre Intensität religiösen Assoziationen verdankten, muss ihr Ursprung und Sinn in Wissenschaft und Philosophie gesucht werden, nicht in der Religion.

II

Nur wenige Worte in unserer Sprache fassen die Geistesgeschichte so prägnant in sich zusammen wie das Wort Spezies oder Art. Als die Griechen das geistige Leben Europas auf den Weg brachten, waren sie tief beeindruckt von charakteristischen Eigenschaften des Lebens von Pflanzen und Tieren; ja, so beeindruckt, dass sie diese Eigenschaften als Schlüssel nahmen, um die Natur zu definieren und Geist und Gesellschaft zu erklären. Und tatsächlich ist das Leben ja so wundervoll, dass eine allem Anschein nach erfolgreiche Lektüre seines Geheimnisses die Menschen sehr wohl glauben machen kann, der Schlüssel zu den Geheimnissen des Himmels und der Erde liege in ihren Händen. Die griechische Fassung dieses Mysteriums, die griechische Formulierung von Ziel und Maßstab der Erkenntnis schlug sich im Laufe der Zeit in dem Wort Spezies oder Art nieder und beherrschte die Philosophie zweitausend Jahre lang. Um die intellektuelle Kehrtwende zu begreifen, die in dem Ausdruck »Entstehung der Arten« ausgedrückt ist, müssen wir deshalb die lange herrschende Idee verstehen, gegen die er protestiert.

Sehen wir uns an, wie die Menschen durch die Tatsachen des Lebens beeindruckt wurden. Ihre Augen fielen auf bestimmte Dinge von geringer Masse und zerbrechlicher Struktur. Allem Anschein nach waren diese wahrgenommenen Dinge träge und passiv. Unter bestimmten Bedingungen beginnen diese Dinge – von da an als Samen oder Eier oder Keime bekannt – ganz plötzlich, sich zu verändern, schnell ihre Größe, Form und Qualitäten zu wechseln. Schnelle und extensive Veränderungen kommen zwar bei vielen Dingen vor – etwa wenn Holz mit Feuer in Berührung kommt. Aber die Veränderungen in lebendigen Dingen zeigen eine Ordnung; sie sind kumulativ; sie tendieren stetig in eine Richtung; sie zerstören oder verzehren nicht, wie andere Dinge, oder gehen nicht ziellos in ein ständiges Fließen über; sie verwirklichen und erfüllen. Jede nachfolgende Stufe, gleichgültig wie wenig sie ihrem Vorgänger gleicht, bewahrt die Gesamtwirkung und bereitet darüber hinaus einer volleren Aktivität auf Seiten ihres Nachfolgers den Weg. Bei lebenden Wesen geschehen Veränderungen nicht beliebig, wie sie in anderen Fällen einzutreten scheinen; die früheren Veränderungen werden mit Blick auf spätere Resultate reguliert. Diese progressive Organisation hört nicht eher auf, als bis eine wahre, endgültige Grenze erreicht ist, ein τέλος, ein vollendetes, vollkommenes Ziel. Diese endgültige Form übt ihrerseits eine Fülle von Funktionen aus, unter denen die Erzeugung von Keimen gleich denjenigen, von denen sie ihren eigenen Ursprung nahm, von Keimen, die zu demselben Kreislauf sich selbst erfüllender Aktivität imstande sind, nicht die geringste ist.

Aber damit ist noch nicht die ganze wunderbare Geschichte erzählt. Dasselbe Drama spielt sich mit demselben Ziel in zahllosen Myriaden von Individuen ab, die zeitlich und räumlich so weit voneinander getrennt sind, dass sie keine Gelegenheit zu gegenseitiger Konsultation und kein Mittel der Interaktion haben. Wie ein alter Autor so hübsch gesagt hat, machen »Dinge derselben Art dieselben Förmlichkeiten« durch – sie zelebrieren sozusagen dieselben zeremoniellen Riten.

Diese formale Aktivität, die durch eine Reihe von Veränderungen hindurch wirkt und sie auf einer einzigen Bahn hält; die deren zielloses Fließen ihrer eigenen vollkommenen Manifestation unterordnet; die, Raum- und Zeitgrenzen überspringend, Individuen, die räumlich und zeitlich voneinander entfernt sind, an einen einheitlichen Struktur- und Funktionstypus bindet: dieses Prinzip schien Einsicht in die innerste Natur der Realität selbst zu gewähren. Aristoteles gab ihm den Namen εἶδος. Diesen Terminus übersetzten die Scholastiker mit *species.*

Die Bedeutung dieses Ausdrucks wurde dadurch noch vertieft, dass er auf alles im Universum angewandt wurde, das Ordnung im Fließen bewahrt und Konstanz im Wechsel zeigt. Von den zufälligen Wetterschwankungen über die ungleichmäßige Wiederkehr von Jahreszeiten und die ungleiche Wiederkehr der Zeit für das Säen und Ernten bis hin zur majestätischen Herrschaft der Himmel – dem Bild der Ewigkeit in der Zeit – und von dort zu der unwandelbaren, reinen und kontemplativen Vernunft jenseits der Natur erstreckt sich eine einzige ununterbrochene Erfüllung von Zielen. Die Natur als ganze ist eine fortschreitende Zielverwirklichung, strikt vergleichbar der Zielverwirklichung in jeder einzelnen Pflanze oder jedem einzelnen Tier.

Der Begriff εἶδος oder *species*, eine unveränderliche Form und Zweckursache, war das zentrale Prinzip der Erkenntnis wie der Natur. Auf ihm beruhte die Logik der Wissenschaft. Veränderung als Veränderung ist bloßes Fließen und Gleiten; sie beleidigt die Intelligenz. Wirklich erkennen heißt ein permanentes Ziel erfassen, das sich durch Veränderungen hindurch realisiert und diese dadurch innerhalb der Maße und Grenzen der unveränderlichen Wahrheit hält. Vollständig zu erkennen heißt, alle speziellen Formen auf ihr eines, einziges Ziel und Gutes zu beziehen: die reine kontemplative Vernunft. Da freilich der Schauplatz der Natur, dem wir uns direkt konfrontiert sehen, im Wandel begriffen ist, genügt die Natur, als direkt und praktisch erlebte, nicht den Bedingungen der Erkenntnis. Die menschliche Erfahrung ist im Fluss, und deshalb sind die Werkzeuge der Sinneserfahrung und des logischen, auf Beobachtung beruhenden Schließens von vornherein verurteilt. Die Wissenschaft ist gezwungen, auf Realitäten zu zielen, die hinter und jenseits der Naturprozesse liegen, und ihre Suche nach diesen Realitäten mit Hilfe rationaler Formen durchzuführen, die die gewöhnlichen Arten der Wahrnehmung und des Schließens überschreiten.

Tatsächlich gibt es nur zwei mögliche Wege. Wir müssen die angemessenen Objekte und Organe der Erkenntnis entweder in den wechselseitigen Interaktionen veränderlicher Dinge finden; oder wir müssen sie, um nicht von der Veränderung angesteckt werden, in einem transzendenten und übernatürlichen Reich suchen. Der menschliche Geist hat sozusagen bewusst die Logik des Unveränderlichen, des Endgültigen und des Transzendenten ausgeschöpft, bevor er sich an das Abenteuer der weglosen Wüsten von

Entstehung und Verwandlung wagte. Wir verwerfen allzu leichtherzig die Anstrengungen der Scholastiker, Natur und Geist auf der Basis realer Wesenheiten, verborgener Formen und okkulter Fähigkeiten zu interpretieren, und vergessen dabei völlig den Ernst und die Würde der Ideen, die dem zugrunde lagen. Wir verwerfen sie, indem wir über den berühmten Herrn lachen, der die Tatsache, dass Opium schläfrig macht, mit dessen einschläfernder Kraft begründete. Aber die Lehre, die noch bis in unsere Zeit hinein vertreten wird, dass die Erkenntnis der Pflanze, die den Mohn hervorbringt, darin besteht, dass man die Eigentümlichkeiten eines Individuums auf einen Typus, auf eine universale Form bezieht, eine Lehre, die sich so fest eingebürgert hat, dass jede andere Methode der Erkenntnis als unphilosophisch und unwissenschaftlich galt, ist ein Überrest genau derselben Logik. Diese Identität der Auffassung in der scholastischen und anti-darwinistischen Theorie kann möglicherweise eine größere Sympathie für das wecken, was unvertraut geworden ist, wie auch eine größere Bescheidenheit hinsichtlich der vielen anderen Unvertrautheiten, welche die Geschichte auf Lager hat.

Darwin war natürlich nicht der erste, der die klassische Philosophie der Natur und Erkenntnis in Frage stellte. Die Anfänge dieser Evolution liegen in der Physik des 16. und 17. Jahrhunderts. Als Galilei sagte: »Ich für meinen Teil halte die Erde für höchst vornehm und bewundernswert gerade wegen der vielen verschiedenartigen Wandlungen, Veränderungen, Erzeugnissen usw., die ohne Unterlass auf ihr sich abspielen«[1], drückte er das veränderte Klima aus, das über die Welt kam: die Verlagerung des Interesses vom Dauernden zum sich Verändernden. Als Descartes sagte: »Das innere Wesen der materiellen Dinge ist weit leichter zu begreifen, wenn man sie so nach und nach entstehen sieht, als wenn man sie in fertigem Zustand betrachtet«[2], wurde die moderne Welt sich der Logik bewusst, die sie von nun an beherrschen sollte, jener Logik, deren letzte wissenschaftliche Errungenschaft Darwins *Entstehung der Arten* ist. Ohne die Methoden von Kopernikus, Kepler, Galilei und ihrer Nachfolger in Astronomie, Physik und Chemie wäre Darwin

1 [A.d.Ü.: G. Galileo, *Dialog über die beiden hauptsächlichen Weltsysteme*, Stuttgart 1982, S. 62.]

2 [A.d.Ü.: R. Descartes, *Von der Methode des richtigen Vernunftgebrauchs und der wissenschaftlichen Forschung [Discours de la méthode]*, V, 3, Hamburg 1960, S. 75.]

in den organischen Wissenschaften hilflos gewesen. Aber vor Darwin war der Einfluss der neuen wissenschaftlichen Methode auf Leben, Geist und Politik zu einem Stillstand gekommen, weil zwischen diesen idealen oder moralischen Interessen und der unorganischen Welt das Reich der Pflanzen und Tiere lag. Die Pforten zum Garten des Lebens waren für die neuen Ideen versperrt; und nur durch diesen Garten gab es einen Zugang zu Geist und Politik. Der Einfluss Darwins auf die Philosophie beruht drauf, dass er die Phänomene des Lebens für das Prinzip des Übergangs erobert hat und dadurch die neue Logik für eine Anwendung auf Geist und Moral und Leben befreit hat. Als er von der *species* sagte, was Galilei von der Erde gesagt hatte, *e pur si muove*, setzte er ein für allemal genetische und experimentelle Ideen als ein Organon frei, um Fragen zu stellen und nach Erklärungen zu suchen.

III

Die genauen Auswirkungen dieser neuen logischen Ansicht auf die Philosophie sind natürlich bislang noch ungewiss und erst im Anfangsstadium. Wir leben im Zwielicht eines geistigen Übergangsstadiums. Man muss die Schnelligkeit des Propheten mit der Beharrlichkeit des Partisanen verbinden, um eine systematische Darstellung des Einflusses der Darwin'schen Methode auf die Philosophie zu wagen. Im besten Falle können wir nur nach ihren allgemeinen Auswirkungen fragen – nach der Auswirkung auf das geistige Klima und Allgemeinbefinden, auf jenes System halb bewusster, halb instinktiver geistiger Abneigungen und Vorlieben, die am Ende unsere bewussteren geistigen Unternehmungen bestimmen. In dieser vagen Untersuchung gibt es, als eine Art Prüfstein, ein Problem mit einer langen Geschichte, das auch in der darwinistischen Literatur viel diskutiert worden ist. Ich beziehe mich auf das alte Problem von Zweck[3] *versus* Zufall, Geist *versus* Materie, als die kausale, sei es die erste oder die finale, Erklärung von Dingen.

Wie wir schon gesehen haben, führte der klassische Begriff der *species* die Idee des Zwecks mit sich. In allen lebenden Formen liegt

3 [*design*]

ein spezifischer Typus vor, der die früheren Stufen des Wachstums bis zur Verwirklichung seiner eigenen Vollkommenheit lenkt. Da dieses zweckhafte regulative Prinzip unseren Sinnen nicht sichtbar ist, folgt, dass es eine ideale oder rationale Kraft sein muss. Da die vollkommene Form aber erst allmählich durch die sinnlichen Veränderungen erreicht wird, folgt ebenfalls, dass eine rationale ideale Kraft ihre eigene höchste Manifestation in und durch ein sinnliches Reich hindurch herausarbeitet. Diese Schlussfolgerungen wurden auf die Natur ausgedehnt: (a) Die Natur tut nichts vergeblich, sondern alles um eines höheren Zweckes willen. (b) In natürlichen sinnlichen Ereignissen ist deshalb eine geistige kausale Kraft enthalten, die als geistig der Wahrnehmung entgeht, aber von einer erleuchteten Vernunft erfasst wird. (c) Die Manifestation dieses Prinzips erzeugt eine Unterordnung der Materie und Sinne unter seine Verwirklichung, und diese letzte Erfüllung ist das Ziel der Natur und des Menschen. Der teleologische Beweisgang wirkte also in zwei Richtungen. Die Zweckhaftigkeit erklärte die Verstehbarkeit der Natur und die Möglichkeit der Wissenschaft, während der absolute oder kosmische Charakter dieser Zweckhaftigkeit den moralischen und religiösen Bestrebungen des Menschen Bekräftigung und Wert verlieh. Ein und dasselbe Prinzip untermauerte die Wissenschaft und autorisierte die Moral, und ihre wechselseitige Übereinstimmung war auf ewig garantiert.

Diese Philosophie blieb, trotz gelegentlicher skeptischer und polemischer Ausbrüche, über zweitausend Jahre lang die offizielle und herrschende Philosophie Europas. Die Vertreibung unwandelbarer erster und letzter Ursachen aus Astronomie, Physik und Chemie hatte zwar der Lehre eine Art Stoß versetzt. Aber andererseits wirkte die nähere Bekanntschaft mit den Einzelheiten des Pflanzen- und Tierlebens als Gegengewicht und stärkte vielleicht sogar das teleologische Denken. Die wunderbaren Anpassungen von Organismen an ihre Umwelt, von Organen an den Organismus, von ungleichen Teilen eines komplexen Organs – wie des Auges – an das Organ selbst; die Andeutungen höherer Formen in den niedrigeren; die Vorbereitung von Organen, die erst später eine Funktion haben würden, in früheren Wachstumsstadien – diese Dinge wurden mit dem Fortschritt von Botanik, Zoologie, Paläontologie und Embryologie in zunehmendem Maße erkannt. In ihrer Gesamtheit verliehen sie dem teleologischen Argument ein solches Prestige, dass es im späten achtzehnten Jahrhundert als ein von den Wissenschaften des organischen Lebens gebilligter Beweis zum zentralen Punkt theistischer und idealistischer Philosophie geworden war.

Das Darwin'sche Prinzip der natürlichen Auslese untergrub diese Philosophie. Wenn alle organischen Anpassungen einfach auf konstanter Veränderung und Ausmerzung der Variationen beruhen, die in dem durch exzessive Reproduktion bewirkten Kampf ums Dasein schädlich sind, dann bedarf es keiner vorgängigen geistigen Kausalkraft, um sie zu planen und vorweg zu bestimmen. Feindselige Kritiker warfen Darwin vor, er sei Materialist und habe den Zufall zur Ursache des Universums gemacht.

Einige Naturalisten, wie etwa Asa Gray, favorisierten das Darwin'sche Prinzip und versuchten, es mit der teleologischen Ansicht zu versöhnen. Gray hielt an etwas fest, was man vielleicht einen Zweck auf Raten nennen könnte. Wenn wir den »Strom der Veränderungen« selber für beabsichtigt halten, dann können wir vermuten, dass von Anfang an geplant war, jede der aufeinander folgenden Variationen auszulesen. In diesem Fall definieren Variation, Kampf und Selektion einfach den Mechanismus der »sekundären Ursachen«, durch den die »erste Ursache« wirkt; und der Lehre vom Zweck wird dadurch kein Abbruch getan, dass wir jetzt mehr von ihrem *modus operandi* wissen.

Darwin konnte diesen Vermittlungsvorschlag nicht akzeptieren. Er gibt zu, oder behauptet vielmehr, dass »es unmöglich ist, dieses unermessliche und wundervolle Universum einschließlich des Menschen mit seiner Fähigkeit, weit in die Vergangenheit und die Zukunft zu blicken, als das Resultat des blinden Zufalls oder der Notwendigkeit aufzufassen«.[4] Aber nichtsdestoweniger glaubt er, das teleologische Argument sei in seiner Anwendung auf lebende Wesen nicht zu rechtfertigen, da Variationen sowohl in nutzlose wie in nützliche Richtungen gehen und die nützlichen einfach durch den Druck der Bedingungen des Kampfes um das Dasein ausgelesen werden; und der Mangel an Unterstützung in diesem Fall beraube es in seiner Anwendung auf die Natur allgemein jedes wissenschaftlichen Wertes. Wenn die Variationen der Taube, die unter künstlichen Bedingungen zur Kropftaube führen, nicht von vornherein zugunsten des Züchters festgelegt worden sind, nach welcher Logik

4 *Life and Letters*, Bd. I, S. 282; vgl. S. 285.

schließen wir dann, dass Variationen, die zu natürlichen Spezies führen, vorweg geplant sind?[5]

IV

So viel zu einigen der offensichtlicheren Tatsachen der Diskussion von Zweck *versus* Zufall als kausalen Prinzipien der Natur und des Lebens als ganzem. Wir haben diese Diskussion, wie erinnerlich, als ein entscheidendes Beispiel angeführt. Was zeigt unser Prüfstein hinsichtlich der Auswirkung der Darwin'schen Ideen auf die Philosophie an? Zunächst einmal ächtet, attackiert oder verwirft – wie man will – diese neue Logik den *einen* Typ von Problemen und setzt einen anderen an seine Stelle. Die Philosophie verzichtet auf eine Erforschung absoluter Ursprünge und absoluter Ziele, um spezifische Werte und deren spezifische Erzeugungsbedingungen zu erkunden.

Darwin kam zu dem Schluss, die Unmöglichkeit, die Welt als ganze dem Zufall zu überlassen und sie in ihren Teilen einem Zweck zu unterwerfen, zeige die Unlösbarkeit der Frage an. Freilich können zwei radikal verschiedene Gründe dafür angeführt werden, warum ein Problem unlösbar ist. Der eine Grund ist, dass das Problem für die Intelligenz zu hoch ist; der andere, dass die Fragestellung als solche auf Annahmen beruht, die die Frage sinnlos machen. In dem berühmten Fall Zweck *versus* Zufall wird unzweifelhaft auf diese letztere Alternative verwiesen. Sobald einmal zugegeben wird, dass der einzige verifizierbare oder fruchtbare Gegenstand der Erkenntnis die besondere Menge von Veränderungen ist, die den Gegenstand der Untersuchung hervorbringen, zusammen mit den Folgen, die sich dann daraus ergeben, kann keine intelligente Frage mehr über das gestellt werden, was, der Annahme nach, außerhalb liegt. Die – häufig zu hörende – Behauptung, spezifische Werte einer bestimmten Wahrheit, sozialer Bindungen und Formen der Schönheit seien sinnlos und nichtig, wenn gezeigt werden kann, dass sie durch konkret erkennbare Bedingungen erzeugt werden; die Behauptung, sie seien nur gerechtfertigt, wenn sie und ihre besonderen Ursachen und Wirkungen alle zugleich in einer umfassenden ersten Ursache

5 *Life and Letters*, Bd. II, S. 146, 170, 245; Bd. I, S. 283 f. Siehe auch den abschließenden Teil seines Buches *Variations of Animals and Plants under Domestication.*

und einem erschöpfenden finalen Ziel aufgehoben seien, ist intellektueller Atavismus. Eine derartige Argumentation ist eine Rückkehr zu der Logik, welche die Auslöschung des Feuers durch Wasser durch die formale Wesenheit der Wässrigkeit und das Löschen des Durstes durch Wasser durch die finale Wesenheit der Wässrigkeit erklärte. Ob sie nun im Falle des speziellen Ereignisses oder des Lebens als ganzem verwendet wird, eine solche Logik abstrahiert einen bestimmten Aspekt des bestehenden Ganges der Ereignisse, nur um ihn als ein versteinertes ewiges Prinzip zu verdoppeln, durch das eben die Veränderungen erklärt werden sollen, deren Formalisierung es ist.

Als Henry Sidgwick in einem Brief beiläufig bemerkte, dass mit zunehmendem Alter sein Interesse, was oder wer die Welt gemacht habe, sich in ein Interesse gewandelt habe, was für eine Art von Welt sie überhaupt sei, brachte er damit eine allgemeine Erfahrung unserer eigenen Zeit zum Ausdruck, die auch die Natur jener geistigen Veränderung illustriert, die die Darwin'sche Logik bewirkt hat. Das Interesse verlagert sich von dem allgemeinen Wesen hinter besonderen Veränderungen auf die Frage, wie besondere Veränderungen konkrete Zwecke erfüllen und vereiteln; verlagert sich von einer Intelligenz, welche die Dinge ein für allemal geformt hat, auf die besonderen Intelligenzen, welche die Dinge auch jetzt noch formen; verlagert sich von einem letzten Ziel des Guten auf die direkte Vermehrung von Gerechtigkeit und Glück, die eine intelligente Ausnutzung bestehender Bedingungen vielleicht erzeugen kann und die eine gegenwärtige Unachtsamkeit oder Dummheit zerstört oder entgleiten lässt.

Zweitens: Der klassische Typ von Logik legte die Philosophie unvermeidlich darauf fest zu beweisen, das Leben *müsse* aufgrund einer fernen Ursache und eines eventuellen Ziels bestimmte Qualitäten und Werte haben – gleichgültig, wie die Erfahrung diese Sache darstellt. Die Pflicht zu einer allgemeinen Rechtfertigung begleitet unvermeidlich alles Denken, das den Sinn besonderer Geschehnisse von etwas abhängig sein lässt, das ihnen ein für alle Mal im Rücken liegt. Die Gewohnheit, den gegenwärtigen Sinn und Nutzen zu schmälern, hindert uns daran, den Tatsachen der Erfahrung ins Gesicht zu blicken; sie verhindert die ernsthafte Anerkennung der Übel, die sie präsentieren, und eine ernsthafte Befassung mit den Gütern, die sie versprechen, aber bislang nicht erfüllen. Sie wendet das Denken der Aufgabe zu, ein allgemeines transzendentes Heilmittel für das eine und eine Garantie für das andere zu finden. Man wird daran erinnert, wie viele Moralisten und Theologen Herbert Spencers Anerkennung einer unerkennbaren Kraft begrüßten, aus der die phänomenalen physikalischen Prozesse außerhalb und die bewussten Operationen innerhalb emporquollen. Nur weil Spencer seine unerkennbare Kraft »Gott« nannte, wurde dieses verblichene Stück metaphysischer Güter als wichtiges und dankenswertes Zugeständnis an die Realität des geistigen Reichs begrüßt. Gäbe es nicht die tiefe Verwurzelung der Gewohnheit, eine Rechtfertigung für ideale Werte im Fernen und Transzendenten zu suchen, dann wäre die Beziehung dieser Werte auf ein unerkennbares Absolutes im Vergleich mit den Beweisen der Erfahrung, dass erkennbare Energien tagtäglich kostbare Werte um uns herum erzeugen, mit Sicherheit verachtet worden.

Die Ersetzung dieses allgemeinen Typs von Philosophie wird zweifellos nicht durch bloße logische Widerlegung, sondern eher durch die wachsende Erkenntnis ihrer Nichtigkeit zustande kommen. Wäre es auch tausendmal wahr, dass Opium dank seiner einschläfernden Kraft Schlaf bewirkt, so wäre die Bewirkung von Schlaf in den Ermüdeten und die Wiederherstellung der Vergifteten zum wachenden Leben dadurch nicht den geringsten Schritt vorangebracht. Und würde auch tausendmal dialektisch bewiesen, dass das Leben als ganzes durch ein transzendentes Prinzip zu einem letzten allumfassenden Prinzip geleitet wird, blieben Wahrheit und Irrtum, Gesundheit und Krankheit, Gut und Böse, Hoffnung und Furcht im Konkreten nichtsdestoweniger genau das, was und wo sie jetzt sind. Um unser Ausbildungssystem, unsere Verhaltensformen zu verbessern, um unsere Politik voran zu bringen, müssen wir auf spezielle Bedingungen der Erzeugung zurückgreifen.

Schließlich: Die neue Logik führt Verantwortung in das geistige Leben ein. Wenn man das Universum im Großen und Ganzen idealisiert und rationalisiert, so ist das am Ende doch nur ein Eingeständnis der Unfähigkeit, den Gang der Dinge, die uns spezifisch betreffen, zu meistern. Solange die Menschheit an dieser Ohnmacht litt, verlagerte sie unvermeidlich die Last der Verantwortung, die sie nicht tragen konnte, auf die kompetenteren Schultern einer transzendenten Ursache. Aber wenn eine Einsicht in spezifische Bedingungen von Werten und in spezifische Konsequenzen von Ideen möglich ist, muss die Philosophie mit der Zeit zu einer Methode werden, um die ernsthafteren Konflikte, die im Leben entstehen, zu lokalisieren und zu interpretieren, und zu einer Methode, um Möglichkeiten zu entwerfen, mit ihnen umzugehen: zu einer Methode moralischer und politischer Diagnose und Prognose.

Der Anspruch, *a priori* die legislative Konstitution des Universums zu formulieren, ist seiner Natur nach ein Anspruch, der zu komplizierten dialektischen Entwicklungen führen kann. Aber er ist auch ein Anspruch, der ebendiese Schlussfolgerungen einer experimentellen Überprüfung entzieht, denn diese Ergebnisse machen *per definitionem* im detaillierten Gang der Ereignisse keinen Unterschied. Aber eine Philosophie, die ihre Ansprüche auf die Arbeit herabstimmt, Hypothesen für die Erziehung und Leitung des individuellen oder gesellschaftlichen Geistes zu entwerfen, wird dadurch der Überprüfung durch die Art und Weise ausgesetzt, wie die Ideen, die sie vorschlägt, sich in der Praxis auswirken. Philosophie, die Bescheidenheit lernt, übernimmt auch Verantwortung.

Zweifellos scheine ich das implizite Versprechen meiner früheren Bemerkungen verletzt und mich sowohl zum Propheten wie zum Partisanen gemacht zu haben. Aber wenn ich die Richtung der Veränderungen in der Philosophie, die durch die genetische und experimentelle Logik Darwins herbeigeführt werden sollen, vorwegnehme, spreche ich nur für die, die sich selbst bewusst oder unbewusst dieser Logik überlassen. Niemand kann wohl bestreiten, dass die Darwin'sche Denkweise gegenwärtig zwei Wirkungen zeigt. Einerseits werden viele aufrichtige und lebendige Anstrengungen unternommen, um unsere traditionellen philosophischen Begriffe in Übereinstimmung mit ihren Forderungen zu revidieren. Andererseits kommt es ebenso bestimmt zu neuerlichen Rückfällen in absolutistische Philosophien; zu einer Behauptung eines Typs philosophischer Erkenntnis, die sich von der Erkenntnis der Wissenschaften unterscheidet, einer Erkenntnis, die uns eine andere Art von Realität eröffnet als die, zu der uns die Wissenschaften Zutritt verschaffen; ein Rückgriff durch die Erfahrung hindurch auf etwas, das seinem ganzen Wesen nach über die Erfahrung hinausgeht. Diese Reaktion zieht populäre Glaubensbekenntnisse und religiöse Bewegungen ebenso in Mitleidenschaft wie technische Philosophien. Gerade die Eroberung der biologischen Wissenschaften durch die neuen Ideen hat viele Menschen veranlasst, eine explizite und starre Trennung von Philosophie und Wissenschaft zu verkünden.

Alte Ideen räumen nur langsam ihren Platz; denn sie sind mehr als abstrakte logische Formen und Kategorien. Sie sind Gewohnheiten, Prädispositionen, tief verwurzelte Einstellungen der Abneigung und Vorliebe. Außerdem besteht die Überzeugung fort – mag die Geschichte auch zeigen, dass es sich um eine Halluzination handelt –, dass alle Fragen, die sich der menschliche Geist gestellt hat, auf der Basis der Alternativen beantwortet werden können, welche die Fragen selber bei sich führen. Aber in Wirklichkeit vollzieht sich geistiger Fortschritt gewöhnlich durch das bloße Fallenlassen von Fragen samt den Alternativen, die sie voraussetzen – ein Fallenlassen, das daraus resultiert, dass ihre Vitalität abnimmt und sich der Interessenschwerpunkt verlagert. Wir lösen sie nicht: wir überwinden sie. Alte Fragen werden dadurch gelöst, dass sie verschwinden, sich einfach in Luft auflösen, während in Übereinstimmung mit neuen Interessen und Vorlieben neue Fragen an ihre Stelle treten. Zweifellos ist das größte Lösungsmittel alter Fragen im zeitgenössischen Denken, das größte Fällungsmittel neuer Methoden, neuer Absichten, neuer Probleme dasjenige, das durch die wissenschaftliche Revolution bewirkt wurde, die ihren Höhepunkt in der *Entstehung der Arten* gefunden hat.

3. Die »sokratischen Dialoge« Platons[1]

Jeder Kenner Platons weiß, welche Fortschritte bei der Interpretation vieler Dialoge Platons, namentlich des *Euthydem*, *Theätet* etc., dadurch erzielt worden sind, dass man die Existenz zeitgenössischer Philosophenschulen nachweisen konnte, besonders die der Kyniker, Kyrenaiker und Megariker, die unter dem Deckmantel von Sophisten einer vergangenen Generation auftreten. Aber Interpreten, die diese Idee ganz selbstverständlich auf Dialoge von der »mittleren Periode« ab anwenden, halten immer noch fromm an der Idee einer echt sokratischen frühen Periode fest. Sie glauben, die Themen und der allgemeine Tenor des *Kleineren Hippias*, *Laches*, *Lysis*, *Charmides* etc. seien echt sokratisch, selbst wenn sie nicht den Anspruch erheben, wortwörtliche Berichte zu sein. Das ist ein außerordentlicher Tribut an Platons dramatische Kraft. Aber meiner Ansicht nach lässt uns eine solche Ansicht ohne Schlüssel zum Verständnis dieser frühen Dialoge und auch ohne Hinweis auf ihre Beziehung zu den späteren Dialogen. Es lohnt sich, einer entgegengesetzten Hypothese nachzugehen und in umgekehrter Richtung zu verfahren. Wir wollen einmal annehmen, die Dialoge, mögen sie auch unzweifelhaft früh sein, richteten sich gegen rivalisierende Denker, die beanspruchten, wahre Sokratiker zu sein. Sie sollen zeigen, dass die Ansichten, welche diese rivalisierenden Denker vorbringen, voller Verwechslungen und Widersprüche sind. Der Scherz, der Platons eigenen Hörern natürlich durchsichtig war, wird dadurch verstärkt, dass die Widerlegung Sokrates selbst in den Mund gelegt wird. Er zeigt ironisch, dass die Ansichten, die auf ihn zurückgeführt werden, sich gegen eine elementare Prüfung nicht behaupten können.

1 Die Absicht dieses Aufsatzes besteht eher darin, einen Gesichtspunkt für die Interpretation der platonischen Dialoge anzubieten, als eine diesem Gesichtspunkt angemessene Forschungsarbeit vorzulegen. Diese Tatsache erklärt das Fehlen der Verweise auf wichtige Literatur. Ein Verweis muss freilich gegeben werden, auf Karl Joëls Artikel »Der λόγος Σωκρατικός« im *Archiv für Geschichte der Philosophie*, Bd. 8, S. 466 und Bd. 9, S. 50 (1895-96). Diese Artikel sind die Quelle für die in diesem Papier angewandte Methode und haben meine Lektüre der platonischen Schriften geleitet, seit ich sie kennengelernt habe. Ich verdanke Benn die Überzeugung, dass die Sophisten in zwei Schulen unterschieden waren, in eine naturalistische und in eine humanistische, und dass diese Trennung die Form erklärt, die viele Probleme bei Platon annehmen.

Die Absicht der Dialoge besteht freilich nicht einfach darin, Platons Rivalen lächerlich zu machen. Sie verfolgen auch das Ziel, die Natur gewisser Probleme zu verdeutlichen und sie so zu definieren, dass damit der Weg für eine konstruktive Behandlung frei wird. Es versteht sich von selbst, dass Platon die Ideen und Probleme anderer Denker sehr aufmerksam registrierte. Er entwickelte sich selbst dadurch weiter, dass er die Gedanken anderer beherrschte und in sich aufnahm. Es war beinahe unvermeidlich, dass er in einer frühen Periode, in der er viel Nachdenken auf die Systeme rivalisierender Schulen verwandte, das Gefühl bekam, er habe ihre Probleme, ihre Elemente an Wahrheit und die Punkte, wo sie in die Irre gingen, in den Griff bekommen, und mehr daran interessiert war, sie als Systeme zu widerlegen und ihre problematischen Faktoren herauszustellen, als seine eigenen Lösungen anzubieten. Meine Hypothese ist, dass diese Phase seiner Entwicklung die so genannte sokratische Periode ausmacht.

Bevor wir uns an eine detaillierte Diskussion machen, können wir vielleicht einige Dinge erwägen, die schon von vornherein wahrscheinlich sind. Zunächst einmal gibt es die pure Tatsache rivalisierender Gruppen in Athen, von denen einige den Namen des Sokrates für sich in Anspruch nahmen, während andere, wie etwa die literarisch-rhetorische Gruppe, alle Philosophen angriffen. Wir wissen auch, dass Dialoge, die sich um die Gestalt des Sokrates drehten, eine übliche literarische Gattung waren; die Rhetoriker pflegten Sokrates anzugreifen, die Philosophen antworteten und rückten seinen Namen in ein gutes Licht und griffen darüber hinaus einander an, wenn nicht namentlich, dann wenigstens mit Hilfe von Masken, die leicht zu durchschauen waren. Die Wahrscheinlichkeit, dass Platon den Ausdruck seines Antagonismus gegen die Megariker, Antisthenes usf. auf eine relativ späte Zeit verschieben würde, dass sein dramatischer und ehrgeiziger Geist sich nicht von Anfang an gegen seine Zeitgenossen richtete, ist sehr gering. Wer glaubt, dass Platons selbstbewusster und selbstsicherer Geist sich in der frühen Jugend demütig seinem Meister und den Denkern eines vergangenen Zeitalters widmete und er Dialoge schrieb, die (wie sogar Gomperz glaubt) lediglich Sokrates' dialektische Überlegenheit über die Männer seiner eigener Zeit zeigen sollten, scheint normale psychologische Maßstäbe zu ignorieren. Er macht keinerlei Anstrengung, die zeitgenössische Szene wiederzuentdecken.

Philosophische Rivalität war darüber hinaus mit politischer Parteilichkeit verknüpft. Die aristokratischen Verbindungen Platons machten ihn zu einem leichten Ziel für die Spötteleien der »demokratischen« Schule der Kyniker. Außerdem war er »politisch orientiert«, während die Kyniker antipolitisch waren. Und obwohl die Kyrenaiker Anpassung an die Gesellschaft und Nutzbarmachung all ihrer Wohltaten predigten, predigten sie auch, dass sich der Weise aktiver politischer Betätigung enthalten solle, während der Platon, der später lehrte, dass Philosophen Herrscher sein sollten, in seiner frühen Periode kaum ohne jede politische Neigung gewesen sein kann. Angesichts Sokrates' politischer Enthaltsamkeit ist es evident, dass die anderen »Sokratiker« *prima facie* im Vergleich mit Platon gute Argumente hatten, sich als wahre Schüler des Sokrates zu fühlen, und dass Platon einen plausiblen Grund würde ersinnen müssen, um zu erklären, weshalb Sokrates von den Theorien, die er ihm zuschrieb, praktisch abgewichen war. Als Platon anfing, sich für die naturwissenschaftliche Spekulationen der Vorsokratiker zu interessieren, geriet er in eine ähnliche Verlegenheit und bot dem Vorwurf, kein wahrer Sokratiker zu sein, eine Angriffsfläche, die zumindest die Kyniker ausnutzen konnten.

Jeder Leser Platons weiß, ein wie hohes Maß an Dunkelheit und Verworrenheit sich in seiner Themenwahl, der Folge seiner Probleme und Argumente, in den eigentümlichen Wendungen, die den Argumenten gegeben werden, findet und wie häufig Sokrates offensichtliche Sophismen zugeschrieben werden. Er weiß auch, mit wie geringem Erfolg sich Kommentatoren mit diesen Schwierigkeiten abgeplagt haben. Hätten wir so vollständige Berichte der anderen Schulen seiner Zeit, wie wir sie von Platons eigenen Schriften haben, wären wir aller Wahrscheinlichkeit nach im Besitze des Schlüssels dazu und bis zur Entdeckung weiterer Manuskripte werden wir verloren sein. Im Großen und Ganzen scheint es weniger riskant, Platon dazu zu benutzen, um die Rekonstruktion anderer Denker seiner Zeit zu vervollständigen, als Platon zu interpretieren, ohne sie zu berücksichtigen. Zumindest können wir von der Hypothese ausgehen, dass wir immer dann, wenn irgendjemand in einem Dialog ernsthaft eine Ansicht präsentiert, die von Sokrates kritisiert wird, das Echo einer Lehre einer zeitgenössischen Schule vor uns haben. Die Anspielung kann ganz direkt sein, so dass jeder Gebildete in Athen ihre Tragweite unmittelbar einordnen konnte. Sie kann indirekt sein, ein sehr allgemeiner Hinweis auf eine Lehre, die Platon nachdenklich gemacht und durch deren Diskussion er in seinem eigenen Denken eine Stufe weiter gekommen war. Heute kann jeder sorgfältige Leser von James, Royce und Santayana eine Vielzahl solcher indirekter und vielleicht oft unbewusster Querverweise finden; dabei wird ein gemeinsamer intellektueller Hintergrund von Harvard vorausgesetzt. Und jedes Schema philosophischer Interpretation, das vergisst, dass jeder Denker ebenso gegen wie mit den Ansichten seiner Zeitgenossen und Verbündeten denkt, ist unangemessen. Es ist besonders unangemessen, wenn es auf das athenische Temperament und die gesellschaftlichen Bedingungen in Athen angewendet wird. Heutzutage schreiben wir direkte Kritiken, in denen wir unsere Antagonisten mit Namen nennen. Der urbane, agonale, dramatische, prestigesüchtige Grieche wählte eine verschleierte Methode.

Wenn wir uns jetzt dem Inhalt der frühen Dialoge etwas genauer zuwenden, stoßen wir auf die wohlbekannte Tatsache, dass Sokrates in jedem Dialog Ansichten einer feindseligen Kritik unterwirft, deren Tenor sokratisch ist, Ansichten obendrein, die er selbst in dem Dialog akzeptiert, während er seine Unfähigkeit beklagt, sie zufriedenstellend zu begründen, und die später, in modifizierter und vertiefter Form, in Platons konstruktiven Dialogen wiederkehren. Die Interpreten, die behaupten, diese Dialoge seien sokratisch, sind voller einfallsreicher Erklärungen, warum Sokrates seine eigenen Lehren angreift. Jowett ist nicht gerade für seinen philosophischen Scharfsinn berühmt, aber gerade seine Naivität lässt ihn als zitierenswert erscheinen. Er sagt über den *Charmides*: »Wir sehen mit Überraschung, dass Platon, der in seinen anderen Schriften das Gute und Erkenntnis identifiziert, sie hier einander entgegensetzt«; über den *Lysis*: »Sokrates hat sich selbst durch eine Art eristischer oder unlogischer Logik mitreißen lassen«; über den *Laches*, dass die Erkenntnis, die mit der Tugend identifiziert wird, »hier in einem sinnlosen und transzendenten Begriff verloren gegangen ist«; vom *Protagoras*, dass die von Sokrates vorgetragene Wahrheit »paradox oder transzendent« ist. Und trotzdem bleibt Jowett fest davon überzeugt, dass alle diese Dialoge trotz ihres transzendenten und dialektischen Charakters wahrhaftig dem schlichten, praktischen Sokrates angehören! Es wäre viel einfacher zu glauben, dass die »sokratischen« Ansichten und Methoden, die kritisiert werden, die Ansichten und Methoden von Männern sind, die vorgeben, in Sokrates' Namen zu sprechen, die Platon dann in Sokrates' Namen dadurch lächerlich macht, dass er sie in Widersprüche verwickelt.

Etwas spezifischer gesagt, ist das Hauptthema dieser früheren Dialoge das Verhältnis von Wissen, Tugend und dem Guten. Sekundäre, abgeleitete Themen sind die Einheit und Vielheit der Tugenden und die Lehrbarkeit der Tugend; das heißt, Wissen und Tugend im Prozess des Werdens. Es ist schwer zu glauben, dass Platon einen Sokrates dargestellt hätte, der seine eigene These, die Verbindung von Tugend und Wissen und beider als Mittel zu einem Zweck oder Guten in Frage stellt, wenn nicht Auffassungen von Wissen, Tugend und dem Guten entstanden wären, die Platon kritisieren und verwerfen wollte. Im *Hippias minor* kommt Platon *aus bestimmten Prämissen* zu dem Schluss, dass nur der Gute absichtlich Unrecht begehen kann. Die Prämissen haben in der Analogie von moralischem Wissen und Tugend mit dem Wissen und der Fertigkeit des Handwerkers eine täuschend sokratische Färbung. Aber als Hippias sagt, er könne die Schlussfolgerung nicht akzeptieren, sagt Sokrates: »Ich auch nicht.« Kein Wunder, dass viele die Echtheit des Dialogs bestritten haben, wenn er mit einer *reductio ad absurdum* einer echten sokratischen Lehre zu enden scheint. Aber der Fall steht anders, wenn das, was kritisiert wird, die Interpretation ist, die *Antisthenes* vom sokratischen Wissen und Können gibt. Von Antisthenes ist wenigstens so viel bekannt. Er begann als Rhetor und Literaturdeuter, namentlich Homers. Nachdem er spät im Leben Sokrates kennen gelernt hatte, stellte er, mit Hilfe einer allegorischen Deutung, Homer als Lehrer der sokratischen Moral dar. Er predigte die Rückkehr zur Natur, zusammen mit der Notwendigkeit strenger Beherrschung der Leidenschaften und Wünsche, damit der Mensch frei oder selbstbeherrscht und selbstgenügsam sein kann. Er stellte Institutionen, besonders politische, der Natur aus dem Grund gegenüber, weil sie entweder auf Satzung beruhten oder willkürlich seien. Regierungen lehrten Ungerechtigkeit, Hochmut und Intrige und führten zu Luxus und Korruption. Abgesehen von den – allegorisch gedeuteten – Dichtern sind die Handwerker die einzigen, die Wissen haben. Sie verstehen ihr Geschäft, ihr Material, ihre Gegenstände. Ihre Kunst ist Geschicklichkeit, Tugend. Sie erlangen sie durch Disziplin, durch Praxis, die auf natürlichen Fähigkeiten beruht. Unter den Künsten sind einige falsch, weil sie dem Luxus dienen, andere natürlich, weil sie sich mit den Notwendigkeiten der Natur, Nahrung, Schutz und Kleidung, befassen und ihnen dienen. Die wahrhaft unabhängige Seele wird möglichst viele von diesen Künsten in sich vereinen, um frei zu sein. Diese Selbstgenügsamkeit ist gut oder das Glück.

In dieser Darstellung erscheint ein echt sokratisches Element, das aber in einer Weise gedeutet wird, die sich radikal von der Art Platons unterscheidet. Wir bemerken insbesondere die Erhebung der Praxis über die logische und theoretische Wissenschaft als Mittel, um die Tugend zu erlangen, und den Angriff nicht bloß auf bestehende Institutionen, sondern auf den Gesellschaftszustand als solchen. Im ersteren Punkt wurde Antisthenes von der megarischen Dialektik beeinflusst, mit dem Unterschied, dass er die Dialektik, statt sie dazu zu benutzen, um die Einheit von Güte, Sein und Wahrheit zu begründen und die Vielheit zu bestreiten, lediglich negativ einsetzte, um andere zu widerlegen, die wahres Wissen mit dem Gebrauch einer logischen Methode verknüpften. Wir wissen aus anderen Dialogen, dass Platons ständiger Ausdruck für die Kyniker »unkultiviert«, »ungebildet« war, der zur Zeit des Aristoteles zu einem technischen Namen für alle geworden war, die den Wert der logischen Methode verneinten. Auf der politischen Seite wissen wir, welche Mühe sich Platon gab, zu zeigen, dass Wissen in Form der richtigen Meinung über den Tod und andere Dinge, die Furcht erregen, nur in einem organisierten Staat, der von den wahrhaft Weisen regiert wird, erzeugt und aufrechterhalten werden kann.

Die Tendenz des Dialogs ist nun offensichtlich. Hippias erscheint als Rhetoriker. Sein Thema ist Homer. Er ist Meister aller Künste und autark. Dann wird gezeigt, dass der Mann, der eine Kunst beherrscht, genau der ist, der andere täuschen kann, und dass der Künstler oder Handwerker, der andere absichtlich täuschen kann, besser ist als einer, der sie zufällig täuscht. Diese Analogie wird dann auf Gegenstände erweitert, auf künstliche wie Ruder und Bogen und auf natürliche wie das Auge. Dann wird dasselbe auch von der Seele als einem Werkzeug oder Organ, das eine Funktion hat, gezeigt. Folglich ist der auf irgendeinem Gebiet Weise, der nach sokratischer Manier als tugendhaft und infolgedessen als fähig definiert wird, Gutes oder Nützliches hervorzubringen, auch derjenige, der absichtlich Gutes oder Schlechtes tun kann; die fähige Seele ist diejenige, die absichtlich Unrecht tun kann, und zwar die einzige, die das kann.

Die Prämissen einmal vorausgesetzt, ist die Schlussfolgerung unausweichlich. Aber wir erinnern uns, dass Platons großer Beitrag zur Diskussion, den er der Geometrie entlehnte und den zur Philosophie beigesteuert zu haben seinen ganzen Stolz ausmachte, darin besteht, dass alle derartigen Prämissen Hypothesen sind, die Probleme definieren, und dass der Wert der Schlussfolgerung darin besteht, dass sie die Bedeutung der Prämissen expliziert. Die Prämisse hier ist die kynische Identifikation von Wissen und Tugend mit der Weisheit und Geschicklichkeit des Handwerkers. Die Absurdität ergibt sich daraus, dass diese Ansicht auf moralische Tugenden übertragen wird. Der Grund für die Absurdität wird deutlich angegeben. Es wurde unterstellt, dass das, was von relativen Zielen wahr ist, von Zielen, die letztlich nur Mittel sind, auch von realen oder absoluten Zielen, den Gütern der Seele, wahr ist. Wie oft genug in anderen Dialogen angedeutet wird, weiß der Arzt, was Gesundheit ist und wie man sie erreicht. Ob aber die Gesundheit selber etwas Gutes ist oder ob es besser ist zu sterben, weiß er als Arzt nicht und kann es nicht wissen. Folglich wird hier deutlich auf eine höchste Wissenschaft, eine Wissenschaft vom Guten und von Zielen an sich verwiesen, und ihr Fehlen zeigt sich als die Schwäche des Hippias als Repräsentant einer rivalisierenden Schule.[2] Wer dieses höchste Gute weiß, kann unmöglich ungerecht handeln, sei es absichtlich oder unabsichtlich.

Im *Laches* ist der Bezug zu bestimmten Schulen äußerst indirekt, aber der Bezug zu dem Problem, das die Schulen trennte, offensichtlich. Laches ist ein Konservativer, der allem Philosophieren abgeneigt ist, vielmehr ein Anhänger Spartas, und als solcher glaubt er an Übung und Praxis als die Mittel, um Tugend zu erlangen, sowie an ursprüngliche natürliche Fähigkeiten. Er ist sozusagen ein Kyniker, ohne es zu wissen. Nikias dagegen ist ein Liebhaber der Kultur und der philosophischen Diskussion; er ist Humanist. Er trägt seine Auffassung, die Tugend des Mutes sei mit Weisheit verbunden, als etwas vor, was er von Sokrates gehört hat – eine hinreichende Warnung an die Weisen. Er bestreitet ausdrücklich, dass das Wissen von Spezialisten oder Handwerkern die Art von Weisheit ist, nach der gesucht wird. Er bestreitet außerdem, dass *natürlicher* Mut, dem es an Voraussicht fehlt, in irgendeinem Sinn eine Tugend sei. Er verweist

2 Vgl. *Staat*, 505 c, dass, wenn wir alles andere vollkommen wüssten, aber nicht die wahre Form des Guten kennten, es uns nichts nützen würde.

auf die Notwendigkeit einer theoretischen Erkenntnis von Gründen der Dinge, die zu fürchten sind, einer Erkenntnis, die der Art nach anders ist als das Wissen des Handwerkers. Wie Platon ist er ein Kritiker der kynischen Moral. Gleichwohl kritisiert Platon ihn.

Offensichtlich muss es, wenn die Schwierigkeit überwunden werden soll, verschiedene Arten oder Grade des Wissens und folglich der Tugenden geben. Nikias ist in einem Dilemma gefangen. Ohne Wissen gibt es keine Tugend; es muss Wissen von der Gefahr, von einem drohenden Übel geben. Aber mit vollkommenem Wissen gäbe es ein vollständiges Wissen von Gut und Böse und deshalb keine Furcht, sondern nur Vorsicht und deshalb keine Möglichkeit des Mutes. Nichts könnte deutlicher auf das Bedürfnis von echtem Wissen verweisen, das, wenngleich echt, weniger als Weisheit ist. Im *Menon* wie im *Theätet* wird die richtige Meinung eingeführt, und die richtige Meinung löst genau die Schwierigkeit für Mut wie für Mäßigung. Die genauen Definitionen werden im *Staat* gegeben, wo Mut als Meinung definiert wird, nicht als vollkommenes Wissen, eine Meinung darüber, welche Dinge zu fürchten sind und welche nicht, die auf den Gesetzen des Staates basiert, wie sie von den wahrhaft Weisen formuliert worden sind. Die Meinung wird von Letzteren den Bräuchen zugeordnet. Auf diese Weise werden die Probleme der Einheit und Vielheit der Tugenden und der Lehrbarkeit der Tugend beide gelöst.[3]

Es ist seltsam, dass Platons negative Dialektik so viele seiner Interpreten gegen seine ausdrücklichen Lehren davon überzeugt hat, dass er an einer exklusiven Einheit der Tugend festgehalten und die Notwendigkeit von Praxis oder Gewohnheit bei der Erlangung und Aufrechterhaltung der Tugend bestritten habe. Der Fehler stammt vielleicht von Aristoteles, der Platon vorwarf, er habe die Notwendigkeit der Praxis, um Menschen vor den Verführungen der Leiden-

3 Man erinnere sich, dass der *Protagoras* mit einer Umkehr der ursprünglichen Positionen endet: Sokrates vertritt am Ende die Meinung, Tugend sei unter gewissen Umständen lehrbar. Protagoras hatte die Bürger, wie sie nun einmal in den gegenwärtig bestehenden Staaten existieren, als Lehrer der Tugend angesehen. Die Diskussion verlagert sich scheinbar zum Problem der Einheit und Vielheit von Tugenden – zur Verwirrung vieler Kommentatoren. Aber die Lösung der einen Frage ist die Lösung der anderen. In einem Staat, der von den Weisen beherrscht wird, macht die von den Weisen aufrechterhaltene Einheit von Wissen und Tugend, die richtige Meinung, eine Mehrheit von Tugenden und die Lehrbarkeit von Tugenden – alle im Bereich des Werdens – für die Vielen möglich.

schaften zu schützen, ignoriert. Aber diese Ansicht widerspricht den Tatsachen. Mäßigung und Mut setzen Wissen voraus; aber da sie im Reich der Veränderung und deshalb im Reich der praktischen Kunst bestehen, verlangen sie Geschicklichkeit, die durch Übung erworben und zur Gewohnheit gemacht wird. Die – trotz des *Staates* – nur allzu übliche Weigerung, Platons eigene Position anzuerkennen, beruht weitgehend auf der Interpretation der frühen ethischen Dialoge als sokratisch. Man sehe sie als dialektische Widerlegungen von Denkern an, die behaupten, Sokratiker zu sein, und ihre Positionen stimmen nicht nur mit den Lehren des *Staates* überein, sondern formulieren das Problem, dessen Lösungen gegeben werden. Wenn Nikias bemerkt hätte, dass, die Erkenntnis unveränderlicher Ziele und Güter einmal vorausgesetzt, eine Tugend und ein Wissen möglich werden, die durch *Praxis und Anleitung der wahrhaft Weisen* erlangt werden, dann wäre er dem Dilemma entgangen. Aber Nikias steht da, wo die Kyrenaiker standen. Er ist genügend Sokratiker, um die Wichtigkeit des Wissens für die Tugend zu verkünden. Aber er sieht nicht, wie Platon, dass das Wissen, selbst in der Form der richtigen Meinung über Dinge, die sich verändern, wie Lust und Schmerz, auf der Einsicht in das Sein beruht – in das, was sich nicht verändert.

Die Diskussion der *sophrosyne* im *Charmides* ist dazu komplementär, obgleich beträchtlich komplizierter. Es sollte bemerkt werden, dass die Gestalten des Dialogs Platons Freunde und Verwandte sind und dass die Atmosphäre freundlich und unkontrovers ist; während gleichzeitig die Argumente, soweit es Kritias betrifft, ganz formal sind und sich um hochtechnische Fragen drehen, wie die Existenz und Bedeutung des Selbstbezugs, den Unterschied zwischen dem Wissen, *dass* wir wissen, und dem Wissen, *was* wir wissen; zwischen spezifischem Einzelwissen und abstraktem Universalwissen. Der Dialog unterscheidet auch sorgfältig die verschiedenen Bedeutungen von Termini und diese Unterscheidungen sind ernst gemeint, obgleich ein gewisses Amüsement über Prodikos als ihren wirklichen Autor herrscht. Es scheint mir, dass nur ein Mangel an historischer Vorstellungskraft solche Themen dem historischen Sokrates zuweisen kann, besonders da sie genau die technischen Unterscheidungen sind, die Platon positiv für sich selbst in Anspruch nimmt.

Der Punkt, über den Kritias endlich stolpert, bietet den Schlüssel zu dem Problem des Dialogs und seiner eigentlichen Lösung, wenn nicht sogar ganz klar zu der philosophischen Schule, die sich hinter Kritias verbirgt. Kritias hat eine Wissenschaft der Wissenschaften als die Weisheit ins Auge gefasst, welche die Tugend der *sophrosyne* verleiht. Die Wissenschaft vom Guten wird von ihm ausdrücklich dieser Wissenschaft *untergeordnet*. In der vorangegangenen Diskussion des Dialogs ist gezeigt worden, dass es die besonderen Wissenschaften sind, die besondere Güter wie Gesundheit usf. verschaffen, und dass eine Wissenschaft der Wissenschaft nicht im Geringsten dazu beiträgt, sie zu gewinnen, und dass die einzige Wissenschaft, die von endgültigem Nutzen ist, die Wissenschaft vom Guten selbst ist. So hat sich die Argumentation von Kritias im Kreis bewegt. Nicht das Leben gemäß der Erkenntnis bewirkt, dass die Menschen recht handeln und glücklich sind, selbst wenn alle Wissenschaften darin eingeschlossen sind, sondern das Leben gemäß nur einer *einzigen* Wissenschaft, *der Wissenschaft vom Guten und Schlechten*. Hier liegt ein offensichtlicher Hinweis vor, der zur vollen Lehre des *Staates* erweitert wird, dass die Wissenschaft vom Guten die höchste Wissenschaft ist, keine untergeordnete, und dass das Wissen vom Wissen (das heißt Logik) ihr untergeordnet ist und nicht umgekehrt.[4]

Es fehlt in dem Dialog nicht an anderen Hinweisen. So bemerkt Sokrates, nachdem er die Idee verworfen hat, Weisheit, die zur Tugend führt, sei mit einer Erkenntnis der Natur des Wissens identisch, ganz unvermittelt, ein solches Wissen sei für den *Lernenden* nützlich, weil es das Lernen einfacher und klarer machen und ihn in den Stand setzen würde, wann immer er irgendwelches Wissen hat,

4 Hier besteht beinahe Punkt für Punkt Übereinstimmung mit *Staat* 505. Die Menge nennt Lust das Gute, aber selbst diejenigen, deren »*Definition* Lust und das Gute identifiziert, müssen die Existenz von üblen (schädlichen) Lüsten zugeben«. Die Aufgeklärteren nennen das Gute *phronesis*. »Aber auch das weißt du, mein Freund, dass diese Leute nicht genau die Art dieser ihrer Einsicht klarlegen können, sondern gezwungenerweise von der Einsicht in das Gute sprechen. Was geradezu lächerlich ist.« Der Hinweis auf eine wohlbekannte philosophische Lehre und eine wohlbekannte Kritik ist unmissverständlich. Natürlich haben Kritiker die Ähnlichkeit mit dem Argument und der Schlussfolgerung des *Laches* erkannt, waren aber, da sie der Meinung waren, dass letzterer echt sokratisch ist, in großer Verlegenheit, das zu erklären. Aber tatsächlich haben wir hier die explizite Behauptung einer höchsten Wissenschaft vom objektiven Guten, die im *Laches* als Schlüssel zu jedem wahren Wissen des Wissens und als höchste Erkenntnis und Tugend negativ angedeutet wird. Man vgl. auch *Staat* 509, wo ausdrücklich gesagt wird, dass Erkenntnis dem Guten *ähnle*, aber nicht absolut oder uneingeschränkt (das) Gut(e) ist.

das Wissen von anderen zu überprüfen; und das Problem habe darin bestanden, dass wir vom Wissen des Wissens (oder der Logik) mehr erwartet haben, als es bieten kann. Etwas vorher, nach der Kritik an der Lehre von der Selbstbezüglichkeit (die offensichtlich einem zweifellos späteren platonischen Begriff verwandt ist), begnügt er sich damit zu sagen, dass sie in einigen Fällen unzulässig ist, nämlich bei Zahlen, da diese relativ definiert seien, während mit Hinblick auf andere Dinge ein »großer Mann« nötig sei, um zu bestimmen, ob ein Absolutes oder Selbstbezügliches existiert und wie Weisheit damit zusammenhängt.

Der Bezug auf Zahl und Berechnung an dieser Stelle ist gewiss ironisch und die Ironie ist Teil der Widerlegung des Kritias. Platon kannte keine falsche Bescheidenheit, wenn er sich selbst für den großen Mann hielt, der das Problem der Selbstbezüglichkeit lösen könne! Und in anderen Dialogen bestreitet er explizit den relativen Charakter der Zahl. Da eine Hälfte auch ein Doppeltes ist (im Hinblick auf etwas anderes), kann Mathematik keine Wissenschaft von Relativa dieser Art sein (siehe *Phaidon* 438, 439 und 479). Wenn Kritias die Zahl als erforderlich definiert hat, um eine richtige utilitaristische Berechnung des Guten als relativ durchzuführen, und dann von da auf etwas Selbstbezügliches – das Wissen des Wissens – schließt, macht er sich des Selbstwiderspruchs schuldig. Die populäre Vorstellung, die Kyrenaiker hätten Tugend mit Lust identifiziert wie Lust mit dem Guten, ist absurd. Sie identifizierten Tugend mit Wissen von der größeren Lust; das kann nur durch Berechnung oder einen Kalkül erreicht werden. Eine Lustempfindung mag als das sicherste Kennzeichen des Guten angesehen worden sein, aber diese Art von Wissen konnte, für sich allein genommen, kaum die Art von Wissen sein, die zu Geschicklichkeit, Kunst und Tugend führt. Dazu ist eine Unterscheidung von geringeren und größeren Lüsten oder Wissen vom Wissen erforderlich. Aus unabhängigen Quellen wissen wir, dass die Anhänger Aristipps die Dialektik als Werkzeug ansahen und dass sie, obgleich eher Humanisten als Naturalisten, Wissen der Natur schätzten, soweit es zum menschlichen Wohlergehen beitrug – ein Motiv, das sie schließlich bezüglich ihrer Kosmologie zu den Atomisten hinzog und das seinen endgültigen Ausdruck bei Lukrez findet. Verglichen mit den Kynikern betrachtete Platon sie als »feinere Geister«.[5]

5 Siehe *Theaitetos*, 156; *Philebos*, 53.

Selbst wenn der *Protagoras* nicht als »sokratischer« Dialog klassifiziert werden sollte (er gehört ganz sicher in dieselbe Gruppe wie die eben betrachteten), lohnt es sich, für einen Augenblick den *Charmides* beiseite zu lassen, um die Ähnlichkeit der Atmosphäre zu bemerken. Der Protagoras des gleichnamigen Dialogs ist weniger offensichtlich eine Karikatur oder Maske, als er im *Theätet* zu sein scheint. Aber was sein Naturell anbelangt, so ist er gleichermaßen kyrenaisch. In Übereinstimmung mit seiner üblichen Methode der Argumentation aus hypothetisch angenommenen Prämissen beginnt Sokrates mit der Identifikation von gut und Lust. Das Argument zeigt dann, dass Lüste sich der Quantität nach unterscheiden und es deshalb der Messung bedarf – man vergleiche die Rechenkunst des Charmides. Folglich steht die Kenntnis der Messkunst höher als die Lust. Die Wissenschaft von Zahl und Maß bleibt explizit einer späteren Diskussion vorbehalten. Man beachte auch, dass selbst im *Protagoras* der Begriff der Zahl als relativ nicht in Frage gestellt wird; das heißt, Platon lässt eine Diskussion auf der Basis von größer und kleiner zu. Natürlich kann behauptet werden, dass Platon zu diesem Zeitpunkt über diesen Begriff noch nicht hinausgekommen war und es ihm erst später, als er die absolute Natur der Zahl erkannt hatte, gelungen ist, mit sich selbst über das Thema der Lust und ihrer Verbindungen mit Wissen und dem Guten ins Reine zu kommen. Aber wenn wir die Hypothese zugrunde legen, die im Fall eines Mathematikers nichts Gewaltsames an sich hat, dass Platon diese Einsicht über die Zahl schon hatte, finden wir, dass alles andere mit bemerkenswerter Genauigkeit zueinander passt. Lüste sind relativ, sie gehören ins Reich des Werdens. Als solche sind sie größer und kleiner. Ein Hedonist, das heißt jemand, der sich nicht über die Ebene des Werdens erhebt, muss dann, wenn er überhaupt in der Beibehaltung einer Identifikation von Wissen und Tugend sokratisch ist, Tugend als Wissen vom Größeren und Kleineren definieren. Dadurch lässt er Berechnung und Messung als eine höhere Lust ein. Man unterwerfe Zahl und Maß der Prüfung, und es erweist sich, dass sie uns in die Region des Selbstbezüglichen oder Absoluten führen – aus dem Werden ins Sein. Die Dialektik ist vollkommen.

Ein Punkt im früheren Teil des *Protagoras* ist bemerkenswert im Hinblick auf den *Laches* und den *Charmides*. Als der Mut diskutiert wird, vertritt Protagoras eine abschätzige Meinung über ihn; er sei nicht wie die anderen Tugenden; er sei eine bloße Gabe der Natur.

Aber Sokrates widerspricht, indem er zeigt, dass es eines Elementes von Wissen bedarf, wenn Mut eine Tugend ist, und stellt ihn auf diese Weise mit den anderen Tugenden in eine Reihe. Für den Kyrenaiker muss militärischer Mut eine barbarische Tugend gewesen sein, gerade recht für Tiere, Wilde, Soldaten sowie für Kyniker und andere, die gemäß der Natur leben. Zivilisierte, kultivierte Menschen, die durch Kunst und Freundschaft leben, haben keine Verwendung dafür, außer soweit sie in den Naturzustand zurückfallen. Man beachte das humanistische Element in der Behauptung, dass »die schlimmsten Menschen in einem zivilisierten Staat besser sind als Wilde, die weder Erziehung noch Gericht noch Gesetze haben«, und kontrastiere diese Ansicht mit der Ansicht der Kyniker, dass Gesetze und Staaten Mittel der Mächtigen sind, um ihre eigenen Interessen zu fördern. Man erinnere sich auch, dass für die Kyrenaiker das Ziel der Philosophie darin bestand, ihre Adepten in den Stand zu setzen, ohne Gesetze so zu leben, wie andere Menschen nur dank Gesetzen leben. Das Naturell des Protagoras gleicht in jeder Beziehung dem der Kyrenaiker: eine Hochschätzung der Werte menschlicher Künste, besonders der sozialen Künste, als Quelle aller Kultivierung und wahrhaft menschlicher Freuden, mitsamt einer herablassenden Toleranz gegenüber den Massen, die dem Brauch gemäß zu leben haben, weil sie sich in der Wertschätzung der Lüste nicht auf die Ebene der Einsicht, *phronesis*, und der Geistigkeit erhoben haben. Wir sollten zumindest auch einen Blick auf die Diskussion der Furchtlosigkeit der Seele werfen, die der Weise angesichts des Gedankens an den Tod und andere Übel zeigt.

Protagoras ist, wie die Kyrenaiker, Humanist, kein Naturalist. Er löst das Problem der Lehrbarkeit der Tugenden durch eine Verherrlichung des Sozialen in den menschlichen Künsten. Die Kunst der Regierung ist das Band der Gesellschaft. Zeus befiehlt Hermes, die sozialen Künste nicht so zu verteilen, wie die technischen Künste verteilt sind – an die Experten oder wenigen, sondern an alle, da sonst der Staat nicht existieren kann. Alle haben einen gewissen Anteil an Respekt, Gerechtigkeit und Weisheit. Die gesellschaftliche Ordnung ist der große Lehrer der Tugenden. Diese Lehre ist genau die Lehre des *Staates* – mit einem Unterschied. Der *bestehende* Staat lehrt eher Laster als Tugend; er ist der große Sophist, der Verderber von Gefühlen und Meinungen der Menschen. Man führe in den Staat eine Klasse von Menschen ein, die wirklich Wissen besitzen, und gebe ihnen die Kontrolle über die Gesetze – die höchsten Erzieher der Menschheit –, und das humanistische Ideal wird Wirklichkeit. Aber es ist unmöglich, die benötigte Klasse von weisen Menschen ohne Unterweisung in Dialektik, Mathematik und Naturverständnis zu sichern. Folglich entwickelt Platon seine Synthese der Motive, die unter den zeitgenössischen Schulen verstreut und getrennt waren. Die »sokratischen« Dialoge sind die kritischen vorbereitenden Versuche.

Aber wir haben uns allzu lange vom *Charmides* abgewandt. Man beachte den abschließenden Grund für die Verwerfung des Wissens vom Wissen als der wahren Weisheit. Nikias hat an die Künste, besonders die nicht-mechanischen Künste appelliert – die ja die Festung der Kyrenaiker waren. Aber es ist klar, dass der Arzt auf der Grundlage seiner Kenntnis von der Gesundheit, nicht seines Wissens des Wissens urteilt und beurteilt wird.[6] Um Gesundheit zu kennen, sollten wir über das Spezialwissen verfügen müssen, das der Arzt hat. Nun wissen wir aus einer großen Anzahl anderer Passagen bei Platon, dass wir zwar dem Arzt, dem Zimmermann, dem kompetenten Künstler und Handwerker auf jedem Gebiet zutrauen können, dass er sein Objekt kennt und weiß, wie er es erreicht, er aber nicht das Ziel seines Ziels, das Gute seines Guten kennt. Das heißt, der Arzt weiß nicht, wann oder warum Gesundheit wirklich ein Gut für seinen Patienten ist. Er kennt die Grenzen seines eigenen Wissens nicht.[7] Daher das Bedürfnis nach einer anderen Art Weisheit, der des Mannes, der Güter kennt, die immer Güter sind, und der die besonderen Güter im Licht seiner Kenntnis des wirklichen und endgültigen Guten beurteilen kann – der Weisheit des Philosophen, wie

6 Die Aufmerksamkeit des Lesers wird wiederum auf die »sinnlose und transzendente« Natur dieses Begriffs vom Wissen des Wissens auf der Basis der gewöhnlichen Interpretation gelenkt. Woher stammt er? Warum wird er eingeführt? Was für einen Sinn hat er? Man identifiziere das primäre Wissen mit der Erfahrung der Lust und das Wissen des Wissens mit der Wertschätzung der gegenwärtigen Lüste mit Hinblick auf zukünftige Lüste, und das Wissen des Wissens erhält eine definitive Bedeutung und einen historischen Kontext. Seine schnelle Verwandlung in Wissen des Selbst wird ebenfalls etwas mehr als ein fehlerhaftes dialektisches Wortspiel.

7 Das ist der Einwand gegen die Demokratie, die Herrschaft des Handwerkers usf. Innerhalb ihrer eigenen Angelegenheiten trauen sie dem Experten, dem »Einen« – ihm, der weiß. Aber in öffentlichen Angelegenheiten, die sich mit dem höheren Guten befassen, beansprucht jeder Wissen für sich selbst und hält das Urteil und die Herrschaft der Vielen für inkompetent.

ihn Platon konzipiert hat. Man stelle das Wissen vom Guten über das Wissen vom Wissen – das dann zur Dialektik wird, die auf der Mathematik beruht –, und das ganze Argument wird in seinen positiven Implikationen so klar, wie es in seiner negativen Kritik ist. Das Wissen vom wirklich Guten wird uns befähigen, das Wissen des Arztes zu nutzen, ohne uns herablassen zu müssen, selbst Arzt zu werden, und seine Grenzen zu fixieren und zu prüfen. Dass Sokrates eine Diskussion so nahe an Platons eigene charakteristischste ethische Idee herantragen könnte, ohne zu wissen, was er tut und wohin er geht, kann zwar behauptet werden, ist aber doch wohl kaum glaublich.

Das vorangehende Argument hat eine Verwandtschaft von Kritias mit der kyrenaischen Schule angenommen. Aber wir wissen kaum mit genügender Sicherheit, wann die Verflechtungen des kyrenaischen Humanismus mit dem atomistischen Naturalismus begonnen haben, obgleich wir wissen, dass das Bündnis sich schließlich fest etablierte. Wenn wir annehmen können, dass das Bündnis schon auf dem besten Wege war, als Platon schrieb, wird der Kontext des Dialogs klarer. Die Kyrenaiker gelangten infolge ihres Vergleichs von Lüsten zu den Lüsten des Geistes sowie zu den Lüsten der Freundschaft. Darüber hinaus war die Naturwissenschaft zumindest eine Lust des Geistes, mochte sie auch, verglichen mit der Wissenschaft von den menschlichen Künsten, an sich von geringer Wichtigkeit sein. Obendrein war sie ein Bollwerk gegen die Ängste und Schmerzen, die mit abergläubischen Vorstellungen über den Tod und die Götter zusammenhingen. Wenn wir uns Demokrit zuwenden, wissen wir, dass er ethisch ein Hedonist war und dass er glaubte, nur ein Weiser – Weisheit definiert als Einsicht in natürliche Ursachen – könne zwischen den Lüsten unterscheiden und Lüste und Schmerzen wahrhaft beurteilen. Man gebe die demokritische Behauptung der Verbindung von Tugend mit Wissen und seinem hedonistischen Ziel zu, und die höchste Tugend wird Umsicht, Urteilsfähigkeit, *sophrosyne*. Sie führt zur Selbstbeherrschung als ihrer unmittelbaren Frucht.

Kritias zeigt keine offensichtlichen Zeichen des Interesses der Atomisten an der Erkenntnis der Natur. Er steht den Kyrenaikern näher als den Atomisten. Aber im Hinblick auf ihren gemeinsamen ethischen Grund, die Lust und das Gute, muss es eine Annäherung von beiden Seiten gegeben haben. Jemand aus der Schule des Sokrates, die die Tugend mit der Erkenntnis der gegenwärtigen Lust auf der Basis von Ursachen und entfernten Lüsten identifizierte, der das Gute mit Lust identifizierte, hätte auf halbem Weg einen Demokriteer getroffen, der mit Atomen begann und mit der Fähigkeit endete, unter Lüsten und Schmerzen auf der Basis der Kenntnis ihrer natürlichen Ursachen zu unterscheiden. Die beiden würden sich nur in der Betonung unterscheiden.

Es ist bemerkenswert, dass in dem Augenblick, wo Platon Sokrates erlaubt, seine spielerischen Spötteleien fallen zu lassen, Sokrates zweimal zugibt, dass ein solches Wissen des Wissens, wie es Kritias vor Augen hat, Ordnung und Glück gewährleisten würde. Jeder würde nach seiner eigenen Wissenschaft handeln, und keiner, der eine bestimmte Kunst ausübt, ob militärische Angelegenheiten, Medizin oder Regierung, wäre imstande, sich anderen aufzudrängen. Die Voraussage der Zukunft stünde unter der Kontrolle des Mannes, der die Ursachen versteht, die Dinge in der Vergangenheit, Gegenwart und Zukunft gleichermaßen hervorbringen. So weit würde die Unterscheidung dessen reichen, was wir wissen und nicht wissen. Haushalt und Staat wären wohlgeordnet und glücklich.

Die Analogie zum *Staat* liegt auf der Hand. Die Diskussion geht vom unschuldigen Charmides auf Kritias über, als die Tugend als »das Seine tun« definiert wird, und Tun wird ausdrücklich mit Machen kontrastiert – dem Geschäft der Handwerker. Es ist verknüpft mit dem Tun wertvoller Taten. Die allgemeine Ähnlichkeit zum *Staat* ist offensichtlich. Am wichtigsten ist die Passage im *Staat* 443, wo Gerechtigkeit mit einem innerlichen Tun und Mäßigung – die Tugend, die im *Charmides* diskutiert wird – mit der resultierenden innerlichen Harmonie identifiziert wird, die auch die Selbstbeherrschung sichert. Kritias hatte sozusagen bis zu einem bestimmten Punkt recht. Sein Problem war, dass er die höchste Tugend oder Wissen mit dem Wissen des Wissens identifizierte statt mit Wissen des wirklichen und permanenten Ziels oder Guten. Ihm blieb dann kein weiteres Kriterium, um das eigentümliche Werk, das Tun, das Geschäft, der verschiedenen Seelenteile zu beurteilen, als das Kriterium der Künste, das er verwirft. Die Passage mit ihrem Bezug auf das Aufräumen eines Hauses sollte mit *Charmides* 171 verglichen werden. Man bemerke auch in dem Kontext von *Staat* 444 den Vergleich der Gerechtigkeit mit der Gesundheit, insofern beide implizieren, dass die Kräfte des Körpers und der Seele so geordnet sind, dass sie »einander in Übereinstimmung mit der Natur beherrschen und voneinander beherrscht werden«.

Die Wichtigkeit, die der Fähigkeit beigemessen wird, zwischen wirklichem Wissen und falschem und konventionellem Glauben zu unterscheiden, ist ebenso demokritisch wie platonisch. Platon kritisiert hier die Vorstellung, diese Fähigkeit könne nur durch die Erkenntnis von Zielen oder Gütern an sich selbst erworben werden. Selbsterkenntnis ist in der Tat fundamental wichtig. Sie konstituiert *sophrosyne*; sie zeigt sich in der Fähigkeit, Lüste und Schmerzen zu unterscheiden und zu messen; sie ist eine Bedingung der Selbstbeherrschung. Soweit besteht Übereinstimmung. Aber Demokrit glaubte, diese Selbsterkenntnis in der Form des Wissens vom Wissen könne durch die Erkenntnis natürlicher Ursachen erlangt werden. Platon ist der Meinung, dass die Erkenntnis natürlicher Ursachen, die im Bereich des Werdens liegen, nützlich ist, aber nur, wenn es zuerst ein Wissen von endgültigen Zielen gibt. Hier wird, zumindest andeutungsweise, der Unterschied zwischen den beiden großen Systemen der Antike berührt.

Unsere letzten Abschnitte betonen freilich stärker, als die Tatsachen eigentlich erlauben, ein demokritisches Element in den Ansichten, die Kritias zugeschrieben werden. Es ist genug, dass die Position kyrenaisch ist mit wahrscheinlichen Beziehungen zum Atomismus, die bei einem Mann von Welt wie Kritias als führender Figur nur schwerlich betont werden konnten. Der Dialog beginnt mit Charmides, der Mäßigung oder *sophrosyne* als Sanftheit oder Ruhe oder Mäßigung definiert. Ist es zu weit hergeholt, hier eine Anspielung auf die wohlbekannte kyrenaische Identifikation der wahren Lüste mit sanften Bewegungen zu sehen? Man bemerke auch den Hinweis auf einen Gesundheit bringenden Zauber, der damit verknüpft ist, den Teil im Licht des Ganzen zu behandeln. Der Zauber kam aus Thrakien; Demokrit war ein Thraker. *Sophrosyne* bedeutet Gesundheit der Seele. Das Wissen von der Gesundheit, das der Arzt besitzt, ist der Angelpunkt, um den sich das Argument auf jeder kritischen Stufe dreht. Wenn am Ende das Argument im Begriff steht, zu der Überzeugung zu kommen, dass das Wissen, das Tugend und folglich Glück sichert, Wissen vom Guten ist, nicht Wissen des Wissens, fragt Sokrates, ob sie das Wissen von Gesundheit suchen, und Kritias antwortet, dass dies der Wahrheit nahe kommt. Man beachte die verächtliche Haltung, die durchweg gegenüber praktischem Wissen der Art, wie es Handwerker besitzen, eingenommen wird. Man bemerke auch, wie das Wissen des Wahrsagers eingeführt wird. Sokrates bezieht sich auf das Wissen von der Zukunft, das der Prophet besitzt, als ein Wissen, das glücklich mache. Kritias unterbricht ihn und sagt: »Ja, aber es gibt auch andere als Propheten, die solches Wissen haben.« Sokrates antwortet: »Ja, diejenigen, die die Vergangenheit und Gegenwart ebenso kennen wie die Zukunft.«[8] Die Passage suggeriert nicht nur die Wichtigkeit, die alle Hedonisten der Kenntnis der zukünftigen Lüste und Schmerzen beimessen, um die gegenwärtige Genüsse zu kontrollieren, sondern auch die Kenntnis der wirklichen Dinge, die von den Atomisten behauptet wird, die keinerlei Rücksicht auf die Zeit nimmt.

Dieses Argument verweist klar auf eine Schule mit aristokratischen und kultivierten Neigungen, die die höchste Tugend, Kunst oder Erkenntnis, mit der Gesundheit der Seele identifizierte, die glaubte, dass Gesundheit der Seele mit einem Wissen vom Selbst verknüpft sei, genau wie die Gesundheit des Leibes mit der Wissenschaft des Arztes verbunden ist, und dass die Wissenschaft vom Selbst oder das Wissen des Wissens einen Mann und eine Stadt befähigten, zwischen wahrem und vorgeblichem Wissen bei einem selbst wie bei anderen zu unterscheiden, und deshalb Selbstbeherrschung und Ordnung sichern. Wenn wir für Mäßigung Furchtlosigkeit der Seele einsetzen – die, wie wir wissen, eine gepriesene Tugend der Atomisten war –, gibt es viele Parallelen zwischen der Mäßigung des Kritias und dem Mut des Nikias, obgleich Kritias eine fortgeschrittenere Ebene der Dialektik einnimmt.

Die Hauptschwierigkeit in einer spezifischeren Interpretation liegt in der Weigerung Platons, den Bezug zum Atomismus deutlich zu machen. Das gilt von seiner gesamten Philosophie. Platon ignoriert seinen einzigen ernsthaften intellektuellen Rivalen, seinen einzigen Rivalen an Breite und Tiefe, Demokrit, ausnahmslos. Obgleich Platon von ihm den Begriff der unveränderlichen Formen,

8 Der Wahrsager erscheint auch im *Laches*. Hier kann er zukünftige Leiden und Übel nicht wirklich wissen, weil er nicht Gründe und Ursachen, sondern nur ihre Zeichen kennt. Deshalb weiß er nicht, ob zukünftige Schmerzen wirklich zu fürchten sind oder nicht, ob sie wirkliche Übel sind, selbst wenn er »weiß«, dass sie geschehen. Deshalb muss er »unter« dem General stehen, der ein Wissen der Dinge hat, die wirklich zu fürchten und zu hoffen sind.

der Ideen oder Gestalten als den einzigen Objekten wahren Wissens entlehnte, und obgleich die Spaltung zwischen den beiden Systemen die tiefste in der ganzen Philosophie überhaupt ist, gibt Platon, der in seinen Bezugnahmen auf andere Philosophen sonst so frei ist, niemals auch nur den geringsten Hinweis auf die Existenz Demokrits. Vielleicht sollte das »obgleich« in ein »weil« verwandelt werden. Auf alle Fälle stoßen wir hier auf die ernsthafteste Schwierigkeit für eine spezifischere Interpretation der kontroversen Bezugnahmen Platons.

Wir kämpfen heute mit den ethischen Problemen aus der Zeit Platons. Wir vertreten unsere rivalisierende Ansichten mit größerer Heftigkeit. Aber vielleicht betrachten wir sie weniger urban und mit einem geringeren Maß an luzider intellektueller Methode. Die Ansprüche von Disziplin, Kultur, Naturwissenschaft und einem angeblich höheren Wissen von Zielen stehen immer noch im Widerstreit miteinander. Die vergangene Diskussion scheint uns mit ihrem Schutt eher erstickt als aufgeklärt zu haben. Wir projizieren unsere geistige Unordnung und Einseitigkeit auf die Sophisten, schreiben ihnen unsere Sünden zu und erkennen nicht, dass die Sophisten vergleichsweise direkt und ehrlich waren und wir uns sophistisch verhalten. Wenn wir keine Belehrung dadurch erhalten können, dass wir auf den platonischen Schauplatz zurückkehren, können wir zumindest den Zauber des freien und direkten geistigen Spiels entdecken, das auf die grundlegenden Themen des Lebens gerichtet ist.

4. Das verschwindende Subjekt in der Psychologie von William James

In den *Principles of Psychology* von William James gibt es zwei Tendenzen. Die eine Tendenz besteht darin, offiziell den epistemologischen Dualismus zu übernehmen. Nach dieser Ansicht steht im Mittelpunkt der Wissenschaft der Psychologie ein »geistiges« *Subjekt*, genau wie im Zentrum der Physik ein materielles *Objekt*. Aber im Gegensatz dazu zeigt James' Analyse spezieller Themen die Neigung, das Subjekt auf einen Nullpunkt zu reduzieren, außer dass das »Subjekt« mit dem Organismus identifiziert wird, wobei der Organismus obendrein nur in der Interaktion mit den Umweltbedingungen existiert. Nach dieser letzteren Tendenz stehen Subjekt und Objekt nicht für verschiedene Ordnungen oder Arten der Realität, sondern im besten Fall für bestimmte Unterscheidungen, die zu einem bestimmten Zweck *innerhalb* der Erfahrung getroffen werden.

Die erste Ansicht bringt James explizit in den folgenden Worten zum Ausdruck:

> *Die Haltung des Psychologen zur Erkenntnis* wird im Folgenden so wichtig sein, dass wir sie erst auf sich beruhen lassen dürfen, wenn sie vollkommen geklärt ist. *Sie ist ein durchgängiger Dualismus.* Sie nimmt zwei Elemente an, den erkennenden Geist und die erkannte Sache, und behandelt sie als irreduzibel. ... Sie stehen sich in einer gemeinsamen Welt gegenüber, und das eine erkennt einfach sein Gegenstück oder wird von ihm erkannt. Diese einzigartige Beziehung lässt sich nicht in elementareren Begriffen ausdrücken oder in einen verständlicheren Namen übersetzen. ... Die Verdoppelung des Objekts durch eine innere Konstruktion muss selbst im bloßen Sinneseindruck stattfinden. ... Diesen Dualismus von Objekt und Subjekt und ihre prästabilierte Harmonie muss der Psychologe als solcher annehmen, mag er sich im übrigen auch als ein Individuum mit dem Recht, außerdem Metaphysiker zu sein, eine monistische Philosophie vorbehalten.[1]

Die *Psychology* wurde im Jahr 1890 veröffentlicht. Ein Großteil des Buches war schon einige Jahre zuvor geschrieben worden. Das Material des wichtigen Kapitels über den »Bewusstseinsstrom«, dem Wortlaut nach der vielleicht subjektivistischste Teil des ganzen Bu-

1 *The Principles of Psychology*, Bd. I, S. 218-220, *passim*. [Kursiv im Original. Im Text nachfolgend als *Psychology* zitiert.]

ches, wurde im Jahr 1884 in *Mind* veröffentlicht.[2] Im Jahr 1904 sagt er in seinem Artikel »Gibt es das ›Bewusstsein‹?« vom Bewusstsein, das die oben zitierte Passage zur Grundlage und Quelle des Stoffes seiner *Psychology* nimmt, es sei »ein bloßes Echo, das schwache Gerücht, das die verschwindende ›Seele‹ in der Luft der Philosophie zurückgelassen hat«. Und – was für das vorliegende Thema, die Tendenz des abgesonderten Subjekts, als Wissender selbst in der *Psychology* zu verschwinden, von besonderer Bedeutung ist – er fügt hinzu: »Seit zwanzig Jahren habe ich dem »Bewusstsein« als einer eigenständigen Entität misstraut; seit sieben oder acht Jahren habe ich meinen Studenten seine Nicht-Existenz nahegelegt.«[3] Mit der Angabe »zwanzig Jahre« verlegt er sein Misstrauen weit vor den Zeitpunkt zurück, zu dem die *Psychology* erschien. Ein bescheidenes Maß an Psychoanalyse könnte einen zu der Schlussfolgerung veranlassen, die Explizitheit, mit der er feststellt, die Annahme des Dualismus sei für den Psychologen notwendig, bedeute, dass er *letztlich* Zweifel an der Gültigkeit der dualistischen Position hegte.

Dass er nicht weiter ging als in der *Psychology*, ist angesichts des Zustands dieses Themas zu der Zeit, als er schrieb, nicht überraschend. Besonders angesichts der Tatsache, dass er beide Trends angriff, die damals in der Psychologie bestanden, nämlich die Assoziations- und die »rationale« Psychologie, kann man verstehen, warum er zögerte, seine Skepsis zu einem noch radikaleren Extrem zu treiben. Denn die einzige Alternative zu diesen beiden zu jener Zeit existierenden Auffassungen war ein dogmatischer Materialismus mit seiner »Automaten«theorie psychologischer Phänomene. Trotz der Zartheit, mit dem James das Thema *Seele* behandelte, schrieb er, es gebe nicht den geringsten wissenschaftlichen Bedarf an einer substantiellen Seele oder einem permanenten Geist; er ging so weit, eine strikt empirische Theorie der persönlichen Identität zu entwickeln.[4]

2 Ich sage »dem Wortlaut nach«, weil es durchaus möglich ist, »Bewusstseinsstrom« in »Gang der Erfahrung« zu übersetzen und die Substanz des Kapitels beizubehalten.

3 Essay wieder abgedruckt in *Essays in Radical Empiricism*, S. 2 und 3.

4 Zu seiner Zartheit siehe die *Principles of Psychology*, Vol. I, S. 181, wo er sagt: »Tatsache ist, dass man es sich nicht erlauben kann, einen dieser großen traditionellen Gegenstände des Glaubens zu ignorieren.« Was die substantielle Seele und den permanenten Geist anbelangt, siehe Bd. I, S. 346, wo er sagt: »Als *Psychologen* dürfen wir überhaupt nicht metaphysisch sein. Die Phänomene sind genug, der flüchtige

Seine Reduktion des »Subjekts« auf einen »flüchtigen Gedanken« ist selbst Beweis genug für die Art und Weise, wie er das erkennende Subjekt zurückschnitt. Und es ist besonders bemerkenswert, dass er in einer Passage, die in direktem Zusammenhang mit seiner Diskussion des Selbst steht, so weit geht, sogar Zweifel an der Existenz eines abgesonderten »Denkens« oder wie auch immer gearteten mentalen Zustands als des Wissenden zu äußern, wenn er sagt, man möchte meinen, »die Existenz dieses Denkers wäre uns als logisches Postulat und nicht als jene direkte innere Wahrnehmung geistiger Aktivität gegeben, die wir uns so selbstverständlich zubilligen«.[5] Er verwirft diese Schlussfolgerung freilich als spekulativ, obgleich sie ein direktes Resultat seiner tatsächlichen Analyse ist, und sagt, Spekulationen stünden im Widerspruch »zu der grundlegenden Annahme *jeder* philosophischen Schule. Spiritualisten, Transzendentalisten wie auch Empiristen lassen eine kontinuierliche direkte Wahrnehmung der konkreten Denktätigkeit in uns zu. Sosehr sie auch sonst verschiedener Meinung sind, sie überbieten sich geradezu darin, unsere *Gedanken* als die einzige Art von Realität anzuerkennen, die der Skeptizismus nicht berühren kann«.[6] Aber in einer Fußnote fügt er eine Bemerkung hinzu, die angesichts seines erwähnten Aufsatzes von 1904 besonders bedeutsam ist. Er sagt nämlich, es gebe eine einzige Ausnahme von der Aussage über alle philosophische Schulen, nämlich den wichtigen Artikel von P. Souriau, dessen Schlussfolgerung laute, »que la conscience n'existe pas«. Dass James' eigene Bestreitung der Existenz des Bewusstseins eine vollständige Verwerfung des Dualismus beinhaltet, zu dem er sich früher offiziell bekannt hat, wird aus den folgenden Worten in seinem späteren Essay klar ersichtlich, wo es heißt, bestritten werde »ein ursprünglicher Stoff – oder eine ursprüngliche Qualität – des Seins, aus dem, im Gegensatz zu dem Stoff, aus dem materielle Objekte bestehen, unsere Gedanken von ihnen bestehen«.

Gedanke selbst ist der einzige *verifizierbare* Denker und seine empirische Verbindung mit dem Gehirnprozess ist das höchste bekannte Gesetz.« Was die personale Identität als Beweis für ein permanentes substantielles Subjekt oder Selbst anbelangt, war er durch jüngst entdeckte Tatsachen über die gespaltene Persönlichkeit beeinflusst und schrieb (Bd. I, S. 350): »Die definitiv geschlossene Natur unseres persönlichen Bewusstseins ist wahrscheinlich eine durchschnittliche statistische Resultante vieler Bedingungen, aber keine elementare Kraft oder Tatsache.«

5 *Principles of Psychology*, Bd. I, S. 304.

6 *Ibid.*, S. 304f.

Bevor ich dieses Zurückstutzen des mentalen oder psychischen Subjekts in der *Psychologie* etwas detaillierter behandle, will ich etwas über die Position sagen, die von Anfang an jede Bezugnahme selbst auf den »flüchtigen Gedanken« als das, was von dem alten substantiellen Subjekt noch übrig ist, unnötig gemacht hätte, wenn sie nur positiv und detailliert entwickelt worden wäre. Diese Position wird in der schon zitierten Passage angedeutet, in der James sich auf den Gehirnprozess als »das höchste bekannte Gesetz« bezieht. James kam im Zusammenhang mit einer vorbereitenden Ausbildung zum Arzt über ein Grundstudium der Physiologie zum Studium der Psychologie. Seine naturalistische Tendenz, soweit sie einen konstruktiven Ausdruck fand, und ihr Konflikt mit dem offiziell bekundeten epistemologischen Dualismus rührt aus dieser Quelle. Wäre sie konsistent entwickelt worden, hätte sie zu einer biologisch-behavioristischen Theorie psychologischer Phänomene geführt. An der Stelle, wo James sich zum ersten Mal gegen die »rationale« wie gegen die »Assoziations«psychologie wendet, sagt er, bestimmte Mängel in beiden stammten aus ihrer Unfähigkeit, offenkundige physiologische Tatsachen zu berücksichtigen, die die Anerkennung des Organismus und der Umwelt verlangten. Er fährt fort, die Spencer'sche Formel, nach der biologische und psychologische Phänomene ihrem Wesen nach eins seien, da sie beide Anpassungen von »inneren« an »äußere« Beziehungen seien, sei bei aller Vagheit unermesslich viel fruchtbarer als die altmodische rationale Psychologie, »weil sie die Tatsache berücksichtigt, dass Geister in Umwelten wohnen, die auf sie wirken und auf die sie ihrerseits zurückwirken«.[7] Auf dieser Seite ist James' grundlegende Lehre, dass psychologische Phänomene (die er *geistiges Leben* nennt) eine Zwischenposition einnähmen zwischen Eindrücken, die aus der Umwelt empfangen werden, und den Anpassungsreaktionen an die Umwelt, die der Organismus vornimmt. Hätte er das, was in dieser Ansicht enthalten ist, konsequent festgehalten, wäre der Dualismus in Spencers beiden Mengen von »inneren« und »äußeren« Beziehungen überwunden worden, und Organismen oder personale Wesen, nicht »Geister«, wären als die »Bewohner einer Umwelt« bezeichnet worden. James hält an der behavioristischen Position fest, wenn er sagt, »die Verfolgung zukünftiger Ziele und die Wahl von Mitteln, um sie zu erreichen, sind

7 *Ibid.*, S. 6.

das Zeichen und das Kriterium des Vorhandenseins von Geistigkeit in einem Phänomen«, da die Passage deutlich macht, dass die gesamte Bedeutung von *Geistigkeit* in objektiv beobachtbaren Tatsachen der erwähnten Art besteht. Aber so wie die Sache schließlich endet, kann man zweifeln, ob James weiter gehen wollte als zu sagen, dass diese Verfolgung und Wahl das äußere Zeichen von etwas im Hintergrund operierenden »Geistigem« sei. Denn er schränkt seine Aussage durch die Erklärung ein, die soeben formulierte Ansicht werde als Zeichen und Kriterium übernommen, um damit den Stoff dieses Werkes zu bestimmen, *soweit Handeln hineinkommt.*[8] Der Halbsatz, den ich kursiv gesetzt habe, zeigt an, dass er an der Existenz von Phänomenen festhielt, deren Natur so »geistig« ist, dass Handeln (Verhalten) nicht in sie eingeht. Gleichzeitig ist die Position von James frei von jenem Defekt des späteren »Behaviorismus«, der das Verhalten und infolgedessen psychologische Phänomene *in den* Organismus verlagert. Denn er sagt, die Funktion des Nervensystems bestehe darin, »jeden Teil mit jedem anderen in eine harmonische Kooperation zu bringen«, um auf diese Weise Handlungen möglich zu machen, die in Verbindung mit den sensorischen Eindrücken aus der Umwelt von Nutzen sind.[9]

Da der biologische Ansatz spätere Analysen nicht bis zu dem Maß bestimmt, wie die einleitenden Kapitel für sich allein erwarten ließen, lohnt es sich, Beispiele zu notieren, wo er definitiv von Einfluss ist. Die Hauptfälle sind die Behandlung der Gewohnheit und die Wirkung der Praxis. Die Gewohnheit, als biologischer Faktor mit einer Basis in der Konstitution der Materie aufgefasst, gilt als »Ursache« der »Assoziation von Ideen« und folglich des Behaltens und der Erinnerung sowie der Imagination.[10] Signifikanter in ihren Implikationen (die freilich nicht entwickelt werden) ist seine Feststellung, »Aufmerksamkeit und Anstrengung ... scheinen in gewissem Grad dem Gesetz der Gewohnheit unterworfen zu sein, das ein materiales Gesetz ist«.[11] Die Operation der Praxis, in Begriffen der motorischen Aktivitäten verstanden, wird in der Unterscheidungsfähigkeit zum zentralen Thema gemacht. »Wo eine Unterscheidung keinerlei praktisches Interesse hat, wo wir nichts dadurch gewinnen, dass wir eine

8 *Ibid.*, S. 8 und S. 11.

9 *Ibid.*, S. 12.

10 *Ibid.*, S. 566 und 653, und Bd. II, S. 44.

11 *Ibid.*, Bd. I, S. 126.

Eigenschaft aus dem komplexen Ganzen herauslösen, dessen Teil sie bildet, gewöhnen wir uns daran, sie unbemerkt zu lassen.«[12] Er hebt Helmholtz' Ansicht hervor, dass wir »Empfindungen« nicht *per se* bemerken, sondern nur »soweit sie uns befähigen, die Welt um uns herum richtig zu beurteilen; und unsere Praxis in der Unterscheidung zwischen ihnen geht gewöhnlich nur eben weit genug, diesem Zweck zu genügen« (S. 517). Die Mehrdeutigkeit von »Empfindung« als einem strikt physiologischen Prozess in den afferenten Strukturen und als einer wahrgenommenen Qualität eines Objekts, die später bemerkt wird, wirkt sich auf James' Behandlung aus, da er anzunehmen scheint, die »Empfindung« sei die ganze Zeit über da, werde aber manchmal bemerkt und manchmal nicht – eine Position, die umso überraschender ist, als er die Lehre von den »unbewussten geistigen Zuständen« ausführlich kritisiert. Er verwendet Ausdrücke wie die folgenden: »Helmholtz' Gesetz lautet, dass wir alle Eindrücke unbemerkt lassen, die für uns als Zeichen *zur Unterscheidung von Dingen* wertlos sind. Im besten Fall verschmelzen solche Eindrücke mit ihresgleichen zu einer Gesamtwirkung.« Nur der Einfluss eines eingefleischten Dualismus konnte James dazu bringen, sensorische Prozesse »Eindrücke« zu nennen.

Der spätere Pragmatismus von James ist in dem enthalten, was er über reflexives Denken oder Beweisführung sagt. »Mein Denken geschieht zuerst und zuletzt und immer um des Handelns willen, und ich kann immer nur eine Sache zur Zeit tun.« Es gibt keine »wahreren Wege«, um Dinge »zu begreifen [zu verstehen oder zu deuten]«, als andere; es gibt nur »wichtigere Wege, Wege, die häufiger brauchbar sind«.[13] Schließlich entwickelt James, im Gegensatz zu der gängigen Theorie der Wahrnehmung, eine Theorie, die entschieden biologisch und behavioristisch ist.

Wir sollten unter keinen Umständen so reden, wie es Psychologen gewöhnlich tun, und die Wahrnehmung als eine Summe unterschiedlicher psychi-

12 *Ibid.*, S. 515-516.

13 *Ibid.*, Bd. II, S. 333–336. Auf Seite 335 lesen wir Folgendes: »Das Wesen einer Sache ist diejenige ihrer Eigenschaften, die für meine Interessen so wichtig ist, dass ich im Vergleich dazu den Rest ignorieren kann.« Die wichtige Rolle von »Interesse« im gesamten Schema von James' Darstellung psychologischer Phänomene ist eine wohlbekannte Tatsache. Offiziell nimmt er an, dass Interesse mentalistisch ist. Was er wirklich darüber sagt, wird am besten in Begriffen der Selektionen verstanden, die durch motorische Faktoren im Verhalten bewirkt werden.

scher Entitäten behandeln, nämlich die gegenwärtige Empfindung *plus* eine Menge von Bildern aus der Vergangenheit, alle in einer Weise »integriert«, die unmöglich zu beschreiben ist.

Die einfache und natürliche Beschreibung ist die,

> dass der in dem Sinnesorgan erregte Prozess über verschiedene Bahnen geführt wird, die von der Gewohnheit schon in den Hemisphären organisiert worden sind, und wir, statt die Art von Bewusstsein [Wahrnehmung] zu haben, die mit dem einfachen sensorischen Prozess korreliert ist, das haben, was mit diesem komplexeren Prozess korreliert ist.[14]

Wenn wir fragen, warum James seine Behandlung dieses Themas nicht in der Richtung entwickelt hat, die durch diese Erwägungen angezeigt wird, kommen wir auf den Einfluss des überlebenden metaphysischen Dualismus zurück. Denn solange dieser Dualismus postuliert wird, ist die Verbindung, die das Nervensystem, einschließlich Gehirn, mit psychologischen Phänomenen unzweifelhaft hat, ein »Mysterium«, und je detaillierter und vollständiger das Beweismaterial für diese Verbindung ist, umso tiefer wird dieses Mysterium. Der Einfluss des Dualismus ist so stark, dass James der Implikation seiner Hypothese, das Gehirn – und das Nervensystem ganz allgemein – fungiere als ein Organ in dem durch Interaktion von Organismus und Umwelt konstituierten Verhalten, nicht nachgeht. Statt die Idee auf die Beschreibung jedes einzelnen aus der Vielzahl beobachteter psychologischer Geschehnisse anzuwenden, indem er zeigt, wie sie im Einzelnen mit der allgemeine Lehre von der Funktion des Nervensystems als eines Instruments effektiver Interaktion von Organismus und Umwelt zusammenhängt, geht er deshalb so weit, seine Treue zu der unglaubwürdigsten aller Theorien über das »Mysterium« zu bekunden, nämlich dem Parallelismus oder der prästabilierten Harmonie des Physischen und des Psychischen.

In der Tat liegt hier ein Problem. Aber es kann in eine Vielzahl von Untersuchungsgegenständen aufgebrochen werden. Es ist kein allgemeines metaphysisches Problem, sondern ein spezielles Problem, wie das jeder wissenschaftlichen Untersuchung: nämlich das Problem, die Bedingungen für das Auftreten eines beobachteten Phänomens zu entdecken. Es kommt zu bestimmten Erfahrungssituationen, von denen einige ihrer Qualität nach eher emotiv oder

14 *Ibid.*, Bd. II, S. 80 und 79; vgl. S. 103f.

gefühlsmäßig, andere eher Situationen der Erkenntnis dieser oder jener Sache sind. Die Frage, wie diese Erfahrungssituationen entstehen, ist wichtig, weil die Erkenntnis der Bedingungen immer eine Voraussetzung für ihre Beherrschung ist. Die Erkenntnis organischer Bedingungen ist ein Teil der erforderlichen Erkenntnis, wenn wir die Kontrolle darüber gewinnen wollen, erwünschte Erfahrungen zu machen und unerwünschte Erfahrungen zu vermeiden, wobei die Erkenntnis von Umweltbedingungen natürlich den anderen Teil ausmacht. Erkenntnis von Prozessen im Nervensystem und Gehirn ist ein wichtiger, obgleich alles andere als exklusiver Teil der erforderlichen Erkenntnis organischer Bedingungen. Aber im Prinzip besteht kein Unterschied zwischen der Entdeckung zerebraler Bedingungen, die in einer halluzinatorischen oder einer wahrheitsgemäßen Wahrnehmung enthalten sind, und den chemischen Bedingungen, die im Vorkommen von Wasser enthalten sind. Sie unterscheiden sich nur durch ihren Grad an Komplexität. Aber unsere verhältnismäßige Unkenntnis konkreter Bedingungen im Fall von Situationen als Erfahrungsgegenständen macht aus ihnen noch kein »Mysterium«.

Ich komme nun zur Diskussion einiger psychologischer Fragen, wo James zugibt, dass die Verdopplung dessen, was erfahren wird, in eine »innere Konstruktion« kein Teil der beobachteten Tatsache ist, sondern eine spätere theoretische Interpretation. In der Passage über Dualismus, die am Beginn zitiert wurde, sagt James, diese Verdopplung sei selbst in dem Fall »bloßen Sinneseindrucks« erforderlich. In seinem Kapitel über Empfindung sagt James:

> *Eine reine Empfindung ist eine Abstraktion*; und wenn wir Erwachsenen von unseren »Empfindungen« sprechen, meinen wir eins von zwei Dingen; entweder bestimmte *Objekte*, nämlich einfache *Qualitäten* oder *Attribute*, wie *hart*, *warm* und *Schmerz*; oder diejenigen unserer Gedanken, in denen die Kenntnis diese Objekte am wenigsten mit einer Erkenntnis ihrer Beziehungen zu anderen Dingen verbunden ist.[15]

Der letztere Teil dieses Satzes behält den Bezug zum inneren »Denken« als dem bei, was sein äußeres Gegenstück erkennt. Aber James' Sinn für empirische Tatsachen ließ ihn erkennen, dass sich in der wirklichen Erfahrung von Qualitäten als Objekten keine Reduplikation in innere Empfindungen findet. Denn unmittelbar danach sagt er:

15 *Ibid.*, Bd. II, S. 3.

Die erste Empfindung, die ein Kind hat, ist für es das Universum. ... Das Kind trifft auf ein Objekt, in dem (mag es auch als eine reine Empfindung gegeben werden) all die »Kategorien des Verstandes« enthalten sind. ... Hier trifft und begrüßt der junge Erkennende [das Kind, kein Geisteszustand] seine Welt [S. 8].

Diese Einstellung zu sensorischen Qualitäten ist die einzige, die zu der objektiven Einstellung passt, die er einnimmt, wenn er durch das Beweismaterial in die besondere Streitfrage hineingeführt wird, mit der er sich befasst.[16] Die folgenden Passagen sind dafür repräsentativ:

Man nehme das Beispiel einer noch nie zuvor gemachten Erfahrung, wie die eines neuen Geschmacks in der Kehle. Ist sie eine subjektive Qualität des Gefühls, oder eine objektive Erfahrung, die gefühlt wird? An diesem Punkt stellt man nicht einmal die Frage. Es ist einfach *dieser Geschmack*. Aber wenn ein Arzt hört, wie du ihn beschreibst, und sagt: »Ha! Jetzt weißt du, was *Sodbrennen* ist«, dann wird sie zu einer Qualität, die schon *extra mentem tuam* existiert, auf die du deinerseits gestoßen bist und die du kennen gelernt hast. Die ersten Räume, Zeiten, Dinge, Qualitäten, die das Kind erlebt, erscheinen ihm wahrscheinlich, wie das erste Sodbrennen, auf diese absolute Weise als einfache »*Seiende*, weder innerhalb noch außerhalb des Denkens.«[17]

Diese Ansicht ist wahrscheinlich der Keim seiner späteren Theorie »neutraler Entitäten«. Die direkte empirische Bedeutung von *neutral* in diesem Zusammenhang scheint die Indifferenz gegenüber der Unterscheidung von subjektiv und objektiv zu sein; wobei diese Unterscheidung entsteht, wenn die eigentliche Lenkung des Verhaltens von uns die Fähigkeit verlangt zu sagen, ob ein bestimmter Ton oder eine bestimmte Farbe Zeichen eines Objekts der Umgebung oder eines Prozesses innerhalb des Organismus ist. Unglücklicherweise erwecken seine späteren Schriften zuweilen den Eindruck, diese Entitäten seien eine Art von Stoff, aus dem sowohl das Subjektive wie das Objektive besteht – statt dass die Unterscheidung die Art von Objekt betrifft, auf die eine Qualität *bezogen* wird. Wenn die letztere Position eingenommen wird, dann besteht eins der Pro-

16 An *rot, warm, Schmerz* ist nichts an sich *Sensorisches*. Sie werden so genannt, weil die Erfahrung die Wichtigkeit des organischen Apparats gezeigt hat, durch den sie vermittelt werden. Dass Farbe visuell und Klang auditorisch ist, ist ein Bestandteil der Erkenntnis, der durch die Untersuchung der Bedingungen des *Auftretens* dieser Qualität gewonnen worden ist; es ist kein Teil der Qualität.

17 *Principles of Psychology*, Bd. I, S. 272.

bleme des Psychologen darin, die Bedingungen zu bestimmen, unter denen eine bestimmte *Bezugnahme* vorkommt, wobei die Frage des eigentlichen Bezugs dieselbe *Art* von Frage ist, wie sie entsteht, wenn wir untersuchen, ob ein bestimmter Ton durch den Schuss eines Gewehrs oder durch die Fehlzündung eines Autos erzeugt wird.

An anderer Stelle sagt James: »Erfahrung konfrontiert uns von Anfang an mit konkreten Objekten, die irgendwie mit dem Rest der Welt zusammenhängen, die sie in Raum und Zeit einhüllt, und potenziell in innerliche Elemente und Teile einteilbar sind.« Diese Passage soll sich auf ursprüngliche wie auf hoch komplizierte Erfahrung von Objekten beziehen. Denn in demselben Kontext spricht er von »sinnlichen Ganzheiten ... die durch unterscheidende Aufmerksamkeit unterteilt worden sind«.[18] An anderer Stelle schreibt er: »Niemand hat jemals eine einfache Empfindung allein für sich gehabt. Seit unserer Geburt ist Bewusstsein [Erfahrung] eine wimmelnde Vielfalt von Objekten und Beziehungen, und was wir einfache Empfindungen [Qualitäten] nennen, ist das Resultat von manchmal bis auf die Spitze getriebener unterscheidender Aufmerksamkeit.«[19] Gewiss zeigen Passagen wie diese an, was gemeint ist, wenn es heißt, die erste Empfindung [Erfahrung] des Kindes sei für es das Universum, und das Universum, das es später kennen lernt, sei »nichts als eine Erweiterung und eine Implikation jenes ersten Keims«.[20] Die Annahme, es gebe gleichzeitig eine innere Verdopplung im Denken oder Fühlen, ist ein Beispiel für den Psychologentrugschluss, wie James an anderer Stelle sagt: in die ursprüngliche Erfahrung einen Schluss hineinzulesen, der auf Folgerungen beruht, zu der der Psychologe in seinen speziellen Untersuchungen gelangt – in diesem Fall einen Trugschluss.

Ich komme nun zu dem zentralen Fall, in dem die Streitfrage zum Abschluss kommt – James' Darstellung der Natur des Selbst und unseres Bewusstseins davon, in dem das »Subjekt« der dualistischen Epistemologie verschwindet und ein empirisches und behavioristisches Selbst an dessen Stelle tritt. Im Zusammenhang mit seiner Erörterung der Natur der »Selbstliebe« oder des Egoismus schrieb er:

18 *Ibid.*, S. 487.
19 *Ibid.*, S. 224.
20 *Ibid.*, Bd. II, S. 8.

Die Wörter MICH[21] *und* ICH[22] *sind demnach, soweit sie Gefühle erregen und einen emotionalen Wert konnotieren,* OBJEKTIVE *Bezeichnungen mit der Bedeutung* ALLE DIE DINGE, *die die Fähigkeit besitzen, in einem Bewusstseinsstrom Erregung einer bestimmten eigentümlichen Art hervorzubringen.*[23]

Diese Position wird detailliert im Zusammenhang mit dem körperlichen oder materiellen und dem sozialen Selbst entwickelt, die er früher erwähnt hat. Die allgemeine theoretische Position ist folgende:

Um ein Ich zu haben, an dem mir *etwas liegt*, muss die Natur mir zunächst ein *Objekt* präsentieren, das mich genügend interessiert, um in mir den instinktiven Wunsch zu wecken, es mir *um seiner selbst willen* anzueignen.

Was ihnen [unseren Körpern] geschieht, erregt in uns Emotionen und Handlungstendenzen, die energetischer und gewohnheitsmäßiger sind als alle, die durch andere Portionen des »Feldes« erregt werden.

Meine *soziale* Selbstliebe, mein Interesse an den Bildern, die sich andere Menschen von mir gebildet haben, ist auch ein Interesse an einer Menge von Objekten, die außerhalb meines Denkens liegen.[24]

Freilich hatte James zusätzlich zu dem materiellen und dem sozialen Selbst ein »geistiges Selbst«, wie er es nennt, postuliert. Es könnte demnach so scheinen, als wenn dieses psychische Ich, das aus Akten der Wahl, der Zustimmung und Ablehnung und Emotionen wie Fürchten, Hoffen usf. besteht, *das* innere Selbst als ein unerschütterliches Objekt direkter Beobachtung bleibt. Aber tatsächlich trägt James seine expliziteste und detaillierteste biologische Interpretation bei der Behandlung dieses Aspekts des Selbst vor. Denn er sagt, nach

21 [*Me*]

22 [*Self*]

23 *Ibid.*, Bd. I, S. 319. Der Dualismus ist verbal in der Erwähnung des »Bewusstseinsstroms« beibehalten. Aber abgesehen von der Tatsache, dass es in dem Argument keinen Unterschied macht, wenn wir die Worte »der weitergehende Gang der erlebten Dinge« an dessen Stelle setzen, wird das Selbst oder die Person hier ausdrücklich in objektiven Termini definiert; die Kapitälchen stehen im Text selbst.

24 *Ibid.*, S. 319-321. Vgl. das Folgende: »Es bleibt die Tatsache bestehen,... dass bestimmte besondere Arten von Ding vor allem dazu neigen, dieses Interesse zu besitzen, und das *natürliche* Ich zu bilden. Aber alle diese Dinge sind *Objekte*« (S. 325). Die Diskussion des speziellen Themas des Egoismus ist eine Erweiterung der früheren Feststellung, dass das Selbst eines Menschen *»die Gesamtsumme all dessen ist, was er sein nennen* KANN«, alle die Objekte, die er sich durch das Medium eines positiven Interesses aneignet (Bd. I, S. 291).

allem, was er direkt und empirisch beobachten könne, stelle sich heraus, dass dieses »›Ich der Iche‹ bei sorgfältiger Prüfung hauptsächlich in der Ansammlung dieser eigentümlichen Bewegungen im Kopf oder zwischen Kopf und Kehle besteht«.[25] In dem Kontext werden »diese eigentümlichen Bewegungen« als »ein fluktuierendes Spiel von Drücken, Konvergenzen, Divergenzen und Anpassungen in meinen Augäpfeln« und »das Öffnen oder Schließen der Glottis«, zusammen mit »Kontraktionen in den Kiefermuskeln« und dem Brustkorb, bezeichnet. Diese körperlichen Bewegungen, das Einzige, was direkt als das innerste Zentrum, das »Heiligtum in der Zitadelle« des Selbst erlebt wird, sind Ausdruck »eines stetigen Spiels von Förderungen und Behinderungen, von Kontrollen und Befreiungen, von Tendenzen, die mit Wünschen zusammengehen und die den entgegengesetzten Weg gehen«. Die theoretische Deutung wird ausdrücklich in den folgenden Worten formuliert:

> Der Kernteil des Ich ... wäre also eine Sammlung von Aktivitäten, die sich physiologisch nicht wesentlich von den offenen Akten selbst unterscheiden. Wenn wir alle möglichen physiologischen Akte in *Anpassungen* und *Ausführungen* unterteilen, bestünde das Kern-Ich aus den Anpassungen in ihrer Gesamtheit; und das weniger intime, sich stärker verändernde Selbst, soweit es aktiv war, bestünde aus den Ausführungen.[26]

Da nun die Anpassungsaktivitäten »gänzlich unwichtig und uninteressant sind außer durch ihre Verwendungen bei der Förderung oder Behinderung des Vorhandenseins bestimmter Dinge und Handlungen«, sei es nicht überraschend, dass sie gewöhnlich übersehen werden. Aber die Tatsache, dass Anpassungsaktivitäten in allen Interaktionen mit Umweltbedingungen enthalten sind außer in den Akten, die am meisten reine Routine und »automatisch« sind, verleiht ihnen eine bestimmte besondere Stellung, denn »sie sind der permanente Kern von Zuwendung und Abwendung, von Nachgeben und Zum-Stillstand-Bringen, die natürlicherweise zentral und innerlich zu sein scheinen«.[27]

Was weiter über persönliche Identität gesagt wird, stimmt mit dieser behavioristischen Deutung überein. Die Aneignung des flüchtigen Gedankens ist weniger Aneignung »durch diese persönliche

25 *Ibid.*, S. 301.
26 *Ibid.*, S. 302.
27 *Ibid.*

Identität *selbst* als vielmehr durch den am intimsten gefühlten *Teil seines gegenwärtigen Objekts, des Leibes, und die zentralen Anpassungen*, die den Akt des Denkens begleiten, im Kopf«.[28] Darüber hinaus entsteht der Glaube an die Selbigkeit des Ich aus empirischen Gründen auf dieselbe Weise wie der Glaube an die Selbigkeit jedes beliebigen Objekts, da »*das Gefühl unserer eigenen persönlichen Identität genauso wie jede einzelne unserer anderen Wahrnehmungen von Selbigkeit unter Phänomenen*« ist.[29] Nichtsdestoweniger erscheint der Dualismus erneut, denn James nimmt immer noch an, dass ein »flüchtiger Gedanke« als das erkennende Subjekt da sein muss. Deshalb macht er – nachdem er auf seine Lehre zurückgekommen ist, »›vergängliche‹ Pulsschläge des Denkens« seien das, was wir wissen –, einen auf den ersten Blick außergewöhnlich erscheinenden Kompromiss zwischen dem »Pulsschlag des Denkens« als *Ich*[30] und der »empirischen Person« als Mich[31].[32]

Wenn nötig, könnten mehr Belegstellen für die Aussagen zitiert werden, dass es zwei unvereinbare Stränge in der James'schen Psychologie gibt und dass der Konflikt zwischen ihnen am ausgeprägtesten im Falle des Ich hervortritt. Aber es gibt auch Beispiele dafür, dass es auf der Seite des empirischen Stranges Elemente gibt, die für eine behavioristische Theorie des Ich benötigt werden. Was er schließlich im Jahre 1904 sagte, nachdem er sein wissendes Denken oder Bewusstsein als ein bloßes Echo einer dahingeschiedenen Seele verabschiedet hatte, war schließlich nur ein von Zögern und Zweideutigkeit befreiter Ausdruck von Ideen aus seiner *Psychology*. Es gibt »die elementare Aktivität, die in dem bloßen *Dass* der Erfahrung enthalten ist, ... und die weitere Bestimmung dieses *Etwas* in zwei *Was*, eine Aktivität, die wir als ›unsere‹ fühlen, und eine Aktivität, die Objekten zugeschrieben wird«. Die Erstere, fährt er dann fort, ist

> Teil ... der erlebten Welt. Die erlebte Welt ... erscheint immer zusammen mit unserem Körper als ihrem Zentrum, als Zentrum der Vision, Zentrum der Aktion, Zentrum des Interesses. ... Der Körper ist das Sturmzentrum, der Ursprung der Koordinaten, der beständige Ort des Drucks in all jener

28 *Ibid.*, S. 341.

29 *Ibid.*, S. 334.

30 [*I*]

31 [*Me*]

32 *Principles pf Psychology*, Bd. I, S. 371.

Erfahrungsabfolge. ... Das Wort »ich« ist demnach primär ein Positionsnomen, genau wie »dies« und »hier«.[33]

Aber wie ich schon angedeutet habe, überarbeitete er seine *Psychology* niemals so weit, dass alle Phasen und Aspekte psychologischer Phänomene unter diesem Gesichtspunkt beobachtet und registriert wurden. Infolgedessen ist die psychologische Theorie immer noch das Bollwerk aller Lehren, die einen »Geist« und eine »Welt« annehmen, die sich unabhängig und voneinander abgetrennt gegenüberstehen. Diese Idee gelangte ursprünglich aus der Philosophie in die Psychologie. Aber jetzt wird sie von Philosophen als eine Idee vorgebracht, die die Garantie der Psychologie besitzt und deshalb die Autorität einer der positiven Wissenschaften für sich hat. Die Philosophie wird so lange nicht frei sein, ihre eigene Aufgabe und Funktion zu erfüllen, bis die Psychologie sowohl als ganze wie in ihren besonderen Themen von dem letzten Überbleibsel des traditionellen Dualismus gereinigt ist. Und diese Reinigung erfordert mehr als eine Formulierung, die zwar nominell in Termini des lebenden Organismus gemacht wird, in Wirklichkeit aber einfach Unterscheidungen auf den Körper überträgt, die entstanden sind, als es einen üblichen Glauben an den Geist (oder das Bewusstsein) als eine unterschiedene Entität gab. Diese Übertragung geschieht immer dann, wenn die Phänomene ausschließlich in Begriffen des Organismus beschrieben werden statt als Aspekte und Funktionen der Interaktivität von Organismus und Umwelt.

33 *Essays in Radical Empiricism*, S. 169-170, Fn.

5. Peirces Theorie der sprachlichen Zeichen, des Denkens und der Bedeutung

In einem jüngst erschienen Artikel habe ich darauf hingewiesen, dass Stevensons Identifizierung von ›psychologisch‹ und ›pragmatisch‹ in seinem Buch *Language and Ethics* auf einer Interpretation von »Pragmatik« beruht, die von C.W. Morris stammt.[1] Morris' Ansicht vom *Psychologischen* weicht von der Stevensons ab, da Morris einen behavioristischen Ansatz einem introspektionistischen vorzieht (GTZ, S. 23). Aber so wichtig dieser Unterschied auch unter bestimmten Gesichtspunkten sein mag, für die hier diskutierte Streitfrage, nämlich die Theorie der Bedeutung als Pragmatik, die Morris unter Berufung auf die angebliche Autorität von Peirce entwickelt, ist er ohne Belang. Im Folgenden wird deutlich, dass die Theorie von Peirce außerdem in direktem Zusammenhang mit Stevensons Theorie steht, einige Bedeutungen seien »emotiv«. Die Erwägung von Peirces tatsächlicher Theorie der Zeichen im Allgemeinen und sprachlicher Zeichen (von ihm *Symbole* genannt) im Besonderen ist nicht nur wegen des besonderen Interesses an Peirces Schriften angebracht, sondern weil die verdrehte Darstellung, die Morris von Peirce gibt, wie ein Blick auf die jüngste Literatur zeigen wird, außer Stevenson noch weitere Autoren beeinflusst hat. Da Morris bekundet hat, er sympathisiere mit der Theorie von Peirce, ist es besonders wichtig, Peirces Theorie durch Bezugnahme auf Peirces eigene Schriften zu retten, bevor ein *Ersatz* an die Stelle dessen tritt, was Peirce tatsächlich glaubte.

I

Morris übernimmt von Peirce den Namen *Semiose* für die allgemeine Zeichentheorie. Ziemlich zu Anfang unterscheidet er vier Faktoren oder Komponenten (manchmal sagt er Aspekte) von Zei-

1 Mein Artikel »Ethical Subject-Matter and Language« wurde veröffentlicht im *Journal of Philosophy*, Vol. XLII (1945), S. 701-712. Morris' Ansicht ist enthalten ist seinem Buch *Foundations of the Theory of Signs*, in: *International Encyclopedia of Unified Science*, Vol. I, Nr. 2, Chicago 1938 [dt.: *Grundlagen der Zeichentheorie*, München 1972; im Folgenden als GZT bezeichnet].

chen, (1) den Zeichenträger,[2] das, was als Zeichen agiert oder fungiert; (2) das, worauf sich das Zeichen bezieht, das Designat;[3] (3) den »Effekt, der in einem Rezipienten ausgelöst wird und durch den die betreffende Sache ihm als Zeichen erscheint«, nämlich das Interpretans [*interpretant*].[4] (4) »Hinzu kommt als vierter Faktor der Interpret.« Oder zusammenfassend: »Die Notiznahmen sind *Interpretanten*; die Akteure in diesem Prozess sind *Interpreten.*«[5] In einer späteren Passage wird der »Interpretationsprozess« im Interpretans zusammengefasst, und diese Konsolidierung wird im Folgenden als das »Interpretans« bezeichnet. Die drei Faktoren der Semiose, die im Rest der Monographie behandelt werden, sind dementsprechend »Zeichenträger, Designat, Interpret«.[6] Da die Abweichung von Peirce, die, wie gesagt, auf eine Verkehrung hinausläuft, mit der willkürlichen Einführung eines »Interpreten« verbunden ist und da diese Einführung die Quelle ist, aus der Morris' Darstellung der Pragmatik und des Pragmatismus fließt, könnte es auf den ersten Blick so scheinen, als sei der Streitpunkt in diesem Artikel die Natur des »Pragmatismus«. Deshalb möchte ich von Anfang an klarstellen, dass dies eine sekundäre Angelegenheit ist. Die primäre Frage ist die Theorie der Zeichen im Allgemeinen und der linguistischen Zeichen im Besonderen sowie die Bedeutungstheorie, die Peirce entwickelt hat: – eine Theorie, in der »die Beziehung zu Interpreten«[7] nicht nur nicht »Pragmatismus« bezeichnet, auf welche Weise auch immer, sondern (und dies ist der primäre Punkt) gänzlich außerhalb von Peirces Theorie der Zeichen und der Bedeutung und allem fällt, was in jener Theorie enthalten ist.

Dadurch, dass Morris die oben genannte dreistellige Relation aufteilt, erhält er drei zweistellige »Dimensionen«: die zweistellige »Beziehung zwischen den Zeichen und den Gegenständen, auf die sie anwendbar sind«, wird *semantische* Dimension genannt; »die Beziehung von Zeichen zu anderen Zeichen« wird *syntaktische* Dimension genannt; während »die Beziehung zwischen Zeichen

2 [*sign vehicle*]

3 [*designatum*]

4 [A. d. Ü.: Zur Übersetzung von »das Interpretans« siehe weiter unten.]

5 GZT, S. 20f.

6 GZT, S. 23, wo die drei zuletzt genannten Dinge »drei Korrelate in der dreistelligen Zeichenrelation« genannt werden.

7 GZT, S. 52.

und Interpret« *pragmatische* Dimension genannt wird. Es wird ferner hinzugefügt, dass Zeichen in ihrer semantischen Dimension designieren und/oder denotieren; in ihrer syntaktischen Dimension implizieren sie; in ihrer pragmatischen Dimension drücken sie aus.[8]

Nach meinem Urteil ist es eine allzu häufige Praxis, Probleme dadurch zu lösen zu versuchen, dass man ihre Gegenstände auf verschiedene Abteilungen aufteilt – ein Verfahren, das nach meinem Urteil außerdem den wirklich ernsthaften Streitfragen ausweicht. So teilt Morris dem empirischen Forscher der Erkenntnistheorie die semantische Dimension zu; dem Logiker wird die syntaktische Dimension zugewiesen, wie aus dem Wort »impliziert« in der obigen Aussage hervorgeht (auf diese Weise wird das Formale erfolgreich vom wissenschaftlichen Tatsachenmaterial abgetrennt), der pragmatischen Dimension bleibt der extra-kognitive, extra-logische Bereich vorbehalten, der sich mit »allen psychologischen, biologischen und soziologischen Phänomenen« beschäftigt, »die im Zeichenprozess auftauchen«.[9] In diesem Zusammenhang heißt es,[10] diese dreidimensionale Einteilung setze uns in den Stand, die *Gültigkeit* aller drei Gesichtspunkte zu erkennen, einschließlich des pragmatischen, der dazu neigt, »die Sprache als eine Art [*sic*!] kommunikative und sozial bedingte Tätigkeit zu betrachten«.

Ob ich nun mit meiner generellen Feststellung über die Tendenz, Probleme durch Aufteilung des Stoffes auf unabhängige Bereiche oder Dimensionen zu lösen, Recht habe oder nicht, man braucht nur Peirce zu lesen, um zu sehen, dass Morris' Darstellung praktisch genau die Gegenstände aufsplittert, für die Peirce eine integrierte Lösung zu finden sucht. Und obgleich der Streitpunkt nicht die Natur der Pragmatik ist, viel weniger deren Richtigkeit, muss die Diskussion an dieser Stelle beginnen, da Morris' Fehldeutung, soweit sie Peirce betrifft, in der außergewöhnlichen Darstellung dessen, was Peirce im Zusammenhang mit sprachlichen Zeichen unter »Pragmatik« versteht, hier ihren Mittel- und Ausgangspunkt hat.

8 GZT, S. 23ff.

9 GZT, S. 52. Wenn man erwägt, dass das Thema *linguistische* Zeichen sind, die sich dem faktischen Untersucher als selbst biologisch-psychologisch-gesellschaftliche Ereignisse präsentieren, sollte die Relegierung der Letzteren in eine extra-kognitive, extra-logische Abteilung den Leser auf die Desintegration vorbereiten, zu der sie Anlass gibt.

10 [S. 28]

Der wirkliche Streitgegenstand ist freilich Peirces Theorie der Natur linguistischer Zeichen und der Bedeutung. Die fragliche Fehldeutung besteht darin, das *Interpretans*, wie Peirce es verwendet, in einen persönlichen Benutzer oder Interpreten zu verwandeln. Für Peirce würde »Interpret«, wenn er das Wort verwendete, *das, was interpretiert* und auf diese Weise einem sprachlichen Zeichen eine Bedeutung gibt, bedeuten. Ich glaube, man kann wohl kaum die Verachtung übertreiben, mit der Peirce die Vorstellung behandeln würde, das, *was* ein gegebenes linguistisches Zeichen interpretiert, könne der Laune oder den Einfällen seiner jeweiligen Benutzer überlassen bleiben. Aber aus dieser Tatsache folgt nicht, dass Peirce glaubt, das Interpretans, das, was ein sprachliches Zeichen interpretiert, sei ein »Objekt« im Sinne eines realen »Dinges«. Ganz im Gegenteil, in Peirces Verwendung ist das Interpretans immer und notwendig *ein weiteres* linguistisches Zeichen – oder besser, eine Menge weiterer Zeichen. Die folgende Passsage ist dafür repräsentativ: »Im Ganzen gesehen also, wenn wir unter der *Bedeutung* eines Terminus, einer Proposition oder eines Arguments das gesamte allgemeine intendierte Interpretans meinen, dann ist die Bedeutung eines Arguments explizit. Sie ist dessen *Schlussfolgerung*; während die Bedeutung einer Proposition oder eines Terminus das Einzige ist, was jene Proposition oder jener Terminus zu der Schlussfolgerung eines beweisenden Arguments beitragen könnte.«[11]

Argumenten wie den obigen mögen, zusätzlich zu dem, was vorher von ihm über die pragmatische Dimension und den Interpret*en* zitiert worden ist, die folgenden Feststellungen von Morris gegenübergestellt werden: Die Beziehung von Sprache »zu den Individuen, die sie verwenden«; »jener Effekt, der in irgendeinem Rezipienten ausgelöst wird und durch den die betreffende Sache ihm als Zeichen erscheint«; »die Beziehung zwischen Zeichen und Interpret … die pragmatische[12] Dimension«; »ist Ausdruck seines jeweiligen

11 *Collected Papers*, Bd. V, S. 110-111; »Schlussfolgerung« im Original nicht kursiv. Der Leser, der die Indices der *Collected Papers*, besonders die von Bd. II und V, konsultiert, wird sich leicht von dem repräsentativen Charakter dieser Passage überzeugen. Ich füge aber Folgende hinzu: »Die Schlussfolgerung eines Arguments« ist »seine *Bedeutung*, … sein intendiertes Interpretans. … Es scheint natürlich, das Wort *Bedeutung* dazu zu verwenden, das intendierte Interpretans zu bezeichnen.« (Bd. V. S. 108) In den *Indices* schlage man, zusätzlich zu *interpretant*, unter *meaning* [Bedeutung] und *symbol* nach.

12 [*pragmatical*]

Interpreten«; »›ist Ausdruck von‹ ist ein Begriff der Pragmatik«; »wahrscheinlich liegt die bleibende Bedeutung des Pragmatismus darin, dass er die Aufmerksamkeit stärker als zuvor auf die Beziehung der Zeichen zu ihren Benutzern gerichtet hat«.[13]

In welchem Ausmaß die in diesen Passagen präsentierte Theorie Peirce verkehrt, lässt sich aus der Tatsache ermessen, dass Peirce durchweg der Meinung ist, (1) dass es so etwas wie Zeichen in Isolierung nicht gibt, da jedes Zeichen Bestandteil einer sequenziellen Menge von Zeichen ist, so dass ein Ding außer seiner Zugehörigkeit zu dieser Menge keine Bedeutung hat – oder *kein* Zeichen ist; und (2) dass in der sequenziellen Bewegung derart geordneter Zeichen die Bedeutung der früheren Zeichen in der Reihe durch die späteren als deren Interpretanten gegeben oder konstituiert wird, bis eine Schlussfolgerung (selbstverständlich eine *logische*) erreicht ist. Tatsächlich vertritt Peirce diese Ansicht so konsequent, dass er mehr als einmal sagt, Zeichen *als solche* bildeten eine unendliche Reihe, so dass keine Schlussfolgerung jemals endgültig ist, da ihre Bedeutung immer wieder durch weitere Zeichen modifiziert werden kann.

Dem reinen Wortlaut nach klingt diese intrinsische »Beziehung von Zeichen zu anderen Zeichen« wie die *syntaktische* Dimension von Morris. Aber im Fall von Peirce ist diese sich bewegende oder sequenzielle Relation von Zeichen nur in dem Sinn formal, dass sie die Form der Bewegung einer geordneten Reihe von Zeichen auf eine Schlussfolgerung hin ist. Peirces formale Behandlung findet sich in seiner *Logik der Relativa*, die integral mit seiner gesamten Zeichentheorie verknüpft ist. Dass für Peirce die Bewegung von Zeichen selbst material oder faktisch, *nicht* formal ist, obwohl sie Form *hat*, wird in folgender Passage deutlich: »Die Behauptung, Denken könne nicht in einem Augenblick geschehen, sondern erfordere eine gewisse Zeit, ist nur eine andere Art zu sagen, dass jeder Gedanke in einem anderen interpretiert werden muss oder dass alles Denken in Zeichen geschieht.«[14]

So wie Morris' Übersetzung von »*Interpretans*« in einen personalen Benutzer als seinen Interpreten Peirces Ansicht verkehrt, so steht

13 GZT, S. 19, 20, 24, 25, 26, 52; ähnliche Feststellungen auf den S. 54, 55 und 57.

14 *Collected Papers*, Bd. V, S. 151. Das Auftreten des Wortes »Zeit« in dieser Passage, während er von einer Zeichensequenz spricht, ist ein hinreichender Beleg für die Tatsache, dass für Peirce »die Relation von Zeichen zu anderen Zeichen« nicht nur einfach formal ist.

seine Deutung von *semantisch* oder der Beziehung von Zeichen zu »Dingen« so vollkommen im Gegensatz zu dem, was Peirce darüber sagt, dass es dadurch ganz unverständlich wird. Diese Verkehrung lässt sich am direktesten daran zeigen, was Morris über den Fall der Bezugnahme auf ein Ding in einem »Objekt-Satz« sagt, wie er ihn nennt; ein »Objekt-Satz« soll nach ihm »jeden Satz bezeichnen, dessen Designat nicht selbst wieder Zeichen enthält«.[15] Die wiederholte Aussage von Peirce, Zeichen als solche seien nur mit anderen Zeichen verbunden, genügt schon selbst, um zu zeigen, dass nach ihm ein »Designat« eines Zeichens, das selbst kein Zeichen ist, eine Absurdität ist. Wir scheinen hier einen weiteren Beleg dafür zu haben, wie weitgehend der von Morris und anderen präsentierte Typus von Logik von dem epistemologischen Erbe eines erkennenden Subjekts, einer Person, eines Ich oder was immer man haben will, beherrscht wird, die der Welt oder Dingen oder Objekten gegenübergesetzt werden und sich auf Letztere entweder direkt dank ihrer eigenen Fähigkeit (erkenntnistheoretischer Realismus) oder indirekt durch eine Idee oder einen Gedanken als Mittler (epistemologischer Idealismus) beziehen können. Die Schule, deren logische Grundsätze Morris übernimmt, ersetzt den erkennenden Geist oder das Subjekt durch ein *Wort* und stattet es mit derselben wunderbaren Macht aus, die früher dem Geist oder einer Idee als Mittler zugewiesen wurde. Ich sehe nicht, wie die Verkehrung von Peirces Interpretans, das als späteres Zeichen den früheren ihre Bedeutung verleiht, erklärt werden kann außer als ein verwässertes Relikt der traditionellen epistemologischen Theorie, wobei das Wort oder Zeichen als ein *tertium quid* die Stelle der Idee, des Gedankens oder Geisteszustands jener Tradition einnimmt.[16]

Wir brauchen uns freilich nicht auf eine Folgerung aus dem zu verlassen, was Peirce über Zeichen als Objekte oder Designate ande-

15 GZT, S. 35. Die Tatsache, dass Morris diesen Terminus von denen übernimmt, die, wie Carnap, glauben, Logik könne eine rein oder ausschließlich formale oder syntaktische Angelegenheit sein, ist eine gute Illustration der Verwirrung, die bei dem Versuch entstehen muss, Peirces Theorie mit der Art von Theorie zu verknüpfen, gegen die er ständig opponiert. Zweifellos ist Morris' rückhaltlose Anerkennung der Art von Formalismus, die von Carnap vertreten wird, der Grund, weshalb er gezwungen ist, eine Theorie von Peirces *pragmatic* zu geben, die mit Letzterer nichts gemein hat.

16 Siehe Bentleys Artikel »On an Certain Vagueness in Logic«, in: *Journal of Philosophy*, Vol. XLII (1945), S. 6-27 und S. 39 – 51.

rer Zeichen sagt, um die Abweichung von ihm zu bemerken, die in der Vorstellung enthalten ist, das Designat eines sprachlichen Zeichens könne ein wirkliches Ding sein. In einer Passage erwähnt Morris *Index*zeichen; gäbe es in dem, was er in jener Passage sagt, nicht das »Designat«, käme es der wirklichen Theorie von Peirce, wie sich eine Art von Zeichen, aber *nicht* Wort, Satz oder sprachliche Zeichen auf Dinge beziehen, recht nahe. Die Passage von Morris lautet: »Dinge sind Designate von Indexzeichen.«[17] *Dinge* mit *Index*zeichen zu verknüpfen ist aus Peirces Perspektive eine Form, zu *bestreiten*, dass sie mit *sprachlichen* Zeichen, mit Wörtern oder allem, was er ein *Symbol* nennt, verknüpft sind. Denn ein Indexzeichen ist ein Fall dessen, was Peirce *Zweitheit* nennt, während ein sprachliches Zeichen ein Fall von *Drittheit* ist. Es ist an dieser Stelle ausgeschlossen, auf die Details der Bedeutung einzugehen, die diese Termini, zusammen mit *Erstheit*, in Peirces Schriften haben. Aber ein Leser, der beinahe aufs Geratewohl irgendeine Passage zu Rate zieht, auf die in den *Indizes* seiner Schriften durch diese Wörter hingewiesen wird, wird sehen, dass sie verwendet werden, um mit großer Sorgfalt und auf grundlegende Weise den Status, den Sinn und die einzigartige Funktion sprachlicher Zeichen zu bestimmen.

Linguistische Zeichen, die *Denken* ausmachen und Allgemeinheit, Kontinuität, Gesetz vermitteln, sind Fälle von *Drittheit.* Sie haben von sich aus keinerlei Bezug auf »Dinge«. Die Verbindung, die sie haben können, hängt dementsprechend von der Intervention eines anderen Faktors ab. Dieser Faktor (den Peirce »Zweitheit« nennt) ist von einer radikal anderen Art als die Drittheit. Er ist Partikularität im Unterschied zu Allgemeinheit; rohe Unterbrechung im Unterschied zu Kontinuität; Kontingenz im Unterschied zu Gesetz. Was den Unterschied zwischen Indexzeichen als Fällen von Zweitheit und sprachlichen Zeichen als Fällen von Drittheit angeht, so ist die folgende Passage sowohl repräsentativ wie schlüssig:

Wir stoßen ständig gegen harte Tatsachen. ... Es kann keinen Widerstand geben ohne Anstrengung; es kann keine Anstrengung geben ohne Widerstand. Es gibt nur zwei Weisen, dieselbe Erfahrung zu beschreiben. Es ist ein doppeltes Bewusstsein. ... Wie das Bewusstsein *selbst* zweiseitig ist, so hat es auch zwei Varianten, nämlich Handlung dort, wo unsere Modifikation anderer Dinge prominenter ist als ihre Reaktion auf uns, und Wahrnehmung dort, wo ihre Wirkung auf uns überwältigend viel größer ist als unsere

17 GZT, S. 47.

Wirkung auf sie. Und dieser Begriff, dass wir so sind, wie andere Dinge uns machen, ist ein derart prominenter Teil unseres Lebens, dass wir begreifen, dass andere Dinge ebenfalls dank ihrer Reaktionen aufeinander bestehen. Die Idee des Anderen, des *Nicht*, wird zum wahrhaften Angelpunkt des Denkens. Diesem Element gebe ich den Namen Zweitheit.[18]

Diese Passage ist hier in voller Länge zitiert worden. Sie zeigt nicht nur an, wie nach Peirce der Bezug von sprachlichen Zeichen auf Dinge erreicht wird, nämlich dadurch, dass sie in Verbindung mit Indexzeichen treten, sondern antizipiert mit ihrer »Zweiseitigkeit« das, was James später, aber wahrscheinlich unabhängig davon, die Doppelläufigkeit der Erfahrung nannte. Implizit, aber nicht explizit, antizipiert sie das »Unbestimmtheitsprinzip«, nach dem es, wenn eine Katze einen König anguckt, einen Zusammenprall gibt, in dem der König ebenso bewegt wird wie die Katze – wenngleich natürlich nicht in annähernd demselben Ausmaß. Die Wahrnehmung »innerer« und »äußerer« Welten ist Sache ein und desselben Ereignisses – des Ereignisses, das in der neueren Psychologie »senso-motorisch« genannt worden ist. Und obwohl Peirce das Wort »intern« verwendet, um damit die Rolle des Organismus in dieser zweiseitigen Angelegenheit auszudrücken, ist es gleichermaßen wahr, dass die Seite des Organismus »extern« zu der Seite der Rolle der Umweltbedingungen in der gemeinsamen Transaktion ist. Es hängt sozusagen alles davon ab, auf wessen Seite wir stehen.

Dieses Wahrnehmungs-Manipulations-Verhaltens-Ereignis bestimmt das Indexzeichen, das »uns« in Verbindung mit den »Dingen« bringt, etwas, was nach Peirce für Symbole, sprachliche Zeichen oder, in Morris' Worten, für einen »Satz« unmöglich ist. Was Morris »semantische Bezugnahme« nennt, findet, nach Peirces Ansicht, dann und nur dann statt, wenn es zu einer Verbindung der »Zweitheit« eines Indexzeichens mit der Bewegung linguistischer Zeichen oder »Drittheit« kommt; diese Verbindung bereitet Letzterer in einer Weise ein Ende, die sie mit Ersterer verknüpft und dadurch außerdem Allgemeinheit, Vernünftigkeit, auf das über-

18 *Collected Papers*, Bd. I, S. 162. Physisches Zeigen und die Ausdrücke »dies«, »jenes«, »ich«, »du« usf. oder alle Demonstrativ- und Personalpronomina sind Widerspiegelungen der Zweitheit. Peirce sagt irgendwo, statt dass Pronomina an der Stelle von Nomina stehen, sei das Umgekehrte der Fall; Nomina beruhen auf Pronomina.

trägt, was an sich wie ein bloßes Aufeinanderprallen von Dingen ist.[19]

Neben diese Feststellungen, dass »ein Zeichen« – im sprachlichen Sinn – »kein Zeichen ist«, wenn es »sich nicht in ein anderes Zeichen übersetzt, in dem es voller entwickelt ist«, und dass »das unmittelbare Objekt eines Symbols nur ein Symbol sein kann«, kann Folgendes gestellt werden: »Das Zeichen kann das Objekt repräsentieren und etwas über es berichten. Es kann keine Bekanntschaft mit ihm oder Erkenntnis dieses Objekts vermitteln; denn das ist es, was in diesem Buch mit dem Objekt eines Zeichens gemeint ist; nämlich das, mit dem es eine Bekanntschaft *voraussetzt*, um weitere Information über es zu vermitteln.«[20]

In der Erfahrung des Erwachsenen gibt es nur wenige Fälle von reiner oder exklusiver Zweitheit oder Drittheit; ja, wenn es sie gäbe, hätte sich Peirce nicht derartige Mühe geben müssen, traditionelle Theorien der Erkenntnis und Logik durch sorgfältige Unterscheidungen, die er trifft, neu zu formulieren; wobei die spezifizierten Gegenstände als Erstheit, Zweitheit, Drittheit, vielleicht nicht eben besonders glückliche Namen, bezeichnet werden.

Es ist nicht Thema des vorliegenden Aufsatzes, detailliert zu beschreiben, wie sprachliche Zeichen eine Verbindung mit Indexzeichen eingehen. Es genügt zu sagen, dass eine solche Verbindung stattfindet und dass mittels ihrer und durch sie linguistische Zeichen jene Beziehung und Verbindung zu »Dingen« erhalten, die ihnen allein fehlen. Es trifft darüber hinaus zu, dass unsere wissenschaftliche Erkenntnis (mit Ausnahme der Mathematik) und diejenigen Teile des Wissens des »gesunden Menschenverstandes«, die Allgemeinheit sowie einen realen Bezug besitzen, eine Verknüpfung linguistischer mit nicht-linguistischen Verhaltensweisen repräsentieren. Obgleich Peirce die folgende Redeweise nicht verwendet, entspricht es, wie ich glaube, durchaus seiner Position, zu sagen, dass

19 Was das Fehlen der Bezugnahme linguistischer Zeichen oder Sätze als solcher auf Dinge anbetrifft, siehe die Indices unter *Thirdness* [Drittheit], *Symbols* [Symbole], *Continuity* [Kontinuität], *Gernerality* [Allgemeinheit].

20 Das letzte Zitat stammt aus *Collected Papers*, Bd. II, S. 137; im Original keine Kursivsetzung; das frühere aus Bd. V, S. 416 und Bd. II, S. 166 Fußnote. Vgl. das folgende: »Ein Zeichen ist nur dann ein Zeichen *in actu*, weil es eine Interpretation erhält, das heißt weil es ein anderes Zeichen desselben Objekts bestimmt.« Bd. V, S. 397.

das sprachliche Verhalten im Verlauf der kosmischen oder natürlichen Evolution andere unmittelbarere und sozusagen physiologische Verhaltensmodi »*überlagert*«[21] und dass es in dieser Überlagerung in den Gang der Letzteren eingreift, so dass durch diese Vermittlung Regelmäßigkeit, Kontinuität und Allgemeinheit zu Eigenschaften des Ereignisganges werden, so dass diese auf die Ebene der Vernünftigkeit gehoben werden. Denn »das vollständige Objekt eines Symbols, das heißt seine Bedeutung, hat die Natur eines Gesetzes«.[22]

II

Peirce verwendet das Wort »Denken« ganz frei. Die mentalistischen Assoziationen des Wortes, die sich der epistemologischen Tradition verdanken, können dem flüchtigen Leser den Eindruck vermitteln, Peirce sehe linguistische Zeichen als »Ausdrücke« von etwas an, das selbst mental ist. Die folgende Passage fasst Peirces ständige Einstellung zu diesem Punkt zusammen: »Ich könnte niemals zugeben, dass Logik primär mit unausgedrücktem Denken und nur sekundär mit Sprache befasst ist.« Die folgende Passage sollte für jeden, der über die logische Theorie von Peirce zu schreiben beginnt, die Basis aller seiner Äußerungen bilden: »Kette und Schussfaden alles Denkens und aller Forschung sind Symbole; und das Leben des Denkens und der Wissenschaft ist das Leben, das Symbolen inhärent ist; so dass es falsch ist zu sagen, dass eine gute Sprache für gutes Denken lediglich *wichtig* ist; denn sie ist sein Wesen.«[23]

In einer Passage unterscheidet Peirce ausdrücklich drei Arten von »Interpretanten«. Das »Interpretans« eines ikonischen Zeichens, als einer Form der Erstheit, ist *emotional*; das eines Indexzeichens ist, wie wir schon in einem anderen Zusammenhang gesehen haben, *energetisch*; Bedeutung oder *intellektuelle* und *logische* Interpretanten finden sich freilich ausschließlich im Zusammenhang mit *linguistischen* Zeichen.[24] Diese Zeichen in ihren Verbindungen untereinander *sind* »Denken«.

21 [*supervenes*]
22 *Collected Papers*, Bd. II, S. 166.
23 *Ibid.*, S. 284, Fußnote und S. 129.
24 *Collected Papers*, Bd. V, S. 326-327.

Wenn wir das Licht äußerer Tatsachen suchen, sind die einzigen Fälle von Denken, die wir finden können, Fälle von Denken in Zeichen. Offenbar kann kein anderes Denken durch äußere Tatsachen bezeugt werden. Aber wir haben gesehen, dass nur durch äußere Tatsachen Denken überhaupt erkannt werden kann. Das einzige Denken folglich, das möglicherweise erkannt werden kann, ist Denken in Zeichen. Aber Denken, das nicht erkannt werden kann, existiert nicht. Alles Denken muss deshalb notwendig in Zeichen geschehen.[25]

Es lohnt sich, etwas näher auf das einzugehen, was im Zusammenhang mit der Wendung »wir haben gesehen« gesagt worden ist. Denn worauf hier verwiesen wird, ist Peirces Bestreitung eines Vermögens oder einer Fähigkeit der Introspektion als Quelle psychologischer Erkenntnis. Und ganz gewiss muss jeder Fall des Bezugs von Zeichen auf ihre persönlichen Benutzer ein Fall psychologischer Erkenntnis sein. Nun ist bei Peirce, wegen seiner Leugnung introspektiver Erkenntnis, alle psychologische Erkenntnis ein Fall dessen, was Morris *Semantik* nennt, oder der Bezugnahme auf ein reales Ding. Nur ist es eine Bezugnahme, die viel stärker vermittelt ist als ein Fall der Beziehung eines sprachlichen Zeichens auf Dinge, »die gewöhnlich äußere Dinge genannt werden«. »Es gibt«, sagt Peirce, »Logiker, die ... die Methode [verfolgen], Propositionen in der Wissenschaft der Logik auf Resultate der Wissenschaft der Psychologie zu basieren. ... diese Logiker verwechseln ständig *psychische* Wahrheiten mit *psychologischen* Wahrheiten, obgleich der Unterschied zwischen ihnen von jener Art ist, die vor allen anderen Vorrang hat.«[26] Und an anderer Stelle: »Es gibt keinen Grund, eine Fähigkeit der Introspektion anzunehmen, und infolgedessen ist die einzige Möglichkeit, eine psychologische Frage zu untersuchen, Folgerungen aus äußeren Tatsachen zu ziehen.« Und an anderer Stelle: »Wir haben keine Fähigkeit der Introspektion, sondern alle Erkenntnis der inneren Welt leitet sich aus hypothetischen Schlüssen aus unserer Kenntnis äußerer Tatsachen her. ... Wir können keine Aussage über das zulassen, was sich in uns abspielt, außer als Hypothese, um zu erklären, was in dem stattfindet, was wir gewöhnlich die Außen-

25 *Ibid.*, S. 151.

26 *Ibid.*, S. 332 f. Der »Vorrang«, um den es hier geht, ist folgender: Während sprachliche Zeichen als solche sich nur aufeinander beziehen, ist das, was er hier »psychisch« nennt, ein Fall von bloßer Erstheit, oder ein ikonisches Zeichen, dessen »Interpretans« *Gefühl* ist.

welt nennen.« Und an anderer Stelle: »Introspektion ist ganz und gar eine Sache des Schließens. ... Das *Ich*[27] ist nur erschlossen.«[28] Da Denken aus Zeichen besteht, ist es weder psychisch noch psychologisch; und, wie gesagt, jeder Bezug eines Zeichens auf seine »Benutzer« ist stärker vermittelt, komplexer und schwieriger zu erlangen als sein Bezug auf »die Dinge, die gewöhnlich die äußeren genannt werden«. Die Tatsache, dass Vorkommen und Bewegung sprachlicher Zeichen oder Symbole nach Peirce weder eine psychische noch eine psychologische Angelegenheit sind, verweist direkt darauf, dass nach ihm »biologische« und »soziologische« Tatsachen integrale und unentbehrliche Faktoren solcher Zeichen sind – nicht irgendetwas, das in eine nicht-logische und nicht-kognitive Dimension abgeschoben werden darf.

Denn wo immer es Allgemeinheit und Kontinuität gibt, da gibt es Gewohnheit. Und selbst ein flüchtiger Leser von Peirce sollte erkennen, dass Gewohnheit dessen Ansicht nach zunächst eine kosmologische Angelegenheit und erst danach physiologisch und biologisch ist – in einem definitiv realen Sinn. Die Gewohnheit operiert in und durch den menschlichen Organismus, aber genau diese Tatsache ist

27 [*self*]

28 *Collected Papers*, Bd. V., S. 150, 158 und 313. Hinsichtlich dessen, was hier mit »Innerem« gemeint ist, im Unterschied zum Äußeren, siehe zusätzlich zu der schon zitierten Passage aus Bd. I, S. 162 den Abschnitt über »Kampf« Bd. V, S. 32-40, Bd. V, S. 326, 334 und 378. Es liegt außerhalb der Zielsetzung des vorliegenden Aufsatzes, im Einzelnen auf das einzugehen, was Peirce mit »innerer« meint. Die folgenden Passagen enthalten aber für jeden, der der Sache weiter nachgehen möchte, den Schlüssel. »Die alte Erwartung, die darin besteht, dass das, womit man vertraut ist, die innere Welt ist, das *Ego*. Das neue Phänomen, das fremdere, stammt aus der Außenwelt oder dem *Non-Ego*« (Bd. V, S. 40). Und in Bezug auf einen Fall von »Aufeinanderprallen« oder Interferenz mit der Erwartung finden wir »die direkte Erfahrung der Dualität der innerlichen Vergangenheit und der äußerlichen Gegenwart« (Bd.V., S. 378). Und nach der Feststellung, dass das »Ich nur erschlossen ist«: »Es gibt keine Zeit in der Gegenwart für überhaupt irgendeine Folgerung. ... Infolgedessen muss das gegenwärtige Objekt ein äußeres Objekt sein, wenn es irgendeine objektive Bezugnahme in ihm geben soll.« Es ist offensichtlich, dass die Interpretation in Termini der Vergangenheit, Gegenwart und Zukunft, die dem »Inneren« und dem »Äußeren« gegeben wird, radikal verschieden ist von der epistemologisch-psychologischen Tradition. Dass die Einführung der Zukunft relevant ist, wird aus der folgenden Passage ersichtlich: Die »Subjektivität des Unerwarteten ... die Objektivität des Unerwarteten« (Bd. V, S. 379). »Das Bewusstsein der Gegenwart ist also das Bewusstseins eines Kampfes um das, was sein wird« (Bd. V, S. 313).

für ihn ein überzeugender Beweis, dass der Organismus ein integraler Teil der Welt ist, in der Gewohnheiten sich bilden und operieren. Was den »soziologischen« Faktor anbelangt, so lassen sich leicht viele Passagen aus Peirce zitieren, in denen alles, was auf die Namen »logisch« und »kognitiv« einen Anspruch hat, spezifisch und explizit in den Bereich des Gesellschaftlichen gebracht wird. Er ist so weit davon entfernt, das Soziologische samt dem Biologischen in die »Phänomene, die im Zeichenprozess auftauchen«, einzupferchen, dass er sich an die beobachtete Tatsache hält, dass Sprache und sprachliche Zeichen Modi oder Formen der *Kommunikation* sind und folglich an und für sich »sozial«. Er sagt ganz explizit: »Logik wurzelt in dem sozialen Prinzip.« »Kein Geist kann auch nur einen Schritt tun ohne die Hilfe anderer Geister« – Geist als Denken, daran möge man sich erinnern, in Termini linguistischer Zeichen definiert. »Wenn wir uns daran machen, das große Prinzip der Kontinuität zu untersuchen und zu sehen, wie alles fließt und jeder Punkt direkt an jedem anderen Anteil hat, dann wird klar, dass Individualismus und Falschheit ein und dasselbe sind. Inzwischen wissen wir, dass der Mensch kein Ganzes ist, solange er allein ist, dass er seinem Wesen nach ein potenzielles Mitglied der Gesellschaft ist. Insbesondere die Erfahrung eines Menschen allein ist nichts, wenn sie allein steht. ... Es ist nicht ›meine‹ Erfahrung, sondern ›unsere‹ Erfahrung, an die gedacht werden muss; und dieses ›wir‹ hat unbegrenzte Möglichkeiten.«[29]

III

Nach meiner festen Überzeugung hat uns Peirce beim gegenwärtigen Stand der Theorie der Logik viel Wertvolles zu sagen. In der gegenwärtigen Befassung mit Sprache und »Symbolen« ist ein potenzieller Fortschritt enthalten. Aber er kann nicht zur Wirkung kommen, er wird zunichte gemacht, solange noch der Schatten der alten epistemologischen Dichotomie über Schriften schwebt, die sich selbst als logische Schriften ausgeben. Peirce verwendet gelegentlich Wörter, die starke mentalistische Assoziationen haben. Man darf wohl vermuten, dass sich die Erklärung für diese Verwen-

29 *Collected Papers*, Bd. II, S. 398 und S. 129; Bd. V, S. 259 Fußnote.

dung in der Tatsache findet, dass seine *Kosmologie* enge Beziehungen zum Panpsychismus aufweist. Aber wie die vorangehende Diskussion zeigt, verwirft er vollständig die Auffassung, Sprache sei ein *tertium quid*, in dem etwas, genannt Denken, ausgedrückt wird, oder Sprache sei das Kleid des Denkens. Mit dieser Verwerfung geht die Leugnung einher, die Namen *Ich*, *Geist*, *erkennendes Subjekt* oder *Person* als Zeichenbenutzer fänden auf irgendetwas anderes Anwendung als auf eine besondere Art von natürlicher Realität oder »Ding«, das nur durch und mittels der besten Erkenntnis *erkannt* werden kann, die wir von anderen »Dingen« haben, physisch, biologisch und sozio-kulturell. »Benutzer« von Peirces Schriften sollten sich entweder an sein grundlegendes Muster halten oder die Finger von ihm lassen.

III. Erneuerung der Philosophie

6. Einleitung zu den »Essays in experimenteller Logik«

Einleitung

Der Schlüssel zum Verständnis der Lehre der hier neu abgedruckten Essays liegt in den Passagen, die sich mit der zeitlichen Entwicklung der Erfahrung befassen. Ausgehend von der Überzeugung (die zu der Zeit, als die Essays geschrieben wurden, geläufiger war als jetzt), dass Erkenntnis Urteil (und deshalb Denken) impliziert, versuchen die Essays zu zeigen, (1) dass Termini wie »Denken«, »Reflexion« und »Urteil« Forschungsprozesse oder die Resultate von Forschungen bezeichnen und (2) dass Forschung eine vermittelte und vermittelnde Stellung in der Entwicklung einer Erfahrung einnimmt. Wenn dies zugestanden wird, folgt sogleich, dass eine philosophische Diskussion derjenigen Unterscheidungen und Beziehungen, die in Theorien der Logik die größte Rolle spielen, von ihrer richtigen Einordnung in ihren zeitlichen Kontext abhängt; und dass wir, falls wir eine solche Einordnung nicht vornehmen, dazu neigen, die Eigenschaften des Substrats der einen Phase auf das Substrat einer anderen Phase zu übertragen – mit einem verwirrenden Ergebnis.

I

1. Eine intermediäre Stufe für die Erkenntnis (das heißt für Erkenntnis, die Reflexion umfasst und eine eigentümlich intellektuelle Qualität besitzt) impliziert eine frühere Stufe einer anderen Art, einer Art, die in den Essays unterschiedlich als sozial, gefühlsmäßig, technologisch, ästhetisch usf. charakterisiert wird. Sie lässt sich am einfachsten von einem negativen Gesichtspunkt aus beschreiben: Es ist ein Typ von Erfahrung, der nicht Erkenntniserfahrung genannt werden kann, ohne dem Terminus »Erkenntnis« und der Erfahrung Gewalt anzutun. Sie kann Erkenntnis enthalten, die aus früheren Untersuchungen stammt; sie kann Denken in sich enthalten; aber nicht so, dass diese Bestandteile die Situation beherrschen und ihr ihren eigentümlichen Geschmack verleihen. Positiv: Jeder kennt den Unterschied zwischen der Erfahrung des Durstlöschens, in der

Wasser nur nebenbei wahrgenommen wird, und einer Erfahrung von Wasser, in der die Erkenntnis dessen, was Wasser ist, das beherrschende Interesse ist; oder zwischen dem Vergnügen an einem zwanglosen Gespräch unter Freunden und einer bewusst angestellten Untersuchung des Charakters eines der Teilnehmer; zwischen ästhetischer Würdigung eines Bildes und einer Prüfung durch einen Kenner, um den Künstler zu ermitteln, oder durch einen Händler, der ein kommerzielles Interesse daran hat, seinen wahrscheinlichen Verkaufswert zu ermitteln. Der Unterschied zwischen den beiden Typen von Erfahrung ist jedem deutlich, der sich vor Augen hält, was er die meiste Zeit über tut, wenn er nicht gerade mit Nachdenken oder Forschen beschäftigt ist.

Aber da man über Erkenntnis nicht nachdenkt, außer man *denkt*, das heißt, außer wenn das intellektuelle oder kognitive Interesse dominant ist, neigt der professionelle Philosoph nur allzu leicht dazu, sich alle Erfahrungen so vorzustellen, als seien sie von der Art, mit der er sich selbst speziell befasst, und deshalb unbewusst oder intentional *deren* Züge in die Erfahrungen zu projizieren, denen sie fremd sind. Wenn er nicht die einfache Vorsichtsmaßnahme ergreift, sich kontrastierende Erfahrungen wie die eben erwähnten vor Augen zu halten, bildet er im Allgemeinen eine Gewohnheit aus, anzunehmen, Qualitäten oder Dinge überhaupt seien in der Erfahrung lediglich als Gegenstände irgendeiner Art von Apprehension oder Gewahrsein vorhanden. Und da er zunächst übersieht und hinterher bestreitet, dass Dinge und Qualitäten den meisten Menschen die meiste Zeit über als Dinge und Qualitäten in Situationen der Wertschätzung und Abneigung, des Suchens und Findens, des sozialen Umgangs, des Vergnügens und Leidens, der Produktion und der Arbeit, der Manipulation und Zerstörung erscheinen, denkt er, die Dinge seien in der Erfahrung entweder gar nicht oder als Objekte des »Bewusstseins« oder Erkennens vorhanden. Diese Gewohnheit ist ein Tribut an die *Wichtigkeit* der Reflexion und der daraus erwachsenden Erkenntnis. Aber eine Diskussion der Erkenntnis, die von Anfang an durch ein solches Missverständnis verzerrt ist, verläuft aller Wahrscheinlichkeit nach nicht sehr erfolgreich.

Damit wird nicht bestritten, dass in jeder Situation, auf die der Terminus »Erfahrung« auf eine Weise anwendbar ist, die im Gegensatz beispielsweise zur »Erfahrung« einer Auster oder einer wachsenden Bohnenranke steht, irgendein Element der Reflexion oder Folgerung erforderlich sein kann. Menschen machen die Erfahrung von Krankheit. Was sie hierbei erfahren, ist gewiss etwas ganz anderes als ein Objekt der Apprehension, trotzdem ist es durchaus möglich, dass das, was eine Krankheit zu einer *bewussten* Erfahrung macht, genau die intellektuellen Elemente sind, die eingreifen – dies, dass einige Dinge als repräsentativ für andere Dinge genommen werden. Meine These über den primären Charakter nichtreflexiver Erfahrung soll diese Hypothese nicht ausschließen – die mir als sehr plausibel erscheint. Aber selbst in solchen Fällen steht das intellektuelle Element unübersehbar in einem Kontext, der nicht-kognitiv ist und der in sich einen riesigen Komplex anderer Qualitäten und Dinge birgt, die in der Erfahrung selbst Gegenstände der Achtung oder Abneigung, der Entscheidung, des Gebrauchs, des Leidens, des Strebens und der Revolte, und nicht Gegenstände der Erkenntnis sind. Wenn wir in einer späteren reflexiven Erkenntnis zurückblicken und diese Dinge und Qualitäten finden (*quales* wäre ein besseres Wort, oder auch Werte, wenn das letztere Wort nicht so missverständlich wäre), sind wir nur allzu leicht geneigt anzunehmen, sie seien schon damals gewesen, was sie jetzt sind – Gegenstände kognitiver Betrachtung, Themen von intellektueller Bedeutung. Deshalb die irrtümliche Schlussfolgerung, Dinge lägen entweder einfach außerhalb der Erfahrung oder seien (mehr oder weniger schlecht) erkannte Objekte.

Auf jeden Fall ist der beste Weg, um den Charakter dieser kognitiven Faktoren zu untersuchen, die in so vielen Fällen in unseren Erfahrungen lediglich nebenbei vorkommen, dass man sie in dem Typ von Erfahrung studiert, wo sie am prominentesten sind, wo sie dominieren; kurzum, wo das Erkennen das Hauptanliegen ist. Eine solche Untersuchung wird außerdem durch den Vergleich die kontrastierten charakteristischen Züge der nicht-reflexiven Typen von Erfahrung stärker verdeutlichen. In solchem Kontrast wird deutlich, dass die signifikanten Züge der Letzteren in ihrer inneren Organisation bestehen: (1) die Faktoren und Qualitäten hängen zusammen; es gibt eine große Vielfalt von ihnen, aber sie sind mit einer durchgängigen Qualität gesättigt. Eine Grippeerkrankung ist eine Erfahrung, die eine immense Vielfalt von Faktoren enthält, die aber nichtsdestoweniger diese eine, qualitativ einzigartige Erfahrung Grippe ist. Philosophen in ihrer ausschließlich intellektuellen Vorliebe für analytische Erkenntnis sind nur zu leicht geneigt, die primäre Bedeutung des Terminus »Ding« zu übersehen; nämlich *res*, eine Angelegenheit, etwas, was einen beschäftigt, eine »Sache, für die man sich einsetzt«; etwas, was dem gleicht, an Grippe erkrankt zu sein oder eine politische Kampagne zu führen oder einen allzu großen Vorrat an Tomaten in Dosen loszuwerden oder zur Schule zu gehen oder einer jungen Frau Aufmerksamkeit zu schenken: – kurzum, was in nicht-philosophischem Diskurs mit einer »Erfahrung« gemeint ist. Wenn man Dinge nur so zur Kenntnis nimmt, als wenn sie Objekte – das heißt Erkenntnisobjekte – wären, dann wird Kontinuität zu einem Mysterium; qualitative, durchdringende Einheit wird allzu oft als ein subjektiver Zustand betrachtet, der auf ein Objekt übertragen wird, das ihn nicht besitzt, als ein geistiges »Konstrukt« oder als eine Eigenschaft des Seins, die nur durch Rückgriff auf irgendein seltsames Erkenntnisorgan namens Intuition gewonnen wird. Ebenso wird Organisation als das Endergebnis einer hoch wissenschaftlichen Erkenntnis gedacht oder als das Resultat einer transzendentalen rationalen Synthesis oder als eine Fiktion, die durch Assoziation auf Elemente übertragen wird, von denen jedes eine selbständige »getrennte Wirklichkeit« ist. Wer über Erkenntnis philosophiert, zieht aus einem Ausflug in die primäre nicht-reflektierende Erfahrung mindestens einen Nutzen: Diese Exkursion erinnert ihn an den direkten, nicht-logischen Charakter der Organisation jeder empirischen Situation.

(2) Eine weitere Eigenschaft jeder *res* ist die, dass sie einen Brennpunkt und einen Kontext besitzt; strahlende Helle und Dunkelheit, Augenfälligkeit oder Sichtbarkeit, und Verhüllung oder Reserve, mit einer konstanten Bewegung der Neuverteilung. Eine Bewegung um eine Achse ist eine Dauerbewegung, aber das, was in einem Brennpunkt ist, verändert sich ständig. Mit anderen Worten: »Bewusstsein« ist nur ein sehr kleiner und sich verändernder Teil der Erfahrung. Bereich und Inhalt der Sichtbarkeit im Brennpunkt haben unmittelbare dynamische Verbindungen zu Teilen der Erfahrung, die im Augenblick nicht offensichtlich sind. Das Wort, das ich gerade geschrieben habe, steht momentan im Brennpunkt; um es herum verschwinden meine Schreibmaschine, der Tisch, der Raum, das Gebäude, der Campus, die Stadt und so fort in Unbestimmtheit. *In* der Erfahrung, und zwar so, dass sie selbst das qualifizieren, was deutlich sichtbar ist, sind alle die physischen Eigenschaften der Umwelt, die sich in den Raum erstrecken, keiner kann sagen wie

weit, und all die sich in der Zeit vorwärts und rückwärts erstreckenden Gewohnheiten und Interessen des Organismus, der die Schreibmaschine benutzt und der die geschriebene Form des Wortes nur als einen zeitweiligen Brennpunkt in einer riesigen und sich ständig wandelnden Szene zur Kenntnis nimmt. Ich will mich nicht länger dabei aufhalten, welche Bedeutung dieser Tatsache in ihren kritischen Auswirkungen auf früher übliche Theorien der Erfahrung zukommt. Ich will nur darauf hinweisen, dass dann, wenn das Wort »Erfahrung« im Text verwendet wird, es genau eine solche immense und operative Welt verschiedenartiger und interagierender Elemente meint.

Angesichts der Tatsache, dass der Ausdruck »Erfahrung« so häufig von Philosophen benutzt wird, um etwas ganz anderes als eine solche Welt zu bezeichnen, könnte es weiser erscheinen, einen anerkannt objektiven Ausdruck zu verwenden: zum Beispiel über die Schreibmaschine zu reden. Aber Erfahrung im gewöhnlichen Gebrauch (im Unterschied zu seinem technischen Gebrauch in Psychologie und Philosophie) bezeichnet ausdrücklich etwas, was ein spezifischer Terminus wie »Schreibmaschine« *nicht* bezeichnet: nämlich den unbestimmten Bereich des Kontextes, in dem die Schreibmaschine *tatsächlich* steht, ihre räumliche und zeitliche Umgebung, einschließlich der Gewohnheiten, Pläne und Aktivitäten ihres Benutzers. Und wenn wir gefragt werden, warum dann nicht einen allgemeinen objektiven Ausdruck benutzen wie »Welt« oder »Umwelt«, ist die Antwort, dass das Wort »Erfahrung« etwas Unentbehrliches bezeichnet, das diese Termini auslassen: nämlich eine wirkliche Fokussierung der Welt auf einen Punkt in einem Brennpunkt von unmittelbarer leuchtender Sichtbarkeit. Mit anderen Worten, in seinem umgangssprachlichen Gebrauch wurde der Ausdruck »Erfahrung« früher wegen der Notwendigkeit erfunden und verwendet, um sich mit einem einzigen Begriff auf das beziehen zu können, was durch solche Termini wie »Organismus« und »Umwelt, »Subjekt« und »Objekt«, »Personen« und »Dinge«, »Geist« und »Natur« usf. nur ungefähr und mit zwei verschiedenen Begriffen ausgedrückt wird.[1]

1 Ein unveröffentlichtes Manuskript von S. Klyce aus Winchester, Massachusetts, hat mich auf die Bedeutung der Tatsache aufmerksam gemacht, dass unsere Wörter sich in *Termini* (darüber mehr im Folgenden) und in Namen teilen, die (genau genommen) überhaupt keine Termini sind, sondern dazu dienen, uns an das riesige und

vage Kontinuum zu erinnern, aus dem nur ausgewählte Teile durch Wörter, eben *Termini*, bezeichnet werden. Er nennt solche Wörter »Unendlichkeits- und Nullwörter«. Das Wort »Erfahrung« ist ein typisches Beispiel für ein »Unendlichkeitswort«. Klyce hat sehr deutlich herausgearbeitet, dass eine direkte Situation der Erfahrung (»Situation«, wie ich es verwende, ist ein weiteres solches Wort) keinen Bedarf für irgendein Wort für sich selbst hat, da die Sache, auf die das Wort verweisen würde, so überwältigend um ihrer selbst willen da ist. Aber wenn darüber Kommunikation stattfindet (wie es nicht nur in der Unterhaltung mit anderen der Fall ist, sondern auch, wenn jemand versucht, eine Beziehung zwischen verschiedenen Abschnitten seines eigenen Lebens herzustellen), wird ein Wort benötigt, um beide Parteien an dieses für selbstverständlich gehaltene Ganze (ein weiteres Unendlichkeitswort) zu erinnern; obgleich es zur Konfusion führt, wenn nicht ganz explizit die Aufmerksamkeit auf die Tatsache gelenkt wird, dass es eine ganz andere Art von Wort ist, als die definiten Termini des Diskurses, die Unterscheidungen und deren Beziehungen zueinander bezeichnen. In dem Text wird die Aufmerksamkeit auf die Tatsache gelenkt, dass der Geschäftsmann, der mit einer Schwierigkeit ringt, oder der Wissenschaftler, der sich mit einer Untersuchung befasst, spezifisch durch die Situation kontrolliert wird, mit der er es zu tun hat, während der reine Theoretiker diese Kontrollen und Grenzen auslässt und so seine Anhaltspunkte verliert. Die Wörter »Erfahrung«, »Situation« usf. werden nun gerade dazu verwendet, den Denker daran zu *erinnern*, dass er zu etwas zurückkehren muss, was niemals einer der Termini seiner Reflexion sein kann, das aber nichtsdestoweniger den realen Sinn und Status aller dieser Termini liefert. »Intuition«, Mystizismus, philosophischer oder ausgeklügelter Monismus sind alle anomale Formen der Auflehnung gegen die Konsequenzen, die daraus erfolgen, dass man nicht zur Kenntnis nimmt, was durch Wörter übermittelt wird, die keine Termini sind. Sollte ich diese Essays *in toto* noch einmal schreiben, würde ich versuchen, mir diese und andere unentbehrliche Erwägungen von Klyce zunutze zu machen; aber da die Essays im Wesentlichen so bleiben müssen, wie sie ursprünglich geschrieben wurden, und da eine Einleitung zu ihnen, um verständlich zu sein, nicht in einer Phraseologie formuliert sein darf, die mit ihnen unvereinbar ist, möchte ich einfach den Leser bitten, sich diesen radikalen Unterschied zwischen solchen Wörtern wie »Erfahrung«, »Realität«, »Universum«, »Situation« und solchen Termini wie »Schreibmaschine«, »ich«, »Bewusstsein«, »Existenz«, wenn sie in einem spezifischen Sinne gebraucht werden (wie sie gebraucht werden müssen, wenn sie Termini sein sollen), vor Augen zu halten. Der Terminus »Realität« ist besonders trügerisch, denn die unbekümmerte Tradition der Philosophie (eine Unbekümmertheit, die ganz gewiss durch die Unfähigkeit genährt wird, die Unterscheidung, auf die Klyce die Aufmerksamkeit gelenkt hat, verbal explizit zu machen) verwendet »Realität« sowohl als einen Terminus für eine undifferenzierte Bezugnahme, gleichbedeutend mit ›alles zusammen genommen‹ oder ›*en masse*‹ im Gegensatz zu einer Differenzierung, wie auch als einen spezifischen Terminus mit einem lobenden Beigeschmack: wie zum Beispiel *wirkliches* Geld im Unterschied zu gefälschtem. Obgleich nun jede Untersuchung im alltäglichen Leben, ob technologisch oder wissenschaftlich, die Frage, *ob* eine Sache real ist, nur in dem Sinne stellt, *welches* Ding real ist, schließt die Philosophie dagegen auf einen allgemeinen Unterschied zwischen dem Realen und dem Unrealen, dem Realen und dem Scheinbaren, und schafft so ein völlig künstliches Problem.

II

Ich weiß nicht, ob die Essays auf größere Akzeptanz gestoßen wären, wäre dieser ihr Hintergrund expliziter dargestellt worden, aber sehr wahrscheinlich wären sie nicht so oft missverstanden worden. Aber abgesehen von kleinen beiläufigen Hinweisen nahmen die Essays in den Anspielungen auf das Universum nicht-reflexiver Erfahrung unseres Tuns, Leidens und Genießens der Welt und unserer selbst diesen Hintergrund als gegeben. Es war ihre Absicht, darzulegen,

Wenn der Philosoph, ob idealistisch oder realistisch, der es für einen Selbstwiderspruch hält, rein intellektualistische Begriffe der Welt zu kritisieren, weil sich die Kritik selber in intellektualistischen Termini vollzieht, so dass ihre Gültigkeit auf intellektuellen (oder kognitiven) Bedingungen beruht, sich nur an das ganz rohe Tun erinnern wollte, mit dem sich ein Chemiker befasst, um die Bedeutungen seiner Termini festzulegen und seine Theorien und Begriffe zu testen, dann würde er wahrnehmen, dass alles intellektuelle Erkennen nur eine Methode ist, um ein Experiment durchzuführen, und dass Argumente und Einwände nur Stimuli sind, um jemanden dazu zu veranlassen, einen bestimmten Versuch zu machen – das heißt auf eine nicht-logische, nicht-intellektuelle Angelegenheit zurückzugreifen. Und weiter: Argumente sind eine Aufforderung zu bemerken, dass in genau dem Augenblick, in dem er denkt, sein Denken in einem Kontinuum steht, das selber nicht Gegenstand des Denkens ist. Die Wichtigkeit, die dem Wort »Erfahrung« beigemessen wird, ist sowohl in den Essays wie in dieser Einleitung als eine Aufforderung zu verstehen, Denken und unterscheidende Erkenntnis als ein Mittel zu verwenden, sich in etwas zu stürzen, was kein Argument und kein Terminus ausdrücken kann; oder besser als eine Auforderung, die Tatsache zur Kenntnis zu nehmen, dass kein Sich-Hineinstürzen nötig ist, da Denken und explizite Erkenntnis schon durch und in etwas konstituiert sind, das nicht ausgedrückt und explizit gemacht zu werden braucht. Und schließlich: daran ist nichts Mystisches, obgleich der Mystizismus zweifellos in dieser Tatsache wurzelt. Ihre Wichtigkeit besteht nur darin, auf die Bedeutung von, sagen wir, Formeln hinzuweisen, die ein Chemiker als das Ergebnis seines Experiments anderen mitteilt. Mitgeteilt oder ausgedrückt werden kann lediglich, dass er an eine so und so beschaffene Sache glaubt. Die Kommunikation hat eine wissenschaftliche und nicht lediglich soziale Bedeutsamkeit, weil die mitgeteilte Formel eine Anleitung für andere Chemiker darstellt, bestimmte Verfahren auszuprobieren und zu sehen, was sich daraus ergibt. Die *Anleitung* kann in Worte gefasst werden; das Ergebnis des Experiments, die Erfahrung, auf die sich die Aussagen beziehen und durch die sie überprüft werden, lässt sich nicht ausdrücken. (Dichtung ist natürlich ein viel geeigneteres Mittel der Suggestion als wissenschaftliche Prosa.) Das Wort »Erfahrung« ist, ich wiederhole es, eine Bezeichnung für etwas Unausdrückbares als das, was letztlich über den Status all dessen entscheidet, was ausgedrückt wird; unausdrückbar nicht deshalb, weil es so fern und transzendent ist, sondern weil es so unmittelbar in seinen Bann zieht und so selbstverständlich ist.

dass Reflexion (und folglich Erkenntnis mit logischen Eigenschaften) entsteht, weil innerhalb der eben dargelegten empirischen Situation unvereinbare Faktoren zu Tage treten: unvereinbar nicht in einem lediglich strukturellen oder statischen, sondern in einem aktiven und progressiven Sinn. Unter diesen Umständen kommt es zu einander entgegengesetzten Reaktionen, die nicht gleichzeitig in einer offenen Handlung gezeigt werden können und mit denen man dementsprechend erst fertig werden kann, sei es gleichzeitig oder nacheinander, nachdem sie mittels einer analytischen Auflösung und einer synthetischen Übersicht in der Phantasie in einen Plan organisierten Handelns gebracht worden sind; kurzum, dadurch, dass man von ihnen Kenntnis nimmt. Mit anderen Worten, Reflexion erscheint als der beherrschende Zug einer Situation, wenn irgendetwas nicht stimmt, wenn irgendein Problem besteht, das auf einem aktiven Widerspruch, einem Gefühl der Unstimmigkeit, einem Konflikt unter den Faktoren einer vorangehenden nicht intellektuellen Erfahrung beruht; wenn, in der Sprache der Essays, eine Spannungssituation entsteht.[2]

Eine solche Situation einmal vorausgesetzt, ist es offensichtlich,

2 Es gibt bestimmte Punkte der Ähnlichkeit dieser Lehre mit der von Holt in der Frage der Widersprüche und mit der von Montague in der Frage des »Bewusstseins« als einem Fall von potenzieller Energie. Aber die letztere Doktrin scheint mir erstens an einer Isolierung des Gehirns vom Organismus zu leiden, was dazu führt, das aktive Tun zu ignorieren, und zweitens an einer Isolierung des »Moments« der Reduktion der aktuellen auf potenzielle Energie. Bewusstsein erscheint als ein merkwürdig isoliertes und selbstgenügsames Ereignis, statt als Brennpunkt der Neuanpassung in einer organisierten Aktivität an dem Drehpunkt der maximalen »Spannung« – das heißt der größten Inhibition in Verbindung mit der größten Tendenz zur Entladung. Und obwohl ich glaube, dass Holt vollkommen recht hat, wenn er die Möglichkeit des Irrtums mit objektiv pluralen und konfligierenden Kräften verbindet, würde ich es kaum als sprachlich nützlich ansehen, gegeneinander wirkende Kräfte »kontradiktorisch« zu nennen. Die Gegenkräfte eines Gewölbes scheinen mir kein Widerspruch im Bogen zu sein. Aber wenn ihr Vorhandensein mich dazu führen würde, zu versuchen, »auf« und »nieder« zur selben Zeit zu sagen, wäre es ein Widerspruch. Aber selbst einmal zugegeben, dass kontradiktorische Aussagen lediglich Aussagen über Kräfte sind, die kontradiktorisch sind – erwärmen und abkühlen –, ist es immer noch ein weiter Weg zum Irrtum. Denn Aussagen über solche »Widersprüche« sind offensichtlich *wahre* Aussagen. Erst wenn wir jene Reaktion auf den einen Faktor zeigen, die angemessen ist, um mit dem anderen fertig zu werden, gibt es Irrtum; und dies kann geschehen, wo es überhaupt keine kontradiktorischen Kräfte über die Tatsache hinaus gibt, dass der *Handelnde* zur gleichen Zeit in zwei unvereinbare und entgegengesetzte Richtungen gezogen wird.

dass die Bedeutung der Situation als ganzer ungewiss ist. Durch die Auslösung zwei entgegengesetzter Verhaltensweisen zeigt sie eine widersprüchliche Bedeutung. Der einzige Ausweg besteht darin, die Situation sorgfältig in Augenschein zu nehmen, was eine Auflösung in ihre Elemente einschließt, und über die Ergebnisse dieser Inspektion hinauszugehen, um einen Ansatz zu ihrem Verständnis zu finden. Das heißt, wir haben (*a*) die Schwierigkeit zu lokalisieren und (*b*) eine Methode zu ihrer Bewältigung auszuarbeiten. Jede derartige Betrachtungsweise des Denkens verlangt außerdem, die Schwierigkeit *in* der fraglichen (ganz buchstäblich in Frage stehenden) Situation zu lokalisieren. Erkennen verfolgt immer eine *besondere* Absicht und die Lösung des Problems muss eine Funktion seiner Bedingungen in Zusammenhang mit *zusätzlich* geltend gemachten Bedingungen sein. Mit anderen Worten: Jede reflexive Erkenntnis hat eine spezifische Aufgabe, die ihr durch eine konkrete und empirische Situation gestellt wird, so dass sie diese Aufgabe nur dadurch erfüllen kann, dass sie die Bedingungen der Situation, in der die Schwierigkeit entsteht, aufdeckt und im Auge behält, während ihre Absicht eine Reorganisation ihrer Faktoren ist, um zu einer Einheit zu gelangen.

Bislang freilich haben wir noch keine vollendete Erkenntnis, sondern nur eine werdende Erkenntnis – nach klassischer griechischer Auffassung Lernen. Denken als *Denken* gelangt nicht weiter als bis zu einer Feststellung von Elementen, die die vorliegende Schwierigkeit ausmachen, und zu einer Feststellung – einem Vorschlag, einer Proposition – einer Methode, um sie zu lösen. Dieser Sachverhalt legt den Rahmen jeder reflexiven Situation fest und bestimmt damit auch den weiteren Schritt, der benötigt wird, wenn es zu einer Erkenntnis kommen soll – Erkenntnis im lobenden Sinn,[3] im Unterschied zu Meinung, Dogma und Vermutung oder zu dem, was beiläufig als Kennen durchgeht. Offenes Handeln ist verlangt, wenn der Wert oder die Gültigkeit der reflexiven Erwägungen bestimmt werden soll. Andernfalls haben wir im besten Fall nur eine Hypothese, dass die Bedingungen der Schwierigkeit so und so sind und dass der Weg, sie zu bewältigen oder durchzustehen, so und so ist. Diese Vermutung muss im Handeln ausprobiert werden; sie muss physisch auf die Situation angewendet werden. Dadurch, dass wir

3 [A. d. Ü.: *knowledge* bedeutet ursprünglich nur »zur Kenntnis nehmen«, »etwas kennen«, »etwas können«.]

herausfinden, was dann geschieht, überprüfen wir unsere intellektuellen Ergebnisse – unsere logischen Termini oder Maß und Ziel unserer Entwürfe. Kommt die erforderliche Reorganisation zustande, sind sie bestätigt, und die Reflexion (über dieses Thema) hört auf; wenn nicht, entsteht das Gefühl der Enttäuschung und der Forschungsprozess dauert an. Dass alle Erkenntnis, soweit sie aus der Reflexion hervorgeht, experimentell ist (im buchstäblichen physikalischen Sinn von experimentell), ist also ein Grundsatz dieser Lehre.

Nach dieser Ansicht ist Denken oder Erkenntniserwerb im Gegensatz zu einer oft geäußerten Vermutung weit davon entfernt, eine rein theoretische Angelegenheit zu sein. Der Grund dafür ist, dass Denken kein Ereignis ist, das sich ausschließlich in der Großhirnrinde oder der Großhirnrinde plus Stimmorgane vollzieht. Erkennen beinhaltet die Untersuchungen, durch die relevante Daten beschafft, sowie die physischen Analysen, durch die diese Daten verfeinert und präzisiert werden, sie umfasst die Lektüre, durch die Informationen erlangt werden, die Wörter, mit denen experimentiert wird, und die Berechnungen, durch die der Sinn der aufgestellten Theorien oder Hypothesen entwickelt wird. Hände und Füße, Apparate und Instrumente aller Art sind ebenso Teil des Denkens wie Veränderungen im Gehirn. Da diese physischen Operationen (einschließlich der zerebralen Ereignisse) und Instrumente ein Teil des Denkens sind, ist Denken etwas Mentales nicht aufgrund eines eigentümlichen Stoffes, der in es eingeht, oder eigentümlicher nicht-natürlicher Aktivitäten, die es ausmachen, sondern aufgrund dessen, was physische Akte und Geräte *tun*: aufgrund der charakteristischen Absicht, der sie dienen, und der charakteristischen Resultate, die sie erzielen.

Dass Reflexion durch einen entschiedenen offenen Akt[4] hindurch in einer anderen nicht-reflexiven Situation endet, in der es mit der Zeit von neuem zu unvereinbaren Reaktionen kommen kann, so dass sich ein weiteres Problem in der Reflexion stellt, versteht sich von selbst. Einige Eigenschaften dieser Situation freilich sind im gegenwärtigen Zeitpunkt keineswegs selbstverständlich und bedürfen einer Erläuterung. Ich möchte zunächst die Aufmerksamkeit auf eine Mehrdeutigkeit im Terminus »Erkenntnis«[5] lenken. Die Aussage, dass alle Erkenntnis Reflexion beinhaltet – oder konkreter, dass

4 Zur Betonung übertreibe ich hier dadurch, dass ich eine Operation, die sich fortlaufend vollzieht, in einen einzelnen entscheidenden Akt verdichte.

5 [*knowledge*]

es ein Schließen aus Beweismaterial bezeichnet –, erregt bei vielen Anstoß; es scheint sowohl im Widerspruch zu den Tatsachen zu stehen wie auch eine willkürliche Beschränkung des Wortes »Erkenntnis« zu sein. Ich habe mich in dieser Einleitung bemüht, die Anstößigkeit dieser Lehre dadurch zu mildern, dass ich mich auf »intellektuelle oder logische Erkenntnis« beziehe. Damit dieser Ausdruck nicht als windiges Manöver erscheint, um einer wirklichen Streitfrage aus dem Weg zu gehen, werde ich jetzt etwas expliziter sein. (1) Man kann zugeben, dass Erkenntnis (im Unterschied zu Denken oder Forschen samt einer angehängten Vermutung) in einem gewissen Sinne erst dann entsteht, wenn Denken in dem experimentellen Akt zu einem Abschluss gekommen ist, der die im Denken entwickelten Pläne erfüllt. Aber es trifft ebenso zu, dass das so bestimmte Objekt ein *Erkenntnisobjekt* nur deshalb ist, weil ihm das Denken vorangegangen ist und es dessen glücklichen Abschluss bildet. Ich würde sagen, für sich allein ist es noch kein Akt der Erkenntnis, wenn man gegen einen harten und schmerzhaften Stein läuft; aber wenn dieser Zusammenprall mit einer harten und schmerzhaften Sache ein Ergebnis ist, das nach Überprüfung von Daten und der Erarbeitung einer Hypothese vorausgesagt worden ist, dann konstituieren die Härte und schmerzhafte Beule, die das Ding als einen Stein definieren, es auch nachdrücklich als Gegenstand der Erkenntnis. Kurzum, das Objekt der Erkenntnis im strengen Sinn ist sein Ziel;[6] und dieses Ziel ist erst dann konstituiert, wenn es erreicht ist. Nun, diese Schlussfolgerung – wie das Wort es bezeichnet – ist Denken, das zu einem Abschluss gebracht worden ist, erledigt ist. Wenn der Leser diese Aussage nicht befriedigend findet, möge er, bis zur weiteren Diskussion, zumindest anerkennen, dass die vorgetragene Lehre keinerlei Schwierigkeit hat, Erkenntnis mit Schließen zu verknüpfen und zugleich zuzugeben, dass Erkenntnis im emphatischen Sinn erst dann existiert, wenn das Schließen zu einem Abschluss gekommen ist. Von diesem Gesichtspunkt aus gesehen stellt das so genannte unmittelbare Wissen oder das einfache Begreifen[7] oder Kennen[8] eine kritische Fertigkeit dar, eine Gewissheit der Reaktion, die sich infolge der Reflexion entwickelt hat. Einen ähnlich sicheren Halt ohne frühere Untersuchungen und

6 [*objective*]
7 [*apprehension*]
8 [*knowledge by acquaintance*]

Überprüfungen bieten Instinkt und Gewohnheit. Ich bestreite nicht, dass Instinkt und Gewohnheit besser sein können als das Erkennen, aber ich sehe keinen Grund, eine ohnehin schon allzu verworrene Situation dadurch noch komplizierter zu machen, dass ich sie mit dem Namen »Erkenntnis« mit seinen üblichen intellektuellen Implikationen bezeichne. Von diesem Gesichtspunkt aus ist das Substrat, der Stoff der Erkenntnis genau das, worauf wir *nicht* denkend oder sonstwie geistig Bezug nehmen, da es das ist, was als selbstverständlich vorausgesetzt wird, aber es ist nichtsdestoweniger Erkenntnis dank der Untersuchung, die dazu geführt hat.

(2) Bestimmtheit, Tiefe und Vielfalt der Bedeutung knüpfen sich an die Objekte einer Erfahrung in genau dem Grad, in dem vorher über sie nachgedacht worden ist, selbst wenn sie in einer Erfahrung auftreten, in der sie keinerlei Folgerungen auslösen. Termini wie »Bedeutung«, »Signifikanz«, »Wert« haben einen doppelten Sinn. Manchmal meinen sie eine Funktion: die Aufgabe eines Dings, ein anderes zu repräsentieren oder implizit darauf zu verweisen; kurzum die Operation, als Zeichen zu dienen. In dem Wort »Symbol« ist diese Bedeutung praktisch erschöpfend. Aber die Termini meinen manchmal auch eine inhärente Qualität, eine Qualität, die den Gegenstand der Erfahrung an sich charakterisiert und die ihm einen Wert verleiht. Das Wort »Sinn«, wie es etwa in der Redewendung »Sinn (und Unsinn) eines Dings« vorkommt, ist so eindeutig auf diese Verwendung festgelegt wie die Wörter »Zeichen« und »Symbol« auf die andere.[9] In der Reflexion ist der Bezug auf anderes immer primär. Die Höhe des Quecksilbers bedeutet Regen; die Farbe der Flamme bedeutet Natrium; die Form der Kurve bedeutet eine Zufallsverteilung von Faktoren. In der Situation, die auf die Reflexion folgt, sind Bedeutungen immanent enthalten; sie haben keinerlei instrumentelle oder dienende Aufgabe, weil sie überhaupt keine Aufgabe haben. Sie sind ebenso sehr Qualitäten der Objekte in der Situation wie rot und schwarz, hart und weich, eckig und rund. Und jede reflexive Erfahrung fügt neue Schattierungen solcher immanenten Qualifikationen hinzu. Mit anderen Worten, während das reflexive Erkennen ein Mittel zur Beherrschung einer problema-

9 [A. d. Ü.: Der folgende Satz bezieht sich auf eine Eigenheit der englischen Sprache:] In einem Paar wie *import* und *importance* [Wichtigkeit] neigt das erste dazu, die Bezugnahme auf ein anderes Ding auszuwählen, während das zweite einen immanenten Inhalt nennt.

tischen Situation ist (und auf diese Weise einen praktischen oder nützlichen Sinn hat), ist es darüber hinaus ein Mittel, um die unmittelbare Signifikanz der darauf folgenden Erfahrungen zu bereichern. Und es kann sehr wohl sein, dass dieses Nebenprodukt, dies Göttergeschenk, unvergleichlich viel wertvoller für das Leben ist als das primäre und bewusst angestrebte Resultat der Beherrschung, so wesentlich diese Kontrolle auch dafür sein mag, überhaupt ein Leben zu haben. In diesem Bereich sind Worte trügerisch; es gibt keine akzeptierten Kriterien für die Zuweisung oder Messung ihrer Bedeutungen; aber wenn man den Terminus »Bewusstsein« verwendet, um die unmittelbaren Werte von Objekten zu bezeichnen, dann ist es gewiss wahr, dass »Bewusstsein ein lyrischer Ruf selbst inmitten von Geschäften ist«. Aber wenn man unter Bewusstsein die Funktion der wirksamen Reflexion versteht, dann ist ebenso wahr, dass Bewusstsein Geschäft ist – selbst inmitten des Schreibens oder Singens von Versen. Aber diese Feststellung bleibt so lange unangemessen, bis wir hinzufügen, dass Erkennen als Geschäft oder Forschung und Erfindung als Unternehmen, als praktische Akte, selbst die Bedeutung dessen, was sie erreichen, als *ihre* eigene unmittelbare Qualität übernehmen. Es gibt keine Disjunktion zwischen ästhetischen Qualitäten, die ein Ziel, aber müßig, und Akten, die praktisch oder ein Mittel sind. Die letzteren haben ihre eigenen Freuden und Sorgen.

III

Vom Standpunkt der zeitlichen Ordnung aus gesehen nimmt die Reflexion oder das Denken also eine mittelbare und rekonstruktive Position ein. Sie steht zwischen einer zeitlich früheren aktiven und kritischen Erfahrungssituation (einer organisierten Interaktion von Faktoren), in der einige Faktoren miteinander in Widerspruch geraten und unvereinbar geworden sind, und einer späteren Situation, die durch eine Orientierung an den Ergebnissen der reflexiven Untersuchung aus der ersten Situation hervorgegangen ist. Diese abschließende Situation ist deshalb durch einen Bedeutungsreichtum wie auch ein Maß an Beherrschung geprägt, die ihrem Original fehlen. Dadurch wird die logische Gültigkeit oder intellektuelle Bedeutung der Termini und Relationen festgelegt, die die Reflexion unterschied. Dank der Kontinuität der Erfahrung (dem Sich-Überschneiden und Sich-Wiederholen ähnlicher Probleme) werden diese logischen Festlegungen für die späteren Untersuchungen von größtem Nutzen sein; sie sind deren Arbeitsmittel. In derartigen weiteren Verwendungen werden sie weiter überprüft, definiert und entwickelt, bis die gewaltigen und raffinierten Systeme der technischen Gegenstände und Formeln der Wissenschaft entstehen – ein Punkt, auf den wir später noch einmal zurückkommen werden.

Aufgrund von Umständen, bei denen wir uns nicht zu aufzuhalten brauchen, wurde die so skizzierte Position primär nicht allein um ihrer selbst willen entwickelt, sondern vielmehr im Verlauf einer Kritik an einem anderen Typ von Logik, nämlich der idealistischen Logik, die sich bei Lotze findet. Es ist offensichtlich, dass die skizzierte Theorie entscheidende Auswirkungen hat. Ihr zufolge kann Reflexion in ihren Unterscheidungen und Prozessen nur dann verstanden werden, wenn sie in ihrer entscheidenden temporalen Mittelposition gesehen wird – als ein Prozess der Kontrolle von seinem Charakter nach alogischem Material durch Reorganisation. Sie gibt zu verstehen, dass in einer Welt, die keine Probleme böte oder in der es keine »Probleme des Übels« gäbe, Denken nicht existieren würde und sich deshalb keine Erkenntnis fände; und andererseits, dass eine reflexive Methode der einzig sichere Weg ist, mit diesen Problemen fertig zu werden. Sie gibt zu verstehen, dass die Resultate der Reflexion aufgrund der Kontinuität der Erfahrung zwar umfänglicher sein können als die Situation, die eine bestimmte Untersuchung und Erfindung auslöst, Ursprung und Ziel der Reflexion selbst aber immer spezifisch sind; sie muss immer eine bestimmte Schwierigkeit bewältigen. Denn Probleme sind auf konkrete Weise spezifisch. Sie gibt weiterhin zu verstehen, dass Denken und reflexive Erkenntnis niemals ein endgültiger Abschluss sind, weder ein Selbstzweck noch ihre eigene Rechtfertigung, sondern dass sie naturgemäß in einen direkteren und vitaleren Typ von Erfahrung übergehen, sei er technisch oder künstlerisch oder gesellschaftlich. Diese Lehre impliziert darüber hinaus, dass die Theorie der Logik in ihrem gewöhnlichen Sinn ihrem Wesen nach eine deskriptive Theorie ist; das heißt eine Theorie der Prozesse und Werkzeuge, die sich in der Forschung tatsächlich als wirksam erwiesen haben, wobei der Terminus »Forschung« sowohl bewusste Entdeckung wie bewusste Erfindung umfasst.

Da diese Lehre in einem geistigen Klima vorgetragen wurde, in dem solche Aussagen keineswegs selbstverständlich waren, ja, wo eine Logik vorherrschend war, die diese Überzeugungen an jedem Punkt in Frage stellte, ist es nicht überraschend, dass sie etwas polemisch vorgetragen wurde, da sie speziell gegen die herrschende idealistische Logik gerichtet war. Der Berührungs- und infolgedessen Konfliktpunkt zwischen der hier vorgelegten und der idealistischen Logik ist ziemlich offensichtlich. Die auf dem Idealismus beruhende Logik hatte Erkenntnis tatsächlich vom Standpunkt einer Theorie des Denkens behandelt – des Denkens im Sinne von Begriff, Urteil und Schluss. Aber obwohl sie diese Ansicht vom älteren Rationalismus übernommen hatte, hatte sie daneben – auf dem Weg über Kant – von Hume gelernt, dass direktes Sinnes- oder Wahrnehmungsmaterial berücksichtigt werden muss. Daher hatte sie das Problem der Logik praktisch als das Problem der Verbindung von logischem Denken mit Sinnesmaterial formuliert und versucht, eine Metaphysik der Realität zu entwickeln, die auf verschiedenen ansteigenden Stufen der Vollständigkeit der Rationalisierung oder Idealisierung des gegebenen, rohen, fragmentarischen Sinnesmaterials durch die synthetische Tätigkeit des Geistes beruhte. Obwohl in der Hauptsache Erwägungen einer viel weniger formalen Art dazu beigetragen haben, den Idealismus wieder modern zu machen, etwa die Versöhnung eines wissenschaftlichen und eines religiösen und moralischen Gesichtspunkts sowie das Bedürfnis nach einer rationalen Begründung sozialer und historischer Institutionen, um so ihre kulturelle Wirkung zu erklären, konstituiert diese Logik gleichwohl die *Technik* des Idealismus – seinen strikt intellektuellen Anspruch auf Anerkennung.

Der Berührungs- und damit Konfliktpunkt zwischen ihr und einer Theorie der Logik und des reflexiven Denkens, wie sie oben dargestellt wurde, ist, wie schon gesagt, ziemlich offensichtlich. Beide fixieren sich auf das Denken als Schlüssel zur Situation. Ich glaube noch immer (wie schon damals, als ich die Essays schrieb), dass unter dem Einfluss des Idealismus wertvolle Analysen und Formulierungen der Arbeit des reflexiven Denkens entstanden sind, soweit es sich darauf bezieht, die Erkenntnis von Objekten zu sichern. *Aber* – und dieses *aber* ist ungewöhnlich wichtig – die idealistische Logik, die von dem Unterschied unter den unmittelbaren mannigfaltigen Daten ausging, vereinheitlichte oder rationalisierte Bedeutungen als einen in der Erfahrung fertig vorliegenden Unterschied und setzte als Ziel der Erkenntnis (und deshalb als Definition der wahren Realität) ein vollständiges, erschöpfendes, umfassendes und ewiges System, in dem mannigfaltige und unmittelbare Daten auf ewig in ein Gewebe und Muster einer sich selbst erhellenden Bedeutung eingewoben sind. Kurzum, sie ignorierte die zeitlich intermediäre und instrumentelle Stellung der Reflexion; und weil sie diese Stellung ignorierte und leugnete, übersah sie deren wesentlichen Zug: die Beherrschung der Umwelt im Interesse von Fortschritt und Wohlergehen; denn schließlich wird die Anstrengung zur Kontrolle durch die Bedürfnisse, Mängel und Probleme stimuliert, die entstehen, wenn die Umwelt den Menschen bedrängt und unterdrückt oder wenn der Mensch in seiner Unwissenheit versucht, die Umwelt zu überwältigen. Deshalb missverstand sie das Kriterium der Arbeit der Intelligenz; sie stellte als ihr Kriterium eine absolute und nicht-zeitliche Realität überhaupt auf, statt das Kriterium einer spezifischen zeitlichen Erlangung von Konsequenzen durch eine von der Reflexion bereitgestellte Kontrolle zu verwenden. Und dadurch verriet sie die Sache, die sie erzeugt und die ihr ihren Seinsgrund gegeben hatte: die Verherrlichung der Arbeit der Intelligenz in unserer wirklichen physischen und sozialen Welt. Denn eine Theorie, die bei der Erklärung endet, alles sei, wirklich und ewig, durch und durch ideal und rational, zerschneidet den Nerv der spezifischen Aufgabe und Arbeit der Intelligenz.

Von dieser allgemeinen Feststellung will ich mich dem technischen Punkt zuwenden, um den sich die Kritik dieser Essays an der idealistischen Logik dreht. Akzeptieren wir einmal für einen Augenblick die Hypothese, das Denken gehe weder von einer impliziten Kraft der Rationalität aus, die sich in und durch und gegen die Beschränkungen vollständig zu realisieren sucht, die durch die Bedingungen unserer menschlichen Erfahrung auferlegt werden (wie es alle Idealismen gelehrt haben), noch von der Tatsache, dass in jedem Menschen ein »Geist« steckt, dessen Aufgabe es ist, einfach »zu erkennen« – im aristotelischen Sinn zu theoretisieren;[10] sondern vielmehr, es beginne mit einer Anstrengung, aus irgendeiner – wirklichen oder drohenden – Zwangslage herauszukommen. Es ist ganz klar, dass die Menschengattung manch anderen Weg neben der reflexiven Untersuchung ausprobiert hat. Ihre Lieblingszuflucht war

10 [A.d.Ü: = anzuschauen]

eine Kombination aus Magie und Dichtung: aus Magie, um sich die notwendige Erleichterung und Kontrolle zu verschaffen; aus Dichtung, um die in der Wirklichkeit verweigerten Realisierungen in der Phantasie zu erleben und wenigstens von daher zu einer emotionalen Vollendung[11] zu bringen. Aber soweit Reflexion entsteht und Fuß fasst, ist ihr ihre Aufgabe vorgeschrieben. Einerseits muss sie entdecken, herausfinden, aufdecken; sie muss eine Inventur des Bestehenden vornehmen. Entweder dies, oder sie wird niemals wissen, was eigentlich los ist; der Mensch wird nicht herausfinden, was ihn da »getroffen hat«, und wird deshalb keine Idee haben, wo er nach einem Heilmittel suchen soll – nach der notwendigen Kontrolle. Andererseits muss sie erfinden, sie muss entwerfen, sie muss etwas auf die gegebene Situation einwirken lassen, das so, wie es existiert, nicht als ein Teil von ihr gegeben ist.

Dies scheint ganz empirisch und ganz evident. Die Essays gaben die These zu bedenken, dass diese unter dem Eindruck einer Bedrohung erfolgende simple Zweiteilung der praktischen Situation von Macht und Genuss in das, was da ist (sei es als Hindernis oder als Hilfsmittel), und in suggerierte Erfindungen – Entwürfe von Eingriffen von außen, Methoden der Bewältigung – die Erklärung für die altehrwürdigen logischen Bestimmungen der rohen Tatsachen, des Datums, und der Bedeutung oder idealen Qualität ist; von (in einer stärker psychologischen Terminologie) Sinneswahrnehmung und Begriff; von Einzeldingen (Teilen, Fragmenten) und Universalien-Allgemeinbegriffen sowie von allem, was es in dem traditionellen Subjekt-Prädikat-Schema der Logik an intrinsischer Bedeutung gibt. Weniger formell gesagt, sie vertraten die Meinung, diese Ansicht erkläre die positiven Konnotationen, die immer mit der »Vernunft« und dem Werk der Vernunft bei der Bewirkung von Einheit, Harmonie, Verstehen oder Synthesis verbunden sind, und die traditionelle Kombination aus abschätziger Haltung gegenüber rohen Tatsachen und einem widerwilligen Zugeständnis, dass das Denken gezwungen ist, diese Tatsachen zu akzeptieren und als Substrat und Maßstab zu nehmen. Spezifischer, die Essays vertraten die Auffassung, dass diese Ansicht (und ich wage zu sagen, zum ersten Mal) eine Erklärung der traditionellen Theorie der Wahrheit als einer Korrespondenz oder Übereinstimmung von Realität und Geist oder

11 [*consummation*]

Denken lieferte. Sie zeigten, dass die Korrespondenz oder Übereinstimmung einer Erfindung und denjenigen Bedingungen glich, denen diese Erfindung genügen soll. Dadurch wurden eine Menge epistemologischer Irrläufer eliminiert; denn die Unterscheidungen, die die Epistemologie missverstanden hatte, waren jetzt genau dort, wo sie hingehören: in der Kunst der Forschung, die als ein gemeinsamer Prozess von Tatsachenermittlung einerseits und Erfindung, Projektion oder »Hypothesenbildung« andererseits angesehen wurde – davon mehr weiter unten.

IV

Diese Essays wurden im Jahre 1903 veröffentlicht. Zu jener Zeit war (wie schon bemerkt) der Idealismus die herrschende Philosophie in England wie in den USA; die gängigen Logiken waren zutiefst von dem kantischen und nach-kantischen Denken beeinflusst. Es gab zwar noch empirische Logiken, die unter dem Einfluss von Mill konzipiert worden waren, aber im Licht des herrschenden Idealismus leuchteten sie nur noch blass. Vom Standpunkt der in den Essays vorgetragenen Lehre aus beging die empirische Logik außerdem denselben logischen Fehler wie die idealistische: Sie hielt Sinnesdaten für elementar (statt für Auflösungen der *Gegenstände* früherer Erfahrungen in Elemente zum Zweck der Beweissicherung); während sie den spezifischen Dienst verkannte, den die Intelligenz bei der Entwicklung neuer Bedeutungen und Pläne neuer Handlungen leistete. Dieser Zustand der Dinge erklärt vielleicht den streitbaren Charakter der Essays und die Wahl insbesondere einer idealistischen Logik als Gegenstand ihrer Kritik.

Seit diese Essays geschrieben wurden, ist es zu einer eindrucksvollen Wiederbelebung des Realismus wie auch zu einer Entwicklung eines Typs logischer Theorie – der so genannten analytischen Logik – gekommen, die den philosophischen Bestrebungen des neuen Realismus entspricht. Diese merkliche Veränderung der intellektuellen Umwelt unterzieht die Lehre der Essays einer Prüfung, die zur Zeit ihrer Abfassung nicht ins Auge gefasst worden war. Es ist eine Sache, eine Hypothese angesichts einer besonderen Situation zu entwickeln; eine andere jedoch, ihren Wert angesichts von Verfahren und Resultaten zu prüfen, die eine radikal andere Motivation und

Richtung haben. Es ist natürlich unmöglich, die analytische Logik an dieser Stelle zu diskutieren. Ein Vergleich einiger ihrer Hauptglaubenssätze mit den oben umrissenen Schlussfolgerungen wird aber einiges Licht auf Bedeutung und Wert der Letzteren werfen. Obgleich mit Blick auf die idealistischen und sensualistischen Logiken formuliert, ist die Hypothese, Erkenntnis könne nur im Zusammenhang mit Erwägungen von Zeit und zeitlicher Stellung richtig verstanden werden, ganz allgemein. Wenn sie gültig ist, sollte sie auf eine kritische Einstufung jeder Theorie anwendbar sein, die solche zeitlichen Erwägungen ignoriert und verneint. Und obwohl ich von der realistischen Bewegung viel darüber gelernt habe, was die in den Essays nur skizzierte Position bedeutet, wenn sie adäquat entwickelt ist; und obwohl spätere Diskussionen klar gemacht haben, dass die in den Essays verwandte Sprache manchmal unnötig (wenn auch natürlicherweise) durch den Subjektivismus der Positionen, gegen die die Essays gerichtet waren, infiziert worden war, finde ich, dass sich die analytische Logik ebenfalls der fehlerhaften zeitlichen Einordnung schuldig gemacht hat.

In *einer* Hinsicht nimmt die idealistische Logik Kenntnis von einem temporalen Kontrast; ja, man kann sogar behaupten, dass sie darauf beruht. Sie hält sich an den Kontrast an intellektueller Kraft, Konsistenz und Umfang, der zwischen den kruden oder rohen Daten, mit denen die Wissenschaft beginnt, und der definierten, geordneten und systematischen Totalität besteht, auf die sie zielt – und die sie zum Teil erreicht. Dieser Unterschied ist ein echter empirischer Unterschied. Der Idealismus bemerkte, dass der Unterschied mit Recht der Intervention des Denkens zugeschrieben werden kann – dass es das Denken ist, das den Unterschied macht. Da nun das Ergebnis der Wissenschaft von höherem intellektuellen Rang ist als ihre Daten und da die intellektualistische Tradition in der Philosophie Grade logischer Adäquatheit immer mit Graden der Realität identifiziert hat, wurde naturgemäß der Schluss gezogen, *die* wirkliche Welt – die absolute Realität – sei eine ideale oder gedankliche Welt, und die Sinnenwelt, die Welt des gesunden Menschenverstandes, die Welt der aktuellen und historischen Erfahrung, sei einfach eine phänomenale Welt, die eine fragmentarische Manifestation jenes Denkens repräsentiert, das der Prozess des menschlichen Denkens immer weiter entfaltet und artikuliert.

Diese Wahrnehmung der intellektuellen Überlegenheit von Objekten, die auf der Schlussfolgerung des Denkens beruhen, über diejenigen, die seine Daten bildeten, kann mit Recht der empirische Faktor in der idealistischen Logik genannt werden. Das Wesen der realistischen Reaktion ist auf der logischen Seite überaus einfach. Sie beginnt mit jenen Objekten, bei denen die Wissenschaft, die anerkannte Wissenschaft, aufhört. Da sie die Objekte sind, die *erkannt* sind, die wahr sind, sind sie die wirklichen Objekte. Dass sie auch Objekte für das intervenierende Denken sind, ist eine historische und psychologische Tatsache, die interessant genug, aber für das Wesen dieser Objekte ganz irrelevant ist, das genau das ist, für das die Erkenntnis es hält. In der Biographie von Menschen mag es vorkommen, dass Objekte erst nach gewissen Abschweifungen, Mühen, Übungen, Experimenten begriffen werden; möglicherweise bedürfen Menschen solcher Akte wie Empfindung, Erinnerung oder Reflexion, um ein Verständnis von Objekten zu erlangen. Aber solche Dinge bezeichnen Fakten aus der Geschichte des Erkennenden, sie sagen nichts über die Natur des erkannten Objekts. Die Analyse wird außerdem zeigen, dass jede sinnvolle Darstellung dieser Geschichte, jede verifizierte Feststellung über die Psychologie des Erkennens Objekte voraussetzt, die vom Erkennen unberührt bleiben – andernfalls ist diese angebliche Geschichte lediglich ein Vorwand und unzuverlässig. Außerdem enthält die Geschichte des Erkenntnisprozesses die Termini und Propositionen – Wahrheiten – der Logik. Diese Logik muss deshalb als eine Wissenschaft von wirklichen und wahren Objekten angenommen werden, die von jedem Prozess, sie zu denken, ganz unabhängig sind. Kurzum, es ist erforderlich, dass wir Dinge denken, wie sie selbst sind, sie nicht zu Objekten machen, die durch das Denken konstruiert werden.

Dieses Wiederaufleben des Realismus fiel außerdem mit einer wichtigen Bewegung in Mathematik und Logik zusammen: mit dem Versuch, logische Unterscheidungen mittels mathematischer Methoden zu behandeln; obwohl das mathematische Substrat gleichzeitig so allgemein geworden war, dass es eine Theorie von Typen und Ordnungen von Termini und Aussagen – kurzum, eine Logik war. Die Mathematik war wegen ihrer Definitheit, Ordnung, und Universalität für einige Denker schon immer der Inbegriff von Erkenntnis. Die wundervollen Leistungen der modernen Mathematik, einschließlich ihrer Entwicklung zu einer Art von hoch verallgemeinerter Logik, waren nicht dazu angetan, diese Tendenz zu schwächen. Und während die Bewunderung früherer Philosophen für die Mathematik im Allgemeinen dem Idealismus in die Hände gespielt hat (da sie den mathematischen Stoff als Verkörperung oder Manifestation des reinen Denkens ansahen), bestand die neue Philosophie darauf, dass die Termini und Typen der Ordnung, die das mathematische und logische Substrat ausmachen, aus eigenem Recht wirklich waren und (höchstens) durch das Denken erreicht und entdeckt wurden – im übrigen eine Operation, die selber (wie schon erläutert) den von der Logik entwickelten Entitäten und Beziehungen unterworfen war.

Vielleicht lässt sich die Unangemessenheit dieser Zusammenfassung angesichts der Tatsache entschuldigen, dass keine angemessene Exposition beabsichtigt ist; es war lediglich eine Formulierung der allgemeinen Beziehung zwischen Idealismus und Realismus beabsichtigt, die als Ausgangspunkt für einen Vergleich mit dem Instrumentalismus dieser Essays dienen kann. Im bloßen Umriss ist es offensichtlich, dass die beiden Letzteren darin übereinstimmen, Denken als Mittel, nicht als konstitutiv anzusehen. Aber diese Übereinstimmung stellt sich, im Unterschied zu einer Nicht-Übereinstimmung in der Frage, *für was* das Denken ein Mittel ist, als lediglich formal heraus. Dem neuen Realismus erscheint es einfach als Mittel für die Erkenntnis von Objekten. Daraus folgert er (vollkommen richtig und unvermeidlich), dass Denken (einschließlich all der Operationen der Entdeckung und Überprüfung, wie sie in einer induktiven Logik dargestellt werden könnten) ein bloßes psychologisches Vorspiel ist, das keinerlei Schlussfolgerungen über die Natur der erkannten Objekte zulässt. Die These der Essays ist, dass Denken ein Instrument zur Beherrschung der Umwelt ist und dass diese Beherrschung durch Akte bewirkt wird, die ohne die frühere Auflösung einer komplexen Situation in gesicherte Elemente und ohne begleitenden Entwurf von Möglichkeiten – das heißt ohne Denken – nicht unternommen würden.

Dem analytischen Realismus erscheint ein solcher Instrumentalismus nur als Variante des Idealismus. Denn er behauptet, dass Prozesse der reflexiven Forschung eine Rolle bei der Gestaltung der Objekte spielen – nämlich der Termini und Propositionen –, die den Bestand der wissenschaftlichen Erkenntnis ausmachen. Es muss nun nicht nur zugegeben, sondern deutlich verkündet werden, dass die Lehre der Essays lautet, Intelligenz sei keine müßige Angelegenheit noch auch nur ein bloßes Vorspiel zu einer Apprehension von Termini und Propositionen, wie sie von Zuschauern vorgenommen werden würde. Insofern es idealistisch ist zu glauben, Gegenstände der Erkenntnis *in ihrer Eigenschaft als charakteristische Gegenstände der Erkenntnis* würden durch die Intelligenz bestimmt, ist die Lehre idealistisch. Sie ist überzeugt, dass das Vertrauen auf die konstruktive, die kreative Kompetenz der Intelligenz das rettende Element in den historischen Idealismen war. Damit wir aber nicht durch allgemeine Ausdrücke in die Irre geführt werden, müssen Umfang und Grenzen dieses »Idealismus« formuliert werden.

(1) Sein charakteristischer Zug besteht darin, dass er Denken oder Intelligenz durch Funktion definiert, durch geleistete Arbeit, durch bewirkte Konsequenzen. Er beginnt nicht mit einer Kraft, einer Entität oder Substanz oder Aktivität, die fertiges Denken oder Vernunft sind und die als solche die Welt konstituieren. Denken, Intelligenz ist für ihn einfach ein Name für die Ereignisse und Akte, die die Prozesse der analytischen Inspektion, der Entwürfe und der Überprüfung ausmachen, die beschrieben worden sind. Diese Ereignisse, diese Akte, sind völlig natürlich; sie sind »realistisch«; sie umfassen die Stöcke und Steine, Brot und Butter, die Bäume und die Pferde, die Augen und Ohren, die Liebenden und die Hassenden, die Seufzer und Freuden der gewöhnlichen Erfahrung. Denken ist das, was einige der wirklichen Realitäten *tun. Sie* werden in keinem Sinne durch Denken konstituiert; ganz im Gegenteil, *ihre* Schwierigkeiten stellen die Probleme des Denkens, und seine Mittel stammen aus *ihrer* Wirksamkeit; seine Akte sind *ihr* Tun, an ein charakteristisches Ziel angepasst.

(2) Die Reorganisation, die Modifikation, die das Denken bewirkt, ist nach dieser Hypothese physischer Natur. Denken endet im Experiment und ein Experiment ist eine *wirkliche* Änderung einer physisch vorgängigen Situation in denjenigen Details oder Hinsichten, die nach Denken verlangten, um irgendein Übel zu beseitigen. Das Leiden an einer Krankheit und der Versuch, etwas dagegen zu tun, ist eine primäre Erfahrung; die Untersuchung der Krankheit, der Versuch herauszufinden, was sie zu einer Krankheit macht, Heilmittel zu erfinden – oder hypothetisch anzunehmen –, ist eine reflexive Erfahrung; das Erproben des vorgeschlagenen Heilmittels und das Abwarten, ob der Krankheit damit abgeholfen wird, bilden den Akt, der die Daten und das beabsichtigte Heilmittel in *Erkenntnisob-*

jekte transformiert. Und diese Transformation in Erkenntnisobjekte wird ebenso dadurch bewirkt, dass man physische Dinge durch physische Mittel verändert.

Aus diesem Gesichtspunkt ist für die Entscheidung zwischen Instrumentalismus und analytischem Realismus die Erwägung von Bedeutung, ob die Operation des Experimentierens für die Erkenntnis notwendig ist oder nicht. Die instrumentelle Theorie hält sie für notwendig; der analytische Realismus glaubt, dass, selbst wenn sie wesentlich wäre, um Erkenntnis zu *gewinnen* (oder um zu lernen), sie nichts mit der Erkenntnis selbst und deshalb nichts mit dem erkannten Objekt zu tun hat: dass sie eine Veränderung nur in dem Erkennenden, nicht in dem zu Erkennenden bewirkt. Und aus genau demselben Grund glaubt der Instrumentalismus, dass ein Objekt als Erkenntnisobjekt niemals ein Ganzes ist; dass es von Dingen umgeben und eingeschlossen ist, die etwas ganz anderes sind als Objekte der Erkenntnis, so dass Erkenntnis nicht verstanden werden kann, wenn sie isoliert oder lediglich als bloßes Erblicken oder Ergreifen von Objekten aufgefasst wird. Das heißt, obwohl der Erkenntniswert gewisser Tatsachenfunde und gewisser Konzeptionen hinsichtlich der Behandlungsmethode dadurch bestimmt wird, ob sie den Zustand des Kranken verbessern, verschlimmern oder unverändert lassen (so dass sie durch die Behandlung endgültig zu Erkenntnisobjekten werden), so ist dennoch die Besserung oder Verschlechterung des Patienten etwas anderes als ein Objekt kognitiven Auffassens. Ihr Aspekt als Erkenntnisobjekt ist eine Selektion in Bezug auf frühere Reflexionen. So ist das Laborexperiment eines Chemikers, das eine lange reflexive Untersuchung abschließt und den intellektuellen Status ihrer Ergebnisse und Theorien klärt (wodurch sie zu kognitiven Problemen oder Termini und Propositionen werden), selbst viel mehr als eine Erkenntnis von Termini und Propositionen, und nur dank dieses Überschusses ist es sogar kontemplative Erkenntnis. Der Chemiker kennt beispielsweise Zinn, wenn er Zinn zu einem Ergebnis seiner Untersuchungsverfahren gemacht hat, aber Zinn ist viel mehr als ein Terminus der Erkenntnis.

Um die Sache etwas anders auszudrücken: Der logische (im Unterschied zum naiven) Realismus verwechselt Mittel der Erkenntnis mit den Objekten der Erkenntnis. Die Mittel sind zwiefältig: Sie sind (a) die Daten einer besonderen Untersuchung, soweit sie aufgrund früherer experimenteller Untersuchungen signifikant sind; und sie sind (b) die Bedeutungen, die infolge früherer intellektueller Unternehmungen geklärt worden sind; einerseits partikuläre Dinge oder Qualitäten als Zeichen; andererseits allgemeine Bedeutungen als Möglichkeiten dessen, was gegebene Daten bezeichnen. Unser Arzt verfügt von vornherein über eine Technik, um zu sagen, dass bestimmte partikuläre Züge, auf die er stößt, Symptome, Zeichen sind; und er kennt eine Vielzahl an Krankheiten und Heilmitteln, die in einem beliebigen gegebenen Fall möglicherweise gemeint sein können. Aus früheren reflexiven Experimenten hat er gelernt, auf Temperatur, die Herzschlagrate, wunde Stellen an bestimmten Orten zu achten; Proben von Blut, Speichel, Membranen zu entnehmen und sie Kulturen, mikroskopischer Untersuchung usf. auszusetzen. Mit anderen Worten, er hat gewisse Gewohnheiten erworben, dank deren bestimmte physische Qualitäten und Ereignisse mehr als physisch sind, dank deren sie Zeichen oder Indizien von etwas anderem sind.

Andererseits ist dieses Andere ein Etwas, das in diesem Augenblick nicht physisch präsent ist; es ist eine Reihe von Ereignissen, die sich erst noch ereignen sollen. Es wird durch das Gegebene suggeriert, ist aber kein Teil des Gegebenen. In dem Grade, in dem der Arzt mit einem großen und umfassenden Vorrat an solchen Möglichkeiten oder Bedeutungen vor Augen an die Prüfung dessen geht, was da ist, wird er bei seiner Behandlung eines besonderen Falles intellektuell über eine Vielzahl von Mitteln verfügen. Sie (die Begriffe oder Universalien der Situation) sind (zusammen mit der Signifikanz der Daten) die *Mittel*, um den vorliegenden Fall zu erkennen; sie sind die Triebkräfte, den Fall durch die Handlungen, nach denen sie verlangen, in ein Objekt zu transformieren – in ein Erkenntnisobjekt, eine Wahrheit, die sich in Propositionen ausdrücken lässt. Aber da sich der professionelle Erkennende (im Unterschied zum gewöhnlichen) besonders mit der Ausarbeitung dieser Werkzeuge befasst, verliert der professionelle Erkennende – wozu natürlich auch der Schulphilosoph zählt – kleinlicherweise die Situation in ihrer Ganzheit aus dem Augen und behandelt diese Werkzeuge der Erkenntnis als Erkenntnisobjekte. Jeder dieser Aspekte – Zeichen und bezeichnete Dinge – ist wichtig genug, um einen eigenen Abschnitt zu verdienen.

V

Die Essays nehmen eine unumwunden realistische Position ein, insofern zugegeben wird, dass jedes Problem, das sich der Reflexion stellt, von gewissen rohen Realitäten herrührt, die das Denken entdeckt oder bloßlegt, die aber weder das Denken noch irgendein anderer geistiger Prozess konstituiert und die deshalb dazu dienen, die sonst lediglich spekulativen Resultate der Reflexion zu überprüfen. Sie beharren einfach auf der Tatsache, dass diese rohen Realitäten weder dem objektiven Inhalt der – technischen oder künstlerischen oder sozialen – Situationen, denen das Denken entspringt, noch den zu erkennenden Dingen – den Erkenntnisobjekten – äquivalent sind. Nehmen wir die Sequenz vorgefundenes Mineral, Roheisen und hergestellter Artikel und vergleichen wir das unberührte Rohmaterial vor Ort in der Natur mit der ursprünglichen *res* der Erfahrung, den hergestellten Artikel mit dem Ziel und Objekt der Erkenntnis und das rohe Datum mit dem Metall, das aus dem Roherz extrahiert wird, um zu einem nützlichen Ding verarbeitet zu werden. Und wir sollten hinzufügen, genau wie einem Hersteller bei der maschinellen Produktion im Bedarfsfall immer eine Menge an schon extrahiertem Metall zur Verfügung steht, so verfügt jeder einigermaßen gebildete Mensch, besonders in einer Umwelt, die schon durch wissenschaftliche Arbeit geprägt ist, über eine Menge an extrahierten Daten – oder, was auf dasselbe hinausläuft, an fertigen Extraktionswerkzeugen –, auf die er bei seinen Schlussfolgerungen im Bedarfsfalle zurückgreifen kann. Wir leben mit einer Disposition, bestimmte Formen als Tische, gewisse Laute als Wörter der französischen Sprache, gewisse Rufe als Zeichen des Kummers, gewisse dichte Farbflecke als entfernte Wälder, gewisse leere Räume als Knopflöcher und so weiter ins Unendliche zu identifizieren. Diese Beispiele sind trivial genug. Aber nähmen wir etwas kompliziertere Dinge, sähe man, dass ein Großteil der Technik der Wissenschaft (vor allem jeder »induktiven« Wissenschaft) aus Methoden besteht, herauszufinden, genau welche Qualitäten unzweideutige, sparsame und verlässliche Zeichen jener anderen Dinge sind, auf die man nicht so direkt zugreifen kann wie auf die zeichentragenden Elemente. Und wenn wir mit den obskureren und komplexeren Schwierigkeiten der Identifikation und Diagnose anfingen, mit denen es die Wissenschaften der Physiologie, Botanik, Astronomie,

Chemie usf. zu tun haben, würden wir zwangsläufig erkennen, dass die Identifikationen des Alltagslebens – unsere »Wahrnehmungen« von Stühlen, Tischen, Bäumen, Freunden – sich davon nur dadurch unterscheiden, dass sie Fragen stellen, die viel leichter gelöst werden können.

In jedem Fall geht es darum, irgendein gegebenes physisches Ding als Zeichen irgendwelcher anderer Realitäten zu fixieren, die nicht ebenso gegeben sind wie das als Zeichen dienende Ding. Folgende Worte Mills könnten als Motto jeder Logik dienen: »Folgerungen zu ziehen ist das große Geschäft des Lebens genannt worden. Ein jeder hat täglich, stündlich, in jedem Augenblick Tatsachen zu prüfen, welche er nicht direkt beobachtet hat. ... Es ist die einzige Beschäftigung, von welcher der Geist niemals befreit ist.«[12] Unter diesen Umständen ist die unentbehrliche Bedingung für eine gelingende Bewältigung dieser Aufgabe die sorgfältige Bestimmung der Zeichenkraft spezifischer Dinge in der Erfahrung. Und diese Bedingung kann niemals erfüllt werden, solange uns ein Ding sozusagen massiv präsentiert wird. Die komplexen Organisationen, die das Substrat unserer direkten Aktivitäten und Genüsse bilden, sind vollkommen ungeeignet, als intellektuelle Indizien oder Beweis zu dienen. Ihr Zeugnis ist beinahe wertlos, so viele Sprachen sprechen sie. In ihrer Komplexität zeigen sie gleichermaßen in alle Richtungen; in ihrer Einheit laufen sie völlig mechanisch ab und verweisen nur auf das jeweils Geläufigste. Sichere Hinweise auf das, was durch das Auftreten der fraglichen Situation angezeigt wird, lassen sich einzig dadurch gewinnen, dass man ihre Komplexität aufbricht, sie in eine Anzahl von möglichst irreduziblen unabhängigen Variablen auflöst. Die »Objekte« des gewöhnlichen Lebens, Steine, Pflanzen, Katzen, Steine, der Mond usf., sind weder die Daten der Wissenschaft noch die Objekte, bei denen die Wissenschaft anlangt.

Wir sehen uns hier unmittelbar einem entscheidenden Punkt im analytischen Realismus gegenüber. Der Realismus argumentiert, wir hätten keine Alternative außer entweder (à la Bergson) die Analyse als falsifizierend zu betrachten und so der Wissenschaft als Erkenntnisorgan zu misstrauen oder zuzugeben, dass irgendetwas, was in einem lobenden Sinne Realität genannt wird (besonders als *Existenz*, das heißt, das Sein als Raum- und Zeitbestimmungen unterworfen),

12 [A. d. Ü.: J. St. Mill, *System der deduktiven und induktiven Logik*, II. Buch, § 8.]

nur ein Komplex ist, der aus festen, wechselseitig voneinander unabhängigen einfachen Elementen besteht; nämlich dass die Realität nur unter der Überschrift Ganzes und Teil wirklich begriffen wird, wo die Teile unabhängig voneinander und folglich vom Ganzen sind. Aber für den Instrumentalismus existiert das angebliche Dilemma einfach gar nicht. Die Resultate von Abstraktion und Analyse sind vollkommen real; aber sie sind, wie alles andere, dort real, *wo* sie real sind; das heißt in irgendeiner *besonderen Ko*existenz in der jeweiligen Situation, in der sie entstehen und operieren.

Diese Bemerkung ist vielleicht eher kryptisch als erhellend. Sie will sagen, dass Reflexion ein ebenso wirkliches Ereignis ist wie ein Gewitter oder eine wachsende Pflanze und als eine wirkliche Existenz, als ein Sein in Raum und Zeit, durch spezifische reale Eigenschaften charakterisiert ist, die ihr einzigartig zugehören: die Entitäten einfacher Daten als solcher. Irreduzible und unabhängige einfache Elemente oder Elementareinheiten existieren in der Kontrolle der Beweisfunktion. Dort lassen sie sich jedenfalls finden; wie wir gesehen haben, *sind* sie Objekte des »gesunden Menschenverstandes«, die in praktische und unzweideutige Zeichen für zu ziehende Schlussfolgerungen aufgebrochen worden sind, Schlussfolgerungen über andere Dinge, mit denen sie – die Elemente – in einigen Hinsichten in Kontinuität stehen, wenngleich sie im Hinblick auf ihre sensorischen Bedingungen von ihnen getrennt sind.[13] Aber es spricht nicht mehr für die Annahme, dass sie *woanders* auf die gleiche Weise existieren, als für die Annahme, dass Kentauren mit gewöhnlichen Pferden und Kühen koexistieren, weil sie mit dem Material von Volkserzählungen oder Riten zusammen existieren, oder für die Annahme, dass Eisenstangen schon als Roheisen in der Mine präexistierten. In der Analyse liegt kein Falsifizieren, *weil* die Analyse innerhalb einer Situation vorgenommen wird, die sie kontrolliert. Trugschluss und Falsifizieren liegen auf Seiten des Philosophen, der die Kontextsituation ignoriert und der die Eigenschaften, die Dinge als verlässliche Indizien besitzen, auf Dinge in anderen Verhaltensweisen überträgt.

Die Behauptung, die »Elemente« oder die einfachen Einheiten gingen der Untersuchung und Analyse und Abstraktion voraus, ist

13 Ich möchte *en passant* bemerken, dass die Einsicht, ein Ding könne in der einen Hinsicht kontinuierlich und in einer anderen diskret sein, viele Schwierigkeiten beseitigen würde.

keine Antwort auf diese Position. Natürlich »gab« es ihr Substrat in einem gewissen Sinne; und es wurde ebendeshalb gefunden, aufgedeckt oder entdeckt – man stieß darauf. Ich ziehe diese Feststellung nicht in Zweifel; vielmehr habe ich sie selbst getroffen. Aber ich bitte um ein wenig Geduld und Ausdauer, um diese Angelegenheit etwas weiter zu untersuchen. Wenn jemand die Termini logischer Analyse (physische Auflösung zu dem Zweck, gesicherte Indizien von bislang unbekannten Objekten zu gewinnen) für Dinge hält, die mit den Dingen einer nicht-inferentiellen Situation zusammen existieren, möge er einmal untersuchen, *in welcher Weise* es seine unabhängigen gegebenen Elemente früher als die Analyse gab. Ich würde darauf verweisen, dass sie in jedem Fall *nicht als* Zeichen vorher existierten. (*a*) Infolgedessen müssen alle Züge oder Eigenschaften, die sie als Zeichen besitzen, zumindest exklusiv auf die reflexive Situation bezogen werden. Und sie müssen einige charakteristische Merkmale *als* Zeichen besitzen; andernfalls wären sie von allem anderen, was zufälligerweise gedacht würde, ununterscheidbar und könnten nicht als Beweise dienen; kurzum, sie könnten nicht das sein, was sie sind. Wenn sich der Leser ernsthaft fragt, genau welche Eigenschaften Daten als Zeichen oder Beweismaterial besitzen, dann will ich die Streitfrage gern den Resultaten seiner eigenen Untersuchungen überlassen. (*b*) Jede Untersuchung der Frage, *wie* die Daten vorgängig existieren, wird, wie ich zuversichtlich glaube, zeigen, dass sie nicht in derselben Reinheit, derselben äußeren Ausschließlichkeit und inneren Homogenität existieren, die sie in der Folgerungssituation zeigten, ebenso wenig wie das Eisen, das in den Felsen in den Bergen präexistierte, genau dasselbe war wie das flüssig gemachte und extrahierte Erz. Infolgedessen existierten sie nicht in derselben isolierten Einfachheit. Ich habe nicht das geringste Interesse daran, den Umfang dieses Unterschieds zu übertreiben. Entscheidend ist nicht sein Ausmaß oder Bereich, sondern was eine solche Veränderung – wie klein auch immer sie sein mag – anzeigt: nämlich dass das Material in eine neue Umwelt eintritt und den Veränderungen unterworfen worden ist, die es in dieser Umwelt nützlich und wirksam machen. Es ist trivial anzunehmen, die einzige oder auch nur die primäre Schwierigkeit, der sich ein analytischer Realismus gegenübersieht, sei das Auftreten von Irrtum und Illusion, von »sekundären« Qualitäten usf. Die Schwierigkeit liegt in dem Gegensatz zwischen der Welt eines naiven, sagen wir aristotelischen Realismus und der Welt einer hoch intellektualisierten und analytischen Desintegration der alltäglichen Dingwelt. Wenn der Realismus großzügig genug ist, *innerhalb* seiner Welt (als einer *res*, die soziale und temporale wie auch räumliche Qualitäten hat) Platz für Daten im Prozess der Konstruktion *neuer* Objekte zu haben, ist die Perspektive radikal anders als in dem Fall, wo ein Realismus im Interesse einer Theorie darauf insistiert, analytische Bestimmungen seien die einzigen realen Dinge.[14]

Wenn nicht nur zugestanden, sondern behauptet wird, der Stoff, der die Daten des wissenschaftlichen Verfahrens erzeugt, sei früher als das Verfahren, dann kann gefragt werden: warum dieses Pochen auf die Tatsache, dass Daten nur innerhalb des Verfahrens bestehen? Ist nicht diese Feststellung entweder eine triviale Tautologie oder ein Versuch, unter der Hand eine bestimmte idealistische Abhängigkeit vom Denken selbst in rohe Tatsachen einzuschmuggeln? Die Frage ist gerechtfertigt. Und der Schlüssel zur Antwort liegt in der Einsicht, dass es historisch gesehen keine leichte Sache war, das Eisen des Felsens auf das Eisen zu reduzieren, das frei und wirksam bei der Herstellung von irgendwelchen Gegenständen verwendet werden konnte. Man musste erst einmal eine hoch komplizierte Kunst entwickeln, aber nichtsdestoweniger eine Kunst, die heute jeder, der über das notwendige Kapital und die notwendige Bildung verfügt, als etwas Selbstverständliches beherrschen kann, ohne einen Gedanken an die Tatsache zu verschwenden, dass er eine Technik verwendet, die ursprünglich unter gewaltigen Mühen konstruiert wurde. Ähnlich werden die Dinge unserer Primärerfahrung durch Kunst, durch eine sorgfältig bestimmte Technik, in fraglose und irreduzible Daten aufgelöst, denen es an innerer Komplexität fehlt und die deshalb unzweideutig sind. Ein Wissenschaftler braucht in der Ausübung seines Berufs diese Tatsache nicht länger zu berücksichtigen, genauso wenig, wie der Fabrikant mit den Künsten rechnen muss, die erforderlich sind, um ihm sein Material zu liefern. Aber ein Logiker, ein Philosoph sollte einen etwas umfassenderen Überblick haben; und für seine Zwecke ist die Tatsache, die der wissenschaftliche Forscher außer Betracht lassen kann, weil sie kein Teil seiner Aufgabe ist, möglicherweise von entscheidender Bedeutung. Denn der Logiker befasst sich, wie es scheint, nicht mit der Bedeutsamkeit die-

14 Der Trugschluss ist praktisch derselbe wie der einer idealistischen Theorie, die meint, alle Objekte seien »in Wirklichkeit« Assoziationen von Empfindungen.

ser oder jener Daten, sondern mit der Bedeutsamkeit, dass es solche Dinge wie Daten gibt, mit ihren Eigenschaften der Nicht-Reduzierbarkeit, Rohheit, Einfachheit usf. Wie nun der wissenschaftliche Spezialist die Frage nach der Bedeutsamkeit seiner speziellen rohen Tatsachen dadurch beantwortet, dass er andere Tatsachen entdeckt, mit denen sie verknüpft sind, so scheint der Logiker die Bedeutsamkeit der Existenz von Daten (die Tatsache, die ihn angeht) nur dadurch herausfinden zu können, dass er die anderen Tatsachen findet, mit denen *sie* koexistieren – da ihre Bedeutsamkeit in ihren faktischen Zusammenhängen besteht. Und der erste Schritt bei der Suche nach diesen anderen Tatsachen, die die Bedeutsamkeit liefern, ist die Erkenntnis, dass sie zu einem Zweck extrahiert worden sind – zu dem Zweck, das Schließen anzuleiten. Dieses Ziel der Forschung, das die *anderen* Tatsachen liefert, verleiht der Existenz von rohen Daten ihre Bedeutsamkeit. Und wenn es eine solche (oder bessere) Entdeckung nicht gibt, wird es dem Logiker nicht gelingen, die Wichtigkeit der Existenz von Rohdaten zu begreifen. Und diese fehlerhafte Auffassung ist, ich wiederhole es, genau der Mangel, unter dem ein analytischer Realismus leidet, der sich auf Vorstellungen bezieht. Die Wahrnehmung, dass die rohen Daten, die beim wissenschaftlichen Vorgehen aufgedeckt werden, immer Eigenschaften einer extensiven Situation sind, und zwar dieser Situation als einer, die der Kontrolle bedarf und die in manchen Hinsichten Modifikation erleiden muss, ist ein Schutz vor jeder Versuchung, logische Analyse in einen metaphysischen Atomismus zu verwandeln. Das Bedürfnis nach diesem Schutz rechtfertigt es, einige Energie darauf zu verwenden, darzulegen, dass die rohen objektiven Tatsachen der wissenschaftlichen Entdeckung entdeckte Tatsachen sind – entdeckt durch physische Manipulationen, die diese Tatsachen aus ihrer gewohnten Umgebung herausreißen.

Wir haben festgestellt, dass Daten (als die unmittelbaren Erwägungen, von denen eine kontrollierte Folgerung ausgeht) genau genommen nicht Objekte, sondern Mittel, Werkzeuge der Erkenntnis sind: Dinge, durch die wir erkennen, und nicht erkannte Dinge. Wir erkennen eine Zellstruktur durch Farbflecken; wir erkennen durch Zeichen auf dem Papier, was jemand glaubt; wir erkennen durch die Höhe des Barometers die Wahrscheinlichkeit von Regen; wir erkennen durch Kratzer an einem Felsen, dass hier einstmals Eis war; wir erkennen durch Qualitäten, die in einer chemischen und mikroskopischen Untersuchung entdeckt werden, dass etwas menschliches Blut und nicht Farbe ist. Genau das, was der Realist über so genannte geistige Zustände – Empfindungen, Bilder und Ideen – behauptet, nämlich, dass sie nicht das Substrat der Erkenntnis, sondern ihre Wirkursachen sind, gilt auch von den Stühlen und Tischen, an die er appelliert, um seine Lehre von einer unmittelbaren kognitiven Vorstellung, die ohne jedes Problem und ohne jede Reflexion gegenwärtig ist, zu stützen. Und es gibt einen sehr festen Boden für den Vergleich; die Empfindungen, Bilder usf. des Idealisten sind nichts als die Stühle, Tische usf. des Realisten in ihren letzten unreduzierbaren Qualitäten.[15] Das Problem, in dem der Realist an das unmittelbare Auffassen des Tisches appelliert, ist das epistemologische Problem, und er appelliert an den Tisch nicht als Objekt der Erkenntnis (wie er selbst glaubt), sondern als Beweismaterial, als Mittel der Erkenntnis seiner Schlussfolgerung – sein wirkliches Erkenntnis*objekt*. Er hat nur sein eigenes Beweismaterial zu überprüfen, um zu sehen, dass es Beweismaterial ist und deshalb ein Terminus in einer reflexiven Untersuchung, obgleich die Natur der Erkenntnis das *Objekt* seiner Erkenntnis ist.

Andererseits kann die Frage gestellt werden: Da der Instrumentalismus zugibt, dass der Tisch wirklich »da« ist, warum dann ein solches Aufhebens von der Frage, ob er als Mittel oder als Erkenntnisobjekt da ist? Ist diese Unterscheidung nicht bloße Haarspalterei, wenn sie nicht ein Mittel ist, eine quasi-idealistische Abhängigkeit vom Denken einzuschmuggeln? Die Antwort wird hoffentlich die Bedeutsamkeit dieser Unterscheidung klar machen, ob sie sie nun annehmbar macht oder nicht. Die Achtung vor der Erkenntnis und ihrem Objekt ist der Grund dafür, auf dieser Unterscheidung zu insistieren. Das Erkenntnisobjekt ist sozusagen eine würdigeres, vollständigeres, hinreichenderes und selbstgenügsameres Ding, als es jedes Datum sein kann. Die Übertragung der Eigenschaften des Objekts als eines erkannten auf das Datum, das dazu diente, es zu erreichen, ist eine materiale, keine lediglich verbale Sache. Es ist genau diese Verlagerung, die den präsentativen Realisten dazu ver-

15 Diese Aussage ist ganz wörtlich gemeint. Die »Empfindungen« von Farbe, Klang usf., an die in einer wissenschaftlichen Untersuchung appelliert wird, sind nichts Mentales in Struktur oder Stoff; sie sind wirkliche, außerorganische Dinge, die bis auf das herunter analysiert worden sind, was so unbezweifelbar da ist, dass es ganz sicher als eine Basis des Schließens genommen werden kann.

anlasst, physische und metaphysische Isolierung und Unreduzierbarkeit an die Stelle von Unreduzierbarkeit und Unzweideutigkeit der logischen Funktion (Verwendung im Schließen) zu setzen. Es ist genau diese Verlagerung, die das Bedürfnis schafft, die Ergebnisse der Wissenschaft mit der Struktur und den Qualitäten der Welt zu versöhnen, in der wir direkt leben, da sie eine Rivalität zwischen den Ansprüchen der Daten der Objekte des gesunden Menschenverstandes und der Daten der wissenschaftlichen Objekte (der Resultate adäquater Forschung) schafft. Vor allem legt sie uns auf eine Ansicht fest, dass Veränderung in gewissem Sinne unreal ist, da letzte und erste Entitäten, weil sie einfach sind, keine Veränderung zulassen. Nein; was immer über die Gültigkeit des erstrebten Unterscheidung zu sagen ist, es kann nicht als bedeutungslos bezeichnet werden. Eine Theorie, die uns auf die Konzeption einer Welt von eleatischen Unveränderlichkeiten als primär festlegt und Änderung und Organisation als sekundär ansieht, hat derart tief greifende Konsequenzen für Denken und Verhalten, dass eine Entdeckung ihres motivierenden Trugschlusses einen substanziellen Unterschied macht. Es kann keine fundamentalere Frage geben als die Frage nach Umfang und Bedeutung der Anwendbarkeit der Ganzes-und-Teile-Konzeption auf Natur, Leben und Gesellschaft. Und wenn wir unsere Prämissen dadurch verwirren, dass wir die realen Instrumente der Erkenntnis für ihre realen Objekte halten, dann werden alle Unterscheidungen und Beziehungen in Natur, Leben und Gesellschaft zu Fällen der Ganzes-und-Teil-Natur der Dinge erklärt.

VI

Die instrumentelle Theorie erkennt die Objektivität sowohl von *Bedeutungen* wie von Daten an. In der reflexiven Forschung werden sie mit demselben Vertrauen zu Rate gezogen und angewendet, das den harten Tatsachen der Sinne entgegengebracht wird. Im Unterschied zum sensualistischen kann der pragmatische Empirismus behaupten, dem Neorealismus in der Kritik an der Auflösung von Bedeutungen in Bewusstseinszustände oder -akte vorausgegangen zu sein. Wie schon vorher bemerkt, sind Bedeutungen unentbehrliche Werkzeuge der Reflexion; sie stehen in genauer Übereinstimmung mit und in genauer Beziehung zu dem, was die Analyse als gegeben oder unverrückbar vorhanden entdeckt. Daten in ihrem fragmentarischen Charakter stellen ein Problem; und sie definieren es. Sie suggerieren mögliche Bedeutungen. Ob sie sie ebenso *indizieren* wie suggerieren, ist eine offene Frage. Aber die suggerierten Bedeutungen werden echt und real suggeriert, und das von den Daten bezeichnete Problem kann nicht ohne ihre Anerkennung und Verwendung gelöst werden. Dass diese instrumentelle Notwendigkeit dazu geführt hat, Bedeutungen zu metaphysischen Wesen oder Subsistenzen zu hypostasieren, die, frei von jedem Zusammenhang mit qualitativen Dingen und Veränderungen, irgendeine Art von mysteriösem Sein besitzen, mag man bedauern, ist aber kaum verwunderlich.

Um festen Grund unter unseren Füßen zu haben, wollen wir auf den Boden der Erfahrung zurückkehren. Dass eine Sache eine andere suggeriert, ist eine ebenso sichere empirische Tatsache, wie dass Feuer die verbrannte Sache ändert. Das suggerierende Ding muss vorhanden oder gegeben sein; irgendetwas muss da sein, um das Suggerieren zu besorgen. Das suggerierte Ding ist offensichtlich nicht auf dieselbe Weise »da« wie das Suggerierende; wäre es das, müsste es nicht suggeriert werden. Bei gewöhnlichen Menschen regt eine Suggestion gewöhnlich eine Handlung an, sie wirkt als Reiz. Es kann durchaus geschehen, dass ich bereitwilliger und energischer auf ein suggeriertes Feuer reagiere als auf die Sache, von der die Suggestion ausging; das heißt, das Ding selber kann mich kalt lassen, aber das Ding in seiner Eigenschaft, etwas anderes zu suggerieren, kann mich stark bewegen. Einmal bewirkt, hat die Reaktion dieselbe Kraft wie jeder andere Glaube oder jede andere Überzeugung. Es ist, *als ob* wir aus intellektuellen Gründen glaubten, dass das Ding ein Feuer *ist*. Aber es stellt sich heraus, dass nicht alle Suggestionen Indizien oder Zeichen sind. Der Wal, den die Wolkenform suggeriert, steht nicht auf derselben Ebene wie das Feuer, das durch Rauch suggeriert wird, und das suggerierte Feuer stellt sich nicht immer als ein tatsächliches Feuer heraus. Wir werden dazu veranlasst, den ursprünglichen Ausgangspunkt zu untersuchen, und finden heraus, dass es nicht wirklich Rauch war. In einer Welt, in der Magermilch- und Sahne-Suggestionen für das Handeln ganz verschiedene Konsequenzen haben und wo ein Ding das eine so gut wie das andere suggeriert (oder Magermilch als Sahne auftritt), leuchtet es ein, wie wichtig es ist, das Ding zu untersuchen, das diese suggestive Kraft ausübt, bevor man der Suggestion nachgibt. Deshalb wird die naturgemäß stimulierte Reaktion in Bahnen der Inspektion und experimentellen (physikalischen) Analyse umgelenkt. Wir bewegen unseren Körper, um einen besseren Zugriff auf das Ding zu bekommen, und zerlegen es in Einzelteile, um zu sehen, was es ist.

Das ist die Operation, die wir im letzten Abschnitt diskutiert haben. Aber die Erfahrung zeigt auch, dass die suggerierte Sache um ihrer selbst willen der Aufmerksamkeit wert ist. Vielleicht können wir nur sehr umständlich zu der Sache gelangen, die eine Flamme und damit Feuer suggeriert. Vielleicht hilft uns die Reflexion auf die Bedeutung (oder den Begriff) »Feuer«. Feuer – hier, dort oder überall, das »Wesen« Feuer – bedeutet das und das; *wenn* dies Ding wirklich Feuer bedeutet, wird es bestimmte Eigenschaften, bestimmte Attribute haben. Sind sie da? Auf der Bühne sind »Flammen« als Teil der Szenerie zu sehen. Zeigen sie wirklich Feuer an? Feuer würde Gefahr bedeuten; aber ein solches Risiko würde man unmöglich mit einem Publikum eingehen (wobei andere Bedeutungen: Risiko, Publikum, Gefahr, hineingebracht werden). Es muss etwas anderes sein. Also sind es wahrscheinlich Streifen von koloriertem Seidenpapier, die da flattern. Diese Bedeutung führt uns zu genauerem Zusehen; sie lenkt unsere Beobachtungen, nach Bestätigungen oder Negationen zu jagen. Wenn die Bedingungen es erlaubten, würde sie uns dazu bewegen, auf die Bühne zu gehen und so nahe wie möglich an das Ding heranzugehen. Kurzum, die Bereitwilligkeit, einer Suggestion zu folgen, führt, noch bevor man sie als Reiz akzeptiert, erstens zu anderen Suggestionen, die vielleicht eher anwendbar sind; und zweitens bildet sie den Standpunkt und das Verfahren eines physikalischen Experiments, um diejenigen Elemente zu entdecken, die verlässlichere Zeichen, Indizien (Beweismaterial) sind. *Suggestionen, die auf diese Weise behandelt werden, sind genau das, was Bedeutungen, Subsistenzen, Wesen usf. ausmacht.* Ohne eine solche Entfaltung und Handhabung dessen, was suggeriert wird, ist der Prozess der Situationsanalyse, um an die harten Tatsachen zu gelangen, insbesondere, um zu genau denjenigen Tatsachen zu gelangen, die ein Recht haben, die Schlussfolgerung zu bestimmen, Glücksache – er bleibt wirkungslos. Unter dem aktuellen Druck jeder solchen notwendigen Bestimmung ist es von größter Wichtigkeit, über einen umfangreichen Vorrat an möglichen Bedeutungen zu verfügen und sie so geordnet zu haben, dass wir imstande sind, jede Bedeutung sofort und genau zu entwickeln und uns schnell von der einen zur anderen zu bewegen. Es ist deshalb nicht erstaunlich, dass wir nicht nur solche Suggestionen aufbewahren, die früher erfolgreich in Bedeutungen verwandelt worden sind, sondern auch, dass wir (oder zumindest einige Menschen) zu professionellen Forschern und Denkern werden; dass Bedeutungen in aufeinander bezogenen Systemen ganz unabhängig von jeder unmittelbar drängenden Situation ausgearbeitet und geordnet worden sind; oder dass ein Reich von »Essenzen« unabhängig von dem Reich der Existenzen aufgebaut worden ist.

Dass Suggestion vorkommt, ist zweifellos ein Mysterium, aber es ist auch ein Mysterium, dass Wasserstoff und Sauerstoff zusammen Wasser bilden. Es ist eine jener harten, rohen Tatsachen, die wir berücksichtigen müssen. Wir können die Bedingungen erforschen, unter denen das Geschehen stattfindet, wir können die Konsequenzen verfolgen, die sich aus dem Geschehen ergeben. Mit diesen Mitteln können wir das Geschehen so beherrschen, dass es sicherer und fruchtbarer abläuft. Aber all dies hängt von der rückhaltlosen Anerkennung des Geschehens als Tatsache ab. Eine Suggestion ergibt noch nicht von selbst Bedeutungen; sie ergibt nur suggerierte Dinge. Aber im selben Augenblick, da wir ein suggeriertes Ding nehmen und es in Verbindung mit anderen Bedeutungen entwickeln und als einen Führer der Untersuchung anwenden (eine Methode der Forschung), in demselben Augenblick haben wir eine voll ausgewachsene Bedeutung zur Hand, die all die verifizierbaren Eigenschaften besitzt, die zu irgendeiner Zeit auf Ideen, Formen, Spezies, Wesen, Subsistenzen übertragen worden sind. Diese empirische Identifizierung von Bedeutung mittels der spezifischen Tatsache der Suggestion schneidet tief – wenn Ockhams Rasiermesser noch schneidet.

Eine Suggestion liegt zwischen adäquater Stimulierung und logischem Indiz. Der Ruf »Feuer« veranlasst uns vielleicht, ohne nachzudenken loszulaufen; vielleicht haben wir gelernt, in diesem Fall ohne weiteres zu reagieren, wie es Kinder in der Schule gelehrt werden. Hier handelt es sich um ein offenes Stimulieren, aber nicht um ein Suggerieren. Aber wenn die Reaktion unterdrückt oder verzögert wird, kann sie als Suggestion noch fortdauern; der Ruf suggeriert Feuer und suggeriert die Ratsamkeit der Flucht. Wir können, wir müssen in einem gewissen Sinne die Suggestion »mental« nennen. Aber es ist wichtig zu bemerken, was mit diesem Ausdruck gemeint ist. Feuer, Laufen, Sich-Verbrennen sind nicht mental; sie sind physisch. Aber in ihrem Status als suggeriert können sie mental genannt werden, wenn wir diesen charakteristischen Status richtig verstehen. Das bedeutet nicht mehr, als dass sie in einer reflexiven Situation auf eine ganz spezifische Weise impliziert sind, die sie für bestimmte Möglichkeiten, mit ihnen umzugehen, empfänglich macht. Dieser Status, durch bestimmte Züge der aktuellen Situation suggeriert (und möglicherweise ebenso bedeutet oder indiziert wie suggeriert) zu sein, kann definit festgelegt werden; dann erhalten wir Bedeutungen, logische Termini – Bestimmungen.[16]

Wörter sind naturgemäß die hauptsächlich verwendeten Mittel der Fixierung, obgleich jede beliebige Art von physischer Realität – eine Geste, eine Muskelkontraktion in Finger, Bein oder Brust –, die beherrscht wird, verwendet werden kann. Wesentlich ist, dass eine spezifische physische Realität zur Verfügung steht, die dazu benutzt werden kann, die Suggestion zu konkretisieren und so zu fixieren, dass sie eigenständig gehandhabt werden kann. Bis sie auf diese Weise losgelöst und neu fixiert worden sind, gibt es suggerierte Dinge, aber nicht eigentlich *eine* Suggestion; gibt es gemeinte/bedeutete Dinge, aber nicht eigentlich eine Bedeutung; vorgestellte Dinge, aber nicht eigentlich eine Idee. Und das suggerierte Ding ist, bis es losgelöst worden ist, immer noch so buchstäblich, so sehr mit anderen Dingen verknüpft, dass es weder weiterentwickelt noch erfolgreich als Methode verwendet werden kann, um in neuen Richtungen zu experimentieren und auf diese Weise neue Züge ans Licht zu bringen.

Wie Daten Zeichen sind, die andere reale Dinge *indizieren*, so sind Bedeutungen Zeichen, die andere Bedeutungen *implizieren*.[17] Ich bin zum Beispiel im Zweifel, ob *dies* ein Mensch ist oder nicht; das heißt, ich bin im Zweifel hinsichtlich einiger gegebener Züge,

16 Ein Terminus ist natürlich kein bloßes Wort; ein bloßes Wort ist Un-Sinn, denn ein Laut für sich allein ist überhaupt kein Wort. Noch ist er eine bloße Bedeutung, die nicht einmal natürlicher Un-Sinn ist, da sie (wenn überhaupt) übernatürlicher oder transzendenter Unsinn ist. »Termini« bedeutet, dass bestimmte abwesende Dinge durch bestimmte gegebene Dinge indiziert werden, in der Hinsicht, dass sie für den intellektuellen Gebrauch durch irgendwelche physisch bequemen Mittel, etwa einen Klang oder eine Muskelkontraktion der Stimmorgane, abstrahiert und fixiert werden.

17 Diese Unterscheidung von Indikation als real und Implikation als begrifflich oder essentiell verdanke ich Mr. Alfred Sidgwick. Siehe seine *Fallacies*, S. 50.

wenn sie als Zeichen oder Beweismaterial genommen werden, aber ich neige zu der Hypothese, es handle sich um einen Menschen. Da ich ein solches provisorisches oder begriffliches Objekt im Geist habe, bin ich imstande, sparsam und wirksam, statt nur aufs Geratewohl, zu untersuchen, was vorhanden ist, *vorausgesetzt*, ich kann die Implikationen des Terminus »Mensch« ausarbeiten. Die Entwicklung seiner Implikationen ist eins damit, seine Bedeutung in Verbindung mit anderen Bedeutungen zu entwickeln. So bedeutet ein Mensch zu sein zum Beispiel, dass man redet, wenn man angeredet wird – eine weitere Bedeutung, die kein Teil des ursprünglich suggerierten Terminus »Mensch« gewesen zu sein braucht. Diese Bedeutung »Fragen beantworten« wird dann ein Verfahren suggerieren, das der Terminus »Mensch« in seiner ersten Bedeutung nicht besaß; es ist eine Implikation oder eine implizierte Bedeutung, die mich in eine neue und möglicherweise fruchtbare Beziehung zur Sache setzt. (Der Prozess, Implikationen zu entwickeln, wird gewöhnlich »Diskurs« oder »Schlussfolgern«[18] genannt.) Nun ist, das sei bemerkt, auf Fragen zu antworten kein Teil der *Definition* von Mensch; es wäre jetzt für mich keine Implikation von Platon oder dem russischen Zaren. Mit anderen Worten, irgendetwas in der aktuellen Situation suggeriert ebenso *forschen* wie *Mensch*; und die Interaktion zwischen diesen beiden Suggestionen ist fruchtbar. Deshalb ist an der Fruchtbarkeit der Deduktion nichts Geheimnisvolles – obgleich diese Fruchtbarkeit betont worden ist, als stelle sie einen unüberwindlichen Einwand gegen den Instrumentalismus dar. Ganz im Gegenteil, der Instrumentalismus ist die einzige Theorie, für welche die Deduktion kein Mysterium ist. Wenn eine Vielzahl von Rädern und Nocken und Stangen, die für eine bestimmte Aufgabe erfunden worden sind, zusammengesetzt werden, erwartet man von den zusammengefügten Teilen ein anderes Ergebnis als von einem von ihnen einzeln oder von ihnen allen zusammen in einem bunten Durcheinander. Weil sie unabhängige und ungleiche Strukturen sind, die aufeinander einwirken, geschieht etwas Neues. Dasselbe gilt von Termini in Relation zueinander. Wenn sie so zusammengebracht werden, dass sie eine Wirkung aufeinander ausüben, geschieht etwas Neues, etwas ganz Unerwartetes, ganz so, wie wenn man eine Säure, mit der man nicht vertraut war, auf einen Stein

18 [*ratiocination*]

schüttet, mit dem man ebenfalls nicht vertraut war – das heißt, nicht vertraut in einer solchen Verbindung, mochte man ihn an anderer Stelle auch gut kennen. Eine Definition mag abstrakt ein gewisses Maß an Bedeutung festlegen; sie ist die Spezifikation eines Minimums, das den Ausgangspunkt in jeder Interaktion eines Terminus mit anderen Termini bildet. Aber aus der Definition an sich oder isoliert folgt nichts. Sie ist explizit (und zwar bis zum Überdruss) und hat keinerlei Implikationen. Aber man bringe sie mit einem anderen Terminus, mit dem sie früher nicht interagiert hat, in Verbindung und sie verhält sich vielleicht höchst erfreulich oder schrecklich enttäuschend. Der Bedarf an unabhängigen Termini wird in der modernen Theorie der Axiome offenkundig. Dieser Bedarf entgeht in einem großen Teil der zeitgenössischen Logik transitiver und nichttransitiver, symmetrischer und nicht-symmetrischer Relationen der Aufmerksamkeit, weil die Termini so präpariert sind, dass es überhaupt gar keine Propositionen gibt, sondern nur Unterscheidungen von Ordnungen von Termini. Mit anderen Worten, die Termini, die in den Diskussionen eine Rolle spielen, sind Korrelativa – »Bruder«, »Eltern«, »auf«, »zur Rechten von«, »ähnlich«, »größer«, »nach«. Solche Ausdrücke sind keine logischen Termini; sie sind *Hälften* von Termini wie »Bruder-weiterer Nachkomme derselben Eltern«; »Eltern-Kind«, »auf-nieder« »rechts-links« »Ding-ähnlich einem anderem Ding«, »größer-kleiner«, »nach-vor«. Sie drücken Positionen in einer *determinierten* Situation aus; sie sind *Relativa*, keine Relationen. Sie haben keine Implikationen, da sie explizit sind. Aber ein Mensch, der ein Bruder ist und außerdem ein Nebenbuhler und ein ärmerer Mann als sein Nebenbuhler-Bruder, drückt eine Interaktion verschiedener Termini aus, aus der etwas erfolgen kann; Termini mit Implikationen, Termini, die eine Proposition bilden, die ein korrelativer Terminus niemals bildet – bis er mit einem Terminus in Verbindung gebracht wird, zu dem er nicht im Verhältnis eines Relativs steht. Wenn man ein Ding »oben« oder »Bruder« genannt hat, hat man dessen Gehalt schon in einer Situation aufgelöst. Dieser Gehalt ist tot, bis er in einer *anderen* Situation zu wirken beginnt.

Die Erfahrung zeigt darüber hinaus, dass bestimmte Qualitäten von Dingen ergiebiger und leichter zu beherrschen sind als andere, wenn man sie als Bedeutungen auffasst, die beim Ziehen von Schlussfolgerungen verwendet werden sollen. Der Terminus muss so geartet sein, dass er eine Verhaltensmethode entwickelt, durch die sich überprüfen lässt, ob er die Bedeutung der Situation ist. Da es wünschenswert ist, einen Vorrat an Bedeutungen zur Hand zu haben, die so miteinander verbunden sind, dass wir uns leicht in jeder Richtung von einer zur anderen bewegen können, ist der Vorrat in genau dem Grad effektiv, in dem er zu einem System gemacht worden ist – zu einer umfassenden und ordentlichen Anordnung. Obwohl alle Bedeutungen von Dingen abgeleitet sind, die der Suggestion – oder dem Denken oder »Bewusstsein« – vorausgehen, sind deshalb nicht alle Qualitäten gleichermaßen geeignet, Bedeutungen mit einem umfassenden Wirkungsbereich zu sein, und es ist eine Kunst, die richtigen Qualitäten für diese Arbeit auszuwählen. Das entspricht der Umwandlung von Rohmaterial in ein wirksames Werkzeug. Ein Spaten oder eine Uhrfeder werden aus vorgängigem Material gemacht, aber sie existieren nicht schon vorweg als fertiges Werkzeug; und je delikater und komplizierter die Aufgabe ist, die sie zu verrichten haben, umso mehr an Kunstfertigkeit wird vorausgesetzt. Diese summarischen Bemerkungen müssen genügen, um anzuzeigen, was eine extensivere Behandlung eines mathematischen Systems von Termini zeigen würde. Anfangs versuchten die Menschen, Qualitäten wie Hass und Liebe und Furcht und Schönheit zu Bedeutungen umzuarbeiten, um damit die Probleme des Lebens zu deuten und zu beherrschen. Als diese Bedeutungen ihre Unwirksamkeit zeigten, nahm der Mensch seine Zuflucht zu Qualitäten wie schwer und leicht, feucht und trocken und machte sie zu natürlichen Wesen oder erklärenden und regulativen Bedeutungen. Dass die griechisch-mittelalterliche Wissenschaft auf dieser Linie nicht sehr weit kam, ist ein Gemeinplatz. Wissenschaftlicher Fortschritt und praktische Beherrschung als systematische und bewusste Angelegenheiten datieren vom Jahrhundert Galileis, als die Qualitäten ausgewählt wurden, die sich für eine mathematische Behandlung eignen. »Die vielversprechendsten unter diesen idealen Systemen waren zu Anfang natürlich die reicheren und gefühlsbeladeneren. Die schlichtesten und am wenigsten versprechenden waren die mathematischen, aber die Geschichte der Anwendung der Letzteren ist eine Geschichte unablässiger Erfolge, während die Geschichte der gefühlsmäßig reicheren eine Geschichte relativer Sterilität und des Scheiterns ist.«[19]

19 James, *Principles of Psychology*, Bd. II, S. 665.

Es gibt kein Geheimnis, warum und wie sich der Pflug für die Gartenarbeit eignet oder die Uhrfeder für die Zeitnahme. Sie sind zu diesen jeweiligen Zwecken geschaffen worden; die Frage ist nur, wie gut sie ihre Arbeit tun und wie sie verbessert werden können. Trotzdem wurden sie aus physischem Material gemacht; die Menschen verwendeten geeignete Äste oder Baumwurzeln zum Pflügen, bevor sie Metall benutzten. Wir messen den Wert oder die Realität des Werkzeugs nicht durch seine Nähe zu seinem natürlichen Prototyp, sondern durch seine Wirksamkeit bei der Verrichtung seiner Aufgabe – gewöhnlich die Folge vieler früherer Bemühungen. Die Theorie, die für mathematische Unterscheidungen und Beziehungen vorgeschlagen worden ist, ist genau analog. Sie sind nicht die Schöpfungen des Geistes außer in dem Sinn, in dem ein Telefon eine Schöpfung des Geistes ist. Sie passen zur Natur, weil sie von natürlichen Bedingungen abgeleitet sind. Dinge dehnen und verändern sich von Natur aus. Sich dieser Qualitäten zu bemächtigen, sie, und zwar effektiv, zu Schlüsseln zur Entdeckung der Bedeutungen von rohen, isolierten Ereignissen zu machen, sie zu entwickeln und zu ordnen, bis sie wirtschaftliche Werkzeuge (und Werkzeuge auf Werkzeuge gehäuft) werden, um eine unbekannte und ungewisse Situation in eine bekannte und sichere zu verwandeln, ist die Geschichte des Triumphs der menschlichen Intelligenz. Die Termini und Aussagen der Mathematik sind keine Fiktionen; sie werden nicht durch jenen besonderen Akt des Geistes erzeugt, in dem sie benutzt werden. Genauso wenig ist ein Mähdrescher eine Fiktion oder wird augenblicklich von dem geschaffen, der sein Korn zu ernten wünscht. Aber beide sind gleichermaßen Werke der Kunst, die zu einem bestimmten Zweck geschaffen worden sind, während man die Dinge tat, die getan werden müssen.

Wir können über Termini das sagen, was Santayana so treffend über Ausdruck gesagt hat: »Ausdruck ist ein irreführender Terminus, der suggeriert, dass irgendetwas vorher Bekanntes imitiert oder wiedergegeben wird; wohingegen Ausdruck selbst ein ursprüngliches Faktum ist, dessen Werte dann auf das ausgedrückte Ding bezogen werden, etwa so, wie die Ehren eines chinesischen Mandarins rückwirkend auf seine Eltern übertragen werden.« Die Naturgeschichte der Zuschreibung von Tugend dürfte sich als ein profitables Thema für Philosophen erweisen. Selbst in ihren abergläubischsten Formen (vielleicht in ihnen *offensichtlicher* als irgendwo anders) zeugt sie von dem Gefühl für einen zu leistenden Dienst und von einem Bedürfnis nach Anwendung. Der Aberglaube liegt darin, diese Anwendung auf Antezedenzien und auf Vorfahren zu machen, wo sie nur ein Leichentuch ist, statt auf Nachkommen, wo sie ein erzeugender Faktor ist.

Jede Reflexion hinterlässt eine doppelte Wirkung. Ihr unmittelbares Resultat ist (wie ich früher zu zeigen versucht habe) die direkte Reorganisation einer Situation, eine Reorganisation, die ihrem Inhalt einen Zuwachs an immanenter Bedeutung verleiht. Ihr indirektes und intellektuelles Produkt ist das Definieren einer Bedeutung, die (wenn sie mit Hilfe einer passenden Realität fixiert wird) ein Hilfsmittel für spätere Untersuchungen darstellt.[20] Jede Feststellung extrahiert und präsentiert das bis zu diesem Augenblick erzielte Reinergebnis der Reflexion als Bedingung für die spätere Reflexion. Dank dieser Extraktion des Kerns vergangener Reflexionen ist es möglich, alle Konsequenzen früherer falscher und vergeblicher Schritte beiseite zu lassen; es befähigt einen, die Erfahrungen selbst außer Acht zu lassen und sich nur mit ihrem *Rein*gewinn zu befassen. In einer beliebten Redewendung des Realismus: Sie liefert ein Objekt, »als gäbe es keine Erfahrung«. Es ist unnötig, sich über die Ökonomie dieses Verfahrens auszulassen. Es eliminiert alles, was trotz seiner unmittelbaren Dringlichkeit oder Lebhaftigkeit oder des Gewichts vergangener Autorität für die jeweilige Absicht belanglos ist. Es befähigt einen, sich mit genau dem an die Arbeit zu machen, was (vermutlich) im nachfolgenden Verfahren von Wichtigkeit ist. Es ist kein Wunder, dass diese logischen Kerne zu metaphysischen Wesenheiten erhöht worden sind.

Das Wort »Terminus« suggeriert die Grenzbedingung jedes Reflexionsprozesses. Es zieht einen Zaun, jenseits dessen zu wandern vermutlich Zeitverschwendung wäre – ein Irrtum. Es verdeutlicht, was in Rechnung gestellt werden *muss* – eine unaufhebbare Grenze, etwas, was für die vernünftige Schlussfolgerung das ist, was das rohe Datum für die Beobachtung ist.[21] Man muss nur die Termini des

20 [A. d. Ü.: Der folgende Satz bezieht sich auf eine Eigenheit der englischen Sprache:] Ich würde die Hilfe nicht verachten, die die Wörter »Terminus« und »Proposition« bieten. Wie es im Slang heißt, ist ein geschlagener Baseball für den *batter* eine *»proposition«* [Vorlage]; sie konstatiert oder macht explizit, was er unter all den umgebenden und augenblicklich irrelevanten Umständen als nächstes zu tun hat.

21 [A. d. Ü.: Der folgende Satz bezieht sich auf eine Eigenheit der englischen Spra-

gegenwärtigen wissenschaftlichen Diskurses mit den Termini etwa von Aristoteles vergleichen, um zu sehen, dass die Wichtigkeit von Termini als Werkzeugen eines richtigen Überblicks über und Angriffs auf reale Situationen sich so auswirkt, dass die Termini, die sich naturgemäß und spontan aus der Reflexion ergeben, fallen gelassen und durch wirksamere ersetzt worden sind. In einem gewissen Sinn sind sie ebenso objektiv; der Begriff Wässrigkeit ist so echt wie der gegenwärtige chemische Begriff und sogar noch offensichtlicher. Aber der chemische Begriff kann in einen viel weiteren Bereich von Forschungen eingehen und in ihnen eine wirksamere Rolle spielen.

In dem Maße, wie sich eine spezielle Klasse von wissenschaftlichen Forschern herausbildet, werden Termini, die ursprünglich *Nebenprodukte* der Reflexion waren, für die intellektuelle Klasse zu primären Objekten. Die »Probleme«, die den Anlass der Reflexion bilden, werden dann zu *intellektuellen* Problemen, zu Diskrepanzen in einem gängigen Schema von Propositionen und Termini. Die Situation, die eine Reorganisation und Erweiterung ihrer Signifikanz erfährt, ist die Situation des Substrats spezialisierter Untersuchung. Nichtsdestoweniger wiederholt sich darin dieselbe allgemeine Methode, und die resultierenden Objekte – die Termini und Propositionen – sind für alle, mit Ausnahme ihrer Erzeuger, Instrumente, keine Ziele. Der Einwand gegen den analytischen Realismus als Metaphysik der Existenz ist nicht so sehr ein übertriebener Formalismus als vielmehr sein Angriff auf die *Common-Sense*-Welt des Handelns, der Wertschätzung und der Zuneigung. Der Angriff, der auf der Hypostasierung der Termini zu Objekten beruht, ist ebenso groß wie der des Idealismus. Ein naiver Realismus widersteht beiden Angriffen.

Ich habe freilich kein besonderes Interesse daran, mich gegen den analytischen Realismus zu wenden. Mein Interesse besteht vielmehr darin zu zeigen, wie die wichtigsten Grundsätze der instrumentellen Logik zu Erwägungen in Beziehung stehen, die, mochten sie auch von dem zum Zeitpunkt der ersten Formulierung der Theorie verbreiteten Idealismus ignoriert werden, Aufmerksamkeit verlangen: der objektive Status von Daten und Termini mit Hinblick auf Gei-

che:] In einer klassischen Redewendung, der Terminus ist eine *notio* [Begriff], das heißt ein Notieren, ein Bemerken, der Unterscheidungen, die für die Zwecke der Art von Untersuchung, mit der wir uns jetzt befassen, festgelegt worden sind.

steszustände oder Akte des Bewusstseins. Ich habe versucht zu zeigen, dass die Theorie diese Erwägungen uneingeschränkt berücksichtigt. Sie stellen keine Einwände gegen sie dar; sie sind in ihr enthalten. Es gibt umstrittene Fragen, aber sie betreffen nicht Angelegenheiten der Logik, sondern Tatsachen. Es sind Fragen der *realen* Einbettung bestimmter logischer Unterscheidungen und Beziehungen. Was die jeweiligen Verdienste beider Schemata anbelangt, habe ich dem bereits Gesagten nichts hinzuzufügen, außer dass die Tendenz des analytischen Realismus unvermeidlich darin besteht, einen Unterschied zwischen der Logik der Forschung und der Dialektik zu machen, als ob sie selbst eine Sache wäre, die durch die Logik der Dialektik erledigt werden muss. Ich gestehe, eine gewisse Furcht zu empfinden, dass eine Philosophie, der es nicht gelingt, Wissenschaft mit Termini und Propositionen über Dinge zu identifizieren, die keine Termini und Propositionen sind, die Funktion der Dialektik zuerst übertreiben und dann missverstehen wird und in einen Formalismus treibt, der der Scholastik nicht ganz unähnlich ist, von der der ältere Empirismus bei all seinen Mängeln seine Anhänger befreite.

VII

Wenn es recht ist, wollen wir zu Grundsatzfragen zurückkehren. Das Wort »Erfahrung« wird in den Essays ohne große Hemmung und ohne viel Erklärung verwendet. Angesichts der weiten Verbreitung subjektivistischer Interpretationen dieses Ausdrucks ist das größte Wunder wahrscheinlich dies, dass die Lehre der Essays nicht noch stärker missverstanden wurde, als es tatsächlich der Fall war. Ich habe schon etwas zur Klärung des Sinnes gesagt, in dem der Ausdruck verwendet wurde. Ich komme jetzt auf die Sache zurück. Was ist der Grund dafür, diesen Begriff überhaupt in der Philosophie zu verwenden? Die Geschichte der Philosophie liefert, denke ich, die Antwort. Mochten Hume und Kant dem Wort auch eine subjektive Wendung gegeben haben, so brauchen wir doch nur zu einer früheren Epoche zurückzugehen, um zu sehen, dass der Rückgriff auf die Erfahrung in der Philosophie mit der Emanzipation der Wissenschaft von okkulten Wesenheiten und Ursachen sowie mit der Ersetzung der Methoden bloßer dialektischer Definition und Klassifikation durch Beobachtungsmethoden zusammenfiel, die durch das Experiment kontrolliert wurden und sich auf mathematische Erwägungen stützen. Der Appell an die Erfahrung war der Ruf des Mannes aus Missouri[22] – die Forderung nach Beweisen. Er entsprang dem Wunsch, die Natur durch Beobachtung zu beherrschen, statt auf sie zu warten, um sie mit ästhetischen Girlanden zuzudecken und sie mit theologischen Ketten zu fesseln. Die Signifikanz der Erfahrung bestand nicht darin, dass Sonne und Mond, Stock und Stein Kreaturen der Sinne sind, sondern dass die Menschen ihr Vertrauen nicht länger in Dinge setzen wollten, deren Existenz, mit welcher Autorität auch immer, einfach nur behauptet wurde, wenn diese Dinge nicht in genau angebbare Beziehungen zum Organismus treten können und der Organismus nicht zu ihnen. Es war eine emphatische Behauptung, dass Dinge intellektuell erst dann akzeptiert werden würden, wenn die Menschen sehen konnten, *wie* es dazu gekommen war, dass sie geglaubt werden, und was sie dann taten.

Aber ist diese Lektion so gut gelernt worden, dass wir die Bezugnahme auf die Erfahrung fallen lassen können? Wäre das doch nur der Fall! Aber die Zeit scheint noch nicht gekommen. Manche Dinge finden, angeregt durch gefühlsmäßige Vorlieben und Voreingenommenheiten, auf dem Weg über die Phantasie Eingang. Bei *bestimmten* Zwecken bedeutet es keinen Nachteil, dass sie durch jenes Tor statt durch sensorisch-motorische Anpassungen Eingang gefunden haben. Oder sie können wegen der Liebe des Menschen zu logischer Form, Symmetrie und System eingedrungen sein sowie aufgrund der emotionalen Befriedigung, die Harmonie in einer empfindsamen Seele bewirkt. Auch sie müssen deswegen nicht schlechter dran sein. Aber ganz gewiss gehört es zu den Aufgaben der Philosophie, zwischen den Arten von Güte, die verschiedene Arten von Dingen besitzen, zu unterscheiden. Und wie kann die Philosophie sie unterscheiden, wenn nicht dadurch, dass sie sagt, auf welchem Weg sie in unsere Erfahrung geraten sind, und was sie tun, nachdem sie dort hineingelangt sind? Gewiss ist der Unterschied kein Unterschied an *immanentem* Inhalt. Die Welt Dantes gehört nicht aufgrund selbstverständlicher und in sich selbst eingeschlossener Eigenschaften der unmittelbaren Termini zur Dichtung und die

22 [A. d. Ü.: Die amerikanische Redewendung »*I am from Missouri, you have to show me*« bedeutet soviel wie: »Das müssen Sie mir erst einmal beweisen.«]

Welt Newtons zur wissenschaftlichen Astronomie. Weder reine Inspektion noch Überlegung könnten entscheiden, was zu welcher Welt gehört. Den Unterschied an Status und Anspruch bewirkt das, was wir Erfahrung nennen: die Stellung beider Systeme in der Erfahrung mit Hinsicht auf ihre Erzeugung und ihre Folgen. Und gewiss braucht jede Philosophie, die die Wissenschaft nicht für eine *Theorie* der Welt hält (was sie ist), sondern für ein buchstäbliches und erschöpfendes Auffassen der Welt in ihrer vollen Realität, eine Philosophie, die deshalb keinen Platz für Dichtung oder für Möglichkeiten hat, immer noch eine Theorie der Erfahrung.

Wenn ein Wissenschaftler gefragt wird, was Wahrheit ist, wird er antworten – wenn er seine Antwort in Begriffen seiner Praxis und nicht irgendeiner Konvention bildet –, Wahrheit beruhe auf der Basis adäquaten Beweismaterials. Und wenn er nach einer Beschreibung der Adäquatheit des Beweismaterials gefragt wird, wird er gewiss auf Beobachtung und Experiment Bezug nehmen. Weder der in sich selbst eingeschlossene Charakter der Termini und Propositionen noch ihre systematische Ordnung sind für ihn die Lösung des Falles; sondern die Art, wie sie gewonnen wurden, und was er mit ihnen anfangen kann, um andere Dinge zu erlangen. Und wenn ein Mathematiker oder Logiker von der Philosophie verlangt, diese Methode aufzugeben, dann ist es genau der richtige Zeitpunkt, um am entschiedensten auf der Notwendigkeit der Bezugnahme auf »Erfahrung« zu beharren, um die Bedeutung mathematischer und logischer Ansprüche festzulegen. Erst wenn Forscher, die von der Symmetrie und dem System der Mathematik beeinflusst sind, aufhören, ihre Philosophien auf der Basis der Eigenschaften isolierten mathematischen Stoffs zu errichten, dann werden empirische Philosophen weniger Anlass sehen, die Erfahrung zu erwähnen. Bis dahin sehe ich keine andere Möglichkeit, Reichweite und Ansprüche der Mathematik in der Philosophie zu fixieren, außer zu versuchen darzulegen, an genau welchem Punkt sie in die Erfahrung hineinkommt und welche Arbeit sie tut, nachdem sie Zugang gefunden hat. Ich habe einen solchen Versuch in meiner Darstellung der Fixierung und Handhabung von Suggestionen als Bedeutungen unternommen. Dieser Versuch ist mangelhaft genug, aber die Mängel müssen durch eine bessere empirische Darstellung beseitigt werden und nicht dadurch, dass man die Ansprüche einer erfahrungsfreien Logik gegen die Erfahrung ins Feld führt.

Der Einwand also gegen eine Logik, die Erkenntniserwerb ausschließt und die Logik ausschließlich auf die Eigenschaften bekannter Objekte gründet, lautet, dass sie selbstwidersprüchlich ist. Es gibt keine Möglichkeit, die Eigenschaften bekannter Objekte im Unterschied zu imaginären Objekten oder zu Objekten der Meinung oder zu Objekten des unanalytischen gesunden Menschenverstandes zu erkennen, außer sich auf die Operationen des Erwerbens, Verwendens und Prüfens des Beweismaterials zu beziehen – die Prozesse des Erkenntniserwerbs. Ich plädiere hier nicht für einen generellen Skeptizismus; ich stelle nicht das Recht des Physikers, des Mathematikers oder des Logikers in Frage, sich mit anerkannten Objekten zu befassen und mit ihnen zu machen, was er kann. Ich versuche klar zu machen, dass jeder, der angeblich herauszufinden versucht, was Erkenntnis *wirklich* ist, vor allem herauszufinden hat, warum es so sehr viel sicherer ist, sich mit genau diesen Objekten zu beschäftigen als zum Beispiel mit denen der aristotelischen Wissenschaft. Aristoteles fehlte es weder an Scharfsinn noch an Gelehrsamkeit. Für ihn war klar, dass Erkenntnisobjekte die Dinge der gewöhnlichen Wahrnehmung sind, soweit sie auf eine Form bezogen werden, welche ein Vergleich wahrgenommener Dinge im Lichte einer Zweckursache evident macht. Wenn diese Ansicht von den Erkenntnisobjekten fallen gelassen worden ist, wenn jetzt ganz andere Objekte der Erkenntnis gelten und verwendet werden, dann deshalb, weil die Methoden, Erkenntnis zu *erwerben*, transformiert worden sind, bis für den arbeitenden Wissenschaftler »Erkenntnisobjekte« genau die Objekte meinen, die durch allgemein anerkannte Prozesse der Forschung gewonnen worden sind. Der Gedanke, solche Prozesse unberücksichtigt zu lassen, bedeutet deshalb, den Schlüssel zum Verständnis von Erkenntnis und ihrer Objekte wegzuwerfen. Es liegt eine gewisse Ironie darin, sich der verbesserten Methoden der experimentellen Forschung mit Hinblick auf alle Erkenntnisobjekte zu bedienen außer einem – der Erkenntnis selbst; ihre Relevanz für die Erkenntnis der Erkenntnis zu bestreiten und auf die Methode zurückzufallen, die überall sonst desavouiert ist – die Methode, sich auf isolierte, in sich selbst eingeschlossene Eigenschaften des Stoffes zu verlassen.

Einer der Punkte in den Essays, die viel Anstoß erregten, war die Bezugnahme auf die genetische Methode – auf eine Naturgeschichte der Erkenntnis. Ich hoffe, dass das eben Gesagte den eigentlichen

Sinn dieser Bezugnahme klarer macht. Ich muss mir den Vorwurf gefallen lassen, dass ich diesen Punkt nicht expliziter gemacht habe; aber ich kann mich nicht ganz und gar wegen meiner Naivität verurteilen, anzunehmen, andere verstünden unter einer Naturgeschichte der Erkenntnis dasselbe wie ich. Es ist mir schlicht nicht in den Sinn gekommen, jemand könnte denken, die Geschichte, durch die menschliche Ignoranz, Irrtum, Dogma und Aberglaube in Erkenntnis verwandelt worden ist, selbst in ihrem gegenwärtigen Stadium der Verwandlung, habe sich ausschließlich in den Köpfen der Menschen oder in einem inneren Bewusstsein vollzogen. Ich hielt sie für etwas, das sich in der Welt vollzog, im Observatorium und im Laboratorium und in der Anwendung von Ergebnissen aus dem Laboratorium auf die Beherrschung der menschlichen Gesundheit, des Wohlergehens und Fortschritts. Wenn ein Biologe sagt, der Schlüssel zum Verständnis eines Organs, oder ein Soziologe, der Schlüssel zur Erkenntnis einer Institution liege in deren Genese und Geschichte, dann versteht jeder ihn so, dass er *deren* Geschichte meint. Ich nahm mir dieselbe Freiheit für die Erkenntnis, das heißt für die Wissenschaft. In diesem Licht erweist sich der Vorwurf des »Subjektivismus« als eine deprimierende Enthüllung der geläufigen Ansicht von den Erkenntnisprozessen. Das Stolpern über einen Stein muss kein Erkenntnisprozess sein; aber mit einem Hammer auf ihn zu klopfen, Säure auf ihn zu gießen, Stücke in den Schmelztiegel zu werfen, Dinge Hitze und Druck auszusetzen, um zu sehen, ob man einen ähnlichen Stein herstellen kann, das *sind* Erkenntnisprozesse. Ganz genauso sind es die Fixierungen von Suggestionen, indem man ihnen Namen anheftet, und das Entwerfen von Möglichkeiten, diese Termini so zusammenzubringen, dass sich neue Suggestionen ergeben oder Suggestionen von einer Situation auf eine andere übertragen werden. Aber keiner dieser Prozesse ist »subjektiv« in irgendeinem Sinn, in dem Subjektivität einen Gegensatz zur öffentlichen Außenwelt der Natur und der menschlichen Gemeinschaft bildet. Wenn man Genese in Gegensatz zu Analyse setzt, dann übersieht man lediglich die Entdeckung der Realwissenschaften, dass sie ihre effektivsten Methoden der Analyse Erwägungen der Genese verdanken.[23]

23 Ich habe in einer Kritik dieser Essays gesehen, dass die Methode der Genesis in Opposition zu der Methode des Experimentierens gebracht wurde – als wenn Experimentieren etwas anderes als die Erzeugung eines speziellen Objekts wäre!

Dieselbe Art von Erwägung gilt für die positive Meinung von Psychologie, die hier vertreten wurde. Wenn die Bezugnahme auf Formen und Arten und Weisen der Erfahrung – auf das Erfahren – wichtig ist für das Verstehen der Dinge, mit denen die Philosophie es zu tun hat, dann ist Psychologie selbstverständlich nützlich. Denn was mit Psychologie gemeint ist, ist genau eine Unterscheidung der Akte und Einstellungen des Organismus, die sich auf die jeweiligen Stoffe auswirken und die infolgedessen berücksichtigt werden müssen, bevor die Stoffe richtig unterschieden werden können. Diese Sache war besonders auffällig im Fall Lotzes. Er protestierte beständig gegen den Gebrauch der Psychologie, und trotzdem waren seine eigenen Daten und Verfahren durchweg von Psychologie angesteckt, und zwar, wenn ich überhaupt Recht habe, von einer falschen Psychologie. Die besondere Trennung, die er zwischen Psychologie und Logik machte, beruhte in Wirklichkeit auf einer besonderen psychologischen Annahme. Man sollte sich einmal fragen, ob nicht die spürbare Abneigung einiger Philosophen gegen jede Bezugnahme auf die Psychologie ein Freudsches Symptom ist.

Noch ein Wort zu der Stellung, die *Bedürfnis* und *Zweck* und der humanistische Faktor ganz allgemein in den Essays einnehmen. Um Zeit zu sparen, darf ich einen Satz aus einer frühen Rezension zitieren, die den Essays die folgende Lehre unterstellt: »Wenn sich der Plan als nützlich für unser Bedürfnis herausstellt, ist er korrekt – das Urteil ist wahr. Die Unterscheidung real-ideal ist die Unterscheidung zwischen Umweltreiz und Handlungsplan oder provisorischer Reaktion. Real wie ideal sind gleichermaßen Erfahrungen des individuellen Menschen.« Diese Worte können entweder so interpretiert werden, dass sie die Position angemessen wiedergeben, oder so, dass sie sie radikal missverstehen; der letztere Kurs ist ein bisschen einfacher, so wie die Worte nun einmal lauten. Dass »real« und »ideal« Erfahrungen des individuellen Menschen sind, in dem Sinn, dass sie sich tatsächlich als Spezifikationen präsentieren, die von jedem untersucht werden können, der sie untersuchen will, ist wahr genug. Dass eine solche Untersuchung zur Bestimmung ihrer Eigenschaften ebenso erforderlich ist wie die von Kohlendioxyd oder der Verfassung von Großbritannien, ist auch die Behauptung des Aufsatzes. Aber wenn die zitierten Worte jemandem suggerieren, das Reale oder selbst das Ideale seien irgendwie Besitztümer eines individuellen Menschen, Dinge, die er irgendwo absondert und dann auswirft, dann kann ich nur sagen: Diese Lehre kann ich nicht verstehen. Ich weiß nichts von einem fertigen und vorgängigen Begriff des »individuellen Menschen«. Statt mittels einer vorgängigen Konzeption vom individuellen Menschen etwas über die Natur der Erfahrung zu sagen, finde ich es notwendig, sich an die Erfahrung zu wenden, um herauszufinden, was mit »individuell« und mit »Mensch« und auch mit »der« gemeint ist. Infolgedessen würde ich selbst in einem solchen Ausdruck wie »meine Erfahrung« nicht dieser Idee der Methode dadurch zu widersprechen wünschen, dass ich den Terminus »mein« verwende, um den Terminus »Erfahrung« zu schlucken, genauso wenig wie wenn ich gesagt hätte »mein Haus« oder »mein Land«. Ganz im Gegenteil, ich würde erwarten, dass jede intelligible und bestimmte Verwendung solcher Ausdrücke viel mehr Licht auf »mich« als auf »Haus« oder »Land« – oder »Erfahrung« – werfen würde.

Meiner Ansicht nach ist das mögliche Missverständnis in der Bezugnahme auf »unsere Taten« als Kriterium der Richtigkeit einer Idee oder eines Plans ein wirkliches Missverständnis. Nach Ansicht dieser Essays sind es die Bedürfnisse einer *Situation*, die bestimmend sind. Sie rufen Denken und das Bedürfnis zu erkennen hervor, und nur innerhalb der Situation kommt es zu der Identifikation der Bedürfnisse mit einem Ich; und nur durch die Reflexion auf die Stellung des Handelnden in der umfassenden Situation kann die Natur *seiner* Bedürfnisse bestimmt werden. Tatsächlich zeigt das wirkliche Vorkommen einer gestörten, unvollständigen und mangelhaften *Situation* an, dass *mein* gegenwärtiges Bedürfnis genau darin besteht, zu forschen, zu erkunden, zu jagen, Dinge, die jetzt verbunden sind, auseinander zu reißen, Entwürfe zu machen, zu planen, zu erfinden und dann das Ergebnis dadurch zu überprüfen, dass man sieht, wie es als Methode, mit harten Tatsachen umzugehen, wirkt. Kurzum, eine Quelle des Verlangens nach Bezugnahme auf Erfahrung als umfassendes Diskursuniversum besteht darin, uns daran zu hindern, solche Termini wie »ich«, »mein«, »Bedürfnis«, »Befriedigung« usf. als Termini zu nehmen, deren Bedeutungen entweder durch sich selbst oder durch sogar die extensivste dialektische Beziehung auf andere Ausdrücke akzeptiert und bewiesen werden können.

Ausdrücke wie »real« und »ideal«, »individuell«, »Mensch«, »mein« gestatten sicherlich eine lohnende dialektische (oder propositionale) Klärung und Ausarbeitung. Aber nichts ist endgültig geklärt, bis diese Ergebnisse des Diskurses durch Handeln auf Dinge angewendet und eine Erfahrung bewirkt worden ist, die entweder der begrifflich festgelegten Spezifikation genügt oder nicht. Die Annahme zum Beispiel, der Sinn des Ausdrucks »ideal« könne geklärt werden, ohne irgendeine spezifische Angelegenheit in der Erfahrung aufzuweisen, heißt in der Philosophie jenen Glaube an okkulte Wesenheiten und verborgene Ursachen aufrechtzuerhalten, den die Wissenschaft loswerden musste, bevor sie auf die richtige Bahn kam. Nur weil der Idealismus die Erfahrung missverstanden hat, ist das kein Grund, seinen signifikanten Berührungspunkt mit der modernen Wissenschaft zu ignorieren und dann bei Objekten Zuflucht zu suchen, die sich vom altmodischen *Ding an sich* nur deshalb unterscheiden, weil sie genau jene Bezugnahme auf die Erfahrungen, durch die sie etabliert worden sind und auf die sie angewendet werden, beinhalten, die der propositionale oder analytische Realismus eingestandenermaßen und ausführlich ignoriert. Dieses Ignorieren rächt sich dadurch, dass wir das »Mich« oder das erkennende Selbst als ein separates Ding zurückbehalten, in das die Erfahrung fällt (statt dass es einen spezifizierbaren Platz in der Erfahrung einnimmt), und es erzeugt das unlösbare Problem, wie eine subjektive Erfahrung objektive Erkenntnis erzeugen kann.

Abschließend möchte ich sagen, dass die Bezugnahme auf Erfahrung gegenwärtig die einfachste Art und Weise zu sein scheint, um die Kontinuitäten unter Stoffen zu erkennen, die ständig in Dualismen aufgespalten werden. Die Erzeugung einer Welt von Subsistenzen oder Wesenheiten, die sich von der Welt natürlicher Existenzen unterscheidet (die sich ihrerseits von den natürlichen Existenzen unterscheiden, die an das erfolgreiche Schlüsseziehen angepasst sind), ist an sich selbst eine technische Angelegenheit, obgleich eine entmutigende für einen Philosophen, der von Berufs wegen mit allen Schwierigkeiten vertraut ist, die jene Ansicht seit Platon erzeugt hat. Aber die Hilfe, die eine solche Philosophie der praktischen und gängigen Scheidung des »Ideals« von der natürlichen Welt leistet, macht sie zu einer Sache, die aus anderen als professionellen Gründen gefürchtet werden muss. Gott allein weiß, wie viele Leiden des Lebens auf dem Glauben beruhen, dem natürlichen Schauplatz und den Tätigkeiten unseres Lebens fehle es an idealer Bedeutung, und auf der daraus folgenden Tendenz, sich auf der Suche nach diesem fehlenden idealen Faktor in eine andere Welt zu flüchten, die ausschließlich von Idealen bewohnt wird. Es ist nur allzu klar, dass eine solche abgeschnittene, ideale Welt außerstande ist, die natürliche Welt zu lenken und zu beherrschen und zu verändern. Sie ist ein Luxus; sie gehört zur »vornehmen Tradition« des Lebens, dem Fortbestehen einer »höheren« Klasse, die ein unbeteiligtes und parasitäres Leben führt. Außerdem versetzt sie den Wissenschaftler in jene unverantwortliche Klasse. Wenn Philosophen dabei helfen könnten, einer beunruhigten Menschheit klar zu machen, dass Ideale mit natürlichen Ereignissen in Kontinuität stehen, dass sie nur deren Möglichkeiten repräsentieren und dass erkannte Möglichkeiten Methoden für ein Verhalten bilden, das sie in die Tat umsetzen könnte, würden Philosophen ein gesellschaftliches Verantwortungsgefühl unterstützen. Ich sage nicht, dass die Kontinuität und die Interaktion verschiedener Einstellungen und Interessen in der Erfahrung der einzige Weg ist, um dieses Ziel zu erreichen. Aber für eine große Anzahl von Menschen heute ist es der nächstliegende Weg.

Man könnte noch vieles über den anderen großen Kontinuitätsbruch sagen, den der analytische Realismus aufrechterhalten will: den Bruch zwischen der Welt und dem Erkennenden als jemandem, der außerhalb dieser Welt steht und sich mit einem müßigen kontemplativen Überblick über sie befasst. Ich kann die sozialen Bedingungen verstehen, die diese Auffassung von einem abseits stehenden Erkennenden erzeugt haben. Ich kann sehen, wie diese Auffassung das Entstehen einer verantwortungsbewussten Forschung, die sich in der Veränderung der Umwelt auswirkt, dadurch schützte, dass sie ein Gefühl von der Unschuld des Erkennens kultivierte und auf diese Weise die Animosität derjenigen einlullte, die als Herrschende nicht den geringsten Wunsch verspürten, eine Reflexion mit praktischen Auswirkungen zuzulassen. Ich kann sehen, wie zu allen Zeiten Spezialisten, sozusagen professionelle Erkennende, in dieser Lehre einen Balsam für ihr Gewissen finden – einen Trost, den alle Denker brauchen, solange ihnen praktische Wirkung nicht gestattet ist. Vor allem kann ich sehen, wie die Absonderung und das Fehlen des Drucks unmittelbarer Handlung eine vielfältigere Neugier, größere Unparteilichkeit und einen großzügigeren Ausblick erlaubten. Aber dies alles ist kein Grund dafür, an der Idealisierung eines fernen und getrennten Geistes oder Erkennenden festzuhalten, jetzt, da die Methode der Intelligenz vervollkommnet ist und veränderte soziale Bedingungen nicht nur erlauben, sondern geradezu verlangen, dass Intelligenz in den Gang der Ereignisse eingebettet wird. Eine intellektuelle Integrität, eine Unparteilichkeit und Absonderung, die nur in der Abgeschlossenheit aufrechterhalten wird, erinnert höchst unerfreulich an andere Identifikationen von Tugend mit der Unschuld der Unwissenheit. Wenn man Erkenntnis dort ansiedelt, wo sie entsteht und in der Erfahrung wirkt, erkennt man, dass sie, so wie sie wegen der Probleme des Menschen entstand, in der Rekonstruktion der Bedingungen, die diese Probleme veranlasst haben, bestätigt wird. Echte intellektuelle Integrität findet sich in experimenteller Erkenntnis. Bis diese Lektion ganz gelernt ist, sollte man besser weder Erkenntnis von Experiment noch Experiment von Erfahrung trennen.

7. Die Notwendigkeit einer Selbsterneuerung der Philosophie

Geistiger Fortschritt vollzieht sich auf zwei Wegen. Zuweilen organisiert sich der Wissenszuwachs um alte Vorstellungen herum, die zwar erweitert, ausgefeilt und verfeinert, aber nicht ernsthaft revidiert, viel weniger aufgegeben werden. Zu anderen Zeiten verlangt der Erkenntniszuwachs eine eher qualitative als eine quantitative Veränderung; einen Umbau, keine Erweiterung. Die Menschen verlieren das Interesse an Dingen, die für sie früher von größter intellektueller Bedeutsamkeit waren; Ideen verlieren ihren Glanz; ehemals dringliche Anliegen scheinen fern. Die Menschen blicken in eine andere Richtung; was sie früher in Verwirrung gestürzt hat, ist unwirklich geworden; Erwägungen, die als unerheblich übergangen wurden, treten in den Vordergrund. Frühere Probleme sind vielleicht nicht gelöst worden, verlangen aber auch nicht weiter nach einer Lösung.

Philosophie stellt keine Ausnahme von der Regel dar. Aber sie ist ungewöhnlich konservativ – nicht notwendig in ihren Lösungsvorschlägen, aber in ihrem Festhalten an Problemen. Sie war so eng mit Theologie und theologischer Moral als Repräsentanten der Hauptinteressen der Menschen verbündet, dass eine radikale Änderung sie erschreckte. So nahmen zum Beispiel die Aktivitäten der Menschen im siebzehnten Jahrhundert eine entschieden neue Wendung und es schien, als sollte die Philosophie unter der Führung von Denkern wie Bacon und Descartes eine Kehrtwendung machen. Aber trotz dieses Ferments zeigte sich, dass viele der älteren Probleme nur aus dem Lateinischen in die eigene Sprache oder in die neue Terminologie übersetzt wurden, die die Wissenschaft bereitstellte.

Die Verbindung der Philosophie mit dem akademischen Lehrbetrieb hat diesen immanenten Konservativismus noch verstärkt. Die scholastische Philosophie überdauerte in den Universitäten, nachdem sich die Gedanken der Menschen außerhalb der Mauern der akademischen Einrichtungen längst in andere Richtungen bewegt hatten. Ebenso sind in den letzten hundert Jahren intellektuelle Fortschritte der Wissenschaft und Politik zu festem Lehrmaterial geworden und leisten jetzt jeder weiteren Veränderung Widerstand. Ich würde zwar nicht sagen, dass der Geist der Lehre dem Geist liberaler Forschung feind ist, aber eine Philosophie, die weitgehend als Lehrstoff statt ganz und gar als Stoff des eigenen Nachdenkens existiert, führt zu Diskussionen über fremde Ansichten statt zu einer unmittelbaren Reaktion. Wenn Philosophie gelehrt wird, überhöht sie unvermeidlich die Geschichte des vergangenen Denkens und veranlasst professionelle Philosophen dazu, ihren Gegenstand in Gestalt seiner Formulierung in überlieferten Systemen zu behandeln. Darüber hinaus neigt sie dazu, Punkte zu betonen, die zu Trennungen in verschiedene Schulen geführt haben, denn diese eignen sich ganz besonders gut für eine retrospektive Definition und Bearbeitung. Infolgedessen wird die Philosophie aller Wahrscheinlichkeit nach zu einer Gegenüberstellung antithetischer Traditionen, wo die Kritik der einen Ansicht als Beweis für die Wahrheit der entgegensetzten gilt (als ob die Formulierung von Ansichten ihre wechselseitige logische Ausschließung garantierte). Die direkte Befassung mit Problemen der eigenen Gegenwart wird der Literatur und Politik überlassen.

Wenn Verhaltensänderung und Wissenserweiterung jemals die Bereitschaft erforderlich gemacht haben, nicht nur alte Lösungen, sondern auch alte Probleme aufzugeben, dann heute. Ich meine damit nicht, dass wir uns abrupt von allen traditionellen Streitfragen abwenden können. Dies ist unmöglich; es wäre der Ruin für jeden, der es versuchte. Ungeachtet der Professionalisierung der Philosophie sind die Ideen, die Philosophen diskutieren, immer noch diejenigen, welche die abendländische Zivilisation haben entstehen lassen. Sie bilden den Hintergrund aller gebildeten Menschen. Aber nachdenkende Menschen, die keine professionellen Philosophen sind, wünschen am meisten zu wissen, in welchem Ausmaß dieses intellektuelle Erbe unter dem Eindruck der neueren industriellen, politischen und wissenschaftlichen Bewegungen modifiziert oder ganz aufgegeben werden muss. Sie wollen wissen, was diese neueren Bewegungen bedeuten, wenn sie in allgemeine Ideen übersetzt werden. Wenn sich die Philosophie nicht selbst hinreichend motivieren kann, bei dieser Klärung und Neuausrichtung des Denkens der Menschen zu helfen, wird sie von den Hauptströmungen des zeitgenössischen Lebens wahrscheinlich immer stärker auf ein Abstellgleis geschoben werden.

Man mag diesen Essay also als einen Versuch ansehen, die Emanzipation der Philosophie von einer allzu engen und ausschließlichen

Bindung an traditionelle Probleme voranzutreiben. Seiner Absicht nach ist er keine Kritik verschiedener angebotener Lösungen, sondern wirft eine Frage *nach der Echtheit der Probleme unter den gegenwärtigen Bedingungen der Wissenschaft und des gesellschaftlichen Lebens* auf.

Das begrenzte Ziel meiner Diskussion wird zweifellos einen übertriebenen Eindruck von meiner Überzeugung hinsichtlich der Künstlichkeit eines großen Teils des neueren Philosophierens erwecken. Nicht dass ich mit dem, was ich gesagt habe, bewusst übertrieben hätte, aber die Beschränkungen meiner Absicht haben mich gezwungen, viele Dinge, die in einen weiter gesteckten Rahmen gehörten, nicht zu sagen. Eine weniger eingeschränkte Diskussion würde sich darum bemühen, zu verdeutlichen, dass Fragen, die jetzt eher deshalb diskutiert werden, weil sie schon immer diskutiert worden sind, als darum, weil die zeitgenössischen Lebensbedingungen sie nahe legen, in ihrem eigenen Kontext durchaus ihre Berechtigung hatten. Es wäre überdies eine dankbare Aufgabe, sich mit den wertvollen Beiträgen philosophischer Systeme zu befassen, die als ganze unmöglich sind. Im Verlauf der Entwicklung irrealer Prämissen und der Diskussion künstlicher Probleme sind Gesichtspunkte aufgetaucht, die ein unentbehrlicher Besitz der Kultur sind. Der Horizont ist erweitert worden; Ideen von großer Fruchtbarkeit sind entwickelt worden; die Phantasie ist beflügelt und ein Gefühl von der Bedeutung von Dingen ist geschaffen worden. Man kann sich sogar fragen, ob diese Begleiterscheinungen klassischer Systeme nicht oft als eine Art Garantie der Systeme selbst behandelt worden sind. Aber obwohl es das Kennzeichen eines illiberalen Geistes ist, die fruchtbaren und umfassenden Ideen eines Spinoza, eines Kant oder Hegel deshalb zu verwerfen, weil ihr Rahmen logisch unangemessen ist, ist es gewiss das Kennzeichen eines undisziplinierten Geistes, ihre Beiträge zur Kultur als Bestätigungen von Prämissen zu behandeln, mit denen sie in keiner notwendigen Verbindung stehen.

I

Eine Kritik an der gängigen Praxis der Philosophie, vom Standpunkt der traditionellen Beschaffenheit ihrer Probleme auszugehen, muss irgendwo beginnen, und die Wahl eines Anfangs ist willkürlich. Mir schien der Begriff der *Erfahrung*, der in den am aktivsten diskutierten Fragen enthalten ist, einen natürlichen Ausgangspunkt zu bieten. Denn wenn ich mich nicht täusche, hält die überlieferte Auffassung von Erfahrung, die der empirischen Schule und ihren Opponenten gemeinsam ist, viele Diskussionen selbst von Gegenständen, die offensichtlich weit von ihr entfernt sind, am Leben, obwohl gleichzeitig diese Auffassung im Lichte der bestehenden Wissenschaft und gesellschaftlichen Praxis am wenigsten haltbar ist. Ich beginne deshalb mit einer kurzen Darstellung einiger der Hauptgegensätze zwischen der orthodoxen Beschreibung der Erfahrung und derjenigen, die den gegenwärtigen Bedingungen angemessen ist.

(1) Nach orthodoxer Ansicht gilt Erfahrung primär als eine Angelegenheit der Erkenntnis. Aber für Augen, die nicht durch eine antike Brille schauen, erscheint sie ganz gewiss eher als eine Angelegenheit des Wechselspiels eines lebenden Wesens mit seiner physischen und sozialen Umwelt. (2) Traditionell gilt Erfahrung (zumindest primär) als eine psychische Sache, die durch und durch von »Subjektivität« infiziert ist. Was sich aus der Erfahrung selbst über sie entnehmen lässt, ist eine wahrhaft objektive Welt, die in das Handeln und Leiden von Menschen eingeht und durch ihre Reaktionen Veränderungen erfährt. (3) Soweit die herrschende Lehre überhaupt irgendetwas über ein bloßes Gegenwärtiges hinaus anerkennt, zählt ausschließlich die Vergangenheit. Als Wesen der Erfahrung gilt die Registrierung dessen, was stattgefunden hat, der Bezug auf das Vorhergehende. Nach dieser Auffassung ist der Empirismus an das gebunden, was »gegeben« war oder ist. Aber die lebendige Erfahrung ist experimentell, sie ist eine Anstrengung, das Gegebene zu verändern; sie ist durch Entwurf, durch ein Ausgreifen ins Unbekannte charakterisiert; ihre hervorstechendste Eigenschaft ist die Verknüpfung mit einer Zukunft. (4) Die empirische Tradition ist an einen Partikularismus[1] gebunden. Beziehungen und Verbindungen gelten als erfahrungsfremd, als Nebenprodukte von zweifelhafter Gültigkeit. Aber eine Erfahrung, die einer Umwelt ausgesetzt ist und darum kämpft, sie in immer neuen Richtungen zu beherrschen, ist reich an Beziehungen. (5) Nach traditioneller Vorstellung sind Erfahrung und Denken antithetische Termini. Sofern Folgern etwas

1 [A. d. Ü.: das heißt, die Beziehung auf Einzeldinge [*particulars*].]

anderes ist als eine Wiederbelebung dessen, was in der Vergangenheit gegeben war, geht es über die Erfahrung hinaus; infolgedessen ist es entweder ungültig oder eine Verzweiflungsmaßnahme, durch die wir – unter Verwendung der Erfahrung als Sprungbrett – in eine Welt stabiler Dinge und anderer Iche hinausspringen. Aber Erfahrung, ohne die Beschränkungen durch den älteren Begriff verstanden, ist voller Schlussfolgerungen. Es gibt offensichtlich keine bewusste Erfahrung ohne Schließen; Reflexion ist angeboren und konstant.

Diese Gegensätze samt einer Erwägung, welche Wirkung die Ersetzung der traditionellen durch die für das moderne Leben relevante Theorie der Erfahrung hat, bilden den Stoff der folgenden Diskussion.

Angenommen, wir nehmen den Beitrag der Biologie zu unserer Idee der Erfahrung ernst – nicht dass die neuere Biologie die Tatsachen entdeckt hat, sondern dass sie diese so sehr betont hat, dass es keine Entschuldigung mehr dafür gibt, sie zu ignorieren oder zu übergehen. Jede Theorie der Erfahrung muss jetzt mit dem Gedanken in Einklang stehen, dass Erfahren Leben bedeutet; und dass Leben in und dank einem umgebenden Medium und nicht in einem Vakuum vor sich geht. Wo es Erfahrung gibt, gibt es ein lebendes Wesen. Wo es Leben gibt, wird eine doppelte Verbindung mit der Umwelt aufrechterhalten. Zum Teil konstituieren Umweltenergien organische Funktionen; sie gehen in sie ein. Leben ist nicht möglich ohne eine solche direkte Unterstützung durch die Umwelt. Aber obgleich Entstehen und Vorkommen aller organischen Veränderungen von den natürlichen Energien der Umwelt abhängen, begünstigen die natürlichen Energien die organischen Funktionen manchmal, und manchmal behindern sie sie. Wachstum und Verfall, Gesundheit und Krankheit stehen gleichermaßen in Zusammenhang mit Aktivitäten der natürlichen Umgebung. Der Unterschied liegt in der Auswirkung des Geschehens auf die zukünftige Lebensaktivität. Vom Standpunkt dieses Zukunftsbezugs aus zerfallen die Umgebungsereignisse in Gruppen: in diejenigen, die den Lebensaktivitäten günstig, und diejenigen, die ihnen feindlich sind.

Die erfolgreichen Aktivitäten des Organismus, die sich die Unterstützung durch die Umwelt einverleiben, reagieren auf die Umwelt, um Modifikationen hervorzubringen, die ihre eigene Zukunft begünstigen. Der Mensch steht vor der Aufgabe, auf die Ereignisse seiner Umwelt so zu reagieren, dass diese Veränderungen eher diese als jene Wendung nehmen, nämlich diejenige, die sein eigenes Weiterfunktionieren erfordert. Obwohl sein Leben zum Teil von der Umwelt gefördert wird, steht sein Leben keineswegs im Einklang mit der Umwelt. Er ist gezwungen zu kämpfen – das heißt, die direkte Unterstützung, die die Umwelt ihm gewährt, zu nutzen, um indirekt Veränderungen zu bewirken, die andernfalls nicht eintreten würden. In diesem Sinne verläuft das Leben mittels der Beherrschung der Umwelt. Seine Aktivitäten müssen die Veränderungen um es herum verändern; sie müssen feindliche Ereignisse neutralisieren; sie müssen neutrale Ereignisse in kooperative Faktoren oder in ein Erblühen neuer Eigenschaften verwandeln.

Dialektische Erörterungen des Begriffs der Selbsterhaltung, des *conatus essendi*, ignorieren oft sämtliche wichtigen Tatsachen des wirklichen Prozesses. Sie argumentieren, als wenn Selbstkontrolle und Selbstentwicklung sich direkt vollzögen – wie eine Art sich entrollender Stoß von innen. Aber das Leben dauert nur dank der Unterstützung der Umwelt fort. Und da uns die Umwelt nur höchst unvollständig zu Diensten steht, ist die Selbsterhaltung – oder die Selbstverwirklichung oder was auch immer – immer indirekt, immer abhängig von der Art, wie unsere gegenwärtigen Aktivitäten die Richtung beeinflussen, die von unabhängigen Veränderungen in der Umgebung genommen wird. Hindernisse müssen in Mittel verwandelt werden.

Obendrein neigen wir dazu, mit dem Begriff der Anpassung sehr großzügig umzugehen, als ob er etwas Festes meinte – eine Art von endgültiger Anpassung (zumindest im Idealfall) des Organismus *an* eine Umwelt. Aber da Leben die Angemessenheit der Umwelt an die organischen Funktionen erfordert, bedeutet Anpassung an die Umwelt nicht, dass wir sie passiv hinnehmen, sondern dass wir so handeln, dass die Umweltveränderungen eine bestimmte Wendung nehmen. Je »höher« der Typ des Lebens, desto mehr nimmt die Anpassung die Form der wechselseitigen Anpassung der Umweltfaktoren im Interesse des Lebens an; je geringer die Bedeutsamkeit des Lebens, desto mehr wird es zu einer Anpassung an eine gegebene Umwelt, bis am unteren Ende der Skala die Unterschiede zwischen lebend und nicht-lebend verschwinden.

Diese Feststellungen sind äußerlich. Sie handeln von den Bedingungen der Erfahrung und nicht vom Erfahren selbst. Aber zweifellos bestätigt die Erfahrung, wie sie konkret stattfindet, diese Aussagen. Erfahrung ist primär ein Prozess, etwas durchzumachen: ein Prozess, etwas auszuhalten; ein Prozess des Erleidens, der Passion, der Affektion, im wörtlichen Sinne dieser Ausdrücke. Der Organismus hat die Konsequenzen seiner eigenen Handlungen zu ertragen, zu erleiden. Erfahrung besteht nicht darin, dass man einen Weg entlanggleitet, den das innere Bewusstsein festgelegt hat. Das private Bewusstsein ist das Nebenprodukt einer Erfahrung von einer vitalen, objektiven Art; es ist nicht ihre Quelle. Aber freilich ist dieses Durchmachen niemals bloße Passivität. Selbst der geduldigste Leidende ist mehr als ein Empfänger. Er ist auch ein Agierender – ein Reagierender, einer, der Experimente macht, der sich mit dem Durchmachen auf eine Weise befasst, die unter Umständen das beeinflusst, was noch geschehen soll. Das pure Ertragen, das Ausweichen sind schließlich auch nur Möglichkeiten, die Umwelt im Hinblick auf das zu behandeln, was eine solche Behandlung erreicht. Selbst wenn wir uns verschließen wie eine Muschel, tun wir etwas; unsere Passivität ist eine aktive Einstellung, nicht das Erlöschen einer Reaktion. Wie es keine energische Handlung, keinen Angriff auf die Dinge, wie sie sind, gibt, die ganz Handlung ist, so gibt es kein Durchmachen, das auf unserer Seite nicht auch ein Weitergehen und Hindurchgehen ist.

Mit anderen Worten, Erfahrung beruht auf *gleichzeitigem* Tun und Leiden. Was wir durchmachen, sind Experimente in der Variation des Laufs der Ereignisse; unsere aktiven Versuche sind Proben und Prüfungen unserer selbst. Diese Duplizität der Erfahrung zeigt sich in unserem Glück und unserem Elend, in unseren Erfolgen und unseren Fehlschlägen. Triumphe sind gefährlich, wenn man bei ihnen verweilt oder von ihnen zehrt; Erfolge nutzen sich ab. Jedes erreichte Gleichgewicht der Anpassung an die Umwelt ist prekär, weil wir mit den Veränderungen der Umwelt nicht gleichmäßig Schritt halten können. Diese haben so gegensätzliche Richtungen, dass wir uns entscheiden müssen. Wir müssen das Risiko auf uns nehmen, uns für die eine oder die andere Bewegung zu entscheiden. Nichts kann jedes Risiko, jedes Abenteuer ausschließen; das einzige, was ganz gewiss scheitert, ist der Versuch, mit der gesamten Umwelt zugleich Schritt zu halten – das heißt, den glücklichen Moment zu bewahren, da alle Dinge mit uns zusammenstimmen.

Die Hindernisse, denen wir uns gegenübersehen, sind Anreize zu einer Veränderung, zu einer neuen Reaktion und deshalb Gelegenheiten des Fortschritts. Wenn eine Gunst, die uns die Umwelt gewährt, eine Drohung verbirgt, so ist ihre Ungunst ein potenzielles Mittel zu bislang unbekannten Formen des Erfolgs. Es ist nur eine unaufrichtige Apologetik, wenn man das Elend als etwas anderes behandelt denn als Elend, zum Beispiel als heimlichen Segen oder einen notwendiger Faktor im Guten. Aber es ist wahr, dass der Fortschritt der Menschheit durch die erlebten Übel angeregt worden ist und dass die Menschen durch ihre Leiden dazu veranlasst worden sind, neue und bessere Handlungsweisen zu suchen.

Dass sich die Erfahrung vorrangig mit Dingen beschäftigt, die kommen (jetzt kommen, nicht nur einfach irgendwann einmal kommen werden), ist jedem offensichtlich, der ein empirisches Interesse an Erfahrung hat. Da wir nach vorne leben; da wir in einer Welt leben, in der sich Veränderungen vollziehen, von deren Ausgang unser Wohl und Wehe abhängt; da jeder unserer Akte diese Veränderungen modifiziert und deshalb voller Versprechungen oder feindseliger Energien steckt – was sollte die Erfahrung anderes sein als eine Zukunft, die in einer Gegenwart enthalten ist! Anpassung ist kein zeitloser Zustand; sie ist ein fortwährender Prozess. Die Behauptung, dass eine Veränderung Zeit braucht, mag ja eine ziemlich äußerliche und nicht sehr lehrreiche Behauptung über das Ereignis sein. Aber die Anpassung des Organismus an die Umwelt braucht Zeit im prägnanten Sinne des Wortes; jeder Schritt im Prozess ist durch seinen Bezug auf spätere Veränderungen bedingt, die er hervorruft. Für den Organismus ist von Belang, was sich gerade in der Umwelt vollzieht, nicht das, was schon in vollendeter und beendeter Form »da« ist. Insoweit der Ausgang dessen, was sich vollzieht, durch die Intervention des Organismus bewirkt werden mag, ist das sich bewegende Ereignis eine Herausforderung, die den Handelnden-Leidenden veranlasst, sich auf das Künftige einzustellen. Der Prozess der Erfahrung hat es mit Dingen in ihrem unbeendeten Aspekt zu tun, die sich auf bestimmte Schlussfolgerungen zu bewegen. Das Erledigte und Abgeschlossene ist von Bedeutung nur, insofern es sich auf die Zukunft auswirkt, nicht um seiner selbst willen: kurzum, weil es noch nicht wirklich erledigt ist.

Antizipation ist deshalb von größerer Bedeutung als Erinnerung; Planung wichtiger als das Herbeizitieren der Vergangenheit; der Blick nach vorn wichtiger als der Blick nach hinten. In einer Welt wie der unsrigen, einer Welt, in der die Umweltveränderungen teils günstig, teils herzlos gleichgültig sind, liegt der Sinn der Erfahrung zwangsläufig in der Zukunft; denn jede Kontrolle, die das lebende Geschöpf erreichen kann, hängt von dem ab, was getan wird, um den Zustand der Dinge zu verändern. Erfolg und Scheitern sind die primären »Kategorien« des Lebens; Erlangung des Guten und Abwehr des Übels sind seine höchsten Interessen; Hoffnung und Angst (die nicht in sich selbst eingeschlossene Gefühlszustände, sondern aktive Einstellungen des Willkommenheißens und des Misstrauens sind) sind dominante Qualitäten der Erfahrung. Zukunftsplanung ist diese antizipatorische Verhaltensqualität im Dienste einer Lenkung des Verhaltens in der Gegenwart. Tagträumerei und das Errichten von Luftschlössern und die ästhetische Verwirklichung dessen, was sich nicht praktisch erreichen lässt, sind Ableger dieses praktischen Zuges, oder aber praktische Intelligenz ist disziplinierte Phantasie. Es macht wenig Unterschied. Die Rückgewinnung der Vergangenheit in der Phantasie ist für die erfolgreiche Eroberung der Zukunft unentbehrlich, aber sie hat nur den Status eines Mittels. Es ist das Zeichen eines undisziplinierten Handelnden, ihre Wichtigkeit zu ignorieren; aber die Vergangenheit zu isolieren, bei ihr um ihrer selbst willen zu verweilen und ihr den lobenden Namen der Erkenntnis zu geben heißt, die Erinnerung des Alters an die Stelle einer wirksamen Intelligenz zu setzen. Die Bewegung des Handelnden-Leidenden, sich der Zukunft zu stellen, ist parteiisch und leidenschaftlich; aber um dieser Leidenschaft zum Erfolg zu verhelfen, ist die unvoreingenommene und unparteiische Untersuchung der Vergangenheit die einzige Alternative zum Vertrauen auf das Glück.

II

Diese Beschreibung der Erfahrung wäre nur eine rhapsodische Feier von Gemeinplätzen, stünde sie nicht in spürbarem Gegensatz zu orthodoxen philosophischen Darstellungen. Dieser Gegensatz ist ein Indiz dafür, dass traditionelle Theorien nicht empirisch waren, sondern auf der Basis ungenannter Prämissen aus dem, was Erfahrung sein *muss*, deduziert wurden. Der historische Empirismus war empirisch in einem technischen und kontroversen Sinne. Seine

Rede war: Herr, Herr, Erfahrung, Erfahrung; aber in der Praxis diente er nur solchen Ideen, die *in* die Erfahrung *hineingezwungen*, nicht *aus* ihr *entnommen* wurden.

Die Verwirrung und Künstlichkeit, die dadurch in das philosophische Denken hineinkamen, sind nirgends evidenter als in der empirischen Behandlung von Relationen oder dynamischen Kontinuitäten. Die Erfahrung eines lebenden Wesens, das darum kämpft, sich selbst zu behaupten und seinen Weg in einer physischen und sozialen Umwelt zu machen, die seine Aktionen teils erleichtert, teils behindert, beruht notwendig auf Bindungen und Verbindungen, auf Dulden und Ausnutzen. Es ist sozusagen genau der Witz der Erfahrung, dass sie nicht in einem Vakuum vor sich geht; ihr Handelnder-Leidender ist nicht isoliert und bindungslos, sondern durch und durch mit den Bewegungen der Dinge verknüpft. Nur weil der Organismus in und von dieser Welt ist und seine Aktivitäten mit denen anderer Dinge auf vielfache Weise in Beziehung stehen, ist er empfänglich für Erfahrungen und kann versuchen, Objekte auf Mittel zur Sicherung seines Glücks zu reduzieren. Dass diese Verbindungen von verschiedener Art sind, wird unwiderleglich durch die Fluktuationen seines Lebenslaufs bewiesen. Hilfe und Behinderung, Anregung und Hemmung, Erfolg und Niederlage bedeuten spezifisch verschiedene Arten der Korrelation. Obgleich die Wirkungen von Dingen in der Welt sich in einem einzigen Realitätskontinuum abspielen, gibt es alle Arten von spezifischen Zu- und Abneigungen wie auch von relativer Gleichgültigkeit.

Dynamische Verbindungen sind qualitativ unterschiedlich, genau wie die Zentren des Handelns. *In diesem Sinn* ist der Pluralismus, nicht der Monismus, eine gesicherte empirische Tatsache. Der Versuch, den Monismus auf Erwägungen über das Wesen der Relation zu begründen, ist reine Dialektik. Gleichermaßen dialektisch ist der Versuch, durch eine Betrachtung des Wesens der Relationen einen ontologischen Pluralismus von Letztgegebenheiten, von *einfachen und unabhängigen Wesen,* einzuführen. Der Versuch, Ergebnisse aus einer Erwägung der »externen« Natur von Relationen zu gewinnen, passt ganz genau zu dem Versuch, Resultate aus ihrem »internen« Charakter zu deduzieren. Einige Dinge sind vom Einfluss anderer Dinge relativ frei; einige Dinge werden von anderen relativ leicht besiegt; einige Dinge haben den heftigen Drang, ihre Aktivitäten mit denen anderer zu vereinen. Die Erfahrung weist jede

Art von Verbindung[2] auf, von der innigsten bis zur bloß äußerlichen Nebeneinanderstellung.

Empirisch gesehen ist also die Realität ebenso durch aktive Bindungen oder Kontinuitäten aller Art wie durch statische Diskontinuitäten charakterisiert. Diese qualitative Heterogenität zu bestreiten heißt, die Kämpfe und Schwierigkeiten des Lebens, seine Komödien und Tragödien, auf eine Illusion zu reduzieren: auf das Nicht-Sein der griechischen Philosophie oder sein modernes Gegenstück, das »Subjektive«. Erfahrung ist eine Sache von Erleichterung und Behinderung, von Dauer und Unterbrechung, von Alleingelassenwerden, Unterstützt- und Gestörtwerden, von Glück und Niederlage in allen zahllosen qualitativen Arten, welche diese Worte blass andeuten. Dass echte Verbindungen jedweder Art von Heterogenität bestehen, kann nicht bezweifelt werden. Solche Worte wie verbinden, sich trennen, widerstehen, modifizieren, hüpfen und wandern (um James' pittoreske Ausdrücke zu verwenden) geben nur einen schwachen Hinweis auf ihre wirkliche Heterogenität.

Dieses Merkmal empirischer Situationen verlangt die Revision und Preisgabe historischer Probleme, und ich werde im Folgenden meine Aufmerksamkeit auf diejenigen unter ihnen konzentrierten, die in der rationalistisch-empiristischen Kontroverse ihren Mittelpunkt haben. Die Implikationen dieser Kontroverse sind zwiefältig. Erstens: dass Verbindungen ebenso homogen ihrer Wirklichkeit wie ihrer Bezeichnung nach sind; und zweitens, dass sie, wenn echt, alle auf dem Denken beruhen, oder, wenn empirisch, willkürliche Nebenprodukte vergangener Einzeldinge sind. Der störrische Partikularismus des orthodoxen Empirismus ist sein herausragender Zug; infolgedessen fand der entgegengesetzte Rationalismus keine Rechtfertigung für Beziehungen, Kontinuitäten und Bindungen, außer sie in Bausch und Bogen dem Wirken einer überempirischen Vernunft zuzuweisen.

2 Das Wort Relation leidet unter einer Zweideutigkeit. Ich spreche hier von Verbindung [*connexion*], einer dynamischen und funktionalen Interaktion. »Relation« ist ein Terminus, der auch dazu verwendet wird, um einen logischen Bezug zu bezeichnen. Ich habe den Verdacht, dass ein großer Teil der Kontroverse über interne und externe Relationen auf dieser Zweideutigkeit beruht. Man geht ganz nach Belieben von realen Verbindungen von Dingen zu einer logischen Beziehung von Termini über. Eine derartige Identifikation von Realitäten mit *Termini* ist dem Idealismus angenehm, aber in einem ausdrücklichen Realismus paradox.

Natürlich war nicht aller Empirismus vor Hume und Kant, der die »Erfahrung« in isolierte sensorische Qualitäten oder einfache Ideen auflöste, sensualistisch. Er folgte nicht in seiner Gesamtheit der Führung Lockes, den gesamten Inhalt der Verallgemeinerung als die »Leistung des Verstandes« anzusehen. Vor Kant begnügten sich die europäischen Philosophen damit, eine Trennungslinie zwischen empirischen Verallgemeinerungen bezüglich Tatsachen einerseits und notwendigen Universalien, die auf Vernunftwahrheiten Anwendung hatten, andererseits zu ziehen. Aber selbst in dieser Theorie war ein logischer Atomismus enthalten. Aussagen, die sich auf empirische Tatsachen bezogen, waren bloße quantitative Zusammenfassungen besonderer Beispiele. In dem Sensualismus, der sich von Hume herleitete (und den auch Kant nicht in Frage stellte, soweit es sich um strikt empirische Elemente handelte), wurde der implizite Partikularismus explizit gemacht. Aber die Lehre, dass Empfindungen und Ideen verschiedene, getrennte Realitäten seien, stammt weder aus der Beobachtung noch aus dem Experiment. Sie war eine logische Deduktion aus einem vorausgesetzten, ungeprüften Begriff von der Natur der Erfahrung. Aus demselben Begriff folgte, dass die Erscheinung stabiler Objekte und allgemeiner Prinzipien der Verbindung selber nur eine Erscheinung sei.[3]

Der Kantianismus hat also naturgemäß allgemeine Verbindungen beschworen, um die Objektivität wiederherzustellen. Aber eben damit hat er den Partikularismus der Erfahrung akzeptiert und ist dazu fortgeschritten, ihn aus nicht-empirischen Quellen zu ergänzen. Da das einzige wirklich Empirische in der Erfahrung lediglich ein sinnliches Mannigfaltiges ist, muss eine Vernunft, welche die Erfahrung überschreitet, die Synthesis liefern. Das Ergebnis hätte zu einer korrekten Erklärung der Erfahrung führen können. Denn wir brauchen bloß den Apparat zu vergessen, durch den dieses Ergebnis gewonnen wird, um die Erfahrung des gewöhnlichen Menschen vor uns zu haben – eine Vielfalt unaufhörlicher Veränderungen, die auf alle mögliche, statische und dynamische, Art und Weise miteinander verbunden sind. Diese Schlussfolgerung würde sowohl dem

3 Es bedeutet einen gewissen Gewinn, wenn man eine Lehre des Fließens und der Interpenetration psychischer Zustände *à la* Bergson an die Stelle einer starren Diskontinuität setzt. Aber die Ersetzung lässt das fundamentale Missverständnis der Erfahrung unberührt, nämlich die Vorstellung von der Erfahrung als direkt und primär »innerlich« und psychisch.

Empirismus als auch dem Rationalismus den Todesstoß versetzen. Denn dadurch, dass sie den nicht-empirischen Charakter des angeblichen Mannigfaltigen der unverknüpften Einzeldinge klar machen würde, würde sie den Rückgriff auf Funktionen des Verstandes, um sie zu verbinden, überflüssig machen. Mit dem Sturz des traditionellen Begriffs der Erfahrung wird der Appell an die Vernunft, um ihre Defekte auszugleichen, überflüssig.

Die Tradition hatte sich aber zu sehr festgesetzt; insbesondere, da sie den Stoff einer angeblichen Wissenschaft der Geisteszustände bot, die in eben ihrer Präsenz direkt erkannt wurden. Das historische Ergebnis war eine neue Fülle künstlicher Probleme, die Beziehungen betrafen; der Philosophie wurde dadurch für lange Zeit der Streit über das *a priori* und das *a posteriori* als ihr Hauptproblem angehängt. Diese Kontroverse ist heute verstummt. Trotzdem ist es keineswegs ungewöhnlich, dem Ton und der Absicht nach moderne Denker zu finden, die überzeugt sind, jede Philosophie der Erfahrung bestreite zwangsläufig die Existenz wahrhaft allgemeiner Aussagen, und die glauben, der Empirismus stehe der Anerkennung der Wichtigkeit einer organisierenden und konstruktiven Intelligenz ablehnend gegenüber.

Das eben erwähnte Verstummen beruht zum Teil, wie ich denke, auf bloßer Ermüdung. Aber es beruht zum Teil auch auf einem Wandel des Standpunkts, der durch biologische Begriffe herbeigeführt wurde; und besonders auf der Entdeckung biologischer Kontinuität von den niedrigeren Organismen zum Menschen. Eine kurze Zeit lang konnten die Anhänger Spencers die Lehre der Evolution mit dem alten Problem verknüpfen und die lange zeitliche Akkumulierung von »Erfahrungen« benutzen, um etwas zu erzeugen, das für die menschliche Erfahrung *a priori* ist. Aber die biologische Denkweise neigt weder dazu, die Lehre Spencers zu bestätigen, noch sie zu widerlegen, sondern die Streitfrage zu verlagern. In der orthodoxen Position waren das *a posteriori* und das *a priori* Angelegenheiten der Erkenntnis. Aber es wird bald offensichtlich, dass es zwar ganz gewiss in der menschlichen Erfahrung etwas gibt, was *a priori* – das heißt angeboren, ungelernt, ursprünglich – ist, dass aber dieses Etwas *nicht* Erkenntnis ist, sondern Tätigkeiten, die durch eingefahrene Verbindungen von Neuronen ermöglicht werden. Diese empirische Tatsache löst nicht das orthodoxe Problem; es löst es auf. Sie zeigt, dass das Problem falsch gestellt war und die

Lösung von beiden Parteien in der falschen Richtung gesucht wurde.

Organische Instinkte und organische Retention oder Gewohnheitsbildung sind unbestreitbare Faktoren der wirklichen Erfahrung. Sie sind Faktoren, die Organisation bewirken und Kontinuität sicherstellen. Sie gehören zu den spezifischen Tatsachen, die eine Beschreibung der Erfahrung, die die Korrelation von organischen Tätigkeiten mit der Tätigkeit anderer natürlicher Objekte zur Kenntnis nimmt, einschließen wird. Aber obwohl der Beitrag der biologischen Wissenschaften zu einer wahrhaft empirischen Beschreibung der Erfahrung die Diskussion des *a priori* und des *a posteriori* glücklicherweise verbannt hat, ist die transformierende Auswirkung derselben Beiträge auf andere Streitfragen unbemerkt geblieben, soweit nicht der Pragmatismus eine Anstrengung unternommen hat, sie zur Anerkennung zu bringen

III

Es zeigt sich, dass es im Begriff der Erfahrung, den in der älteren Kontroverse beide Seiten teilen, um den Ort des Denkens oder der Intelligenz geht. Hat die Vernunft eine spezifische Aufgabe? Gibt es eine charakteristische Ordnung von Beziehungen, zu der sie beiträgt?

Erfahrungen werden, um zu unserer eigenen Auffassung zurückzukehren, primär in Verbindung mit Tätigkeiten gemacht, deren Bedeutung in ihren objektiven Konsequenzen liegt – ihren Auswirkungen auf künftige Erfahrungen. Organische Funktionen haben es mit Dingen zu tun, insofern sie in einem Verlauf begriffen sind, in Operation, in einem Sachverhalt, der noch nicht gegeben oder vollendet ist. Was erledigt ist, was einfach nur »da« ist, ist nur in den Möglichkeiten, die es vielleicht andeutet, von Interesse. Als beendet, als gänzlich gegeben, ist es belanglos. Aber als Zeichen von etwas, was kommen kann, wird es zu einem unentbehrlichen Faktor eines Verhaltens, das sich mit Veränderungen befasst, deren Ergebnis noch nicht bestimmt ist.

Die einzige Macht, die ein Organismus besitzt, um seine eigene Zukunft zu kontrollieren, beruht auf der Art und Weise, wie seine gegenwärtigen Reaktionen Veränderungen in seinem Medium modifizieren. Ein lebendes Wesen kann relativ ohnmächtig sein oder aber vergleichsweise frei. Das hängt davon ab, wie seine gegenwärtigen Reaktionen auf die Dinge die zukünftigen Reaktionen der Dinge auf es beeinflussen. Jeder Akt, den es vollzieht, macht ohne Rücksicht auf seine Wünsche oder Absichten irgendeinen Unterschied in der Umwelt. Die Veränderung kann im Hinblick auf seinen eigenen Lebenslauf und sein Schicksal trivial sein. Aber sie kann auch von unermesslicher Bedeutung sein; sie kann Leid und Zerstörung mit sich führen oder aber seinem Wohl dienen.

Ist es einem lebenden Wesen möglich, seine Kontrolle über Wohlergehen und Erfolg zu erweitern? Kann es in spürbarem Maße dafür sorgen, dass seine Zukunft sicherer wird? Oder hängt der Grad der Sicherheit gänzlich von den Zufällen der Situation ab? Kann es lernen? Kann es die Fähigkeit gewinnen, in der Gegenwart seine Zukunft zu sichern? Diese Fragen lenken die Aufmerksamkeit auf die Bedeutung der reflexiven Intelligenz im Prozess der Erfahrung. Das Ausmaß der Fähigkeit eines Handelnden, Schlüsse zu ziehen, seine Macht, eine gegebene Tatsache als Zeichen von etwas noch nicht Gegebenem anzusehen, misst den Grad seiner Fähigkeit, seine Kontrolle über die Zukunft systematisch zu erweitern.

Ein Wesen, das gegebene und vollendete Tatsachen als Zeichen künftiger Dinge benutzen und gegebene Dinge als Indizien abwesender Dinge nehmen kann, kann im selben Maße die Zukunft voraussagen; es kann vernünftige Erwartungen hegen. Es kann Ideen erlangen; es ist im Besitz von Intelligenz. Denn die Verwendung des Gegebenen oder Vollendeten, um die Konsequenz von Prozessen zu antizipieren, die noch im Gange sind, ist genau das, was mit »Ideen«, mit »Intelligenz« gemeint ist.

Wie wir schon bemerkt haben, ist die Umwelt in ihrer Auswirkung auf das organische Wohlergehen eines Organismus nur selten ganz einheitlich; selbst ihre ungeteilteste Unterstützung von Lebensaktivitäten ist prekär und temporär. Einige Umweltveränderungen sind gute Vorzeichen, andere sind bedrohlich. Das Geheimnis des Erfolgs – das heißt des größten erreichbaren Erfolgs – besteht darin, dass sich die organische Reaktion mit den gegenwärtigen günstigen Veränderungen verbündet, um sie zu verstärken und auf diese Weise die Konsequenzen aus unheildrohenden Ereignissen zu vermeiden. Jede Reaktion ist ein Wagnis; sie begreift ein Risiko ein. Wir bauen immer besser oder schlechter, als wir vorhersagen können. Aber der schicksalhafte Eingriff des Organismus in den Gang der Ereignisse ist blind, seine Wahl zufällig, außer er kann das, was ihm geschieht, als Basis für einen Schluss auf das wahrscheinliche spätere Geschehen verwenden. In dem Grad, in dem er in den gegenwärtigen Vorgängen zukünftige Ergebnisse lesen kann, wird seine Wahl, seine Bevorzugung dieser oder jener Bedingung intelligent. Seine Neigung wird vernünftig. Er kann überlegt, absichtlich an der Lenkung des Ereignisablaufs teilhaben. Seine Voraussicht verschiedener Zukunftsentwicklungen, je nachdem welcher gegenwärtige Faktor bei der Gestaltung der Angelegenheiten vorherrscht, erlaubt ihm, intelligent statt blind und schicksalsergeben an den Konsequenzen, zu denen seine Reaktionen führen, teilzuhaben. Teilhaben muss er, wohl oder übel. Die Schlussfolgerung, die Verwendung dessen, was geschieht, um das vorwegzunehmen, was geschehen wird – oder doch zumindest geschehen kann –, macht den Unterschied zwischen gesteuerter und ungesteuerter Teilhabe. Und diese Fähigkeit zum Schließen ist genau dasselbe wie jene Verwendung natürlicher Ereignisse für die Entdeckung und Bestimmung von Konsequenzen – die Formung neuer dynamischer Verbindungen –, die Erkenntnis ausmacht.

Die Tatsache, dass Denken eine immanente Eigenschaft der Erfahrung ist, bedeutet den Todesstoß für den traditionellen Empirismus, der es zu einem künstlichen Nebenprodukt macht. Aber aus demselben Grund ist diese Tatsache tödlich für die historischen Rationalismen, deren Rechtfertigung die sekundäre und retrospektive Position war, die die empirische Philosophie dem Denken zuwies. Dem Partikularismus der Letzteren gemäß war Denken unvermeidlich nur ein Bündeln von scharf unterschiedenen Einzelheiten; Denken war lediglich das Sammeln und Verbinden von Einzelheiten, die schon vollständig gegeben waren, oder aber ein gleichermaßen künstliches Aufdröseln – ein mechanisches Addieren und Subtrahieren des Gegebenen. Es war nur ein Aufhäufen von Einträgen, eine Art Fusion; Allgemeinheit war eine Sache der Masse, nicht der Qualität. Dem Denken wurde deshalb jede konstruktive Kraft abgesprochen; selbst seine Fähigkeit zum Organisieren war nur simuliert, da sie in Wahrheit nur ein willkürliches Kategorisieren war. In einer solchen Auffassung von Erfahrung sind echter Entwurf des Neuen, bewusste Variation und Erfindung müßige Fiktionen. Wenn es jemals eine Schöpfung gegeben haben sollte, dann in einer anderen Epoche. Seitdem hat die Welt nur Lektionen hergesagt.

Der Wert schöpferischer Arbeit ist allzu kostbar, als dass man sich ihrer so arrogant entledigen sollte. Ihre brüske Leugnung war der Anlass zu der Behauptung, das Subjekt habe zusätzlich zur Erfahrung eine fertig vorhandene Fähigkeit des Denkens oder der Vernunft, welche die Erfahrung überschreite. Auf diese Weise akzeptierte der Rationalismus die Darstellung der Erfahrung, die der traditionelle Empirismus gab, und führte die Vernunft als etwas Außerempirisches ein. Noch immer sind einige Denker überzeugt, jeder Empirismus sei zwangsläufig auf einen Glauben an ein unverrückbares Vertrauen auf unverbundene Präzedenzfälle festgelegt, und jede systematische Organisation früherer Erfahrungen für neue und konstruktive Zwecke sei einem strikten Empirismus fremd.

Der Rationalismus hat freilich niemals erklärt, wie eine Vernunft, die der Erfahrung äußerlich ist, jemals in eine hilfreiche Beziehung zu konkreten Erfahrungen treten konnte. Vernunft und Erfahrung waren definitionsgemäß antithetisch, so dass das Interesse der Vernunft nicht die fruchtbare Ausweitung und Lenkung des Gangs der Erfahrung war, sondern ein Reich von Erwägungen, die so sublim waren, dass Erfahrung sie weder berühren noch sie von Erfahrung berührt werden konnten. Taktvolle Rationalisten beschränkten sich auf Theologie und verwandte Zweige abstruser Wissenschaft sowie auf Mathematik. Der Rationalismus wäre eine akademischen Spezialisten und abstrakten Formalisten vorbehaltene Lehre geblieben, hätte er nicht die Aufgabe übernommen, eine Apologie der traditionellen Moral und Theologie zu liefern, wodurch er mit wirklichen menschlichen Überzeugungen und Interessen in Berührung kam. Es ist bekannt, dass die Stärke des historischen Empirismus auf dem Gebiet der Kritik und der Zerstörung überholter Überzeugungen lag, er sich dagegen für Zwecke konstruktiver sozialer Lenkung immer als schwach erwiesen hat. Aber wir übersehen häufig die Tatsache, dass der Rationalismus, wann immer er sich von der konservativen Apologetik löste, auch einfach ein Mittel war, Ungereimtheiten und Absurditäten in bestehenden Überzeugungen nachzuweisen – eine Sphäre, in der er äußerst nützlich war, wie die Aufklärung zeigt. Leibniz und Voltaire waren in mehr als einer Hinsicht rationalistische Zeitgenossen.[4]

4 Die Mathematik in ihren formalen Aspekten oder als Zweig der formalen Logik war die empirische Festung des Rationalismus. Aber ein empirischer Empirismus, im Unterschied zu dem orthodoxen deduktiven Empirismus, hat keine Schwierigkeit, seine Rechtsprechung hinsichtlich deduktiver Funktionen zu sichern.

Die Erkenntnis, dass Reflexion ein genuiner Faktor in der Erfahrung und ein unentbehrlicher Faktor in jener Kontrolle der Welt darstellt, die eine fruchtbare und bedeutsame Erweiterung der Erfahrung gewährleistet, unterminiert den historischen Rationalismus ebenso gewiss, wie sie die Grundlagen des historischen Empirismus abschafft. Die Auswirkung einer korrekten Vorstellung von Ort und Aufgabe der Reflexion auf die modernen Idealismen ist weniger offenkundig, aber nicht weniger gewiss.

Es ist eine der Seltsamkeiten des orthodoxen Empirismus, dass sein herausragendes spekulatives Problem die Existenz einer »Außenwelt« ist. Denn in Übereinstimmung mit der Vorstellung, Erfahrung sei als ein ausschließlicher Besitz an ein privates Subjekt gebunden, muss eine Welt wie die, in der wir zu leben scheinen, für die Erfahrung »äußerlich« sein statt ihr Stoff. Ich nenne das eine Seltsamkeit, denn wenn überhaupt irgendetwas empirisch adäquat begründet zu sein scheint, dann die Existenz einer Welt, die den charakteristischen Funktionen des Erfahrungssubjekts Widerstand leistet; die in einigen Hinsichten unabhängig von diesen Funktionen ihren Gang geht und die unsere Hoffnungen und Absichten vereitelt. Fatale Unkenntnis; Enttäuschung; die Notwendigkeit, Mittel und Ziele an den Lauf der Natur anzupassen, scheinen doch Tatsachen zu sein, die die empirischen Situationen genügend charakterisieren, um die Existenz einer Außenwelt unbezweifelbar zu machen.

Das historische Bündnis von Empirismus und Idealismus bezeugt, woher diese Beschreibung der Erfahrung stammt: Die wirklichen empirischen Tatsachen wurden mit Gewalt dialektischen Entwicklungen angepasst, die auf einer Vorstellung von einem Erkennenden außerhalb der wirklichen Welt der Natur beruhten.[5] Nach den logisch folgerichtigsten Versionen des orthodoxen Empirismus kann lediglich ein fließender, momenthafter Geisteszustand erreicht werden. Dieser allein ist absolut und unbezweifelbar gegenwärtig; deshalb ist er allein kognitiv sicher. Er allein ist *Erkenntnis*. Die Existenz der Vergangenheit (und der Zukunft), einer geziemend stabilen Welt und anderer Iche – sogar des eigenen Ich – liegt außerhalb die-

5 Es ist eine Schande, das Wort Idealismus mit seinen latenten moralischen, praktischen Konnotationen einer Lehre zu widmen, deren Glaubenssätze die Bestreitung der Existenz einer physischen Welt und der psychische Charakter aller Objekte sind – zumindest soweit sie erkennbar sind. Aber ich folge hier nur dem Sprachgebrauch und versuche nicht, ihn zu schaffen.

ses Erfahrungsdatums. Diese können nur durch eine »ejektive« Folgerung erreicht werden – ein Name, der einem angeblichen Typ von Schlussfolgerung gegeben wurde, der von der Erfahrung wie von einem Sprungbrett auf irgendetwas jenseits der Erfahrung springt.

Es dürfte nicht allzu schwierig sein zu zeigen, dass diese Lehre dialektisch eine Ansammlung von Ungereimtheiten darstellt. Zugegebenermaßen ist sie eine verzweifelte Lehre und wird aus diesem Grunde hier zitiert, um die desperate Zwangslage zu zeigen, in die eine Lehre der Erfahrung geraten ist, weil empirische Tatsachen ignoriert wurden. Lehrreicher im positiven Sinn sind die objektiven Idealismen, welche der Ehe der »Vernunft« des historischen Rationalismus mit dem angeblich unmittelbaren psychischen Material des historischen Empirismus entsprossen sind. Diese Idealismen haben die Echtheit der Verbindungen und die Ohnmacht des »Fühlens« anerkannt. Sie haben dann Verbindungen mit logischen oder rationalen Verbindungen identifiziert und auf diese Weise »die reale Welt« als eine Synthesis des fühlenden Bewusstseins mittels eines rationalen Selbstbewusstseins, das Objektivität hereinbringt, behandelt: Stabilität und Universalität des Objektbezugs.

Auch hier erübrigt sich für unsere gegenwärtigen Zwecke eine Kritik. Es genügt, darauf hinzuweisen, dass der Wert dieser Theorie mit der Echtheit des Problems verknüpft ist, dessen Lösung sie zu sein behauptet. Wenn der grundlegende Begriff eine Fiktion ist, gibt es keinen Bedarf an einer Lösung. Viel wichtiger ist zu bemerken, wie weit das »Denken«, das in objektiven Idealismen auftritt, davon entfernt ist, den empirischen Forderungen Genüge zu tun, die an das wirkliche Denken gestellt werden. Der Idealismus ist weit weniger formal als der historische Rationalismus. Er behandelt das Denken mittels vereinheitlichender und konstruktiver Funktionen – oder die Vernunft – als konstitutiv für die Erfahrung, nicht einfach nur als mit einem Reich ewiger Wahrheiten fern von der Erfahrung befasst. Nach einer solchen Ansicht verliert das Denken ganz gewiss seine Abstraktheit und Ferne. Aber unglücklicherweise verliert es über dem Gewinn der ganzen Welt sein eigenes Selbst. Eine Welt, die in ihrer immanenten Struktur schon vom Denken beherrscht ist, ist keine Welt, in der das Denken, außer im Widerspruch zu den Prämissen, irgendetwas zu tun hat.

Dass diese Lehre logisch darin resultiert, Veränderung unwirklich und Irrtum unerklärlich zu machen, sind im technischen Rahmen der professionellen Philosophie wichtige Konsequenzen; in ihrer Verneinung der empirischen Tatsache, die sie implizieren, erscheinen sie vielen Philosophen als eine *reductio ad absurdum* der Prämissen. Aber solche Konsequenzen sind schließlich nur von professioneller Wichtigkeit. Ernsthaft, ja bedrohlich ist die implizierte Subtilität hinsichtlich Platz und Aufgabe der Reflexion im Schema der Dinge. Eine Lehre, die das Denken nominell in den Himmel hebt, während sie seine Wirksamkeit faktisch (das heißt, seinen Gebrauch bei der Verbesserung des Lebens) ignoriert, ist eine Lehre, die nicht ohne ernsthafte Gefahr vertreten und gelehrt werden kann. Wer sich nicht mit professioneller Philosophie befasst, aber um die Intelligenz als Faktor bei der Verbesserung der wirklichen Bedingungen besorgt ist, kann nur befremdet auf eine Lehre blicken, die glaubt, das gesamte Schema der Dinge sei schon unwandelbar und vollständig rational, wenn wir nur auf den richtigen Dreh kommen, es anzusehen. Es ist eine schlagende Manifestation für das Ausmaß, in dem Philosophien ihrer Qualität nach kompensatorisch gewesen sind.[6] Aber man kann diese Angelegenheit nicht übergehen, als ginge es einfach nur darum, jemandem unter den unheilbaren Übeln des Lebens keinen Trost zu gönnen. Denn was diese Übel angeht, so weiß keiner, wie viele heilbar sind; und eine Philosophie, welche die Fähigkeit einer dialektischen Erkenntnistheorie proklamiert, die Welt als ein schon immer und ewig aus sich selbst heraus leuchtendes rationales Ganzes zu enthüllen, verunreinigt die Reichweite und Verwendung des Denkens an seiner Quelle. Es ist mehr als ein technischer Fehler der spekulativen Philosophen, die müßige Einsicht, die durch die Manipulation einer Formel gewonnen wird, an die Stelle der langsamen kooperativen Anstrengung der Menschheit zu setzen, die von reflexiver Intelligenz gelenkt wird.

Eine praktische Krise kann der Beziehung von Ideen zum Leben eine übertriebene, gespenstische Deutlichkeit verleihen, wo die Übertreibung Züge sichtbar macht, die gewöhnlich nicht bemerkt werden. Die Anwendung von Gewalt, um knappe, weil exklusive Ziele zu verwirklichen, ist nichts Neues in menschlichen Angelegenheiten. Die Entfaltung aller verfügbaren Intelligenz, um die Wirksamkeit der aufgewendeten Kraft zu vergrößern, ist nicht so gewöhnlich, zeigt aber nichts immanent Bemerkenswertes. Aber die Identifika-

6 Siehe Horace M. Kallen, »Value and Existence in Philosophy, Art and Religion«, in: *Creative Intelligence: Essays in the Pragmatic Attitude*, S. 409-467.

tion militärischer, ökonomischer und administrativer Macht mit moralischer Notwendigkeit und moralischer Kultur ist ein Phänomen, das sich wahrscheinlich in größerem Maßstab nur da zeigt, wo die Intelligenz schon durch einen Idealismus bestochen ist, der »das Wirkliche mit dem Vernünftigen« identifiziert und so das Maß der Vernunft in der Bestimmung des rohen Ereignisses durch höhere Gewalt findet. Wenn uns an einer Philosophie gelegen ist, die in der Mitte zwischen einer Bindung an eine Durchwurstelei nach Faustregeln und der Hingabe an eine systematisierte Unterordnung der Intelligenz unter präexistente Ziele steht, lässt sie sich nur in einer Philosophie finden, die das höchste Maß der Intelligenz in der Erwägung einer wünschenswerten Zukunft und in der Suche nach den Mitteln zu ihrer fortschreitenden Verwirklichung findet. Wenn ein angeblicher Idealismus sich als ein enger Pragmatismus herausstellt – eng, weil er die Endgültigkeit von Zwecken für selbstverständlich hält, die in Wirklichkeit durch historische Bedingungen bestimmt sind –, ist der Zeitpunkt für einen Pragmatismus gekommen, der auf empirische Weise idealistisch sein wird, einen Pragmatismus, der die wesentliche Verknüpfung der Intelligenz mit der noch unerreichten Zukunft proklamiert – mit Möglichkeiten, die eine Transfiguration einbegreifen.

IV

Warum hat sich die Beschreibung der Erfahrung so weit von den Tatsachen der empirischen Situationen entfernt? Die Beantwortung dieser Frage wirft Licht auf das Versinken der neueren Philosophie in Erkenntnistheorie – das heißt, in Diskussionen über Natur, Möglichkeit und Grenzen der Erkenntnis im Allgemeinen und in dem Versuch, aus den Antworten auf solche Fragen zu Schlussfolgerungen über die letzte Natur der Realität zu gelangen.

Die Antwort auf die Frage, warum eine nicht-empirische Lehre der Erfahrung (selbst unter erklärten Empiristen) eine so weite Verbreitung finden konnte, lautet, dass die traditionelle Theorie sich von einer ehemals allgemein vertretenen Auffassung vom Subjekt oder Träger oder Zentrum der Erfahrung herleitet. Die Beschreibung der Erfahrung ist eine gewaltsame Angleichung an diese frühere Auffassung; sie war primär eine Deduktion aus ihr, wobei wirkliche empirische Tatsachen in die Form von Deduktionen gepresst wurden. Der charakteristische Zug dieser früheren Auffassung ist die Annahme, Erfahrung habe ihren Mittelpunkt oder Kristallisationskern oder Ursprung in einem Zentrum oder Subjekt, das außerhalb des Ganges der natürlichen Existenz und im Gegensatz dazu steht – wobei es für unsere gegenwärtigen Zwecke ohne Belang ist, ob dieses antithetische Subjekt als Seele oder Geist oder *Psyche* oder Ich oder Bewusstsein oder einfach nur als Erkennender oder erkennendes Subjekt bezeichnet wird.

Es gibt plausible Gründe für die Annahme, dass die weite Verbreitung der in Frage stehenden Idee mit der Form zusammenhängt, welche die religiösen Hauptsorgen der Menschen über viele Jahrhunderte annahmen. Diese waren bewusst und systematisch außerweltlich. Sie hatten ihren Mittelpunkt in einem Sündenfall, der kein Ereignis der Natur, sondern eine ursprüngliche Katastrophe war, welche die Natur verdarb; in einer Erlösung, die durch übernatürliche Mittel ermöglicht wurde; in einem Leben in einer anderen Welt – ihrem Wesen nach, nicht räumlich anders. Das höchste Schicksalsdrama fand in einer Seele oder einem Geist statt, der unter diesen Umständen nicht anders als nicht-natürlich aufgefasst werden konnte – außernatürlich, wenn nicht eigentlich übernatürlich. Als Descartes und andere sich aus den Interessen des Mittelalters lösten, behielten sie dessen intellektuellen Apparat wie selbstverständlich bei, zum Beispiel, dass das Erkennen von einer Kraft ausgeübt wird, die außernatürlich ist und im Gegensatz zu der zu erkennenden Welt steht. Selbst wenn sie den Wunsch gehabt hätten, einen vollständigen Bruch herbeizuführen, hatten sie doch nichts zur Verfügung, was sie als den Erkennenden an die Stelle der Seele hätten setzen können. Es kann bezweifelt werden, dass irgendein empirischer Ersatz verfügbar war, bis die Wissenschaft die Tatsache ans Licht brachte, dass physische Veränderungen funktionale Korrelationen von Energien sind und dass der Mensch mit anderen Lebensformen in Kontinuität steht, und bis das gesellschaftliche Leben einen intellektuell freien und verantwortlichen Einzelnen als seinen eigentlichen Träger entwickelt hatte.

Aber mein Hauptpunkt beruht nicht auf irgendeiner bestimmten Theorie über den historischen Ursprung der Vorstellung vom Erfahrungsträger. Es geht um die Sache selbst. Entscheidend ist, dass der Träger als außerweltlich konzipiert wurde; Erfahrung bestand deshalb darin, dass der Träger durch einen Typus von Operationen affiziert wurde, die sich nirgendwo in der Welt fanden, während Erkenntnis darin besteht, sich einen Überblick über die Welt zu verschaffen, sie anzuschauen, sich den Blickpunkt eines Zuschauers zu verschaffen.

Das theologische Problem, Erkenntnis Gottes als der letzten Realität zu gewinnen, wurde praktisch in das philosophische Problem verwandelt, wie Erkenntnis von der Realität gewonnen werden könne. Denn wie soll man über die Grenzen des Subjekts und subjektiver Ereignisse hinausgelangen? Vertrautheit erzeugt häufiger Leichtgläubigkeit als Verachtung. Wie kann ein Problem künstlich sein, wenn sich die Menschen beinahe dreihundert Jahre lang damit beschäftigt haben? Aber wenn die Annahme, Erfahrung stehe im Gegensatz zur Welt, den Tatsachen widerspricht, dann ist das Problem, wie das Ich oder der Geist oder die subjektive Erfahrung oder das Bewusstsein Kenntnis von der Außenwelt erlangen kann, ganz gewiss ein sinnloses Problem. Welche Fragen es auch immer im Bereich der Erkenntnis geben mag, es wird sich dabei nicht um die Art Probleme handeln, welche die Erkenntnistheorie ausgemacht haben.

Das Problem der Erkenntnis, wie es im Rahmen der Erkenntnistheorie konzipiert wird, ist das Problem der Erkenntnis *überhaupt* – der Möglichkeit, des Ausmaßes und der Gültigkeit von Erkenntnis im Allgemeinen. Was bedeutet dieses »im Allgemeinen«? Im gewöhnlichen Leben gibt es eine Vielzahl von Problemen der Erkenntnis im Besonderen; jede Schlussfolgerung, die wir, theoretisch oder praktisch, zu erreichen versuchen, bietet ein solches Problem. Aber es gibt kein solches Problem der Erkenntnis im Allgemeinen. Ich meine natürlich nicht, dass sich keine allgemeinen Aussagen über Erkenntnis machen lassen oder dass das Problem, zu diesen allgemeinen Aussagen zu gelangen, kein echtes Problem ist. Ganz im Gegenteil, es gibt spezifische Beispiele für Erfolg und Misserfolg in der Forschung, und sie sind von solcher Art, dass man die Bedingungen entdecken kann, die zu Erfolg und Misserfolg führen. Die Formulierung dieser Bedingungen konstituiert die Logik und kann eine wichtige Hilfe bei der richtigen Steuerung weiterer Erkenntnisversuche sein. Aber dieses logische Erkenntnisproblem liegt dem erkenntnistheoretischen genau gegenüber. Spezifische Probleme haben es mit richtigen Schlussfolgerungen zu tun, die erreicht werden sollen – was praktisch bedeutet, sich mit richtigen Methoden an das Geschäft der Forschung zu machen. Sie implizieren einen Unterschied zwischen Erkenntnis und Irrtum, der auf richtige und falsche Methoden der Untersuchung und Überprüfung folgt, und keinen Unterschied zwischen Erfahrung und der Welt. Das Problem der Erkenntnis *überhaupt* besteht deshalb, weil angenommen wird, es gebe einen Erkennenden überhaupt, der außerhalb der zu erkennenden Welt steht und der in Begriffen definiert wird, die den Eigenschaften der Welt antithetisch gegenüberstehen. Mit analogen Annahmen könnten wir ein Problem der Verdauung überhaupt erfinden und diskutieren. Dazu wäre lediglich erforderlich, sich den Magen und die Nahrungsmittel als Bewohner verschiedener Welten zu denken. Eine derartige Annahme würde uns mit der Frage nach der Möglichkeit, dem Ausmaß, der Natur und der Echtheit jeder denkbaren Transaktion zwischen Magen und Nahrung konfrontieren.

Aber weil Magen und Nahrung in eine einzige kontinuierliche Realität gehören, weil Verdauung nur eine Korrelation verschiedener Aktivitäten in einer einzigen Welt ist, sind die Probleme der Verdauung spezifisch und vielfältig: Welche besonderen Korrelationen machen sie aus? Wie vollzieht sie sich in spezifischen Situationen? Was fördert, was beeinträchtigt ihre Leistung? – usf. Würden wir uns von der gegenwärtigen empirischen Situation, einschließlich des wissenschaftlichen Begriffs der Evolution (biologische Kontinuität) und der bestehenden Techniken der Naturbeherrschung, leiten lassen – würden dann nicht unzweifelhaft Subjekt und Objekt ebenso unbedenklich als Bewohner derselben natürlichen Welt behandelt werden, wie wir die natürliche Verbindung eines Lebewesens und seiner Nahrung annehmen? Würde nicht folgen, dass Erkenntnis eine bestimmte Möglichkeit ist, wie natürliche Energien kooperieren? Gäbe es irgendein Problem außer der Entdeckung der eigentümlichen Struktur dieser Kooperation, der Bedingungen, unter denen sie ihre beste Wirkung erzielt, und der Konsequenzen, die aus ihrem Vorkommen folgen?

Es ist ein Gemeinplatz, dass die Haupteinteilungen der modernen Philosophie – die Idealismen der verschiedenen Arten, die Realismen der verschiedenen Sorten, der so genannte Dualismus des gesunden Menschenverstands, Agnostizismen, Relativismus, Phänomenalismus – um das erkenntnistheoretische Problem der allgemeinen Beziehung von Subjekt und Objekt herum entstanden sind. Probleme, die nicht offensichtlich epistemologisch sind, wie die Frage, ob die Beziehung von Bewusstseinsveränderungen zu physischen Veränderungen eine Relation der Interaktion, des Parallelismus oder des Automatismus ist, haben denselben Ursprung. Was wird aus der Philosophie, die ja weitgehend aus verschiedenen Antworten auf diese Fragen besteht, wenn sich zeigt, dass die Annahmen, die zu diesen Fragen führen, keinerlei empirische Bedeutung haben? Ist es nicht an der Zeit, dass die Philosophen dem Versuch den Rücken kehren, die Vor- und Nachteile der verschiedenen Antworten auf diese Fragen zu bestimmen, und sich einer Prüfung der Ansprüche dieser Fragen zuwenden?

Als beherrschende religiöse Ideen um die Idee herum errichtet wurden, dass das Ich ein Fremdling und Pilger in dieser Welt sei; als die Moral im Einklang damit wahres Gutes nur in inneren Zuständen eines Ich fand, das einzig seiner eigenen privaten Introspektion zugänglich war; als die politische Theorie die Endgültigkeit unverbundener und sich gegenseitig ausschließender Persönlichkeiten annahm, war die Vorstellung, der Träger der Erfahrung stehe im Gegensatz zur Welt, statt in und von dieser Welt zu sein, vom selben Geist. Sie genoss zumindest die Unterstützung anderer Überzeugungen und Bestrebungen. Aber die Lehre der biologischen Kontinuität oder organischen Evolution hat die wissenschaftliche Basis dieser Auffassung zerstört. Moralisch sind die Menschen jetzt mit der Verbesserung der Bedingungen des gemeinsamen Schicksals in dieser Welt befasst. Die Sozialwissenschaften erkennen, dass das Gemeinschaftsleben keine Sache des physischen Nebeneinanders, sondern des echten Austauschs ist – dass sie auf einer Gemeinschaft der Erfahrung in einem nicht-metaphorischen Sinn von Gemeinschaft beruht. Warum sollten wir weiterhin versuchen, die alten Lösungen zusammenzuflicken und zu verfeinern und zu strecken, bis sie die Veränderung des Denkens und der Praxis zu decken scheinen? Warum nicht einsehen, dass das Problem selbst die Schwierigkeit ist?

Ein Glaube an organische Evolution, der sich nicht vorbehaltlos auf die Art und Weise erstreckt, wie das Subjekt der Erfahrung gedacht wird, und der nicht versucht, die gesamte Theorie der Erfahrung und der Erkenntnis mit biologischen und sozialen Tatsachen zur Deckung zu bringen, ist kaum mehr als Schein. Zum Beispiel glauben viele Leute, dass Träume, Halluzinationen und Irrtümer nur nach der Theorie erklärt werden können, dass ein Ich (oder »Bewusstsein«) einen modifizierenden Einfluss auf das »reale Objekt« ausübe. Dem liegt die logische Annahme zugrunde, das Bewusstsein sei außerhalb des wirklichen Objekts; es sei etwas der Art nach Verschiedenes und habe deshalb die Macht, die »Realität« in Erscheinung zu verwandeln, in die Dinge, wie sie an sich sind, »Relativitäten« einzuführen – kurzum, reale Dinge mit Subjektivität zu infizieren. Solche Autoren scheinen sich der Tatsache nicht bewusst zu sein, dass diese Annahme das Bewusstsein zu etwas buchstäblich Übernatürlichem macht; und dass, um das Mindeste zu sagen, diese Auffassung von jemandem, der die Lehre der biologischen Kontinuität akzeptiert, nur akzeptiert werden kann, wenn jede andere Möglichkeit der Tatsachenbehandlung erschöpft ist.

Realisten (zumindest einige der Neorealisten) bestreiten natürlich jede derartige wundersame Intervention des Bewusstseins. Aber sie[7] geben die Realität des Problems zu; sie bestreiten zwar diese bestimmte Lösung, versuchen aber, einen andern Ausweg zu finden, der den Begriff der Erkenntnis als Beziehung allgemeiner Art zwischen Subjekt und Objekt unangetastet lässt.

Nun kommen Träume und Halluzinationen, Irrtümer, Freuden und Schmerzen, möglicherweise »sekundäre« Qualitäten, nur da vor, wo es organische Zentren der Erfahrung gibt. Sie bilden sich um ein Subjekt herum. Aber wenn man sie als Dinge behandelt, die ausschließlich dem Subjekt inhärieren, oder so, als stellten sie das Problem einer Verzerrung *des* wirklichen Objekts durch einen Erkennenden dar, der der Welt gegenübersteht, oder so, als stellten sie Tatsachen dar, die primär als Fälle kontemplativer Erkenntnis erklärt werden müssten, beweist man damit nur, dass man immer noch die Lektion der Evolution in ihrer Anwendung auf die vorliegenden Fragen zu lernen hat.

Wenn die biologische Entwicklung akzeptiert wird, ist das Subjekt der Erfahrung zumindest ein Lebewesen, das mit anderen organischen Formen in einem Prozess komplexerer Organisation verbunden ist. Ein Lebewesen seinerseits ist zumindest mit chemisch-

7 Dieses »sie« meint die »einige« des vorigen Satzes – diejenigen, deren Realismus epistemologisch ist und nicht nur ein Plädoyer dafür, die Tatsachen der Erfahrung so zu nehmen, wie wir sie vorfinden, ohne Brechung durch den epistemologischen Apparat.

physikalischen Prozessen verbunden, die in lebenden Dingen so organisiert sind, dass sie wirklich die Aktivitäten des Lebens mit all ihren definierenden Eigenschaften ausmachen. Und Erfahrung ist nicht identisch mit der Aktivität des Gehirns; sie ist der gesamte organische Handelnde-Leidende in seiner gesamten Interaktion mit der natürlichen wie der sozialen Umwelt. Das Gehirn ist primär ein Organ einer bestimmten Art von Verhalten, nicht der Welterkenntnis. Und um zu wiederholen, was schon einmal gesagt worden ist: Erfahrung *besteht* in bestimmten Formen der Interaktion, der Korrelation, natürlicher Objekte, von denen der Organismus sozusagen zufällig selbst eines ist. Daraus folgt ebenso bestimmt, dass Erfahrung primär nicht Erkenntnis bedeutet, sondern Arten des Tuns und Leidens. Erkennen muss dadurch beschrieben werden, dass man entdeckt, welcher besondere – qualitativ einzigartige – Modus des Tuns und Leidens es ist. So, wie die Dinge gegenwärtig liegen, finden wir, dass Erfahrung einem nichtempirischen Begriff von Erkenntnis angeglichen wird, der sich aus einer vorgängigen Vorstellung von einem Zuschauer außerhalb der Welt herleitet.[8]

Kurzum, die epistemologische Methode, Träume, Irrtümer, »Relativitäten« usf. zu begreifen, beruht darauf, den Geist von einer engen Teilhabe an anderen Veränderungen in demselben kontinuierlichen Nexus zu isolieren. Infolgedessen ist es so, als ob man behauptete, wenn eine Flasche platzt, sei die Flasche auf irgendeine in sich selbst eingeschlossene wunderbare Weise ausschließlich selbst verantwortlich. Da es die Natur einer Flasche ist, ganz zu sein, um Flüssigkeiten enthalten zu können, ist das Platzen ein abnormes Ereignis – vergleichbar einer Halluzination. Deshalb kann es nicht zu der »wirklichen« Flasche gehören; die Subjektivität des Glases ist die Ursache. Da das Zerbrechen von Glas ein Fall spezifischer Korre-

8 Es ist bemerkenswert, dass einige Realisten, welche die kognitive Relation an andere reale Relationen in der Welt angeglichen haben (statt sie als eine einzigartige oder epistemologische Relation zu behandeln), zur Stützung ihrer Auffassung von Erkenntnis als »präsentativer« oder Zuschauerangelegenheit gezwungen waren, die definierenden Eigenschaften der Letzteren auf alle Relationen unter Dingen auszudehnen und von daher alle »realen« Dinge in der Welt zu reinen »Ur-Elementen« zu machen, die völlig unabhängig voneinander sind. So verstanden, scheint die Lehre der externen Relationen eher die Lehre der vollständigen Äußerlichkeit von Dingen zu sein. Abgesehen von diesem Punkt ist die Lehre eher wegen ihres dialektischen Erfindungsreichtums und der eleganten Entwicklung vorausgesetzter Prämissen interessant als aufgrund stützenden empirischen Beweismaterials überzeugend.

lation natürlicher Energien ist, hat sein akzidenteller und abnormer Charakter offensichtlich mit den *Konsequenzen*, nicht mit der Verursachung zu tun. Ein Unfall ist eine Einmischung in die Konsequenzen, für welche die Flasche gedacht ist. Betrachtet man das Platzen ohne Rücksicht auf seine Auswirkung auf diese Konsequenzen, liegt es auf einer Ebene mit jedem anderen Vorkommnis in der weiten Welt. Aber vom Standpunkt einer erwünschten Zukunft aus ist das Platzen eine Anomalie, ein Unterbrechung des Ganges der Ereignisse.

Mir scheint die Analogie zu dem Auftreten von Träumen, Halluzinationen usf. ganz exakt zu sein. Träume liegen nicht außerhalb des regelmäßigen Gangs der Ereignisse; sie sind darin enthalten und gehören dazu. Sie sind nicht kognitive Verzerrungen wirklicher Dinge; sie sind *weitere* reale Dinge. Es ist nichts Abnormes an ihrer Existenz, so wenig wie am Platzen einer Flasche etwas abnorm ist.[9] Aber unter dem Gesichtspunkt ihres Einflusses, ihrer Wirkung als Reize bei der Hervorrufung von Reaktionen, um die Zukunft zu verändern, können sie abnorm sein. Träume sind oft als Prognose künftigen Geschehens aufgefasst worden; sie haben das Verhalten beeinflusst. Eine Halluzination kann einen Menschen dazu veranlassen, einen Arzt aufzusuchen; eine solche Konsequenz ist richtig und angemessen. Aber die Konsultation zeigt an, dass die Person sie als eine Indikation von Konsequenzen ansah, die sie fürchtete: als Symptom eines gestörten Lebens. Oder die Halluzination führt diese Person vielleicht dazu, Konsequenzen zu antizipieren, die tatsächlich nur aus dem Besitz großen Reichtums folgen. Dann ist die Halluzination eine Störung des normalen Gangs der Ereignisse; das Vorkommnis wird mit Bezug auf Eventualitäten falsch *verwendet*.

Wer meint, der Bezug auf Verwendung und erwünschte und beabsichtigte Konsequenzen beinhalte einen »subjektiven Faktor«, verfehlt den entscheidenden Punkt, denn entscheidend ist die Berücksichtigung der Zukunft. Die Verwendungen, denen eine Flasche zugeführt wird, sind nicht mental: Sie bestehen nicht in psychischen Zuständen; sie sind weitere Korrelationen natürlicher Realitäten. Konsequenzen, die sich aus ihrer Verwendung ergeben, sind echte natürliche Ereignisse; aber sie treten nicht ohne die Interven-

9 Mit anderen Worten, es gibt ein allgemeines »Problem des Irrtums« nur deshalb, weil es ein allgemeines Problem des Übels gibt, wozu man Dr. Kallens »Value and Existence« vergleichen möge.

tion eines Verhaltens ein, das die Erwartung der Zukunft beinhaltet. Bei einer Halluzination liegt der Fall nicht anders. Die Unterschiede, die sie macht, sind auf jeden Fall Unterschiede im Gang der einen kontinuierlichen Welt. Entscheidend ist, ob es gute oder schlechte Unterschiede sind. Wenn man eine Halluzination als Zeichen organischer Verletzungen ansieht, die die Gesundheit bedrohen, bedeutet dies das wohltätige Ergebnis, sich an einen Arzt zu wenden; wenn man darauf als auf ein Anzeichen von Folgen reagiert, die sich in Wirklichkeit nur ergeben, wenn man verfolgt wird, begeht man einen Irrtum – man ist abnorm. Die Verfolger sind »irreal«; das heißt, es gibt nichts, was so handelt, wie Verfolger handeln; aber die Halluzination existiert. Ihre Bedingungen einmal vorausgesetzt, ist sie so natürlich wie jedes andere Ereignis und stellt nur dieselbe Art von Problem, wie es das Vorkommen eines Gewitters stellt. Die »Irrealität« der Verfolgung ist aber keine subjektive Angelegenheit; sie bedeutet, dass die Bedingungen nicht existieren, welche die *zukünftigen* Konsequenzen erzeugen könnten, die jetzt antizipiert werden und auf die jetzt reagiert wird. Die Fähigkeit, zukünftige Konsequenzen zu antizipieren und auf sie als Reize für das gegenwärtige Verhalten zu reagieren, mag sehr wohl das *definieren*, was mit Geist oder »Bewusstsein«[10] gemeint ist. Aber das ist nur eine bestimmte Art und Weise zu sagen, welche Art von realer oder natürlicher Existenz das Subjekt ist: Es heißt nicht, auf ein Vorurteil über ein unnatürliches Subjekt zurückzufallen, um das Vorkommen von Irrtum zu charakterisieren.

Obgleich die Diskussion vielleicht schon mühsam genug ist, möchte ich mir ein weiteres Beispiel vornehmen – das Auftreten von Krankheit. Krankheit ist *per definitionem* pathologisch, abnorm. Zu einer bestimmten Zeit in der menschlichen Geschichte galt diese Abnormität als etwas, was zum Wesen dieses Ereignisses gehört – zu ihrem bloßen Dasein, unerachtet zukünftiger Konsequenzen. Krankheit war buchstäblich außernatürlich und wurde Dämonen oder Zauberei zugeschrieben. Heutzutage bezweifelt keiner ihre Natürlichkeit – ihren Ort in der Ordnung der natürlichen Ereignisse. Trotzdem ist sie abnorm – denn sie führt zu anderen Ergebnissen als die Gesundheit. Der Unterschied ist ein wirklicher empirischer Unterschied, nicht eine lediglich geistige Unterscheidung.

10 Vgl. Boyd H. Bode, »Consciousness and Psychology«, in: *Creative Intelligence: Essays in the Pragmatic Attitude*, 1917, S. 228-281.

Vom Standpunkt der Auswirkung auf den späteren Gang der Ereignisse ist Krankheit unnatürlich, trotz der Natürlichkeit ihres Vorkommens und Ursprungs.

Die Gewohnheit, den Bezug zur Zukunft zu ignorieren, ist verantwortlich für die Annahme, wer menschliche Teilhabe in irgendeiner Form zugibt, gebe damit das »Subjektive« in einem Sinn zu, der das Objektive in das Phänomenale verwandelt. Es gab Autoren, die, wie Spinoza, Gesundheit und Krankheit, gut und schlecht als gleichermaßen real und gleichermaßen irreal angesehen haben. Aber nur wenige konsequente Materialisten haben Wahrheit mit dem Irrtum zusammen zum lediglich Phänomenalen und Subjektiven gezählt. Aber wenn man die Bewegung zu möglichen Konsequenzen hin nicht als echt ansieht, dann ist der einzige logische Weg, allen diesen Unterscheidungen pauschal die reale Gültigkeit abzusprechen. Die Wahrheit als objektiv und Irrtum als »subjektiv« auszuwählen ist auf dieser Basis ein ungerechtfertigt parteiisches Verfahren. Wenn wirklich alles fest gegeben ist, dann sind Wahrheit wie Irrtum willkürliche Einschübe in die Tatsachen. Wenn man aber die Echtheit von sich vollziehenden Veränderungen und die Fähigkeit zu ihrer Lenkung durch organisches, auf Voraussicht beruhendes Handeln zugibt, dann sind Wahrheit und Irrtum gleichermaßen wirklich. Es ist menschlich, den Lauf der Ereignisse, der mit unseren eigenen Bemühungen übereinstimmt, als den *regulären* Gang der Ereignisse einzustufen, und Unterbrechungen als abnorm, aber diese Parteilichkeit des menschlichen Wollens ist selbst ein Teil dessen, was tatsächlich stattfindet.

Ich möchte einen bestimmten Fall des angeblichen epistemologischen Dilemmas diskutieren, da es unmöglich ist, den gesamten Bereich zu behandeln. Ich denke aber, dass das gewählte Beispiel so typisch ist, dass die erreichte Schlussfolgerung verallgemeinert werden kann.

Das Beispiel ist die so genannte Relativität der Wahrnehmung. Es gibt beinahe endlose Beispiele: der im Wasser geknickte Stock; der Pfeifton, der seine Tonhöhe mit der Veränderung der Entfernung vom Ohr ändert; die Verdopplung von Objekten, wenn das Auge gepresst wird; der schon erloschene Stern, der immer noch sichtbar ist etc. etc. Für unsere Betrachtungen können wir den Fall eines sphärischen Objekts nehmen, das sich dem einen Beobachter als ein flacher Kreis, einem anderen als eine etwas verzerrte elliptische

Oberfläche präsentiert. Diese Situation stellt angeblich einen empirischen Beweis für den Unterschied zwischen einem wirklichen Objekt und der bloßen Erscheinung dar. Da es bloß ein Objekt gibt, ist der einzige Unterschied die Existenz von zwei *Subjekten*. Deshalb sind die beiden Erscheinungen des einen realen Objekts Beweis für den verzerrenden Eingriff des Subjekts. Und viele Neorealisten, die den fraglichen Unterschied bestreiten, geben zu, dass dieser Fall ein Fall von Erkenntnis ist und demzufolge ein epistemologisches Problem darstellt. Infolgedessen haben sie wunderbar komplizierte Schemata verschiedenster Art ersonnen, um den »epistemologischen Monismus« unangetastet zu lassen.

Wir wollen versuchen, uns eng an die empirischen Tatsachen zu halten. Erstens sind die beiden ungleichen Erscheinungen der einen Kugel aufgrund der Gesetze der Lichtbrechung physikalisch notwendig. Wenn die eine Kugel diese beiden Erscheinungen unter den gegebenen Bedingungen *nicht* annähme, stünden wir vor einer hoffnungslos unversöhnlichen Diskrepanz im Verhalten natürlicher Energie. Dass das Resultat natürlich ist, wird durch die Tatsache bezeugt, dass zwei Kameras – oder andere Anordnungen von Apparaten für die Reflektion von Licht – genau dieselben Resultate zeigen. Photographien sind ebenso echte physische Realitäten wie die ursprüngliche Kugel; und sie weisen die beiden geometrischen Formen auf.

Die Feststellung dieser Tatsachen macht auf den überzeugten Epistemologen keinen Eindruck; er erwidert lediglich, solange zugegeben werde, dass der Organismus die Ursache dafür ist, dass eine Kugel, von verschiedenen Punkten aus gesehen, als eine runde und als eine elliptische Oberfläche erscheint, werde der Kernpunkt seiner Behauptung – die Modifikation des wirklichen Objekts durch das Subjekt – zugegeben. Auf die Frage, warum dieselbe Logik nicht auch für fotografische Aufzeichnungen gilt, gibt er, soweit ich weiß, überhaupt keine Antwort.

Die Quelle der Schwierigkeit ist nicht schwer zu erkennen. Der Einwand nimmt an, dass die angeblichen Modifikationen *des* wirklichen Objekts Fälle von *Erkenntnis* und deshalb dem Einfluss eines *Erkennenden* zuzuschreiben sind. Es zeigt sich regelmäßig, dass Aussagen, die diese Lehre vertreten, auf den organischen Faktor, das Auge, als Beobachter oder Wahrnehmenden Bezug nehmen. Selbst wenn auf eine Linse oder einen Spiegel Bezug genommen wird, wird manchmal eine Sprache verwendet, die den Verdacht erregt, der Verfassers sei naiv genug, diese physischen Faktoren zu behandeln, als seien sie damit beschäftigt, die Kugel wahrzunehmen. Aber wie es evident ist, dass die Linse als physischer Faktor in Korrelation mit anderen physischen Faktoren operiert – namentlich Licht –, so sollte es evident sein, dass die Intervention des optischen Apparats des Auges eine rein nicht-kognitive Angelegenheit ist. Die fragliche Relation ist keine Beziehung zwischen einer Kugel und einem Erkenntnishungrigen, der unglücklicherweise durch die Natur seines Erkenntnisapparats dazu verurteilt ist, das Ding, das er erkennen möchte, zu verändern; sie beruht auf der dynamischen Interaktion zweier physischer Agenten bei der Produktion einer dritten Sache, einer Wirkung; – eine Angelegenheit von genau derselben Art wie in jeder physischen gemeinsamen Aktion, etwa der Operation von Wasserstoff und Sauerstoff bei der Hervorbringung von Wasser. Es ist ebenso töricht, das Auge primär als Erkennenden, als Beobachter anzusehen, wie diese Funktion einer Kamera zuzuschreiben. Wenn aber das Auge (oder der optische Apparat oder das Gehirn oder der Organismus) nicht so aufgefasst wird, dann handelt es sich in dem Fall des Vorkommens elliptischer und kreisförmiger Oberflächen absolut um kein Problem der Beobachtung oder der Erkenntnis. Erkenntnis kommt in diese ganze Angelegenheit überhaupt erst herein, *nachdem* diese Formen der Lichtbrechung hervorgebracht worden sind. An ihnen ist nichts Irreales. Licht wird wirklich, physikalisch, real in diese Formen gebrochen. Wenn dieselbe sphärische Form das Licht zu physischen Gegenständen an zwei ganz unterschiedlichen Positionen bräche und dabei dieselben geometrischen Formen hervorbrächte, dann wäre das tatsächlich ein Grund zum Staunen – wie auch, wenn Wachs dieselben Ergebnisse hervorbrächte, wenn es mit einem kalten und einem warmen Körper in Berührung käme. Warum über *das wirkliche* Objekt in Relation zu einem *Erkennenden* reden, wenn das, was gegeben ist, ein wirkliches Ding in dynamischer Verbindung mit einem anderen wirklichen Ding ist?

Diese Art der Problembehandlung wird wahrscheinlich auf Widerspruch treffen; zumindest ist das früher so gewesen. So ist gesagt worden, die oben gegebene Darstellung und die Erklärung des traditionellen Subjektivismus unterschieden sich nur verbal. Das Wesentliche in beiden, so heißt es, sei das Zugeständnis, dass eine Aktivität eines Ich oder Subjekts oder Organismus einen Unterschied im wirklichen Objekt macht. Ob das Subjekt diesen Unterschied im Prozess des Erkennens selbst oder vor diesem Vorgang macht, sei unwichtig; wichtig sei, dass die erkannte Sache zu dem Zeitpunkt, wo sie erkannt wurde, »subjektiviert« worden ist.

Dieser Einwand bietet eine willkommene Gelegenheit, die Hauptpunkte des Arguments zusammenzufassen. Einerseits beruht die Entgegnung des Opponenten darauf, dass er über *das* wirkliche Objekt spricht. Man verwende den Terminus »*ein* wirkliches Objekt«, und die Veränderung, die durch die für den optischen Apparat charakteristische Aktivität hervorgebracht wird, ist von genau derselben Art wie die der Kameralinse oder die einer beliebigen anderen physischen Kraft. Jedes Ereignis in der Welt bezeichnet eine Veränderung der einen realen Sache in aktiver Verbindung mit einer anderen realen Sache. Und was die behauptete Subjektivität anbetrifft: Wenn »subjektiv« einfach nur verwendet wird, um die spezifische Aktivität einer besonderen realen Sache zu bezeichnen, vergleichbar dem Terminus »wild« in der Anwendung auf einen Tiger oder »metallisch« in Anwendung auf Eisen, dann ist der Bezug zum Subjektiven natürlich legitim. Aber er ist auch tautologisch. Es ist, wie wenn man sagt, Fleischesser seien Karnivoren. Aber der Ausdruck »subjektiv« ist so sehr anderen Verwendungen vorbehalten, wobei er gewöhnlich einen undankbaren Kontrast zur Objektivität impliziert (während subjektiv in dem eben vorgeschlagenen Sinn einen spezifischen Modus *der* Objektivität bedeutet), dass es schwierig ist, diesen unschuldigen Sinn beizubehalten. Seine Verwendung in irgendeiner herabsetzenden Weise in der geschilderten Situation – in jedem Sinn, der einen Kontrast zu einem realen Objekt impliziert – nimmt an, dass der Organismus keinen Unterschied machen *sollte*, wenn er in Verbindung mit anderen Dingen operiert. Auf diese Weise bringen wir die Annahme auf den Boden zurück, dass das Subjekt von anderer Art ist als jede andere natürliche Realität; es muss das einzige müßige, inoperative Ding in einer sich bewegenden Welt sein – unsere alte Annahme vom Ich außerhalb der Dinge.[11]

Was und wo ist Erkenntnis in dem Fall, den wir betrachtet

11 Wie der Versuch, das epistemologische Problem beizubehalten und trotzdem idealistische und relativistische Lösungen zu verwerfen, einige Neorealisten zur Lehre von isolierten und unabhängigen Elementareinheiten gezwungen hat, so hat er auch zu einer Lehre des eleatischen Pluralismus geführt. Um die Lehre aufrechtzuerhalten,

haben? Nicht, wie wir schon gesehen haben, in der Produktion von Lichtformen mit einer runden und einer elliptischen Oberfläche. Diese Formen sind natürliche Ereignisse. Sie können, je nach den Umständen, in die Erkenntnis eingehen oder auch nicht. Zahllose Brechungswechsel dieser Art finden statt, ohne bemerkt zu werden.[12] Wenn sie zum Gegenstand der Erkenntnis werden, kann die in Gang gesetzte Untersuchung eine unendliche Vielfalt von Formen annehmen. Man kann sich dafür interessieren, mehr über die strukturellen Eigentümlichkeiten der Formen selbst zu ermitteln; man kann sich für den Mechanismus ihrer Hervorbringung interessieren; man kann Probleme in projektiver Geometrie oder im Zeichnen oder Malen finden – je nach dem spezifischen Tatsachenkontext. Die Formen können *Ziele* der Erkenntnis – der reflexiven Prüfung – sein oder Mittel, um etwas anderes zu erkennen. Es kann geschehen – unter einigen Umständen geschieht es auch –, dass das Untersuchungsziel die Natur der geometrischen Form ist, die diese anderen Formen entstehen lässt, wenn sie das Licht bricht. In diesem Fall ist die Kugel das erkannte Ding, und in diesem Fall sind die Formen des Lichts Zeichen oder Indizien der zu ziehenden Schlussfolgerung. Es besteht nicht mehr Grund zu der Annahme, dass sie *wirklich* ein Erkennen (oder *Ver*kennen) der Kugel sind – dass die Kugel notwendig und von Anfang an das ist, was man erkennen möchte –, als zu der Annahme, die Position des Quecksilbers im Thermometerkolben sei eine kognitive Verzerrung des atmosphärischen Drucks. In jedem Fall (dem des Quecksilbers und dem einer zirkulären Oberfläche) ist das primäre Datum ein physisches Geschehen. In jedem Fall kann es gelegentlich als Zeichen oder Indiz der Natur der Ursachen, die es hervorgebracht haben, benutzt werden. Die fragliche Position einmal vorausgesetzt, wäre die Kreisform nur für den Fall ein immanent *unzuverlässiges* Indiz für die Natur und Lage des sphärischen Körpers, dass sie, als direktes

dass das Subjekt zu keinen Veränderungen führt, wird angenommen, dass *kein* letztes Wirkliches Veränderungen bewirkt – all dies eher, als ein für alle Mal die Echtheit des Problems aufgeben und der Führung des empirischen Stoffes vertrauen.

12 Es gibt beinahe unendlich viele verschiedene dialektische Entwicklungen der epistemologischen Situation. Wenn man glaubt, alle Relationen des fraglichen Typs seien kognitiv, und trotzdem erkennt (wie es der Fall sein muss), dass viele solcher »Transformationen« unbemerkt bleiben, wird die Theorie durch die Einführung »unbewusster« psychischer Modifikationen ergänzt.

Datum der Wahrnehmung, *nicht* das wäre, was sie ist – eine Kreisform.

Ich gestehe, dass dies alles so offensichtlich scheint, dass der Leser das Recht hat, nach dem Motiv zu fragen, derart offensichtliche Tatsachen zu zitieren. Gäbe es nicht die Beharrlichkeit des epistemologischen Problems, wäre es ein Affront gegen die Intelligenz des Lesers, sich dabei aufzuhalten. Aber solange solche Tatsachen, wie wir sie diskutiert haben, den eigentümlichen Gegenstand der Philosophie bilden, müssen diese Gemeinplätze immer wieder betont und wiederholt werden. Sie bestätigen zwei Behauptungen, die zum gegenwärtigen Zeitpunkt wichtig sind, obgleich sie ihre besondere Bedeutsamkeit verlieren, sobald sie gewohnheitsmäßig anerkannt werden: Negativ ist eine frühere und nicht-empirische Vorstellung vom Ich die Quelle des herrschenden Glaubens, Erfahrung als solche sei primär kognitiv gerichtet – eine Sache der Erkenntnis; positiv *beruht Erkenntnis immer auf dem Gebrauch, der von der Erfahrung natürlicher Ereignisse gemacht wird*, ein Gebrauch, in dem gegebene Dinge als Anzeichen dessen behandelt werden, was unter anderen Bedingungen erfahren werden wird.

Wir wollen noch eine weitere Anstrengung unternehmen, um diese Punkte aufzuklären. Angenommen, es geht um die Erkenntnis von Wasser. Das zu erkennende Ding präsentiert sich primär überhaupt nicht als Sache von Erkenntnis und Unwissenheit. Es tritt als Reiz für das Handeln und als Quelle gewisser Leiden auf. Es ist etwas, auf das man reagiert – etwas, was man trinkt, womit man sich wäscht, womit man Feuer löscht und auch etwas, das unerwartet auf unsere Reaktionen reagiert, das Krankheiten verursacht, Ersticken, Ertrinken. Auf diese doppelte Weise tritt Wasser oder auch alles andere in unsere Erfahrung ein. Solche Präsenz in der Erfahrung hat von sich aus nichts mit Erkenntnis oder Bewusstsein zu tun; das heißt nichts in dem Sinne, dass es davon abhängt, obgleich es alles mit Erkenntnis und Bewusstsein in dem Sinne zu tun hat, dass Letztere auf einer früheren Erfahrung dieser nicht-kognitiven Art beruhen. Die menschliche Erfahrung ist so, wie sie ist, weil die Reaktion auf die Dinge (selbst die erfolgreiche Reaktion) und die Reaktionen der Dinge auf das Leben des Menschen sich so radikal von der Erkenntnis unterscheiden. Die Schwierigkeiten und Tragödien des Lebens, die Anreize zum Erkenntniserwerb liegen in der radikalen Disparität der Präsenz in der Erfahrung und der Präsenz in der

Erkenntnis. Gleichwohl hat die immense Wichtigkeit der Erkenntniserfahrung, die Tatsache, dass die Verwandlung der Präsenz-in-der-Erfahrung in die Präsenz-in-der-Erkenntnis die einzige Möglichkeit der Naturbeherrschung ist, die europäische Philosophie seit Sokrates systematisch zu der Überzeugung verführt, jede Erfahrung sei eine Form von Erkenntnis; wenn nicht von guter Erkenntnis, dann einer niederrangigen oder konfusen oder impliziten Erkenntnis.

Wenn Wasser ein adäquater Reiz zum Handeln ist oder wenn seine Reaktionen uns bedrängen und überwältigen, bleibt es außerhalb der Reichweite der Erkenntnis. Wenn freilich die bloße Präsenz des Dings (etwa als optischer Reiz) aufhört, direkt als Reiz für eine Reaktion zu wirken, und es beginnt, in Verbindung mit einer Voraussage der Konsequenzen, die es bewirkt, wenn man auf es reagiert, zu wirken, dann beginnt es, Sinn anzunehmen – erkannt zu werden, ein Objekt zu sein. Es wird als etwas bemerkt, das nass und flüssig ist, den Durst löscht, Schmerzen lindert usf. Die Auffassung, wir fingen mit einer erkannten visuellen Qualität an, die später dadurch erweitert wird, dass man Qualitäten hinzufügt, die durch andere Sinne erworben worden sind, beruht nicht auf Erfahrung, sondern darauf, dass man versucht, die Erfahrung mit der Vorstellung in Einklang zu bringen, jede Erfahrung *müsse* ein Zur-Kenntnis-Nehmen[13] sein. Solange der visuelle Reiz als Reiz um seiner selbst willen wirkt, gibt es überhaupt kein Wahrnehmen, kein Bemerken, von Farbe oder Licht. Auf den größten Teil sensorischer Reize reagieren wir in genau dieser gänzlich nicht-kognitiven Art. In der Einstellung der verzögerten Reaktion, in der Konsequenzen antizipiert werden, wird der Reiz zu einem Zeichen oder Index von etwas anderem – und auf diese Weise zum Stoff des Bemerkens[14] oder der Apprehension oder der Bekanntschaft oder welchen Ausdruck man auch immer verwendet. Und genau dadurch (natürlich samt den Konsequenzen, die damit einhergehen) unterscheidet sich das natürliche Ereignis des Erkennens von dem natürlichen Ereignis der direkten organischen Stimulierung. Es stellt keine Unwandlung einer Realität in eine Irrealität, eines Objekts in etwas Subjektives dar; es ist keine geheime, unzulässige oder epistemologische Transformation; es ist ein echter Erwerb neuer und charakteristischer Eigenschaften

13 [A.d.Ü.: *note*; verwandt mit *know*]

14 [*note*]

dadurch, dass es in Beziehungen zu Dingen tritt, mit denen es früher nicht verbunden war – nämlich möglichen und zukünftigen Dingen.

Wer von dem epistemologischen Gesichtspunkt so besessen ist, dass er annimmt, die vorangehende Darstellung sei eine verkappte rivalisierende Erkenntnistheorie, wird freilich einwenden, all dieses beinhalte keine Veränderung der Realität, keinen Unterschied, der in der Realität gemacht wird. Wasser sei schon die ganze Zeit über all das gewesen, als was es jemals erkannt werden wird. Seine wirkliche Natur habe sich nicht dadurch verändert, dass es erkannt worden ist; jede derartige Veränderung würde ein Ver-Kennen bedeuten.

Dagegen mag gesagt sein – noch einmal und endgültig –, hier wird keine Behauptung oder Implikation über *das* wirkliche Objekt oder *die* wirkliche Welt oder *die* Realität aufgestellt. Eine derartige Annahme gehört in jenes epistemologische Diskursuniversum, das in einem empirischen Diskursuniversum fallen gelassen werden muss. Die Veränderung ist die Veränderung *eines* realen Objekts. Ein Ereignis in der Welt, das als physiologisch direkter Reiz wirkt, ist gewiss eine Realität. Sobald darauf reagiert wird, produziert es dank dieser Reaktion spezifische Konsequenzen. Wasser ist kein getrunkenes Wasser, wenn nicht irgendjemand es trinkt; es löscht nicht den Durst, wenn es nicht von einer durstigen Person getrunken wird – usf. Konsequenzen treten ein, ob man ihrer gewahr wird oder nicht; sie sind integrale Faktoren der Erfahrung. Aber sobald eine dieser Konsequenzen antizipiert und, als antizipierte, zu einem unentbehrlichen Element im Reiz wird, gibt es ein erkanntes Objekt. Es ist nicht so, dass Erkennen eine Veränderung *hervorruft*, sondern dass es eine Veränderung der spezifischen beschriebenen Art *ist*. Ein serieller Prozess, dessen sukzessive Teile als solche nicht gleichzeitig vorkommen können, wird zu einem Objekt zusammengeschoben und verdichtet, zu einer einheitlichen wechselseitigen Bezugnahme gleichzeitiger Eigenschaften, von denen die meisten eher Möglichkeiten als vollständige Daten ausdrücken.

Aufgrund dieser Veränderung besitzt ein *Objekt* Wahrheit oder Irrtum (was das physische Vorkommnis als solches niemals besitzt); es ist als Tatsache oder als Phantasie klassifizierbar; es gehört zu einer Sorte oder Art, drückt ein Wesen oder eine Natur aus, besitzt Implikationen usw. usf. Das heißt, es ist durch spezifizierbare *logische* Eigenschaften charakterisiert, die sich in physischen Vorkommnissen als solchen nicht finden. Dass objektive Idealismen sich auf diese Eigenschaften als konstitutiv für das Wesen der Realität gestürzt haben, ist kein Grund, sie zu fertigen Eigenschaften physischer Geschehnisse zu erklären und deshalb zu behaupten, Erkenntnis sei nichts als eine Erscheinung von Dingen auf einer Bühne, deren Rampenlichter das »Bewusstsein« darstelle. Denn nur das epistemologische Dilemma führt dazu, dass »Vorstellungen« als Erkenntnisse von Dingen angesehen werden, die vorher nicht vorgestellt worden sind. In jeder beliebigen Situation des alltäglichen Lebens oder der Wissenschaft bedeutet Erkenntnis etwas Formuliertes oder eine Folgerung aus etwas anderem. Sichtbares Wasser ist nicht eine mehr oder weniger irrtümliche Präsentation von H_2O, sondern H_2O ist eine Erkenntnis des Dinges, das wir sehen, trinken, mit dem wir uns waschen, auf dem wir segeln und das wir zur Stromerzeugung verwenden.

Noch ein weiterer Punkt und dann mag die gegenwärtige Phase der Diskussion beendet werden. Wenn man Erkenntnis als eine Vorstellungs-Beziehung zwischen dem Erkennenden und dem Objekt betrachtet, dann ergibt sich die Notwendigkeit, den Mechanismus der *Präsentation*, der Vorstellung, als konstitutiv für den Erkenntnisakt zu betrachten. Da Dinge in der Sinneswahrnehmung, in der Erinnerung, in der Phantasie und im Begreifen präsentiert werden können und da der Mechanismus in jeder dieser vier Vorstellungsarten sensorisch-zerebral ist, wird das Erkenntnisproblem zu einem Geist-Körper-Problem.[15] Der psychologische oder physiologische Mechanismus der Präsentation, der im Spiel ist, wenn man einen Stuhl sieht, wenn man sich erinnert, was man gestern Mittag gegessen hat, wenn man sich den Mond in der Größe eines Wagenrads vorstellt, wenn man ein mathematisches Kontinuum konzipiert, wird mit der Operation des Erkennens identifiziert. Die üblen Konsequenzen sind zwiefältig. Das Problem der Beziehung von Geist und Körper ist zu einem Teil des Problems der Möglichkeit der Erkenntnis überhaupt geworden, und damit ist eine Angelegenheit, die ohnehin schon hoffnungslos überanstrengt ist, nur noch kom-

15 Die Begriffs-Präsentation ist natürlich von vielen in der Geschichte der Spekulation zu einer Ausnahme von dieser Behauptung erklärt worden; das »reine« Gedächtnis wird von Bergson ebenfalls zu einer Ausnahme erklärt. Von dieser Sache Kenntnis zu nehmen würde natürlich die im Text angemerkte Schwierigkeit akzentuieren, nicht lösen.

plizierter geworden. Währenddessen wird der wirkliche Erkenntnisprozess, nämlich die Operationen der kontrollierten Beobachtung, des Schließens, Begründens und Überprüfens, der einzige Prozess mit *intellektueller* Bedeutung, als irrelevant für die Theorie der Erkenntnis verworfen. Die Erkenntnismethoden, die im Alltagsleben und in der Wissenschaft praktiziert werden, bleiben in der philosophischen Erkenntnistheorie außer Betracht. Infolgedessen werden die Konstruktionen der Letzteren immer künstlicher, weil sie nicht endgültig kontrolliert werden können. Es wäre leicht, Aussagen von erkenntnistheoretischen Schriftstellern zu zitieren, die besagen, der Charakter dieser Prozesse (welche die einzig verifizierbaren Tatsachen des Erkennens liefern) sei *nur* induktiv oder sogar sie seien von rein psychologischer Bedeutsamkeit. Es wäre schwierig, eine vollständigere Verdrehung der Tatsachen zu finden als die in der letzteren Aussage enthaltene, da Präsentation in Wirklichkeit ja gerade das Anliegen der Psychologie konstituiert. Die Verwechslung von Logik mit physiologischer Psychologie hat eine hybride Epistemologie gezeugt, mit dem erstaunlichen Resultat, dass die Technik wirksamer Forschung für die Erkenntnistheorie irrelevant wird und diejenigen physischen Ereignisse, die in dem Vorkommen von Daten für das Erkennen im Spiel sind, behandelt werden, als konstituierten sie den Akt der Erkenntnis.

V

Welche Auswirkungen hat unsere Diskussion auf die Vorstellung vom gegenwärtigen Anliegen und Geschäft der Philosophie? Was zeigen und verlangen unsere Schlussfolgerungen im Hinblick auf die Philosophie selbst? Denn die Philosophie, die zu solchen Schlussfolgerungen über Erkenntnis und Geist gelangt, muss sie aufrichtig und vorbehaltlos auf ihr Verständnis von ihrer eigenen Natur anwenden. Denn sie beansprucht schließlich, eine Form oder Art und Weise des Erkennens zu sein. Wenn denn also die erreichte Schlussfolgerung lautet, Erkennen bestehe in der Anwendung empirischer Ereignisse im Hinblick auf die Erweiterung unserer Fähigkeit, die sich aus den Dingen ergebenden Konsequenzen zu lenken, dann muss diese Schlussfolgerung auf die Philosophie selbst angewendet werden. Auch sie wird dann nicht zu einem kontemplativen Überblick über das Dasein oder zu einer Analyse dessen, was vergangen und erledigt ist, sondern zu einer Perspektive auf künftige Möglichkeiten mit Bezug auf die Erreichung des Besseren und die Vermeidung des Schlechteren. Philosophie muss mit Anstand ihre eigene Medizin schlucken.

Es ist leichter, die negativen als die positiven Resultate dieser veränderten Idee der Philosophie zu formulieren. Am ehesten kommt einem in den Sinn, dass Philosophie alle Ansprüche aufgeben muss, auf eine ihr eigentümliche Weise mit einer letzten Realität oder mit der Realität als einem vollkommenen (das heißt vollendeten) Ganzen befasst zu sein: mit *dem* realen Objekt. Dieser Verzicht fällt nicht leicht. Die philosophische Tradition, die mit dem klassischen griechischen Denken beginnt und die im Mittelalter durch die christliche Philosophie verstärkt wurde, unterscheidet philosophisches Erkennen von anderen Formen des Erkennens mittels einer angeblich eigentümlich vertrauten Befassung mit der höchsten, letzten, wahren Realität. Wollte man der Philosophie diesen Zug absprechen, so erschiene das vielen als Selbstmord der Philosophie; als systematische Anerkennung der Skepsis oder eines agnostischen Positivismus.

Wie tief diese Tradition sitzt, zeigt sich an der Tatsache, dass ein so moderner Denker wie Bergson, der in dem Verzicht auf die traditionelle Identifikation des wahrhaft Realen mit dem Unveränderlichen (eine Identifikation, die aus dem griechischen Denken herrührt) eine philosophische Revolution sieht, es nicht über sich bringen kann, das entsprechende Gegenstück aufzugeben, die Identifikation der Philosophie mit der Suche nach dem wahrhaft Realen – und es deshalb nötig findet, ein letztes und absolutes Fließen an die Stelle einer letzten und absoluten Permanenz zu setzen. Auf diese Weise wird seine große empirische Leistung, die Aufmerksamkeit auf die fundamentale Wichtigkeit von Erwägungen der Zeit für Probleme des Lebens und Geistes gelenkt zu haben, durch eine mystische, nicht-empirische »Intuition« kompromittiert; und wir finden ihn damit beschäftigt, mittels seiner neuen Idee von einer letzten Realität die traditionellen Probleme der Realitäten-an-sich-selbst und der Erscheinungen, der Materie und des Geistes, des freien Willens und des Determinismus, Gottes und der Welt zu lösen. Ist das nicht ein weiterer Beweis für den Einfluss der klassischen Idee von Philosophie?

Selbst die neuen Realisten begnügen sich nicht damit, ihren Realismus als ein Plädoyer aufzufassen, sich dem Stoff direkt statt durch die Intervention des epistemologischen Apparats zuzuwenden; sie halten es für nötig, zuerst den Status *des* realen Objekts zu bestimmen. Auf diese Weise verwickeln sie sich in das Problem der Möglichkeit von Irrtümern, Träumen, Halluzinationen usf., kurzum, in das Problem des Übels. Denn ich fasse es so auf, dass ein unverdorbener Realismus solche Dinge als reale Ereignisse akzeptieren würde und in ihnen keine anderen Probleme fände als die, welche die Erwägung jedes anderen wirklichen Ereignisses begleiten – nämlich Probleme der Struktur, des Ursprungs und der Operation.

Es wird oft gesagt, der Pragmatismus müsse, wenn er sich nicht damit begnügt, ein Beitrag zu einer bloßen Methodologie zu sein, eine Theorie der Realität entwickeln. Aber der charakteristischste Zug des pragmatischen Begriffs der Realität ist genau der, dass keine Theorie der Realität *überhaupt*[16] möglich oder notwendig ist. Er steht auf dem Standpunkt eines emanzipierten Empirismus oder eines durchgängigen naiven Realismus. Für ihn ist »Realität« ein *denotativer* Terminus, ein Wort, das benutzt wird, um unterschiedslos alles zu bezeichnen, was geschieht. Lügen, Träume, Wahnsinn, Täuschungen, Mythen, Theorien sind samt und sonders genau die Ereignisse, die sie spezifisch sind. Der Pragmatismus ist damit zufrieden, sich an die Wissenschaft zu halten; denn für die Wissenschaft sind alle solche Ereignisse der Gegenstand von Beschreibung und Forschung – genau wie Sterne und Fossilien, Moskitos und Malaria, Kreislauf und Sehvermögen. Er hält sich darüber hinaus an das alltägliche Leben, dem es selbstverständlich erscheint, dass man mit solchen Dingen so rechnen muss, wie sie, verwoben in das Gewebe der Ereignisse, eben geschehen.

Einzig durch Rückgriff auf spezifische Ereignisse in all ihrer Verschiedenheit und ihrem Dieses-Sein kann der Ausdruck Realität jemals zu mehr als zu einem Blanko-Ausdruck werden. Summarisch gesagt: Solange die Philosophie den Begriff einer Realität beibehält, die den Ereignissen des alltäglichen Geschehens feudal überlegen ist, ist die Hauptquelle der wachsenden Isolierung der Philosophie von dem gesunden Menschenverstand und der Wissenschaft nicht versiegt. Denn diese bewegen sich nicht in einer derartigen Region. Wie von jeher findet sich die Philosophie, wenn sie sich mit wirkli-

16 [i. O. deutsch]

chen Schwierigkeiten befasst, immer noch durch eine Bezugnahme auf Realitäten behindert, die (angeblich) realer, grundlegender sind als die, welche direkt geschehen.

Ich habe gesagt, dass die Identifikation der Philosophie mit dem Begriff einer höheren Realität die Ursache einer *wachsenden* Isolierung von Wissenschaft und praktischem Leben ist. Diese Vokabel erinnert uns daran, dass es einmal eine Zeit gab, in der das Unternehmen Wissenschaft und die moralischen Interessen der Menschen sich in einem Universum bewegten, das sich dem Universum der gewöhnlichen Geschehnisse überlegen dünkte. Obwohl alles, was geschieht, gleich wirklich ist – da es wirklich geschieht –, sind die Geschehnisse nicht von gleichem Wert. Ihre jeweiligen Konsequenzen, ihre Wichtigkeit variieren gewaltig. Falschgeld, obgleich real (oder eher, gerade *weil* es real ist), unterscheidet sich tatsächlich von einem gültigen Zirkulationsmedium, genau wie eine Krankheit sich wirklich von Gesundheit unterscheidet; und zwar in ihrer spezifischen Struktur und deshalb in den Konsequenzen. Im abendländischen Denken waren die Griechen die Ersten, die ganz allgemein zwischen dem Echten und dem Unechten unterschieden und die immense Bedeutung dieser Unterscheidung für die Lebensführung formulierten und durchsetzten. Aber da sie über gar keine Technik experimenteller Analyse und keine adäquate Technik mathematischer Analyse verfügten, waren sie gezwungen, den Unterschied von wahr und falsch, verlässlich und täuschend als Bezeichnungen zweier Arten von Realität zu behandeln: des wahrhaft Realen und des scheinbar Realen.

Zwei Punkte können gar nicht genug betont werden. Die Griechen waren völlig im Recht mit ihrem Gefühl, dass Fragen von Gut und Böse, soweit sie unter menschlicher Kontrolle sind, mit der Unterscheidung des Echten vom Unechten, des »Seins« von dem, was nur vorgibt zu sein, zusammenhängen. Aber weil ihnen die adäquaten Mittel fehlten, mit diesem Unterschied in spezifischen Situationen umzugehen, waren sie gezwungen, den Unterschied als pauschal und starr zu behandeln. Das Wissen befasste sich mit der Vision der letzten und wahren Realität; das Meinen befasste sich mit dem Umgang mit den scheinbaren Realitäten. Beide hatten ihre angemessene Region, die permanent von der anderen getrennt war. Gegenstände der Meinung konnten niemals zu Gegenständen der Wissenschaft werden; das verbot ihre immanente Natur. Solange die

Praxis der Wissenschaft unter solchen Bedingungen stattfand, waren Wissenschaft und Philosophie dasselbe. Beide hatten es mit einer höchsten Realität in ihrem starren und unüberwindlichen Unterschied zu den gewöhnlichen Ereignissen zu tun.

Wir brauchen nur darauf zu verweisen, wie das mittelalterliche Leben die Philosophie einer letzten und höchsten Realität in den Kontext des praktischen Lebens einfügte, um zu erkennen, dass jahrhundertlang politische und moralische Interessen mit der Unterscheidung zwischen dem absolut Realen und dem relativ Realen verknüpft waren. Der Unterschied war keine Sache einer lebensfremden, technischen Philosophie, sondern einer, der das Leben von der Wiege bis zum Grab beherrschte, vom Grab bis zum endlosen Leben nach dem Tode. Mit Hilfe einer riesigen Institution, die praktisch ebenso Staat wie Kirche war, wurden die Ansprüche einer letzten Realität durchgesetzt; wurden Mittel für den Zugang zu ihr bereitgestellt. Die Anerkennung dieser Realität brachte Sicherheit in dieser Welt und Rettung in der nächsten. Es ist nicht nötig, die Geschichte der Veränderung zu erzählen, die seitdem stattgefunden hat. Für unsere Zwecke genügt es zu bemerken, dass keine der modernen Philosophien einer höheren Realität oder *des* realen Gegenstands, sei sie idealistisch oder realistisch, an der Meinung festhält, ihre Einsicht mache einen Unterschied wie den zwischen Sünde und Heiligkeit, ewiger Verdammnis und ewiger Seligkeit. Während in ihrem eigenen Kontext die Philosophie der letzten Realität in die vitalen Interessen der Menschen Eingang fand, tendiert sie jetzt dazu, eine geistreiche Dialektik zu sein, die von einigen wenigen, die an antiken Prämissen festhalten, in professoralen Winkeln geübt wird, obwohl sie ihre Anwendung auf die Lebensführung verwerfen.

Die wachsende Isolierung von der Wissenschaft, in die jede Philosophie gerät, die mit dem Problem *des* Realen identifiziert wird, ist gleichermaßen ausgeprägt. Denn das Wachstum der Wissenschaft bestand genau in der Erfindung von Apparaten, einer Technik von Anwendungen und Verfahren, die alle Vorkommnisse als homogen wirklich akzeptierte und sich daran machte, durch spezifische Methoden der Behandlung in spezifischen Situationen das Authentische vom Unechten, das Wahre vom Falschen zu unterscheiden. Die Verfahren des ausgebildeten Ingenieurs, des kompetenten Physikers, des Experten im Laboratorium haben sich als der einzige Weg erwiesen, das Nachgemachte vom Gültigen zu unterscheiden. Und sie haben enthüllt, dass der Unterschied nichts mit der vorgängigen Unveränderlichkeit der Realität zu tun hat, sondern ein Unterschied der Art der Behandlung und der Konsequenzen ist, die damit einhergehen. Nachdem die Menschheit gelernt hat, ihr Vertrauen in spezifische Verfahren zu setzen, um zwischen dem Falschen und dem Wahren zu unterscheiden, maßt sich die Philosophie die Erzwingung der Unterscheidung auf eigene Kosten an.

Mehr als einmal hat dieser Essay nahe gelegt, dass das Pendant zu der Idee der sich überlegen dünkenden realen Realität die Zuschaueransicht von der Erkenntnis ist. Wenn der Erkennende, wie auch immer er definiert wird, zu der zu erkennenden Welt in Gegensatz gebracht wird, dann besteht Erkennen im Besitz eines mehr oder weniger genauen, aber müßigen Protokolls der wirklichen Dinge. Ob dieses Protokoll einen präsentativen Charakter hat (wie die Realisten sagen) oder ob es mittels Bewusstseinszuständen erstellt wird, welche Dinge repräsentieren (wie die Subjektivisten sagen), ist in seinem Kontext eine Sache von großer Bedeutung. Aber in anderer Hinsicht spielt dieser Unterschied im Vergleich zu dem Punkt, in dem sie beide übereinstimmen, nur eine geringe Rolle. Erkennen ist ein Sehen von außen. Aber wenn es wahr ist, dass das Selbst oder Subjekt der Erfahrung wesentlicher Bestandteil des Gangs der Ereignisse ist, dann folgt, dass das Selbst zu einem Erkennenden *wird*. Es wird zu einem Geist dank einer charakteristischen Art und Weise, am Lauf der Ereignisse teilzunehmen. Die bedeutsame Unterscheidung ist nicht länger die zwischen dem Erkennenden *und* der Welt; es ist die zwischen verschiedenen Arten, in der Bewegung der Dinge zu sein, zu ihr zu gehören; zwischen einer rohen physischen Weise und einer absichtsvollen, intelligenten Weise.

Es besteht keine Notwendigkeit, die vorgebrachten Aussagen im Detail zu wiederholen. Sie laufen darauf hinaus, dass wir mit Erkennen meinen, dass beim Umgang mit bestehenden Bedingungen zukünftige Möglichkeiten vorhanden sind, die der Steuerung dienen können; dass das Selbst zu einem Erkennenden oder einem Geist wird, wenn die Antizipation zukünftiger Konsequenzen als sein Reiz fungiert. Womit wir uns jetzt befassen, ist die Auswirkung dieser Konzeption auf die Natur philosophischer Erkenntnis.

Soweit ich es beurteilen kann, wurde die übliche Reaktion auf die pragmatische Philosophie von zwei ganz verschiedenen Erwägungen motiviert. Einige glaubten, sie liefere eine neue Art Rechtfertigungen, eine neue Art Apologetik bestimmter religiöser Ideen, deren Stellung bedroht war. Andere begrüßten sie, weil sie als Zeichen dafür angesehen wurde, dass die Philosophie im Begriff stand, ihre müßige und spekulative Lebensferne aufzugeben; dass Philosophen endlich anfingen, zu erkennen, dass die Philosophie nur dann von Belang ist, wenn sie, wie das Alltagswissen und die Wissenschaft, eine Anleitung zum Handeln bietet und dadurch letzten Endes eine Veränderung herbeiführt. Sie wurde als Zeichen dafür begrüßt, dass die Philosophen willens waren, den Wert ihres Tuns durch verantwortliche Überprüfungen messen zu lassen.

Soweit ich sehe, haben professionelle Kritiker diesen Gesichtspunkt nicht betont oder kaum erkannt. Der Unterschied in der Haltung lässt sich wahrscheinlich leicht erklären. Das Diskursuniversum der Erkenntnistheorie ist so hoch technisch, dass sich nur ausgebildete Geisteswissenschaftler darin auskennen. Dementsprechend ist es nicht-technischen Lesern nicht in den Sinn gekommen, die Lehre, Bedeutung und Gültigkeit des Denkens werde durch Unterschiede in Konsequenzen und Befriedigung bestimmt, so zu deuten, dass damit Konsequenzen in persönlichen Gefühlen gemeint seien. Hingegen haben professionelle Leser diese Aussage in dem Sinn gedeutet, das Bewusstsein oder der Geist modifiziere die Dinge im bloßen Akt des Anschauens. Sie verstanden die Lehre der Überprüfung der Gültigkeit durch Konsequenzen so, als bedeute sie, Wahrnehmungen und Begriffe seien wahr, wenn die durch sie bewirkten Modifikationen eine emotional wünschenswerte Tönung hätten.

Die vorangehende Diskussion sollte hinlänglich klar gemacht haben, dass die Quelle dieses Missverständnisses darin liegt, dass zeitliche Erwägungen nicht berücksichtigt werden. Die Veränderung in den Dingen, die sich vollzieht, wenn das Selbst sie erkennt, ist nicht unmittelbar und sozusagen querschnittartig. Sie ist längsgerichtet – sie liegt in der neuen Richtung, die Veränderungen gegeben wird, die sich schon vollziehen. Ihr Analogon hat sie in den Veränderungen, die stattfinden, wenn zum Beispiel Eisenerz in eine Uhrfeder verwandelt wird, nicht in denen des Wunders der Transsubstantiation. An die Stelle der statischen, querschnittartigen, nicht-zeitlichen Beziehung von Subjekt und Objekt setzt die pragmatische Hypothese die Wahrnehmung eines Dings in Begriffen der Wirkungen auf andere Dinge. An die Stelle der einzigartigen erkenntnistheoretischen Beziehung setzt sie eine vertraute praktische Beziehung – das Reaktionsverhalten, das mit der Zeit das Substrat verändert, auf das es reagiert. Das Einzigartige an dem Reaktionsverhalten, das Erkennen ausmacht, ist die spezifische Differenz, die es von anderen Reaktionsarten unterscheidet, nämlich die Rolle, die Antizipation und Voraussage darin spielen. Erkennen ist der durch diese Voraussicht stimulierte Akt, Konsequenzen zu sichern beziehungsweise abzuwenden. Der Erfolg dieser Anstrengung ist der Maßstab für den Rang der Voraussage, durch die die Reaktion gelenkt wird. Der übliche Eindruck, pragmatische Philosophie bedeute, dass die Philosophie Ideen zu entwickeln habe, die für die wirklichen Krisen des Lebens relevant sind, die helfen, sie zu bewältigen, und die durch die Hilfe, die sie leisten, überprüft werden, ist ganz richtig.

Der Bezug auf die praktische Reaktion legt freilich ein weiteres Missverständnis nahe. Viele Kritiker sind auf die offensichtliche Assoziation von »pragmatisch« mit »praktisch« angesprungen. Sie nahmen an, es sei beabsichtigt, alles Erkennen, das philosophische eingeschlossen, auf die Unterstützung des »Handelns« zu beschränken, wobei sie unter Handeln entweder einfach irgendeine Körperbewegung oder diejenigen Körperbewegungen verstehen, die zur Erhaltung und dem allgemeinen Wohlbefinden des Körpers beitragen. James' Formulierung, allgemeine Begriffe müssten »sich bezahlt machen«, ist (besonders von europäischen Kritikern) so verstanden worden, als bedeute sie, Ziel und Maß der Intelligenz liege in dem beschränkten und groben Nutzen, die sie hat. Selbst ein scharfsinniger amerikanischer Denker, der den Pragmatismus zunächst als eine Art idealistischer Erkenntnistheorie kritisiert hat, behandelt ihn in der Folge als eine Lehre, welche die Intelligenz als ein Schmiermittel ansieht, das das Arbeiten des Körpers erleichtert.

Eine Quelle des Missverständnisses beruht darauf, dass James mit dem Ausdruck »sich bezahlt machen« die Möglichkeit meinte, eine allgemeine Idee in spezifischen realen Fällen zu verifizieren. Der Ausdruck »sich bezahlt machen« sagt nichts über die Breite oder Tiefe der besonderen Konsequenzen. Als empirische Lehre konnte sie über diese Konsequenzen nichts im Allgemeinen sagen; die spezifischen Fälle müssen für sich selbst sprechen. Wenn der eine Begriff auf der Basis des Beefsteak-Essens und ein anderer auf der Basis eines günstigen Kreditausgleichs bei der Bank verifiziert wird, dann nicht aufgrund irgendeines Elements der Theorie, sondern aufgrund der spezifischen Natur der fraglichen Begriffe und weil es besondere Ereignisse wie Hunger und Handel gibt. Wenn es außerdem wirkliche Dinge gibt, in denen sich die liberalsten ästhetischen Ideen und die großzügigsten moralischen Begriffe durch ihre ganz spezifische Verkörperung verifizieren lassen, dann umso besser. Die Tatsache, dass eine strikt empirische Philosophie von so vielen Kritikern dahingehend verstanden wurde, sie impliziere ein Dogma *a priori* über die Art möglicher Konsequenzen, ist meiner Ansicht nach ein Beweis für die Unfähigkeit vieler Philosophen, konkret empirisch zu denken. Da die Kritiker selber daran gewöhnt waren, ihre Resultate durch Manipulation der Begriffe »Konsequenzen« und »Praxis« zu erzielen, nahmen sie an, sogar ein erklärter Empirist müsse so vorgehen. Ich glaube, es wird einigen Menschen noch lange Zeit unglaublich vorkommen, dass ein Philosoph wirklich die Absicht hat, sich an spezifische Erfahrungen zu halten, um zu bestimmen, welchen Umfang und welche Tiefe die Praxis erlaubt und welche Art von Konsequenzen die Welt zulässt. Begriffe sind so klar; es kostet so wenig Zeit, ihre Implikationen zu entwickeln; Erfahrungen sind so verworren, und es kostet so viel Zeit und Energie, sie zu begreifen. Und trotzdem werfen dieselben Kritiker dem Pragmatismus vor, er mache sich subjektive und emotionale Maßstäbe zu eigen.

In Wirklichkeit bedeutet die pragmatische Theorie der Intelligenz, dass die Funktion des Geistes darin besteht, neue und komplexere Ziele zu entwerfen – die Erfahrung von Routine und Willkür zu befreien. Nicht der Gebrauch des Denkens, um Absichten zu erreichen, die im Mechanismus des Körpers oder des bestehenden Gesellschaftszustandes schon gegeben sind, sondern der Gebrauch der Intelligenz, um das Handeln zu befreien und zu liberalisieren, ist die Lektion des Pragmatismus. Ein Handeln, das sich auf gegebene und unveränderliche Ziele beschränkt, kann große technische Effizienz erreichen; aber Effizienz ist dann auch die einzige Qualität, auf die es Anspruch erheben kann. Ein derartiges Handeln ist mechanisch (oder wird doch so), gleichgültig, von welcher Reichweite das vorgeformte Ziel ist, sei es der Wille Gottes oder die *Kultur*[17]. Aber die Lehre, die Intelligenz entwickle sich innerhalb der Sphäre des Handelns um noch nicht gegebener Möglichkeiten willen, ist das Gegenteil einer Lehre mechanischer Effizienz. Intelligenz *als* Intelli-

17 [i. O. deutsch]

genz schaut ihrem ganzen Wesen nach in die Zukunft; nur wenn sie ihre primäre Funktion ignoriert, wird sie zu einem bloßen Mittel für ein schon gegebenes Ziel. Das Letztere *ist* unfrei, selbst wenn dieses Ziel moralisch, religiös oder ästhetisch genannt wird. Aber ein Handeln, das auf Ziele gerichtet ist, an die sich der Handelnde früher nicht gebunden hat, bringt unvermeidlich einen belebten und erweiterten Geist mit sich. Eine pragmatische Intelligenz ist eine kreative, keine mechanische Intelligenz.

All dieses liest sich vielleicht wie eine Verteidigung des Pragmatismus durch jemand, der ein Interesse daran hat, die bestmöglichen Argumente für ihn anzuführen. Das ist freilich nicht die Absicht. Vielmehr sollte deutlich gemacht werden, wieweit die Intelligenz das Handeln von einem mechanisch instrumentellen Charakter befreit. Intelligenz ist tatsächlich instrumentell: Sie ist ein Mittel, die Qualitäten zukünftiger Erfahrung *durch* Handeln zu bestimmen. Aber ebendie Tatsache, dass das Interesse der Intelligenz sich auf die Zukunft richtet, auf das Noch-nicht-Verwirklichte (und auf das Gegebene und Bestehende nur als Bedingung der Verwirklichung von Möglichkeiten), macht die Handlung, in der sie wirksam wird, großzügig und liberal; freien Geistes. Genau die Handlung, welche den Einfluss der Intelligenz erweitert und anerkennt, hat in ihrer Instrumentalität einen eigenen immanenten Wert: – den immanenten Wert, zugunsten der Bereicherung des Lebens von Intelligenz geprägt zu sein. Ebendadurch wird die Intelligenz wahrhaft liberal: Erkennen ist ein menschliches Unternehmen, kein ästhetischer Genuss, der einer kultivierten Klasse vorbehalten ist, oder ein Kapitalbesitz weniger gelehrter Spezialisten, seien es Männer der Wissenschaft oder der Philosophie.

Ich habe im Vorangehenden den Akzent stärker auf das gelegt, was Philosophie nicht ist, als auf das, was sie werden kann. Aber es ist nicht nötig, es ist nicht einmal wünschenswert, Philosophie als ein geplantes Programm darzustellen. Es gibt bedrückende und tiefsitzende menschliche Probleme, die sich durch eine geübte Reflexion klären lassen und deren Lösung durch die sorgfältige Entwicklung von Hypothesen gefördert werden kann. Sobald einmal verstanden ist, dass philosophisches Denken völlig im aktuellen Gang der Ereignisse aufgeht, da es ihre Aufgabe ist, sie zu einem glücklichen Ende zu führen, zeigen sich Probleme in Fülle. Philosophie wird diese Probleme nicht lösen; Philosophie ist Vision, Phantasie, Reflexion –

und ohne Handlung ändern diese Funktionen nichts und lösen deshalb nichts. Aber in einer komplizierten und verrückten Welt dürfte Handeln, das nicht von Vision, Phantasie und Reflexion durchdrungen ist, aller Wahrscheinlichkeit nach eher die Verwirrung und den Konflikt vermehren als die Dinge wieder gerade biegen. Es ist nicht einfach, eine großzügige und beständige Reflexion zu einer lenkenden und erhellenden Methode im Handeln werden zu lassen. Wenn sie sich nicht selbst von der Identifikation mit Problemen befreit, die angeblich auf der Realität als solcher oder ihrem Unterschied von einer Welt der Erscheinung oder ihrer Beziehung zu einem Erkennenden als solchem beruhen, sind der Philosophie die Hände gebunden. Wenn sie keine Chance hat, ihr Schicksal durch die Anregung von Experimenten mit einer verantwortlichen Laufbahn zu verbinden, kann sie sich nicht mit Fragen identifizieren, die sich in den Wechselfällen des Lebens tatsächlich erheben. Philosophie gewinnt sich selbst wieder zurück, wenn sie nicht länger ein Hilfsmittel ist, um die Probleme der Philosophen zu lösen, und zu einer von Philosophen kultivierten Methode wird, um die Probleme der Menschen zu bewältigen.

Ihr Schwerpunkt muss sich mit dem Druck und den besonderen Auswirkungen der Probleme, welche die Menschen bedrängen, ändern. Jedes Zeitalter kennt seine eigenen Übel und sucht seine eigenen Heilmittel. Man braucht kein besonderes Programm, um zu bemerken, dass gegenwärtig das zentrale Bedürfnis jedes Programms eine adäquate Auffassung von der Natur der Intelligenz und ihrer Stellung im Handeln ist. Philosophie kann nicht ableugnen, für viele fehlerhafte Auffassungen von der Natur der Intelligenz, die sie jetzt an einer wirksamen Entfaltung hindern, verantwortlich zu sein. Ihr ist mindestens eine negative Aufgabe auferlegt. Sie muss die Intelligenz des gewöhnlichen Menschen, der mit seinen Problemen kämpft, von den Lasten befreien, die sie ihr aufgebürdet hat. Sie muss die Art von Intelligenz zurückweisen und verwerfen, die nichts als ein fernes Auge ist, das in einem fernen und fremden Medium das Spektakel von Natur und Leben registriert. Das Bewusstmachen der Tatsache, dass die Entstehung von Phantasie und Denken auf die Verknüpfung der Leiden der Menschen mit ihren Taten bezogen ist, bedeutet schon als solches eine Erhellung dieser Leiden und eine Belehrung dieser Taten. Wenn man den Geist in seiner Verbindung mit dem Eintreten des Neuen in den Lauf der Welt begreift, dann begreift man auch allmählich, dass die Intelligenz selbst die vielversprechendste aller Neuheiten ist, die Enthüllung des Sinns jener Transformation der Vergangenheit in die Zukunft, welche die Realität jeder Gegenwart ist. Mit dieser Enthüllung der Intelligenz als Organ für die Lenkung dieser Transformation, als der einzigen Kraft, um deren Qualität zu bestimmen, fällt jetzt dem Handeln eine unermessliche Bedeutsamkeit zu. Die Ausarbeitung dieser Überzeugungen von der Verknüpfung der Intelligenz mit dem, was Menschen aufgrund ihres Handelns erleiden, wie auch mit der Entstehung und Lenkung des Schöpferischen, Neuartigen in der Welt ist an sich schon ein Programm, das die Philosophen in Atem halten wird, bis sich ihnen etwas Wichtigeres aufzwingt. Denn diese Ausarbeitung muss durch die Anwendung auf alle Disziplinen erfolgen, die mit dem menschlichen Verhalten in enger Verbindung stehen – auf Logik, Ethik, Ästhetik, Ökonomie und das Verfahren der Formal- und Naturwissenschaften.

Überdies glaube ich, dass dieses Pochen auf die Schlüsselposition der Intelligenz in der Welt und dadurch bei der Kontrolle menschlicher Schicksale (soweit man darauf Einfluss nehmen kann) in einem gewissen Sinn dasjenige unter den Problemen des Lebens ist, das uns am meisten angeht – uns, die wir nicht nur im frühen zwanzigsten Jahrhundert leben, sondern in den Vereinigten Staaten. Man macht sich leicht zum Narren, wenn man über den Zusammenhang von Denken und Nationalität redet. Aber ich sehe nicht, wie irgendjemand die charakteristisch nationale Färbung der englischen oder französischen oder deutschen Philosophien bestreiten kann. Und wenn seit kurzem die Geschichte des Denkens unter die Herrschaft des deutschen Dogmas einer inneren Evolution von Ideen geraten ist, muss man nicht lange suchen, um sich zu überzeugen, dass dieses Dogma selbst von einem bestimmten nationalistischen Bedürfnis und Ursprung zeugt. Ich glaube, dass sich die Philosophie in Amerika zwischen einem historischen Herumkauen auf längst auf hölzerne Fasern reduzierter Nahrung oder einer Apologetik für längst verlorene Anliegen (verloren für die Naturwissenschaft) oder einem scholastischen, schematischen Formalismus verirrt, wenn sie nicht irgendwie Amerikas eigene Bedürfnisse und Amerikas eigenes implizites Prinzip des erfolgreichen Handelns zu Bewusstsein bringen kann.

Diese Bedürfnis und Prinzip ist nach meiner festen Überzeugung die Notwendigkeit einer bewussten Kontrolle der Handlungsweisen durch die Methode der Intelligenz, einer Intelligenz, die nicht die Fähigkeit des Intellekts ist, die in Lehrbüchern geehrt und im übrigen ignoriert wird, sondern die in der Gesamtsumme von Impulsen, Gewohnheiten, Aufzeichnungen und Entdeckungen besteht, die darüber entscheiden, was in zukünftigen Möglichkeiten wünschenswert und nicht wünschenswert ist, und die zugunsten des vorgestellten Guten klug planen. Unser Leben spielt sich nicht vor einem Hintergrund von geheiligten Kategorien ab, auf die wir zurückgreifen können; wir verlassen uns auf die Autorität von Präzedenzfällen nur zu unserem eigenen Verderben – denn wir sind derart kontinuierlich neuartigen Situationen ausgesetzt, dass ein endgültiges Vertrauen auf Präzedenzfälle ein Klasseninteresse zur Folge hat, das uns an der Nase führt, wohin es will. Der britische Empirismus mit seinem Appell an die Geschehnisse der Vergangenheit ist schließlich nur eine Art von Apriorismus. Denn er legt eine unabänderliche Regel fest, der die zukünftige Intelligenz zu folgen hat, und nur das Versinken der Philosophie in technischer Gelehrsamkeit hindert uns daran zu sehen, dass dies das Wesen des Apriorismus ist.

Wir sind stolz darauf, realistisch zu sein, eine nüchterne Kenntnisnahme von Tatsachen anzustreben und die Mittel für unser Leben zu beherrschen. Wir sind stolz auf einen praktischen Idealismus, einen lebendigen und beweglichen Glauben an noch nicht realisierte Möglichkeiten, an die Bereitwilligkeit, für deren Realisierung Opfer zu bringen. Idealismus wird leicht zu einer Sanktion für Verschwendung und Sorglosigkeit, und Realismus zu einer Sanktion eines Rechtsformalismus zugunsten der bestehenden Zustände – der Rechte des Besitzers. Wir neigen auf diese Weise dazu, einen lockeren und wirkungslosen Optimismus mit der Zustimmung zu der Lehre »nehme, wer nehmen kann« zu verbinden: einer Vergöttlichung der Macht. Alle Völker zu allen Zeiten sind in ihrer Praxis strikt realistisch gewesen und haben sich dann der Idealisierung bedient, um in Gefühl und Theorie ihre Brutalitäten zu verschleiern. Aber vielleicht niemals ist die Tendenz so gefährlich und so verführerisch gewesen wie bei uns. Das Vertrauen auf die Macht der Intelligenz, sich eine Zukunft vorzustellen, die die Projektion des in der Gegenwart Wünschenswerten ist, und die Mittel zu ihrer Realisierung zu erfinden, ist unsere Rettung. Und es ist ein Vertrauen, das genährt und artikuliert werden muss: ganz gewiss eine hinreichend große Aufgabe für unsere Philosophie.

8. Philosophie

Mein Thema sind Ansprüche und Chancen der Philosophie aus sozialwissenschaftlicher Sicht. Es ist nicht üblich, die Philosophie als eine der Sozialwissenschaften zu betrachten, und sie in diese Reihe aufzunehmen zeugt nicht nur von intellektueller Großzügigkeit, sondern auch von Weitsicht. Denn Philosophie und wahrscheinlich auch Sozialwissenschaft haben, wie mir scheint, unter der Tradition, die sie voneinander isoliert hat, gelitten. Die Philosophie hat an Lebenskraft und *actualité* verloren, und es ist denkbar, dass die Sozialwissenschaft aus einer engeren Verbindung an Ausblick und Perspektive gewonnen hätte. Ich habe auf diese Isolierung als eine Tradition verwiesen und trotzdem gab es eine Zeit, als sich beide in dem trafen, was »Moral« hieß – die weit davon entfernt war, eine moralistische Ethik zu bezeichnen, da sie den gesamten Bereich der *humaniora* abdeckte. Auf jeden Fall werde ich das Thema aus der Perspektive der Integration betrachten, die durch die Einbeziehung der Philosophie in den Bereich der Sozialwissenschaften nahe gelegt wird.

So großzügig diese Einbeziehung auch ist, so bietet sie doch auch eine verwirrende Vielfalt von Gegenständen und Fragen. Das Thema, das sich zunächst von selbst anbietet, ist die soziale und politische Philosophie. Denn hier durchdringen sich offenkundig Sozialwissenschaften und Philosophie. In dem Augenblick, wo wir von der Beschreibung gesellschaftlicher Erscheinungen zu einem Versuch ihrer Bewertung übergehen und wagen, auf der Basis begründeter Schlussfolgerungen Ziele und Ideale zu formulieren, in diesem Augenblick wechseln wir aus dem engen Bereich der Wissenschaft zu Problemen der Philosophie über – etwa der Beziehung von Tatsachen und Idealen, der Natur des Wertes, den Kriterien seiner Beurteilung usf. Aber vielleicht erweist es sich gerade deshalb, weil dieser Aspekt der Diskussion so offenkundig ist, als hilfreich, einen indirekten Zugang zu versuchen und mit Überlegungen zu beginnen, die auf den ersten Blick von gesellschaftlichen Phänomenen weit entfernt sind. Ich will mich deshalb dem Thema auf einem Umweg nähern und dabei drei Fragen erörtern: die Geschichte des philosophischen Denkens, die Logik und den etwas allgemeineren Aspekt der Philosophie, der manchmal Metaphysik genannt wird.

I

Vielleicht lässt sich an einer scheinbaren Paradoxie verdeutlichen, warum es von Vorteil ist, die Diskussion von Seiten der Geschichte der Philosophie zu beginnen. Einerseits kann kaum bestritten werden, dass die Philosophie, historisch gesehen, ein Zweig der menschlichen Geschichte ist und als solcher Stoff für den Historiker der menschlichen Entwicklung im allgemeinsten Sinn darstellt. Unter diesem Gesichtspunkt ist sie kein isolierter Gegenstand, sondern ebenso Teil der allgemeinen Geschichte der Kultur wie Religion, Kunst oder politische Institutionen. Philosophie, selbst im engeren und technischen Sinn, entstand sehr allmählich vor einem Hintergrund, der unstrittig das eigentliche Feld des Anthropologen ist, obwohl ihre ganze Entwicklung eine Wechselwirkung mit religiösen, wissenschaftlichen und politischen Bewegungen zeigt, die in das Gebiet des allgemeinen Historikers fallen. Andererseits werden die üblichen Darstellungen der Geschichte der Philosophie normalerweise nicht unter diesem Gesichtspunkt geschrieben. Sie befassen sich eher mit der Geschichte des Denkens als einem in sich geschlossenen Gebiet, in dem Ursprung und Entwicklung besonderer Probleme und Schlussfolgerungen unabhängig von jeder Berührung mit anderen Aspekten der Kultur verfolgt werden können. Als Teil der Ausbildung des Philosophiestudenten ist eine derartige Ansicht vielleicht praktisch notwendig, besonders, wenn man erwartet, dass der Student einmal selber Lehrer in diesem Fach wird. Nichtsdestoweniger ist dieser Gesichtspunkt, wenngleich legitim, so doch einseitig; er muss dadurch ergänzt werden, dass man das Material in den weiteren Kontext der Bewegung der gesamten Kultur stellt. Das Bild der Philosophen, das entsteht, wenn man sie sich als Bewohner von Zellen vorstellt, die von dem Strom des Lebens weit entfernt sind, ist so einseitig, dass es falsch ist. Denn der Philosoph, selbst in seiner Zelle oder Studierzimmer, bezieht sein Material und seine Probleme immer noch aus dem Strom des ihn umgebenden Lebens. Es ist natürlich wahr, dass es ein kontinuierliches Anwachsen philosophischer Literatur gegeben hat und dass diese literarische Tradition dem Philosophiestudenten das Material liefert, das er erst einmal meistern muss, um in den Besitz des Handwerkszeugs für seine Arbeit zu gelangen. Aber der Ursprung dieses Materials liegt nicht im Nachdenken über Philosophie, sondern im Nachdenken über die Erfahrung, und zwar die Erfahrung, die gesättigt war mit den Farben des gesellschaftlichen Lebens, in dem sie ihren Ursprung hatte. Sonst hörte sie auf, Philosophie zu sein, und wurde zu akademischem Stoff, fast einem Zweig der Philologie.

Infolgedessen lautet mein erster Satz, dass die Geschichte des philosophischen Denkens, in ihrem Zusammenhang mit anderen, religiösen, wissenschaftlichen, politischen, ökonomischen und künstlerischen Bewegungen und Formen der menschlichen Kultur genommen, ein Gebiet der Sozialforschung darstellt. Der Historiker der Philosophie muss zwangsläufig vor allem Historiker und nicht einfach Philosophiehistoriker sein. In demselben Maße, wie er sein Material isoliert, verliert er den Schlüssel zur Bedeutung dessen, was er untersucht. Jede Form des Denkens, gleichgültig wie abstrakt sie erscheint, muss ein Publikum gefunden haben, wenn sie hinreichend lange bestanden hat, um Teil der Geschichte des Denkens geworden zu sein, und nur, wenn der Historiker etwas vom Charakter jenes Publikums weiß und sich ein Urteil über die Natur der Anziehungskraft bilden kann, die es ausübte, kann er die Bedeutung jener Art des Denkens entschlüsseln. Und wenn man sagt, ein Denker müsse bei seinem zeitgenössischen Publikum Resonanz finden, dann bedeutet das nichts anderes, als dass er irgendwie auf wichtige Bedürfnisse seiner Zeit antworten muss. Selbst wenn wir die Natur einer bestimmten Philosophie erwägen, können wir uns nicht von der biologischen Idee lösen, dass menschliche Aktivität eine Reaktion auf eine Umwelt darstellt, in diesem Fall eine reflexive Reaktion auf eine gesellschaftliche Umwelt. Wir können einen Akt, sei er offen oder reflexiv, nicht verstehen, wenn wir nicht das Medium verstehen, in dem er stattfindet und auf das er eine Reaktion darstellt.

Diese allgemeinen Bemerkungen werfen eine Frage auf: Worin genau besteht das charakteristische Material, auf das Philosophie spezifisch reagiert? Wie mir scheint, müssen wir die Antwort nicht weit suchen. Der unmittelbare Gegenstand des philosophischen Denkens sind die gängigen *Überzeugungen*, besonders die traditionellen Überzeugungen, die mit dem institutionellen Leben in seinen unterschiedlichen Formen verwoben sind. Es ist natürlich nicht möglich, eine scharfe Linie zwischen Philosophie und Wissenschaft zu ziehen. Aber man kann sagen, dass ein Denker, sofern er sich mit Phänomenen *direkt* befasst, Wissenschaftler, und sofern er sich mit grundlegenden intellektuellen Einstellungen und Ideen beschäftigt, die um diese Phänomene herum entstanden sind, Philosoph ist. Das heißt, der Wissenschaftler befasst sich direkt beispielsweise mit Sternen oder politischen Institutionen, während sich das Interesse des Philosophen auf die Überzeugungen richtet, die sich über Sterne, Himmel und Erde entwickelt haben, sofern sie in die gesamte menschliche Lebensform eingehen und hineinwirken, oder auf die Überzeugungen, die die Institutionen am Leben erhalten und ihnen ihre Macht über die Loyalität und die Ziele der Menschen geben. Die Demarkationslinie ist nicht scharf, weil der Wissenschaftler, der seine Ergebnisse aus einer, wie ihm scheint, direkten Untersuchung der Phänomene selbst gewinnt, dem Einfluss der traditionellen Überzeugungen und Perspektiven nicht entgehen kann, die seinen Geist und seine Interessen und infolgedessen die Art seiner Aufmerksamkeit und Interpretation geformt haben; während der Philosoph einige direkte eigenständige Beobachtungen, eine direkte Erfahrung benötigt, um mit und an ihr den Bestand an gängigen Überzeugungen zu überprüfen. Aber Richtung und Akzent des Denkens in den beiden Verfahren sind so verschieden, dass wir zwei unterschiedliche Arten des Denkens unterscheiden können. Wir können demnach sagen, die Aufgabe des Philosophen sei die *Kritik der Überzeugungen*, das heißt derjenigen Überzeugungen, die gesellschaftlich so weit verbreitet sind, dass sie beherrschende Faktoren der Kultur sind. Er wird als Philosoph durch Methoden der kritischen Untersuchung der Überzeugungen charakterisiert, aber der Gegenstand, mit dem er sich befasst, ist nicht sein eigener. Die Überzeugungen selber sind soziale Produkte, soziale Tatsachen und soziale Kräfte.

Diese grundlegende Tatsache macht die Geschichte der Philosophie zu einem Gegenstand der Sozialwissenschaft; im gegenwärtigen Augenblick zu einem fruchtbaren und wichtigen Gegenstand vor allem deshalb, weil bislang auf diesem Gebiet so wenig geschehen ist. Es ist keine Übertreibung, wenn man sagt, dass die Geschichtsschreibung des Denkens noch in den Kinderschuhen steckt. Es gibt zahlreiche und oft ausgezeichnete Darstellungen bestimmter Einzelprobleme, die je nach ihrer Zugehörigkeit zu einem bestimmten technischen Gebiet unterschieden sind, aber nur wenige Darstellungen der Geschichte des Denkens als einer geistigen Reaktion auf die in verschiedenen Epochen und Phasen der menschlichen Kultur herrschenden Überzeugungen. Bis in die jüngste Gegenwart hinein fehlte es an Material, das für die Verwendung dieser Methode erforderlich ist; auf dem wichtigen Gebiet der Wissenschaftsgeschichte ist es immer noch allzu kärglich. Die Geschichte des Denkens als Gegenstand der Sozialwissenschaft hängt von Materialien ab, die von dem Historiker anderer gesellschaftlicher Gebiete bereitgestellt werden müssen, und bis vor kurzem war dieses Material nicht vorhanden. Aber diese Situation hat sich meiner Ansicht nach jetzt so gewandelt hat, dass man zumindest einen Anfang machen kann. Diese Möglichkeit bestimmt den Charakter meines primären Vorschlags – dass die Geschichte der Philosophie ein genuines Objekt sozialwissenschaftlicher Forschung darstellt.

Das von mir vorgeschlagene Ziel ist in vagen und allgemeinen Ausdrücken formuliert. Um wirklich verständlich zu sein, sollte es in die Begriffe genauer bestimmter und begrenzter Ziele übersetzt werden. Wiederum haben wir hier eine verwirrende Überfülle. Jeder Fußbreit, ja jeder Zentimeter des Weges schreit nach einer Behandlung unter sozialen Gesichtspunkten. So haben zum Beispiel Anthropologen, Archäologen und Historiker in der vergangenen Generation einen gewaltigen Reichtum an Material über das frühgriechische Leben und seinen Zusammenhang mit barbarischen und sogar wilden Kulturschichten geschaffen. Autoren wie F. M. Cornford, G. Murray, Jane Harrison und andere haben dieses Material für das Verständnis des griechischen Denkens fruchtbar gemacht; sie haben das Material in einer Form aufbereitet, die nach philosophischer Aneignung und Verwendung verlangt. Aber die ältere Tradition der Isolierung ist weit davon entfernt zu kapitulieren. Ich fürchte, es gibt noch immer viele Philosophen, die es als Befleckung der Reinheit der Philosophie ansehen, müssten sie zugeben, dass es einen engen Zusammenhang zwischen philosophischer Literatur und anthropologischem Material bei den Griechen gibt.

Obgleich es sachlich nicht ganz gerechtfertigt ist, einer bestimmten Periode der Denkgeschichte den Vorzug vor einer anderen zu geben, um die Notwendigkeit einer sozialwissenschaftlichen Untersuchung zu illustrieren, bieten sich die Epochen des Hellenismus und der Scholastik geradezu unwiderstehlich an. Denn beide stellen eine Entwicklung der Philosophie dar, die offenkundig eine mit den herrschenden Tendenzen ihrer Zeit verbundene Lebensform war. Philosophiegeschichten vermeiden gerne eine Auseinandersetzung mit den religiösen Bewegungen, die mit einer philosophischen Entwicklung zeitgleich waren, trotz ihrer unleugbar engen Verbindung. So in der griechisch-römischen Epoche: Unsere Darstellungen bieten derart spezialisierte Behandlungen der neuplatonischen, stoischen und patristischen Theorien, dass der Leser nicht die gemeinsame Atmosphäre erkennt, die sie allesamt umgibt. Infolgedessen verschafft uns Gilbert Murrays Kapitel *Failure of Nerves* in seinem Buch *Four Stages of Greek Religion* mehr Aufklärung über den wirklichen Charakter der intellektuellen Bewegungen jener Zeit als die Standardwerke über Philosophie. Die Geschichte der Philosophie dieser Epoche kann erst wirklich geschrieben werden, wenn alle diese Bewegungen miteinander verbunden werden; und diese Verbindung lässt sich erst dann herstellen, wenn man sie mit gesellschaftlichen Tendenzen verknüpft, die sich in dem Wiederaufleben der Mysterienkulte, der Entstehung der christlichen Kirchen, der Entwicklung des römischen Reichs zu einem Verwaltungs- und Rechtssystem, der Stellung der Kirche, der Entwicklung literarischer Studien und Methoden der Exegese in Athen und Alexandria usf. zeigen.

Nach einer langen Periode des Desinteresses außerhalb katholischer Kreise mehren sich die Zeichen für ein Wiederaufleben des Interesses an der Scholastik. Auf dem engeren Gebiet der Erforschung ihrer Literatur ist schon viel getan worden, und vieles bleibt noch zu tun. Aber auf dem größeren Gebiet der Beziehungen dieser Literatur zu den religiösen, politischen, künstlerischen und ökonomischen Phänomenen der Epoche zwischen dem neunten und dem dreizehnten Jahrhundert ist kaum erst ein Anfang gemacht worden. In der späteren Ära des Zerfalls der Scholastik und des sporadischen Wiederauflebens der aristotelischen Wissenschaft (der Vorbereitung jener Bewegung, die allgemein als Renaissance bekannt ist) haben Literaturwissenschaftler und Historiker aus anderen Gebieten etwas getan, Historiker des Denkens hingegen nur wenig. Und trotzdem wurden in dieser Epoche des Übergangs die Grundlagen für jenen Gesamtgesichtspunkt gelegt, den wir »modern« nennen.

II

Von diesen vereinzelten und oberflächlichen Illustrationen gehe ich zum zweiten Thema über, der Theorie der Logik als Gegenstand der Sozialwissenschaft. Das soeben erwähnte Thema der Geschichte kann dabei als Brücke dienen. Die herrschende aristotelische Tradition in der Logik, eine Tradition, die Kant noch gegen Ende des achtzehnten Jahrhunderts dazu bewog, die aristotelische Logik als ein fertiges, vollständiges System anzusehen, ist wahrscheinlich weitgehend dafür verantwortlich, dass die Erforschung der Geschichte der Logiktheorien vernachlässigt wurde. Im neunzehnten Jahrhundert sorgte die Neigung, Logik in Erkenntnistheorie aufgehen zu lassen, sei sie psychologisch oder nicht-psychologisch, dafür, dass diese Vernachlässigung andauerte, und das geringe Maß an Aufmerksamkeit, das der Geschichte der Logik überhaupt noch geschenkt wurde, versandete in sachfremden und obskuren Erwägungen. In Wirklichkeit gab es trotz der Herrschaft der aristotelischen Orthodoxie ebenso viel Veränderung und Vielfalt auf dem Gebiet des logischen Denkens wie auf den Gebieten der Ethik und Metaphysik, und diese Geschichte ist praktisch ein ungeschriebenes Kapitel – oder eher eine ungeschriebene Reihe von Bänden. Ich kann an dieser Stelle nur ganz kurz bemerken, ohne jeden Versuch zu einem Beweis, dass es sehr wohl möglich ist, die Entwicklung der Logik als einer Theorie der Methoden der Forschung und des Beweises aus denjenigen Motivationen und Problemen herauszulösen, die die Literatur über die Geschichte der Erkenntnistheorie beherrscht haben.

Die Logik des Aristoteles war keine formale Logik im modernen Sinn; sie war eine Widerspiegelung seiner Metaphysik und direkter noch seiner Kosmologie. Es war eine Logik, die der Auffassung entsprach, die Welt sei ein System unveränderlicher qualitativer Arten, wie es die Spezies von Tieren und Pflanzen sind – eine geschlossene physikalische oder astronomische Welt, formuliert auf der Basis einer willkürlichen Anwendung der Euklidischen Geometrie und in Begriffen einer Vielfalt qualitativer Bewegungen, die den qualitativen Einteilungen des Kosmos entsprachen. Die historische Erforschung der Fortentwicklung der aristotelischen Logik bietet zahlreiche Probleme. *Ein* Aspekt der Untersuchung betrifft die Umwandlung der aristotelischen Logik aus einem Organon materialer Wahrheiten über Natur und Mensch in eine formale Dialektik des Disputs und der Kontroverse. Die sozialen Zusammenhänge dieses Problems finden sich natürlich in der Geschichte der Kirche bei ihren Versuchen, eine religiöse und ekklesiastische Lehre zu formulieren, die vor Häresien sicher wäre und so ein Mittel der theologischen Erziehung böte.

Ein anderer Aspekt dieses Problems ist die Entdeckung, was wirklich geschah, als die alten Begriffe des Kosmos zerfielen und die bislang unterstellte physikalische und astronomische Grundlage des aristotelischen Systems von Syllogismen, Klassifikationen und Definitionen in der Beweisführung dahinschwand. Bei einer derartigen Untersuchung stößt man auf einen wichtigen Bereich der logischen Entwicklung; denn die neuen Ideen in Astronomie und Physik konnten sich nur dank der Entstehung und Anwendung neuer Methoden der Forschung und Überprüfung entwickeln. Wieweit diese neue Logik in den wissenschaftlichen Forschungen implizit enthalten war, lässt sich eher einzelnen verstreuten Schriften dieser neuen Forschergeneration entnehmen als expliziten Darstellungen in logischen Abhandlungen. Aber diese Tatsache ist nur ein weiterer Beweis für den vergeblichen Versuch, die Geschichte der Philosophie von der Geschichte anderer gesellschaftlicher Veränderungen zu trennen. Sie bedeutet, dass sich die Materialien für die Geschichte der Logik primär in den Aufzeichnungen wissenschaftlicher Beobachtungen, Experimente und Berechnungen und nicht so sehr in den Büchern finden, die normalerweise als philosophisch bezeichnet werden.

Eine typische Illustration für die Wichtigkeit dieses Themas bietet Descartes. Der Hörer philosophischer Vorlesungen und der Leser philosophischer Bücher lernt die cartesianischen Regeln zur Leitung des Geistes kennen, er erfährt alles über das *cogito ergo sum* und den ontologischen Gottesbeweis und wird vielleicht über den Einfluss solcher Ideen auf die spätere idealistische Bewegung belehrt. Nebenbei erfährt er vielleicht, dass Descartes außerdem noch die analytische Geometrie entwickelt hat. Aber er hat ungewöhnliches Glück, wenn er eine Vorstellung von der zentralen Stellung dieser mathematischen Konzeption im Gesamtsystem Descartes' gewinnt, ganz zu schweigen von dem Zusammenhang dieser neuen mathematischen Richtung mit den wissenschaftlichen Problemen seiner Zeit und ihrem Einfluss auf die spätere Wissenschaft und Philosophie. Trotzdem ist diese Verbindung ein unentbehrlicher Faktor in der Entwicklung einer im Unterschied zur konventionellen Logik wirklich funktionierenden Logik.

Dieser Hinweis auf die Geschichte der Logik war freilich nur ein Nebengedanke und knüpfte lediglich an das Vorangehende an. Obgleich die Betrachtung der Logiktheorie als solcher nicht von der

Geschichte der wirklichen Entwicklungen der wissenschaftlichen Forschung getrennt werden kann, befasse ich mich hier speziell mit der Logik selbst in ihrem Zusammenhang mit gesellschaftlichen Phänomenen. Um die Vorstellung, die mir dabei vor allem vorschwebt, summarisch auszudrücken: Die Verwirrungen und Ungewissheiten der Forschung, Diskussion und Kontroverse in allen Sozialwissenschaften spiegeln sich im gegenwärtigen Zustand der Logik als philosophischer Disziplin wider. Es wäre übertrieben zu behaupten, die Verwirrungen und Ungewissheiten in den Methoden der Sozialwissenschaften hätten ihre *Quelle* in den Verwirrungen und Ungewissheiten der Logik selbst; eine solche Aussage würde die Art und Weise, wie die Tatsachen und Ideen der Logik von wirklichen intellektuellen Unternehmungen abhängen, auf den Kopf stellen. Aber es ist nicht übertrieben zu behaupten, dass Klarheit über die Entwicklung der Theorie der Logik den geistigen Werkzeugen der Sozialwissenschaften eine dringend notwendige Hilfe geben würde: der Politik, Ökonomie, Geschichte, Soziologie und so weiter.

Wenn wir jetzt beginnen, die Beziehungen der Logik zu gesellschaftlichen Untersuchungen, wie sie in den Methoden der Sozialwissenschaften enthalten ist, zu diskutieren, können wir von Anfang an bestimmte Missverständnisse vermeiden, wenn wir klarstellen, in welchem Sinn hier »Logik« verwendet wird. Für unsere gegenwärtigen Zwecke bezeichnet »Logik« also eine systematische intellektuelle Formulierung der Operationen der Forschung, der Überprüfung und der Formulierung, die in die Entdeckung von Schlussfolgerungen eingehen, die einen gerechtfertigten Anspruch auf Anerkennung oder Glauben haben. Der Forscher in den anerkannten Sozialwissenschaften interessiert sich zweifellos für die intellektuellen Werkzeuge, die er bei der Forschung, Interpretation und Formulierung verwendet. Obwohl er diese Werkzeuge in der Regel in den Operationen der Forschung selbst schaffen muss, kann er keinen Beitrag zu diesem Gebiet, den der Logiker unter Umständen leistet, ignorieren. Man wird sich vielleicht erinnern, dass John Stuart Mill, als er seine klassische Abhandlung über Logik[1] verfasste, von dem Interesse an Sozialforschung und der Diskussion sozialer Fragen ge-

1 [A. d. Ü.: John Stuart Mill, *A System of Logic. Ratiocinative and Inductive* (1843); dt.: *System der deduktiven und induktiven Logik*, übers. von Th. Gomperz, Leipzig 1884 (Neudruck: Aalen 1968).]

leitet wurde. Er selber war weder Naturwissenschaftler noch seinen ursprünglichen Absichten oder seiner ganzen Anlage nach Logiker. Sein Interesse an praktischen gesellschaftlichen Reformen zwang ihn zunächst, sich mit politischen, ethischen und ökonomischen Theorien zu befassen, und schließlich musste er die Frage aufnehmen, welche Methoden der Behandlung gesellschaftlicher Phänomene angemessen sind. Angesichts des relativ unentwickelten Zustands, in dem sich die Sozialwissenschaften im Vergleich zu Naturwissenschaft und Mathematik befanden, versprach er sich naturgemäß Hilfe und Aufklärung von den Prinzipien, die ihm diese Letzteren zu enthalten schienen. Naturgemäß begann er dann, sich für Probleme der naturwissenschaftlichen Methoden der Forschung zu interessieren. Und ebenso natürlich bemühte er sich, die allgemeine Philosophie der sensualistischen Psychologie und der Assoziationspsychologie, die er von seinem Vater gelernt hatte, auf seine Analyse und Darstellung zu übertragen – geradezu buchstäblich zu Füßen seines Vaters. Aber obgleich diese beiden Einflüsse für sein gesamtes System von höchster Wichtigkeit sind, ist es bezeichnend, dass das sechste Buch seiner Abhandlung, jenes über die Logik der Geisteswissenschaften, nicht nur den Höhepunkt seines gesamten Systems darstellt, sondern auch die Gründe enthält, weswegen er seine gesamte logische Forschung unternommen hat.

Ich zitiere dies als ein Beispiel für das Interesse, das Sozialforscher im Zusammenhang mit Begründung und Aufbau ihrer eigenen Forschungen an Logik nehmen. Mills Schriften auf dem Gebiet der Politik, Ökonomie und Ethik haben heute nicht mehr die Autorität, die sie für eine frühere Generation besaßen, aber diese Tatsache mindert nicht den illustrativen Wert seines Beispiels. Jeder Sozialwissenschaftler, der auch nur ein paar Schritte nach vorn oder in die Tiefe tut, muss etwas von derselben Art tun wie Mill, obgleich er es gewöhnlich einseitig und implizit und nicht so gründlich und explizit wie Mill tut. Wenn sich der Sozialforscher notgedrungen mit Logik befasst, sobald er über die Angemessenheit seiner Forschungs- und Deutungsmethoden nachdenkt, so ist es gleichermaßen wahr, dass der Logiker als solcher in seiner Erfassung logischer Probleme, Daten und Hypothesen die Schlussfolgerungen der Sozial- wie der Naturwissenschaften berücksichtigen muss. Wäre es für unseren Zweck relevant, ließe sich zeigen, dass eines der anregenden – und irritierenden – Probleme eines großen Teils der neueren Logik genau die scheinbare Diskrepanz zwischen den Natur- und den Gesellschaftswissenschaften ist.

Das Problem ist weit davon entfernt, erledigt zu sein. Wenn ich mich nicht täusche, ist es immer noch ein umstrittener Punkt unter einigen der Sozialwissenschaften, ob ihr Stoff in Abstraktion von der Geschichte behandelt werden kann oder ob er wesentlich durch historische Begriffe konstituiert wird. Eine grundlegendere Frage über das eigentliche Wesen von Themen wie Ökonomie und Politik ist nicht denkbar. Denn einige Forscher sind überzeugt, dass der entscheidende Fehlschluss der älteren oder klassischen Ökonomie- und Politiktheorie genau darin besteht, dass sie glaubten, ihren Stoff auf abstrakte universelle Gesetze zurückführen zu können, während sie selber der Meinung sind, solche »Gesetze« hätten als Schlussfolgerungen behandelt werden sollen, die sich auf charakteristische Tendenzen bestimmter Epochen der Geschichte beziehen und deshalb nur eine relative und zeitliche Bedeutsamkeit besitzen.

Eine weitere Illustration des kooperativ-reziproken Interesses von Logikern und Sozialwissenschaftlern findet sich in einem Phänomen, das die Entstehung der Soziologie und Anthropologie begleitet. In der Periode, in der sie begannen, Form anzunehmen, galt es in der herrschenden Logik der Physik als ausgemacht, dass »Gesetze« Aussagen über gleichförmige und unbedingte Regelmäßigkeiten in der Abfolge von Phänomenen sind. Diese Auffassung ist zweischneidig. Einerseits eliminierte sie die ältere Vorstellung einer Erklärung in Begriffen einer aktiven Kraft, Wirkung oder Fähigkeit, die hinter den Phänomenen lag, und war so Teil der wissenschaftlichen Läuterung, die im 17. Jahrhundert begann. Andererseits repräsentierte sie das Bestreben, den allgemeinsten Schlussfolgerungen aller physikalischen Forschungen und Entdeckungen eine positive Formulierung zu geben. Es war, rein menschlich gesehen, unvermeidlich, dass Männer wie Comte und Spencer bei ihrem Versuch, soziologische Phänomene auf eine wissenschaftliche Form zurückzuführen, sich dem Modell anpassten, das von den geläufigen Vorstellungen in der Physik geprägt war. Wie selbstverständlich neigten sie zu der Annahme, es sei ihre Aufgabe, eine einheitliche, unveränderliche Reihenfolge in gesellschaftlichen Phänomenen zu entdecken. Das Ergebnis war bei Comte das Drei-Stadien-Gesetz: Gesellschaftliche Phänomene beginnen in allen Fragen überall auf einer theologischen Stufe, gehen durch ein metaphysisches Stadium hindurch und enden in einem positivistischen Stadium – wobei das Letztere mit der Möglichkeit der Sozialwissenschaft selbst identisch ist. Bei Spencer nahm diese Idee die Form einer verallgemeinerten Formel der »Evolution« an, die Formen einer unveränderlichen Abfolge enthielt, durch welche jede Art von gesellschaftlichen Phänomenen hindurchgehen *musste*.

Studenten, die noch keine technische Bekanntschaft mit der anthropologischen Literatur besitzen, sind manchmal verwirrt, wenn sie finden, dass es eine einflussreiche und wachsende Gruppe von Forschern gibt, die die Anwendung der »Evolution« auf ihre Daten verwirft. Der wirkliche Sinn der Verwerfung und der Kritik ergibt sich aus dem eben Gesagten. Von dem berühmten Anthropologen Morgan stammt die Idee einer einheitlichen Abfolge von Kulturstufen, die alle Rassen und gesellschaftlichen Gruppen überall auf der Welt durchlaufen: Diese eine und einheitliche Abfolge der Stufen konstituierte die »Evolution«. Einige Völker sind weiter gelangt als andere, aber keines lässt auch nur eine der Evolutionsstufen aus. Die Anthropologie fühlte sich dadurch gezwungen, ihr gesamtes Material so zu untersuchen, dass es in irgendeine Abteilung der anerkannten Stufenordnung passte. Vergleichende Linguistik, vergleichende Religion, institutionelle Politik und Recht, die ihre Entstehung einer ganz anderen Auffassung verdankten, unterwarfen sich bereitwillig diesem Einfluss. Man hielt einen Vergleich, der zu wissenschaftlichen Ergebnissen führte, nur deshalb für möglich, weil bestimmte und einheitliche Stadien ausgemacht werden konnten.

Es ist ein interessantes Problem für die Logikforschung, die grundlegenden Konzeptionen der intellektuellen Methode zu entdecken, die die Anthropologen, die dieses Schema der Begründung verworfen haben, an dessen Stelle gesetzt haben. Aber ich kann an dieser Stelle die Existenz dieses Problems nur nennen: Hier befassen wir uns damit, auf die Quelle jener »evolutionären« Idee hinzuweisen, die jetzt so allgemein in Frage gestellt wird – die implizite Annahme, die Existenz der Wissenschaft sei mit der Entdeckung universaler Gleichförmigkeiten der Abfolge unter gesellschaftlichen Phänomenen verknüpft, vergleichbar den behaupteten Gleichförmigkeiten in natürlichen Phänomenen. Wenn man damals die Existenz derartiger gleichförmiger Stufen der Abfolge bestritten hätte, wäre das als die Bestreitung der Möglichkeit jeder Sozialwissenschaft überhaupt erschienen. Trotz der scharfsinnigen Kritik, die einige

Anthropologen an dieser Idee geübt haben, lässt sie sich noch immer bei den bekanntesten Autoren zu Mythologie, Kulten und politischen und rechtlichen Institutionen nachweisen.

Ich hoffe, dass selbst diese wenigen Illustrationen zeigen können, bis zu welchem Ausmaß der Logiker Probleme, Daten und Hypothesen in den Sozialwissenschaften entdeckt, so dass er vernünftigerweise die Hoffnung haben kann, die Resultate seiner eigenen Forschungen zur Logik könnten für die Forscher auf jenen Gebieten von einigem Nutzen sein. Die Rolle der sozialen und politischen Philosophie – der Punkt, den wir am Anfang übergangen haben – ist, denke ich, hier am bezeichnendsten. Das Werk der Philosophie auf diesen Gebieten kann hier so wenig wie auf physikalischem oder biologischem Gebiet mit dem der Spezialforscher konkurrieren. Wenn ein Philosoph versucht, wissenschaftliche Schlussfolgerungen im genauen Sinn des Wortes zu liefern, das heißt ohne eine direkte Untersuchung der faktischen Daten, sind seine Ergebnisse aller Wahrscheinlichkeit nach nur Pseudo-Wissenschaft. Aber die Bestimmung der geistigen Grundbegriffe und des umfassenden intellektuellen Rahmens ist eine andere Sache; das ist die Sache, die ihn betrifft und wo er nützliche Hilfe leisten kann. Soziale Phänomene sind schließlich *die* charakteristisch menschlichen Phänomene und deshalb für den Menschen von allergrößter Bedeutung. Vielleicht ist diese Feststellung deshalb nur ein privates Vorurteil von meiner Seite, aber kann ich mich nicht enthalten zu sagen, dass mir scheint, dass die Überzeugungen, die es am meisten verdienen, die Aufmerksamkeit von Philosophen zu erhalten und die eine Untersuchung am meisten lohnen, diejenigen der Sozialwissenschaften sind, trotz der Mode der Physik und Mathematik, die eben jetzt einen derartigen hypnotischen Einfluss in der Philosophie ausüben.

III

Bislang haben wir die Verbindungen, man könnte sie wechselseitige Befruchtungen nennen, zwischen der Logik und den Sozialwissenschaften betrachtet. Freilich spielen leitende Ideen, herrschende Begriffe, Prinzipien und Theorien in allen organisierten Methoden eine derartige Rolle, dass es unmöglich ist, eine scharfe Trennung zwischen Logik und allgemeiner Philosophie zu machen. Denn diese umfassenden Ideen, in deren Rahmen sich das gesellschaftliche Theoretisieren vollzogen hat, sind in der Regel, bewusst oder stillschweigend, aus irgendeiner umfassenden Ansicht vom Universum und vom Menschen abgeleitet. Ich kenne nur wenige Werke, die den philosophischen Ursprung der Ideen, die in der Vergangenheit spezielle soziale Untersuchungen so tief beeinflusst haben, durch eine Erforschung ihrer intellektuellen Rahmenbedingungen zurückverfolgen. Der Philosoph geht in der Regel den Verzweigungen seiner Ideen in Wirtschaft, Politik, Geschichtsschreibung, Jurisprudenz oder der Entwicklung von Erziehungstheorien nicht nach; Forscher auf den letzteren Gebieten haben gängige Theorien oft einfach fertig übernommen, ohne nach ihrer Quelle in früherer philosophischer Spekulation zu fragen und zu erwägen, in welchem Grad sie durch diesen Ursprung beeinflusst – oder infiziert – sind.[2]

Die Forschungsgegenstände, die in den Bereich der Verbreitung philosophischer Begriffe durch die Sozialwissenschaften fallen, sind unendlich zahlreich. Es gibt beinahe unzählige Themen allein schon auf einem einzigen Gebiet, das eng mit der Logik verwandt ist. Unter dem Einfluss der aristotelischen Tradition und der älteren Deutung der Methode der euklidischen Geometrie galten Gegenstände nur dann als wissenschaftlich, wenn sie auf letzten axiomatischen oder unbeweisbaren ersten Wahrheiten beruhten, die ewig und allgemein wahr waren und deren Wahrheit in ihrer unmittelbaren rationalen Selbstevidenz lag. Infolge dieser Auffassung fühlten sich Sozialforscher gedrängt, nach deduktiver und quasi-mathematischer Systematisierung zu streben. Das ist ein wichtiger Untersuchungsgegenstand. Weitaus wichtiger noch ist die Art und Weise, wie leitende Ideen, die für die Anregung und Lenkung reformatorischer Anstrengungen, unmittelbare Übel zu heilen oder unmittelbare soziale Anliegen und Strategien zu fördern, einen gewissen zeitweiligen Wert besaßen, zu ewigen und unbedingten Wahrheiten erhoben wurden, die zu allen Zeiten und für alle Orte als gut galten. Erst in vergleichsweise jüngster Zeit ist das Bewusstsein dafür entstanden, dass alle derartigen allgemeinen Ideen und Prinzipien ihrem logischen Gehalt nach nur *Hypothesen* sind und so behandelt

2 Ich habe als Ausnahme ein Werk wie Bonars *Philosophy and Political Economy in Some of Their Historical Relations*, London, vor Augen.

werden sollten, wie Hypothesen auf anderen Forschungsgebieten behandelt und überprüft werden.[3]

Ganz abstrakt würde es sich als ziemlich steril erweisen, wollte man lediglich der Verwandlung von Arbeitshypothesen in absolute und unwandelbare Wahrheiten nachgehen und die Wirkung dieser Konversion auf den Gebieten des Rechts, der Politik, der Ökonomie und so weiter verfolgen. Aber würde man eine solche Untersuchung als Schlüssel zur Entdeckung der besonderen Wünsche und Interessen anwenden, welche die Bewegungen zu verschiedenen Zeiten beherrscht haben, würde sie sich zu einer Reihe bedeutsamer Untersuchungen entwickeln. Wir fangen zum Beispiel gerade erst an zu erkennen, in welchem Ausmaß der gesamte englische Empirismus als Methode der Kritik an politischen und kirchlichen Institutionen entwickelt wurde. Er wurde zum Arbeitscredo der »liberalen« Schule, weil Locke in ihm eine analytische Methode des Angriffs auf Überzeugungen sah, die mit Institutionen verknüpft waren, die er entweder abschaffen oder reformieren wollte. Des Weiteren gibt es den Gebrauch, den die utilitaristische Schule von einer individualistischen und introspektiven Psychologie machte, um eine »wissenschaftliche« Basis für Ökonomie und Politik zu schaffen. Ein weiterer Aspekt derselben allgemeinen Bewegung ist der Begriff der »Natur«, wie er zuerst im Zusammenhang mit der Idee der Gesetze in Moral und Regierung entwickelt, dann auf die Behandlung von Rechten übertragen und später von den Utilitaristen, trotz ihrer Kritik an der Theorie der Naturrechte, in Form einer angeborenen, ursprünglichen Struktur von Bedürfnissen beibehalten wurde, die jedem Individuum eigen sind – einer Struktur, auf der ihre gesamte Wissenschaft der ökonomischen Aktivität beruhte. Es wäre nicht weit hergeholt zu sagen, dass ein Echo derselben Idee sich in gegenwärtigen Bemühungen findet, eine Sozialtheorie auf der Basis reiner

3 Delaisis *Political Myths and Economic Realities* enthält einen großen Reichtum an Material für den neugierigen Philosophiestudenten. Die Verwendung des Wortes »Mythen« ist natürlich absichtlich pejorativ. Aber Worte, wie wir sie verwendet haben, »allgemeine Ideen, Prinzipien, erste Wahrheiten«, können leicht an dessen Stelle gesetzt werden. Die Konsequenzen der Unfähigkeit, zu erkennen, dass sie eigentlich nur als Hypothesen fungieren, sind in den folgenden Worten ausgedrückt: »Wenn die Existenz des Mythos nur durch seinen *Nutzen* gerechtfertigt wäre, wäre es verhältnismäßig einfach, ihn zu verändern. Aber sobald er einmal unter den ›unwandelbaren Wahrheiten‹ Fuß gefasst hat, wird er sakrosankt« (*ibid.*, S. 43).

Instinkte zu entwickeln. Ein wichtiger Nebenschauplatz der Forschung sind die religiösen Verbindungen dieses Begriffs der Natur, seine Beziehungen zum Deismus und der Begriff der natürlichen im Unterschied zur geoffenbarten Religion.

Diese Forschungsmöglichkeiten hier weiter auszubreiten würde freilich die Zeit, die mir für die Erwähnung des oft als Metaphysik bezeichneten theoretischen Aspekts der Philosophie im Zusammenhang mit Sozialforschung zur Verfügung steht, ungebührlich einschränken.

Bedauerlicherweise ist das fragliche Gebiet in einem Vortrag wie diesem nur sehr schwer darzustellen. Aber ich kann die zugrunde liegende Idee vielleicht damit andeuten, dass ich daran erinnere, dass zu allen Zeiten eines der verwirrendsten Probleme der allgemeinen Philosophie, einschließlich der Logik, in der Beziehung des Individuellen zum Allgemeinen, des Diskreten zum Kontinuierlichen und des Unmittelbaren zum Relationalen bestanden hat. Wer sich mit der zeitgenössischen Philosophie befasst, bemerkt, in welchem Ausmaß sich dieses Problem nach einer Epoche, in der es ignoriert oder gar verächtlich verworfen wurde, als das zentrale und trennende Streitthema im Hintergrund abzeichnet. Dass dieselbe Frage, in Gestalt der Beziehung von Individualität und Gemeinschaft, persönlicher Freiheit und Gesetz, Handlungs- und Bewegungsfreiheit und Autorität immer ein zentrales Thema im sozialen und politischen Denken war und ist, versteht sich von selbst. Genau hier liegt ganz gewiss ein Problem, in dem die Interessen des formalsten und scheinbar abstraktesten Zweigs der Philosophie und diejenigen der Sozialforschung in einem gemeinsamen Brennpunkt konvergieren.

Ich schlage nicht vor, das Problem selber zu diskutieren, aber ich möchte die Aufmerksamkeit auf eine Streitfrage lenken, die die letzte Grundlage und Natur der philosophischen Methode betrifft, die hier im Spiel ist. Soll Philosophie beim Makroskopischen oder beim Mikroskopischen ansetzen, beim Allgemeinen und Komplexen oder beim Winzigen und Elementaren? So trocken formuliert, bedeutet die Streitfrage nicht viel. Aber was ich mit dem Makroskopischen meine, sind gesellschaftliche Phänomene. Sie sind die großen, die größten, umfassendsten und komplexesten aller Phänomene, mit denen es der menschliche Geist zu tun hat. Darüber hinaus werfen sie die Probleme auf, mit denen in ihrer direktesten, dringendsten und praktischsten Form das Denken sich befasst. Soll

Philosophie mit und von solchen Gegenständen anfangen oder statt dessen mit den Resultaten spezieller, mathematischer, physikalischer und biologischer Analysen? Das Problem, das für die Philosophie selbst von entscheidender Wichtigkeit ist, ist nicht ohne grundlegende Bedeutung für die speziellen Sozialwissenschaften. Der eine Typ von Antwort darauf zeigt an, dass soziale Phänomene bestimmte Kategorien beinhalten, die charakteristisch und einzigartig sind und infolgedessen nicht in physikalische, biologische oder psychologische aufgelöst werden können. Das primäre Problem der Methode besteht dann darin, zu entdecken, welche denn nun genau diese charakteristischen gesellschaftlichen Kennzeichen und Kategorien sind.[4] Eine Antwort in dem anderen Sinn verpflichtet den Gesellschaftswissenschaftler zu einer Anstrengung, alle gesellschaftlichen Phänomene auf die Termini der Physik, Biologie oder Psychologie zu reduzieren. Ich kenne kein Problem mit ähnlich weitreichenden Implikationen.

Die Auswirkung dieser Streitfrage auf die philosophische Methode ist gleichermaßen wichtig. Die gesamte Frage nach Ort und Wert der empirischen Methode im philosophischen Denken ist darin enthalten. Die Behauptung ist nicht übertrieben, dass der innerste Kern des Verfahrens, das gewöhnlich »rationalistisch« genannt wird, sich in der Vorstellung findet, das Denken entdecke Entitäten oder Objekte, die von einfacher und letzter Natur sind, das »Reale«, auf dessen Basis die Philosophie alle komplexen und makroskopischen Phänomene verstehen und erklären muss. In diesem Zusammenhang dürfen wir den Inhalt des »Rationalismus« nicht auf die Bewegungen des 17. und 18. Jahrhunderts beschränken, die gewöhnlich damit bezeichnet werden. Er schließt auch die zeitgenössischen Bewegungen ein, die schließlich auf mathematische Subsistenzen zurückgreifen; die sich auf Wesenheiten gründen oder die auf letzte »Sinnesdaten« bauen. Die Streitfrage betrifft auch den Wert der traditionellen empirischen Schule Englands. Denn diese Schule definierte Erfahrung nicht auf der Basis direkter und makroskopischer Phänomene einer sozialen Ordnung, sondern in Begriffen tiefer liegender, einfacher, einheitlicher Elemente, Empfindungen, Gefühle und Ideen. Die Identifikation des »Empirismus« mit diesem Gesichtspunkt ist so vollständig, dass die bloße

4 Siehe einen Aufsatz vom Verfasser im *Monist*, April 1928, »Social as a Category«. [Jetzt in: *The Later Works of John Dewey* 1925-1953, Bd. 3, S. 41ff.]

Andeutung der Möglichkeit einer empirischen Philosophie eines anderen Typs unbegreiflich scheint. Aber lässt man einmal Worte beiseite, besteht die Möglichkeit einer Art von philosophischem Unternehmen, das Phänomene in ihrer Gesamtheit akzeptiert, nämlich die Phänomene der sozialen Interaktionen als aus eigenem Recht wirklich und als die vollste Manifestation der Natur von Dingen, die dem menschlichen Geist zugänglich sind; und die in diesen Gesamtphänomenen den Schlüssel zur Formulierung und Lösung der anderen Probleme findet, mit denen sich Philosophie befasst.

Unter diesem Gesichtspunkt gehen alle intellektuellen Unterscheidungen und Klassifikationen von der Erfahrung in ihrer direkten und umfassenden sozialen Form aus; sie werden um der Kontrolle oder Lenkung dieser gemeinsamen und universalen Phänomene willen geschaffen und kehren letztlich für ihre Überprüfung und Verifikation in den direkten Komplex der Phänomene zurück, aus denen sie hergeleitet sind. Unter diesem Gesichtspunkt ist die letzte Quelle aller philosophischen Trugschlüsse und Irrtümer die Verwandlung einer zeitweiligen Abstraktion aus einem komplexen Ganzen in ein permanentes und unwandelbares Einzelding. Es ist unmöglich, diese Idee bei dieser Gelegenheit weiterzuverfolgen. Aber es soll wiederholt werden, dass Wert und Gültigkeit der empirischen im Vergleich zur rationalistischen Methode (und dies sind die beiden Formen, in die sich in gewisser Weise alle philosophischen Unterteilungen auflösen und aus denen alle philosophischen Konflikte entstehen) mit der Entscheidung in dieser Frage stehen oder fallen. Darüber hinaus bedeutet die Annahme des makroskopischen oder gesellschaftlichen Standpunkts als einer philosophischen Arbeitshypothese die Bindung an einen Standpunkt, von dem aus alle philosophischen Probleme nach einer Revision und Neuformulierung verlangen.

Vielleicht schließe ich am besten damit, dass ich sage: Die Einbeziehung der Philosophie in die Sozialforschungen als Forschungsthema zeugt nicht nur von einer Liberalität des Geistes, sondern enthält wenigstens implizit auch intellektuelle Konsequenzen, mit denen ich mich in vollständiger Übereinstimmung befinde. Tatsächlich ist alles, was ich unter den Titeln Geschichte des Denkens, Theorie der Logik und allgemeine Philosophie gesagt habe, nur ein Hinweis auf einige dieser Konsequenzen. Ich glaube, dass die Philosophie zeitweilig direkte und unmittelbare soziale Verbindungen besessen hat; dass die Fehlschläge der Philosophie weitgehend auf der Unfähigkeit beruhen, diese Verbindungen wahrzunehmen und zu formulieren; und dass die übertriebene technische Kompliziertheit philosophischer Systeme samt dem dadurch bewirkten Abstand vom gewöhnlichen Verständnis, die ungebührliche Betonung intellektueller Gymnastik und Dialektik auf Kosten der Auswirkung auf das Leben dieselbe Quelle haben. Die Trennung der Philosophie von den Wissenschaften während der letzten paar Jahrhunderte wird heute vielfach beklagt, und sie ist tatsächlich beklagenswert. Aber ich glaube, dass der Weg eines Bündnisses von Philosophie mit Physik und Biologie nicht direkt ist, sondern über die Sozialwissenschaften führt. Ich erwarte mir ein echtes Wiederaufleben des Interesses an Philosophie wie des Dienstes, den sie leisten kann, in dem Maße, in dem man sich dieser primären Verwandtschaft bewusst bleibt.

Fruchtbaren Spezialuntersuchungen detaillierter Tatsachen sind immer umfassende und allgemeine Hypothesen vorangegangen. Die ursprünglichen Hypothesen werden zu einer späteren Zeit einerseits so revidiert oder gar fallen gelassen und andererseits so in den systematischen Bestand wissenschaftlicher Tatsachen übernommen, dass sie leicht ignoriert oder sogar verächtlich als bloße metaphysische Launen bezeichnet werden. Aber nichtsdestoweniger hat das spezialisierte und endgültig verifizierte wissenschaftliche System seinen Ursprung in genau solchen allgemeinen Ideen. Unsere gegenwärtigen wissenschaftlichen Ansichten und Errungenschaften haben ihren Ursprung in den philosophischen Spekulationen des 17. Jahrhunderts. Die mittlerweile so weit fortgeschrittene wissenschaftliche Revolution musste lange auf die Geburt neuer intellektueller Gesichtspunkte, neuer Auffassungen von der Struktur und den Operationen der Natur warten. Die Anhäufung spezialisierter und detaillierter Tatsachen im alten intellektuellen Rahmen, unter den von ihm auferlegten theoretischen Bedingungen, bezeichnete lediglich die Errichtung eines immer stärkeren Gebäudes aus Irrtümern, das erst zerschlagen werden musste. Es war unvermeidlich, dass die neuen und revolutionären Ideen zuerst in einer hoch allgemeinen und spekulativen Form präsentiert wurden. Bis diese Ideen Verwendung fanden, konnte es jenen Komplex von Tatsachen gar nicht geben, der die Ideen überprüfen und läutern und sie aus einer spekulativen auf eine faktische Form reduzieren sollte. Es ist eine meiner

Lieblingsideen, dass wir jetzt eine intellektuelle Krise erleben, die der des 17. Jahrhunderts gleicht. Damals betraf die Krise die freie Schöpfung neuer Ideen über die physische Natur – Ideen, welche die Ausgangspunkte für neue Methoden der Beobachtung und der Interpretation physischer Phänomene bildeten. Jetzt betrifft die Krise die Einführung neuer Hypothesen über den Menschen, über die Natur und die Bedeutung jener menschlichen Assoziationen, die die verschiedenen Formen sozialer Phänomene bilden. Die Philosophie hat jetzt die Chance, das für das gesellschaftliche Leben zu tun, was sie vor drei Jahrhunderten für die Physik getan hat.

IV. Erfahrung, Erkenntnis und Wert

9. Ein kurzer Katechismus, die Wahrheit betreffend

SCHÜLER: Ich bin begierig, verehrter Lehrer, mir ein unabhängiges Urteil über die neue Theorie der Wahrheit zu bilden, die Ihr angeblich predigt. Mein Eifer ist umso größer, als die Theorie, wie sie mir von meinem alten Lehrer Professor Purus Intellectus dargelegt wird, so offensichtlich dem gesunden Menschenverstand, der Wissenschaft und der Philosophie widerspricht, dass ich nicht verstehe, wie ein vernünftiger Menschen sie in gutem Glauben vorbringen kann.

LEHRER: Da du mit der Theorie (oder zumindest mit dem, was sie angeblich ist) schon etwas bekannt bist, zeigt sich ja vielleicht, wenn du deine Einwände der Reihe nach vorbringst, dass die Theorie, mit der du bekannt bist, von keinem vernünftigen Menschen vertreten wird und du, wenn du die Theorie erst einmal verstanden hast, wie sie wirklich ist, ebenfalls von ihr überzeugt wirst.

SCHÜLER: EINWAND EINS. Für den Pragmatismus ist Wahrheit eine subjektive Angelegenheit, nämlich die Befriedigung, die Ideen dem Einzelnen gewähren, während doch jedermann weiß, dass die Wahrheit von Ideen auf ihrer Beziehung zu Dingen beruht.

LEHRER: ANTWORT. Wenn ich jetzt sagen würde, dass ich an Realitäten festhalte, die von Ideen unabhängig sind, an Realitäten, die Ideen voraufgehen, die mit ihnen gleichzeitig sind und die auf sie folgen, dann hättest du vielleicht den Eindruck, ich drückte damit nur meine persönliche Meinung aus und diese Behauptung stehe in keinem logischen Zusammenhang mit dem Pragmatismus. Deshalb möchte ich dich daran erinnern, dass, nach Auffassung des Pragmatismus, Ideen (der Bequemlichkeit halber sollen Urteile und Schlussfolgerungen in diesem Ausdruck mit enthalten sein) Einstellungen sind, die eine Reaktion auf extra-ideelle, extra-mentale Dinge darstellen. Instinkt und Gewohnheit drücken zum Beispiel ebenfalls Arten der Reaktion aus, aber Arten, die für ein sich ständig fortentwickelndes Wesen oder für die Anpassung an eine Umwelt, die neue und bislang nicht beherrschte Eigenschaften zeigt, unangemessen sind. Unter solchen Bedingungen sind Ideen deren Surrogate. Der Ursprung einer Idee liegt folglich in einer empirischen, extra-mentalen Situation, die Ideen als Arten der Reaktion hervorruft, während ihre Bedeutung in den Modifikationen besteht, die sie an dieser extra-mentalen Situation vornehmen – den »Unterschieden«, die sie darin machen. Ihre Gültigkeit wiederum wird an ihrer Fähigkeit gemessen, diejenige Transformation zu bewirken, die sie beabsichtigen. Ihr Ursprung, ihr Inhalt und ihr Wert – sie alle liegen gleichermaßen außerhalb der Ideen. Die Befriedigung, die der Pragmatist betont, ist einfach die bessere Anpassung lebender Wesen an ihre Umwelt, die durch Veränderung der Umwelt mittels der Bildung und Anwendung von Ideen bewirkt wird.

SCHÜLER: EINWAND ZWEI. Aber soweit ich verstehe und wie Ihr selbst in Eurer Sprache zugegeben habt, sind diese äußerlichen Dinge, mögen sie auch der fraglichen besonderen Idee äußerlich sein, *empirisch*; sie sind einfach andere Erfahrungen und also schließlich doch etwas Geistiges. Ihr glaubt, wie ich gehört habe, dass Wahrheit eine *erlebte* Beziehung ist und nicht eine Beziehung zwischen der Erfahrung und dem, was sie transzendiert; warum dann nicht gleich zugeben (verzeiht, wenn mein Eifer mich in die Irre führt), dass das ganze Geschäft innergeistig ist?

LEHRER: ANTWORT. Dein Einwand verknüpft und verwechselt zwei Dinge. Ich will versuchen, sie zu entwirren und damit auf den Einwand zu antworten. (1) Der Begriff der Transzendenz hat eine doppelte Bedeutung; zunächst bedeutet er das, was an und für sich jenseits der Erfahrung liegt. Es ist interessant zu bemerken, dass die Gegner des Pragmatismus infolge ihrer Feindseligkeit gezwungen sind, eine Doktrin wiederzubeleben, die schon als tot galt: die Lehre von den unerfahrbaren, unerkennbaren »Dingen an sich«. Und als ob dies nicht schon genug wäre, identifizieren sie Wahrheit mit der Beziehung zu diesem Unerkennbaren. Deshalb landen sie um des Begriffs der Wahrheit im Allgemeinen willen beim Skeptizismus im Hinblick auf die Möglichkeit aller Wahrheit im Besonderen. Der Pragmatist ist geradezu gezwungen, *solche* Transzendenz zu bestreiten. (2) Dass er hierdurch in purem Subjektivismus oder der Reduktion jeder Realität auf das rein Geistige landet, folgt nur, wenn Erfahrung nur Geisteszustände bedeutet. Der Kritiker scheint an die Hume'sche Lehre zu glauben, Erfahrung bestehe in Geisteszuständen, in Empfindungen und Ideen. Es ist dann *sein* Problem zu entscheiden, wie er auf *seiner* Basis dem subjektiven Idealismus oder dem »Mentalismus« entgeht. Der Pragmatist geht von einem viel gewöhnlicheren Begriff von Erfahrung aus, dem Erfahrungsbegriff des gewöhnlichen Menschen, der nicht einmal im Traum daran denkt, die Erfahrung einer Sache bestehe darin, das Ding erst zu zerstören und dann einen Geisteszustand an dessen Stelle zu setzen. Genauer gesagt, der Pragmatist hat darauf bestanden, Erfahrung sei eine Sache von Funktion und Gewohnheiten, von aktiven Anpassungen und Neuanpassungen, von Koordinationen und Aktivitäten, und nicht von Bewusstseinszuständen. Wenn man den Pragmatisten dadurch kritisiert, dass man genau den Begriff von Erfahrung in ihn hineinliest, den der Pragmatist bestreitet und ersetzt, dann ist das vielleicht psychologisch und unerschütterlich »pragmatisch«, aber »intellektuell« ist es wohl kaum.

SCHÜLER: EINWAND DREI. Ihr erinnert mich, merkwürdig genug, an eine alte Behauptung meines alten Lehrers, die darauf hinauslief, dass der Pragmatist, sobald er kritisiert wird, immer seinen Standpunkt verlagert. Um Solipsismus und Subjektivismus zu vermeiden, fällt er auf Dinge zurück, die unabhängig von Ideen sind, die er aber nur anführt, um dann zu der Wahrheit oder Falschheit der Letzteren überzugehen. Aber dadurch erkennt er insgeheim nur den intellektualistischen Maßstab an. Auf diese Weise schwankt er unstet zwischen einer Leugnung der Wissenschaft und einer lautstarken Wiederholung all dessen hin und her, was alle Philosophen glauben, nur mit ein bisschen anderen Worten.

LEHRER. ANTWORT. Deine Worte haben tatsächlich einen vertrauten Klang. Anscheinend hat der durchschnittliche Intellektualist sich so daran gewöhnt, Wahrheit als eine Relation überhaupt, ohne jede Spezifikation oder Analyse, anzusehen, dass jeder Versuch einer konkreten Feststellung, worin denn nun diese Beziehung genau besteht, eine Leugnung der Beziehung selbst zu sein scheint; in welchem Fall er eine gelegentliche Erinnerung des Pragmatisten, dass er schließlich nur versuche, die Natur dieser Beziehung zu analysieren, als Kapitulation des Pragmatisten versteht, da dieser ja schließlich einräume, dass es eine Beziehung gibt!

Wie immer das sein mag, der Pragmatist glaubt, dass die fragliche Relation eine Korrespondenzbeziehung zwischen Realität und Denken ist; aber er glaubt, dass diese Korrespondenz kein letztes und unanalysierbares Geheimnis ist, das nur durch eine Wiederholung zu definieren sei, sondern eine Sache der Kor-respondenz im einfachen, vertrauten Sinn ist. Eine Situation zweifelhafter und einander widersprechender Tendenzen verlangt nach Denken als einer Methode, mit ihr fertig zu werden. Diese Situation erzeugt ihre eigenen, angemessenen Konsequenzen, trägt ihre eigenen Früchte von Wohl und Wehe. Die Gedanken, die Einschätzungen, die Absichten und Projekte, die sie hervorruft, einfach, weil sie Haltungen der Reaktion und der versuchten Anpassung sind (*nicht* bloße »Bewusstseinszustände«), erzeugen ebenfalls ihre Wirkungen. Die Art der wechselseitigen Verknüpfung, der wechselseitigen Anpassung, die dann zwischen diesen beiden Arten von Konsequenzen eintritt, konstituiert die Korrespondenz, die Wahrheit ausmacht, genau wie die Unfähigkeit, aufeinander zu reagieren und zusammenzuarbeiten, Fehler und Irrtum ausmacht – falsche Behandlung und Verfehlung des Ziels. Diese Erklärung kann natürlich falsch sein – sie kann eine falsche Anpassung von Konsequenzen beinhalten –, aber der Irrtum in der Erklärung, wenn er denn existiert, muss spezifisch und empirisch sein und kann nicht durch allgemeine epistemologische Anschuldigungen lokalisiert werden.

SCHÜLER: EINWAND VIER. Nun gut, selbst wenn ich diese Version des Pragmatismus einmal zugebe, könnt Ihr doch nicht bestreiten, dass sie immer noch gegen den gesunden Menschenverstand verstößt; denn laut Euren eigenen Angaben besteht die Korrespondenz, die Wahrheit ausmacht, erst, *nachdem* die Ideen ihre Arbeit getan haben, während der gesunde Menschenverstand sieht und weiß, dass es die vorgängige Übereinstimmung der Ideen mit der Realität ist, die es ihnen ermöglicht, ihre Arbeit zu tun. Wenn Ihr die Wahrheit der Existenz eines Karbonzeitalters oder der Landung von Kolumbus im Jahr 1492 von einem zukünftigen Arbeiten einer Idee über sie abhängig machen, legt Ihr Euch auf die phantastischste aller Philosophien fest.

LEHRER: ANTWORT. Darf ich dich an den Vorwurf der »Standpunktveränderung« unter Bedrängnis erinnern? Der Intellektualist begann, wenn ich mich richtig erinnere, mit der Auffassung von Wahrheit als einer Beziehung von Denken und Realität; hat er nicht, in deinem letzten Einwand, an die Stelle dieser Auffassung eine Identifikation der bloßen Existenz oder des bloßen Ereignisses mit der Wahrheit gesetzt? Was meint er denn? Wie will er es haben? Das Bestehen des Karbonzeitalters, die Entdeckung Amerikas durch Kolumbus sind keine Wahrheiten, sie sind Ereignisse. Um die Kategorie von Wahrheit und Falschheit einzuführen, ist irgendeine Überzeugung, ein Glaube, ein Urteil über sie nötig. Und da die Überzeugung, das Urteil, von Tatsachen abhängt, die auf das Ereignis folgen, wie kann ihre Wahrheit in jener Art von bloßer pauschaler Beziehung bestehen, für die der Intellektualist streitet? Wie kann die gegenwärtige Überzeugung aus ihrer jetzigen Haut heraus, in die Vergangenheit eintauchen und genau auf jenem einen Ereignis landen (das, *als* vergangen, für immer verschwunden ist), das *per definitionem* seine Wahrheit ausmacht? Ich wundere mich nicht, dass der Intellektualist viel über die »Transzendenz« zu sagen hat, wenn er anfängt, sich mit der Wahrheit von Urteilen über die Vergangenheit zu befassen; aber warum sagt er uns nicht, wie es uns gelingt, zu erkennen, wann der eine Gedanke direkt auf dem ergebenen Haupt von etwas landet, das vergangen und verschwunden ist, während ein anderer Gedanke auf der falschen Sache in der Vergangenheit landet?

SCHÜLER. Nun gut, natürlich ist die Erkenntnis der Vergangenheit sehr mysteriös, aber wieso ist der Pragmatist in irgendeiner Weise besser daran?

LEHRER. Die Antwort auf diese Frage ergibt sich aus dem schon Gesagten. Das vergangene Ereignis hat Wirkungen, Konsequenzen, hinterlassen, die gegenwärtig sind und die in der Zukunft fortdauern werden. Unser Glaube an dieses Ereignis muss, wenn er echt ist, ebenfalls das Handeln in *irgendeiner* Weise modifizieren und so ebenfalls objektive Wirkungen haben. Wenn diese beiden Mengen von Wirkungen sich harmonisch miteinander verbinden, dann ist das Urteil wahr. Wenn das vergangene Ereignis zufällig keine erkennbaren Konsequenzen hat oder unser Gedanke daran nirgendwo zu einem angebbaren Unterschied kommt, dann gibt es keine Möglichkeit zu einem echten Urteil.

SCHÜLER. Vielleicht habt Ihr meinen nächsten Einwand vorweggenommen, der lautete, dass es nach der pragmatischen Theorie (der zufolge ja Wahrheit durch zukünftige Konsequenzen konstituiert wird) keine Wahrheiten über das gibt, was vorbei und vergangen ist, da im Hinblick darauf Ideen keinen Unterschied machen können. Denn vermutlich würdet Ihr sagen, der gemachte Unterschied liege in den fortdauernden Wirkungen, da sich herausstellen kann, dass unsere Ideen unsere Beziehungen zu diesen Wirkungen erleichtern oder verwirren. Nichtsdestoweniger bin ich nicht ganz zufrieden. Denn wenn ich sage, es ist wahr, dass es gestern geregnet hat, ist der Gegenstand meines Urteils doch gewiss etwas Vergangenes, nichts Zukünftiges, während der Pragmatismus alle Gegenstände der Urteils zukünftig macht.

LEHRER: ANTWORT. Du verwechselst den Inhalt eines Urteils mit der *Beziehung* dieses Inhalts. Gewiss beinhaltet der Inhalt jeder Idee über den Regen von gestern die vergangene Zeit, aber das bezeichnende oder charakteristische Ziel des Urteils besteht nichtsdestoweniger darin, diesem Inhalt eine zukünftige Beziehung und Funktion zu geben.

SCHÜLER: EINWAND FÜNF. Aber Euer Argument erfordert eine absurde Identifikation von Wahrheit und Verifikation. Ideen zu verifizieren bedeutet herauszufinden, dass sie schon wahr waren oder die Wahrheitsrelation schon vor ihrer Entdeckung in der Verifikation besaßen. Aber der Pragmatist glaubt, der Akt des Herausfindens, dass Ideen wahr sind, schaffe die Sache, die herausgefunden wird. Kurzum, Ihr verwechselt die Psychologie des Herausfindens mit der herausgefundenen Realität.

LEHRER: ANTWORT. Viele Intellektualisten sind jetzt so weit gegangen zuzugeben, dass *Verifikation* in der Prüfung eines Urteils durch die Konsequenzen liegt, die es mit sich bringt, durch den Unterschied, den es macht – in seinem Funktionieren. Aber sie bestreiten immer noch jede organische Verbindung zwischen der »vorgängigen« Wahrheitseigenschaft von Idee und dem Verifikations-(oder »Wahrmachungs-«) Prozess. Gewiss geben sie entweder zu viel oder zu wenig zu. (1) Wenn eine Idee über ein vergangenes Ereignis aufgrund einer mysteriösen statischen Korrespondenz, die sie zu jenem vergangenen Ereignis besitzt, schon wahr ist, wie um alles in der Welt kann ihre Wahrheit durch die *zukünftigen Konsequenzen* jener Idee *bewiesen* werden? Wie kommt es, dass der Intellektualist keine positive Theorie über die Beziehung der Verifikation zu seinem Begriff der Wahrheit entwickelt hat? (2) Außerdem, wenn Verifikation in den experimentellen Folgen einer Überzeugung besteht, gibt der Intellektualist dadurch zu, dass seine *eigene* Wahrheitstheorie nur in dem Grade als wahr *erkannt* werden kann, wie sie durch ihr Funktionieren verifiziert wird. Aber wenn die Theorie, dass Wahrheit eine fertige statische Eigenschaft des Urteils ist, wahr *ist*, wie um alles in der Welt *kann* sie dadurch verifiziert werden, dass sie irgendwelche spezifischen Unterschiede im Gang der Ereignisse macht? Überall müssen wir so verfahren, *als ob* die pragmatische Theorie richtig wäre. (3) Wenn er zugibt, dass die pragmatische Theorie der Verifikation wahr ist, welche Bedeutung hat dann noch die Feststellung, dass die Idee schon von vornherein die Wahrheitseigenschaft besaß? Nun, einfach, dass sie die Eigenschaft der *Fähigkeit* besaß, zu *funktionieren* – eine Fähigkeit, die durch ihr wirkliches Arbeiten enthüllt wird. Wie kann eine gegebene Tatsache ein Einwand gegen die pragmatische Theorie sein, wenn diese Tatsache nach der pragmatischen Theorie eine definit angebbare Bedeutung hat, während sie nach der anti-pragmatischen Theorie einfach als eine letzte, unanalysierbare Tatsache hingenommen werden muss?

Was deine Bemerkung betrifft, Verifikation sei lediglich psychologisch, so habe ich dazu etwas zu sagen. Kollegen von mir sind in den unterschiedlichsten Laboratorien ständig mit den unterschiedlichsten Forschungen beschäftigt; sie bilden Hypothesen, experimentieren, prüfen, bestätigen, widerlegen, modifizieren Ideen. Einer von ihnen hat zum Beispiel jüngst ein gigantisches Pendel errichtet, um Foucaults Experiment in Bezug auf die Erdumdrehung zu wiederholen. Betrachtest du solche Verifikationsprozesse als lediglich psychologisch?

SCHÜLER. Ich weiß es nicht. Warum fragt Ihr?

LEHRER. Weil der Gegner, der meint, solche experimentellen Beweise seien *lediglich* psychologisch, damit natürlich die gesamte Technik sämtlicher Naturwissenschaften dem lediglich Psychologischen (wo immer das sein mag) zugewiesen hat – ein ziemlich hoher Preis für die Widerlegung des Pragmatisten. Der Intellektualist ist auf diese Weise in dem Dilemma, entweder dem Pragmatisten die gesamte Sphäre konkreter wissenschaftlicher Logik zuzugestehen oder seinerseits alle Wissenschaften als lediglich subjektiv zu betrachten. Welches Horn wählt er?

SCHÜLER: EINWAND SECHS. Ich habe einen Augenblick zuvor bemerkt, dass Ihr von der pragmatischen Theorie der Wahrheit als wahr gesprochen habt. Gewiss wird der Pragmatist seinem Ruf nicht gerecht, Sinn für Humor zu haben, wenn er aus dem Grunde Zustimmung zu seiner Theorie beansprucht, weil sie wahr ist. Was ist das anderes, als den Intellektualismus zuzugeben?

LEHRER: ANTWORT. Mein Sohn, wir nähern uns offensichtlich dem Ende. Natürlich behauptet der Pragmatist, dass seine Theorie wahr im pragmatischen Sinne von Wahrheit ist; sie funktioniert, sie klärt Schwierigkeiten auf, beseitigt Dunkelheiten, versetzt die Einzelnen in stärker experimentelle, weniger dogmatische und weniger willkürlich skeptische Beziehungen zum Leben; bringt die philosophische und die wissenschaftliche Methode in Übereinstimmung;

beseitigt selbst geschaffene Probleme der Erkenntnistheorie; klärt und reorganisiert die logische Theorie usf. Er ist ganz zufrieden damit, dass die Wahrheit seiner Theorie darin besteht, auf diese verschiedenen Arten und Weisen zu funktionieren und dem Intellektualisten den stolzen Besitz einer statischen, unanalysierbaren, unverifizierbaren, nicht funktionierenden Eigenschaft zu überlassen.

Schüler: Einwand sieben. Nichtsdestoweniger appelliert der Pragmatist ständig an die Urteile anderer, um sein eigenes Urteil zu stützen. Gewiss gesteht dies das Prinzip eines Urteils ein, das korrekt, wahr *in se* ist.

Lehrer: Antwort. Der Pragmatist sagt, dass Urteilen pragmatisch *ist*, das heißt, unter Bedingungen des Bedürfnisses nach einer Übersicht und einer Feststellung entstand und durch die Wirksamkeit geprüft wird, diesem Bedürfnis zu genügen. Und dann glaubst du, du widerlegst ihn durch deine Bemerkung, jeder Appell an Urteile sei intellektualistisch! Eine derartige *petitio principii* überzeugt mich, dass die radikale Schwierigkeit des Intellektualisten darin besteht, dass er sich den Pragmatisten als jemanden vorstellt, der mit einer Theorie der Wahrheit beginnt, während der Pragmatist in Wirklichkeit mit einer Theorie über Urteile und Bedeutungen beginnt, aus denen die Theorie der Wahrheit folgt.

Schüler: Einwand acht. Nichtsdestoweniger seid Ihr bestrebt, Euren Gegner zu einer bestimmten Theorie zu bekehren. Das ist gewiss ein intellektuelles Unternehmen und (zumindest) in der Theorie muss, wie Bradley so schön gesagt hat, das theoretische Kriterium an oberster Stelle stehen.

Lehrer: Antwort. Eine kleine Überlegung wird dich überzeugen, dass du dich immer im selben alten Kreis drehst. Menschen müssen zusammen handeln, der Einzelne lebt nun einmal in gesellschaftlichen Bindungen und Tätigkeiten; wer also einen anderen dazu bringt, die Dinge in einer bestimmten Weise anzuschauen, bewirkt eine bessere Anpassung und ein erfolgreicheres Arbeiten gesellschaftlicher Bindungen und Funktionen. Nur wenn der Pragmatist die Position des *Intellektualisten* verträte, würde er im Bestreben, andere zu seiner Meinung zu bekehren, nicht an praktische Bedürfnisse und praktische Kriterien appellieren.

Schüler: Einwand neun. Trotzdem ist das pragmatische Kriterium, nämlich das befriedigende Funktionieren, rein persönlich und subjektiv. Was immer so funktioniert, dass es mir gefällt, ist wahr. Entweder ist dies Euer Ergebnis (in welchem Fall Euer Bezug auf soziale Beziehungen im Grunde nur eine *Anzahl* rein subjektiver Befriedigungen bezeichnet), oder Ihr nehmt unbewusst eine intellektuelle Abteilung Eurer Natur an, die zufrieden gestellt werden muss und deren Befriedigung Wahrheit ist. Dadurch gebt Ihr das intellektualistische Kriterium zu.

LEHRER: ANTWORT. Wir scheinen zu unserem Ausgangspunkt zurückgekehrt zu sein, der Natur der Befriedigung. Der Intellektualist scheint zu denken, weil der Pragmatist auf dem Faktor des menschlichen Wunsches, des Zweckes und der Verwirklichung beim Machen und Überprüfen von Urteilen beharrt, werde der unpersönliche Faktor bestritten. Aber der Pragmatist besteht lediglich darauf, dass sich der menschliche Faktor in *Kooperation* mit dem Umweltfaktor auswirken muss und dass ihre Koadaptation sowohl »Korrespondenz« wie »Befriedigung« *ist.* Solange der menschliche Faktor ignoriert und bestritten oder als *nur* psychologisch angesehen wird (was immer, noch einmal, das bedeuten mag), wird sich dieser menschliche Faktor in unverantwortlicher Weise behaupten. Solange, besonders in der Philosophie, ein unverhohlen ungeläuterter Pragmatismus herrscht, werden wir, wie gegenwärtig, sehen, dass die ehrgeizigsten intellektualistischen Systeme akzeptiert werden, einfach aufgrund der persönlichen Bequemlichkeit, die sie denen gewähren, die sie schaffen und akzeptieren. Man erkenne den menschlichen Faktor an, und der Pragmatismus ist bei der Hand, um darauf zu bestehen, dass, wer immer von etwas überzeugt ist, die vollen Konsequenzen seiner Überzeugung akzeptieren muss, und dass seine Überzeugungen dadurch überprüft werden müssen, dass man nach ihnen handelt, um zu entdecken, worin ihre Bedeutung oder Konsequenz besteht. Bis sie überprüft werden, besteht der Pragmatist darauf, dass Überzeugungen, gleichgültig wie edel und erbaulich sie zu sein scheinen, Dogmen, keine Wahrheiten sind. Bis die Überprüfung vollständig und geduldig ausgearbeitet worden ist, hält er seine Überzeugungen für lediglich provisorisch, für Arbeitshypothesen, für Methoden – und er erkennt die Wahrscheinlichkeit an, dass in dem Maße, wie sich zusätzliche Formen der Überprüfung entwickeln, mehr und mehr so genannte Wahrheiten der Kategorie der Arbeitshypothesen zugewiesen werden – bis der dogmatische Geist ausgetrieben und ausgehungert worden ist. Gegenwärtig ist die Hauptquelle der Großspurigkeit und Unaufrichtigkeit in den philosophischen Systemen und der Grund ihrer allgemeinen Missachtung, dass die Philosophen die Rolle ignorieren, die persönliche Erziehung, Temperament und Präferenz in ihren Philosophien spielen.

SCHÜLER. Was Ihr sagt, erinnert mich an ein Wort Chestertons, das ich neulich las: »Ich stimme mit den Pragmatisten überein, dass die scheinbar objektive Wahrheit nicht alles ist; dass es ein gebieterisches Bedürfnis gibt, die Dinge zu glauben, die für den menschlichen Geist notwendig sind. Aber ich sage: Eine dieser Notwendigkeiten ist eben der Glaube an objektive Wahrheit. Pragmatismus ist eine Sache menschlicher Bedürfnisse, und eines der ersten der menschlichen Bedürfnisse ist, etwas mehr als ein Pragmatist zu sein.« Wenn ich Euch recht verstehe, würdet Ihr sagen, wer sich auf eine angebliche Notwendigkeit des »menschlichen Geistes« beruft, an gewisse absolute Wahrheiten zu glauben, weicht der eigentlichen Forderung aus, den menschlichen Geist und alle seine Werke zu überprüfen.

LEHRER. Mein Sohn, ich bin froh, dir das letzte Wort zu überlassen. Der Intellektualismus, dieses *enfant terrible*, hat deutlich gemacht, dass der Haupteinwand der Absolutisten gegen die pragmatische Lehre vom personalen (oder »subjektiven«) Faktor in der Überzeugung darauf beruht, dass der Pragmatist den persönlichen Kern in der Nuss des Absolutisten aufgedeckt hat.

10. Ein allgemeiner Glaube

I. Religion und das Religiöse

Niemals zuvor in der Geschichte war die Menschheit so sehr zweierlei Meinung, so sehr in zwei Lager geteilt wie heute. Religionen waren traditionell mit Ideen des Übernatürlichen verbunden und oftmals beruhten sie auf ganz expliziten Annahmen darüber. Heute sind viele Menschen der Meinung, dass nichts, was den Namen »religiös« verdient, ohne Bezug zum Übernatürlichen möglich sei. Die Anhänger dieser Überzeugung unterscheiden sich in vielerlei Hinsicht. Sie reichen von denen, die die Dogmen und Sakramente der griechischen und römischen Kirche als das einzige sichere Zugangsmittel zum Übernatürlichen ansehen, bis zum Theisten oder milden Deisten. Dazwischen befinden sich viele protestantische Kirchen, die die Heilige Schrift, unterstützt von einem reinen Gewissen, als den einzig adäquaten Weg zu übernatürlicher Wahrheit und Macht ansehen. Aber sie stimmen in einem Punkt überein: in der Notwendigkeit eines übernatürlichen Wesens und einer Unsterblichkeit, die jenseits der Macht der Natur liegt.

Die entgegengesetzte Gruppe besteht aus den Menschen, nach deren Überzeugung der Fortschritt von Kultur und Wissenschaft das Übernatürliche und damit zugleich alle Religionen, die mit dem Glauben daran verknüpft waren, vollständig diskreditiert hat. Aber sie gehen über diesen Punkt hinaus. Die Extremisten in dieser Gruppe glauben, mit der Abschaffung des Übernatürlichen müssten nicht nur die historischen Religionen, sondern zugleich mit ihnen überhaupt alles, was religiöser Natur ist, verabschiedet werden. Wenn das historische Wissen die Ansprüche, die auf den übernatürlichen Charakter der als Gründer historischer Religionen geltenden Personen erhoben worden sind, diskreditiert hat; wenn die übernatürliche Inspiration, die den als heilig geltenden Schriften beigelegt wurde, in Frage gestellt worden ist, und wenn anthropologisches und psychologisches Wissen die allzumenschlichen Quellen enthüllt hat, aus denen religiöse Überzeugungen und Praktiken entsprungen sind, dann, sagen sie, muss damit auch alles Religiöse verschwinden.

Diese beiden entgegengesetzten Gruppen haben jedoch eine Idee gemeinsam: die Identifikation des Religiösen mit dem Übernatürlichen. Die Frage, die ich in diesen Kapiteln aufwerfen werde, betrifft den Grund für diese Identifikation und deren Konsequenzen: ihre Gründe und ihren Wert. Ich werde eine andere Auffassung von der Natur des religiösen Aspekts der Erfahrung entwickeln, die sie von dem Übernatürlichen und den Dingen, die um es herum entstanden sind, trennt. Ich werde versuchen zu zeigen, dass diese Ableitungen eine schwere Hypothek sind und dass das, was wahrhaft religiös ist, eine Emanzipation erfährt, sobald es davon befreit ist; dass dann zum ersten Mal der religiöse Aspekt der Erfahrung frei sein wird, sich frei, um seiner selbst willen, zu entfalten.

Diese Ansicht ist dem Angriff aus beiden anderen Lagern ausgesetzt. Sie steht den traditionellen Religionen entgegen, einschließlich derer, die heute den größten Einfluss auf religiöse Menschen ausüben. In ihren Augen zerschneidet die hier vorgetragene Auffassung den Lebensnerv des religiösen Elements selber, weil sie die Basis zerstört, auf der traditionelle Religionen und Institutionen ruhen. Von der anderen Seite her gesehen, erscheint die von mir eingenommene Position als eine schüchterne Mittelposition, als eine Konzession und ein Kompromiss, die eines gründlichen Denkens unwürdig sind. Sie gilt als eine etwas rührselige Ansicht, als emotionaler Überrest der Indoktrination der Kindheit oder sogar als Zeichen eines Wunsches, keinen Anstoß zu erregen und sich beliebt zu machen.

Der entscheidende Punkt, um den es mir in diesem ersten Abschnitt geht, ist, dass es einen Unterschied zwischen Religion, *einer* Religion, und dem Religiösen gibt, zwischen dem, was durch ein Substantiv bezeichnet werden kann, und der Qualität der Erfahrung, die durch ein Adjektiv bezeichnet wird. Es ist nicht leicht, eine Definition von Religion im substantivischen Sinne zu geben, die allgemeine Anerkennung findet. Aber ich finde im *Oxford Dictionary* die folgende: »Anerkennung auf Seiten des Menschen, dass eine unsichtbare höhere Macht die Herrschaft über sein Schicksal und einen berechtigten Anspruch auf Gehorsam, Verehrung und Kultus hat.«

Diese spezielle Definition ist in der Behauptung des übernatürlichen Charakters der höheren unsichtbaren Macht weniger explizit als andere, die man zitieren könnte. Sie ist freilich mit Implikationen überfrachtet, die ihre Wurzel in Ideen haben, die mit dem Glauben an das Übernatürliche, das Charakteristikum der historischen Religionen, verknüpft sind. Wir wollen einmal annehmen, dass jemand, der mit der Geschichte der Religionen, einschließlich der so genannten primitiven, vertraut ist, diese Definition mit der Mannigfaltigkeit der bekannten Tatsachen vergleicht und mit Hilfe dieses Vergleichs versucht, genau zu bestimmen, was diese Definition bedeutet. Ich glaube, ihm werden drei Tatsachen auffallen, die die Termini der Definition auf einen derart niedrigen gemeinsamen Nenner reduzieren, dass nur wenig Bedeutung übrig bleibt.

Er wird bemerken, dass die erwähnten »unsichtbaren Mächte« in einer Vielzahl von unvereinbaren Formen aufgefasst worden sind. Lässt man die Unterschiede beiseite, bleibt nichts übrig außer dem bloßen Verweis auf etwas Unsichtbares und Mächtiges. Dies ist begriffen worden als das vage und undefinierte *Mana* der Melanesier; das *Kami* des primitiven Shintoismus; der Fetisch der Afrikaner; Geister, die einige menschliche Eigenschaften haben, die natürliche Orte durchdringen und natürliche Kräfte beleben; das letzte und unpersönliche Prinzip des Buddhismus; der unbewegte Beweger des griechischen Denkens; die Götter und halbgöttlichen Helden des griechischen und römischen Pantheons; die personale und liebende Vorsehung des Christentums, allmächtig und von einer korrespondierenden bösen Macht beschränkt; der arbiträre Wille des Islam; der höchste Gesetzgeber und Richter des Deismus. Und das sind nur einige wenige der auffallendsten Formen, wie die unsichtbare Macht begriffen worden ist.

Auch unter den Formen, in denen Gehorsam und Verehrung zum Ausdruck gebracht worden sind, besteht keine größere Ähnlichkeit. Es gab Verehrung von Tieren, von Geistern, Vorfahren, es gab den Phalluskult wie auch die Anbetung von Wesen von großer Macht, Liebe und Weisheit. Verehrung ist in den Menschenopfern der Peruaner und Azteken zum Ausdruck gebracht worden; in den sexuellen Orgien einiger orientalischer Religionen; in den Exorzismen und Waschungen; dem Opfer des unterwürfigen und demütigen Geistes der hebräischen Propheten, den komplizierten Ritualen der griechischen und römischen Kirchen. Nicht einmal das Opfer war gleichförmig; es ist hoch sublimiert in den protestantischen Kirchen und bei den Muslimen. Wo es bestanden hat, hat es alle Arten von Formen angenommen und war an eine große Anzahl von Mächten und Geistern gerichtet. Es wurde zur Sühnung, zur Besänftigung und zum Erkaufen spezieller Gunstbeweise benutzt. Es gibt keine nur denkbare Absicht, für die Riten nicht angewendet worden wären.

Schließlich besteht auch keinerlei erkennbare Einheit unter den moralischen Motivationen, an die appelliert und von denen Gebrauch gemacht wird. Sie sind so weit auseinander wie die Furcht vor dauernder Qual, Hoffnung auf dauernde Seligkeit, in der der sexuelle Genuss gelegentlich ein auffälliges Element bildete; Kasteiung des Fleisches und extreme Askese; Prostitution und Keuschheit; Kriege, um die Ungläubigen auszurotten; Verfolgung, um die Ungläubigen zu bekehren oder zu bestrafen, und philanthropischer Eifer; serviles Hinnehmen eines anbefohlenen Dogmas zugleich mit brüderlicher Liebe und der Hoffnung auf ein Reich der Gerechtigkeit unter den Menschen.

Ich habe selbstverständlich nur eine geringe Anzahl der Tatsachen genannt, die in jeder gut ausgestatteten Bibliothek ganze Bände füllen. Wer es vorzieht, die dunklere Seite der Religionsgeschichte zu ignorieren, fragt sich vielleicht, warum man diese dunkleren Fakten überhaupt ans Licht ziehen soll. Wir wissen alle, dass der zivilisierte Mensch einen Hintergrund von Bestialität und Aberglaube hat und dass diese Elemente auch bei uns immer noch existieren. Haben denn nicht einige Religionen, einschließlich der einflussreichsten Formen des Christentums, gerade gelehrt, das Herz des Menschen sei völlig verderbt? Wie sollte der Verlauf der Religionen in seiner Gesamtheit nicht durch Praktiken gezeichnet sein, die in ihrer Grausamkeit und Genusssucht schändlich sind, und durch Annahmen, die verkommen und intellektuell unglaubwürdig sind? Was kann man von Menschen erwarten, die über wenig Wissen und über keine sicheren Methoden der Erkenntnis verfügen? Bei primitiven Institutionen und bei so geringer Beherrschung der Kräfte der Natur, dass sie in einem ständigen Zustand der Furcht lebten?

Ich gebe gerne zu, dass historische Religionen von den Bedingungen der gesellschaftlichen Kultur abhängig waren, unter denen die Völker lebten. Es ist ja gerade meine Absicht, die Logik dieser Methode, sich überholter Züge vergangener Religionen zu entledigen, zu Ende zu denken. Glaubensvorstellungen und Praktiken in einer Religion, die jetzt herrscht, sind nach dieser Logik von dem gegenwärtigen Stand der Kultur abhängig. Wenn in der Vergangenheit so viel Flexibilität hinsichtlich einer unsichtbaren Macht, hinsichtlich der Art und Weise, wie sie das menschliche Schicksal beeinflusst, und hinsichtlich der Haltungen, die wir im Hinblick auf sie einnehmen, bestanden hat, warum sollte angenommen werden, die Veränderung der Vorstellung und des Handelns sei jetzt zu einem Ende gekommen? Dieselbe Logik, die daran beteiligt ist, unwillkommene Aspekte vergangener Religionen loszuwerden, zwingt uns zu fragen, wie viele Überreste aus überwundenen Kulturen die jetzt akzeptierten Religionen noch enthalten. Sie zwingt uns zu fragen, welche Vorstellung von unsichtbaren Mächten und unseren Beziehungen zu ihnen mit den besten Errungenschaften und Bestrebungen der Gegenwart im Einklang wären. Sie verlangt, dass wir uns in unserer Phantasie vorstellen, wir würden reinen Tisch machen und ganz neu mit der Frage beginnen: Wie sähe die Idee des Unsichtbaren aus, wie die Art und Weise seiner Herrschaft über uns, wie würden sich Ehrfurcht und Gehorsam manifestieren, wenn das, was die Erfahrung an grundlegend Religiösem enthält, die Gelegenheit hätte, sich frei von allen historischen Hypotheken auszudrücken?

Auf diese Weise kehren wir zu den Elementen der oben zitierten Definition zurück. Welchen Vorteil bringt es, zur Verteidigung der Universalität der Religion eine Definition zu akzeptieren, die auf die wildesten und niedrigsten Vorstellungen und Praktiken, die Bezug auf unsichtbare Mächte haben, ebenso anwendbar ist wie auf die edlen Ideale einer Religion, die den denkbar größten Anteil an moralischem Inhalt hat? Es geht hier um zwei Punkte. Einmal, dass in den Begriffen unsichtbarer Mächte, die das menschliche Schicksal kontrollieren, denen Gehorsam, Anbetung und Verehrung geschuldet wird, nichts übrig bleibt, das der Bewahrung wert wäre, wenn wir schweigend über die diesen Mächten zugeschriebene Natur hinweggehen, über die radikal verschiedenen Weisen, wie sie angeblich das menschliche Schicksal kontrollieren und wie sich Unterwerfung und Ehrfurcht gezeigt haben. Zum anderen: Wenn wir erst einmal anfangen auszulesen, auszuwählen, und sagen, dass einige vorliegende Arten, über die unsichtbaren Mächte nachzudenken, besser seien als andere; dass die Verehrung von Seiten eines freien und selbstbewussten Menschen besser sei als der servile Gehorsam, den verängstigte Menschen einer willkürlichen Macht erweisen; dass wir glauben sollten, die Kontrolle über das menschliche Schicksal werde von einem weisen und liebenden Geist statt von übermütigen Geistern oder bloßer Gewalt ausgeübt – wenn wir also, sage ich, anfangen zu wählen, dann haben wir eine Straße betreten, die noch nicht zu Ende ist. Wir haben einen Punkt erreicht, der uns einlädt, weiterzuschreiten.

Denn wir sind gezwungen anzuerkennen, dass es konkret so etwas wie Religion im Singular nicht gibt. Es gibt nur eine Vielzahl von Religionen. »Religion« ist ein strikt kollektiver Terminus, und die Art von Kollektiv, für die er steht, wird nicht einmal in den Lehrbüchern der Logik illustriert. Sie hat nicht die Einheit eines Regiments oder einer Versammlung, sondern die eines zusammengewürfelten Aggregats. Versuche, die Universalität zu beweisen, beweisen entweder zu viel oder zu wenig. Es mag sein, dass Religionen in dem Sinn universal waren, dass alle Völker, von denen wir etwas wissen, *eine* Religion gehabt haben. Aber die Unterschiede zwischen ihnen sind so groß und so schockierend, dass jedes gemeinsame Element, das sich aus ihnen herausdestillieren lässt, bedeutungslos ist. Die Idee, Religion sei universal, beweist zu wenig, insofern die älteren Apologeten des Christentums besser beraten gewesen zu sein scheinen als einige Moderne, als sie jede Religion mit einer einzigen Ausnahme als Betrug verdammten, als im Grunde eine Art von Dämonenverehrung oder auf jeden Fall eine abergläubische Erdichtung. Man muss zwischen Religionen wählen, und die Notwendigkeit einer Wahl lässt dem Argument von der Universalität nichts von Gewicht übrig. Außerdem, sobald wir einmal den Weg der Wahl betreten haben, sehen wir uns sogleich einer Möglichkeit gegenüber, die noch nicht allgemein realisiert worden ist.

Das historische Anwachsen des ethischen und idealen Inhalts der Religionen legt den Gedanken nahe, dass der Prozess der Reinigung noch weiter getrieben werden kann. Es deutet darauf hin, dass eine weitere Wahl notwendig ist, in der bestimmte Werte und Funktionen in der Erfahrung ausgewählt werden können. Diese Möglichkeit hatte ich vor Augen, als ich von dem Unterschied des Religiösen und einer Religion sprach. Ich schlage keine Religion vor, sondern eher die Emanzipation von Elementen und von Auffassungen, die religiös genannt werden mögen. Denn in dem Augenblick, wo wir eine Religion haben, sei es die der Sioux-Indianer oder des Judaismus oder des Christentums, in diesem Augenblick übernehmen die idealen Faktoren in der Erfahrung, die religiös genannt werden können, eine Bürde, die ihnen nicht inhärent ist, eine Last an gängigen Überzeugungen und institutionellen Praktiken, die für sie irrelevant sind.

Ich kann das, was ich meine, durch ein gewöhnliches Phänomen im zeitgenössischen Leben illustrieren. Im Allgemeinen nimmt man an, jemand, der keine Religion akzeptiert, erweise sich dadurch als nicht-religiös. Trotzdem ist es denkbar, dass die gegenwärtige Krise der Religion eng mit der Tatsache verknüpft ist, dass die Religionen jetzt, aufgrund ihrer historischen Belastungen, verhindern, dass die religiöse Qualität der Erfahrung zum Bewusstsein kommt und einen den gegenwärtigen Bedingungen angemessenen intellektuellen und moralischen Ausdruck findet. Ich glaube, dass das der Fall ist. Ich glaube, dass sich viele Menschen von dem, was gegenwärtig als Religion existiert, durch dessen intellektuelle und moralische Implikationen derartig abgestoßen fühlen, dass sie nicht einmal diejenigen Haltungen in sich selbst zur Kenntnis nehmen, die echt religiös wären, wenn sie zur Reife gelangten. Ich hoffe, diese Bemerkung hilft klar zu machen, was ich mit dem Unterschied zwischen »Religion« als Substantiv und dem »Religiösen« als Adjektiv meine.

Um etwas expliziter zu sein: Eine Religion (und wie ich gerade gesagt habe, gibt es so etwas wie Religion im Allgemeinen nicht) bedeutet immer ein bestimmtes System von Überzeugungen und Praktiken, die eine bestimmte Art von institutioneller Organisation haben, sei sie locker oder fest. Im Unterschied dazu bezeichnet das Adjektiv »religiös« keine irgendwie spezifizierbare Wesenheit, sei sie institutionell oder ein System von Überzeugungen. Es bezeichnet nichts, auf das man spezifisch verweisen könnte, wie man auf diese oder jene historische Religion oder bestehende Kirche verweisen kann. Denn es bezeichnet nichts, das selbständig bestehen kann oder das in einer bestimmten, besonderen Form der Existenz organisiert werden kann. Es bezeichnet Haltungen, die man zu jedem Objekt und zu jedem vorgeschlagenen Ziel oder Ideal einnehmen kann.

Bevor ich freilich meinen Vorschlag entwickle, dass die Realisierung der eben getroffenen Unterscheidung dazu beitragen würde, die religiöse Qualität von Belastungen zu befreien, die sie jetzt ersticken oder einschränken, muss ich auf eine Position verweisen, die verbal in einigen Hinsichten der von mir eingenommenen Position ähnelt, tatsächlich aber himmelweit davon verschieden ist. Ich habe mehrere Male den Ausdruck »religiöse Elemente der Erfahrung« benutzt. Nun wird gegenwärtig, vor allem in liberalen Kreisen, viel von religiöser Erfahrung als Garantie für die Authentizität gewisser

Glaubensannahmen und der Wünschbarkeit gewisser Praktiken gesprochen, wie etwa bestimmter Formen des Gebetes und des Gottesdienstes. Es wird sogar behauptet, religiöse Erfahrung sei die letzte Grundlage der Religion selbst. An dieser Stelle geht es mir darum, den Abgrund zwischen dieser und meiner Position darzustellen.

Wer an der Vorstellung festhält, es gebe eine bestimmte Art der Erfahrung, die selbst religiös ist, macht eben dadurch etwas Spezifisches daraus, nämlich eine Art von Erfahrung, die sich von ästhetischen, wissenschaftlichen, moralischen, politischen Erfahrungen wie von der Erfahrung von Kameradschaft und Freundschaft unterscheidet. Aber »religiös« als Qualität der Erfahrung bezeichnet etwas, das zu all diesen Erfahrungen dazu gehören kann. Es ist das polare Gegenteil eines Typs von Erfahrung, die für sich selbst bestehen kann. Die Unterscheidung wird besonders deutlich, wenn man bemerkt, dass der Begriff dieser besonderen Art von Erfahrung dazu benutzt wird, um einen Glauben an eine besondere Art von Objekt zu begründen und ebenso eine bestimmte Art von Praxis zu rechtfertigen.

Denn es gibt viele religiöse Menschen, denen die älteren »Beweise« vom Dasein Gottes, der ontologische, kosmologische und teleologische, nichts mehr sagen. Die Ursache dieser Unzufriedenheit sind vielleicht nicht so sehr die Argumente, die Kant benutzte, um die Unzulänglichkeit dieser angeblichen Beweise nachzuweisen, sondern es ist das wachsende Gefühl, dass sie zu formal sind, als dass sie der Religion in Aktion irgendeine Unterstützung gewähren könnten. Die Unzufriedenheit auf jeden Fall existiert. Obendrein bleiben diese Anhänger der Religion von dem Aufkommen der experimentellen Methode auf anderen Gebieten nicht unberührt. Was ist entsprechend natürlicher und angebrachter, als dass sie behaupten, sie seien ebenso gute Empiristen wie jedermann sonst – ja, so gute, wie die Wissenschaftler selbst? Wie die Letzteren sich auf bestimmte Arten von Erfahrung verlassen, um die Existenz bestimmter Arten von Objekten zu beweisen, so verlassen sich die Anhänger der Religion auf eine Art von Erfahrung, um die Existenz des Objektes der Religion zu beweisen, besonders des höchsten Objektes: Gott.

Die Diskussion kann präzisiert werden, wenn man an diesem Punkt eine bestimmte Illustration dieses besonderen Typs der Überlegung einführt. Ein Schriftsteller schreibt: »Ich brach vor Überarbeitung zusammen und stand kurz vor einem Nervenzusammenbruch. Eines Morgens nach einer langen und schlaflosen Nacht ... beschloss ich, nicht mehr ständig von meinen eigenen Kräften, sondern von denen Gottes zu zehren. Ich beschloss, mir jeden Tag eine bestimmte Ruhepause zu gönnen, um während dieser Zeit mein Leben zu seiner letzten Quelle in Beziehung zu setzen, das Bewusstsein wiederzugewinnen, dass ich in Gott lebe, mich in Gott bewege und mein Sein in Gott habe. Das war vor dreißig Jahren. Seitdem habe ich buchstäblich keine einzige Stunde der Dunkelheit oder Verzweiflung mehr erlebt.«

Dies ist ein eindrucksvoller Bericht. Ich bezweifle weder seine Authentizität noch die der berichteten Erfahrung. Er illustriert einen religiösen Aspekt der Erfahrung. Aber er illustriert auch die Verwendung dieser Qualität, um eine damit nur locker verknüpfte Last einer bestimmten Religion zu tragen. Denn der Autor, der in der christlichen Tradition aufgewachsen ist, interpretiert sie in den Begriffen des persönlichen Gottes, der für diese Religion charakteristisch ist. Taoisten, Buddhisten, Muslime, Menschen ohne Religion einschließlich derer, die jeden übernatürlichen Einfluss und jede übernatürliche Macht verwerfen, haben Erfahrungen gemacht, deren Wirkungen ähnlich waren. Gleichwohl kommentiert ein anderer Autor diese Passage so: »Der religiöse Experte kann sich der Existenz dieses Gottes sicherer sein als der Existenz des kosmologischen Gottes der Spekulation oder der Existenz des christusgleichen Gottes, der in der Gültigkeit des moralischen Optimismus enthalten ist«, und fügt dann hinzu, dass solche Erfahrungen »bedeuten, dass Gott, der Retter, die Macht, die unter bestimmten Bedingungen, die der Mensch erfüllen kann, den Sieg über die Sünde verleiht, eine reale, zugängliche und wissenschaftlich erkennbare Realität ist«. Es sollte klar sein, dass diese Folgerung nur gültig ist, wenn die Bedingungen, welcher Art auch immer, die diese Wirkung hervorrufen, »Gott« genannt werden. Aber die meisten Leser werden die Schlussfolgerung so verstehen, als werde hier die Existenz eines bestimmten Wesens von der Art, die in der christlichen Religion »Gott« genannt wird, durch eine Methode bewiesen, die der Methode der experimentellen Wissenschaft gleicht.

In Wirklichkeit ist das einzige, was als bewiesen gelten kann, die Existenz eines Komplexes von Bedingungen, die dazu gedient haben, eine Anpassung[1] im Leben herbeizuführen, eine Orientierung, die ein Gefühl von Sicherheit und Frieden mit sich bringt. Die besondere Deutung, die diesem besonderen Komplex von Bedingungen gegeben wird, ist der Erfahrung selbst nicht inhärent. Sie stammt aus der Kultur, von der eine bestimmte Person durchdrungen ist. Ein Fatalist wird ihr den einen Namen geben, ein christlicher Wissenschaftler einen anderen; und jemand, der jedes übernatürliche Wesen verwirft, noch einen dritten. Der bestimmende Faktor in der Deutung der Erfahrung ist der jeweilige Lehrapparat, in den man gerade eingeweiht ist. Der emotionale Bodensatz, der mit den Lehren verknüpft ist, die man von früher kennt, überflutet die ganze Situation. Er verleiht der Erfahrung unter Umständen eine solche Aura von Heiligkeit, dass jeder Versuch, ihre Ursachen zu erforschen, blockiert ist. Das stabile Ergebnis gilt als so unendlich wertvoll, dass die Ursache, auf die es bezogen wird, gewöhnlich nichts als eine Verdopplung des Vorkommnisses selbst plus irgendein Name ist, der eine tief emotionale Qualität besitzt.

Es ist nicht die Absicht dieser Diskussion, die Echtheit des Resultats oder seine Wichtigkeit im Leben zu bestreiten. Sie soll nicht, außer vielleicht nebenbei, die Möglichkeit einer rein naturalistischen Erklärung des Ereignisses nachweisen. Meine Absicht ist zu zeigen, was geschieht, wenn die religiöse Erfahrung schon als Erfahrung *sui generis* ausgesondert worden ist. Die wirkliche religiöse Qualität in der beschriebenen Erfahrung besteht in der erzeugten *Wirkung*, der besseren Anpassung im Leben und deren Bedingungen, nicht in der Art und Ursache ihrer Erzeugung. Die Art, wie die Erfahrung wirkte, ihre Funktion, bestimmt ihren religiösen Wert. Wenn die Neuorientierung tatsächlich stattfindet, dann sind sie selbst wie auch das sie begleitende Gefühl der Sicherheit und Stabilität ganz eigenständige Kräfte. Sie findet in verschiedenen Personen auf unterschiedliche Weise statt. Manchmal wird sie durch Hingabe an eine Sache erreicht; manchmal durch eine Passage in einer Dichtung, die eine neue Perspektive eröffnet; manchmal, wie es der Fall bei Spinoza war – der zu seiner Zeit als Atheist galt –, durch philosophische Reflexion.

Der Unterschied zwischen einer Erfahrung, deren religiöse Bedeutung in dem liegt, was sie in und für die Lebensprozesse tut, und

1 [*adjustment*]

religiöser Erfahrung als einer gesonderten Art von Sache gibt mir Gelegenheit, auf eine frühere Bemerkung zurückzukommen. Wenn diese Funktion dadurch gerettet würde, dass sie aus ihrer Abhängigkeit von bestimmten Typen des Glaubens und bestimmten Arten von Praktiken, von denjenigen Elementen also, die eine Religion ausmachen, befreit würde, würden gewiss viele Menschen finden, dass Erfahrungen, die eine bessere, tiefere und dauernde Anpassung im Leben herbeizuführen vermögen, nicht so selten und ungewöhnlich sind, wie gemeinhin angenommen wird. Sie kommen im Zusammenhang mit vielen bedeutungsvollen Momenten des Lebens vor. Die Idee unsichtbarer Mächte würde die Bedeutung all jener Bedingungen der Natur und der menschlichen Gemeinschaft annehmen, die das Gefühl von Werten, die einen durch Zeiten der Dunkelheit und Verzweiflung tragen, bis zu einem solchen Maße unterstützen und vertiefen, dass sie ihren gewöhnlichen depressiven Charakter verlieren.

Die Verlagerung des Religiösen aus der Religion dürfte vielen Menschen schwer fallen. Tradition und Brauch sind, besonders wenn sie emotional belastet sind, ein Teil der Gewohnheiten, die mit unserem Wesen eins geworden sind. Aber die Möglichkeit der Übertragung wird durch ihre Wirklichkeit bewiesen. Wir wollen also für den Augenblick den Ausdruck »religiös« fallen lassen und uns fragen, welche Einstellungen den Lebensprozessen tiefe und dauernde Unterstützung gewähren. Ich habe zum Beispiel die Ausdrücke »Anpassung« und »Orientierung« benutzt. Was bedeuten sie?

Obwohl die Ausdrücke »Akkommodation«, »Adaptation« und »Anpassung« häufig als Synonyme verwendet werden, handelt es sich um so unterschiedliche Einstellungen, dass sie um der Klarheit des Denkens willen voneinander unterschieden werden sollten. Es gibt Bedingungen, auf die wir stoßen, die sich nicht ändern lassen. Wenn es sich dabei um partikuläre und beschränkte Bedingungen handelt, modifizieren wir unsere besonderen Einstellungen in Übereinstimmung mit ihnen. Auf diese Weise akkommodieren wir uns an Wetteränderungen, an Einkommensänderungen, wenn wir keine andere Wahl haben. Wenn die äußeren Bedingungen dauernd sind, kommt es zu einer Abhärtung, Gewöhnung oder, wie dieser Prozess jetzt oft genannt wird, Konditionierung. Die beiden Haupteigenschaften dieser Einstellung, die ich Akkommodation nennen möchte, sind, dass sie *partikuläre* Verhaltensmodi affiziert, nicht das gesamte Ich, und dass der Prozess im Wesentlichen *passiv* ist. Er kann freilich allgemein werden und dann wird die Einstellung zu einer fatalistischen Resignation oder Unterwerfung. Es gibt andere Einstellungen zur Umwelt, die ebenfalls partikulär, aber aktiver sind. Wir re-agieren auf Bedingungen und sind bemüht, sie so zu ändern, dass sie unseren Wünschen und Forderungen genügen. Theaterstücke in einer fremden Sprache werden »adaptiert«, um den Bedürfnissen eines amerikanischen Publikums zu genügen. Ein Haus wird neu aufgebaut, um den veränderten Bedingungen des Haushalts zu genügen; das Telefon wird erfunden, um der Nachfrage nach schneller Kommunikation über große Entfernungen zu genügen; trockene Böden werden bewässert, damit sie reiche Ernten tragen. Statt uns den Bedingungen zu akkommodieren, modifizieren wir die Bedingungen, so dass sie unseren Bedürfnissen und Zwecken akkommodiert werden. Dieser Prozess mag Adaptation genannt werden.

Nun werden diese beiden Prozesse oft mit dem generelleren Ausdruck Anpassung[2] bezeichnet. Aber es gibt auch Veränderungen in uns selbst in unserem Verhältnis zu der Welt, in der wir leben, die weit umfassender und tiefsitzender sind. Sie beziehen sich nicht auf diesen oder jenen Wunsch im Verhältnis zu dieser oder jener Bedingung unserer Umgebung, sondern erstrecken sich auf unser Dasein in seiner Gänze. Wegen ihres Umfangs ist diese Modifikation unserer selbst dauerhaft. Sie überdauert alle Wechselfälle der Umstände, innerliche und äußerliche. Die verschiedenen Elemente unseres Seins werden geordnet und harmonisiert, so dass trotz der Veränderungen der besonderen Umgebungsbedingungen diese Bedingungen ebenfalls in ihrem Verhältnis zu uns geordnet, geklärt werden. Diese Haltung enthält eine Spur von Unterwerfung. Aber sie ist freiwillig, nicht von außen auferlegt; und als freiwillig ist sie etwas mehr als ein bloßer stoischer Entschluss, ungerührt durch alle Schicksalsschläge hindurch auszuharren. Sie geht mehr nach außen, sie ist bereitwilliger und fröhlicher als die letztere Einstellung und sie ist aktiver als die erstere. Und wenn man sie freiwillig nennt, dann ist damit nicht gemeint, dass sie von einem bestimmten Entschluss oder Willensakt abhängt. Es ist eher eine Veränderung *des* Willens,

2 [*adjustment*]

verstanden als die organische Fülle unseres Seins, als irgendeine besondere Veränderung *im* Willen.

Religionen erheben den Anspruch, diesen allgemeinen und dauernden Wechsel der Einstellung zu bewirken. Ich möchte diese Feststellung umkehren und sagen: Wann immer diese Veränderung stattfindet, handelt es sich um eine eindeutig religiöse Haltung. Es ist nicht *eine* Religion, die dies herbeiführt, sondern wenn es geschieht, aus welchem Grund und mit welchen Mitteln auch immer, handelt es sich um eine religiöse Anschauung und Funktion. Wie ich vorher gesagt habe, treten das intellektuelle Lehrgebäude und die institutionellen Erweiterungen, zu denen es kommt, genau genommen zu der immanenten Qualität solcher Erfahrungen hinzu. Denn bei ihnen handelt es sich um Traditionen der Kultur, die den Individuen aufgepfropft werden. Santayana hat die religiöse Qualität der Erfahrung mit dem Imaginativen verknüpft, wie es sich in der Dichtung ausdrückt. »Religion und Poesie«, sagt er, »sind im Wesen identisch und unterscheiden sich lediglich in der Art und Weise, wie sie mit praktischen Angelegenheiten verknüpft sind. Poesie wird Religion genannt, wenn sie in das Leben eingreift, und Religion erscheint als nichts anderes als Poesie, wenn sie lediglich zum Leben hinzutritt.« Dieser Unterschied zwischen eingreifen[3] und hinzutreten[4] ist ebenso wichtig wie die erläuterte Identität. Die Phantasie kann mit dem Leben ihr Spiel treiben oder tief in es eingreifen. Wie Santayana es ausdrückt, hat »Dichtung eine universale und eine moralische Funktion«, denn »ihre größte Macht liegt in ihrer Relevanz für die Ideale und Zwecke des Lebens«. Wo sie nicht eingreift, »ist alle Beobachtung Beobachtung der rohen Tatsachen, alle Disziplin bloße Unterdrückung, bis diese Tatsachen, gründlich durchdacht, und diese Disziplin, in menschlichen Impulsen verkörpert, zum Ausgangspunkt für eine schöpferische Bewegung der Imagination, zur festen Grundlage für ideale Konstruktionen in Gesellschaft, Religion und Kunst werden«.

Wenn ich eine Bemerkung zu dieser eindringlichen Einsicht von Santayana machen darf, dann würde ich sagen, der Unterschied zwischen einer nur hinzukommenden und einer eingreifenden Imagination ist der Unterschied zwischen einer Imagination, die alle Elemente unseres Seins vollständig durchdringt, und einer, die mit nur

3 [*intervene in*]
4 [*supervene upon*]

speziellen und partiellen Faktoren verwoben ist. Tatsächlich kommt es nur äußerst selten vor, dass rohe Tatsachen lediglich um der Tatsachen willen beobachtet werden, genauso wie Disziplin nur sehr selten Repression und nichts als Repression ist. Tatsachen werden gewöhnlich im Hinblick auf ein praktisches Ziel und einen Zweck beobachtet, und dieses Ziel wird nur in der Phantasie vorgestellt. Selbst die repressivste Disziplin hat irgendein Ziel vor Augen, dem zumindest eine ideale Qualität unterstellt wird; sonst ist sie rein sadistisch. Aber in solchen Fällen von Beobachtung und Disziplin ist die Imagination begrenzt und partiell. Sie reicht nicht sehr weit; sie erstreckt sich weder in die Tiefe noch in die Ferne.

Die Verbindung zwischen Imagination und der Harmonisierung des Ich ist enger als gewöhnlich gedacht wird. Die Idee eines Ganzen, sei es des ganzen personalen Seins oder der Welt, ist eine imaginative, keine buchstäbliche Idee. Die begrenzte Welt unserer Beobachtung und Reflexion wird nur durch die Erweiterung in der Phantasie zum Universum. Sie kann weder im Wissen erfasst noch in der Reflexion erkannt werden. Weder Beobachtung, Denken noch praktische Aktivität können jene vollständige Vereinheitlichung des Ich erreichen, die ein Ganzes genannt wird. Das *ganze* Ich ist ein Ideal, ein imaginativer Entwurf. Deshalb wirkt die Idee einer durchgängigen und tief sitzenden Harmonisierung des Ich mit dem Universum (als Name für die Totalität der Bedingungen, mit denen das Ich verknüpft ist) nur durch Imagination – was ein Grund dafür ist, weshalb dieses Komponieren des Ich nicht willentlich im Sinne eines besonderen Willensaktes oder eines Entschlusses geschieht. Es ist eher so, dass eine »Anpassung« den Willen besitzt, statt dass sie sein bewusstes Produkt ist. Anhänger von Religionen hatten ganz Recht, wenn sie diese Harmonisierung aus Quellen jenseits bewusster Überlegung und Absicht herleiteten – eine Tatsache, die psychologisch erklären hilft, warum sie so allgemein einer übernatürlichen Quelle zugeschrieben worden ist, und die vielleicht Licht auf ihre Beziehung zu unbewussten Faktoren wirft, die William James hergestellt hat. Und es sollte an dieser Stelle bemerkt werden, dass die Vereinheitlichung des Ich durch das unaufhörliche Fließen dessen hindurch, was es tut, leidet und erreicht, nicht allein in Begriffen seiner selbst erreicht werden kann. Das Ich ist immer auf irgendetwas jenseits seiner selbst gerichtet, und deshalb beruht seine Vereinheitlichung auf der Idee der Integration der wechselnden Szenen der Welt in jene imaginative Totalität, die wir das Universum nennen.

Die enge Verbindung der Phantasie mit idealen Elementen in der Erfahrung wird allgemein erkannt. Dies ist nicht der Fall im Hinblick auf ihre Verbindung mit dem Glauben. Glaube wurde oft als Ersatz für Erkenntnis, für Einsicht angesehen. In der christlichen Religion wird er als *Zeugnis* nicht-sichtbarer Dinge definiert. Das heißt, Glaube ist eine Art antizipatorischer Vision von Dingen, die uns jetzt wegen der Beschränktheit unserer endlichen und irrenden Natur verborgen sind. Weil er ein Substitut für Erkenntnis ist, besitzen sein Material und sein Gegenstand eine intellektuelle Qualität. John Locke hat diese Sache so zusammengefasst: Glaube ist »Zustimmung zu irgendeinem Satze ... im Vertrauen auf die Glaubwürdigkeit dessen, der ihn aufstellt«.[5] Man schenkt also einem System von Aussagen religiösen Glauben im Vertrauen auf die Glaubwürdigkeit seines übernatürlichen Urhebers; der Vernunft fällt dabei die Rolle zu, die Vernünftigkeit eines derartigen Vertrauensbeweises zu demonstrieren. Daraus ergibt sich zwangsläufig die Entwicklung von Theologien oder von Systemen solcher Behauptungen, um den Inhalt der Aussagen, denen Glaube und Zustimmung geschenkt wird, in organisierter Form explizit zu machen. Unter diesem Gesichtspunkt ist die Behauptung, Religion impliziere notwendig eine Theologie, gerechtfertigt.

Aber der Glaube hat darüber hinaus einen moralischen und praktischen Gehalt. Selbst Teufel, wie die älteren Theologen zu sagen pflegen, glauben – und zittern. Deshalb wurde eine Unterscheidung zwischen »spekulativem« oder intellektuellem Glauben und einem Akt gemacht, den man »Rechtfertigung« des Glaubens nannte. Es besteht, von jedem theologischen Kontext einmal abgesehen, ein Unterschied zwischen dem Glauben als einer Überzeugung, irgendein Ziel solle das Verhalten leiten, und dem Glauben, es existiere irgendein Objekt oder Wesen als eine Wahrheit für den Intellekt. Überzeugung im moralischen Sinne bedeutet, von irgendeinem idealen Ziel in unserer aktiven Natur erobert, besiegt zu werden; es bedeutet die Anerkennung seines rechtmäßigen Anspruchs, über alle unsere Wünsche und Absichten hinweg. Eine derartige Anerkennung ist praktisch, nicht primär intellektuell. Sie geht weit über

5 [J. Locke, *Über den menschlichen Verstand*, IV. Buch, Kap. 18.2.]

Beweise hinaus, die *jedem* möglichen Beobachter präsentiert werden können. Es mag sein, dass – oftmals langwierige und harte – Reflexion an der Entstehung dieser Überzeugung beteiligt ist, aber die Rolle des Denkens erschöpft sich nicht darin, Beweise zu entdecken, die eine intellektuelle Zustimmung rechtfertigen können. Die Autorität eines Ideals über Wahl und Verhalten ist die Autorität eines Ideals, nicht einer Tatsache, nicht einer Wahrheit, die dem Intellekt garantiert wird; sie beruht nicht auf dem Status dessen, der die Wahrheit vorträgt.

Ein solcher moralischer Glaube ist nicht einfach. Die Frage, ob der Menschensohn bei seinem Kommen auf Erden Glaube finden würde, ist uralt. Der moralische Glaube ist mit allen möglichen Argumenten verteidigt worden, die zu beweisen suchten, sein Gegenstand sei nicht ideal und sein Anspruch an uns nicht primär moralisch oder praktisch, da das in Frage stehende Ideal schon in den bestehenden Rahmen der Dinge eingebettet sei. Es ist argumentiert worden, das Ideal sei schon die endgültige Realität inmitten der bestehenden Dinge und nur unsere Sinne oder die Verderbtheit unserer Natur hinderten uns daran, seine schon bestehende Wirklichkeit zu bemerken. So sind zum Beispiel ausgehend von der Idee, Gerechtigkeit sei mehr als ein moralisches Ideal, weil sie in die Verfassung der wirklichen Welt eingelassen sei, gewaltige intellektuelle Entwürfe, Philosophien und Theologien entstanden, um zu beweisen, dass Ideale nicht als Ideale wirklich sind, sondern als schon bestehende Wirklichkeiten. Dass durch diese Umwandlung moralischer Realitäten in Angelegenheiten intellektueller Zustimmung ein Mangel an *moralischem* Glauben an den Tag gelegt wurde, blieb dabei verborgen. Der Glaube, etwas solle in Wirklichkeit bestehen, soweit es in unserer Macht liegt, wird in eine intellektuelle Überzeugung verwandelt, es sei schon Wirklichkeit. Wenn die physische Realität die Behauptung nicht bestätigt, wird das Physische auf subtile Weise in das Metaphysische verwandelt. Auf diese Weise wurde der moralische Glaube unentwirrbar mit intellektuellen Überzeugungen über das Übernatürliche verknüpft.

Die Tendenz, Ziele des moralischen Glaubens und Handelns in intellektuelle Glaubensbekenntnisse zu verwandeln, wurde durch eine Tendenz gefördert, die Psychologen gut bekannt ist. Wir neigen dazu, zu glauben, das, was wir uns sehnlichst wünschen, sei schon wirklich. Wünsche haben einen mächtigen Einfluss auf intellektuelle Überzeugungen. Dazu kommt: Wenn die Bedingungen für die Realisierung der Objekte unseres Wunsches ungünstig sind – und im Falle signifikanter Ideale sind sie extrem ungünstig –, ist es ein leichter Ausweg anzunehmen, sie seien trotz allem in der zugrunde liegenden Struktur des Bestehenden schon verkörpert und der Anschein des Gegenteils sei schließlich nur *Schein*. Die Imagination tritt dann lediglich hinzu und ist frei von der Verantwortung, sich einzumischen. Schwache Naturen nehmen Zuflucht zu Träumereien wie starke zum Fanatismus. Wer anderer Meinung ist, wird von der ersten Gruppe beklagt und von der zweiten mit Gewalt bekehrt.

Das Gesagte impliziert nicht, jeder moralischer Glaube an ideale Ziele besitze schon auf Grund dieser Tatsache eine religiöse Qualität. Das Religiöse ist »Moralität, von Emotion berührt«[6] nur dann, wenn die Ziele der moralischen Überzeugung Emotionen wecken, die nicht nur intensiv sind, sondern von Zielen angeregt und unterstützt werden, die so umfassend sind, dass sie das Ich vereinheitlichen. Diese Eigenschaft des Ziels, im Verhältnis sowohl zum Ich wie zum Universum, auf das ein umfassendes Ich bezogen ist, umfassend zu sein, ist unentbehrlich. Nach den besten Autoritäten stammt das Wort »Religion« aus einer Wurzel, die soviel bedeutet wie gebunden oder verknüpft zu sein. Ursprünglich bedeutete es, sich durch Eide an eine bestimmte Lebensform gebunden zu haben – so wie *les religieux* Mönche und Nonnen waren, die gewisse Gelübde abgelegt hatten. Die religiöse Einstellung bezeichnet eine Haltung, die sich durch Imagination an eine *allgemeine* Einstellung gebunden hat. Diese umfassende Einstellung ist obendrein viel weiter als alles, was mit »moralisch« in seinem gewöhnlichen Sinne bezeichnet wird. Die Qualität dieser Haltung zeigt sich ebenso in Kunst und Wissenschaft wie in der Haltung eines guten Staatsbürgers.

Wenn wir die hier entwickelte Auffassung auf die Termini der früher zitierten Definition anwenden, nehmen diese Termini eine neue Bedeutung an. Aus einer unsichtbaren Macht, die unser Schicksal beherrscht, wird die Macht eines Ideals. Alle Möglichkeiten haben als Möglichkeiten einen idealen Charakter. Künstler, Wissenschaftler, Bürger oder Eltern werden, soweit sie vom Geist ihres Berufs erfüllt sind, vom Unsichtbaren beherrscht. Denn alles Streben nach

6 [Matthew Arnold]

dem Besserem wird durch den Glauben an das Mögliche, nicht durch die Treue zum Wirklichen motiviert. Und die Motivationskraft eines solchen Glaubens beruht nicht auf intellektueller Gewissheit oder der Überzeugung, dass die erstrebten Dinge eines Tages ganz sicher siegen und verwirklicht werden. Denn die Autorität, die wir dem Objekt zubilligen, unsere Einstellung und Verhalten zu bestimmen, das Recht auf unsere Treue und Hingabe, das wir ihm einräumen, beruht auf der innerlichen Natur des Ideals. Das Ergebnis liegt nicht bei uns, selbst wenn wir uns noch so viel Mühe geben. Alle intellektuellen Systeme des Idealismus leiden an dem inhärenten Laster, dass sie den Idealismus der Handlung in ein System von Überzeugungen über die schon bestehende Realität verwandeln. Der dieser Realität zugeschriebene Charakter unterscheidet sich so grundlegend von dem, zu dem Beobachtung und Reflexion führen und den sie unterstützen, dass diese Systeme unvermeidlich in ein Bündnis mit dem Übernatürlichen hinübergleiten.

Religionen, die sich durch ein besonderes Maß an idealer Qualität auszeichnen, haben samt und sonders die Macht der Religion betont, in die fragmentarischen und sich verschiebenden Episoden der Wirklichkeit eine Perspektive zu bringen. Auch hier müssen wir die gewöhnliche Behauptung umkehren und sagen, dass das, was eine echte Perspektive gibt, religiös ist, nicht, dass Religion Perspektive gibt. Es kann kein Zweifel bestehen (wenn man sich auf das zweite Element der Definition bezieht), dass wir von Kräften abhängen, die außerhalb unserer Macht liegen. Der primitive Mensch war angesichts dieser Kräfte so ohnmächtig, dass, vor allem in einer feindlichen natürlichen Umwelt, die Furcht zu einer beherrschenden Einstellung wurde, und, wie das alte Sprichwort sagt, Furcht schuf die Götter.

Mit dem Anwachsen von Mechanismen der Kontrolle hat sich das Element der Furcht, relativ gesprochen, gelegt. Einige optimistische Gemüter sind sogar zu dem Schluss gekommen, die Kräfte um uns herum seien im Großen und Ganzen im Wesentlichen wohltätig. Aber jede Krise, ob die des Individuums oder der Gemeinschaft, erinnert den Menschen an die prekäre und partielle Natur der Herrschaft, die er ausübt. Auch wenn der Mensch, individuell und kollektiv, sein Äußerstes getan hat, bleiben Bedingungen, die zu anderen Zeiten und an anderen Orten die Ideen von Fatum und Fortuna, von Zufall und Vorsehung, hervorgebracht haben. Es ist das gute

Recht der Menschheit, auf der Fähigkeit der Gattung zu beharren, sich um die Lenkung natürlicher und sozialer Kräfte für menschliche Zwecke zu bemühen. Aber uneingeschränkte absolutistische Behauptungen über die Allmacht solcher Bestrebungen spiegeln eher Egoismus als intelligenten Mut.

Die Tatsache, dass das menschliche Schicksal auf diese Weise mit Kräften verwoben ist, die jenseits menschlicher Kontrolle liegen, macht die Annahme überflüssig, die Abhängigkeit und die sie begleitende Demut seien auf die speziellen Bahnen angewiesen, die traditionelle Lehren vorschreiben. Signifikant ist die Form, die das Gefühl der Abhängigkeit annimmt. Furcht hat noch keinem Menschen eine stabile Perspektive im Leben gegeben. Ganz im Gegenteil, sie führt zu Schwäche und Flucht. Tatsächlich haben die meisten Religionen die Riten der Sühnung und Versöhnung um Riten der Kommunion erweitert. Denn unsere Abhängigkeit zeigt sich in den Beziehungen zur Umwelt, die unsere Unternehmungen und Bestrebungen unterstützen, ganz genauso wie in den Niederlagen, die wir erleiden. Die eigentlich unreligiöse Haltung ist die, die dem Menschen Erfolg und Absicht in Isolierung von der Welt der physischen Natur und seiner Mitmenschen zuschreibt. Unsere Erfolge hängen von der Mitwirkung der Natur ab. Das Gefühl von der Würde der menschlichen Natur ist ebenso religiös wie das Gefühl der Ehrfurcht und Verehrung, wenn es auf einem Gefühl von der menschlichen Natur als einem kooperierenden Teil eines größeren Ganzen beruht. Natürliche Frömmigkeit besteht nicht notwendigerweise darin, sich fatalistisch in den Gang der natürlichen Ereignisse zu ergeben oder die Welt romantisch zu idealisieren. Sie kann auf einem angemessenen Sinn für die Natur als dem Ganzen beruhen, dessen Teil wir sind, während sie gleichzeitig anerkennt, dass wir Teile sind, die sich mit Hilfe ihrer Intelligenz und ihrer Zwecke bemühen können, die objektiven Bedingungen mit dem zu harmonisieren, was aus menschlicher Sicht wünschenswert ist. Eine solche Frömmigkeit ist ein inhärenter Bestandteil einer richtigen Perspektive im Leben.

Verständnis und Erkenntnis gelangen ebenfalls in eine Perspektive, die eine religiöse Qualität besitzt. Der Glaube an die fortgesetzte Offenbarung der Wahrheit durch zielgerichtetes kooperatives menschliches Bestreben ist seiner Qualität nach religiöser als jeder Glaube an eine vollendete Offenbarung. Es ist selbstverständlich jetzt üblich anzunehmen, die Offenbarung sei nicht in dem Sinne vollendet, dass sie »beendet ist«. Aber Religionen sind der Meinung, dass der wesentliche Rahmen in seinen entscheidenden moralischen Zügen zumindest feststeht und dass neue Elemente, die angeboten werden, danach beurteilt werden müssen, ob sie in diesen Rahmen passen. Irgendein fester doktrinaler Apparat ist für *eine* Religion notwendig. Aber der Glaube an die Möglichkeiten kontinuierlicher und strenger Forschung beschränkt den Zugang zur Wahrheit nicht auf eine bestimmte Bahn oder ein Schema von Dingen. Er sagt nicht zunächst, Wahrheit sei universal, nur um dann hinzuzufügen, es gebe nur einen einzigen Weg dorthin. Seine Gewissheit hängt nicht von der Unterwerfung unter irgendein Dogma oder Lehrstück ab. Er vertraut darauf, dass die natürlichen Interaktionen zwischen dem Menschen und seiner Umwelt zu mehr Intelligenz und mehr Wissen führen, vorausgesetzt, die wissenschaftlichen Methoden, die die Intelligenz in ihrem Wirken definieren, dringen ständig tiefer in die Mysterien der Welt ein und werden dabei befördert und verbessert. Es gibt so etwas wie einen Glauben an die Intelligenz, dessen Qualität selbst religiös wird – eine Tatsache, die vielleicht die Anstrengungen einiger religiöser Menschen erklärt, die Möglichkeiten der Intelligenz als einer Kraft herabzuwürdigen. Sie fühlen mit Recht, dass ein solcher Glaube ein gefährlicher Rivale ist.

Noch kommt es vergleichsweise selten vor, dass sich Menschen durch Loyalität zu Idealen wie den eben erwähnten bewusst zu einem Leben inspirieren lassen, das das ganze Ausmaß jener Weite und Intensität zeigt, die eine in ihrer Funktion religiöse Leidenschaft wecken. Aber bevor wir auf die Inkompetenz solcher Ideale und der durch sie inspirierten Handlungen schließen, sollten wir uns zumindest fragen, wieweit die bestehende Situation auf der Tatsache beruht, dass die religiösen Faktoren der Erfahrung in übernatürliche Bahnen gelenkt und auf diese Weise mit irrelevanten Hypotheken belastet worden sind. Ein System von Überzeugungen und Praktiken, die in keiner Beziehung zu den gewöhnlichen und natürlichen Verhältnissen der Menschheit stehen, untergräbt und schwächt im Maßstab seines Einflusses die Kraft der Möglichkeiten, die in solchen Beziehungen angelegt sind. Hier liegt *ein* Aspekt der Emanzipation des Religiösen von der Religion.

Jede Aktivität, die um eines idealen Zieles willen gegen alle Widerstände und trotz der Androhung persönlicher Verluste einfach deshalb verfolgt wird, weil man von ihrem allgemeinen und dauernden Wert überzeugt ist, besitzt religiöse Qualität. Vielen Personen, Wissenschaftlern, Künstlern, Philanthropen, Bürgern und Männern und Frauen in den einfachsten Lebensverhältnissen ist es gelungen, still und bescheiden eine solche Vereinheitlichung ihrer selbst und ihrer Beziehungen zu den Bedingungen der Existenz zu erreichen. Es bleibt, ihren Geist und ihre Inspiration auf immer größere Zahlen auszuweiten. Wenn ich etwas über Religionen und Religion gesagt haben, das schroff klingt, dann wegen der festen Überzeugung, dass der Anspruch von Seiten der Religionen, ein Monopol auf Ideale und die übernatürlichen Mittel zu besitzen, mit deren Hilfe sie angeblich einzig gefördert werden können, der Realisierung typisch religiöser Werte, die der natürlichen Erfahrung inhärent sind, entgegensteht. Schon allein aus diesem Grunde würde ich es bedauern, wenn jemand durch die Häufigkeit, mit der ich das Adjektiv »religiös« benutzt habe, verleitet würde, das Gesagte als eine verhüllte Apologie für die traditionellen Religionen zu verstehen. Der Gegensatz zwischen religiösen Werten, wie ich sie auffasse, und Religionen ist nicht überbrückbar. Gerade weil die Emanzipation dieser Werte so wichtig ist, muss ihre Identifikation mit den Glaubensbekenntnissen und Kulten der Religionen aufgelöst werden.

2. Der Glaube und sein Gegenstand

Alle Religionen begreifen, wie ich im vorangehenden Kapitel dargelegt habe, spezifische intellektuelle Überzeugungen in sich ein, und sie messen der Zustimmung zu diesen Doktrinen als wahr, wahr im intellektuellen Sinne, mehr oder weniger Bedeutung bei. Sie haben als besonders heilig angesehene Schriften, die historisches Material enthalten, mit dem die Gültigkeit der Religionen verknüpft ist. Sie haben ein Lehrgebäude errichtet, das der »Gläubige« akzeptieren muss (mit unterschiedlichen Graden an Strenge in verschiedenen Religionen). Obendrein bestehen sie darauf, dass es einen besonderen und einzigartigen Zugangsweg zu den von ihnen vertretenen Wahrheiten gibt.

Keiner wird wohl bestreiten, dass die gegenwärtige Krise in der Religion aufs Engste mit diesen Ansprüchen verbunden ist. Der weitverbreitete und, vom Standpunkt des religiösen Menschen aus, für den religiösen Geist fatale Skeptizismus und Agnostizismus ist direkt mit den intellektuellen – historischen, kosmologischen, ethischen und theologischen – Inhalten verknüpft, die in allem Religiösen als unentbehrlich gelten. Es besteht an dieser Stelle keine Notwendigkeit, detailliert auf die Ursachen einzugehen, die zu Zweifel und Unglauben, Unsicherheit und Verwerfung hinsichtlich dieser Inhalte geführt haben. Es genügt, darauf hinzuweisen, dass all die fraglichen Überzeugungen und Ideen, ob sie es nun mit historischen und literarischen Fragen oder mit Astronomie, Geologie und Biologie oder mit der Schöpfung und Struktur der Welt und des Menschen zu tun haben, mit dem Übernatürlichen verknüpft sind und dass diese Verbindung der Faktor ist, der Zweifel an ihnen geweckt hat; der Faktor, der vom Standpunkt der historischen und institutionellen Religionen aus das religiöse Leben selbst untergräbt.

Die offensichtlichen und einfachen Tatsachen dieses Falles sind die, dass einige Ansichten über Ursprung und Verfassung der Welt und des Menschen, einige Ansichten über den Verlauf der menschlichen Geschichte und über Persönlichkeiten und Ereignisse in jener Geschichte so mit der Religion verwoben sind, dass sie damit identifiziert wurden. Andererseits machte es das Anwachsen des Wissens und seiner Methoden und Überprüfungen einer großen Zahl kultivierter Männer und Frauen zunehmend schwieriger und sogar unmöglich, diese Glaubensinhalte zu akzeptieren. Für sie folgt daraus, dass diese Religion umso zweifelhafter wird, je stärker diese Ideen als Basis und Rechtfertigung einer Religion benutzt werden.

Protestantische Kirchen haben weitgehend die Idee aufgegeben, bestimmte kirchliche Quellen könnten autoritativ kosmische, historische und theologische Überzeugungen bestimmen. Die Liberaleren unter ihnen haben zumindest den älteren Glauben abgeschwächt, individuelle Härte und Verderbtheit des Herzens seien die Ursache für die intellektuelle Verwerfung des intellektuellen Apparats der christlichen Religion. Aber diese Kirchen haben ebenso, mit zahlenmäßig unbedeutenden Ausnahmen, ein gewisses unverzichtbares Minimum an intellektuellem Inhalt beibehalten. Sie schreiben bestimmten literarischen Dokumenten und bestimmten historischen Persönlichkeiten eine spezifische religiöse Bedeutung zu. Selbst wenn sie die Masse des zu akzeptierenden intellektuellen Inhalts weitgehend reduziert haben, haben sie zumindest auf dem Theismus und der Unsterblichkeit des Einzelnen bestanden.

Es ist nicht Teil meiner Absicht, detailliert die gewichtigen Tatsachen zu wiederholen, die als Konflikt von Wissenschaft und Religion bezeichnet werden – ein Konflikt, der nicht damit abgetan werden kann, dass man ihn einen Konflikt von Wissenschaft und Theologie nennt, solange selbst ein Minimum an intellektueller Zustimmung als wesentlich vorgeschrieben wird. Der Einfluss der Astronomie nicht nur auf die ältere Kosmogonie der Religion, sondern auch auf Elemente von Glaubensartikeln, die sich mit historischen Ereignissen befassen – etwa die Idee der Himmelfahrt –, ist vertraut. Geologische Entdeckungen haben Schöpfungsmythen, die einst eine große Rolle spielten, verdrängt. Die Biologie hat Vorstellungen von Seele und Geist revolutioniert, die einst eine zentrale Stelle in religiösen Überzeugungen und Ideen einnahmen, und diese Wissenschaft hat einen tiefen Eindruck auf Ideen der Sünde, Erlösung und Unsterblichkeit gemacht. Anthropologie, Geschichtswissenschaft und Literaturkritik haben eine radikal verschiedene Version der historischen Ereignisse und Persönlichkeiten, auf denen die christlichen Religionen beruhten, gegeben. Die Psychologie eröffnet uns schon natürliche Erklärungen von Erscheinungen, die so außergewöhnlich sind, dass einstmals ihr übernatürlicher Ursprung sozusagen die natürliche Erklärung war.

Der im Rahmen meiner Ausführungen entscheidende Punkt ist der, dass für den gebildeten Menschen von heute neue Methoden der Forschung und Reflexion zum endgültigen Schiedsrichter in allen Fragen geworden sind, die sich auf Tatsachen, Realität und intellektuelle Zustimmung beziehen. Am »Sitz der intellektuellen Autorität« hat nichts weniger als eine Revolution stattgefunden. Diese Revolution, und nicht irgendein bestimmter Aspekt ihres Einflusses auf diese und jene religiöse Überzeugung, ist das Entscheidende. In dieser Revolution ist jede Niederlage ein Anreiz für erneute Forschung; jeder Sieg eine offene Tür zu neuen Entdeckungen und jede Entdeckung eine neue Saat im Boden der Intelligenz, aus dem frische Pflanzen mit neuen Früchten wachsen. Der Geist des Menschen gewöhnt sich an eine neue Methode und ein neues Ideal: Es gibt nur einen sicheren Zugangsweg zur Wahrheit – den Weg der geduldigen, kooperativen Forschung, die mit Hilfe von Beobachtung, Experiment, Protokoll und kontrollierter Reflexion arbeitet.

Das Ausmaß der Veränderung lässt sich gut durch die Tatsache illustrieren, dass überall dort, wo ein bestimmter Außenposten aufgegeben wird, dies gewöhnlich von einem liberalen Theologen mit der Bemerkung kommentiert wird, diese bestimmte Doktrin oder der angebliche historische oder literarische Glaubenssatz, der da aufgegeben worden ist, sei ohnehin niemals ein wesentlicher Teil des religiösen Glaubens gewesen und ohne ihn trete die wahre Natur der Religion viel deutlicher hervor als zuvor. Ebenso bedeutsam ist der wachsende Abstand zwischen Fundamentalisten und Liberalen in den Kirchen. Aber es wird nicht erkannt – obgleich die Fundamentalisten es vielleicht viel klarer sehen als die Liberalen –, dass der Streit nicht dieses oder jenes einzelne *Detail* des Glaubens betrifft, sondern zentrale Fragen der Methoden, durch die jedes und alle Details des intellektuellen Glaubens gewonnen und gerechtfertigt werden sollen.

Die positive Lehre lautet: Religiöse Qualitäten und Werte sind, wenn sie überhaupt real sind, nicht an ein einzelnes Detail intellektueller Zustimmung geknüpft, nicht einmal an das der Existenz des Gottes des Theismus; und: Unter den bestehenden Bedingungen kann die religiöse Funktion in der Erfahrung nur dadurch emanzipiert werden, dass die gesamte Vorstellung von besonderen Wahrheiten, die durch ihre eigene Natur religiös seien, samt der Idee eigentümlicher Zugangswege zu solchen Wahrheiten aufgegeben wird. Denn sollten wir zugeben müssen, dass es nur eine Methode gibt, Tatsache und Wahrheit festzustellen – diejenige, die durch das Wort »wissenschaftlich« in seinem allgemeinsten und großzügigsten Sinn zum Ausdruck gebracht wird –, dann könnte keine Entdeckung auf irgendeinem Erkenntnis- oder Forschungsgebiet den religiösen Glauben stören. Ich würde diesen Glauben als die Vereinheitlichung des Ich durch Treue zu umfassenden idealen Zielen bezeichnen, die uns die Imagination vor Augen führt und die der menschliche Wille für wert hält, über unsere Wünsche und Entscheidungen zu herrschen.

Man kann sich wahrscheinlich kaum ein Bild davon machen, wie viel intellektuelle Energie von den normalen Prozessen, mit denen wir zu intellektuellen Schlussfolgerungen zu kommen suchen, abgezweigt worden ist, weil sie in die Rationalisierung der Doktrinen gegangen ist, die historische Religionen vertraten. Die Richtung, die das allgemeine Denken deshalb eingeschlagen hat, ist meiner Ansicht nach viel schädlicher, als es die Konsequenzen irgendeines bestimmten Glaubensdetails sind, so ernst auch einige gewesen sein mögen, die aus der Akzeptanz einiger von ihnen erfolgten. Die moderne liberale Version des intellektuellen Inhalts des Christentums scheint dem modernen Denken rationaler zu sein als einige der früheren Doktrinen, gegen die eine Reaktion erfolgt ist. Das ist tatsächlich aber nicht der Fall. Die theologischen Philosophen des Mittelalters hatten keine größere Schwierigkeit, all den Doktrinen der römischen Kirche eine rationale Form zu geben, als sie der liberale Theologe von heute hat, wenn er die von ihm vertretenen Doktrinen formuliert und rechtfertigt. Diese Behauptung lässt sich ebenso auf die Lehre von fortwährenden Wundern, Buße, Ablass, Heiligen und Engeln usf. anwenden wie auf die der Dreieinigkeit, der Inkarnation, des Sühneopfers und der Sakramente. Die fundamentale Frage, wie ich wiederhole, ist nicht die nach diesem oder jenem intellektuellen Glaubensartikel, sondern die nach der intellektuellen Gewohnheit, der Methode und dem Kriterium.

Eine Methode, den Einfluss dieser gewandelten Erkenntnis und Methode auf den intellektuellen Inhalt der Religion beiseite zu schieben, ist die Methode der Teilung des Territoriums und der Rechtsprechung in zwei Gebiete. Früher wurden sie das Reich der Natur und das Reich der Gnade genannt. Jetzt werden sie oft als Reich der Offenbarung und der Naturerkenntnis bezeichnet. Der moderne religiöse Liberalismus hat keine definiten Namen für sie, außer vielleicht die Unterscheidung, auf die im letzten Kapitel hingewiesen wurde, in wissenschaftliche und religiöse Erfahrung. Die Implikation ist die, dass in dem einen Gebiet der Vorrang der wissenschaftlichen Erkenntnis anerkannt werden muss, während es eine andere Region gibt, die nicht sehr genau definiert ist – eine Region der intimen persönlichen Erfahrung, in der andere Methoden und Kriterien gelten.

Diese Methode, den eigentümlichen und legitimen Anspruch gewisser Elemente des Glaubens zu rechtfertigen, ist immer dem Einwand ausgesetzt, dass aus einer negativen Tatsache eine positive Schlussfolgerung gezogen wird. Man macht sich die bestehende Unkenntnis oder Rückständigkeit zunutze, um das Bestehen einer Teilung in der Natur des behandelten Gegenstandes zu behaupten. Trotzdem reflektiert die Lücke im äußersten Fall vielleicht nur eine Begrenzung, die zwar jetzt besteht, in der Zukunft jedoch aufgehoben werden könnte. Das Argument, eine bestimmte Provinz oder ein einzelner Aspekt der Erfahrung seien, weil sie von den wissenschaftlichen Methoden noch nicht »erobert« wurden, ihnen deshalb auch nicht unterworfen, ist ebenso alt wie gefährlich. Es ist immer wieder auf den besonderen Gebieten, die man sich vorbehalten hatte, widerlegt worden. Die Psychologie steckt noch in den Kinderschuhen. Wer behauptet, intime persönliche Erfahrung könne niemals zum Gegenstand der Naturwissenschaft werden, ist kühn bis zur Voreiligkeit.

Es ist freilich für das vorliegende Thema von größerer Relevanz, das Gebiet zu betrachten, das von den Anhängern der Religion als ein spezielles Reservat beansprucht wird. Das ist die mystische Erfahrung. Freilich ist der Unterschied zwischen mystischer Erfahrung und der uns darüber angebotenen Theorie bemerkenswert. Die Erfahrung ist eine Tatsache, die erforscht werden muss. Die Theorie ist, wie jede Theorie, eine Deutung der Tatsache. Die Vorstellung, die Erfahrung sei durch ihre eigene Natur eine wirklichkeitsgetreue Erkenntnis der direkten Gegenwart Gottes, beruht nicht so sehr auf einer Überprüfung der Tatsachen als vielmehr darauf, dass man in ihre Interpretation eine Vorstellung von außen hineinträgt. Da sie auf einer schon fertigen Auffassung vom Übernatürlichen beruht, das doch eigentlich erst zu beweisen war, begeht sie eine *petitio principii.*

Die Geschichte kennt viele Arten mystischer Erfahrung, und jede dieser Arten wird zu ihrer Zeit durch die Begriffe erklärt, die in der Kultur und in den Kreisen, in denen die Phänomene vorkommen, geläufig sind. Es gibt mystische Krisen, die, wie unter einigen nordamerikanischen Indianerstämmen, durch Fasten entstehen. Sie werden von Trancezuständen und einer Halb-Hysterie begleitet. Sie verfolgen den Zweck, eine spezielle Macht zu gewinnen, wie etwa jemanden, der sich verirrt hat, ausfindig zu machen oder versteckte Objekte zu finden. Es gibt den Mystizismus der Hindu-Praxis, der sich jetzt in westlichen Ländern einer gewissen Beliebtheit erfreut. Es gibt die mystische Ekstase des Neuplatonismus mit seiner vollständigen Abschaffung des Ich und dessen Aufgehen in einem unpersönlichen Ganzen des Seins. Es gibt den Mystizismus intensiver ästhetischer Erfahrung, der von jeder theologischen oder metaphysischen Interpretation unabhängig ist. Es gibt den häretischen Mystizismus von William Blake. Es gibt den Mystizismus einer plötzlichen irrationalen Furcht, in der man den Boden unter den Füßen zu verlieren scheint – um nur ein paar Arten zu erwähnen, die sich finden lassen.

Welches gemeinsame Element gibt es zwischen der neuplatonischen Vorstellung von einem übergöttlichen Sein, das von menschlichen Bedürfnissen und Bedingungen völlig unberührt ist, und der mittelalterlichen Theorie einer unmittelbaren Vereinigung, die durch peinliche Beachtung der Sakramente oder durch die Konzentration auf das Herz Jesu genährt wird? Die emphatische Betonung des Gefühls der inneren persönlichen Vereinigung mit Gott, die in der religiösen Erfahrung gefunden wird, durch einige zeitgenössische protestantische Theologen ist beinahe ebenso weit vom mittelalterlichen Christentum entfernt wie vom Neuplatonismus oder von Yoga. Deutungen der Erfahrung sind nicht aus der Erfahrung selbst unter Zuhilfenahme der jeweiligen wissenschaftlichen Hilfsmittel erwachsen. Sie sind durch kritiklose Anleihen bei Ideen, die in der umgebenden Kultur geläufig sind, importiert worden.

Die mystischen Zustände des Schamanen und einiger nordamerikanischer Indianer sind eingestandenermaßen Techniken zur Erlangung einer besonderen Macht – *der* Macht, wie sie von einigen Erweckungssekten verstanden wird. Die Erfahrung wird von keiner besonderen intellektuellen Objektivierung begleitet. Das Wissen, das angeblich gewonnen wird, ist nicht die Erkenntnis des Seins, sondern die Kenntnis besonderer Geheimnisse und okkulter Praktiken. Das Ziel besteht nicht darin, Erkenntnis einer höheren göttlichen Macht zu gewinnen, sondern Ratschläge zu bekommen, Heilungen für die Kranken, Prestige usf. Die Vorstellung, mystische Erfahrung sei eine normale Form religiöser Erfahrung, durch die wir Wissen von Gott und von göttlichen Dingen erlangen könnten, ist eine Interpretation des 19. Jahrhunderts, die im direkten Verhältnis zum Niedergang älterer Methoden religiöser Apologetik zur Mode wurde.

Es gibt keinen Grund, die Existenz mystischer Erfahrungen zu bestreiten. Im Gegenteil, es gibt allen Grund anzunehmen, dass sie, in einer bestimmten Intensität, so häufig vorkommen, dass sie als normale Manifestationen betrachtet werden können, die an gewissen rhythmischen Punkten in der Bewegung der Erfahrung stattfinden. Die Annahme, die Ablehnung einer bestimmten Interpretation ihres objektiven Inhalts beweise, dass diejenigen, die sie ablehnen, die fragliche Erfahrung nicht haben, so dass sie, wenn sie sie hätten, gleichermaßen von ihrer objektiven Quelle in der Gegenwart Gottes überzeugt wären, beruht nicht auf Tatsachen. Wie es bei jedem empirischen Phänomen der Fall ist, ist das Auftreten des mystisch genannten Zustandes einfach eine Gelegenheit für die Erforschung seiner Art von Verursachung. Es gibt nicht mehr Gründe, die Erfahrung selbst in eine unmittelbare Erkenntnis ihrer Ursache zu verwandeln, als im Falle der Erfahrung eines Blitzes oder irgendeines anderen natürlichen Vorkommnisses.

Mit diesem kurzen Hinweis auf den Mystizismus will ich deshalb keine Zweifel an der Existenz bestimmter mystisch genannter Erfahrungen wecken. Ich will auch keine Theorie vortragen, die sie erklärt. Ich habe auf diese Frage lediglich zur Illustration der allgemeinen Tendenz verwiesen, zwei getrennte Bereiche zu schaffen, in deren einem die Wissenschaft die Rechtsprechung besitzt, während in dem anderen besondere Arten der unmittelbaren Erkenntnis religiöser Objekte die Autorität haben. Dieser Dualismus ist, so wie er in der gegenwärtigen Interpretation mystischer Erfahrung dazu dient, gewisse Überzeugungen zu rechtfertigen, nur eine erneuerte Behauptung des alten Dualismus zwischen dem Natürlichen und dem Übernatürlichen, in Begriffen, die den kulturellen Bedingungen der Gegenwart besser angepasst sind. Da die Wissenschaft die Vorstellung des Übernatürlichen in Frage stellt, ist die zirkuläre Natur dieser Argumentation offensichtlich.

Apologetiker einer Religion verweisen oft auf die Veränderungen wissenschaftlichen Ideen und Materialien als Beweis für die Unzuverlässigkeit der Wissenschaft als Erkenntnisform. Sie scheinen oft eigentümlich erfreut zu sein über die große, beinahe revolutionäre Veränderung fundamentaler Auffassungen, die während der gegenwärtigen Generation in der Physik stattgefunden hat. Selbst wenn die behauptete Unzuverlässigkeit so groß wäre, wie sie annehmen (oder sogar noch größer), die Frage würde bleiben: Können wir für unsere Erkenntnis auf irgendetwas anderes zurückgreifen? In Wirklichkeit verfehlen sie aber den entscheidenden Punkt. Was Wissenschaft ausmacht, ist nicht ein bestimmter Stoff. Wissenschaft wird durch eine Methode konstituiert, nämlich eine Methode, Überzeugungen mit Hilfe überprüfter Forschung zu verändern wie zu gewinnen. Es gereicht ihr zum Ruhm, nicht zur Verurteilung, dass sich ihr Stoff entwickelt, wenn die Methode verbessert wird. Es gibt kein spezielles Überzeugungssubstrat, das sakrosankt ist. Die Identifikation von Wissenschaft mit einer bestimmten Menge an Überzeugungen und Ideen ist selbst ein Überbleibsel alter und immer noch gängiger dogmatischer Denkgewohnheiten, die im Widerspruch zur gegenwärtigen Wissenschaft stehen und von ihr untergraben werden.

Denn die wissenschaftliche Methode ist nicht nur dem Dogma feindlich, sondern ebenso der Doktrin, vorausgesetzt, wir verstehen »Doktrin« in der gewöhnlichen Bedeutung – als einen Bestand an definitiven Überzeugungen, die nur als wahr gelernt und gelehrt werden müssen. Diese negative Haltung der Wissenschaft zur Doktrin beweist keine Gleichgültigkeit gegenüber der Wahrheit. Sie bezeichnet die äußerste Loyalität zur Methode, durch die Wahrheit gewonnen wird. Der Konflikt zwischen Wissenschaft und Religion ist letztlich ein Konflikt zwischen der Treue zu dieser Methode und der Treue zu selbst einem irreduziblen Minimum an Glauben, der von vornherein so festliegt, dass er niemals modifiziert werden kann.

Die Methode der Intelligenz ist offen und öffentlich. Die dogmatische Methode ist beschränkt und privat. Diese Beschränkung besteht auch dann, wenn die Erkenntnis der religiösen Wahrheit angeblich durch eine besondere Methode der Erfahrung erreicht wird, die »religiös« genannt wird. Denn die Letztere wird für eine ganz besondere Art der Erfahrung gehalten. Selbstverständlich soll sie allen offen stehen, die gewissen Bedingungen genügen. Gleichwohl führt die mystische Erfahrung, wie wir gesehen haben, bei verschiedenen Personen, je nach der sie umgebenden Kultur, zu ganz verschiedenen Glaubensinhalten. Als Methode mangelt es ihr an dem öffentlichen Charakter, der zur Methode der Intelligenz gehört. Außerdem, wenn die fragliche Erfahrung nicht im behaupteten Sinne zum Bewusstsein der Gegenwart Gottes führt, ist die Antwort immer bei der Hand, dass sie keine echte religiöse Erfahrung ist. Denn *per definitionem* ist nur diejenige Erfahrung religiös, die zu diesem besonderen Resultat führt. Dieses Argument ist zirkulär. Nach traditioneller Auffassung wird man durch die Verstocktheit oder Verderbtheit des Herzens daran gehindert, diese Erfahrung zu machen. Liberale Anhänger der Religion sind jetzt humaner. Aber ihre Logik ist nicht anders.

Es wird manchmal die Meinung vertreten, Ansichten über religiöse Fragen seien symbolisch, wie Riten und Zeremonien. Diese Ansicht mag ein Fortschritt gegenüber der Ansicht sein, die sich an deren buchstäbliche objektive Gültigkeit klammert. Aber so, wie sie gewöhnlich vorgetragen wird, leidet sie an einer Zweideutigkeit. Wofür sind die Überzeugungen Symbole? Sind sie Symbole für Dinge, die in anderen als den religiösen Formen der Erfahrung erlebt werden, so dass die symbolisierten Dinge eine ganz unabhängige Stellung haben? Oder sind sie Symbole in dem Sinne, dass sie für irgendeine transzendente Realität stehen – transzendent, weil nicht Gegenstand der Erfahrung allgemein? Selbst der Fundamentalist billigt den Objekten des religiösen Glaubens eine gewisse Qualität und einen gewissen Grad an Symbolismus im letzteren Sinne zu. Denn er glaubt, die Objekte dieser Überzeugungen gingen so weit über die endliche menschliche Fassungskraft hinaus, dass unsere Überzeugungen in mehr oder weniger metaphorischen Ausdrücken gefasst werden müssen. Die Vorstellung, der Glaube sei das am besten verfügbare Substitut des Wissens in unserem gegenwärtigen Zustand, klammert sich immer noch an den Begriff des symbolischen Charakters der Materialien des Glaubens; außer wenn wir ihnen eine symbolische Natur zuschreiben, meinen wir, dass diese Materialien für irgendetwas stehen, das sich in einer allgemeinen und öffentlichen Erfahrung verifizieren lässt.

Unter dem letzteren Gesichtspunkt wäre nicht nur evident, dass die Glaubensartikel als Symbole für moralische und andere ideelle Werte verstanden werden müssen, sondern dass die Tatsachen, die als historisch aufgefasst und als konkreter Beweis für diese intellektuellen Artikel benutzt werden, selber symbolisch sind. Diese Glaubensartikel stellen Ereignisse und Personen dar, die die idealisierende Phantasie (im besten Falle) im Interesse moralischer Ideale überarbeitet hat. Historische Personen mit ihren göttlichen Attributen sind Materialisationen jener Ziele, die Hingabe fordern und Leidenschaft wecken. Sie sind symbolisch für die Realität von Zielen, die uns in vielen Formen der Erfahrung bewegen. Außerdem bezeichnen die idealen Werte, die auf diese Weise symbolisiert werden, menschliche Erfahrung in Wissenschaft und Kunst und den verschiedenen Arten menschlicher Gemeinschaft: Sie bezeichnen beinahe all das im Leben, was sich über die Ebene der Manipulation von Bedingungen, wie sie gerade bestehen, erhebt. Zugegeben, dass die Objekte der Religion im Gegensatz zu unserem gegenwärtigen Zustand ideal sind. Was wäre verloren, wenn man ebenfalls zugäbe, dass sie einen autoritativen Anspruch auf unser Verhalten besitzen, gerade weil sie ideal sind? Die Annahme, diese Objekte der Religion existierten schon in irgendeinem Seinsbereich, scheint ihrer Bedeutung nichts hinzuzufügen, während sie den Anspruch über uns, den sie als Ideale haben, schwächt, soweit sie diesen Anspruch mit intellektuell zweifelhaften Gründen stützt. Die Frage engt sich selbst darauf ein: Sind die Ideale, die uns bewegen, wirklich ideal, oder sind sie nur im Gegensatz zu unserem gegenwärtigen Zustand ideal?

Der Gehalt dieser Frage ist außerordentlich weitreichend. Er bestimmt die Bedeutung, die dem Wort »Gott« gegeben wird. Nach einer Auffassung kann das Wort nur ein bestimmtes Sein meinen. Nach anderer Auffassung bezeichnet es die Einheit aller idealen Ziele, die uns zu unseren Wünschen und Handlungen anregen. Hat diese Vereinheitlichung einen Anspruch auf unsere Haltung und unser Verhalten, weil sie schon, losgelöst von uns, ein verwirklichtes Dasein besitzt oder aufgrund ihrer eigenen inhärenten Bedeutung und ihres eigenen inneren Wertes? Einmal angenommen, das Wort »Gott« meine die idealen Ziele, die man zu einer gegebenen Zeit und an einem gegebenen Ort als autoritativ für sein Wollen und Fühlen ansieht, die Werte, denen man sich verpflichtet fühlt, soweit diese Ziele durch die Imagination eine Einheit annehmen. Unter dieser Annahme tritt der Streitpunkt deutlich hervor, im Gegensatz zu der Lehre der Religionen, dass »Gott« eine Art von Sein bezeichnet, das eine schon bestehende und deshalb nicht-ideale Existenz bezeichne.

Das Wort »nicht-ideal« ist im Hinblick auf einige historische Religionen ganz wörtlich zu verstehen, im Hinblick auf alle, soweit sie bei ihren göttlichen Wesen moralische Qualitäten unberücksichtigt lassen. Es passt nicht in derselben *wörtlichen* Weise auf die jüdische und die christliche Religion. Denn sie haben behauptet, das höchste Sein habe moralische und spirituelle Attribute. Aber es passt nichtsdestoweniger auf sie in dem Sinne, dass diese moralischen und spirituellen Charaktere als Eigenschaften einer bestimmten Realität erscheinen und man glaubt, dass sie deshalb für uns von religiösem Wert sind, weil sie in einer solchen Existenz verkörpert sind. Hier liegt, soweit ich sehen kann, der letzte Streitpunkt hinsichtlich der Differenz zwischen *einer* Religion und dem Religiösen als einer Funktion der Erfahrung.

Die Vorstellung, »Gott« stelle eine Vereinheitlichung idealer Werte dar, deren Ursprung wesentlich in der Phantasie liegt, sobald die

Imagination zu dem Verhalten hinzutritt, steckt wegen unseres häufigen Gebrauchs des Wortes »Imagination«, um damit Phantasie und eine zweifelhafte Realität zu bezeichnen, voller verbaler Schwierigkeiten. Aber die Realität idealer Ziele als idealer wird verbürgt durch ihre unbestreitbare Macht im Handeln. Ein Ideal ist nicht deshalb eine Illusion, weil die Imagination das Organ ist, durch das es aufgenommen wird. Denn *alle* Möglichkeiten erreichen uns durch die Imagination. In einem definiten Sinn ist die einzige Bedeutung, die dem Ausdruck »Imagination« gegeben werden kann, die, dass Dinge, die in Wirklichkeit unrealisiert sind, zu uns gelangen und die Macht haben, uns zu rühren. Die Vereinheitlichung, die durch Imagination bewirkt wird, ist nicht phantastisch, denn sie ist die Widerspiegelung der Vereinheitlichung praktischer und emotionaler Einstellungen. Die Einheit bezeichnet nicht ein einzelnes Sein, sondern die Einheit von Loyalität und Anstrengung, die durch die Tatsache hervorgerufen wird, dass viele Ziele in der Macht ihrer idealen oder imaginativen Qualität, uns zu rühren und festzuhalten, eins sind.

Wir können uns sehr wohl die Frage stellen, ob die Macht und Lebensbedeutsamkeit der traditionellen Auffassungen von Gott nicht auf der idealen Qualität beruht, auf die sie sich beziehen; ob nicht ihre Hypostasierung zu einer Realität auf einer Vereinigung von Neigungen der menschlichen Natur, das Objekt der Begierde in eine vorgängige Realität zu verwandeln (wie im vorangehenden Kapitel erwähnt), mit Überzeugungen beruht, die in den Kulturen der Vergangenheit üblich waren. Denn in den älteren Kulturen war die Idee des Übernatürlichen in dem Sinne »natürlich«, in dem »natürlich« etwas Gewöhnliches und Vertrautes bezeichnet. Es erscheint glaubhafter, dass sich religiöse Personen von der Realität, mit der ideale Werte an sie appellieren, stützen und trösten ließen, als dass sie sich auf bloße faktische Realität verließen. Die Behauptung, dass dann, wenn Menschen sich erst einmal an die Idee der Vereinigung des Idealen und des Physischen gewöhnt haben, die beiden gefühlsmäßig so eng miteinander verknüpft sind, dass sie sich nur noch schwer trennen lassen, stimmt mit allem überein, was wir von der menschlichen Psychologie wissen.

Freilich liegen die Vorteile, die sich aus einer Trennung ergeben, auf der Hand. Die Entfernung befreit die religiösen Werte der Erfahrung ein für alle Mal von Bestandteilen, die zunehmend zweifelhafter werden. Mit dieser Befreiung geht die Emanzipation von dem Zwang einher, sich in Apologetik zu flüchten. Die Realität idealer Ziele und Werte in ihrer Autorität über uns ist eine unbezweifelte Tatsache. Die Gültigkeit von Gerechtigkeit, Zuneigung und jener geistigen Korrespondenz unserer Ideen mit Realitäten, die wir Wahrheit nennen, in ihrer Macht über die Menschheit ist so unumstritten, dass es für die religiöse Haltung unnötig ist, sich mit dem ganzen Apparat von Dogma und Doktrin zu belasten. Jede andere Auffassung von der religiösen Einstellung bedeutet, sobald sie adäquat analysiert wird, dass es ihren Vertretern mehr um Macht als um ideale Werte geht – da alles, was eine Realität hinzutun kann, die Macht ist, etwas durchzusetzen, zu bestrafen und zu belohnen. Einige Menschen sagen offen, ihr eigener Glaube erfordere zwar keine Garantie, dass moralische Werte durch physische Macht unterstützt werden, sind aber der Meinung, die Massen seien so rückständig, dass ideale Werte ihr Verhalten nur beeinflussen, wenn diese Werte im Volksglauben die Rückendeckung einer Macht haben, die sie erzwingen und Gerechtigkeit an denen üben kann, die sich ihnen nicht beugen.

Andere, die etwas mehr Respekt verdienen, sagen: »Wir stimmen zu, dass der Anfang mit dem Primat des Ideals gemacht werden muss. Aber warum an diesem Punkt aufhören? Warum nicht mit aller Kraft nach allem Beweismaterial suchen, das wir nur finden können, wie es die Geschichte oder das Vorhandensein eines Zwecks in der Natur bietet, das zu dem Glauben verhelfen kann, das Ideal existiere schon in einer Persönlichkeit, die eine objektive Existenz besitzt?«

Eine Antwort auf diese Frage lautet, dass wir durch diese Suche in all die Probleme der Existenz des Übels verwickelt werden, die die Theologie in der Vergangenheit heimgesucht haben und die die einfallsreichsten Apologetiker nicht in Angriff genommen, geschweige denn gelöst haben. Wenn diese Apologetiker die Existenz der idealen Güter nicht mit der Existenz einer Person identifiziert hätten, die deren Ursprung und Stütze sein soll – eines Wesens obendrein, dem Allmacht zugeschrieben wird –, wäre das Problem der Existenz des Übels überflüssig. Die Bedeutsamkeit idealer Ziele und Bedeutungen hängt tatsächlich eng mit der Tatsache zusammen, dass es im Leben alle Arten von Dingen gibt, die für uns von Übel sind, weil wir wünschen, sie wären anders. Wären die bestehenden Bedingungen vollkommen gut, würde die Vorstellung von zu verwirklichenden Möglichkeiten gar nicht erst entstehen.

Aber die grundlegendere Antwort ist folgende, dass diese Suche in Wirklichkeit immer im Interesse des Übernatürlichen unternommen wird, obwohl es keinen Grund gibt, warum sie nicht auf einer strikt empirischen Basis stattfinden sollte. Auf diese Weise lenkt sie die Aufmerksamkeit und Energie von idealen Werten und von der Erforschung der wirklichen Bedingungen ab, durch die sie unterstützt werden könnten. Die Geschichte beweist diese Tatsache. Die Menschen haben ihre Kräfte niemals voll dazu genutzt, das Gute im Leben zu fördern, weil sie darauf gewartet haben, dass eine ihnen und der Natur äußerliche Macht ihnen diese Arbeit, für die sie verantwortlich sind, abnimmt. Sich auf eine externe Macht zu verlassen heißt nur, auf menschliche Anstrengungen zu verzichten. Und umgekehrt ist es weder ein egoistisches noch ein sentimental optimistisches Ausweichmanöver, wenn man die Betonung auf die Ausübung unserer eigenen Kräfte zum Guten legt. Eine solche Akzentuierung ist nicht egoistisch, weil sie den Menschen weder individuell noch kollektiv von der Natur isoliert. Sie ist nicht sentimental optimistisch, weil sie keine Annahme macht, die über das Bedürfnis und die Verantwortlichkeit für menschliche Bestrebungen sowie über die Überzeugung hinausgeht, dass sich dann, wenn sich menschliche Bedürfnisse und Bestrebungen in den Dienst natürlicher Ziele stellen würden, die Bedingungen verbessern würden. Sie beinhaltet keine Erwartung eines Millenniums des Guten.

Dieser Glaube an das Übernatürliche als eine Macht, auf die wir angewiesen sind, um das Ideal zu begreifen und uns praktisch an es zu binden, hat sein Pendant in einem pessimistischen Glauben an die Verderbtheit und Ohnmacht natürlicher Mittel. Diese Vorstellung ist im christlichen Dogma axiomatisch. Aber dieser sichtliche Pessimismus verwandelt sich ganz plötzlich in einen übertriebenen Optimismus. Denn nach dieser Lehre kommt es auf der Stelle zu einer Wiedergeburt, wenn der Glaube an das Übernatürliche von der erforderlichen Art ist. Dadurch wird das Gute mit allen wesentlichen Eigenschaften verwirklicht; wenn nicht, ist es der Beweis, dass die Beziehung zum Übernatürlichen fehlerhaft war. Dieser romantische Optimismus ist eine der Ursachen für die exzessive Aufmerksamkeit, die dem individuellen Heil gewidmet wird, die für das traditionelle Christentum charakteristisch ist. Der Glaube an eine plötzliche und vollkommene Verwandlung durch eine Bekehrung und an die objektive Wirksamkeit des Gebetes ist ein zu leichter

Weg aus Schwierigkeiten. Im Allgemeinen lässt er die Dinge genau so wie zuvor, das heißt hinreichend schlecht, so dass es eine zusätzliche Unterstützung für die Idee gibt, dass nur übernatürliche Hilfe sie bessern kann. Die Position der natürlichen Intelligenz ist dagegen, dass es eine *Mischung* aus Gut und Böse gibt und dass die Neugestaltung in die Richtung des Guten, die durch ideale Ziele gewiesen wird, wenn überhaupt, durch kontinuierliche kooperative Anstrengung stattfinden muss. Es besteht zumindest genügend Impuls zu Gerechtigkeit, Freundlichkeit und Ordnung, dass die vorhandene Unordnung, Grausamkeit und Unterdrückung reduziert werden würden, wenn dieser Impuls für das Handeln mobilisiert würde, auch wenn wir nicht erwarten, dass eine abrupte und vollständige Transformation stattfinden würde.

Die Diskussion ist an einen Punkt gelangt, wo ein noch grundsätzlicherer Einwand gegen meine Position erwogen werden muss. Es sollte deutlich gemacht werden, auf welchem Missverständnis dieser Einwand beruht. Die Ansicht, die ich hier vorgetragen habe, wird manchmal so verstanden, als ob die Identifikation des Göttlichen mit idealen Zielen das Ideal gänzlich ohne Wurzeln in der Realität und ohne Unterstützung durch die Realität lasse. Der Einwand impliziert, dass meine Ansicht zu einer solchen Trennung des Idealen und des Realen führt, dass das Ideal keine Chance hat, einen Platz zu finden, wo es sich niederlassen kann, nicht einmal als Same, der wachsen und Frucht tragen könnte. Was ich ganz im Gegenteil kritisiert habe, ist die *Identifikation* des Idealen mit einem partikulären Sein, besonders wenn diese Identifikation die Schlussfolgerung notwendig macht, dieses Sein liege außerhalb der Natur; und was ich zu zeigen versucht habe, ist, dass das Ideal selbst seine Wurzeln in natürlichen Bedingungen hat. Es tritt in Erscheinung, sobald die Imagination die Realität dadurch idealisiert, dass sie von den Möglichkeiten Besitz ergreift, die dem Denken und Handeln offen stehen. Es gibt Werte, Güter, die wirklich auf einer natürlichen Basis realisiert sind – die Güter der menschlichen Gemeinschaft, der Kunst und der Erkenntnis. Die idealisierende Imagination ergreift von den wertvollsten Dingen Besitz, die sich in den höchsten Momenten der Erfahrung finden, und projiziert sie. Wir brauchen kein äußeres Kriterium und keine äußere Garantie für ihre Güte. Wir besitzen sie, sie existieren als gute Dinge, und aus ihnen formen wir unsere idealen Ziele.

Dazu kommt, dass die Ziele, die aus unserer Projektion der erlebten Güter in Objekte des Denkens, des Wunsches und der Anstrengung resultieren, existieren – nur existieren sie *als* Ziele. Ziele, Zwecke, üben im menschlichen Verhalten eine bestimmende Macht aus. Die Ziele von Philanthropen, von Florence Nightingale,[7] von Howard,[8] von Wilberforce,[9] von Peabody[10] waren keine müßigen Träumereien. Sie haben Institutionen modifiziert. Ziele, Ideale, existieren nicht einfach im »Geist«; sie existieren im Charakter, in der Persönlichkeit und im Handeln. Man könnte die Rolle von Künstlern, Forschern, von Eltern, Freunden, Bürgern, die Nachbarn sind, zitieren, um zu zeigen, dass Zwecke auf *operative* Weise existieren. Wogegen ich mich gewendet habe, ist, noch einmal, nicht die Idee, Ideale seien mit der Realität verknüpft und existierten selbst durch menschliche Verkörperung als Kräfte, sondern die Idee, dass ihre Autorität und ihr Wert von einer früheren vollständigen Verkörperung abhängt – als ob die Wirksamkeit und Gültigkeit der Bemühungen von Menschen um Gerechtigkeit oder Erkenntnis oder Schönheit von der Zusicherung abhingen, dass in irgendeiner übernatürlichen Region schon ein Ort existierte, wo Kriminelle menschlich behandelt werden, wo es kein Leibeigentum oder Sklaverei gibt, wo alle Tatsachen und Wahrheiten schon entdeckt und angeeignet sind und alle Schönheit ewig verwirklicht sei.

Die Ziele und Ideale, die uns bewegen, werden durch die Imagination erzeugt. Aber sie bestehen nicht aus imaginärem Stoff. Sie bestehen aus dem festen Stoff der Welt der physischen und sozialen Erfahrung. Die Lokomotive existierte nicht vor Stevenson, und der Telegraph nicht vor der Zeit von Morse. Aber die Bedingungen ihrer Existenz waren in physischem Material und Energien und in menschlicher Fähigkeit da. Die Imagination ergriff die Idee einer Neuanordnung schon bestehender Dinge, die neue Objekte erzeugen würde. Dasselbe gilt von einem Maler, einem Musiker, einem Dichter, einem Philanthropen, einem Moralpropheten. Die neue Vision entsteht nicht aus nichts, sondern kommt dadurch zustande,

7 [Engl. Diakonisse (1820-1910), organisierte im Krimkrieg die Versorgung der Kranken.]

8 [John Howard (1726-90), Vorkämpfer der Reform des Gefängniswesens.]

9 [William Wilberforce (1759-1833), erreichte 1807 das Verbot des Sklavenhandels in den brit. Kolonien und 1833 die Abschaffung der Sklaverei im brit. Reich.]

10 [George Peabody (1795-1869), amerik. Kaufmann und Philanthrop.]

dass man in den Begriffen von Möglichkeiten, das heißt der Imagination, alte Dinge in neuen, einem neuen Ziel dienenden Beziehungen sieht, die das neue Ziel zu erschaffen hilft.

Darüber hinaus ist der Schaffensprozess experimentell und kontinuierlich. Der Künstler, der Wissenschaftler oder der gute Bürger verlässt sich auf das, was andere vor ihm getan haben und um ihn herum tun. Das Gefühl für neue Werte, die zu realisierenden Zielen werden, entsteht zunächst in undeutlicher und ungewisser Form. In dem Maße, wie man die Werte länger bedenkt und auf das Handeln überträgt, nehmen sie an Definitheit und Kohärenz zu. Die Interaktion zwischen Ziel und bestehenden Bedingungen verbessert und überprüft das Ideal; und zugleich werden die Bedingungen modifiziert. Ideale verändern sich, wenn sie unter den bestehenden Bedingungen angewendet werden. Dieser Prozess dauert an und schreitet fort, solange die Menschheit lebt. Was eine einzelne Person und eine einzelne Gruppe erreichen, wird zur Grundlage und zum Ausgangspunkt für alle Nachfolgenden. Wenn die entscheidenden Faktoren in diesem natürlichen Prozess im Fühlen, Denken und Handeln allgemein anerkannt sind, wird dieser Prozess durch die Eliminierung jenes irrelevanten Elements, das in der Idee des Übernatürlichen gipfelt, sowohl beschleunigt wie gereinigt. Wenn die lebenswichtigen Faktoren die religiöse Kraft erlangen, die in übernatürliche Religionen abgeleitet worden ist, wird die resultierende Bestärkung unermesslich sein.

Diese Erwägungen können auf die Idee von Gott angewendet werden oder, um irreführende Vorstellungen zu vermeiden, auf die Idee vom Göttlichen. Diese Idee ist, wie ich gesagt habe, eine Idee idealer Möglichkeiten, die durch imaginative Realisierung und Projektion vereinheitlicht worden sind. Aber diese Idee von Gott oder vom Göttlichen ist ebenso mit all den natürlichen Kräften und Bedingungen verknüpft – einschließlich des Menschen und der menschlichen Gemeinschaft –, die das Wachstum des Ideals fördern und zu seiner Realisierung beitragen. Wir haben es hier weder mit vollkommen im Dasein realisierten Idealen zu tun noch mit Idealen, die bloße wurzellose Ideale, Phantasien, Utopien sind. Denn es gibt Kräfte in der Natur und der Gesellschaft, die die Ideale erzeugen und tragen. Sie werden durch die Handlung, die ihnen Solidität und Kohärenz gibt, noch weiter vereinheitlicht. Dieser *aktiven* Beziehung zwischen dem Ideal und dem Wirklichen würde ich den

Namen »Gott« geben. Ich würde nicht darauf beharren, dass dieser Name gegeben werden *muss*. Es gibt Menschen, die der Meinung sind, dass die Assoziationen dieses Ausdrucks mit dem Übernatürlichen so zahlreich und so eng sind, dass jede Verwendung des Wortes »Gott« mit Sicherheit zu Missverständnissen Anlass gibt und als eine Konzession an traditionelle Ideen aufgefasst werden wird.

Vielleicht haben sie mit dieser Ansicht Recht. Aber die Tatsachen, auf die ich verwiesen habe, sind da, und sie müssen mit aller möglichen Klarheit und Stärke betont werden. Es gibt auf konkrete und experimentelle Weise Güter – die Werte der Kunst in allen ihren Formen, der Erkenntnis, der Anstrengung und der Ruhe nach der Mühsal, der Erziehung und der Kameradschaft, der Freundschaft und Liebe, des Wachstums an Geist und Körper. Diese Güter existieren, und trotzdem sind sie relativ embryonal. Viele Menschen sind von einer großzügigen Teilnahme an ihnen ausgeschlossen; es sind Kräfte am Werk, die bestehende Güter bedrohen und unterminieren, ebenso wie sie ihre Ausbreitung verhindern. Eine klare und intensive Vorstellung von einer Verbindung idealer Ziele mit den wirklichen Bedingungen ist geeignet, stetige Emotionen hervorzurufen. Sie kann durch jede Erfahrung genährt werden, gleichgültig, welches deren Material sein mag.

In einer Zeit der Zersplitterung besteht ein dringendes Bedürfnis nach einer solchen Idee. Sie kann Interessen und Energien, die jetzt in alle Richtungen zerstreut sind, vereinheitlichen; sie kann das Handeln anleiten und die Wärme der Emotion und das Licht der Intelligenz erzeugen. Ob man dieser Einheit, die im Denken und Handeln operativ ist, den Namen »Gott« gibt, ist eine Frage der individuellen Entscheidung. Aber die *Funktion* einer solchen funktionierenden Einheit des Idealen und des Wirklichen scheint mir identisch mit der Kraft zu sein, die tatsächlich dem Begriff Gottes in allen Religionen beigemessen worden ist, die einen spirituellen Inhalt haben; und eine klare Idee jener Funktion scheint mir gegenwärtig dringend nötig.

Das Gefühl dieser Einheit mag bei einigen Menschen durch mystische Erfahrungen gefördert werden, wenn man den Ausdruck »mystisch« im weitesten Sinne des Wortes nimmt. Das Ergebnis hängt weitgehend vom Temperament ab. Aber es gibt einen merklichen Unterschied zwischen der Einheit, die mit Mystizismus assoziiert ist, und der Einheit, die ich vor Augen hatte. An Letzterer ist nichts Mystisches; sie ist natürlich und moralisch. Auch gibt es nichts Mystisches an der Wahrnehmung oder dem Bewusstsein solcher Einheit. Die Imagination idealer Ziele, die sich auf wirkliche Bedingungen beziehen, ist die Frucht eines disziplinierten Geistes. Es besteht sogar die Gefahr, dass der Rückgriff auf mystische Erfahrungen eine Flucht ist und dass sein Ergebnis das passive Gefühl ist, die Vereinigung des Wirklichen und des Ideals sei schon vollbracht. Aber tatsächlich ist diese Vereinigung aktiv und praktisch; sie ist ein *Sich-Vereinigen*, nicht etwas Gegebenes.

Ein Grund, warum ich persönlich es passend finde, das Wort »Gott« für die Bezeichnung jener Vereinigung von Ideal und Wirklichkeit, von der die Rede war, zu benutzen, liegt in der Tatsache, dass mir ein aggressiver Atheismus etwas mit dem traditionellem Supranaturalismus gemein zu haben scheint. Ich meine nicht nur, dass Ersterer im Wesentlichen so negativ ist, dass er außerstande ist, dem Denken eine positive Richtung zu geben, obgleich diese Tatsache erwähnenswert ist. Was ich besonders vor Augen habe, ist die exklusive Befassung beider, des militanten Atheismus wie des Supranaturalismus, mit dem Menschen in der Isolierung. Denn trotz der Beziehung des Supranaturalismus auf etwas jenseits der Natur hält er diese Erde für das moralische Zentrum des Universums und den Menschen für den Gipfelpunkt des gesamten Schemas der Dinge. Für ihn ist das Drama von Sünde und Erlösung, das innerhalb der isolierten und einsamen Seele des Menschen aufgeführt wird, das Einzige, was zählt. Vom Menschen einmal abgesehen, gilt die Natur entweder als verflucht oder als unbedeutend. Der militante Atheismus ist ganz genauso durch einen Mangel an natürlicher Frömmigkeit affiziert. Die Bande, die den Menschen an die Natur knüpfen, die die Dichter immer gerühmt haben, werden nicht ernst genommen. Seine Einstellung ist oft die Einstellung eines Menschen, der in einer gleichgültigen und feindlichen Welt lebt und Fanfaren des Trotzes ausstößt. Eine religiöse Haltung bedarf aber des Gefühls, dass der Mensch mit der umgebenden Welt, die die Imagination als Universum empfindet, in einer Beziehung der Abhängigkeit wie der Unterstützung steht. Vielleicht schützt die Verwendung der Worte »Gott« oder »göttlich« zur Bezeichnung der Einheit des Wirklichen und des Idealen den Menschen vor einem Gefühl der Isolierung und der sich daraus ergebenden Verzweiflung oder Aufsässigkeit.

Welcher Name auch immer benutzt wird, in jedem Fall ist die

Bedeutung selektiv. Denn sie enthält keine kunterbunte Verehrung von allem überhaupt. Sie wählt jene Faktoren der Realität aus, die unsere Idee vom Guten als einem erstrebenswerten Ziel erzeugen und unterstützen. Sie schließt eine Menge von Kräften aus, die zu jeder gegebenen Zeit für diese Funktion irrelevant sind. Die Natur bringt hervor, was immer Bestärkung und Lenkung gibt, aber auch, was zu Uneinigkeit und Konfusion führt. Das »Göttliche« ist also ein Ausdruck menschlicher Wahl und Aspiration. Eine humanistische Religion ist blass und dünn, wenn sie unsere Beziehung zur Natur ausschließt, genauso wie sie anmaßend ist, wenn sie die Menschheit zum Objekt der Verehrung macht. Matthew Arnolds Begriff von einer »Macht, die nicht wir selbst« sind, ist in seinem Bezug auf operative und unterstützende Bedingungen allzu eng gefasst. Während er selektiv ist, hat er eine viel zu enge Selektionsbasis – Sittlichkeit. Diese Auffassung muss also auf zwei Wegen erweitert werden. Die Kräfte, die das Gute als wirkliche Erfahrung und als Ideal erzeugen und unterstützen, arbeiten *innen* wie außen. Es scheint in Arnolds Aussage ein Anklang an einen äußeren Jehova zu liegen. Und die Kräfte arbeiten daran, andere Werte und Ideale zu erzwingen als nur Rechtschaffenheit. Arnolds Gefühl, es bestehe ein Gegensatz zwischen Hellenismus und Hebraismus, hatte zur Folge, dass Schönheit, Wahrheit und Freundschaft von der Liste der Konsequenzen gestrichen wurden, auf die die Kräfte innen und außen hinarbeiten.

Im Verhältnis von Natur und menschlichen Zielen und Bestrebungen hat die neuere Wissenschaft den älteren Dualismus niedergerissen. Sie hat dreihundert Jahre lang daran gearbeitet. Aber solange die Begriffe der Wissenschaft strikt mechanisch waren (mechanisch in dem Sinne, dass die Wissenschaft getrennte Dinge annahm, die aufeinander rein extern durch Stoßen und Ziehen einwirkten), hatten religiöse Apologetiker festen Boden unter den Füßen, wenn sie auf die Unterschiede zwischen dem Menschen und der physischen Natur hinwiesen. Diese Unterschiede konnte man sich nutzbar machen, um zu argumentieren, dass im Falle des Menschen eine übernatürliche Kraft eingegriffen habe. Wenn freilich Apologetiker der Religion der Wissenschaft klassischen Typs dafür Beifall spenden, dass sie auf den Mechanikalismus[11] verzichtet habe,

11 Ich benutze diesen Ausdruck, weil die Wissenschaft ihre Überzeugungen von funktionierenden Mechanismen nicht aufgegeben hat, als sie die Idee fallen ließ, dass sie von der Art eines strikt mechanischen Kontaktes diskreter Dinge seien.

scheinen sie von ihrem eigenen Standpunkt schlecht beraten zu sein. Denn der Wandel der modernen wissenschaftlichen Ansicht von der Natur bringt den Menschen und die Natur einander einfach näher. Wir sind nicht länger gezwungen, zwischen zwei Möglichkeiten zu wählen: entweder das, was den Menschen auszeichnet, dadurch wegzuerklären, dass wir ihn auf eine weitere Form eines mechanischen Modells reduzieren, oder die Lehre zu akzeptieren, dass er durch etwas buchstäblich Übernatürliches von der Natur abgetrennt sei. Je weniger mechanisch – im älteren Sinn des Wortes – die physische Natur erscheint, umso näher ist der Mensch der Natur.

In seinem faszinierenden Buch *The Dawn of Conscience* bezieht sich James Henry Breasted auf Haeckel, der gesagt hat, die Frage, deren Antwort er am meisten ersehne, laute: Ist das Universum dem Menschen freundlich? Die Frage ist doppeldeutig. Dem Menschen freundlich in welchem Sinne? Im Hinblick auf Leichtigkeit und Bequemlichkeit, auf materiellen Erfolg, auf egoistische Ambitionen? Oder im Hinblick auf seine Bestrebung zu forschen und zu entdecken, zu erfinden und zu schaffen, eine sicherere Ordnung für die menschliche Existenz zu errichten? In welcher Form auch immer die Frage gestellt wird, die Antwort kann nicht, wenn sie aufrichtig sein soll, pauschal und absolut sein. Mr. Breasteds Antwort ist die Antwort eines Historikers: Die Natur war dem Erscheinen und der Entwicklung von Gewissen und Charakter freundlich. Alle diejenigen, die alles oder nichts haben wollen, können mit dieser Antwort nicht zufrieden sein. Erscheinung und Wachstum sind ihnen nicht genug. Sie wünschen sich mehr als ein Wachstum, das von Mühe und Schmerz begleitet ist. Sie wünschen ein endgültiges Erreichen des Ziels. Andere, die weniger absolutistisch sind, mögen damit zufrieden sein zu glauben, dass, moralisch gesprochen, Wachstum ein höherer Wert und ein höheres Ideal ist als das bloße Erreichen des Ziels. Sie werden sich auch erinnern, dass das Wachstum nicht auf das Gewissen und den Charakter beschränkt war; dass es sich auch auf Entdeckung, Lernen und Wissen erstreckt, auf künstlerisches Schaffen, auf die Förderung von Bindungen, die die Menschen in gegenseitiger Hilfe und Zuneigung zusammenhalten. Zumindest diese Menschen werden mit einer intellektuellen Auffassung von der religiösen Funktion, die auf fortwährender Wahl in Richtung idealer Ziele beruht, zufrieden sein.

Denn wie ich den Lesern zum Abschluss noch einmal in Erinnerung rufen möchte: was ich hier betrachtet habe, ist die intellektuelle Seite der religiösen Haltung. Ich habe den Gedanken erwogen, dass das religiöse Element im Leben durch Vorstellungen vom Übernatürlichen behindert wurde, die in diejenigen Kulturen eingebettet waren, in denen der Mensch wenig Kontrolle über die äußere Natur hatte und nur über ein geringes Maß an sicheren Methoden der Forschung und der Überprüfung verfügte. Die gegenwärtige Krise im Hinblick auf den intellektuellen Inhalt des religiösen Glaubens wurde durch den Wandel des intellektuellen Klimas verursacht, der auf dem Anwachsen unseres Wissens und unserer Mittel des Verstehens beruht. Ich habe zu zeigen versucht, dass diese Veränderung für die religiösen Werte in unserer gewöhnlichen Erfahrung nicht tödlich ist, so ungünstig sie sich auch immer auf historische Religionen auswirken mag. Eher ist diese Veränderung eine Befreiung, vorausgesetzt, die Methoden und Resultate der tätigen Intelligenz werden vorbehaltlos übernommen.

Sie klärt unsere Ideale, weil sie sie weniger anfällig für Illusionen und Phantasievorstellungen macht. Sie befreit uns von dem Alptraum zu glauben, sie seien unwandelbar, ohne jede Kraft zum Wachstum. Sie führt uns vor Augen, dass sie mit dem Anwachsen der natürlichen Intelligenz an Kohärenz und an Angemessenheit gewinnen. Die Veränderung gibt dem Streben nach Naturerkenntnis einen eindeutig religiösen Charakter, weil begriffen wird, dass wachsendes Naturverständnis organisch auf die Bildung idealer Ziele bezogen ist. Dieselbe Veränderung befähigt den Menschen, diejenigen Elemente der natürlichen Bedingungen auszuwählen, die genutzt werden können, um die Herrschaft der Ideale zu unterstützen und zu erweitern. Jede Absicht ist selektiv und jede intelligente Handlung schließt bewusste Wahl ein. In dem Maße, in dem wir aufhören, vom Glauben an das Übernatürliche abhängig zu sein, wird die Selektion über sich selbst aufgeklärt und die Entscheidung kann zugunsten von Idealen getroffen werden, deren inhärente Beziehungen auf Bedingungen und Konsequenzen verstanden werden. Wären die naturalistischen Grundlagen und Auswirkungen von Religion begriffen, würden aus den Geburtswehen der Krise in der Religion die religiösen Elemente im Leben hervorgehen. Man würde erkennen, dass die Religion ihren natürlichen Platz in jedem Aspekt jener menschlichen Erfahrung hat, die sich mit der Einschätzung von Möglichkeiten, mit dem emotionalen Angerührtsein von noch nicht realisierten Möglichkeiten und mit allen Handlungen zugunsten ihrer Realisierung befasst. Alles, was in der menschlichen Erfahrung von Bedeutung ist, fällt in diesen Rahmen.

3. Der menschliche Wohnsitz der religiösen Funktion

Als ich den intellektuellen Inhalt der Religion diskutierte, ohne die Religion zuvor in ihren sozialen Verbindungen zu betrachten, folgte ich nicht der üblichen zeitlichen Ordnung. Im Ganzen gesehen kommen kollektive Arten der Praxis entweder zuerst oder sind von größerer Bedeutung. Der Kern der Religionen ist im Allgemeinen in Riten und Zeremonien gefunden worden. Legenden und Mythen entstehen, als Reaktion auf die ununterdrückbare menschliche Neigung zum Geschichtenerzählen, teils als dekorative Verkleidungen und teils als Versuche, rituelle Praktiken zu erklären. Mit dem Fortschritt der Kultur verfestigen sich die Geschichten und es entstehen Theogonien und Kosmogonien – wie bei den Babyloniern, Ägyptern, Hebräern und Griechen. Im Falle der Griechen waren die Schöpfungsgeschichten und Berichte über die Verfassung der Welt in der Hauptsache poetisch und literarisch, und schließlich entwickelten sich aus ihnen Philosophien. In den meisten Fällen nahm eine besondere Körperschaft, die Priesterschaft, die Legenden zusammen mit Riten und Zeremonien in ihre Obhut und unterwarf sie den speziellen Künsten, über die sie verfügte. Es bildete sich eine spezielle Gruppe als die verantwortlichen Eigentümer, Schützer und Verbreiter des Glaubenssystems heraus.

Aber die Bildung einer besonderen Gruppe, die eine eigentümliche Beziehung sowohl zu den Praktiken wie den Überzeugungen der Religion hat, ist nur ein Teil der Geschichte. In der weitesten Perspektive ist es der weniger wichtige Teil. Im Hinblick auf die soziale Bedeutsamkeit der Religion ist von weitaus größerer Bedeutung, dass die Priesterschaften offizielle Repräsentanten einer Gemeinde, eines Stammes, eines Stadtstaates oder eines Reiches waren. Ob es eine Priesterschaft gab oder nicht: Individuen, die Mitglieder einer Gemeinschaft waren, wurden ebenso in eine religiöse Gemeinschaft wie in eine soziale und politische Organisation hineingeboren. Jede soziale Gruppe hatte ihre eigenen göttlichen Wesen, die ihre Gründer und Beschützer waren. Ihre Opfer-, Reinigungs- und Kommunionsriten waren Manifestationen des organisierten bürgerlichen Lebens. Der Tempel war eine öffentliche Institution, der Brennpunkt des Gottesdienstes der Gemeinde; der Einfluss ihrer Praktiken erstreckte sich auf alle Sitten der Gemeinde, die häuslichen, ökonomischen und politischen. Selbst Kriege zwischen Gruppen waren gewöhnlich Konflikte ihrer jeweiligen Gottheiten.

Ein Einzelner trat nicht einer Kirche bei. Er wurde in einer Gemeinschaft geboren und aufgezogen, deren soziale Einheit, Organisation und Traditionen in den Riten, Kulten und Glaubensüberzeugungen einer kollektiven Religion symbolisiert und zelebriert wurden. Die Erziehung der Jungen bestand darin, sie in die Gemeinschaftsaktivitäten einzuführen, die an jedem Punkt in die eng mit einer Religion verknüpften und von ihr unterstützten Sitten, Legenden und Zeremonien verschlungen waren. Es gibt einige wenige Menschen, besonders solche, die in jüdischen Gemeinden in Russland groß geworden sind, die ohne Zuhilfenahme der Imagination verstehen können, was eine Religion sozial bedeutet, wenn sie alle Bräuche und Aktivitäten des Gruppenlebens durchdringt. Für die meisten von uns in den USA ist eine solche Situation nur eine ferne historische Episode.

Der Wandel, der in einstmals universalen und heute seltenen Bedingungen stattgefunden hat, ist meiner Meinung nach die größte Veränderung, die sich in der gesamten Geschichte in der Religion ereignet hat. Der intellektuelle Konflikt zwischen wissenschaftlichen und theologischen Überzeugungen hat viel mehr Aufmerksamkeit auf sich gezogen. Er liegt immer noch nahe am Brennpunkt der Aufmerksamkeit. Aber die Veränderung des sozialen Gravitationszentrums der Religion hat sich so stetig vollzogen und ist jetzt so allgemein vollendet, dass sie aus der Erinnerung der meisten Menschen geschwunden ist, vielleicht mit Ausnahme der Historiker, und selbst diese nehmen sie nur unter politischem Aspekt spezifisch wahr. Denn der Konflikt zwischen Staat und Kirche hält in einigen Ländern immer noch an.

Es gibt selbst jetzt noch Menschen, die in eine bestimmte Kirche hineingeboren werden, nämlich die ihrer Eltern, und beinahe selbstverständlich deren Mitglied werden; ja, die Tatsache einer solchen Zugehörigkeit kann ein wichtiger, sogar bestimmender Faktor im Lebenslauf eines Menschen werden. Aber was in der Geschichte ganz neu ist und früher ganz unbekannt war, ist die Tatsache, dass die fragliche Organisation eine *besondere* Institution innerhalb einer säkularen Gemeinde ist. Selbst wo es etablierte Kirchen gibt, werden sie durch den Staat eingerichtet und können vom Staat aufgelöst werden. Nicht nur der Nationalstaat, sondern andere Formen der Organisation unter Gruppen sind auf Kosten von Organisationen zu Macht und Einfluss gelangt, die auf einer und um eine Religion herum errichtet waren. Dem entspricht, dass die Zugehörigkeit zu Gemeinschaften des letzteren Typs mehr und mehr eine Frage der freiwilligen Wahl von Einzelnen ist, die zwar dazu neigen mögen, Verantwortlichkeiten zu akzeptieren, die von der Kirche auferlegt werden, die sie aber aus eigenem Willen akzeptieren. Wenn sie sie akzeptieren, dann unterliegt die Organisation, der sie beitreten, in vielen Nationen einem allgemeinen Korporationsgesetz der politischen und säkularen Einheit, der sie angehören.

Die Verlagerung des – wie ich es genannt habe – sozialen Schwerpunkts begleitet die ungeheure, unabhängig von jeder Religion eingetretene Expansion von Gemeinschaften, die zu erzieherischen, politischen, ökonomischen, philanthropischen und wissenschaftlichen Zwecken gebildet worden sind. Diese sozialen Formen haben sich so sehr ausgeweitet, dass sie den größeren Einfluss auf das Denken und die Interessen der meisten Menschen ausüben, selbst auf die Mitglieder einer Kirche. Diese positive Ausweitung der Interessen, die, vom Gesichtspunkt einer Religion aus, nicht-religiös sind, ist so groß, dass im Vergleich dazu die direkte Auswirkung der Wissenschaft auf die Glaubensbekenntnisse der Religion mir von zweitrangiger Bedeutung zu sein scheint.

Ich sage, die *direkte* Auswirkung; denn die indirekte Auswirkung der Wissenschaft auf die Stimulierung des Wachstums konkurrierender Organisationen ist enorm. Rein intellektuelle Veränderungen wirken sich im besten Falle nur auf eine kleine Zahl von Spezialisten aus. Im Verhältnis zu den Konsequenzen, die durch den Einfluss auf die *Bedingungen* hervorgebracht werden, unter denen sich Menschen zusammenschließen, sind sie zweitrangig. Erfindung und Technologie, im Bündnis mit Industrie und Handel, haben, überflüssig zu sagen, diese fundamentalen Bedingungen der Gemeinschaft gründlich beeinflusst. Jedes politische und soziale Problem der Gegenwart spiegelt diesen indirekten Einfluss wider, von der Arbeitslosigkeit bis zum Bankwesen, von der Stadtverwaltung bis zu den großen Völkerwanderungen, die durch neue Transportmittel ermöglicht worden sind, von der Geburtenkontrolle bis hin zum Außenhandel und Krieg. Die sozialen Veränderungen, die durch die Anwendung des neuen Wissens eingetreten sind, wirken sich auf jeden Einzelnen aus, ob er sich der Quelle der ihn beeinflussenden Kräfte bewusst ist oder nicht. Die Wirkung ist tatsächlich umso tiefer, als sie so weitgehend unbemerkt erfolgt. Denn um zu wiederholen, was ich bereits gesagt habe, die *Bedingungen*, unter denen sich die Menschen begegnen und zusammen handeln, sind modifiziert worden.

Der Fundamentalist in der Religion ist jemand, dessen Überzeugungen in ihrem intellektuellen Inhalt durch wissenschaftliche Entwicklungen kaum berührt worden sind. Seine Vorstellungen von Himmel und Erde und vom Menschen sind, soweit es ihre Auswirkung auf die Religion betrifft, durch das Werk von Kopernikus, Newton und Darwin kaum stärker beeinflusst als durch das von Einstein. Aber sein wirkliches Leben, in dem, was er Tag für Tag tut, und in den Kontakten, die geknüpft werden, ist durch politische und ökonomische Veränderungen, die aus der Anwendung der Wissenschaft erfolgt sind, radikal verwandelt worden. Soweit es strikt intellektuelle Veränderungen betrifft, weisen Glaubensbekenntnisse große Anpassungsfähigkeit auf; ihre Artikel unterliegen einem unmerklichen Wandel der Perspektive; Akzente werden anders gesetzt und neue Bedeutungen schleichen sich ein. Besonders die katholische Kirche hat in ihrem Umgang mit intellektuellen Abweichungen Nachsicht bewiesen, solange sie nicht die Disziplin, die Riten und die Sakramente berühren.

Unter den Laien ist nur die kleine Zahl der Gebildeteren direkt von Veränderungen der wissenschaftlichen Überzeugungen betroffen. Bestimmte Ideen rücken mehr oder weniger in den Hintergrund, werden aber nicht ernsthaft in Frage gestellt; nominell werden sie akzeptiert. Wahrscheinlich haben die meisten Gebildeten geglaubt, die Auffassung der biologischen Evolution sei als Gemeinplatz anerkannt, bis die Gesetzgebung in Tennessee und das Scopes-Verfahren[12] eine akute Krise herbeiführten, die zeigte, wie weit diese Annahme von der Wirklichkeit entfernt war. Andererseits spüren

12 [A. d. Ü.: Gerichtsverfahren (Scopes Trial oder auch Monkey Trial) im Jahre 1925 gegen den Hochschullehrer John Thomas Scopes (1901-1970), der die Evolutionslehre vertreten hatte.]

die Fachleute innerhalb einer kirchlichen Organisation den Wandel von Perspektive und Betonung in den Werten im allgemeinen Denken nicht eher, als bis irgendeine akute Situation ihn aufdeckt. Dann bestreiten sie heftig die Gültigkeit der neu entstandenen Interessen. Aber da sie eher gegen Interessen als bloß gegen Ideen arbeiten, sind ihre verzweifelten Anstrengungen nicht überzeugend – außer für diejenigen, die schon überzeugt sind.

Veränderungen der Praxis, die das kollektive Leben affizieren, gehen tief und reichen weit. Sie waren seit der Zeit am Werk, die wir das Mittelalter nennen. Die Renaissance war im Wesentlichen eine Wiedergeburt des Säkularismus. Die für das 18. Jahrhundert charakteristische Entwicklung der Idee einer »natürlichen Religion« war ein Protest gegen die Kontrolle durch kirchliche Körperschaften – eine Bewegung, die in dieser Hinsicht durch das Entstehen »unabhängiger« religiöser Gemeinschaften im vorhergehenden Jahrhundert vorangekündigt wurde. Aber die natürliche Religion bestritt die intellektuelle Gültigkeit übernatürlicher Ideen genauso wenig, wie es die Entstehung independenter Kongregationen tat. Sie versuchte vielmehr, Theismus und Unsterblichkeit auf der Basis natürlicher Vernunft des Einzelnen zu rechtfertigen. Der Transzendentalismus des 19. Jahrhunderts war ein weiterer Schritt in dieselbe allgemeine Richtung, eine Bewegung, in der die »Vernunft« eine romantischere, farbigere und kollektivere Form annahm. Er behauptete die Verbreitung des Übernatürlichen im säkularen Leben.

Diese und andere, nicht erwähnte Bewegungen sind der intellektuelle Reflex der größten Revolution, die in den Religionen während der Jahrtausende, die der Mensch auf der Erde lebte, stattfand. Denn, wie schon gesagt, diese Veränderung hat mit der *sozialen* Stellung und Funktion der Religion zu tun. Selbst die Macht, die das Übernatürliche über das allgemeine Denken ausübte, hat sich mehr und mehr von der Macht kirchlicher Organisationen befreit – das heißt von einer bestimmten Form der Gemeindeorganisation. Auf diese Weise ist genau die Idee, die in den Religionen zentral war, allmählich mehr und mehr aus der Obhut und Fürsorge jeder bestimmten sozialen Institution sozusagen weggesickert. Noch wichtiger ist die Tatsache, dass das stetige Übergreifen von früher als säkular geltenden Formen der Vergemeinschaftung auf kirchliche Organisationen die Art und Weise verändert hat, wie die Menschen ihre Zeit mit Arbeit, Erholung, bürgerlichen und politischen Tätigkeiten verbringen. Säkulare Organisationen und Aktionen haben sich nicht nur legal oder äußerlich von der Kontrolle der Kirche losgelöst, sondern entscheidend ist, dass Interessen und Werte, die in keiner Beziehung zu den Aufgaben irgendeiner Kirche stehen, jetzt weitgehend die Wünsche und Ziele selbst der Gläubigen beherrschen.

Der einzelne Gläubige mag die Disposition und Motivation, die er durch die Beziehung zu einer religiösen Organisation erworben hat, tatsächlich in seine politische Handlung, in seine Verbindung zu Schulen, selbst in seine Geschäfte und Vergnügungen hineintragen. Aber es bleiben zwei Tatsachen, die eine Revolution ausmachen. Erstens sind die Bedingungen so, dass diese Handlung auf der persönlichen Wahl und Entscheidung der Einzelnen beruht und nicht den Charakter der sozialen Organisation trägt. Zweitens stellt gerade die Tatsache, dass der Einzelne seine persönliche Haltung in Angelegenheiten einbringt oder mitbringt, die an sich säkular sind, die außerhalb der Reichweite der Religion liegen, eine enorme Veränderung dar, trotz des Glaubens, dass säkulare Angelegenheiten vom Geist der Religion durchdrungen sein *sollten*. Selbst wenn behauptet wird, wie es einige Religiöse tun, dass alle neuen Bewegungen und Interessen von Wert unter den Auspizien einer Kirche erwachsen sind und ihren Impetus aus derselben Quelle empfangen haben, muss man zugeben, dass die Schiffe, wenn sie einmal ausgelaufen sind, auf fremden Meeren zu fernen Ländern segeln.

Hier, scheint mir, liegt der Streitpunkt, dem man sich stellen muss. Hier ist der Ort, wo die Unterscheidung, die ich zwischen einer Religion und der religiösen Funktion gezogen habe, besonders anwendbar ist. Es gehört zur Natur einer Religion, die auf dem Übernatürlichen basiert, eine Linie zwischen dem Religiösen und dem Säkularen und Profanen zu ziehen, selbst wenn sie behauptet, die Kirche und ihre Religion hätten das Recht, diese anderen Interessen zu beherrschen. Die Auffassung, »religiös« bezeichne eine bestimmte Haltung und Anschauung, die vom Übernatürlichen unabhängig ist, erfordert keine solche Trennung. Sie schließt religiöse Werte nicht in eine besondere Abteilung ein, noch nimmt sie an, dass eine bestimmte Form der Gemeinschaft eine einzigartige Beziehung dazu hat. Auf der sozialen Seite scheint die Zukunft der religiösen Funktion vor allen Dingen mit ihrer Emanzipation von Religionen und einer bestimmten Religion abzuhängen. Viele Menschen fühlen sich wegen der Vielzahl der Kirchen und wegen des

Konfliktes ihrer Ansprüche verwirrt. Aber die eigentliche Schwierigkeit liegt tiefer.

In dem Gesagten habe ich nicht die Interpretation des historischen Wandels ignoriert, den die Repräsentanten religiösen Organisationen geben. Die älteste Organisation, die römisch-katholische Kirche, beurteilt die Säkularisation des Lebens, die wachsende Unabhängigkeit sozialer Interessen und Werte von der Kontrolle durch die Kirche als nur einen Beweis mehr für den Abfall des natürlichen Menschen von Gott: Die Verderbtheit, die dem Willen der Menschheit inhärent ist, ist schließlich zum Trotz gegen die Vollmacht geworden, die Gott an seine ernannten Stellvertreter auf Erden delegiert hat. Diese Kirche sieht die Tatsache, dass die Säkularisation *pari passu* mit der Ausdehnung des Protestantismus einhergegangen ist, als Beweis für die willentliche Häresie des Letzteren mit seinem Appell an das private Gewissen und die persönliche Entscheidung. Das Heilmittel ist einfach. Die Unterwerfung unter den Willen Gottes, wie er sich kontinuierlich in der Organisation ausdrückt, die sein etablierter Stellvertreter auf Erden ist, ist das einzige Mittel, um soziale Beziehungen und Werte wieder mit der Religion zu harmonisieren.

Im Gegensatz dazu haben die protestantischen Kirchen die Tatsache betont, dass die Beziehung des Menschen zu Gott primär eine individuelle Angelegenheit ist, eine Frage der persönlichen Wahl und Verantwortung. Von diesem Gesichtspunkt aus bezeichnet ein Aspekt des umrissenen Wandels einen Fortschritt, der sowohl religiös wie moralisch ist. Denn nach dieser Auffassung bilden die Überzeugungen und Riten, die die Beziehung des Menschen zu Gott zu einer kollektiven und institutionellen Angelegenheit machen, Barrieren zwischen der menschlichen Seele und dem göttlichen Geist. Die Kommunion mit Gott muss mit direkter göttlicher Hilfe vom Herzen und Willen des Einzelnen ausgehen. Deshalb ist der Wandel, der sich im sozialen Status der organisierten Religion vollzogen hat, nichts, was man beklagen müsste. Was verloren ging, war höchstens trügerisch und äußerlich. Was gewonnen worden ist, ist dies, dass die Religion auf ihr einzig wirkliches und solides Fundament gestellt worden ist: die direkte Beziehung des Gewissens und Willens zu Gott. Obwohl es in den bestehenden ökonomischen und politischen Institutionen vieles gibt, was un-christlich und antichristlich ist, so ist es doch besser, dass die Veränderung durch die gemeinsamen Anstrengungen von Männern und Frauen vollzogen wird, die von einem persönlichem Glauben durchdrungen sind, als durch irgendeine allgemeine institutionelle Bemühung, die das Individuum einer äußeren und letztlich weltlichen Autorität unterwirft.

Würde die Frage, die in diesen beiden gegensätzlichen Ansichten enthalten ist, im Einzelnen behandelt, könnte man einige spezifische Erwägungen anführen. Man könnte anführen, dass die progressive Säkularisierung der Lebensinteressen nicht von der wachsenden Degeneration begleitet worden ist, die das Argument der ersten Gruppe impliziert. Es gibt viele Menschen, die unabhängig von jeder Religionszugehörigkeit, einfach nur als Menschen, die die Geschichte erforschen, die Umkehr des Säkularisierungsprozesses und die Rückkehr zu Bedingungen, in denen die Kirche die höchste Autorität darstellte, als eine Bedrohung von Dingen auffassen würden, die für sie von größter Bedeutung sind. Mit Bezug auf die Position des Protestantismus könnte man anführen, dass die sozialen Fortschritte, die stattgefunden haben, in Wirklichkeit nicht das Produkt freiwilliger religiöser Gemeinschaften waren; dass ganz im Gegenteil die Kräfte, die daran gearbeitet haben, die menschlichen Beziehungen zu humanisieren, die zu intellektueller und ästhetischer Entwicklung geführt haben, von Einflüssen herrühren, die von den Kirchen unabhängig sind. Man könnte gute Gründe für die Position anführen, dass die Kirchen in den meisten wichtigen sozialen Bewegungen das Schlusslicht gebildet haben und dass sie ihr Hauptaugenmerk in sozialen Fragen auf moralische *Symptome*, auf Laster und Missbräuche, wie Trunkenheit, Verkauf von Rauschmitteln, Scheidung, statt auf die Ursachen des Krieges und der langen Liste von ökonomischen und politischen Ungerechtigkeiten und Unterdrückungen gerichtet haben. Der Protest gegen Letztere blieb in der Hauptsache säkularen Bewegungen überlassen.

In früheren Zeiten bedeutete das, was wir heute das Übernatürliche nennen, kaum etwas Bestimmteres als das Außergewöhnliche, als das, was wegen seines ungewöhnlichen Charakters auffallend und emotional eindrucksvoll war. Wahrscheinlich ist selbst heute die gewöhnlichste Auffassung vom Natürlichen die, dass es das ist, was üblich, gewöhnlich und vertraut ist. Solange es keine Einsicht in die Ursachen ungewöhnlicher Ereignisse gibt, ist der Glaube an das Übernatürliche selbst »natürlich« – in diesem Sinne von natürlich.

Supranaturalismus war deshalb eine echte soziale Religion, solange das Denken der Menschen auf das Übernatürliche eingestimmt war. Er bot eine »Erklärung« ungewöhnlicher Ereignisse, während er gleichzeitig Techniken der Nutzbarmachung übernatürlicher Kräfte zur Verfügung stellte, um sich Vorteile zu sichern und die Mitglieder der Gemeinschaft gegen sie zu schützen, wenn sie feindselig waren.

Das Wachstum der Naturwissenschaften brachte außergewöhnliche Dinge mit Ereignissen in Einklang, für die es eine »natürliche« Erklärung gibt. Gleichzeitig drängte die Entwicklung positiver sozialer Interessen den Himmel – und sein Gegenstück, die Hölle – in den Hintergrund. Funktion und Aufgaben von Kirchen wurden mehr und mehr spezialisiert; Aufgaben und Werte, die früher im Vergleich dazu als profan und säkular galten, wuchsen an Umfang und Bedeutung. Gleichzeitig bestand die Vorstellung, fundamentale und letzte geistige und ideale Werte seien mit dem Übernatürlichen verknüpft, als eine Art von vagem Hintergrund und unbestimmter Aura immer weiter fort. Eine Art von höflichem Respekt vor dieser Vorstellung bleibt zugleich mit einer konkreten Interessenverlagerung bestehen. Das allgemeine Denken blieb so in einem konfusen und gespaltenen Zustand zurück. Die Bewegung, die sich in den letzten paar Jahrhunderten vollzogen hat, wird weiterhin die Zweiteilung des Denkens hervorbringen, bis die religiösen Bedeutungen und Werte endgültig in gewöhnliche soziale Beziehungen integriert sind.

Der Streitpunkt kann etwas bestimmter gefasst werden. Die Extremposition auf der einen Seite ist die, dass der Mensch ohne Beziehung zum Übernatürlichen moralisch auf einer Ebene mit den wilden Tieren steht. Die andere Position ist die, dass alle signifikanten Ziele und alle Garantien für Stabilität und Frieden auf dem Boden menschlicher Beziehungen entstanden sind und dass die Werte, denen ein übernatürlicher Ort gegeben wird, in Wirklichkeit Produkte einer idealisierenden Imagination sind, die sich natürlicher Güter bemächtigt hat. Daraus ergibt sich ein zweiter Kontrast. Einerseits herrscht die Vorstellung, die Beziehung zum Übernatürlichen sei die einzige letztlich verlässliche Quelle unserer Antriebe; sie habe direkt und indirekt jede ernsthafte Anstrengung beseelt, um das menschliche Leben auf der Erde zu lenken und zu verbessern. Die andere Position ist die, dass sich die Menschen zur Lenkung und Unterstützung wirklich auf die Güter verlassen, deren Erfahrung sie wirklich in den konkreten Beziehungen der Familie, Nachbarschaft, Staatsbürgertum, in Kunst und Wissenschaft gemacht haben, und dass ihre Rückbeziehung auf einen übernatürlichen und außerweltlichen Ort ihre wirkliche Natur verdunkelt und ihre Kraft geschwächt hat.

Die umrissenen Gegensätze definieren das religiöse Problem der Gegenwart und der Zukunft. Welche Konsequenzen hätte es für die Werte der menschlichen Gemeinschaft, wenn wir uns klar an intrinsische und immanente Befriedigungen und Gelegenheiten hielten und sie mit derselben Glut und der Hingabe pflegten, die historische Religionen gelegentlich ausgezeichnet haben? Eine wachsende Anzahl von Menschen ist überzeugt, dass die Herabwürdigung natürlicher sozialer Werte, sowohl im Prinzip wie tatsächlich, das Ergebnis der Rückbeziehung ihres Ursprungs und ihrer Bedeutsamkeit auf übernatürliche Quellen gewesen ist. Natürliche Beziehungen wie die von Mann und Frau, von Eltern und Kind, Freund und Freund, Nachbar und Nachbar, von Kollegen in Industrie, Wissenschaft und Kunst werden ignoriert, übergangen oder nicht weiterentwickelt, trotz allem, was sie in sich bergen. Sie werden außerdem nicht nur abgewertet. Sie galten als gefährliche Rivalen höherer Werte, als Versuchungen, denen man widerstehen muss; als Usurpationen der Autorität des Geistes durch das Fleisch; als Revolte des Menschlichen gegen das Göttliche.

Die Lehre von der Erbsünde und der gänzlichen Verworfenheit, der Verderbtheit der Natur, der äußerlichen und der innerlichen, ist gegenwärtig in liberalen religiösen Kreisen nicht besonders geläufig. Eher herrscht die Auffassung, dass es zwei getrennte Wertbereiche gibt – eine Idee, die der im vorangegangenen Kapitel erwähnten über eine Offenbarung zweier Arten von Wahrheit ähnelt. Die Werte, die sich in natürlichen und in übernatürlichen Beziehungen finden, gelten in liberalen Kreisen jetzt als komplementär, genau wie die Wahrheiten der Offenbarung und die der Wissenschaft die beiden, einander stützenden Seiten der selben letzten Wahrheit sind.

Diese Position bedeutet gewiss einen großen Fortschritt gegenüber der traditionellen. Obwohl sie logisch denselben Einwänden ausgesetzt ist, die gegen die Idee der doppelten Offenbarung der Wahrheit sprechen, deutet sie praktisch die Entwicklung eines menschlichen Gesichtspunktes an. Aber wenn erst einmal zugegeben wird, dass menschliche Beziehungen mit Werten aufgeladen sind, deren Funktion religiös ist, warum dann den Fall nicht auf das stützen, was verifizierbar ist, und Denken und Energie nicht auf seine völlige Realisierung konzentrieren?

Die Geschichte scheint drei Wachstumsstadien aufzuweisen. Auf der ersten Stufe glaubte man, menschliche Beziehungen seien so sehr mit den Übeln der korrupten menschlichen Natur infiziert, dass sie der Erlösung durch äußere und übernatürliche Kräfte bedurften. Auf der nächsten Stufe kommt man zu der Überzeugung, das, was in diesen Beziehungen bedeutsam ist, sei den Werten verwandt, die als charakteristisch religiös gelten. Dies ist der Punkt, den jetzt liberale Theologen erreicht haben. Die dritte Stufe würde erkennen, dass die Werte, die in denjenigen Religionen geschätzt werden, die ideale Elemente enthalten, in Wirklichkeit Idealisierungen von Dingen sind, die für eine natürliche Gemeinschaft charakteristisch sind, die dann in ein übernatürliches Reich projiziert worden sind, um sie zu sichern und zu sanktionieren. Man beachte die Rolle, die solche Ausdrücke wie Vater, Sohn, Braut, Brüderlichkeit und Kommunion im Vokabular der Christentums spielen, und beachte auch die – wenn auch etwas unfertige – Tendenz von Ausdrücken, die die etwas intimeren Aspekte der Gemeinschaft bezeichnen, an die Stelle derjenigen Ausdrücke zu treten, die einen legalen, politischen Ursprung haben wie König, Richter und Herr der Heerscharen.

Wenn es nicht eine Bewegung auf das hin gibt, was ich die dritte Stufe genannt habe, dann dauern der fundamentale Dualismus und eine Teilung im Leben fort. Die Idee einer doppelten und parallelen Manifestation des Göttlichen, in dem das Letztere einen höheren Status und Autorität hat, erzeugt eine Lage von unstabilem Gleichgewicht. Sie wirkt darauf hin, Energie abzuziehen, indem sie die Objekte teilt, auf die sie gerichtet ist. Außerdem wirft sie gebieterisch die Frage auf, warum wir jetzt, wo die Anerkennung religiöser Werte im normalen Gemeinschaftsleben so weit fortgeschritten ist, nicht weitergehen. Die Werte des natürlichen menschlichen Umgangs und der gegenseitigen Abhängigkeit sind offen und öffentlich, sie können durch dieselben Methoden, durch die alle natürlichen Tatsachen festgestellt werden, verifiziert werden. Mit Hilfe derselben experimentellen Methoden sind sie der Expansion fähig. Warum sich nicht darauf konzentrieren, sie zu kultivieren und zu erweitern? Wenn wir diesen Schritt nicht machen, ist die Idee der beiden

Reiche spiritueller Werte nur eine gemilderte Version des alten Dualismus zwischen dem Säkularen und dem Geistlichen, dem Profanen und dem Religiösen.

Die unstabile Gleichgewichtslage ist für jeden aufmerksamen Geist tatsächlich so evident, dass es gerade jetzt Versuche gibt, zu der früheren Stufe des Glaubens zurückzukehren. Es ist nicht schwer, über die bestehenden sozialen Beziehungen Klage zu führen. Es genügt, auf Krieg, Eifersucht und Furcht hinzuweisen, die die Beziehungen der Nationalstaaten zueinander beherrschen; auf die wachsende Demoralisierung der älteren Bindungen des häuslichen Lebens; auf das erschütternde Zeugnis von Korruption und Vergeblichkeit in der Politik, und auf den Egoismus, die Brutalität und Unterdrückung, die die ökonomischen Aktivitäten charakterisieren. Wenn man Material dieser Art aufhäuft, kann man, wenn man will, zu dem triumphierenden Schluss kommen, dass die sozialen Beziehungen so verkümmert sind, dass nur noch die Zuflucht zu übernatürlicher Hilfe bleibt. Die allgemeine Unordnung des ersten Weltkriegs und der nachfolgenden Dekaden hat zu einer Wiederbelebung der Theologie der Verderbtheit, der Sünde und der Notwendigkeit übernatürlicher Erlösung geführt.

Der Schluss folgt freilich nicht aus den Daten. Erstens ignoriert er, dass alle positiven Werte, die wir hoch schätzen und zu deren Hilfe die übernatürliche Macht angerufen wird, schließlich aus genau der Szene menschlicher Gemeinschaften hervorgegangen sind, von denen man ein so schwarzes Bild malen kann. Irgendetwas in den Tatsachen fehlt in dem Bild. Ich werde an dieser Stelle nicht wiederholen, was oben gesagt wurde: Welche Auswirkung es auf die wirklichen Bedingungen hat, wenn das Denken und Handeln gerade der Menschen, die für ideale Erwägungen besonders empfänglich sind, in übernatürliche Bahnen abgeleitet wird. Ich werde eine viel direktere praktische Frage aufwerfen. Die Gesellschaft wird dadurch der Unmoral bezichtigt, dass man alle die Übel der Institutionen anführt, wie sie jetzt bestehen, und die unausgesprochene Prämisse ist die, dass die jetzt bestehenden Institutionen der normale Ausdruck der gesellschaftlichen Beziehungen in ihrer eigenen Natur sind.

Würde diese Prämisse ausformuliert, würde auch die ungeheure Lücke zwischen ihr und der daraus gezogenen Schlussfolgerung deutlich werden. Das Problem des Verhältnisses zwischen sozialen

Beziehungen und zu einer bestimmten Zeit herrschenden Institutionen ist das verzwickteste Problem, das sich der Sozialforschung stellt. Die Vorstellung, die Institutionen seien ein direkter Reflex sozialer Beziehungen, ignoriert die Vielzahl von Faktoren, die historisch in die Bildung von Institutionen eingegangen sind. Historisch gesprochen sind viele dieser Faktoren im Hinblick auf die institutionelle Form, die soziale Beziehungen angenommen haben, zufällig. Eines meiner Lieblingszitate ist ein Satz von Clarence Ayres, der lautet: »Unsere industrielle Revolution begann, wie einige Historiker sagen, mit einem halben Dutzend Verbesserungen in der Textilindustrie; und wir haben ein Jahrhundert gebraucht, um zu erkennen, dass uns etwas Gewichtiges zugestoßen ist, das weit über die offensichtliche Verbesserung beim Spinnen und Weben hinausgeht.« Dieser Satz muss an Stelle eines langen Arguments dazu dienen, anzudeuten, was ich mit »zufälliger« Beziehung institutioneller Entwicklungen zu den primären Fakten menschlicher Gemeinschaft meine. Die Beziehung ist zufällig, weil institutionelle Konsequenzen, die daraus folgten, weder vorhergesehen noch beabsichtigt waren. Das heißt aber, dass soziale Intelligenz in dem Sinne, in dem es Intelligenz bezüglich physischer Beziehungen gibt, insoweit noch gar nicht existiert.

Ich wende mich jetzt der negativen Tatsache zu, die das Argument, es bedürfe eines übernatürlichen Eingriffs, um bedeutsame Verbesserungen herbeizuführen, nur zu einem weiteren Beispiel für den uralten Schluss von der Unwissenheit auf das Übernatürliche macht. Uns fehlt zum Beispiel Wissen von der Beziehung des Lebens zur unbelebten Materie. Deshalb wird eine übernatürliche Intervention unterstellt, die den Übergang vom Tier zum Menschen bewirkt haben soll. Wir wissen nichts über die Beziehung des Organismus – des Gehirns und des Nervensystems – zum Denkvorgang. Deshalb, wird argumentiert, gibt es ein übernatürliches Verbindungsglied. Wir wissen nichts über die Beziehung von Ursachen zu Wirkungen in sozialen Fragen, und infolgedessen fehlen uns die Mittel zur Steuerung. Deshalb, so wird geschlossen, müssen wir unsere Zuflucht bei einer übernatürlichen Lenkung suchen. Natürlich behaupte ich nicht, ich wüsste, wieweit sich die Intelligenz im Hinblick auf soziale Beziehungen entwickeln kann und wird. Aber eine Sache glaube ich zu wissen. Das notwendige Verständnis wird sich nicht entwickeln, wenn wir uns nicht darum bemühen. Die Annahme, nur übernatürliche Kräfte könnten eine Lenkung gewähren, ist eine sichere Methode, diese Bemühung zu verzögern. Im Augenblick ist sie im Hinblick auf die soziale Intelligenz ganz sicher ebenso hinderlich, wie früher der ähnliche Appell ein Hindernis für die Entwicklung der Naturwissenschaft war.

Selbst jetzt schon, ohne die Entwicklung größerer Einsicht/Intelligenz in Bezug auf soziale Angelegenheiten abzuwarten, würde es einen großen Unterschied machen, wenn man natürliche Mittel und Methoden benutzte. Es ist selbst jetzt schon möglich, komplexe soziale Phänomene hinreichend genau zu analysieren, um den Finger auf die Dinge legen zu können, die falsch sind. Es ist möglich, diese Übel bis zu einem gewissen Grade auf ihre Ursachen zurückzuverfolgen, und zwar auf Ursachen, die etwas ganz anderes sind als abstrakte moralische Kräfte. Es ist möglich, Heilmittel für einige der wunden Punkte zu entwickeln und weiterzuentwickeln. Das Ergebnis wird kein Evangelium der Erlösung sein, aber es wird im Einklang mit dem stehen, was man zum Beispiel in Fragen der Krankheit und der Gesundheit anstrebt. Würde die Methode angewendet, würde sie nicht nur zur sozialen Gesundheit beitragen, sondern etwas Größeres bewirken; sie würde zu der Entwicklung sozialer Intelligenz beitragen, so dass sie mit größerem Mut und in größerem Rahmen wirken könnte.

Sonderinteressen, machtgestützte Interessen benutzen ihre Macht, um den *Status quo* zu stützen, und können deshalb besonders wirkungsvoll das Wachstum und die Anwendung der Methode der natürlichen Intelligenz verhindern. Eben weil diese Interessen so mächtig sind, ist es umso notwendiger, für die Anerkennung der Methode der Intelligenz in Aktion zu kämpfen. Aber eines der größten Hindernisse bei diesem Kampf ist die Tendenz, sich soziale Übel in Ausdrücken allgemeiner moralischer Ursachen vom Hals zu schaffen. Der Verweis auf die Sündhaftigkeit des Menschen, die Verderbtheit seines Herzens, seine Eigen- und Machtliebe als Ursachen ist von exakt derselben Art wie der Appell an abstrakte Kräfte (die in Wirklichkeit nur eine Vielheit besonderer Wirkungen unter einem allgemeinen Namen wiederholten), der einst in der Natur-»Wissenschaft« herrschte und der das Haupthindernis bei ihrer Entstehung und für ihr Wachstum darstellte. Einstmals berief man sich auf Dämonen, um körperliche Krankheiten zu erklären, und man glaubte nicht an einen strikt natürlichen Tod. Der Rückgriff auf allgemeine moralische Ursachen, um die *sozialen* Phänomene der Gegenwart zu erklären, liegt auf derselben intellektuellen Ebene. Bestärkt vom Prestige traditioneller Religionen und unterstützt durch die emotionale Kraft des Glaubens an das Übernatürliche, erstickt ein solcher Appell das Wachstum jener sozialen Intelligenz, mit deren Hilfe die Lenkung des sozialen Wandels aus der Region des Zufalls herausgenommen werden könnte, so wie Zufall definiert worden ist. Zufall in diesem breiten Sinne und die Idee des Übernatürlichen sind Zwillinge. Das Interesse am Übernatürlichen bestärkt deshalb andere Sonderinteressen, um die soziale Herrschaft des Zufalls zu verlängern.

Gegenwärtig zeigen einige religiöse Kreise eine starke Reaktion gegen die Idee eines lediglich individuellen Heils individueller Seelen. Eine ähnliche Reaktion zeigt sich in der Politik und Ökonomie gegen die Idee des *Laissez-faire*. Beide Bewegungen spiegeln eine gemeinsame Tendenz wider. Beide sind Zeichen für das wachsende Bewusstsein von der Leere der Individualität in ihrer Isolierung. Aber die eigentliche Wurzel der Idee des *Laissez-faire* ist die (oft eher implizite als explizite) Bestreitung der Möglichkeit eines radikalen Eingriffs der Intelligenz in die Führung des menschlichen Lebens. Nun ist der Rückgriff auf eine übernatürliche Intervention bei der Verbesserung sozialer Angelegenheiten ebenfalls Ausdruck eines tief sitzenden *Laissez-faire-ismus*; er ist die Anerkennung der verzweifelten Situation, in die wir durch die Idee der Irrelevanz und Nichtigkeit menschlicher Intervention in soziale Ereignisse und Interessen geraten. Diejenigen zeitgenössischen Theologen, die an sozialem Wandel interessiert sind und die zur gleichen Zeit menschliche Intelligenz und Anstrengung zugunsten des Übernatürlichen abwerten, reiten auf zwei Pferden, die in entgegengesetzte Richtung gehen. Die altmodischen Ideen, man tue etwas, um den Willen Gottes auf Erden durchzusetzen, und man übernehme die Verantwortung dafür, diese Arbeit selbst zu erledigen, haben logisch und praktisch mehr für sich.

Der starke Akzent, der hier auf die Intelligenz als Methode gelegt worden ist, sollte niemanden irreführen. Im Unterschied zu der älteren Auffassung von Vernunft ist Intelligenz ein inhärentes Element des Handelns. Außerdem besteht zwischen ihr und der Emotion kein Gegensatz. Es gibt so etwas wie eine leidenschaftliche Intelligenz, die Intelligenz als Leidenschaft, die trüben Orte des gesellschaftlichen Daseins zu erhellen, und die Intelligenz als Hingabe an ihren erfrischenden und reinigenden Effekt. Die gesamte Menschheitsgeschichte zeigt, dass es nichts gibt, das nicht heftige Emotionen aufzuwühlen vermöchte. Eines der wenigen Experimente auf dem Gebiet der Anbindung von Emotionen an Ziele, das die Menschheit noch nicht versucht hat, ist das Experiment einer Hingabe an die Intelligenz als einer Kraft im sozialen Handeln, die so intensiv ist, dass man sie als religiös bezeichnen muss.

Aber das ist nur ein Teil des Schauplatzes. Gleichgültig, wie viel Beweismaterial gegen die bestehenden sozialen Institutionen aufgehäuft werden mag, so sind doch Zuneigung und leidenschaftlicher Wunsch nach Gerechtigkeit und Sicherheit Realitäten in der menschlichen Natur. Ebenso sind es die Emotionen, die aus einem Leben unter Bedingungen der Ungleichheit, Unterdrückung und Unsicherheit erfolgen. Die Kombination der beiden Arten von Emotion hat mehr als einmal zu revolutionären Veränderungen geführt. Die Behauptung, Emotionen, die sich nicht mit der Intelligenz verbündet haben, seien blind, ist eine Tautologie. Intensive Emotionen können sich in Handlungen äußern, die Institutionen zerstören. Aber die einzige Gewähr für die Geburt besserer Institutionen ist die Ehe von Emotion und Intelligenz.

Die Kritik der Anbindung der Religion an das Übernatürliche hat somit ein positives Ergebnis. Alle Arten von menschlicher Gemeinschaft sind »von einem öffentlichen Interesse betroffen«, und die volle Realisierung dieses Interesses ist gleichbedeutend mit einem Gefühl von einer Bedeutsamkeit, das in seiner Funktion religiös ist. Der Einwand gegen den Supranaturalismus ist der, dass er eine Verwirklichung der Weite und Tiefe der Implikationen natürlicher menschlicher Beziehungen verhindert. Er verhindert den Gebrauch der uns zur Verfügung stehenden Mittel, um radikale Veränderungen dieser Beziehungen zu bewirken. Es trifft zweifellos zu, dass große materielle Veränderungen ohne eine entsprechende Verbesserung spiritueller oder idealer Art bewirkt werden können. Aber eine Entwicklung in letzterer Richtung kann nicht von außen kommen; sie kann nicht dadurch herbeigeführt werden, dass man materielle und ökonomische Veränderungen mit Dekorationen versieht, die sich vom Übernatürlichen herleiten. Sie kann nur aus einer intensiveren Realisierung von Werten herkommen, die in den wirklichen Verbindungen der Menschen untereinander enthalten sind. Der Versuch, das implizite öffentliche Interesse und den sozialen Wert aller Institutionen und sozialen Einrichtungen in eine besondere Organisation einzusperren, ist ein fatales Ablenkungsmanöver.

Ließen sich Männer und Frauen durch alle Höhen und Tiefen menschlicher Beziehungen hindurch von der Zuversicht und Leidenschaft leiten, die gelegentlich historische Religionen ausgezeichnet haben – die Konsequenzen wären unermesslich. Diesen Glauben und *élan* zu erreichen ist keine leichte Aufgabe. Aber Religionen haben etwas Ähnliches versucht, das obendrein auf ein weniger verheißungsvolles Objekt gerichtet war – das Übernatürliche. Es steht gerade denen, die meinen, der Glaube könne Berge versetzen, nicht an, von vornherein die Möglichkeit zu bestreiten, dass er sich auf der Grundlage verifizierbarer Realitäten manifestiert. Schon jetzt existiert, obgleich in rudimentärer Form, die Fähigkeit, soziale Bedingungen und Ereignisse mit ihren Ursachen zu verknüpfen, und diese Fähigkeit wird mit weiterer Übung wachsen. Wir verfügen über die Techniken, um eine Kampagne für soziale und geistige Gesundheit auf die Beine zu stellen, analog zu der Kampagne zugunsten physischer öffentlicher Gesundheit. Menschen haben einen natürlichen Drang zu Zärtlichkeit, Mitgefühl und Gerechtigkeit, Gleichheit und Freiheit. Es bleibt die Aufgabe, alle diese Dinge zu verschmelzen. Es ist nutzlos, einfach nur zu behaupten, der Klassenfeind und die Herrschenden stünden der Realisierung einer solchen Verschmelzung im Wege. Wie schon gesagt, wenn dieser Feind nicht existierte, hätte es wenig Sinn, auf überhaupt *irgendeine* Politik des Wandels zu drängen. Man muss eine Sache begreifen: Wenn man nicht den ganzen Kampf überhaupt als hoffnungslos aufgeben will, dann muss man zwischen zwei Möglichkeiten wählen. Die eine Seite ist die Abhängigkeit vom Übernatürlichen; die andere der Gebrauch natürlicher Kräfte.

Es hat also keinen Sinn, weder logisch noch praktisch, auf die Schwierigkeiten hinzuweisen, die dem letzteren Verfahren im Weg stehen, bis man die Frage der Alternative ins Auge fasst. Wenn man sie ins Auge fasst, wird man auch erkennen, dass man sich entscheiden muss, ob man sich nur auf diejenigen verlässt, die am Übernatürlichen festhalten, oder ob man sich mit allen sozial empfindenden Männern und Frauen verbündet, einschließlich der großen Anzahl derer, die, bewusst oder unbewusst, dem Übernatürlichen den Rücken gekehrt haben. Wer die Alternativen ins Auge fasst, muss sich auch entscheiden zwischen einer fortgesetzten und noch systematischeren *Laissez-faire*-Abwertung der Intelligenz und aller Hilfsquellen der Naturerkenntnis und des Naturverständnisses einerseits und andererseits einer bewussten und organisierten Anstrengung, um die Verwendung dieser Mittel von engen, privaten oder Klassenzielen weg- und umfassenderen menschlichen Zwecken zuzuführen. Er wird sich zu fragen haben, soweit er nominell an die Notwendigkeit radikaler sozialer Veränderung glaubt, ob das, was er erreichen will, wenn er mit einer Hand auf die Ernsthaftigkeit der gegenwärtigen Übel weist, nicht wieder aufgehoben wird, wenn die andere Hand vom Menschen und der Natur als Heilmittel wegweist.

Die Übertragung der idealisierenden Imagination, des Denkens und der Emotion auf natürliche menschliche Beziehungen würde nicht die Zerstörung der gegenwärtig bestehenden Kirchen bedeuten. Sie würde eher die Mittel zur Rückgewinnung ihrer Vitalität bieten. Der Grundbestand an menschlichen Werten, die hoch geschätzt werden und die kultiviert werden müssen, an Werten, die von *allen* menschlichen Interessen und Einrichtungen unterstützt und weiterentwickelt werden, könnte von den Kirchen in anderer Form und mit anderen Symbolen zelebriert und unterstützt werden. Auf diese Weise würden die Kirchen tatsächlich kat-holisch, allgemein, werden. Die Forderung, Kirchen sollten ein aktiveres Interesse an sozialen Fragen zeigen, sie sollten zu Fragen wie Krieg, ökonomischer Ungerechtigkeit, politischer Korruption Stellung beziehen, sie sollten für die Verwirklichung des Himmelreichs auf Erden sorgen, ist eines der Zeichen der Zeit. Aber solange soziale Werte auf etwas Übernatürliches bezogen werden, für das die Kirchen auf eine eigentümliche Weise stehen, besteht ein unaufhebbarer Widerspruch zwischen dieser Forderung und den Bemühungen, sie zu erfüllen. Einerseits wird darauf verwiesen, dass die Kirchen ihren Zuständigkeitsbereich verlassen, wenn sie sich in ökonomische und politische Fragen einmischen. Und andererseits: Genau die Tatsache, dass die Kirchen, wenn schon kein Monopol, so doch ein einzigartiges Verhältnis zu höchsten Werten und motivierenden Kräften beanspruchen, macht es ihnen unmöglich, an der Förderung sozialer Ziele auf einer natürlichen und gleichen menschlichen Basis teilzunehmen. Der Verzicht auf alle Ansprüche auf eine exklusive und autoritative Position ist ein *sine qua non*, um mit dem Dilemma fertig zu werden, in dem sich die Kirchen gegenwärtig im Hinblick auf ihre Sphäre des sozialen Handelns befinden.

Ich habe zu Beginn auf eine auffällige historische Tatsache hingewiesen. Die Koinzidenz des Bereichs sozialer Interessen und Aktivitäten mit einer Stammes- oder bürgerlichen Gemeinschaft ist verschwunden. Säkulare Interessen und Aktivitäten sind außerhalb organisierter Religionen entstanden und von deren Autorität unabhängig. Der Einfluss dieser Interessen auf die Gedanken und Wünsche der Menschen hat die soziale Wichtigkeit organisierter Religionen in eine Ecke gedrängt, und diese Ecke wird immer kleiner. Diese Veränderung ist entweder ein Zeichen dafür, dass in traditionellen Religionen alles, was mit Recht religiös genannt werden kann, einen schrecklichen Wertverlust erlitten hat, oder bietet die Gelegenheit zu einer Expansion dieser Qualitäten auf einer neuen Basis und mit einer neuen Perspektive. Es ist unmöglich, die Tatsache zu ignorieren, dass das historische Christentum sich darauf festgelegt hat, die Schafe und die Böcke, die Geretteten und die Verlorenen, die Auserwählten und die Masse voneinander zu sondern. Spirituelle Aristokratie wie *Laissez-faire* im Hinblick auf natürliche und menschliche Intervention sind tief in seine Traditionen eingebettet. Zwar ist der Idee der gemeinsamen Brüderschaft aller Menschen Lippendienst – oft mehr als nur Lippendienst – gezollt worden. Aber diejenigen, die außerhalb der Schafhürde der Kirche stehen, und diejenigen, die sich nicht auf den Glauben an das Übernatürliche verlassen, sind als nur potentielle Brüder betrachtet worden, die erst noch von der Familie adoptiert werden müssen. Ich sehe nicht, wie das demokratische Ideal als vitales moralisches und spirituelles Ideal in menschlichen Angelegenheiten jemals realisiert werden kann, wenn man nicht die Vorstellung von der grundlegenden Trennung, auf die sich das übernatürliche Christentum festgelegt hat, fallen lässt. Ob wir alle Brüder sind oder nicht (außer in irgendeinem metaphorischen Sinne), wir sitzen zumindest alle im selben Boot, das denselben turbulenten Ozean durchquert. Die potentielle religiöse Bedeutung dieser Tatsache ist unermesslich.

Im einleitenden Kapitel habe ich zwischen Religion und dem Religiösen unterschieden. Ich habe ausgeführt, dass die Religion – oder die Religionen – mit Glaubensüberzeugungen, Praktiken und Organisationsformen befrachtet sind, die dem religiösen Element der Erfahrung durch den jeweiligen Zustand der Kultur, in dem sich Religionen entwickelt haben, zugewachsen und aufgebürdet worden sind. Ich habe darauf gedrungen, dass die Bedingungen jetzt reif sind, die religiöse Qualität von allen Zuwächsen zu befreien, die sich um sie herum entwickelt haben und die die Glaubwürdigkeit und den Einfluss der Religion einschränken. Im zweiten Kapitel habe ich diese Idee im Hinblick auf den Glauben an Ideale, der dem religiösen Wert der Erfahrung immanent ist, entwickelt und behauptet, die Macht dieses Glaubens werde verstärkt, wenn der Glaube sich von der Vorstellung frei machte, die Bedeutsamkeit und Gültigkeit des Ideals sei mit intellektueller Zustimmung zu der Aussage verbunden, das Ideal sei schon in irgendeinem übernatürlichen oder metaphysischen Sinn in ebendem Rahmen der Realität selbst verkörpert.

Der Gegenstand dieses Kapitels schließt alles Vorangehende in sich ein, und zwar sowohl auf seiner negativen wie seiner positiven Seite. Die Gemeinschaft von Ursachen und Folgen, in die wir, zusammen mit den noch nicht Geborenen, verstrickt sind, ist das umfassendste und tiefste Symbol für die mysteriöse Totalität des Seins, die die Imagination Universum nennt. Sie ist die Verkörperung jenes umfassenden Bereichs der Realität für die Sinne und das Denken, den der Intellekt nicht fassen kann. Sie ist die Matrix, in der unsere idealen Bestrebungen geboren und genährt werden. Sie ist die Quelle jener Werte, die die moralische Imagination als leitende Kriterien und formende Zwecke entwirft.

Das fortdauernde Leben dieser umfassenden Gemeinschaft der Wesen schließt alle bedeutenden Errungenschaften des Menschen in Wissenschaft und Kunst und alle liebenswerten Pflichten des Verkehrs und der Kommunikation in sich ein. Es umfasst in seinem Inhalt alles Material, das unseren idealen Überzeugungen verifizierbare intellektuelle Unterstützung gibt. Ein »Glaubensbekenntnis«, das auf dieses Material gegründet ist, wird sich wandeln und wachsen, aber es kann nicht erschüttert werden. Was es aufgibt, gibt es im Licht neuer Erfahrungen gern und nicht als widerstrebendes Zugeständnis auf. Was es hinzufügt, fügt es hinzu, weil neue Erkenntnis neue Einsicht in die Bedingungen verleiht, die für die Bildung und Ausführung unserer Lebenszwecke von Bedeutung sind. Eine einseitige Psychologie, Reflex des »Individualismus« des achtzehnten Jahrhunderts, behandelte Erkenntnis als eine Leistung eines einsamen Geistes. Wir sollten uns jetzt darüber im Klaren sein, dass Erkenntnis das Produkt der kooperativen und kommunikativen Tätigkeiten von Menschen ist, die in einer Gemeinschaft leben. Dieser ihr

Ursprung in einer Gemeinschaft ist ein Hinweis auf ihren rechtmäßigen Gebrauch in einer Gemeinschaft. Die Vereinheitlichung all dessen, was zu einer gegebenen Zeit gewusst wird, nicht auf einer unmöglichen ewigen und abstrakten Basis, sondern auf der Basis seiner Auswirkung auf die Vereinheitlichung menschlicher Wünsche und Zwecke, liefert ein hinreichend akzeptables Glaubensbekenntnis, das eine religiöse Befreiung und Bestärkung der Erkenntnis bieten würde.

»Agnostizismus« ist ein Schatten, den die Dämmerung des Übernatürlichen wirft. Natürlich ist das Eingeständnis, dass wir das nicht wissen, was wir nicht wissen, eine Notwendigkeit aller intellektuellen Integrität. Aber ein verallgemeinerter Agnostizismus ist nur eine halbherzige Eliminierung des Übernatürlichen. Seine Bedeutung schwindet, wenn sich die intellektuelle Perspektive gänzlich auf die natürliche Welt richtet. Wenn sie sich darauf richtet, gibt es eine Fülle von Einzeldingen, hinsichtlich deren wir sagen müssen, dass wir sie nicht wissen; wir forschen nur und bilden Hypothesen, die zukünftige Forschung bestätigen oder verwerfen wird. Aber solche Zweifel sind eine Episode des Glaubens an die Methode der Intelligenz. Sie sind Zeichen des Glaubens, nicht eines blassen und ohnmächtigen Skeptizismus. Wir zweifeln, um herauszufinden, nicht weil irgendein unzugängliches Übernatürliches hinter allem, was *wir* wissen können, lauert. Der substantielle Hintergrund des praktischen Glaubens an ideale Ziele ist positiv und weltzugewandt.

Die Betrachtungen des vorliegenden Kapitels lassen sich in dem zusammenfassen, was sie implizieren. Die idealen Ziele, an die wir unseren Glauben binden, sind nicht schattenhaft und schwankend. Sie nehmen in dem Maße, wie wir unsere Beziehungen zueinander und die in diesen Beziehungen enthaltenen Werte verstehen, konkrete Form an. Wir, die wir jetzt leben, sind Teile einer Menschheit, die bis in die entfernte Vergangenheit zurückreicht, einer Menschheit, die mit der Natur in Austausch stand. Die Dinge in der Zivilisation, die wir am meisten schätzen, stammen nicht von uns. Sie existieren dank der Taten und Leiden der fortdauernden menschlichen Gemeinschaft, in der wir ein Zwischenglied bilden. Bei uns liegt die Verantwortung, das Erbe der Werte, die wir erhalten haben, zu bewahren, weiterzugeben, zu korrigieren und zu erweitern, damit die, die nach uns kommen, es in einer solideren und sichereren, einer allgemeiner zugänglichen und großzügiger geteilten Gestalt erhalten, als wir es empfangen haben. Hier sind alle Elemente für einen religiösen Glauben, der sich nicht auf eine Sekte, eine Klasse oder Rasse beschränkt. Ein solcher Glaube ist immer implizit der allgemeine Glaube der Menschheit gewesen. Es bleibt, ihn explizit und militant zu machen.

II. Theorie der Wertschätzung

I. Probleme einer Theorie der Wertschätzung[1]

Ein zur Skepsis neigender Betrachter des gegenwärtigen Standes der Diskussion des Wertschätzens und der Werte könnte gute Gründe für den Schluss finden, hier werde viel Lärm um ziemlich wenig, möglicherweise um gar nichts gemacht. Denn der gegenwärtige Diskussionsstand zeigt nicht nur, dass große Meinungsverschiedenheiten darüber bestehen, wie die Fakten eigentlich zu interpretieren sind, was ein gesundes Zeichen von Fortschritt sein könnte, sondern auch darüber, auf welche Fakten die Theorie eigentlich angewendet wird, ja sogar, ob es überhaupt Fakten gibt, auf die eine Werttheorie angewendet werden kann. Denn ein Überblick über die gängige Literatur zum Thema zeigt, dass Ansichten über diese Frage von dem Glauben, dass so genannte »Werte« nur emotionale Epitheta oder bloße Ausrufe seien, am einen Extrem bis zu dem Glauben, dass *a priori* notwendige, standardisierte rationale Werte die Prinzipien seien, auf denen die Gültigkeit von Kunst, Wissenschaft und Moral beruht, am anderen Extrem reichen. Und zwischen diesen beiden Auffassungen liegt eine ganze Anzahl mittlerer Ansichten. Derselbe Überblick wird auch zeigen, dass die Diskussion des Themas »Werte« von Grund auf durch epistemologische Theorien über Idealismus und Realismus sowie durch metaphysische Theorien über das »Subjektive« und »Objektive« beeinflusst wird.

In einer Situation wie dieser ist es nicht einfach, einen Anfangspunkt zu finden, der nicht von vornherein kompromittiert ist. Denn was oberflächlich gesehen ein eigentlicher Anfangspunkt zu sein scheint, kann in Wirklichkeit einfach die Schlussfolgerung aus einer früheren epistemologischen oder metaphysischen Theorie sein. Vielleicht ist es am sichersten, mit der Frage zu beginnen, wie es dazu gekommen ist, dass das Problem der Wertschätzungstheorie in der jüngsten Diskussion eine derart große Rolle spielt. Gab es in der Geistesgeschichte bestimmte Faktoren, die zu derart ausgeprägten Veränderungen der wissenschaftlichen Einstellungen und Auf-

1 [*valuation*. Zur Übersetzung: *valuation* (syn. *prizing*) wird im Folgenden mit Wertschätzung (syn. hochschätzen), *evaluation* (syn. *appraisal*) mit Bewertung (syn. Einschätzung) übersetzt.]

fassungen geführt haben, dass dieses Problem in den Vordergrund getreten ist?

Betrachtet man das Wertschätzungsproblem in diesem Kontext, stößt man sogleich auf die Tatsache, dass die Wissenschaften der Astronomie, Physik, Chemie usf. keinerlei Begriffe enthalten, die selbst bei viel Phantasie als Ausdrücke für Werttatsachen oder Wertbegriffe angesehen werden könnten. Aber andererseits scheint alles überlegte, alles geplante menschliche Verhalten, sei es persönlich oder kollektiv, von Schätzungen des Wertes oder Ranges von zu erreichenden Zielen beeinflusst, wenn nicht gesteuert zu werden. Gesunder Menschenverstand in praktischen Angelegenheiten wird im Allgemeinen mit einem Sinn für relative Werte identifiziert. Dieser Kontrast zwischen Naturwissenschaft und menschlicher Lebenspraxis resultiert in einer Gabelung, die auf eine radikale Spaltung hinausläuft. Es scheint keinen gemeinsamen Boden zu geben für die Vorstellungen und Methoden, die in allen naturwissenschaftlichen Fragen als selbstverständlich gelten, und denen, die im Hinblick auf menschliche Tätigkeiten am wichtigsten zu sein scheinen. Da die Aussagen der Naturwissenschaften sich auf Tatsachen und deren Beziehungen zueinander beziehen und da solche Aussagen den Stoff ausmachen, dem ein herausragender wissenschaftlicher Rang zugestanden wird, erhebt sich unvermeidlich die Frage, ob wissenschaftliche Aussagen über die Lenkung menschlichen Verhaltens, über irgendeine Situation möglich sind, in welche die Idee eines »Sollens« eingeht; und wenn das der Fall ist, von welcher Art sie und die Gründe sind, auf denen sie beruhen.

Die Eliminierung von Wert-Begriffen aus der Wissenschaft von nicht-menschlichen Phänomenen ist unter historischen Gesichtspunkten relativ jung. Jahrhundertelang, bis etwa zum sechzehnten und siebzehnten Jahrhundert, glaubte man, die Natur sei das, was sie ist, weil in ihr bestimmte *Ziele* vorhanden seien. In ihrer Eigenschaft als Ziele stellten sie das vollständige oder *vollkommene* Sein dar. Man glaubte, alle natürlichen Veränderungen strebten danach, diese Ziele als die Endpunkte zu realisieren, auf die sie sich aufgrund ihrer eigenen Natur hinbewegten. Die klassische Philosophie identifizierte *ens*, *verum* und *bonum* miteinander, und ihre Identifikation galt als Ausdruck der Konstitution der Natur als Gegenstand der Naturwissenschaft. In einem solchen Kontext gab es weder Bedarf noch Platz für irgendein *besonderes* Problem der Wertschätzung und der Werte, da das, was heute Werte genannt wird, als integral in der Struktur der Welt verkörpert galt. Aber als teleologische Erwägungen aus einer Naturwissenschaft nach der anderen und zum Schluss aus den Wissenschaften der Physiologie und Biologie ausgeschieden wurden, entstand das Wertproblem als ein Sonderproblem.

Fragt man, warum die Vorstellung von Werten nicht zugleich mit dem Ausschluss von Zielen und dem Streben nach ihrer Verwirklichung aus der Natur vollständig verschwand – wie es etwa mit der Vorstellung des Phlogiston der Fall war –, dann wird die Antwort durch das nahe gelegt, was über die Stellung von Vorstellungen und Schätzungen von Werten in spezifisch menschlichen Fragen gesagt worden ist. Menschliches Verhalten *scheint* von Erwägungen, wie sie in den Worten »gut-schlecht«, »richtig-falsch«, »bewundernswert-abscheulich« usf. ausgedrückt werden, beeinflusst, wenn nicht gar beherrscht zu werden. Alles Verhalten, das nicht einfach entweder auf blinden Impulsen oder mechanischer Routine beruht, scheint Wertschätzungen einzubeziehen. Das Problem der Wertschätzung ist deshalb eng mit dem Problem der Struktur der Wissenschaften von *menschlichen* Tätigkeiten und *menschlichen* Beziehungen verknüpft. Wird das Problem der Wertschätzung in diesen Kontext gestellt, zeigt sich das Gewicht des Problems deutlicher. Die verschiedenen und einander widersprechenden Theorien über Wertschätzung beginnen ebenfalls, bedeutsam zu werden. Denn wer der Meinung ist, der Bereich wissenschaftlich gerechtfertigter Aussagen erschöpfe sich im Bereich der Aussagen der Physik und Chemie, wird glauben, es gebe keine echten Wert-Aussagen oder Urteile, keine Aussagen, die irgendetwas über Werte sagen (bejahen oder verneinen), das durch experimentelle Beweise bestätigt und überprüft werden kann. Andere, die den Unterschied zwischen dem nicht-personalen und dem personalen oder menschlichen Bereich als einem von zwei verschiedenen Bereichen der Wirklichkeit, des Physischen und des Geistigen[2] oder Psychischen, akzeptieren, werden der Ansicht sein, die Eliminierung von Wertkategorien aus dem physischen Bereich mache klar, dass sie im Geistigen lokalisiert sind. Einer dritten Schule dient die Tatsache, dass sich in den Naturwissenschaften keine Wert-Ausdrücke finden, als Beweis, dass das Substrat der Naturwissenschaften nur partiell ist (manchmal lediglich

2 [*mental*]

»phänomenal« genannt) und deshalb der Ergänzung durch einen »höheren« Typ von Substrat und einer Erkenntnis bedarf, in der Wert-Kategorien über die des faktischen Daseins erhoben sind.

Die eben angeführten Ansichten sind typisch, aber nicht erschöpfend. Sie sind nicht so sehr deshalb angeführt worden, um das Thema der Diskussion anzudeuten, als vielmehr, um zu helfen, das zentrale Problem eingrenzen, um das sich die Diskussionen drehen, anscheinend oft, ohne sich ihrer Quelle bewusst zu sein, nämlich des Problems der Möglichkeit echter Aussagen über die Lenkung des menschlichen Verhaltens. Wäre es möglich, dann wäre es wahrscheinlich wünschenswert, dieses Problem mit einem Minimum an expliziter Bezugnahme auf Wert-Ausdrücke zu diskutieren. Denn in die Diskussion der Letzteren ist aus äußerlichen erkenntnistheoretischen und psychologischen Quellen viel Zweideutigkeit eingeflossen. Da diese Form des Herangehens unter den gegenwärtigen Bedingungen nicht möglich ist, wird dieser einleitende Abschnitt mit einigen Bemerkungen über bestimmte sprachliche Ausdrücke schließen, die angeblich bestimmte Wert-Tatsachen bezeichnen.[3]

3 [A. d. Ü.: Die folgenden Abschnitte beziehen sich auf bestimmte Eigenheiten der englischen Sprache und lassen sich infolgedessen nicht sinnvoll ins Deutsche übertragen. Da Dewey ohnehin zu dem Schluss kommt, dass auf diesem Gebiet sprachliche Untersuchungen sachlich nicht weiterhelfen, sind diese Abschnitte in eine Fußnote verwiesen.]

1. Der Ausdruck »*value*« [Wert, werten] wird [im Englischen] als Verb und als Nomen gebraucht und es gibt einen grundlegenden Disput darüber, welcher Sinn der primäre ist. Wenn es Dinge gibt, die ohne Verbindung mit irgendeiner Tätigkeit Werte sind oder die die Eigenschaft des Wertes haben, dann ist das Verb »*to value*« [werten i. S. von wertschätzen] abgeleitet. Denn in diesem Fall wird ein Wahrnehmungsakt einfach aufgrund des Objekts, das er begreift, Wertschätzung genannt. Wenn aber der aktive Sinn, der durch das Verb bezeichnet wird, primär ist, dann bezeichnet das Nomen »*value*« das, was die Umgangssprache als *Wertgegenstand* [*valuable*] bezeichnet – irgendetwas, das Gegenstand einer bestimmten Art von menschlicher Tätigkeit ist. Zum Beispiel sind Dinge, die unabhängig davon existieren, dass sie geschätzt werden, wie Diamanten oder Minen oder Wälder, wertvoll, wenn sie die Objekte bestimmter menschlicher Tätigkeiten sind. Es gibt viele Nomina, die Dinge nicht in ihrer primären Seinsart bezeichnen, sondern als das Material oder die Objekte [*objective*] von Tätigkeiten (Objekt im Sinne von Ziel). Die Frage, ob dies im Fall eines Dings (oder der Eigenschaft) gilt, das Wert genannt wird, ist eines der kontroversen Themen. Nehmen wir zum Beispiel folgende Zitate. Da heißt es, Wert werde am besten »als der qualitative Inhalt eines Wahrnehmungs-

prozesses definiert ... Es ist ein gegebener qualitativer Inhalt, der in der Aufmerksamkeit oder Anschauung vorhanden ist.« Diese Aussage scheint »Wert« primär als Nomen aufzufassen oder zumindest als ein Adjektiv, das ein Objekt oder seine innerliche Eigenschaft bezeichnet. Aber wenn derselbe Autor im Folgenden von dem Prozess der Anschauung und Wahrnehmung spricht, sagt er: »Was den Akt des Wertens von dem bloßen Akt des Anschauens unterscheidet, ist dies, dass Ersterer spürbar durch Gefühl qualifiziert ist ... Er unterscheidet bewusst einen spezifischen Inhalt. Aber der Akt des Wertens ist auch emotional; er ist der bewusste Ausdruck eines Interesses, eine motorisch-affektive Haltung.« Diese Passage erweckt einen der vorher zitierten entgegengesetzten Eindruck. Die Angelegenheit wird auch dadurch nicht klarer, wenn im Weiteren gesagt wird, dass »die Wert-Qualität oder der Wert-Inhalt der Erfahrung von dem Wert-Akt oder der psychologischen Haltung, deren unmittelbares Objekt dieser Inhalt ist, unterschieden worden ist« – eine Position, die wie ein Versuch erscheint, ein Problem dadurch zu lösen, dass man auf zwei Pferden reitet, die in entgegengesetzte Richtung laufen.

Weiterhin finden wir, wenn die Aufmerksamkeit auf den Gebrauch des Verbs »wertschätzen« [*to value*] beschränkt wird, dass die Umgangssprache einen doppelten Gebrauch kennt. Denn ein Blick in ein Wörterbuch zeigt, dass in der gewöhnlichen Sprechweise die Wörter *»valuing«* und *»valuation«* verbal verwendet werden, um sowohl »hochschätzen [*prizing*]«, im Sinne von »für wert halten«, »für teuer halten« (und verschiedene andere nahezu äquivalente Einstellungen, wie »in Ehren halten«, »hoch halten«) zu bezeichnen, wie auch einschätzen [*appraising*] im Sinne von »einen Wert *beilegen*«, einen Wert *zumessen*. Dies ist eine Tätigkeit der Abstufung, ein Akt, der einen Vergleich beinhaltet, wie es zum Beispiel bei der Einstufung von Gütern und Dienstleistungen in Geldwerten der Fall ist. Die doppelte Bedeutung ist bedeutsam, weil darin eine der grundlegenden Streitfragen hinsichtlich der Wertschätzung impliziert ist. Denn im *prizing*, dem »hoch schätzen«, fällt das Gewicht auf etwas, was eine eindeutig *persönliche* Bezugnahme hat, das, wie alle Tätigkeiten mit einem eindeutig persönlichem Bezug, eine aspektuelle Qualität hat, die emotional genannt wird. Wertschätzung im Sinne von Einschätzung [*appraisal*] dagegen ist primär mit einer relationalen Eigenschaft von Objekten befasst, so dass ein intellektueller Aspekt höchstens von derselben allgemeinen Art ist, die sich auch in *»estimate«* [schätzen] findet, im Unterschied zu dem personal-emotionalen Wort *»esteem«* [Achtung]. Dass dasselbe Verb in beiderlei Sinn gebraucht wird, deutet das Problem an, an dem sich die Schulen im gegenwärtigen Augenblick scheiden. Welcher der beiden Bezüge ist in seinen Implikationen grundlegend? Sind die beiden Tätigkeiten getrennt oder sind sie komplementär? In Verbindung mit der etymologischen Geschichte ist es suggestiv (wenn auch in keiner Weise zwingend), dass *»praise«*, *»prize«* und *»price«* [der Preis] alle von demselben lateinischen Wort (*pretium*) abgeleitet sind; dass *»appreciate«* und *»appraise«* einst unterschiedslos gebraucht wurden; und dass *»dear«* [teuer, lieb] immer noch als äquivalent sowohl mit *»precious«* und mit *»costly«* bei Geldpreisen verwendet werden. Während die doppelte Bedeutung des Wortes, wie es in der Umgangssprache verwendet wird, ein Problem aufwirft, wird die Frage des Sprachgebrauchs durch die Tatsache weiter ausgedehnt – um nicht zu sagen verwirrt –, dass gegenwärtige Theorien das Verb *»to value«* oft mit *»to enjoy«* [genießen] im Sinne von »Vergnügen bei etwas empfinden«, »Genuss aus etwas ziehen«, »etwas angenehm

II. Wert-Ausdrücke als Ausrufe

Die Diskussion wird mit der Betrachtung der extremsten unter den bislang vorgetragenen Ansichten beginnen. Nach dieser Auffassung können Wertausdrücke keine Bestandteile von Aussagen sein, das heißt von Aussagen, die bejahen oder verneinen, weil sie lediglich Ausrufe seien. Ausdrücke wie »gut«, »schlecht«, »richtig«, »falsch«, »entzückend«, »abscheulich« usw. werden als eine Art Interjektionen angesehen; oder als Phänomene wie erröten, lächeln, weinen oder/und als Reize, um andere dazu zu bewegen, auf bestimmte Weise zu handeln – etwa so, wie jemand »Hü« zu Ochsen oder zu Pferden sagt. Sie sagen nichts oder sagen nichts aus, nicht einmal etwas über Gefühle; sie rufen die Letzteren nur hervor oder zeigen sie an.

Die folgenden Zitate stellen diese Ansicht dar:[4] »Wenn ich zu jemandem sage: ›Du tatest Unrecht, als du das Geld stahlst‹, dann sage ich nicht mehr aus, als ob ich einfach gesagt hätte ›Du stahlst das Geld‹... Es ist so, als ob ich ›Du stahlst das Geld‹ in einem beson-

finden« gebracht wird; und ebenso mit *»to enjoy«* im aktiven Sinne von »bei einer Tätigkeit und ihrem Ergebnis beteiligt sein«, »mit ihr einverstanden sein«.

2. Wenn wir bestimmte Wörter nehmen, die gewöhnlich als Wert-Ausdrücke angesehen werden, finden wir in theoretischen Diskussionen über ihren eigentlichen Status keinerlei Übereinstimmung. Es gibt zum Beispiel Vertreter der Meinung, »gut« bedeute *gut für,* nützlich, dienlich, hilfreich; während »schlecht« so viel bedeute wie »schädlich, unnütz« – eine Auffassung, die implizit eine ganze Wertschätzungstheorie enthält. Andere sind der Meinung, dass ein scharfer Unterschied zwischen »gut« im Sinne von »gut für« und im Sinne von »gut an sich selbst« bestehe. Wiederum, wie eben bemerkt, halten einige »angenehm« und »erfreulich« für erstrangige Wert-Ausdrücke, während andere ihnen nicht den Status von primären Wertausdrücken verleihen würden. Es besteht außerdem Streit über den jeweiligen Status von »gut« und »richtig« als Wertausdrücken.

Wir können daraus schließen, dass uns der Sprachgebrauch wenig hilft. Ja, wenn er dazu verwendet wird, der Diskussion eine sichere Lenkung zu geben, erweist er sich in Wirklichkeit als verwirrend. Im besten Fall kann der Hinweis auf sprachliche Ausdrücke zu Beginn dazu dienen, auf gewisse Probleme hinzuweisen. Diese Probleme können dazu dienen, das diskutierte Thema einzugrenzen. Soweit es also die Terminologie der gegenwärtigen Diskussion betrifft, wird das Wort *»valuation«*, Wertschätzung, sowohl in der Verb- wie in der Substantivform, als der in seinen theoretischen Implikationen neutralste Ausdruck gebraucht werden, und es wird der weiteren Diskussion überlassen bleiben, seine Verbindung zu *»prize«*, *»appraising«*, *»enjoying«* usf. zu bestimmen.

4 [A. d. Ü.: Die Zitate sind entnommen aus: A. J. Ayer, *Language, Truth and Logic*, Kap. 6, S. 107; dt.: *Sprache, Wahrheit und Logik*, Stuttgart 1970, S. 141.]

deren Tonfall des Entsetzens gesagt oder unter Hinzufügung einiger besonderer Ausrufezeichen geschrieben hätte. Der Tonfall ... [dient] nur dem Hinweis, dass sein Ausdruck von gewissen Gefühlen des Sprechers begleitet wird.« Und wiederum: »Ethische Begriffe [dienen] nicht nur dem Ausdruck von Empfindungen. Sie sind auch dazu ausersehen, Empfindungen hervorzurufen, um so Handlungen anzuregen. ... So kann der Satz ›Es ist deine Pflicht, die Wahrheit zu sagen‹ sowohl als Ausdruck einer gewissen Art ethischen Empfindens der Wahrhaftigkeit betrachtet werden wie auch als Ausdruck des Gebotes ›Sage die Wahrheit‹. ... In dem Satz ›Es ist gut, die Wahrheit zu sagen‹ ist das Gebot wenig mehr als ein Ratschlag geworden.« Aus welchen Gründen der Verfasser die Ausdrücke und die »Empfindungen«, von denen er spricht, ethisch nennt, wird nicht deutlich. Gleichwohl scheint die Anwendung dieses Adjektivs auf die Gefühle einen objektiven Grund für ihre Unterscheidung und Identifizierung als Ausdrücke einer bestimmten Art zu beinhalten, ein Schluss, der mit der eingenommenen Position in Widerspruch steht. Aber wir gehen ohne Rücksicht auf diese Tatsache zu einer weiteren Illustration über. »Mit der Aussage ›Toleranz ist eine Tugend‹ [würde] ich keine Aussage über meine eigenen Empfindungen oder etwas anderes machen. Ich würde lediglich meine Empfindungen darlegen, was in keiner Weise dasselbe ist, wie wenn ich sage, dass ich sie habe.«[5] Folglich ist es unmöglich, über Wertfragen zu streiten, denn Aussagen, die nichts sagen oder konstatieren, können *a fortiori* nicht miteinander unvereinbar sein. Fälle von scheinbarem Disput oder einander widersprechenden Behauptungen sind, wenn sie überhaupt irgendeine Bedeutung haben, auf Unterschiede hinsichtlich der Fakten des Falles reduzierbar – wie es einen Disput darüber geben könnte, ob ein Mann die bestimmte Handlung, die man Stehlen oder Lügen nennt, begangen hat oder nicht. Wir hoffen oder erwarten, dass »wir unseren Opponenten lediglich dazu bringen müssen, mit uns hinsichtlich der Natur empirischer Fakten einer Meinung zu sein, um zu ihnen dieselbe moralische Haltung einzunehmen wie wir«[6] – obgleich es wiederum nicht evident ist, warum die Haltung eher »moralisch« als »magisch«, »kriegerisch« oder sonst wie mit einem von Tausenden von Adjektiven bezeichnet wird, die zufällig ausgewählt werden könnten.

5 [A. d. Ü.: Ayer, a. a. O., S. 144.]
6 [A. d. Ü.: Ayer, a. a. O., S. 146 f.]

Die Diskussion wird, wie eben angedeutet, so verfahren, dass sie die genannten Tatsachen analysiert und nicht die Verdienste der Theorie abstrakt diskutiert. Wir wollen mit Äußerungen beginnen, die zugegebenermaßen keine Aussagen sind, wie die ersten Schreie eines Babys, sein erstes Lächeln oder seine ersten Geräusche, Gurgeln und Quietschen. Wenn man sagt, sie »drücken Gefühle aus«, liegt in den Worten »Gefühl« und »ausdrücken« eine gefährliche Zweideutigkeit. Was im Falle von Tränen oder Lächeln klar ist, sollte im Falle von Tönen, die unwillkürlich geäußert werden, auch klar sein. Sie sind nicht an sich expressiv. Sie sind Bestandteile eines umfassenderen organischen Zustands. Sie sind Tatsachen des organischen Verhaltens und in *keinem* Sinne Wertausdrücke. Sie können freilich von anderen Personen für *Zeichen* eines organischen Zustands gehalten werden und, so aufgefasst, *qua* Zeichen oder als *Symptome* behandelt, rufen sie in diesen anderen Personen bestimmte Formen eines Antwortverhaltens hervor. Ein Baby weint. Die Mutter fasst das Weinen als Zeichen auf, dass das Baby hungrig ist oder von einer Nadel gepiekst wird, und handelt so, dass sie die organischen Bedingungen ändert, die sie dadurch erschließt, dass sie das Weinen als Indiz auffasst.

Wenn das Baby heranreift, nimmt es die Verbindungen wahr, die zwischen einem bestimmten Schrei, der ausgelösten Tätigkeit und den Konsequenzen, die in der Reaktion darauf hervorgerufen werden, bestehen. Der Ruf (die Geste, die Haltung) wird jetzt hervorgebracht, *um* diese Tätigkeit hervorzurufen und um die Konsequenzen jener Tätigkeit zu erfahren. Genau wie im Hinblick auf die ursprüngliche Antwort gibt es einen Unterschied zwischen der Tätigkeit, die von dem Schrei als Reiz lediglich *verursacht* worden ist (wie das Schreien eines Kindes eine schlafende Mutter aufwecken kann, bevor sie sich überhaupt bewusst ist, dass dort ein Schrei ertönt), und einer Tätigkeit, die durch den Schrei ausgelöst wird, der als *Zeichen* oder Beweis für irgendetwas interpretiert wird, so gibt es auch einen Unterschied zwischen dem ursprünglichen Schrei – der im eigentlichen Sinn als reine Interjektion bezeichnet werden kann – und dem Schrei, der absichtlich ausgestoßen wird, das heißt mit der Absicht, eine Reaktion hervorzurufen, die bestimmte Konsequenzen hat. Der letztere Schrei existiert im Medium der Sprache; er ist ein sprachliches Zeichen, das nicht nur etwas sagt, sondern mit der Absicht, etwas zu sagen oder mitzuteilen, hervorgebracht wird.

Aber *was* ist es dann, was gesagt oder behauptet wird? Im Zusammenhang mit dieser Frage bedarf eine fatale Zweideutigkeit im Wort »Gefühle« der Aufmerksamkeit. Denn vielleicht meint man, im besten Falle werde lediglich die Existenz bestimmter Gefühle mitgeteilt, zusammen vielleicht mit einem Wunsch, infolge der Tätigkeit, zu der eine andere Person veranlasst wird, andere Gefühle zu erlangen. Aber jede solche Ansicht läuft (a) den offensichtlichen Tatsachen zuwider, von denen die Darstellung ausging, und bringt (b) eine völlig überflüssige, um nicht zu sagen: empirisch nicht verifizierbare Angelegenheit ins Spiel. (a) Denn wir haben gar nicht mit einem Gefühl, sondern mit einem organischen Zustand angefangen, von dem ein Schrei oder Tränen oder Lächeln oder ein Erröten lediglich einen konstitutiven Teil bilden. (b) Das Wort »Gefühl« ist infolgedessen entweder ein strikter Verhaltensausdruck, ein Name für den totalen organischen Zustand, dessen Teil der Schrei oder die Geste bildet, oder es ist ein Wort, das gänzlich überflüssigerweise hineingebracht worden ist. Die fraglichen Phänomene sind Ereignisse im Verlauf des Lebens eines organischen Wesens, die sich um nichts von der Nahrungsaufnahme oder Gewichtszunahme unterscheiden. Aber genauso wie Gewichtszunahme als Zeichen oder Beweis für richtige Ernährung aufgefasst werden kann, kann der Schrei als Zeichen oder Beweis für irgendein spezielles Ereignis im organischen Leben aufgefasst werden.

Der Ausdruck »Gefühle zeigen«, ob »zeigen« nun als synonym mit »ausdrücken« verstanden wird oder nicht, hat dann also gar keine Funktion in der Darstellung des Geschehens. Die ursprüngliche Tätigkeit – schreien, lächeln weinen, quietschen – ist, wie wir gesehen haben, Teil eines umfassenderen organischen Zustands, so dass der Ausdruck darauf nicht anwendbar ist. Wenn das Schreien oder die körperliche Haltung absichtlich hervorgebracht werden, dann ist es kein Gefühl, das gezeigt oder ausgedrückt wird. Es wird ein offenes sprachliches Verhalten gezeigt, um so eine Veränderung der organischen Bedingungen herbeizuführen – eine Veränderung, die im Gefolge von Verhalten auftreten soll, das eine andere Person zeigt. Nehmen wir ein anderes einfaches Beispiel: Ein Schmatzen mit den Lippen ist Teil des ursprünglichen Verhaltens oder Handelns (oder kann es doch sein), das man Nahrungsaufnahme nennt. In der einen gesellschaftlichen Gruppe wird das Geräusch, wenn man mit den Lippen schmatzt, als Zeichen von bäurischem Benehmen oder »schlechten Manieren« angesehen. Also bringt man den Jungen bei, wenn ihre Fähigkeit zur Muskelkontrolle zunimmt, diese Tätigkeit zu unterdrücken. In einer anderen gesellschaftlichen Gruppe wird das Schmatzen und das begleitende Geräusch als ein Zeichen aufgefasst, dass ein Gast sich gebührend bewusst ist, was der Gastgeber ihm vorgesetzt hat. Beide Fälle sind vollständig in Begriffen beobachtbarer Verhaltensmodi und ihrer jeweiligen beobachtbaren Konsequenzen beschreibbar.

Das eigentliche Problem in diesem Zusammenhang ist die Frage, warum das Wort »Gefühle« in die theoretische Betrachtung eingebracht wird, da es für einen Bericht über das, was wirklich geschieht, unnötig ist. Es gibt nur eine vernünftige Antwort. Das Wort wird aus einer angeblichen psychologischen Theorie übernommen, die in mentalistische Termini oder in Termini angeblicher innerer Zustände oder dergleichen gezwängt ist. Nun ist es im Zusammenhang mit offenkundigen Ereignissen irrelevant und unnötig, zu fragen, ob es in der Tat solche inneren Zustände gibt. Denn selbst wenn es solche Zustände gibt, sind sie *per definitionem* gänzlich privat, nur der privaten Inspektion zugänglich. Folglich gibt es, selbst wenn es eine legitime introspektionistische Theorie der Bewusstseinszustände oder der Gefühle als rein mentalistischer gäbe, keinerlei Rechtfertigung dafür, bei dieser Theorie Anleihen zu machen, wenn man eine Erklärung der untersuchten Vorgänge geben will. Der Bezug auf »Gefühle« ist außerdem überflüssig und unnötig, weil der wichtige Teil der gegebenen Erklärung die Verwendung von »Wert-Ausdrücken« ist, um das Verhalten anderer dadurch zu beeinflussen, dass man ihnen bestimmte Antworten entlockt. Vom Standpunkt eines empirischen Berichts aus ist er bedeutungslos, da die Interpretation in Begriffen von etwas abgefasst ist, das der öffentlichen Inspektion und Verifikation nicht zugänglich ist. Wenn es »Gefühle« der erwähnten Art gibt, kann es keinerlei Sicherheit geben, dass irgendein gegebenes Wort, wenn es von zwei verschiedenen Personen verwendet wird, sich auch nur auf dieselbe Sache bezieht, da die Sache der gemeinsamen Beobachtung und Beschreibung nicht offen steht.

Wir werden die weitere Betrachtung also auf den Teil der Erklärung beschränken, der eine empirische Bedeutung hat, nämlich auf die Existenz organischer Tätigkeiten, die gewisse Reaktionen bei anderen hervorrufen und die für diesen Zweck geeignet sind. Folgende Aussagen sind gerechtfertigt: (1) Die fraglichen Phänomene sind *soziale* Phänomene, wobei »sozial« einfach bedeutet, dass es eine Form des Verhaltens nach Art einer Interaktion oder Transaktion zwischen zwei oder mehr Personen gibt. Eine solche interpersonale Tätigkeit besteht überall da, wo jemand – zum Beispiel eine Mutter oder Krankenschwester – einen Laut, der von jemand anderem im Zusammenhang mit einem umfassenderen organischen Verhalten hervorgebracht wird, *als ein Zeichen* behandelt und darauf in dieser Eigenschaft statt in seiner primären Seinsweise reagiert. Die interpersonale Tätigkeit ist sogar noch evidenter, wenn das fragliche Element des organischen persönlichen Verhaltens stattfindet, *um* eine bestimmte Art von Verhalten anderer Personen *auszulösen*. Wenn wir also dem Verfasser darin folgen, Wert-Ausdrücke da zu lokalisieren, wo er es getan hat, kommen wir nach der erforderlichen Eliminierung der Zweideutigkeit von »Ausdruck« und der Irrelevanz von »Gefühl« zu dem Schluss, dass Wertausdrücke mit den Verhaltensbeziehungen von Personen zueinander zu tun haben oder darin enthalten sind. (2) Werden sie als Zeichen aufgefasst (und, *a fortiori*, werden sie als Zeichen benutzt), sind Gesten, Haltungen und Worte sprachliche Symbole. Sie sagen etwas und sind eine Art Aussage. Nehmen wir an, jemand zeigt die Körperhaltung, die für Menschen mit Schmerzen typisch ist, und äußert Laute, wie es Letztere normalerweise tun würden. Es ist dann ein legitimer Untersuchungsgegenstand, ob diese Person wirklich Schmerzen hat und arbeitsunfähig ist oder sich nur krank stellt. Die Schlussfolgerungen aus solchen Untersuchungen werden bei anderen Personen bestimmt sehr verschiedene Arten von Reaktionsverhalten »auslösen«. Die Untersuchung soll feststellen, welches die wirkliche Lage der empirisch beobachtbaren Dinge ist; sie dreht sich nicht um innere »Gefühle«. Ärzte haben experimentelle Tests erarbeitet, die einen hohen Grad an Zuverlässigkeit zeigen. Alle Eltern und Lehrer lernen, auf der Hut zu sein, wenn ein Kind einen bestimmten Gesichts»ausdruck« und bestimmte Körperhaltungen annimmt, um die Erwachsenen zu gewissen für es günstigen Schlussfolgerungen zu veranlassen. In solchen Fällen (sie könnten leicht auf komplexere Gegenstände ausgedehnt werden) sind die Aussagen, die die Schlussfolgerungen verkörpern, wahrscheinlich im Irrtum, wenn nur ein kurzes Verhaltenssegment beobachtet wird, und wahrscheinlich gerechtfertigt, wenn sie auf einem längeren Segment oder einer Vielfalt sorgfältig überprüfter Daten beruhen – Eigenschaften, die die fraglichen Aussagen mit allen echten naturwissenschaftlichen Aussagen gemein haben. (3) Bislang ist die Frage nicht aufgeworfen worden, ob die Aussagen, die im Verlaufe der interpersonalen Verhaltenssituationen vorkommen, Wertschätzungsaussagen sind oder nicht. Die Schlussfolgerungen sind hypothetisch. *Wenn* die beteiligten Ausdrücke Wertschätzungsausdrücke sind, wie diese spezielle Schule sie auffasst, *dann* folgt, (1) dass Wertschätzungsphänomene soziale oder interpersonale Phänomene sind und (2) dass sie Material für Aussagen über beobachtbare Ereignisse liefern – Aussagen, die empirischer Überprüfung und der Verifikation oder der Widerlegung ausgesetzt sind. Aber bis dahin bleibt die Hypothese eine Hypothese. Sie wirft die Frage auf, ob die Feststellungen, die im Hinblick darauf getroffen werden, die Tätigkeit anderer zu beeinflussen, um bei ihnen gewisse Arten der Tätigkeit mit bestimmten Konsequenzen auszulösen, Phänomene sind, die unter den Titel der Wertschätzung fallen.

Nehmen wir etwa den Fall eines Menschen, der »Feuer« oder »Hilfe« schreit. Es kann keinen Zweifel an der Absicht geben, das Verhalten anderer zu beeinflussen, um bestimmte Konsequenzen herbeizuführen, die beobachtet und in Aussagen formuliert werden können. In ihrem beobachtbaren Kontext genommen, sagen die Ausdrücke etwas Komplexes. Wird es analysiert, ist das, was gesagt wird, (1) dass eine Situation existiert, die schädliche Konsequenzen haben wird; (2) dass die Person, die die Ausdrücke äußert, außerstande ist, mit der Situation fertig zu werden; und (3) dass für den Fall, dass andere Hilfe leisten, eine erheblich günstigere Situation erwartet wird. Alle drei Punkte können durch empirisches Beweismaterial überprüft werden, da sie sich alle auf beobachtbare Dinge beziehen. Die Aussage, die den Inhalt des letzten Punktes (die Antizipation) formuliert, kann zum Beispiel dadurch überprüft werden, dass beobachtet wird, was in einem bestimmten Falle geschieht. Frühere Beobachtungen können die Schlussfolgerung unterstützen, dass auf jeden Fall negative Konsequenzen unwahrscheinlicher sind, wenn das sprachliche Zeichen angewendet wird, um die Hilfe zu erlangen, die es evozieren soll.

Eine genauere Prüfung lässt gewisse Ähnlichkeiten zwischen diesen und den vorher untersuchten Fällen erkennen, die laut eben zitierter Passage Wertschätzungsausdrücke enthalten. Die Aussagen beziehen sich direkt auf eine *bestehende* und indirekt auf eine *zukünf-*

tige Situation, die herbeigeführt werden soll. Die genannten Ausdrücke werden als Mittel verwendet, um den gewünschten Wechsel von den gegenwärtigen zu zukünftigen Bedingungen herbeizuführen. Unter den Beispielfällen, die zuerst untersucht wurden, erscheinen gewisse Wertschätzungswörter wie »gut« und »richtig« ganz explizit; im zweiten Fall gibt es keine *expliziten* Wertausdrücke. Wenn der Hilferuf freilich im Zusammenhang mit seinem bestehenden Kontext genommen wird, behauptet er praktisch, wenn auch nicht ausdrücklich, dass die Situation, im Hinblick auf die der Schrei ausgestoßen wird, »schlecht« ist. Sie ist »schlecht« in dem Sinne, dass man Einwände gegen sie erhebt, während eine zukünftige Situation antizipiert wird, die *besser* ist, vorausgesetzt, der Ruf evoziert eine bestimmte Reaktion. Die Analyse mag unnötig detailliert erscheinen. Aber wenn nicht in allen Beispielen der reale Kontext klar gemacht wird, können die verwendeten verbalen Ausdrücke alles oder nichts bedeuten. Wenn die Kontexte mitberücksichtigt werden, zeichnen sich Aussagen ab, die den bestehenden Bedingungen einen relativ negativen und einer zukünftigen Menge von Bedingungen einen vergleichsweise positiven Wert zuschreiben; und vermittelnde Aussagen (die einen Wertschätzungsausdruck enthalten mögen oder nicht), die Tätigkeiten hervorrufen sollen, die einen Sachverhalt in einen anderen transformieren. Es sind also folgende Momente im Spiel: (1) Eine Abneigung gegenüber einer bestehenden Situation und ein sich Hingezogenfühlen zu einer zukünftigen möglichen Situation und (2) *eine spezifizierbare und prüfbare Beziehung zwischen der Letzteren als einem Ziel und bestimmten Tätigkeiten als Mittel, um es zu erreichen*. So sind also zwei Probleme für die weitere Diskussion deutlich geworden. Das eine ist die Beziehung der aktiven oder Verhaltenseinstellungen zu dem, was (zum Zwecke einer klaren Identifizierung) *Zuneigung* und *Abneigung* genannt werden mag, während das andere die Beziehung der Wertschätzung zu Dingen als Mittel beziehungsweise Ziel ist.

III. Wertschätzung als Zu- und Abneigung

Dass Zu- und Abneigung im Zusammenhang mit Wertschätzung in Begriffen beobachtbarer und identifizierbarer Verhaltensweisen zu betrachten sind, folgt aus dem im vorigen Abschnitt Gesagten. Hier passt das Adjektiv »affektiv-motorisch«, insofern es sich auf das Verhalten bezieht, obgleich man sorgfältig vermeiden sollte, die »affektive« Qualität in Begriffen privater »Gefühle« zu interpretieren – eine Interpretation, die das aktive und beobachtbare Element, das in »motorisch« zum Ausdruck kommt, aufhebt. Denn das »Motorische« findet in der öffentlichen und beobachtbaren Welt statt und hat, wie alles Übrige, das dort stattfindet, beobachtbare Bedingungen und Konsequenzen. Wenn also das Wort »Zuneigung«[7] als Name für eine Verhaltensweise gebraucht wird (nicht als Name für ein privates und unzugängliches Gefühl), welche Art von Tätigkeiten bezeichnet es? Was ist sein Designatum?[8]

Die vorangehenden Bemerkungen sollen die Theorie von dem vergeblichen Versuch abhalten, Wörtern unabhängig von Objekten als ihren Designaten Bedeutungen zuzuweisen. Wir werden stattdessen dazu gebracht, uns bestimmte reale Situationen vorzustellen und zu beobachten, was in ihnen geschieht. Wir werden dazu veranlasst, zu beobachten, ob Energie aufgewandt wird, bestimmte Bedingungen hervorbringen oder zu erhalten; umgangssprachlich, ob man sich anstrengt oder bemüht, bestimmte Bedingungen zu schaffen, wobei die Notwendigkeit, Energie aufzuwenden, zeigt, dass

7 [*liking*]

8 [A. d. Ü.: Der folgende Absatz macht auf Eigenheiten der englischen Sprache aufmerksam.] Es ist hilfreich, wenn man bemerkt, dass die Wörter »caring« [sich kümmern] und »caring for« [sich sorgen um] als Verhaltensmodi eng mit »Zuneigung« [liking] verbunden sind und dass andere substantiell äquivalente Wörter sind »looking out for« oder »after«, »cherishing«, »being devoted to« »attending to« im Sinne von »tending«, »ministering to«, »fostering« – Wörter, die sämtlich Varianten von »hochschätzen« [prizing] zu sein scheinen, das, wie wir gesehen haben, eine der Grundbedeutungen im Wörterbuch ist. Werden diese Wörter im Sinne des Verhaltens oder als Bezeichnungen für Tätigkeiten verstanden, die zu dem Zweck stattfinden, bestimmte Bedingungen aufrechtzuerhalten oder zu verschaffen, lässt sich das, was durch sie bezeichnet wird, von Dingen abgrenzen, die durch mehrdeutige Wörter bezeichnet werden wie »enjoy« [genießen]. Denn das letztere Wort kann auf eine Situation verweisen, in der einem etwas, was schon besteht, Befriedigung verschafft, ungeachtet irgendeiner affektiv-motorischen Aktion, die als Bedingung ihrer Produktion oder fortdauernden Existenz ausgeübt wird. Oder sie kann genau die letztere Tätigkeit bezeichnen, in welchem Fall »enjoy« ein Synonym für die Tätigkeit ist, Freude bei einer Anstrengung zu empfinden, mit einem gewissen Beigeschmack von »relishing«, das »takes pains«, wie wir sagen, die *Existenz von Bedingungen* auf Dauer zu stellen, aus denen der Genuss stammt. Genießen in diesem aktiven Sinne ist durch Energie gekennzeichnet, die aufgewendet wird, um die Bedingungen zu sichern, die die Quelle der Befriedigung sind.

Bedingungen bestehen, die dem gewünschten Ergebnis nicht entgegenkommen. Die Mutter, die vorgibt, ihr Kind hochzuschätzen und seine Gesellschaft zu genießen, die das Kind aber systematisch ignoriert und keinerlei Anstalten macht, mit dem Kind zusammenzusein, täuscht sich selbst; wenn sie obendrein demonstrative Zeichen der Zuneigung – wie beispielsweise Streicheln – nur in Gegenwart anderer zeigt, versucht sie vermutlich, die anderen ebenfalls zu täuschen. Das Vorhandensein und die Beschreibung von Wertschätzungen müssen auf der Grundlage von Beobachtungen des Verhaltens bestimmt werden – Beobachtungen, die (wie das letzte Beispiel zeigt) sich möglicherweise über einen längeren Zeitraum erstrecken müssen. Die Beobachtung des Energieaufwands und seiner Dauer rechtfertigt es, eine Wertschätzung durch Adjektive wie »mäßig« und »groß« zu qualifizieren. Die Beobachtung, welche Richtung die Energie nimmt, wie zu-hin und von-weg, ermöglicht eine begründete Unterscheidung zwischen »positiven« und »negativen« Wertschätzungen. Wenn es außerdem auch noch »Gefühle« gibt, dann hat ihre Existenz nichts mit einer verifizierbaren Aussage über eine Wertschätzung zu tun.

Weil Wertschätzungen im Sinne von hochschätzen und Zuneigung empfinden nur dann vorkommen, wenn man etwas Nichtvorhandenes hervorbringen oder etwas durch äußere Bedingungen bedrohtes Vorhandenes bewahren muss, *beinhaltet* Wertschätzung wünschen.[9] Wünschen ist zu unterscheiden vom *bloßen* Wünschen[10] in dem Sinne, in dem es ein Wünschen ohne jeden Versuch zu einer Anstrengung gibt. »Wenn Wünsche Pferde wären, würden Bettler reiten.« Es fehlt etwas, und es wäre befriedigend, wenn es da wäre, aber es wird entweder keinerlei Energie aufgewendet, um das Nichtvorhandene zu verwirklichen, oder kein Aufwand an Energie würde es unter den gegebenen Bedingungen verwirklichen, wie wenn es vom Baby heißt, es weine nach dem Mond, und wenn kindliche Erwachsene sich in Träumereien ergehen, wie nett alles wäre, wenn es nur anders wäre. Die *Designata*, auf die die Namen »Wünschen« beziehungsweise »bloßes Wünschen« angewendet werden, sind grundlegend verschieden. Wenn also »Wertschätzung« in Ausdrücken des Wünschens definiert wird, ist die Voraussetzung dafür, dass der Wunsch auf der Basis des realen Kontextes behandelt wird, in

9 [*desiring* = entspricht in etwa dem, was »wollen« bezeichnet]
10 [*wishing*]

dem er entsteht und fungiert. Wenn »Wertschätzung« in Begriffen des Wunsches als etwas definiert wird, das von Anfang an da und in sich vollständig ist, dann kann man den einen Wunsch nicht vom anderen unterscheiden und hat deshalb keine Möglichkeit, den Wert verschiedener Wertschätzungen miteinander zu vergleichen. Wünsche sind Wünsche, und mehr lässt sich dazu nicht sagen. Außerdem wird die Wertschätzung dann als *lediglich* privat aufgefasst und folglich als ungeeignet, in Begriffen anderer Objekte oder Ereignisse ausgedrückt zu werden. Sollte man zum Beispiel bemerken, dass der Wunsch zu einer Anstrengung führt und die unternommene Anstrengung die bestehenden Bedingungen ändert, dann würden diese Erwägungen als dem Wunsch vollkommen äußerlich gelten – immer vorausgesetzt, der Wunsch wird, unabhängig von einem beobachtbaren Kontext, als ursprünglich und in sich vollständig angesehen.

Wenn man freilich erkennt, dass Wünsche nur in bestimmten realen Kontexten entstehen (nämlich denjenigen, in denen irgendein Mangel die unmittelbare Ausführung einer aktiven Neigung verhindert), und wenn man erkennt, dass sie in Bezug auf diese Kontexte dazu dienen, den bestehenden Mangel zu beheben, zeigt sich, dass die Beziehung zwischen Wunsch und *Wertschätzung* eine Formulierung in verifizierbaren Aussagen sowohl möglich wie erforderlich macht. (1) Man erkennt dann, dass Inhalt und Gegenstand der Wünsche von dem besonderen Kontext abhängen, in dem sie entstehen, eine Abhängigkeit, die ihrerseits auf dem vorhergehenden Status der persönlichen Tätigkeit und den Umweltbedingungen beruht. So dürften zum Beispiel Wünsche nach Nahrung kaum dieselben sein, wenn man vor fünf Stunden oder vor fünf Tagen gegessen hat, und sie werden nicht denselben Inhalt haben in einer Hütte und in einem Palast oder in einer nomadischen oder einer agrikulturellen Gruppe. (2) Man erkennt dann weiterhin, dass die Anstrengung, statt auf den Wunsch zu folgen, das innerste Wesen der Spannung ausmacht, die im Wunsch enthalten ist. Denn der Wunsch ist nichts lediglich Privates, sondern vielmehr eine aktive Beziehung des Organismus zur Umwelt (wie im Falle des Hungers offensichtlich ist), ein Faktor, der genau den Unterschied zwischen einem echten Wunsch (einem Wollen) und bloßem Wunsch und Phantasie ausmacht. Daraus folgt, dass Wertschätzung in Verbindung mit dem Wunsch an reale Situationen gebunden ist und dass sie sich mit

Veränderungen ihres realen Kontexts selbst verändert. Da ihre Existenz von der Situation abhängt, hängt ihre Angemessenheit von ihrer Anpassung an die Bedürfnisse und Anforderungen der Situation ab. Da die Situation beobachtet werden kann und da die Konsequenzen des Anstrengungsverhaltens so, wie es sich beobachten lässt, die Anpassung bestimmen, kann die Angemessenheit eines gegebenen Wunsches in Aussagen formuliert werden. Diese Aussagen können empirisch überprüft werden, weil die Verbindung zwischen einem gegebenen Wunsch und den Bedingungen, in Bezug auf die er funktioniert, mit Hilfe dieser Beobachtungen festgestellt wird.

Das Wort »Interesse« unterstreicht die aktive Beziehung zwischen persönlicher Tätigkeit und den Bedingungen, die in der Theorie der Wertschätzung berücksichtigt werden müssen. Selbst etymologisch verweist es auf etwas, an dem sowohl eine Person wie die Umweltbedingungen in enger Verbindung miteinander teilhaben. Was da zwischen ihnen stattfindet, ist eine Transaktion. »Interesse« verweist auf eine Tätigkeit, die durch die Vermittlung äußerer Bedingungen wirkt. Wenn wir zum Beispiel an das Interesse einer bestimmten Gruppe denken, etwa das Interesse der Banker, der Gewerkschaften oder das Interesse einer politischen Partei, dann denken wir nicht nur an bloße Geisteszustände, sondern wir stellen uns die Gruppe als eine *pressure group* vor, die sich organisierter Kanäle bedient, um bestimmte Bedingungen mit spezifizierten Folgen zu schaffen und zu sichern. Ähnlich im Falle einzelner Personen: Wenn ein Gericht in irgendeiner Frage das berechtigte Interesse eines Individuums anerkennt, dann erkennt es an, dass es bestimmte Ansprüche hat, deren Durchsetzung sich auf eine reale Streitfrage oder deren Ergebnis auswirkt. Sooft jemand ein Interesse an etwas hat, nimmt er Anteil am Verlauf der Ereignisse und deren Endergebnis – er fühlt sich veranlasst, etwas zu unternehmen, um ein ganz bestimmtes Resultat zustande zu bringen.

Aus den hier angeführten Tatsachen ergibt sich, dass die Ansicht, die Wertschätzung (und »Werte«) mit Wünschen und Interesse verknüpft, allenfalls ein Anfang ist. Ihre Bedeutung für die Theorie der Wertschätzung ist solange unbestimmt, bis Interesse und Wunsch analysiert worden sind und bis eine Methode geschaffen ist, um die Bestandteile der jeweiligen Wünsche und Interessen zu bestimmen. Praktisch alle Trugschlüsse in den Theorien, die Wertschätzung mit

Wunsch verbinden, rühren daher, dass man »Wunsch« ganz pauschal versteht. Wenn zum Beispiel (ganz korrekt) gesagt wird, dass »Werte der unmittelbaren und unerklärlichen Reaktion vitaler Impulse und dem irrationalen Teil unserer Natur *entstammen*«,[11] dann wird in Wirklichkeit gesagt, dass die vitalen Impulse eine *kausale Bedingung* der Existenz von Wünschen sind. Wenn den »vitalen Impulsen« die einzige empirisch verifizierbare Deutung gegeben wird (dass es sich bei ihnen um eine organische, biologische Tendenz handelt), beweist die Tatsache, dass ein »irrationaler« Faktor die kausale Bedingung von Wertschätzungen ist, dass Wertschätzungen ihre Wurzeln *in einer Realität* haben, die, wie jede Realität *an sich genommen*, *a*-rational ist. Korrekt interpretiert, erinnert uns diese Aussage also daran, dass organische Tendenzen Realitäten sind, die mit anderen Realitäten verbunden (das Wort »irrational« fügt »*Realität*« als solcher nichts hinzu) und deshalb beobachtbar sind. Aber der zitierte Satz wird oft in dem Sinne interpretiert, als *seien* vitale Impulse Wertschätzungen – eine Interpretation, die mit der Ansicht unvereinbar ist, die Wertschätzungen mit Wünschen und Interessen verknüpft, und die, mit der gleichen Logik, die Behauptung rechtfertigen würde, dass Bäume Samen seien, da sie aus Samen »entspringen«. Vitale Impulse sind zweifellos Bedingungen *sine quibus non* für die Existenz von Wünschen und Interessen. Aber Wünsche und Interessen beinhalten sowohl vorhergesehene Konsequenzen wie auch Ideen in Form von Zeichen für die Maßnahmen (einschließlich der Verausgabung von Energie), die für die Zielverwirklichung erforderlich sind. Wenn Wertschätzung mit der Tätigkeit des Wunsches oder des Interesses identifiziert wird, wird ihre Identifikation mit vitalen Impulsen verneint. Denn ihre Identifikation mit Letzteren würde zu der Absurdität führen, jede denkbare organische Tätigkeit zu einem Akt der Wertschätzung zu machen, da es keine Tätigkeit gibt, die nicht irgendeinen »vitalen Impuls« beinhaltet.

Die Ansicht, ein Wert sei »jedes beliebige Objekt jedes beliebigen Interesses«,[12] muss also mit großer Vorsicht aufgenommen werden. Oberflächlich gesehen stellt sie alle Interessen auf exakt die gleiche Ebene. Aber wenn Interessen in ihrer konkreten Beschaffenheit in Beziehung auf ihre Stelle in einer Situation geprüft werden, ist es

11 [A. d. Ü.: R. B. Perry, *General Theory of Value*, Cambridge 1967 (urspr. erschienen 1926), Kap. VI, S. 146 ff.]

12 [A. d. Ü.: R. B. Perry, a. a. O., S. 115.]

offensichtlich, dass alles von den in ihnen enthaltenen Objekten abhängt. Dies seinerseits hängt von der Sorgfalt ab, mit der die Bedürfnisse bestehender Situationen geprüft worden sind, sowie von der Sorgfalt, mit der die Eignung einer vorgeschlagenen Handlung, genau diese Bedürfnisse zu befriedigen oder zu erfüllen, geprüft worden ist. Dass alle Interessen im Hinblick auf ihre Funktion als Wertverleiher auf derselben Ebene stehen, steht in Widerspruch zur Beobachtung selbst der gewöhnlichsten alltäglichen Erfahrungen. So könnte man sagen, dass ein Interesse an Fassadenkletterei und ihren Früchten bestimmten Objekten einen Wert verleiht. Aber die Wertschätzungen des Einbrechers und des Polizisten sind nicht identisch, so wenig wie das Interesse an den Früchten produktiver Arbeit dieselben Werte schafft wie das Interesse des Einbrechers bei der Ausübung seines Gewerbes – wie sich in der Anklage des Richters zeigt, wenn er über die gestohlenen Güter verfügen muss. Da Interessen in definiten realen Kontexten und nicht ganz allgemein in einem Vakuum auftreten und da diese Kontexte Situationen innerhalb der Lebenstätigkeit einer Person oder einer Gruppe sind, sind Interessen so miteinander verzahnt, dass die Fähigkeit jedes Interesses, eine Wertschätzung zu begründen, eine Funktion der Menge ist, zu der sie gehört. Die Vorstellung, jedes Objekt jedes Interesses sei gleichermaßen ein Wert, kann nur auf der Basis einer Ansicht aufrechterhalten bleiben, die sie vollständig voneinander isoliert – eine Ansicht, die von leicht zu beobachtenden Tatsachen so weit entfernt ist, dass sie sich nur als ein Schluss aus der introspektionistischen Psychologie erklären lässt, für die Wünsche und Interessen »Gefühle« und keine Verhaltensweisen sind.

IV. Einschätzungsaussagen

Da Wünsche und Interessen Tätigkeiten sind, die in der Welt stattfinden und sich in der Welt auswirken, sind sie sowohl an sich wie auch in Verbindung mit ihren beobachteten Wirkungen beobachtbar. Es scheint also, als seien wir nun, auf der Basis jeder Theorie, die Wertschätzung mit Wunsch und Interesse verknüpft, unserem Ziel auf Sichtweite nahe gekommen – der Entdeckung der Wertschätzungsaussagen. Wie sich gezeigt hat, sind Aussagen *über* Wertschätzungen tatsächlich möglich. Aber sie sind Wertschätzungsaussagen nur in dem Sinne, in dem Aussagen über Kartoffeln Kartoffel-Aussagen sind. Sie sind Aussagen über Tatsachen. Die Tatsache, dass diese Vorkommnisse Wertschätzungen sind, macht die Aussagen nicht zu charakteristischen Wertschätzungsaussagen. Gleichwohl ist die Tatsache, dass solche Tatsachen-Aussagen gemacht werden können, von Wichtigkeit. Denn wenn es sie nicht gibt, ist es doppelt absurd anzunehmen, es könne *charakteristische* Wertschätzungsaussagen geben. Es ist auch gezeigt worden, dass der Gegenstandsbereich privater Tätigkeiten kein theoretisches Hindernis für die Formulierung von Tatsachenaussagen darstellt, denn das Verhalten von Menschen lässt sich beobachten. Obwohl es bei der Erstellung gültiger Allgemeinaussagen über derartiges Verhalten (das heißt über die Beziehungen seiner konstituierenden Akte) praktische Hindernisse gibt, können seine Bedingungen und Wirkungen beobachtet werden. Aussagen über Wertschätzungen, die in Ausdrücken ihrer Bedingungen und Konsequenzen formuliert werden, grenzen das Problem der Existenz von *charakteristischen* Wertschätzungs-Aussagen ein. Können Aussagen über existierende Wertschätzungen selbst eingeschätzt werden, und kann die Einschätzung, wenn sie einmal gemacht ist, in die Konstitution weiterer Wertschätzungen eingehen? Dass eine Mutter ihr Kind hochschätzt oder ihm zugetan ist, kann, wie wir gesehen haben, durch Beobachtung bestimmt werden; und die Bedingungen und Wirkungen verschiedener Arten von Hochschätzen oder Zugetansein können theoretisch miteinander verglichen und kontrastiert werden. Falls das endgültige Ergebnis darin besteht, zu zeigen, dass einige Arten von Akten des Hochschätzens *besser* sind als andere, werden Wertschätzungsakte selbst bewertet, und die Bewertung kann weitere direkte Akte des Hochschätzens modifizieren. Wenn diese Bedingung erfüllt ist, dann werden Aussagen über Wertschätzungen, die tatsächlich stattfinden, zum Gegenstand charakteristischer Wertschätzungen, das heißt in einem Sinn, der sie sowohl von Aussagen der Physik wie von historischen Aussagen über das, was Menschen tatsächlich getan haben, unterscheidet.

So kommen wir also zum Problem der Einschätzung oder Bewertung,[13] die, wie wir gesehen haben, eine der beiden anerkannten Bedeutungen von »Wertschätzung« ist. Nehmen wir ein elementa-

13 [*evaluation*]

res Einschätzungsurteil wie »Dieses Grundstück ist pro Frontfuß[14] $ 200 wert«. Es unterscheidet sich der Form nach von dem Satz »Es misst an der Frontseite 200 Fuß«. Der letztere Satz drückt eine vollendete Tatsache aus. Der erstere Satz formuliert eine Regel zur Bestimmung einer zu vollziehenden Handlung, deren Bezug die Zukunft und nicht etwas schon Vollendetes oder Getanes ist. Wenn er in den Kontext der Tätigkeit eines Steuerschätzers fällt, formuliert er eine regulative Bedingung für die Erhebung einer Steuer vom Eigentümer; wenn er vom Eigentümer einem Grundstücksmakler gegenüber geäußert wird, drückt er eine regulative Bedingung für Letzteren aus, wenn er das Grundstück zum Kauf anbietet. Der zukünftige Akt oder Zustand wird nicht als eine Voraussage dessen, was geschehen wird, vorgebracht, sondern als etwas, das geschehen *soll* oder *sollte*. Man könnte also sagen, der Satz drücke eine Norm aus, aber »Norm« muss hier einfach im Sinne einer Bedingung verstanden werden, der definite Formen zukünftiger Handlung genügen *müssen*. Dass Regeln in allen Arten von menschlichen Beziehungen beinahe allgegenwärtig sind, ist unstreitig. Sie sind keineswegs auf Tätigkeiten beschränkt, die »moralisch« genannt werden. Jede sich wiederholende Form von Tätigkeit, in den Künsten wie in den Berufen, entwickelt Regeln, auf welchem Wege sich die beabsichtigten Ziele am besten erreichen lassen. Solche Regeln werden als Kriterien oder »Normen« verwendet, um den Wert der vorgeschlagenen Verhaltensweisen zu beurteilen. Es ist unbestreitbar, dass es Regeln für die Einschätzung von Verhaltensweisen auf verschiedenen Gebieten als weise oder unklug, ökonomisch oder extravagant, effektiv oder vergeblich gibt. Das Problem betrifft nicht ihre Existenz als allgemeine Aussagen (da jede Handlungsregel allgemein ist), sondern die Frage, ob sie nur eine Sitte, Konvention oder Tradition ausdrücken oder ob sie Beziehungen zwischen Dingen als Mitteln und anderen Dingen als Konsequenzen formulieren können, die selber auf empirisch ermittelten und überprüften realen Beziehungen wie Ursache und Wirkung beruhen.

Im Falle einiger Handwerke, Künste und Technologien kann es keinen Zweifel geben, welche dieser Alternativen korrekt ist. Die Medizin zum Beispiel nähert sich einem Zustand, in dem viele der Regeln, die ein Arzt dem Patienten empfiehlt, nicht nur mittels Me-

14 [A. d. Ü.: Amerik. Flächenmaß für städtische Grundstücke: 6 Fuß breit mal Grundstückslänge.]

dikamentierung, sondern auch im Wege der Diät und der Lebensgewohnheiten auf experimentell gesicherten Prinzipien der Chemie und der Physik beruhen. Wenn Ingenieure sagen, gewisse, bestimmten technischen Operationen unterworfene Materialien seien *erforderlich*, wenn an einem bestimmten Punkt eine für bestimmte Lasten geeignete Brücke über den Hudson River gebaut werden soll, dann stellt ihr Ratschlag keine persönliche Meinung oder Laune dar, sondern beruht auf anerkannten physikalischen Gesetzen. Kein Mensch bezweifelt, dass Mittel wie Radios und Autos seit ihrer Erfindung umfassend verbessert worden sind und dass diese Verbesserung im Verhältnis von Mitteln zu Folgen auf adäquateren wissenschaftlichen Kenntnissen der zugrunde liegenden physikalischen Prinzipien beruht. Das Argument verlangt nicht den Glauben, der Einfluss von Brauch und Konvention sei vollständig eliminiert. Es ist genug, dass solche Fälle zeigen, dass Regeln der Einschätzung oder Bewertung auf wissenschaftlich gerechtfertigten physikalischen Verallgemeinerungen beruhen können und dass Regeln dieses Typs im Vergleich zu denen, die lediglich bloße übliche Gewohnheiten ausdrücken, häufiger werden.

In der Medizin mag ein Quacksalber eine Anzahl angeblicher Heilungen als Empfehlung für die Einnahme der von ihm angebotenen Heilmittel zitieren. Es bedarf nur geringer Überprüfung, um zu zeigen, wie sich die von ihm vorgeschlagenen Verfahren von denen unterscheiden, die kompetente Ärzte als »gut« oder als »erforderlich« bezeichnen. Bei ihm gibt es zum Beispiel keine Analyse der als Beleg präsentierten Fälle, die zeigt, dass sie wirklich der Krankheit gleichen, zu deren Heilung das Mittel angepriesen wird; und es gibt keine Analyse, die zeigt, dass die Besserungen, die – eher angeblich als nachweislich – eingetreten sind, tatsächlich darauf beruhen, dass die fragliche Medizin eingenommen wurde, und nicht auf irgendeiner anderen aus einer unendlich Anzahl möglicher Ursachen. Alles wird nur pauschal behauptet, ohne jede analytische Kontrolle der Bedingungen. Obendrein fehlt das erste Erfordernis des wissenschaftlichen Verfahrens – nämlich volle Öffentlichkeit der Materialien und Prozesse. Die einzige Rechtfertigung dafür, diese vertrauten Tatsachen zu zitieren, ist die, dass ihr Gegensatz zur kompetenten medizinischen Praxis zeigt, bis zu welchem Ausmaß die Verfahrensregeln der Medizin durch überprüfte empirische Aussagen gerechtfertigt werden. Die Einschätzungen von Handlungsweisen als besser oder schlechter, mehr oder weniger dienlich, lassen sich ebenso experimentell rechtfertigen wie nicht-wertende Aussagen über sachliche Gegenstände. In fortgeschrittenen Ingenieurstechnologien beruhen Aussagen über die *richtigen* Verfahren offensichtlich auf Generalisierungen der Physik und Chemie; diese Technologien werden deshalb oft als angewandte Wissenschaft bezeichnet. Nichtsdestoweniger unterscheiden sich Aussagen, die Regeln für Verfahren festlegen, die passend und gut sind, im Unterschied zu denen, die unpassend und schlecht sind, der Form nach von den wissenschaftlichen Aussagen, auf denen sie beruhen. Denn sie sind Regeln für den Gebrauch wissenschaftlicher Verallgemeinerungen, in und durch menschliche Tätigkeit, als Mittel zur Erreichung gewisser erwünschter und beabsichtigter Ziele.

Eine Überprüfung dieser Einschätzungen enthüllt, dass sie mit Dingen zu tun haben, die zueinander in der Relation *von Mitteln zu Zielen oder Konsequenzen* stehen. Wo es Einschätzungen gibt, die eine Regel hinsichtlich der besseren oder der benötigten Handlung enthalten, gibt es auch ein zu erreichendes Ziel: Die Einschätzung ist eine Wertschätzung von Dingen im Hinblick auf ihre Zweckdienlichkeit oder Unentbehrlichkeit. Um die früher gegebenen Beispiele zu nehmen: Es ist evident, dass Eigentum an Grund und Boden zu dem Zweck eingeschätzt wird, Steuern zu erheben oder einen Verkaufspreis festzulegen; dass medizinische Behandlungen eingeschätzt werden im Hinblick auf das Ziel, die Wiederherstellung der Gesundheit zu bewirken; dass Materialien und Techniken im Hinblick auf den Bau von Brücken, Radios, Autos usf. wertgeschätzt werden. Wenn ein Vogel sein Nest mit Hilfe des »reinen« Instinkts baut, dann braucht er Materialien und Prozesse nicht im Hinblick auf ihre Eignung für ein Ziel einzuschätzen. Aber wenn das Ergebnis – das Nest – als Wunschobjekt angesehen wird, dann besteht nur die Alternative: entweder die allerwillkürlichste Art von Versuch-und-Irrtum-Operationen oder die Erwägung der Eignung und Nützlichkeit von Materialien und Prozessen, um das erwünschte Objekt zu verwirklichen. Und dieser Prozess des Abwägens schließt offensichtlich einen Vergleich verschiedener Materialien und Operationen als alternativer möglicher Mittel ein. In jedem Falle, außer denen des bloßen »Instinkts« und des vollständigen Versuch-und-Irrtum-Verhaltens, sind Beobachtung wirklicher Materialien und Einschätzung ihrer potenziellen Eignung für ein bestimmtes Ergebnis im Spiel. Es kommt immer zu irgendeiner Beobachtung des *erzielten* im Vergleich und Unterschied zum *beabsichtigten* Ergebnis, so dass der Vergleich Licht auf die wirkliche Eignung der als Mittel verwendeten Objekte wirft. Auf dieser Weise ermöglicht er in der Zukunft ein besseres Urteil über Eignung und Verwendbarkeit der Mittel. Auf der Grundlage solcher Beobachtungen werden gewisse Arten des Verhaltens als töricht, unvorsichtig oder unklug und andere Verhaltensweisen als vernünftig, vorsichtig oder weise beurteilt; diese Unterscheidung beruht auf der Gültigkeit derjenigen erreichten Einschätzungen der Beziehungen, die zwischen Dingen als Mitteln und dem Ziel oder den wirklich erreichten Konsequenzen bestehen.

Der ständige Einwand gegen diese Ansicht von Wertschätzung lautet, sie gelte nur für Dinge als *Mittel*, während Aussagen, die echte Wertschätzungen sind, sich auf Dinge als *Ziele* bezögen. Dieser Punkt wird sogleich ausführlicher betrachtet werden. Aber es mag hier angemerkt werden, dass Ziele in denselben Bewertungsvorgängen eingeschätzt werden, in denen Dinge als Mittel gewichtet werden. Es biete sich beispielsweise ein Ziel an. Dann aber stellt sich bei der Gewichtung von Dingen als Mittel zu jenem Ziel heraus, dass das Erreichen des Ziels zu viel Zeit oder Energie kosten oder zu viele Unbequemlichkeiten zur Folge haben würde und zukünftige Probleme verspräche. Es wird dann eingeschätzt und als ein »schlechtes« Ziel verworfen.

Die erreichten Schlussfolgerungen können wie folgt zusammengefasst werden: (1) Es gibt Aussagen, die nicht lediglich Aussagen über tatsächlich erfolgte Wertschätzungen sind (das heißt über Hochschätzungen, Wünsche und Interessen, die in der Vergangenheit stattgefunden haben), sondern die gewisse Dinge als in einer definiten realen Beziehung gut, passend oder richtig bezeichnen und definieren; diese Aussagen sind obendrein *Verallgemeinerungen*, da sie Regeln für den richtigen Gebrauch von Materialien darstellen. (2) Die fragliche reale Beziehung ist die Beziehung von Mitteln zu Zielen oder von Mitteln zu Konsequenzen. (3) Diese Aussagen beruhen unter Umständen in ihrer verallgemeinerten Form auf wissenschaftlich gerechtfertigten empirischen Aussagen und können ihrerseits durch die Beobachtung der tatsächlich erreichten im Vergleich zu den beabsichtigten Resultaten überprüft werden.

Gegen die soeben vorgetragene Ansicht wird eingewandt, sie unterscheide nicht zwischen Dingen, die an und für sich, unmittelbar oder ihrem Wesen nach gut und richtig, und Dingen, die einfach gut *für* irgendetwas anderes seien. Mit anderen Worten, die Letzteren seien nützlich, um Dinge zu erreichen, die, wie es heißt, einen Wert an und für sich haben, da sie um ihrer selbst willen und nicht als Mittel für irgendetwas anderes hochgeschätzt würden. Dieser Unterschied zwischen zwei verschiedenen Bedeutungen von »gut« (und »richtig«) sei, so wird behauptet, so entscheidend für die gesamte Theorie der Wertschätzung und der Werte, dass das Versäumnis, diese Unterscheidung zu treffen, die Gültigkeit der vorgetragenen Schlussfolgerungen zerstöre. Dieser Einwand zwingt uns endgültig dazu, die Frage der Beziehungen der Kategorien *Mittel* und *Ziele* zueinander zu erwägen. In den Begriffen der schon erwähnten doppelten Bedeutung von »Wertschätzung«: Es wird explizit die Frage der Beziehung von *hochschätzen* und *einschätzen* zueinander aufgeworfen. Denn nach diesem Einwand bezieht sich das Einschätzen nur auf *Mittel*, während sich das Hochschätzen auf Dinge bezieht, die *Ziele* sind, so dass ein Unterschied zwischen Wertschätzung im vollen, prägnanten Sinne und Bewertung als sekundär und abgeleitet anerkannt werden muss.

Wir wollen die Verbindung zwischen Hochschätzen und Wertschätzung und ebenso die Verknüpfung zwischen Wunsch (und Interesse) und Hochschätzen als gegeben unterstellen. Das Problem hinsichtlich der Beziehung zwischen Einschätzung von Dingen als Mitteln und Hochschätzung von Dingen als Zielen nimmt dann folgende Form an: Sind Wünsche und Interessen (»Zuneigungen«, wenn man das Wort vorzieht), die direkt die Setzung von Ziel-Werten bewirken, unabhängig von der Einschätzung von Dingen als Mitteln, oder werden sie von dieser Einschätzung zutiefst beeinflusst? Wenn jemand zum Beispiel nach gebührender Untersuchung herausfindet, dass eine ungeheure Anstrengung erforderlich ist, um die Bedingungen zu schaffen, die die erforderlichen Mittel für die Realisierung eines Wunsches sind (einschließlich vielleicht des Opfers anderer Ziel-Werte, die mit demselben Aufwand an Energie erzielt werden könnten), wirkt dann diese Tatsache zurück, um seinen ursprünglichen Wunsch und also, *per definitionem*, seine Wertschätzung zu modifizieren? Macht man sich einmal Bild von dem, was bei jeder überlegten Tätigkeit stattfindet, muss die Antwort auf diese Frage »ja« lauten. Denn was ist Überlegen anderes als das Gewichten verschiedener alternativer Wünsche (und daher Ziel-

Werte) in Begriffen der Bedingungen, die die Mittel zu ihrer Ausführung sind und die, als Mittel, die Konsequenzen bestimmen, die tatsächlich erreicht werden? Es kann keine Kontrolle der Operation, Konsequenzen vorherzusehen (und daher Zwecke zu setzen), geben außer in Begriffen der Bedingungen, die als die kausalen Bedingungen dienen, diese Konsequenzen zu erreichen. Die Aussage, in der jedes als Zweck aufgefasste Objekt formuliert werden kann (oder explizit formuliert wird), ist in genau dem Grade *gerechtfertigt*, wie die bestehenden Bedingungen überblickt und in ihrer Eigenschaft als Mittel eingeschätzt worden sind. Die einzige Alternative zu dieser Feststellung ist die, dass überhaupt keine Überlegung stattfindet, keine Zwecke gesetzt werden, sondern dass jemand direkt unter dem Einfluss seiner jeweiligen Impulse handelt.

Jeder Überblick über die Erfahrungen, in denen sich Zwecke bilden und in denen sich frühere impulsive Tendenzen durch Überlegung in einen *gewählten* Wunsch umformen, enthüllt, dass das Objekt, das endgültig als ein zu erreichendes Ziel wertgeschätzt wird, in seiner konkreten Beschaffenheit durch eine Einschätzung der bestehenden Bedingungen als Mittel bestimmt ist. Aber die Gewohnheit, den Begriff Ziel vollständig von dem Begriff Mittel zu trennen, hat sich aufgrund einer langen philosophischen Tradition so festgesetzt, dass eine weitere Diskussion erforderlich ist.

1. Die gewöhnliche Annahme, es gebe eine scharfe Trennung zwischen einerseits nützlichen oder hilfreichen und andererseits *intrinsisch*, an sich, guten Dingen und deshalb eine Trennung zwischen Aussagen über das, was zweckmäßig, vorausschauend oder ratsam, und Aussagen über das, was an sich begehrenswert ist, bringt auf jeden Fall keine *selbstverständliche* Wahrheit zum Ausdruck. Die Tatsache, dass Worte wie »besonnen«, »vernünftig« und »zweckmäßig«, auf lange Sicht oder nach Überschauen aller Bedingungen, so leicht mit dem Wort »weise« verschmelzen, legt den Gedanken nahe (ohne ihn allerdings zu beweisen), dass Ziele, die unabhängig von der Erwägung von Dingen als Mitteln festgelegt werden, so töricht sind, dass es schon fast an Irrationalität grenzt.

2. Der gesunde Menschenverstand sieht einige Wünsche und Interessen als kurzsichtig, »blind« und andere im Gegensatz dazu als aufgeklärt und weitsichtig an. Er wirft keinen Augenblick lang alle Wünsche und Interessen in einen Topf, als hätten sie im Hinblick auf die Ziel-Werte alle denselben Status. Die Unterscheidung zwi-

schen ihrer Kurzsichtigkeit beziehungsweise Weitsichtigkeit wird genau auf der Basis getroffen, ob der Gegenstand eines gegebenen Wunsches selber als bedingendes Mittel weiterer Konsequenzen gilt. Statt »unmittelbare« Wünsche und Wertschätzungen umstandslos gutzuheißen, erscheint dem gesunden Menschenverstand die Weigerung, sie als Mittel zu betrachten, als das eigentliche Wesen eines kurzsichtigen Urteils. Denn das Ziel als *lediglich* unmittelbar und ausschließlich final zu behandeln, ist gleichbedeutend mit der Weigerung, sich zu überlegen, was geschehen wird, nachdem und weil ein bestimmtes Ziel erreicht ist.

3. Die Worte »inhärent«, »intrinsisch« und »unmittelbar« werden mehrdeutig gebraucht, so dass es zu einer fehlerhaften Schlussfolgerung kommt. Jede Qualität oder Eigenschaft, die einem beliebigen Objekt oder Ereignis gerade angehört, wird mit Recht unmittelbar, inhärent oder intrinsisch genannt. Der Trugschluss besteht darin, dass man das, was diese Termini bezeichnen, als beziehungslos und daher als absolut interpretiert. So sind zum Beispiel *Mittel* definitionsgemäß relational, vermittelt und vermittelnd, da sie zwischen einer bestehenden und einer durch ihre Verwendung erzeugten Situation vermitteln. Aber der relationale Charakter der *Dinge*, die als Mittel verwendet werden, hindert nicht, dass die Dinge ihre eigenen unmittelbaren Qualitäten haben. Falls die Dinge, um die es geht, hochgeschätzt und geliebt werden, haben sie, nach der Theorie, die die Eigenschaft des Wertes mit Hochschätzen verknüpft, notwendig eine unmittelbare Wert-Qualität. Die Vorstellung, wenn Mittel und Instrumente wertgeschätzt werden, seien die sich ergebenden Wertqualitäten nur instrumentell, ist kaum mehr als ein schlechtes Wortspiel. Es steht nicht im Widerspruch zur Natur des Hochschätzens oder Wünschens, dass sie auf Dinge gerichtet sind, die Mittel sind, und es steht nicht im Widerspruch zur Natur der Mittel, dass sie gewünscht und hochgeschätzt werden. Tatsächlich bemisst sich der Wert, den jemand einem gegebenen Ziel beilegt, nicht danach, was er über dessen Kostbarkeit *sagt*, sondern nach der Sorgfalt, die er darauf verwendet, die *Mittel* zu erlangen und zu gebrauchen, ohne die es nicht erreicht werden kann. Es gibt kein Beispiel für irgendeine bemerkenswerte Leistung auf irgendeinem Gebiet (allenfalls zufällig), wo die Personen, die das Ziel erreicht haben, auf die Instrumente und Mittel zu seiner Hervorbringung nicht liebevolle Sorgfalt verwandt hätten. Die Abhängigkeit erreichter Ziele von ange-

wendeten Mitteln ist derart, dass die eben getroffene Feststellung sich tatsächlich auf eine Tautologie reduziert. Die Vernachlässigung und Gleichgültigkeit gegenüber den erforderlichen Mitteln ist ein Beweis dafür, dass es an Wunsch und Interesse fehlt. Sobald sich eine Wunsch- und Interesseneinstellung entwickelt hat, heften sich Wunsch und Interesse automatisch an alle anderen Dinge, die als erforderliche Mittel angesehen werden, um das Ziel zu erreichen; denn ohne leidenschaftliche Aufmerksamkeit wird ein Ziel, das angeblich hochgeschätzt wird, nicht erreicht.

Die Erwägungen, die für »unmittelbar« gelten, treffen auch auf »intrinsisch« und »inhärent« zu. Eine Qualität, einschließlich der Wertqualität, ist inhärent, wenn sie wirklich zu etwas gehört, und die Frage, ob sie dazu gehört oder nicht, ist eine *Tatsachen*frage und keine Frage, die durch eine dialektische Manipulation des Begriffs Inhärenz entschieden werden kann. Wenn man den brennenden Wunsch verspürt, bestimmte Dinge als Mittel zu erlangen, dann gehört die Qualität des Wertes diesen Dingen an oder ist ihnen inhärent. In diesem Augenblick *ist* der Zweck der, diese Mittel zu erlangen oder hervorzubringen. Die Vorstellung, nur das, was ohne jede Beziehung zu allem anderen ist, könne mit Recht *inhärent* genannt werden, ist nicht nur selbst absurd, sondern steht im Widerspruch zu genau der Theorie, die den Wert der Objekte als Ziele mit Wunsch und Interesse verknüpft, denn diese Ansicht macht ganz ausdrücklich den Wert des Ziel-Objekts relational; wenn das Inhärente mit dem Nicht-Relationalen verknüpft wird, gäbe es also es nach dieser Ansicht überhaupt gar keine inhärenten Werte. Andererseits: Wenn es Tatsache ist, dass die Qualität in diesem Falle existiert, weil das, wozu sie gehört, durch eine Relation bedingt ist, dann kann der relationale Charakter der Mittel nicht als Beweis dafür angeführt werden, dass ihr Wert nicht inhärent ist. Dieselben Erwägungen gelten für die Ausdrücke »intrinsisch« und »extrinsisch«, wenn sie auf Wert-Qualitäten angewendet werden. Genau genommen beinhaltet die Wendung »extrinsischer Wert« eine *contradictio in adiecto*. Relationale Eigenschaften verlieren nicht ihre intrinsische Qualität, genau das zu sein, was sie sind, weil ihr Entstehen von etwas Extrinsischem *verursacht* wird. Die Theorie, dass dies der Fall sei, liefe logisch auf die Ansicht hinaus, dass es überhaupt gar keine intrinsischen Qualitäten gibt, da gezeigt werden kann, dass das Vorkommen intrinsischer Qualitäten wie *rot*, *süß* oder *hart* kausal bedingt ist. Wiederum ist das Problem, dass eine Begriffsdialektik an die Stelle einer Prüfung der wirklichen empirischen Tatsachen getreten ist. Das extremste Beispiel für die Ansicht, intrinsisch zu sein bedeute so viel wie außerhalb jeder Beziehung zu stehen, fin det sich bei jenen Autoren, nach deren Auffassung Werte, da sie intrinsisch *sind*, von überhaupt *keiner* Beziehung abhängen könnten und schon gar nicht von einer Beziehung zu Menschen. Infolgedessen greift diese Schule diejenigen, die Wert-Eigenschaften mit Wunsch und Interesse verknüpfen, aus genau demselben Grund an, dass die Letzteren den Unterschied zwischen den Werten von Mitteln und Zielen mit dem Unterschied zwischen instrumentellen und intrinsischen Werten gleichsetzen. Die Ansichten dieser extremen, nichtnaturalistischen Schule vermitteln infolgedessen ein klares Bild von dem, was geschieht, wenn eine Analyse des abstrakten Begriffs der »Intrinsikalität« an die Stelle einer Analyse empirischer Ereignisse tritt.

Je offener und emphatischer die Wertschätzung von Objekten als Zielen mit Wunsch und Interesse verknüpft wird, umso evidenter sollte es sein, dass, da Wunsch und Interesse nur dann Wirkung zeigen, wenn sie kooperativ mit den Umweltbedingungen interagieren, die Wertschätzung von Wunsch und Interesse als Mitteln, die mit anderen Mitteln korreliert sind, die einzige Bedingung für eine gültige Einschätzung von Objekten als Zielen darstellt. Wenn die Lektion gelernt würde, dass das Objekt wissenschaftlicher Erkenntnis *jedenfalls* eine ermittelte Korrelation von Veränderungen ist, stünde unbezweifelbar fest, dass alles, was *als Ziel* aufgefasst wird, seinem Inhalt oder seinen Bestandteilen nach eine Korrelation der persönlichen und außerpersönlichen Energien ist, die als Mittel operieren. Ein Ziel als *wirkliche* Konsequenz, als existierendes Ergebnis, ist, wie jedes andere Geschehen, das wissenschaftlich analysiert wird, nichts als die Interaktion der Bedingungen, die es hervorbringen. Daraus folgt notwendig, dass die *Idee* des Objekts von Wunsch und Interesse, der *Zweck* im Unterschied zum wirklichen Ergebnis, in genau dem Grade gerechtfertigt ist, in dem sie in Begriffen dieser operativen Bedingungen gebildet wird.

4. Die Hauptschwäche der gängigen Theorien der Wertschätzung, die die Wertschätzung auf Wunsch und Interesse beziehen, beruht darauf, dass sie keine empirische Analyse der konkreten Wünsche und Interessen, wie sie tatsächlich existieren, vornehmen.

Wenn eine solche Analyse durchgeführt wird, zeigen sich sogleich bestimmte relevante Erwägungen.

(1) Wünsche können durchkreuzt und Interessen besiegt werden. Die Wahrscheinlichkeit, dass der Versuch scheitert, die gewünschten Zielen zu erreichen, steht in direktem Verhältnis zum Misslingen des Versuchs, Wunsch und Interesse (sowie die Objekte, die sie beinhalten) auf der Basis von Bedingungen zu bilden, die entweder als (negativ bewertete) Hindernisse oder als positive Ressourcen operieren. Der Unterschied zwischen vernünftigen und unvernünftigen Wünschen und Interessen ist genau der Unterschied zwischen Wünschen und Interessen, die beiläufig entstehen und nicht durch die Erwägung der Bedingungen, die tatsächlich über das Ergebnis entscheiden, neu konstituiert werden und denen, die auf der Basis der bestehenden Verbindlichkeiten und potenziellen Ressourcen gebildet werden. Dass Wünsche in der Art, wie sie sich zunächst präsentieren, das Produkt eines Mechanismus sind, der aus angeborenen organischen Tendenzen und erworbenen Gewohnheiten besteht, ist eine unbestreitbare Tatsache. Alles Wachstum an Reife besteht darin, solchen Tendenzen *nicht* unmittelbar nachzugeben, sondern sie bei ihrem ersten Auftreten durch die Erwägung zu überarbeiten, zu welchen Konsequenzen sie führen, *wenn* man nach ihnen handelt – eine Operation, die gleichbedeutend damit ist, sie als Mittel zu beurteilen oder zu bewerten, die in Verbindung mit außerpersönlichen Bedingungen operieren, die gleichfalls Mittel darstellen. Theorien der Wertschätzung, die die Wertschätzung auf Wunsch und Interesse beziehen, können nicht beides zugleich haben: Sie können nicht ständig zwischen einer Ansicht von Wunsch und Interesse hin- und herschwanken, die diese mit Impulsen identifiziert, wie sie gerade auftreten (als Produkte organischer Mechanismen), und einer Ansicht vom Wunsch als Modifikation eines rohen Impulses durch Voraussicht seines Resultats; da allein das Letztere Wunsch ist, besteht der ganze Unterschied zwischen Impuls und Wunsch darin, dass im Wunsch ein Zweck, Objekte *als* vorhergesehene Konsequenzen, vorhanden ist. Die Voraussicht wird in dem Grade verlässlich sein, in dem sie durch die Prüfung der Bedingungen, die tatsächlich über das Ergebnis entscheiden, konstituiert ist. Wenn es so scheint, als werde dieser Punkt allzu stark betont, dann deshalb, weil der Streitpunkt, um den es geht, nichts anderes und nichts weniger ist als die Möglichkeit charakteristischer Wertschätzungsaussagen.

Denn es kann nicht bestritten werden, dass im Falle der Bewertung von Dingen als Mitteln Aussagen möglich sind, die auf der Basis von Beweismaterial gerechtfertigt sind und experimentell überprüft werden können. Daraus folgt: Wenn diese Aussagen in die Bildung derjenigen Interessen und Wünsche eingehen, die Wertschätzungen von Zielen sind, dann werden dadurch die Letzteren zum Gegenstand authentischer empirischer Zustimmungen und Ablehnungen.

(2) Wir sprechen gewöhnlich vom »Lernen aus der Erfahrung« und von der »Reife« eines Einzelnen oder einer Gruppe. Was meinen wir mit solchen Ausdrücken? Zumindest meinen wir damit, dass in der Geschichte individueller Personen und der menschlichen Gattung ein Wandel von ursprünglichen, vergleichsweise unreflektierten Impulsen und festen Gewohnheiten zu Wünschen und Interessen stattfindet, die die Ergebnisse kritischer Forschung darstellen. Wenn dieser Prozess geprüft wird, zeigt sich, dass er hauptsächlich auf der Grundlage sorgfältiger Beobachtung der Unterschiede stattfindet, die zwischen erwünschten und vorgeschlagenen Zielen (Zwecken) und erreichten Zielen oder wirklichen Konsequenzen bestehen. Wenn das, was gewünscht und antizipiert wird, mit dem übereinstimmt, was wirklich erreicht wird, wird dadurch die Auswahl von Bedingungen, die als Mittel für das erstrebte Ziel dienen, bestätigt; Diskrepanzen, die als Frustrationen und Niederlagen empfunden werden, führen zu einer Untersuchung, um die Ursachen des Fehlschlags zu entdecken. Diese Untersuchung besteht aus zunehmend gründlicher Überprüfung der Bedingungen, unter denen Impulse und Gewohnheiten entstehen und operieren. Das Resultat ist die Bildung von Wünschen und Interessen, die das, was sie sind, durch die Vereinigung der affektiv-motorischen mit den intellektuellen oder begrifflichen[15] Bedingungen der Handlung sind. Das begriffliche Moment ist in jedem Fall da, wo es einen Zweck irgendeiner Art gibt, gleichgültig wie beiläufig er sich gebildet hat, während es in genau dem Grade adäquat ist, in dem das Ziel in Begriffen der Bedingungen seiner Verwirklichung konstituiert wird. Denn überall, wo es einen *Zweck* welcher Art auch immer gibt, gibt es eine affektiv-*begrifflich*-motorische Tätigkeit oder, in Begriffen der doppelten Bedeutung von Wertschätzung, gibt es eine Vereinigung von Hochschätzen und Einschätzen. Die Beobachtung er-

15 [*ideational*]

reichter Resultate, der *wirklichen* Konsequenzen in ihrer Übereinstimmung mit und ihrem Unterschied zu den antizipierten Zielen oder Zwecken, stellt auf diese Weise die Bedingungen bereit, durch die Wünsche und Interessen (und folglich Wertschätzungen) zur Reife gebracht und überprüft werden. Man kann sich kaum etwas vorstellen, was dem gesunden Menschenverstand mehr zuwiderliefe als die Vorstellung, wir seien außerstande, unsere Wünsche und Interessen zu ändern, dadurch dass wir herausfinden, zu welchen Konsequenzen sie führen, oder, wie man es manchmal ausdrückt, wenn man ihnen *frönt.* Es sollte überflüssig sein, zum Beweis auf das verwöhnte Kind und den Erwachsenen, der »der Wirklichkeit nicht ins Auge blicken kann«, zu verweisen. Aber soweit es die Wertschätzung und die Theorie der Werte betrifft, stellt jede Theorie, die die Wertschätzung von Zielen von der Einschätzung von Mitteln trennt, das verwöhnte Kind und den unverantwortlichen Erwachsenen der reifen und gesunden Person gleich.

(3) Jeder Mensch trifft in dem Grade, in dem er aus Erfahrung lernen kann, eine Unterscheidung zwischen dem Erwünschten und dem Wünschenswerten, sobald er vor der Aufgabe steht, konkurrierende Wünsche und Interessen zu entwickeln und sich zwischen ihnen zu entscheiden. In dieser Feststellung steckt nichts Weithergeholtes oder Moralisierendes. Der bezeichnete Unterschied ist einfach der zwischen dem Gegenstand eines Wunsches, wie er sich zuerst (aufgrund der bestehenden Mechanismen von Impulsen und Gewohnheiten) darstellt, und dem Gegenstand von Wünschen, der als Neufassung des zunächst erscheinenden Impulses entsteht, nachdem der Impuls in Bezug auf die Bedingungen, die über das wirkliche Resultat entscheiden, kritisch beurteilt worden ist. Das »Wünschenswerte«, oder das Objekt, das gewünscht (wertgeschätzt) werden *sollte*, steigt nicht vom *a priori* Himmel noch als ein Imperativ vom Berg Sinai herab. Es zeigt sich, weil die vergangene Erfahrung gezeigt hat, dass eine vorschnelle Handlung auf der Grundlage eines unkritisierten Wunsches zur Niederlage und möglicherweise zur Katastrophe führt. Im Unterschied zum »Gewünschten« bezeichnet das »Wünschenswerte« also nichts im Allgemeinen oder *a priori.* Es verweist auf den Unterschied zwischen der Operation und den Konsequenzen ungeprüfter Impulse und dem Wirken und den Folgen von Wünschen und Interessen, die das Produkt der Erforschung von Bedingungen und Konsequenzen sind. Soziale Bedingungen und

Zwänge sind Teil der Bedingungen, die die Ausführung von Wünschen beeinflussen. Von daher müssen sie bei der Bildung von Zielen in Begriffen verfügbarer Mittel berücksichtigt werden. Aber der Unterschied zwischen dem »ist« im Sinne des Objektes eines beiläufig entstehenden Wunsches und dem »sollte sein« eines Wunsches, der in Beziehung auf wirkliche Bedingungen gebildet worden ist, ist ein Unterschied, der sich auf jeden Fall anbieten muss, wenn Menschen an Reife zunehmen und mit der kindischen Haltung brechen, jedem Impuls »zu frönen«, wie er gerade entsteht.

Wünsche und Interessen sind, wie wir gesehen haben, selbst kausale Bedingungen der Ergebnisse. Als solche sind sie potenzielle Mittel und müssen als solche eingeschätzt werden. Diese Aussage ist nur eine Wiederholung von schon früher getroffenen Feststellungen. Aber man sollte sie trotzdem noch einmal aussprechen, weil sie zwingend anzeigt, wie weit einige der theoretischen Ansichten der Wertschätzung von praktischen Haltungen und Überzeugungen des gesunden Menschenverstandes entfernt sind. Es gibt eine unendliche Anzahl von sprichwörtlichen Redensarten, die die Notwendigkeit zum Ausdruck bringen, Wünsche und Interessen nicht bei ihrem ersten Auftreten als endgültig zu behandeln, sondern sie als Mittel zu behandeln – das heißt, sie einzuschätzen und Objekte oder Zwecke auf der Basis der Konsequenzen anzusehen, die sie in der Praxis gewöhnlich hervorbringen. »Schau hin, bevor du springst«; »Handle schnell, bereue in Muße«; »Ein Stich zur Zeit erspart dir neun«; »Wenn du ärgerlich bist, zähle bis zehn«; »Leg die Hand nicht an den Pflug, bis die Kosten berechnet sind« – das sind nur einige wenige der Maximen. Sie werden in dem alten Sprichwort *»respice finem«* zusammengefasst, das den Unterschied zwischen der Haltung zum Ausdruck bringt, einen Zweck einfach nur zu *haben*, wofür *beliebige* Wünsche genügen, und *hinzuschauen*, zu prüfen, sich zu vergewissern, dass die Konsequenzen, die sich tatsächlich ergeben, wirklich hochgeschätzt und wertgeschätzt werden, wenn sie erst einmal eintreten. Nur unter dem Zwang einer voreingenommenen Theorie (aller Wahrscheinlichkeit nach einer Theorie, die durch die Schlussfolgerungen einer unkritisch akzeptierten »subjektivistischen« Psychologie ernsthaft infiziert ist) lassen sich die konkreten Unterschiede ignorieren, die der Inhalt von »Zuneigungen« und »Hochschätzungen« und Wünschen und Interessen dadurch erfährt, dass sie in ihrer jeweiligen kausalen Eigenschaft als Mittel bewertet werden.

V. Ziele und Werte

Es ist mehr als einmal bemerkt worden, dass die Schwierigkeiten der Theorien, die Wert auf Wunsch und Interesse beziehen und dann eine scharfe Trennung zwischen Hochschätzen und Einschätzen, zwischen Zielen und Mitteln machen, darauf beruhen, dass sie keine empirische Untersuchung der wirklichen Bedingungen vornehmen, unter denen Wünsche und Interessen entstehen und fungieren und in denen Ziel-Objekte, Zwecke, inhaltlich bestimmt werden. Eine solche Analyse wird jetzt unternommen werden.

Wenn wir das tatsächliche Entstehen von Wunsch und Wunschobjekt und sowie die diesem Objekt zugeschriebene Wert-Eigenschaft untersuchen (statt den allgemeinen Begriff Wunsch nur dialektisch zu manipulieren), ist es so klar, wie nur irgendetwas klar sein kann, dass Wünsche nur dann auftreten, »wenn irgendetwas schief geht«, wenn es in einer bestehenden Situation ein »Problem« gibt. Bei genauerer Analyse stellt sich heraus, dass dieses »irgendwas geht schief« aus der Tatsache entspringt, dass irgendetwas in der gerade bestehenden Situation fehlt, nicht vorhanden ist – ein Nichtvorhandensein, das zu einem Konflikt unter den vorhandenen Elementen führt. Wenn Dinge vollständig glatt gehen, entstehen keine Wünsche und es gibt keinen Anlass, sich Zwecke zu setzen, denn »glatt gehen« bedeutet, dass es der Anstrengung und Auseinandersetzung bedarf. Es genügt, die Dinge ihren »natürlichen« Gang gehen zu lassen. Es besteht kein Anlass, zukünftige Verbesserungen zu planen, und folglich kommt es zu keinem Entwurf eines Ziel-Objekts.

Nun operieren vitale Impulse und erworbene Gewohnheiten oft ohne die Intervention eines Zwecks oder einer Absicht. Wenn man merkt, dass jemand einem auf den Fuß getreten hat, reagiert man wahrscheinlich mit einem Stoß, um sich des störenden Elements zu entledigen. Man hält nicht inne, um sich einen definitiven Wunsch zu bilden und ein zu erreichendes Ziel zu setzen. Wer angefangen hat spazieren zu gehen, geht in der Regel aus Gewohnheit weiter, ohne ständig seinen Handlungsverlauf zu unterbrechen, um zu untersuchen, welches Objekt beim nächsten Schritt erreicht werden soll. Solche rudimentären Beispiele sind typisch für einen Großteil menschlicher Tätigkeiten. Verhalten ist oft so direkt, dass weder Wünsche und Ziele eingreifen noch Bewertungen stattfinden. Nur Theoriezwänge führen zu der Schlussfolgerung, ein hungriges Tier suche Nahrung, weil es sich eine Idee von einem zu erreichenden Gegenstand gebildet oder diesen Gegenstand auf der Basis eines Wunsches bewertet habe. Organische Spannungen reichen aus, um das Tier in Gang zu halten, bis es das spannungslösende Material gefunden hat. Aber wenn und sobald *Wunsch* und *Zweck* zwischen das Auftreten eines vitalen Impulses oder einer gewohnheitsmäßigen Tendenz und die Ausführung einer Tätigkeit treten, wird der Impuls oder die Tendenz bis zu einem gewissen Grad modifiziert und transformiert. Dies ist eine rein tautologische Aussage, da das Auftreten eines Wunsches, der zu einem Zweck in Beziehung steht, eine Transformation eines früheren Impulses oder einer Routine-Gewohnheit *ist*. Nur in solchen Fällen kommt es zu einer Wertschätzung. In Zusammenhang mit der Theorie, die Wertschätzung auf Wunsch und Interesse bezieht,[16] ist diese Tatsache, wie wir gesehen haben, von viel größerer Wichtigkeit, als sie auf den ersten Blick zu sein scheint, denn sie beweist, dass Wertschätzung nur dann stattfindet, wenn irgendetwas schief läuft; wenn es gilt, ein Problem zu beseitigen, wenn es gilt, ein Bedürfnis, einen Mangel oder eine Entbehrung auszugleichen, wenn ein Neigungskonflikt mit Hilfe einer Veränderung der bestehenden Bedingungen gelöst werden soll. Diese Tatsache beweist ihrerseits, dass, wo immer Wertschätzung auftritt, ein intellektueller Faktor vorhanden ist – ein Faktor der Forschung –, denn der Zweck wird als das gesetzt und projiziert, was das bestehende Bedürfnis befriedigt oder den bestehenden Mangel behebt, wenn man entsprechend handelt, und so den bestehenden Konflikt löst. Daraus folgt, dass der Unterschied verschiedener Wünsche und ihrer korrelativen Zwecke von zwei Dingen abhängt. Erstens von der Adäquatheit, mit der die Untersuchung der Mängel und Konflikte der bestehenden Situation durchgeführt worden ist. Zweitens von der Adäquatheit der Untersuchung der Wahrscheinlichkeit, dass der jeweils gesetzte Zweck das bestehende Bedürfnis im Falle seiner Verwirklichung tatsächlich befriedigt, das heißt den durch das Bedürfnis konstituierten Anforderungen genügt und den Konflikt dadurch beseitigt, dass er die Tätigkeit auf die Schaffung eines einheitlichen Sachverhalts hinlenkt.

Der Fall ist empirisch und dialektisch so einfach, dass nicht zu begreifen wäre, warum er in der Diskussion so durcheinander ge-

16 Vgl. S. 321.

bracht worden ist, gäbe es nicht den Einfluss irrelevanter theoretischer Vorurteile, die teilweise aus der introspektionistischen Psychologie und teilweise aus der Metaphysik stammen. Empirisch gibt es zwei Alternativen. Eine Handlung kann mit oder ohne einen Zweck stattfinden. Im letzteren Falle findet ein offenes Handeln ohne eine dazwischen liegende Wertschätzung statt; ein vitaler Impuls oder eine alte Gewohnheit reagiert direkt auf einen unmittelbaren sensorischen Reiz. In dem Fall, wo ein Zweck besteht und wertgeschätzt wird oder in Relation auf einen Wunsch oder ein Interesse besteht, wird die darin einbegriffene motorische Tätigkeit tautologisch durch die Antizipation der Konsequenzen vermittelt, die, *als Zweck*, in die Konstitution des Wunsches oder Interesses eingehen. Nun lassen sich, wie schon so oft wiederholt worden ist, Dinge *als Ziele* oder Ergebnisse nur in Begriffen der Bedingungen antizipieren oder vorhersehen, durch die sie hervorgebracht werden. Es ist einfach unmöglich, einen Zweck zu haben oder die Konsequenzen einer vorgeschlagenen Handlungsweise zu antizipieren außer auf der Basis einer sei es auch noch so oberflächlichen Erwägung der Mittel, durch die er verwirklicht werden kann. Andernfalls ist er kein echter Wunsch, sondern eine müßige Phantasie, ein nichtiger Wunsch. Dass vitale Impulse und erworbene Gewohnheiten sich in Tagträumen und dem Erbauen von Luftschlössern erschöpfen können, ist unglückseligerweise wahr. Aber die Inhalte von Träumen und Luftschlössern sind *per definitionem keine* Zwecke, und was sie zu Phantasien macht, ist eben die Tatsache, dass sie nicht auf der Basis der wirklichen Bedingungen gebildet werden, die als Mittel ihrer Verwirklichung dienen. *Aussagen, in denen Dinge (Akte und Materialien) als Mittel eingeschätzt werden, gehen notwendig in Wünsche und Interessen ein, die Ziel-Werte bestimmen.* Von daher die Wichtigkeit von Untersuchungen, die zur Einschätzung der Dinge als Mittel führen.

Der Fall ist so klar, dass es sich als nützlicher erweist, statt ihn direkt zu behandeln, uns zu fragen, wie es zu dem Glauben kommen konnte, es gebe so etwas wie Ziele, die einen Wert unabhängig von der Wertschätzung der Mittel, durch die sie erreicht werden, besitzen.

1. Die mentalistische Psychologie, die affektiv-motorische Tätigkeiten auf bloße *Gefühle* zu »reduzieren« sucht, hat auch in den Interpretationen, die den *Zwecken*, *Absichten* und *Zielen* gegeben wird, ihren Ausdruck gefunden. Sie wurden nicht als Folgenerwartungen desselben Typs wie eine Voraussage zukünftiger Ereignisse

behandelt und, jedenfalls was ihren Inhalt und ihre Gültigkeit anbetrifft, als von solchen Voraussagen abhängig, sondern als lediglich mentale Zustände aufgefasst; denn dann (und nur dann), wenn sie so aufgefasst werden, werden Ziele, Bedürfnisse und Befriedigungen in einer Weise affiziert, die die ganze Theorie der Wertschätzung verzerrt. Als *mentaler* Zustand *sind* ein Ziel, eine Absicht oder ein Zweck von den biologischen und physischen Mitteln, durch die sie realisiert werden können, unabhängig. Der Mangel, das Bedürfnis oder die Entbehrung, die überall, wo ein Wunsch besteht, existieren, wird dann als ein bloßer »geistiger« Zustand gedeutet und nicht als etwas, was *in der Situation* fehlt – etwas, das bereitgestellt werden muss, wenn die empirische Situation vollständig sein soll. In diesem letzteren Sinne ist das Notwendige oder Erforderliche das, was *real notwendig* ist, wenn ein Zweck verwirklicht werden soll. *Wessen* man bedarf, kann in diesem Fall nicht durch eine Untersuchung eines Geisteszustandes herausgefunden werden, sondern nur durch eine Prüfung der wirklichen Bedingungen. Im Hinblick auf die Interpretation von »Befriedigung« besteht ein offensichtlicher Unterschied zwischen Befriedigung als einem Geisteszustand und Befriedigung als Erfüllung von Bedingungen, das heißt als etwas, das den Bedingungen genügt, die die gemeinsamen Potenzialitäten und Mängel derjenigen Situation auferlegen, in der der Wunsch entsteht und fungiert. Wunschbefriedigung bedeutet, dass dem für die wunscherregende Situation charakteristischen Mangel so abgeholfen wird, dass die verwendeten Mittel den Bedingungen für die Erreichung des Ziels im wörtlichsten Sinne genügen. Aufgrund der subjektivistischen Interpretation von Ziel, Bedürfnis und Befriedigung wird die verbal korrekte Aussage, Wertschätzung sei eine *Beziehung* zwischen einer persönlichen Haltung und außerpersönlichen Dingen – eine Beziehung obendrein, die ein motorisches (und folglich physisches) Element enthält –, so konstruiert, dass sie eine Trennung von Mitteln und Zielen, von Einschätzung und Hochschätzung beinhaltet. Damit wird aus einem »Wert« ein »Gefühl« – ein Gefühl, das anscheinend das Gefühl von nichts als von sich selbst ist. Wenn gesagt würde, ein »Wert« werde *gefühlt, könnte* die Behauptung so interpretiert werden, dass eine bestimmte Beziehung zwischen einer persönlichen motorischen Einstellung und außerpersönlichen Umweltbedingungen auf direkter Erfahrung beruht.

2. Die Bedeutungsverschiebung von Wertschätzung als *Wunsch-*

Interesse zu *Genuss* bringt eine weitere Konfusion in die Theorie. Die Verschiebung wird erleichtert, weil es ja tatsächlich sowohl Genüsse von Dingen gibt, die man auch *ohne* Wunsch und Anstrengung direkt besitzt, als auch Genüsse von Dingen, die man nur *dank* der Anstrengung besitzt, die zur Wunschbefriedigung erforderlichen Bedingungen zu schaffen. Im letzteren Falle steht der Genuss in funktionaler Beziehung zum Wunsch oder Interesse, und die Definition von Wertschätzung in Begriffen von Wunsch-Interesse wird nicht verletzt. Aber da dasselbe *Wort* »Genuss« auch auf Befriedigungen angewendet wird, die völlig unabhängig von einem vorangehenden Wunsch und einer entsprechenden Anstrengung entstehen, verschiebt sich die Bedeutung, so dass »wertschätzen« mit jedem Zustand von Genuss identifiziert wird, gleichgültig, wie es dazu kommt – einschließlich der Befriedigungen, die ganz beiläufig und zufällig erlangt werden – »zufällig« im Sinne von wunsch- und absichtslos. Man nehme zum Beispiel die Befriedigung, wenn man erfährt, dass ein unbekannter Verwandter einem ein Vermögen hinterlassen hat. Das ist ohne Zweifel ein *Genuss*.[17] Aber wenn Wertschätzung in Begriffen von Wunsch und Interesse definiert wird, liegt hier kein Fall von Wertschätzung vor und insoweit gibt es hier auch keinen »Wert«, da Letzterer nur ins Spiel kommt, wenn ein Wunsch hinsichtlich der Verwendung des Geldes entsteht und eine Frage nach einem Zweck gestellt wird. Infolgedessen sind die beiden Arten von Genuss nicht nur voneinander verschieden, sondern ihre jeweiligen Auswirkungen auf die Theorie der Wertschätzung sind miteinander unvereinbar, da die eine Art mit direktem Besitz verbunden und die andere durch einen vorangehenden Mangel an Besitz bedingt ist – eben der Fall, wo Wunsch ins Spiel kommt.

Wir wollen den Punkt in einer leicht veränderten Illustration wiederholen, um ihn zu verdeutlichen. Erwägen wir den Fall eines Mannes, der sich über eine unerwartete Summe Geldes freut, beispielsweise über Geld, das er beim Spaziergang auf der Straße aufgehoben hat. In dem Augenblick, wo er ihn vollzieht, hat dieser Akt nichts mit seiner Absicht und seinem Wunsch zu tun. Wenn Werte definitionsgemäß mit Wunsch verknüpft sind, dann liegt hier kein Fall von Wertschätzung vor. Wertschätzung beginnt erst dann, wenn der Finder anfängt zu überlegen, *wie* er das Geld hochschätzen, wie

17 [enjoyment]

er für es Sorge tragen soll. Soll er es zum Beispiel als Mittel hochschätzen, sich bestimmte Bedürfnisse zu erfüllen, die er vorher nicht befriedigen konnte, oder soll er es als Mittel hochschätzen, das er in Verwahrung nimmt, bis der Eigentümer gefunden wird? In jedem Fall liegt definitionsgemäß ein Fall von Wertschätzung vor. Aber es ist klar, dass die Werteigenschaft in den beiden Fällen an ganz verschiedene Objekte geknüpft sind. Natürlich sind der Gebrauch, den man von dem Geld macht, die Zwecke, denen es dient, einigermaßen standardisiert, und insofern ist das eben zitierte Beispiel nicht besonders gut gewählt. Aber nehmen wir den Fall eines Kindes, das einen glänzenden glatten Stein gefunden hat. Sein Tastsinn und sein Gesichtsinn sind erfreut. Aber ohne Wunsch und ohne Absicht keine Wertschätzung – bis es sich die Frage stellt, was es damit anfangen soll; bis das Kind *hortet*, worauf es soeben zufällig gestoßen ist. In dem Augenblick, wo es anfängt, den Stein hochzuschätzen, ihm etwas an ihm liegt, verwendet es ihn zu einem bestimmten Zwecke und dadurch als *Mittel* für irgendein Ziel, und zwar schätzt oder wertschätzt es ihn, je nach Reife, *in dieser Beziehung* oder als Mittel zu einem Ziel.

Die Verwirrung, zu der es in der Theorie kommt, wenn eine Bedeutungsverschiebung von wunsch- und interessebezogener Wertschätzung zu wunsch- und interessefreiem »Genuss« vorgenommen wird, wird durch die Tatsache erleichtert, dass das Erreichen der Ziele von Wunsch und Interesse (von Wertschätzung) selbst genossen wird. Der springende Punkt der Konfusion besteht in der Isolierung des Genusses von den Bedingungen, unter denen er eintritt. Gleichwohl ist der Genuss, der die Konsequenz der Erfüllung eines Wunschs und die Realisierung eines Interesses ist, das, was er ist, aufgrund der Befriedigung eines Bedürfnisses oder der Behebung eines Mangels – eine Befriedigung, die durch eine zweckgeleitete Anstrengung bedingt ist. In diesem Sinne beinhaltet »Genuss« eine inhärente Verknüpfung mit *Mangel* an Besitz; während »Genuss« im anderen Sinne der Genuss des schieren Besitzes ist. Es ist eine Tautologie, dass Besitz und Mangel an Besitz unvereinbar sind. Außerdem ist es eine allgemeine Erfahrung, dass das Objekt des Wunsches in dem Augenblick, wo es erlangt ist, *nicht* genossen wird; es ist geradezu sprichwörtlich, dass der Genuss eher im Suchen als im Erlangen besteht. Man braucht diese Sprichwörter gar nicht wörtlich zu nehmen, um zu sehen, dass die fraglichen Vorkommnisse beweisen, dass zwischen Wert als mit Wunsch verbunden und Wert als bloßem Genuss ein Unterschied besteht. Und schließlich: Es ist eine alltägliche Erfahrung, dass Genüsse das primäre Material der *Probleme* der Wertschätzung darstellen. Ganz unabhängig von irgendwelchen »moralischen« Streifragen fragen sich die Leute beständig, ob ein bestimmter Genuss der Mühe wert ist oder ob die mit seiner Hervorbringung verbundenen Bedingungen ihn zu einem teuren Vergnügen machen.

Ich habe oben darauf hingewiesen, zu welchen Verwirrungen es in der Theorie führt, wenn »Werte« auf der Basis von vitalen Impulsen *definiert* werden. (Der Grund für eine solche Definition ist der, dass Impulse Existenzbedingungen von Werten in dem Sinne sind, dass sie vitalen Impulsen »entstammen«.) In dem Text, aus dem die Passage zitiert wurde, steht in engem Zusammenhang damit das Folgende: »Das Ideal der Rationalität ist selbst ebenso willkürlich, ebenso abhängig von den Bedürfnissen einer endlichen Organisation wie jedes andere Ideal.«[18] Implizit enthält diese Passage zwei außergewöhnliche Auffassungen. Erstens die, ein Ideal sei willkürlich, wenn es kausal von wirklichen Dingen bedingt und für wirkliche Bedürfnisse menschlicher Wesen relevant ist. Diese Auffassung ist außergewöhnlich, weil man doch natürlicherweise annehmen würde, ein Ideal sei in dem Grade willkürlich, in dem es *nicht* mit existierenden Dingen verbunden und *nicht* auf konkrete reale Erfordernisse bezogen ist. Und zweitens die Auffassung, das Ideal der Rationalität sei »willkürlich«, weil es auf diese Weise bedingt ist. Man würde doch denken, dass es auf das Ideal der Rationalität ganz besonders zuträfe, dass seine Vernünftigkeit (im Unterschied zu seiner Willkürlichkeit) auf dem Boden seiner Funktion beurteilt werden muss, aufgrund seiner Leistung, nicht aufgrund seines Ursprungs. Wenn Rationalität als Ideal oder verallgemeinerter Zweck dazu dient, das Verhalten so zu lenken, dass die in Konsequenz des so gelenkten Verhaltens gemachten Erfahrungen vernünftiger sind, kann man nicht mehr verlangen. Beide implizierten Auffassungen sind so außergewöhnlich, dass sie nur auf der Grundlage bestimmter unausgesprochener Vormeinungen verstanden werden können. Soweit man urteilen kann, sind diese Vor-Urteile, (1) dass ein Ideal unabhängig von der Realität sein *sollte*, das heißt *a priori*. Der Hin-

18 [A. d. Ü.: R. B. Perry, a. a. O.]

weis auf den Ursprung von Idealen in vitalen Impulsen ist in der Tat eine wirksame Kritik dieser *A-priori*-Auffassung. Aber er stellt nur dann einen Grund dar, Ideen willkürlich zu nennen, wenn die *A-priori*-Ansicht akzeptiert wird. (2) Das andere Vor-Urteil scheint eine Anerkennung der Ansicht zu sein, es gebe »Zwecke-an-sich-selbst« oder sollte sie geben; das heißt Ziele oder Ideale, die nicht auch Mittel sind, was, wie wir schon gesehen haben, genau das ist, was ein Ideal ist, wenn es in den Begriffen seiner Funktion beurteilt und bewertet wird. Man kann nur dann zu dem Schluss kommen, ein verallgemeinerter Zweck oder ein Ideal sei wegen des realen und empirischen Ursprungs willkürlich, wenn man zuerst als höchstes Kriterium festlegt, ein Ziel solle *nicht* auch ein Mittel sein. Die ganze Passage und die Ansichten, für die es repräsentativ ist, erinnern an den alten Glauben an »Selbstzwecke« als einzig und endgültig legitime Art von Zielen.

VI. Das Ziele-Mittel-Kontinuum

Wer Charles Lambs Essay über den Ursprung von geröstetem Schweinefleisch[19] gelesen und genossen hat, war sich wahrscheinlich nicht bewusst, dass das Vergnügen an seiner Absurdität darauf beruhte, dass hier ein Ziel gesetzt wurde, das sowohl von den Mitteln, durch die es erreicht werden soll, wie auch von seiner eigenen weiteren Funktion als Mittel unabhängig war. Wahrscheinlich hat nicht einmal Lamb selbst die Geschichte als bewusste Travestie der Theorien geschrieben, die eine solche Trennung vornehmen. Nichtsdestoweniger ist das die ganze Pointe der Geschichte. Sie erzählt, wie man sich erinnern wird, dass der Genuss von geröstetem Schweinefleisch darauf zurückgeht, dass zufällig ein Haus, in dem Schweine eingesperrt waren, niederbrannte. Während die Eigentümer in den Ruinen herumstocherten, berührten sie die im Feuer gerösteten Schweine und verbrannten dabei sich die Finger. Als sie ihre Finger impulsiv an den Mund führten, um sie abzukühlen, machten sie die Erfahrung eines neuen Geschmacks. Da sie den Geschmack genossen, machten sie es sich von da ab zur Gewohnheit, Häuser zu bauen, Schweine in sie einzusperren und dann die

19 [A. d. Ü.: Charles Lamb, *The Essays of Elia*, 18: A Dissertation upon Roast Pig, London 1823; dt.: *Essays*, München 1965.]

Häuser niederzubrennen. Wenn Zwecke das, was sie sind, gänzlich unabhängig von Mitteln sind, und ihren Wert unabhängig von der Wertschätzung der Mittel besitzen, dann liegt in diesem Verfahren nichts Absurdes, nichts Lächerliches, denn das erreichte Ziel, die faktische Beendigung, *war* das Essen und Genießen des Schweinefleischs, und das war genau das erwünschte Ziel. Nur wenn das erreichte Ziel in Begriffen der angewandten Mittel eingeschätzt wird – das Errichten und Niederbrennen der Häuser im Vergleich zu anderen verfügbaren Mitteln, durch die man das beabsichtigte Resultat erreichen könnte –, ist etwas Absurdes oder Unvernünftiges an der angewandten Methode.

Die Geschichte steht in direktem Zusammenhang mit einem anderen Punkt, der Bedeutung von »intrinsisch« oder »Wert an sich«. Wenn man will, kann man den *Genuss* von Schweinefleisch als unmittelbar bezeichnen, obgleich selbst so für die, die ein Gedächtnis haben, der Gedanke an die unnötigen Kosten, die er verursacht hat, den Genuss etwas trüben dürfte. Aber der Übergang von der Unmittelbarkeit des Genusses zu dem so genannten »Wert an sich« ist ein Sprung, für den es keinen Grund gibt. Der *Wert* des Genusses eines Objektes *als* eines erlangten Zieles ist ein Wert von etwas, das *als* Ziel, *als* Ergebnis, in einer Beziehung zum Mittel steht, dessen Konsequenz es ist. Wenn also das fragliche Objekt *als* Ziel oder »finaler« Wert hochgeschätzt wird, wird es *in dieser Beziehung* oder als mittelbar bewertet. Als geröstetes Schweinefleisch zum ersten Mal genossen wurde, war es *kein* Ziel-Wert, da es *per definitionem* nicht das Resultat von Wunsch, Voraussicht und Absicht war. Bei späteren Gelegenheiten war es *per definitionem* das Ergebnis früherer Voraussicht, Wunsch und Anstrengung, und nahm deshalb die Stellung eines Zwecks ein. Es gibt Gelegenheiten, bei denen eine frühere Anstrengung den Genuss des Erreichten erhöht. Aber es gibt auch viele Gelegenheiten, bei denen Menschen am Ziel feststellen, dass sie einen zu hohen Preis bezahlt haben, an Anstrengung und am Opfern anderer Ziele: In solchen Situationen wird der *Genuss* des erreichten Ziels selbst *wertgeschätzt*, denn es wird nicht in seiner Unmittelbarkeit genommen, sondern in den Begriffen seiner Kosten – eine Tatsache, die es unmöglich macht, es als »Selbstzweck« anzusehen, ohnehin ein in sich widersprüchlicher Ausdruck.

Die Geschichte wirft ein helles Licht auf das, was gewöhnlich mit der Maxime »Der Zweck heiligt die Mittel« gemeint wird, wie auch auf die üblichen Einwände dagegen. Auf diesen Fall angewandt würde es heißen, der Wert des erreichten Zieles, der Verzehr von geröstetem Schweinefleisch, rechtfertigte den Preis der Mittel, durch die er erzielt wurde – die Zerstörung von Wohnhäusern und die Aufopferung der Werte, zu denen sie beitragen. Die in der Maxime »Der Zweck heiligt die Mittel« enthaltene Auffassung ist im Grunde dieselbe wie die im Begriff der Selbstzwecke enthaltene; ja, von einem historischen Standpunkt aus gesehen ist sie das Ergebnis der Letzteren, denn nur die Auffassung, gewisse Dinge seien Selbstzweck, kann den Glauben rechtfertigen, die Mittel-Ziel-Relation sei unilateral und gehe ausschließlich vom Ziel zu den Mitteln. Wenn die Maxime mit empirisch ermittelten Tatsachen verglichen wird, ist sie gleichbedeutend mit der Annahme von einer von zwei Überzeugungen, die beide mit den Tatsachen unvereinbar sind. Die eine der Ansichten ist die, dass nur ein besonders ausgewählter Zweck tatsächlich durch die verwendeten Mittel verwirklicht wird, wobei irgendein Wunder interveniert, um zu verhindern, dass die verwendeten Mittel ihre weiteren üblichen Wirkungen haben; die andere (und wahrscheinlichere) Ansicht ist die, dass, verglichen mit der Wichtigkeit des ausgewählten und einzigartig wertgeschätzten Zieles, andere Konsequenzen vollkommen ignoriert und beiseite gefegt werden können, egal wie unangenehm sie an sich sein mögen. Diese willkürliche Auswahl irgendeines Teils der erzielten Konsequenzen als *das* Ziel und daher als die Rechtfertigung der verwendeten Mittel (gleichgültig wie unakzeptabel ihre *anderen* Konsequenzen sein mögen) ist das Ergebnis der Ansicht, *es* als *das* Ziel sei ein Selbstzweck und besitze daher unangesehen aller seiner realen Beziehungen einen »Wert«. Und diese Vorstellung ist *jeder* Ansicht eigen, die glaubt, »Ziele« könnten unabhängig von der Einschätzung der zu ihrer Erreichung als Mittel verwendeten Dinge wertgeschätzt werden. Die einzige Alternative zu der Ansicht, *das* Ziel sei ein willkürlich ausgewählter Teil der wirklichen Konsequenzen, der als das Ziel dann den Gebrauch von Mitteln unangesehen der anderen Konsequenzen, die sie hervorbringen, rechtfertigt, ist der, dass Wünsche, Zwecke und erreichte Konsequenzen ihrerseits als Mittel für weitere Konsequenzen bewertet werden. Die erwähnte Maxime sagt, unter dem Deckmantel der Behauptung, Ziele im Sinne wirklicher Konsequenzen rechtfertigten die verwendeten Mittel – eine korrekte Position –, in Wirklichkeit, dass irgendein Fragment dieser wirklichen

Konsequenzen – ein Fragment, das willkürlich ausgewählt wurde, nur weil jemand es sich in den Kopf gesetzt hat – den Gebrauch von Mitteln autorisiert, um *es* zu erreichen, ohne die Notwendigkeit, andere Ziele als Konsequenzen der verwendeten Mittel vorauszusehen und zu gewichten. Es enthüllt somit auf schlagende Weise den Fehlschluss der Position, Ziele hätten unabhängig von der Einschätzung der beteiligten Mittel und ihrer eigenen weiteren kausalen Wirksamkeit einen Wert.

Wir kommen so auf einen schon oben entwickelten Punkt zurück. In allen Naturwissenschaften (wobei »Natur« hier als Synonym für *nicht-menschlich* gebraucht wird) gilt es heute als selbstverständlich, dass alle »Wirkungen« ebenso »Ursachen« sind, oder, genauer gesagt, dass nichts Endgültiges geschieht, ohne Teil eines fortlaufenden Stroms von Ereignissen zu sein. Wenn dieses Prinzip, samt der damit verbundenen Diskreditierung des Glaubens an Objekte, die Ziele, aber keine Mittel sind, auch da verwendet wird, wo man es mit charakteristisch menschlichen Phänomenen zu tun hat, folgt notwendig, dass die Unterscheidung zwischen Zielen und Mitteln zeitlich und relational ist. Jede Bedingung, die verwirklicht werden muss, um als Mittel zu dienen, ist *in diesem Zusammenhang* ein Wunschobjekt und ein Zweck, während das wirklich erreichte Ziel ein Mittel für zukünftige Ziele wie auch eine Überprüfung früherer Wertschätzungen ist. Da das erreichte Ziel eine Bedingung weiterer realer Ereignisse ist, muss es als potenzielles Hindernis und potenzielle Ressource eingeschätzt werden. Würde der Begriff einiger Objekte als Selbstzwecke aufgegeben, nicht nur mit Worten, sondern in allen praktischen Implikationen, wären die Menschen zum ersten Mal in der Geschichte in der Lage, sich Zwecke und Wünsche auf der Basis empirisch begründeter Propositionen über die zeitlichen Beziehungen von Ereignissen zueinander zu bilden.

Zu jeder gegebenen Zeit hat ein Erwachsener in einer sozialen Gruppe bestimmte Ziele, die durch den Brauch so standardisiert sind, dass sie ohne Prüfung als selbstverständlich genommen werden, so dass die einzigen Probleme die besten Mittel betreffen, sie zu erreichen. In der einen Gruppe ist Geldverdienen ein derartiges Ziel; in einer anderen Gruppe der Besitz politischer Macht; in einer dritten Gruppe der Fortschritt wissenschaftlicher Erkenntnis; in einer vierten Gruppe militärische Heldentaten usf. Aber solche Ziele sind in jedem Falle (1) mehr oder weniger leere Rahmen, wo das nominelle »Ziel« Grenzen für definite Ziele zieht, wobei die Letzteren durch die Einschätzung von Dingen als Mitteln bestimmt werden; obgleich sie (2), soweit sie einfach Gewohnheiten ausdrücken, die sich ohne kritische Prüfung der Beziehung von Mitteln und Zielen gebildet haben, kein Modell für eine daraus folgende Theorie der Wertschätzung liefern. Wenn jemand, durch eine intensive Kälteerfahrung veranlasst, die er als äußerst unangenehm empfindet, einen Augenblick lang findet, es lohne sich, sich durch das Niederbrennen seines Hauses zu erwärmen, rettet ihn einzig die intellektuelle Erkenntnis der anderen Konsequenzen, die sich aus dem Verlust seines Hauses ergeben würden, vor einer Tat, die durch eine »Zwangsneurose« bestimmt ist. Es ist nicht notwendig ein Zeichen von Wahnsinn (wie im zitierten Fall), ein als Ziel entworfenes Ereignis aus dem Kontext einer Welt fortschreitender Veränderungen zu isolieren, in der es tatsächlich stattfinden wird. Aber es ist zumindest ein Zeichen von Unreife, wenn es einem Individuum nicht gelingt, sein Ziel ebenso als sich verändernde Bedingung weiterer Konsequenzen anzusehen, und es dieses Ziel insofern als *endgültig* in dem Sinne behandelt, in dem »endgültig« bedeutet, dass der Gang der Ereignisse zu einem vollständigen Stillstand gekommen ist. Menschen neigen zu solchen Haltepunkten. Aber sie als Vorbilder für eine Theorie der Ziele zu behandeln heißt, eine Manipulation von aus ihrem Entstehungs- und Funktionskontext abstrahierten Ideen an die Stelle von Schlussfolgerungen aus der Beobachtung konkreter Fakten zu setzen. Es ist ein Zeichen entweder von Wahnsinn, Unreife, festgefahrener Routine oder eines Fanatismus, der eine Mixtur aus allen dreien darstellt.

Unzweifelhaft gibt es allgemeine Ideen von Zielen und Werten. Es gibt sie nicht nur als Ausdrücke von Gewohnheit und als unkritische und wahrscheinlich ungültige Ideen, sondern darüber hinaus ganz genau so, wie gültige allgemeine Ideen in jedem Bereich entstehen. Ähnliche Situationen wiederholen sich; Wünsche und Interessen werden aus einer Situation auf eine andere übertragen und gewinnen zunehmend an Festigkeit. Daraus ergibt sich ein Verzeichnis allgemeiner Ziele, wobei die enthaltenen Werte »abstrakt« in dem Sinne sind, nicht mit irgendeinem besonderen bestehenden Fall verknüpft zu sein, aber nicht im Sinne der Unabhängigkeit von allen empirisch existierenden Fällen. Wie im Fall allgemeiner Ideen im naturwissenschaftlichen Vorgehen werden diese allgemeinen Ideen als intellektuelle Werkzeuge bei der Beurteilung jeweiliger besonderer Fälle benutzt; sie sind praktisch Werkzeuge, die die Prüfung von Dingen ganz konkret erleichtern, während sie durch die Resultate ihrer Anwendung in diesen Fällen außerdem selbst überprüft werden. Die Entwicklung der Naturwissenschaft geriet auf eine sichere Bahn, als nicht länger eine Begriffsdialektik dazu diente, Schlussfolgerungen über reale Angelegenheiten zu erzielen, und Begriffe stattdessen als Mittel zu einer Hypothese angewendet wurden, die sich fruchtbar auf Einzelfälle anwenden ließ, und ebenso wird es mit der Theorie menschlicher Tätigkeiten und Beziehungen sein. Es ist nicht ohne Ironie, dass genau die Kontinuität der erlebten Tätigkeiten, dank welcher allgemeine Wertideen als Regeln zur Bewertung besonderer Wünsche und Ziele dienen, zur Quelle eines Glaubens geworden ist, Wünsche verliehen, einfach nur deshalb, weil es sie gibt, Objekten als Zielen Wert, und zwar völlig unabhängig von ihrem Kontext in dem Kontinuum der Tätigkeiten.

In diesem Zusammenhang besteht die Gefahr, dass die Idee der »Endgültigkeit« in einer Weise manipuliert wird, die der Manipulation der Begriffe »Unmittelbarkeit« und »intrinsisch/an sich«, über die vorher eine Bemerkung gemacht worden ist, ganz analog ist. Ein Wert ist *endgültig* in dem Sinne, dass er die Schlussfolgerung aus einem Prozess analytischer Einschätzungen der in einem konkreten Falle operierenden Bedingungen repräsentiert, wobei die Bedingungen einerseits Impulse und Wünsche und andererseits äußerliche Bedingungen einschließen. Jede Schlussfolgerung auf der Basis einer Untersuchung, die als Rechtfertigung der Schlussfolgerungen gilt, ist für diesen Fall »endgültig«. »Endgültig« hat hier eine logische Bedeutung. Die Wertqualität oder Werteigenschaft, die mit dem *zuletzt* auftretenden Wunsch im Prozess der Wertschätzung korreliert ist, ist für diese besondere Situation ultimativ. Das ist eine Tautologie. Sie bezieht sich freilich auf eine spezifizierbare temporale *Mittel-und-Ziele-Beziehung* und nicht auf etwas, das *per se* ein Ziel ist. Es gibt einen fundamentalen Unterschied zwischen einer endgültigen Eigenschaft oder Qualität und der Eigenschaft oder Qualität der Endgültigkeit.

Gegen die vorgetragene Ansicht wird stets der Einwand vorgebracht, ihr zufolge seien Wertschätzungstätigkeiten und Werturteile in einen hoffnungslosen *regressus ad infinitum* verwickelt. Wenn es, so wird gesagt, es kein Ziel gibt, das nicht seinerseits ein Mittel ist, dann gibt es keinen Punkt, an dem die Voraussicht innehalten kann, und es kann kein Zweck gesetzt werden, außer durch die allerwillkürlichsten Akte – einen Akt, der so willkürlich ist, dass er den Anspruch Lügen straft, ein echtes Wertschätzungsurteil zu sein.

Dieser Einwand bringt uns zu den Bedingungen zurück, unter denen Wünsche Gestalt annehmen und vorhergesehene Konsequenzen als zu erreichende Ziele entworfen werden. Diese Bedingungen sind die des Bedürfnisses, des Mangels und des Konflikts. Ohne eine Bedingung der Spannung zwischen einer Person und den Umweltbedingungen besteht, wie wir gesehen haben, kein Anlass für die Entstehung eines Wunsches nach Veränderung; nichts löst die Bildung eines Zieles aus, geschweige denn die Bevorzugung des einen Zieles vor einem anderen aus der unendlichen Anzahl theoretisch möglicher Ziele. Die Kontrolle der Transformation aktiver Tendenzen in einen Wunsch, in dem ein bestimmter Zweck verkörpert ist, wird durch die Bedürfnisse oder die Entbehrungen einer wirklichen Situation in dem Maße ausgeübt, wie sich die Erfordernisse der Beobachtung erschließen. Der »Wert« verschiedener sich anbietender Ziele wird durch ihre Fähigkeiten gemessen oder abgeschätzt, das Handeln zu leiten, bestehenden Mängeln zu begegnen, ihnen buchstäblich »*Genüge zu tun*«. Hier ist der Faktor, der den Prozess des Vorhersehens und Gewichtens der Absichten in ihrer Funktion als Mittel beendet. »Jeder Tag hat genug eigene Plage«[20], und genug ist auch das *Gute* dessen, das die bestehende Plage beseitigt. Es ist genug, weil es das Mittel ist, eine vollständige Situation oder eine integrierte Menge von Bedingungen zu schaffen.

Ich will hier zwei Illustrationen geben. Ein Arzt hat den Wert verschiedener Vorgehensweisen und ihrer Ergebnisse im Fall eines bestimmten Patienten zu bestimmen. Er setzt Zwecke, die einen ihre Übernahme rechtfertigenden Wert haben, auf der Basis derjenigen Probleme, die seine Prüfung enthüllt. Er schätzt den Wert dessen, was er unternimmt, danach ein, ob es geeignet ist, eine Situation herbeizuführen, in der diese Probleme nicht existieren, in der also der Patient wieder gesund gemacht wird. Er hat nicht eine Idee von Gesundheit als einem absoluten Selbstzweck, einem absoluten Guten, mit dessen Hilfe er bestimmen kann, was er zu tun hat. Ganz im Gegenteil, er bildet sich seine allgemeine Vorstellung von der Ge-

20 [A. d. Ü.: Das Zitat stammt aus Matthäus 6, Vers 34.]

sundheit als Ziel und Gut (Wert) für den Patienten auf der Basis dessen, was seine Prüfungstechniken ihm als die Probleme gezeigt haben, an denen der Patient leidet, und als die Mittel, durch die sie überwunden werden. Man braucht nicht zu bestreiten, dass sich schließlich eine allgemeine und abstrakte Vorstellung von Gesundheit entwickelt. Aber sie ist das Ergebnis einer großen Anzahl definiter, empirischer Untersuchungen, kein apriorischer, vorbedingender »Maßstab« für das Durchführen von Untersuchungen.

Die andere Illustration ist allgemeiner. In jeder Untersuchung, selbst der wissenschaftlichsten, wird der Wert der vorgeschlagenen Schlussfolgerung (der Zweck dieser Untersuchung) auf der Grundlage ihrer Eignung eingeschätzt, das *Problem* zu lösen, das die untersuchten Bedingungen bieten. Es gibt keinen Maßstab *a priori*, um den Wert einer vorgeschlagenen Lösung in konkreten Fällen zu bestimmen. Eine hypothetisch mögliche Lösung als Zweck wird als methodologisches Mittel benutzt, um weitere Beobachtungen und Experimente zu leiten. Entweder sie erfüllt die Aufgabe, ein Problem zu lösen, um dessentwillen sie angenommen und ausprobiert wurde, oder sie tut das nicht. Die Erfahrung hat gezeigt, dass Probleme zum größten Teil in bestimmte wiederkehrende Arten fallen, so dass es allgemeine Prinzipien gibt, denen vorgeschlagene Lösungen nach herrschender Ansicht in bestimmten Fällen genügen müssen. Auf diese Weise bildet sich eine Art Rahmen von Bedingungen, denen genügt werden muss – ein Bezugsrahmen, der in gegebenen Fällen auf eine *empirisch* regulative Art operiert. Wir können vielleicht sogar sagen, dass er als ein Prinzip *»a priori«* operiert, aber in genau demselben Sinne, in dem technische Regeln in einem gegebenen Fall der Kunst sowohl empirisch vorausgehen wie auch die Kontrolle ausüben. Obgleich es keinen Maßstab *a priori* der Gesundheit gibt, mit dem der wirkliche Zustand von Menschen verglichen werden kann, um so zu bestimmen, ob sie gesund oder krank sind oder in welcher Beziehung sie krank sind, haben sich aus der früheren Erfahrung bestimmte Kriterien entwickelt, die in neuen Fällen, sowie sie sich ergeben, operativ anwendbar sind. Zwecke werden als *gut* oder *schlecht* bewertet oder wertgeschätzt, je nachdem, wie gut sie geeignet sind, das Verhalten, das es mit als anstößig empfundenen Sachverhalten zu tun hat, zu lenken. Sie werden als passend oder unpassend, als angemessen oder unangemessen, als *richtig* oder *falsch* auf der Basis ihrer *Eignung* eingestuft, dieses Ziel zu erfüllen.

Angesichts der Tatsache, dass Probleme und »Übel« in der menschlichen Erfahrung nahezu allgegenwärtig sind (Übel im Sinne von Mangelhaftigkeiten, Versagen und Vereitelungen), und angesichts des Aufwandes an Zeit, der darauf verwendet worden ist, sie wegzuerklären, haben Theorien der menschlichen Tätigkeit auf seltsame Weise die konkrete Funktion ignoriert, die Probleme ausüben können, wenn sie als *Probleme* aufgefasst werden, deren Bedingungen und Konsequenzen im Hinblick auf Lösungsmöglichkeiten erforscht werden. Die beiden gerade zitierten Beispiele, der Fortschritt der medizinischen Kunst und der wissenschaftlichen Forschung, sind in diesem Punkt höchst lehrreich. Solange man annahm, wirkliche Ereignisse würden durch einen Vergleich mit einem absoluten Endwert als Maßstab und Norm beurteilt, wurde kein sicherer Fortschritt gemacht. Als Maßstäbe der Gesundheit und der Erfüllung von Bedingungen der Erkenntnis in Begriffen der analytischen Beobachtung bestehender Bedingungen konzipiert wurden, die Schwierigkeiten enthüllte, die sich als Problem formulieren ließen, korrigierten sich die Beurteilungskriterien zunehmend selbst, und zwar durch genau den Prozess ihrer Verwendung in der Beobachtung, der dazu diente, um die Quelle der Schwierigkeit zu lokalisieren und die wirksamen Mittel zu ihrer Bewältigung anzuzeigen. Diese Mittel bilden den Inhalt des spezifischen Zwecks, nicht irgendeinen abstrakten Maßstab oder ein abstraktes Ideal.

Diese Betonung der Funktion von Bedürfnissen und Konflikten als kontrollierender Faktoren in der Schaffung der Ziele und Werte bedeutet nicht, dass die Letzteren selbst an Inhalt und Bedeutung negativ sind. Obwohl sie mit Bezug auf einen negativen Faktor – Mangel, Bedürfnis, Entbehrung und Konflikt – gebildet werden, sind sowohl ihre Funktion wie auch die Lösung, die durch die Ausübung ihrer Funktion bewirkt wird, positiv. Wenn man versucht, ein Ziel *direkt* zu gewinnen, setzt man damit genau jene Bedingungen in Operation, die die Quelle des erfahrenen Problems sind, wodurch man sie verstärkt und im besten Falle die äußere Form verändert, in der sie sich manifestieren. Zwecke, die mit einem negativen *Bezug* gebildet werden (das heißt mit Bezug auf irgendeine Sorge oder ein Problem), sind Mittel, die die Operation der Bedingungen verhindern, die das unerwünschte Ergebnis hervorbringen; sie ermöglichen es, dass positive Bedingungen als Ressourcen wirken und auf diese Weise ein Resultat erzielen, das im höchsten möglichen

Sinne inhaltlich positiv ist. Der Inhalt des Zieles als Objekt, das *beabsichtigt* wird, ist intellektuell oder methodologisch; der Inhalt des erreichten Ergebnisses oder des Ziels als *Konsequenz* ist real. Er ist in dem Maße positiv, in dem er die Beseitigung des Bedürfnisses und des Konflikts bezeichnet, die den *Zweck* heraufbeschworen haben. Der negative Faktor wirkt als eine Bedingung, um die angemessene *Idee* eines Zieles zu bilden; die Idee bestimmt ein positives Ergebnis, wenn man nach ihr handelt.

Das erreichte Ziel oder die erreichte Konsequenz ist immer eine Organisation von Tätigkeiten, wobei Organisation eine Koordination aller Tätigkeiten ist, die als Faktoren eingehen. Der *Zweck* ist jene bestimmte Tätigkeit, die als koordinierender Faktor aller anderen enthaltenen Unter-Tätigkeiten wirkt. Die Anerkennung des Ziels als Koordination oder einheitliche Organisation von Tätigkeiten und des Zwecks als der speziellen Tätigkeit, die das Mittel ist, um diese Koordination zu bewirken, lässt jeden Anschein von Paradoxie verschwinden, welcher der Idee eines zeitlichen Kontinuums von Tätigkeiten anhaftet, in dem jede nachfolgende Stufe gleichermaßen Ziel und Mittel ist. Die *Form* eines erreichten Ziels oder einer erreichten Konsequenz ist immer dieselbe: die einer adäquaten Koordination. Der Inhalt oder der beteiligte Stoff jedes nachfolgenden Resultats unterscheidet sich von dem seines Vorgängers; denn während er, nach einer Periode der Unterbrechung durch Konflikt und Bedürfnis, eine *Neuformulierung* einer vereinheitlichten fortschreitenden Handlung ist, ist er auch eine *Inszenierung* eines neuen Sachverhalts. Seine Qualitäten und Eigenschaften sind ihm als abschließende Lösung eines vorangehenden Tätigkeitszustandes angemessen, in dem es ein eigentümliches Bedürfnis, Wunsch und Zweck gab. In dem kontinuierlichen zeitlichen Prozess, Tätigkeiten in eine koordinierte und koordinierende Einheit zu organisieren, ist eine konstituierende Tätigkeit sowohl Ziel wie Mittel: Ziel, insofern sie zeitlich und relativ einen Abschluss bildet; Mittel, insoweit sie eine Bedingung bereitstellt, die in weiterer Tätigkeit berücksichtigt werden muss.

Dass es Situationen gibt, in denen Mittel Bestandteile genau der Ziel-Objekte sind, die sie zu verwirklichen halfen, ist weder befremdlich noch paradox; solche Situationen kommen vor, wann immer es dem Verhalten gelingt, auf intelligente Weise Zwecke zu entwerfen, die die Tätigkeit zur Lösung der vorangehenden Schwierigkeit lenken. Die Fälle, in denen Ziele und Mittel auseinander fallen, sind die abnormen, diejenigen, die von der intelligent geleiteten Tätigkeit abweichen. Wo immer es zum Beispiel schiere Plackerei gibt, besteht eine Trennung der erforderlichen und notwendigen Mittel von dem Zweck wie dem erreichten Ziel. Wo immer es andererseits ein so genanntes »Ideal« gibt, das utopisch und eine Sache der Phantasie ist, kommt dieselbe Trennung vor, nun von der Seite des so genannten *Ziels*. Mittel, die nicht zu konstituierenden Elementen genau der Ziele oder Konsequenzen werden, die sie hervorbringen, bilden das, was »notwendige Übel« genannt werden, wobei ihre »Notwendigkeit« relativ zu dem bestehenden Zustand der Erkenntnis und der Kunst ist. Sie sind Gerüsten vergleichbar, die später niedergerissen werden mussten, die aber bei der Errichtung von Gebäuden notwendig waren, bis die Aufzüge eingebaut wurden. Die Letzteren blieben in den errichteten Gebäuden zur Verwendung zurück und wurden als Mittel benutzt, um Material zu transportieren, das seinerseits zu einem integralen Teil des Gebäudes wurde. Resultate oder Konsequenzen, die zu einer Zeit notwendig Abfallprodukte bei der Produktion des bestimmten erwünschten Dinges wurden, wurden im Lichte der Entwicklung der menschlichen Erfahrung und Intelligenz als Mittel für weitere erwünschte Konsequenzen nutzbar gemacht. Das verallgemeinerte Ideal und der Maßstab der Wirtschaftlichkeit beziehungsweise Wirksamkeit, die in jeder fortgeschrittenen Kunst und Technologie wirken, ist, wenn man genau hinschaut, dem Begriff von Mitteln äquivalent, die Bestandteile erreichter Ziele sind, und von Zielen, die als Mittel für weitere Ziele nutzbar sind.

Es muss außerdem bemerkt werden, dass *Tätigkeit* und *Tätigkeiten* in dem Sinne, wie diese Worte in der vorangehenden Erörterung gebraucht wurden, wie jedes wirkliche Verhalten reale Materialien beinhalten, so wie Atmen Luft beinhaltet; Gehen die Erde, Kaufen und Verkaufen Waren; Forschung untersuchte Dinge usf. Keine menschliche Tätigkeit vollzieht sich in einem Vakuum; sie operiert in der Welt und hat Materialien, mittels deren und durch die sie Resultate erzielt. Auf der anderen Seite ist kein Material – Luft, Wasser, Metall, Holz usf. – *Mittel*, außer es wird in einer menschlichen Tätigkeit dazu verwendet, irgendetwas fertig zu stellen. Wenn »Organisation von Tätigkeiten« erwähnt wird, schließt sie immer Organisation der Materialien in sich, die in der Welt existieren, in der wir leben. Jene Organisation, die der »endgültige« Wert für jede konkrete Situation der Bewertung ist, bildet auf diese Weise einen Teil der realen Bedingungen, die bei der weiteren Bildung von Wünschen und Interessen oder Wertschätzungen berücksichtigt werden müssen. In dem Maße, wie eine bestimmte Wertschätzung wegen der unbedachten kurzsichtigen Untersuchung von Dingen in ihrer Mittel-Ziel-Beziehung ungültig ist, werden späteren vernünftigen Wertschätzungen Hindernisse in den Weg gelegt. In dem Maße, wie Wünsche und Interessen nach einem kritischen Überblick über die Bedingungen gebildet werden, die als Mittel das wirkliche Ergebnis bestimmen, schließen sich spätere Tätigkeiten um so glatter aneinander an, denn die erreichten Konsequenzen sind dann so, dass sie sich leichter als Mittel im Kontinuum des Handelns bewerten lassen.

VII. Theorie der Wertschätzung als Umriss eines Programms

Aufgrund der Verwirrung, die auf der gegenwärtigen Diskussion des Problems der Wertschätzung lastet, sah sich die in der vorliegenden Studie vorgenommene Analyse genötigt, sich bis zu einem beträchtlichen Ausmaß damit zu befassen, diese Verwirrung auf ihre Quelle zurückzuverfolgen. Dies ist nötig, damit die empirische Erforschung der Tatsachen, die vom gesunden Menschenverstand für selbstverständlich gehalten werden, von irrelevanten und verwirrenden Assoziationen befreit wird. Die wichtigeren Schlussfolgerungen können folgendermaßen zusammengefasst werden.

1. Selbst wenn »Wert-Ausdrücke« nur Ausrufe wären, und zwar von der Art, dass sie das Verhalten anderer Leute beeinflussen, wären echte Aussagen über solche Ausdrücke möglich. Wir könnten untersuchen, ob sie die beabsichtigten Wirkungen haben oder nicht; und eine weitere Untersuchung könnte die spezifischen Bedingungen der Fälle erforschen, in denen das beabsichtigte Ergebnis erzielt wurde und in denen das nicht der Fall war. Es ist nützlich, zwischen »emotiven« und »wissenschaftlichen« sprachlichen Ausdrücken zu unterscheiden. Selbst wenn das Erstere überhaupt nichts sagte, könnten sie nichtsdestoweniger wie andere natürliche Ereignisse als Resultat einer Prüfung ihrer Bedingungen und Wirkungen zum Substrat »wissenschaftlicher« Aussagen werden.

2. Eine andere Ansicht verknüpft Wertschätzung und Wertausdrücke mit Wünschen und Interessen. Da Wunsch und Interesse Verhaltensphänomene sind (die zum wenigsten einen »motorischen« Aspekt beinhalten), können die Wertschätzungen, die sie hervorbringen, hinsichtlich *ihrer* jeweiligen Bedingungen und Resultate erforscht werden. Wertschätzungen sind empirisch beobachtbare Verhaltensmuster und können als solche untersucht werden. Die Aussagen, die sich daraus ergeben, sind Aussagen *über* Wertschätzungen, sind aber nicht von sich aus Wert-Aussagen in irgendeinem Sinne, der sie von anderen Tatsachen-Aussagen unterschiede.

3. Charakteristische Wert-Aussagen bestehen überall da, wo Dinge hinsichtlich ihrer Eignung und Nützlichkeit als Mittel eingeschätzt werden, denn solche Aussagen sind nicht Aussagen über Dinge oder Ereignisse, die schon geschehen sind oder die gegenwärtig schon existieren (obgleich sie unabhängig von Aussagen der im vorhergehenden Satz erwähnten Art nicht gerechtfertigt werden können), sondern sind Aussagen über Dinge, die erst noch verwirklicht werden *sollen*. Außerdem sind sie zwar logisch von Tatsachen-Voraussagen abhängig, dennoch aber mehr als einfache Voraussagen; denn die fraglichen Dinge sind von der Art, dass sie unter den gegebenen Umständen außer durch die Intervention irgendeiner persönlichen Handlung *nicht* vorkommen. Der Unterschied gleicht dem Unterschied zwischen einer Aussage, dass eine bestimmte Sonnenfinsternis auf *jeden* Fall stattfinden wird, und einer Aussage, dass die Sonnenfinsternis von bestimmten Personen gesehen oder erlebt werden wird, falls diese eingreifen, um bestimmte Handlungen zu vollziehen. Während Wertschätzungsaussagen als Einschätzungen von Mitteln in allen Künsten und Technologien vorkommen und auf strikt naturwissenschaftlichen Aussagen beruhen (wie in fortgeschrittenen Ingenieurstechnologien), unterscheiden sie sich nichtsdestoweniger von den Letzteren dadurch, dass sie inhärent die Mittel-Ziel-Beziehung beinhalten.

4. Wo es Wünsche gibt, gibt es auch *Zwecke*, nicht einfach nur erzeugte Wirkungen, wie im Falle von bloßem Impuls, Wunsch und Routine. Zwecke als antizipierte Resultate, die auf einen gegebenen Wunsch zurückwirken, sind *per definitionem* oder tautologisch *begrifflich*. Die in ihnen enthaltene Voraussicht, Voraussage oder Antizipation ist, wie jeder andere intellektuelle schlussfolgernde Fak-

tor, in dem Grade gerechtfertigt, wie sie sich auf Aussagen stützt, die Schlussfolgerungen adäquater Beobachtungs-Tätigkeiten sind. Jeder gegebene Wunsch ist das, was er in seinem wirklichen Inhalt ist, oder »Objekt« *aufgrund* seiner begrifflichen Bestandteile. Der bloße Impuls oder Appetit kann als affektiv-motorisch bezeichnet werden; aber jede Theorie, welche die Wertschätzung mit Wunsch und Interesse verbindet, verknüpft durch ebendiese Tatsache Wertschätzung mit Verhalten, das affektiv-*begrifflich*-motorisch ist. Diese Tatsache beweist die *Möglichkeit* der Existenz charakteristischer Wertschätzungsaussagen. Angesichts der Rolle, die Zwecke bei der Lenkung der Tätigkeiten spielen, die entweder zur Verwirklichung oder Vereitelung von Wünschen beitragen, ist die *Notwendigkeit* von Wertschätzungsaussagen bewiesen, wenn Wünsche intelligent und Absichten nicht nur einfach kurzsichtig und irrational sein sollen.

5. Die erforderliche Einschätzung von Wünschen und Zwecken als Mittel der Tätigkeiten, durch die wirkliche Resultate hervorgebracht werden, beruht auf der Beobachtung der erreichten Konsequenzen im Vergleich mit und im Gegensatz zu dem Inhalt der Zwecke. Unbekümmertes, unbedachtes Handeln verzichtet auf die Untersuchung, die die Punkte der Übereinstimmung und Nichtübereinstimmung zwischen dem wirklich gebildeten Wunsch (und folglich der Wertschätzung, die wirklich vorgenommen wird) und den Dingen bestimmt, die dadurch verwirklicht werden, dass man nach diesem Wunsch handelt. Da Wunsch und Wertschätzung von als Ziele vorgeschlagenen Objekten inhärent miteinander verbunden sind und da Wunsch und Zwecke als Mittel für Ziele eingeschätzt werden müssen (eine Einschätzung, die auf der Grundlage gerechtfertigter naturwissenschaftlicher Verallgemeinerungen vorgenommen wird), wird die Wertschätzung von Zwecken durch die Konsequenzen überprüft, die sich tatsächlich ergeben. Sie wird bis zu dem Grade verifiziert, wie Übereinstimmung über die Ergebnisse besteht. Eine fehlende Übereinstimmung ist, falls die Abweichungen sorgfältig beobachtet werden, nicht nur ein Misserfolg, sondern stellt die Mittel bereit, die Bildung späterer Wünsche und Zwecke zu verbessern.

Das Ergebnis ist, dass (1) das Problem der Wertschätzung im Allgemeinen wie in besonderen Fällen Dinge betrifft, die in der Beziehung von Mitteln und Zielen zueinander stehen; dass (2) Ziele nur auf der Basis der Mittel bestimmbar sind, die bei ihrer Verwirklichung eine Rolle spielen; und dass (3) Wünsche und Interessen selbst als Mittel in ihrer Interaktion mit äußerlichen oder Umwelt-Bedingungen bewertet werden müssen. Im Unterschied zu Zielen als erreichten Ergebnissen dienen Zwecke selbst als lenkende Mittel; oder, in gewöhnlicher Ausdrucksweise, als *Pläne*. Wünsche, Interessen und Umwelt-Bedingungen als Mittel sind Handlungsweisen und müssen daher in Begriffen von Energien konzipiert werden, die auf homogene und vergleichbare Terme reduziert werden können. Die Koordination oder Organisationen von Energien, die aus den beiden Quellen Organismus und Umwelt hervorgehen, sind auf diese Weise in allen Fällen von Wertschätzung sowohl Mittel als auch erreichtes Resultat oder »Ziel«, wobei die beiden Arten von Energie theoretisch (wenn auch bis jetzt noch nicht vollständig in der Praxis) in Begriffen physikalischer Einheiten formuliert werden können.

Die dargelegten Schlussfolgerungen machen keine vollständige Theorie der Wertschätzung aus. Aber sie legen die Bedingungen dar, denen eine solche Theorie genügen muss. Eine wirkliche Theorie kann erst vollendet werden, wenn systematisch Untersuchungen über die Dinge, die in der Mittel-Ziel-Relation zueinander stehen, durchgeführt und ihre Resultate auf die Bildung von Wünschen und Zielen angewendet worden sind. Denn die Theorie der Wertschätzung ist selbst ein intellektuelles oder methodologisches Mittel und kann als solches nur im und durch den Gebrauch entwickelt und perfektioniert werden. Da dieser Gebrauch gegenwärtig nicht auf irgendeine adäquate Weise besteht, umreißen die vorgetragenen theoretischen Erwägung und die erzielten Schlussfolgerungen eher ein zu unternehmendes Programm als eine vollständige Theorie. Dieses Unternehmen kann nur durch die ganz konkrete regulierte Anleitung der Bildung von Interessen und Zwecken ausgeführt werden. Die primäre Bedingung dieses Unternehmens (im Gegensatz zu der üblichen Theorie der Beziehung von Wertschätzung zu Wunsch und Interesse) ist die Erkenntnis, dass Wunsch und Interesse anfänglich nicht fertig gegeben vorliegen und *a fortiori* nicht so, wie sie zuerst erscheinen mögen, Ausgangspunkte, ursprüngliche Daten oder Prämissen jeder Theorie der Wertschätzung sind, denn ein Wunsch entsteht immer innerhalb eines früheren Systems von Tätigkeiten oder untereinander verbundenen Energien. Er entsteht innerhalb eines *Feldes*, wenn das Feld gestört oder von Unterbrechung bedroht ist, wenn ein Konflikt eine Bedürfnisspannung einführt oder einzuführen droht. Ein Interesse repräsentiert nicht einfach einen Wunsch, sondern eine Menge aufeinander bezogener Wünsche, die erfahrungsgemäß wegen ihrer Verbindung miteinander eine definite Ordnung in den Prozessen kontinuierlichen Verhaltens zu erzeugen pflegen.

Die Probe auf das Vorhandensein einer Wertschätzung und die Natur der Letzteren ist das wirkliche Verhalten, wie dieses der Beobachtung unterworfen ist. Wird das bestehende Tätigkeitsfeld (einschließlich der Umweltbedingungen) *akzeptiert*, wobei »Akzeptanz« in der Anstrengung besteht, es gegen widrige Bedingungen aufrechtzuerhalten? Oder wird es *verworfen*, wobei »Verwerfung« in der Anstrengung besteht, es loszuwerden und ein anderes Verhaltensfeld zu gewinnen? Und im letzteren Falle, welches ist das wirkliche Feld, auf das sich Wunsch bzw. Anstrengungen (oder die Organisation von Wunsch bzw. Anstrengungen, die ein Interesse ausmachen) als ihr Ziel richten? Die Bestimmung dieses Feldes als eines Verhaltensziels bestimmt, *was* geschätzt wird. Solange es zu keinem wirklichen oder angedrohten Schock und einer Situationsstörung kommt, kann man im unmittelbaren Akt fortfahren – in der offenen Handlung. Es besteht kein Bedürfnis, kein Wunsch und keine Wertschätzung, genau wie es dort, wo kein Zweifel herrscht, keinen Anlass zu einer Untersuchung gibt. Genau wie das Problem, das die Forschung auslöst, auf eine empirische Situation bezogen ist, in der sich das Problem präsentiert, so sind Wunsch und der Entwurf von Zielen als zu erreichenden Konsequenzen auf eine konkrete Situation und auf ihren Transformationsbedarf bezogen. Die Beweislast liegt sozusagen bei dem Vorkommen von Bedingungen, die hinderlich, obstruktiv sind und Konflikt und Bedürfnis mit sich bringen. Die Überprüfung der Situation im Hinblick auf die Bedingungen, die Mangel und Bedürfnis konstituieren und so als positive Mittel für die Bildung eines erreichbaren Zieles oder Ergebnisses dienen, ist die Methode, durch die gerechtfertigte (erforderliche und effektive) Wünsche und Zwecke gebildet werden: kurzum, durch die Variation stattfindet.

Die Konfusionen und Fehler in den bestehenden Theorien, die die vorangehende ausgedehnte Analyse nötig gemacht haben, ergeben sich zum größten Teil daraus, dass man Wunsch und Interesse, anstatt sie in der kontextuellen Situation zu nehmen, in der sie entstehen, als ursprünglich auffasst. Wenn sie so verstanden werden, werden sie in Beziehung auf die Wertschätzung unhintergehbar. Indem sie sozusagen pauschal genommen werden, können wir sie durch nichts mehr empirisch kontrollieren oder überprüfen. Wenn der Wunsch tatsächlich so ursprünglich wäre, wenn er von der Struktur und den Erfordernissen einer konkreten empirischen Situation unabhängig wäre und deshalb keinerlei Funktion mit Bezug auf eine reale Situation zu erfüllen hätte, dann wäre das Insistieren auf der Notwendigkeit eines begrifflichen oder intellektuellen Faktors in jedem Wunsch und der daraus folgenden Notwendigkeit der Erfüllung der empirischen Bedingungen seiner Gültigkeit so überflüssig und irrelevant, wie seine Kritiker immer behauptet haben. Das Insistieren könnte dann das sein, was man eine »moralische« Neigung genannt hat, die aus einem Interesse an der »Reform« von Individuen und Gesellschaft entspringt. Aber da es in Wirklichkeit keine Wünsche und Interessen ohne ein Tätigkeitsfeld gibt, auf dem sie als schlechte oder als gute Mittel vorkommen und in dem sie funktionieren, ist das fragliche Insistieren einfach und gänzlich im Interesse einer korrekten empirischen Erklärung des wirklich Existierenden, im Gegensatz zu dem, was sich bei einer Überprüfung als eine dialektische Manipulation von *Begriffen* des Wunsches und des Interesses ganz allgemein erweist, ein Verfahren, das als einziges übrig bleibt, wenn der Wunsch in Isolierung von seinem realen Kontext genommen wird.

Es ist in der Geschichte der Theorien nicht selten, dass ein Irrtum am einen Extrem einen komplementären Irrtum am anderen Extrem hervorruft. Der eben betrachtete Typ von Theorie isoliert Wünsche als Quellen der Wertschätzung von jedem realen Kontext und von daher von jeder Möglichkeit intellektueller Kontrolle ihrer Inhalte und Ziele. Diese Theorie macht die Wertschätzung dadurch zu einer willkürlichen Angelegenheit. Praktisch sagt sie, dass jeder Wunsch im Hinblick auf den Wert, den er schafft, so »gut« wie jeder andere ist. Da Wünsche – und ihre Organisation in Interessen – die Quellen menschlichen Handelns sind, riefe diese Ansicht, systematisch befolgt, ein Verhalten hervor, das so ungeordnet wäre, dass es fast schon chaotisch erschiene. Die Tatsache, dass trotz Konflikten und unnötigen Konflikten keine komplette Unordnung besteht, ist ein Beweis, dass in Wirklichkeit irgendein Grad an intellektuellem Respekt vor bestehenden Bedingungen und Konsequenzen als Kontrollfaktor bei der Bildung von Wünschen und Wertschätzungen im Spiel ist. Freilich sind die Implikationen der Theorie in Richtung intellektueller und praktischer Unordnung so, dass sie eine entgegengesetzte Theorie entstehen lassen, eine Theorie freilich, die dasselbe fundamentale Postulat der Isolierung der Wertschätzung aus konkreten empirischen Situationen, ihren Potenzialitäten und ihren Erfordernissen hat. Dies ist die Theorie der »Selbstzwecke« als letzter Maßstäbe aller Wertschätzung – eine Theorie, die implizit oder explizit bestreitet, dass Wünsche irgendetwas mit »endgültigen Werten« zu tun haben, außer sie werden der äußerlichen Kontrolle absoluter Ziele *a priori* als den Maßstäben und Idealen für ihre Wertschätzung unterworfen. Diese Theorie gerät in ihrem Bestreben, dem Regen ungeordneter Wertschätzungen zu entkommen, in die Traufe des Absolutismus. Sie überträgt die Simulierung endgültiger und kompletter rationaler Autorität auf bestimmte Interessen bestimmter Personen oder Gruppen auf Kosten aller anderen: eine Ansicht, die ihrerseits, wegen der Konsequenzen, die sie im Gefolge hat, die Vorstellung bestärkt, eine intellektuelle und empirisch vernünftige Kontrolle von Wünschen und daher der Wertschätzungen und Wert-Eigenschaften sei nicht möglich. Das Hin und Her zwischen Theorien, die *per definitionem* empirisch nicht überprüfbar sind (da sie *a priori* sind), und erklärten empirischen Theorien, die unbewusst Schlussfolgerungen, die aus dem bloßen *Begriff* des Wunsches abgeleitet sind, an die Stelle der Resultate der Beobachtung von konkreten Wünschen setzen, wird auf diese Weise aufrechterhalten. Das Erstaunliche an der *A-priori*-Theorie (erstaunlich, wenn die Geschichte des philosophischen Denkens aus dem Überblick ausgelassen wird) ist ihr vollkommenes Ignorieren der Tatsache, dass Wertschätzungen konstante Phänomene persönlichen und gemeinschaftlichen menschlichen Verhaltens sind und durch die Verwendung von Ressourcen korrigiert und weiterentwickelt werden können, die uns unsere Kenntnis physikalischer Beziehungen verschafft.

VIII. Wertschätzung und die Bedingungen der Gesellschaftstheorie

Wir kommen so auf das Problem zu sprechen, das, wie im Eingangsabschnitt dieser Untersuchung gezeigt wurde, dem gegenwärtigen Interesse am Problem der Wertschätzung und der Werte zugrunde liegt, nämlich die Möglichkeit echter und begründeter Aussagen über die Zwecke, Pläne, Maßnahmen und Strategien, die die menschliche Tätigkeit beeinflussen, wann immer die Letztere nicht lediglich impulsiv oder Routine ist. Eine Theorie der Wertschätzung als Theorie kann nur die Bedingungen darlegen, die eine Methode der Bildung von Wünschen und Interessen in konkreten Situationen beachten muss. Das Problem der Existenz einer solchen Methode fällt mit dem Problem der Möglichkeit echter Aussagen zusammen, deren Substrat die intelligente Durchführung menschlicher Tätigkeiten ist, seien sie privat oder gemeinschaftlich. Die Ansicht, Wert im Sinne des *Guten* sei inhärent mit dem verknüpft, was einen Tätigkeitsverlauf voranbringt, fördert und unterstützt, und Wert im Sinne des *Richtigen* sei inhärent mit dem verknüpft, was bei der Aufrechterhaltung eines Tätigkeitsverlaufes benötigt wird oder erforderlich ist, ist an sich nicht neu.[21] Was die vorangehende Diskussion dieser Idee hinzugefügt, ist der Beweis, dass dann und nur dann, wenn Wertschätzung in diesem Sinne aufgefasst wird, empirisch begründete Aussagen über Wünsche und Interessen als Quellen von Wertschätzungen möglich sind – da solche Quellen in dem Grade begründet sind, in dem sie naturwissenschaftliche Verallgemeinerungen als Mittel verwenden, um Aussagen über als Ziele und Mittel aufeinander bezogene Tätigkeiten zu bilden. Die resultierenden allgemeinen Aussagen stellen Regeln für die Wertschätzung der Ziele, Absichten, Pläne und Strategien bereit, die intelligente menschliche Tätigkeit lenken. Sie sind nicht Regeln in dem Sinne, dass sie uns befähigen, direkt oder durch bloßes Hinschauen die Werte gegebener partikulärer Ziele zu erkennen (eine törichte Suche, die dem Glauben an Werte *a priori* als Ideale und Maßstäbe zugrunde liegt), sie sind methodische Verfahrensregeln bei der Durchführung von

21 [A. d. Ü.: Der folgende Satz bezieht sich auf eine Eigenheit der englischen Sprache.] Tatsächlich wird sie im Englischen sogar durch die Etymologie des Wortes »Wert« [*value.*] nahe gelegt, das mit den Wörtern »*avail*« [Nutzen], »*valor*« [Mut], »*valid*« [gültig] und »*invalid*« [ungültig] zusammenhängt.

Untersuchungen, die die jeweiligen Bedingungen und Konsequenzen verschiedener Verhaltensmodi bestimmen. Sie geben nicht vor, die Probleme der Wertschätzung an und für sich zu lösen; sie behaupten, die Bedingungen zu formulieren, denen die Forschung genügen muss, wenn diese Probleme gelöst werden sollen, und auf diese Weise als leitendes Prinzip bei der Durchführung solcher Forschungen zu dienen.

I. Wertschätzungen existieren in der Tat und können empirisch beobachtet werden, so dass Aussagen über sie empirisch verifizierbar sind. Prinzipiell lässt sich ermitteln, was Individuen und Gruppen für wertvoll halten oder hochschätzen, wie auch, warum sie es hochschätzen, gleichgültig, wie groß die *praktischen* Schwierigkeiten auf dem Weg sind. Aber im Großen und Ganzen sind Werte in der Vergangenheit durch Bräuche bestimmt worden, die dann weiterhin empfohlen wurden, weil sie irgendein besonderes Interesse unterstützten, wobei die Empfehlung von Zwang oder Ermahnung oder mit einer Mischung aus beidem begleitet wurde. Die praktischen Schwierigkeiten bei der wissenschaftlichen Erforschung der Werte sind groß, so groß, dass sie leicht als inhärente theoretische Hindernisse missverstanden werden. Obendrein ist das Wissen, das wir schon über Wertschätzungen besitzen, alles andere als organisiert, geschweige denn adäquat. Die Auffassung, Wertschätzungen gebe es in Wirklichkeit gar nicht und Wertbegriffe müssten deshalb aus einer Quelle außerhalb der Erfahrung geholt werden, ist eine der merkwürdigsten Überzeugungen, die der menschliche Geist je gehegt hat. Menschen sind beständig mit Wertschätzungen befasst. Die Letzteren stellen das primäre Material für Operationen weiterer Wertschätzungen und für eine allgemeine Theorie der Wertschätzung bereit.

Die Kenntnis dieser Wertschätzungen liefert, wie wir gesehen haben, an sich noch keine Wertschätzungsaussagen; sie ist eher eine Art historischen und kultur-anthropologischen Wissens. Aber solch faktisches Wissen ist ein *sine qua non* der Fähigkeit, Wertschätzungs-Aussagen zu bilden. Diese Feststellung beinhaltet nur die Erkenntnis, dass frühere Erfahrung, richtig analysiert und geordnet, die einzige Anleitung darstellt, die wir in zukünftiger Erfahrung haben. Ein Individuum revidiert seine Wünsche und Zwecke innerhalb der Grenzen seiner persönlichen Erfahrung in dem Maße, wie es sich der Konsequenzen bewusst wird, zu denen sie in der Vergangenheit geführt haben. Diese Kenntnis befähigt es, wahrscheinliche Konsequenzen seiner prospektiven Tätigkeiten vorauszusehen und sein Verhalten dementsprechend zu lenken. Die Fähigkeit, gültige Urteile über die Beziehung gegenwärtiger Wünsche und Absichten zu zukünftigen Konsequenzen zu bilden, hängt ihrerseits von der Fähigkeit ab, diese gegenwärtigen Wünsche und Absichten in ihren konstituierenden Elemente zu analysieren. Wenn sie *en gros* genommen werden, ist die Voraussicht dementsprechend grob und unbestimmt. Die Geschichte der Wissenschaft zeigt, dass die Macht der Vorhersage *pari passu* mit der Analyse grober qualitativer Ereignisse in elementare Bestandteile angewachsen ist. In Ermangelung adäquater und organisierter Erkenntnis von menschlichen Wertschätzungen als schon geschehenen Ereignissen ist es *a fortiori* unmöglich, dass es gültige Propositionen gibt, die neue Wertschätzungen in Begriffen von Konsequenzen spezifizierter kausaler Bedingungen formulieren. Aufgrund der Kontinuität privater und gemeinschaftlicher menschlicher Tätigkeiten kann die Wichtigkeit gegenwärtiger Wertschätzungen nicht gültig formuliert werden, bis diese in die Perspektive der vergangenen Wertschätzungsereignisse gestellt werden, mit denen sie zusammenhängen. Ohne diese Wahrnehmung ist die zukünftige Perspektive, das heißt, sind die Konsequenzen gegenwärtiger und neuer Wertschätzungen unbestimmt. In dem Grade, wie bestehende Wünsche und Interessen (und deshalb Wertschätzungen) in ihrem Zusammenhang mit vergangenen Bedingungen beurteilt werden können, werden sie in einem Kontext gesehen, der es erlaubt, sie auf der Basis des beobachteten und empirisch überprüften Beweismaterials neu zu bewerten.

Nehmen wir zum Beispiel einmal an, man habe festgestellt, eine bestimmte Menge üblicher Wertschätzungen sei durch das Interesse einer kleinen Gruppe oder speziellen Klasse an der Aufrechterhaltung gewisser exklusiver Privilegien und Vorteile bedingt, und diese Aufrechterhaltung führe dazu, sowohl die Reichweite der Wünsche anderer wie ihre Fähigkeit, sie zu verwirklichen, einzuschränken. Ist es nicht offensichtlich, dass diese Kenntnis der Bedingungen und Konsequenzen mit Sicherheit zu einer Neubewertung der Wünsche und Ziele führen würde, die als die autoritativen Quellen der Wertschätzung galten? Nicht, dass eine solche Neubewertung sich notwendig unmittelbar auswirken müsste. Aber wenn man entdeckt, dass die Wertschätzungen, die zu einer gegebenen Zeit existieren, gar nicht die Unterstützung haben, die man ihnen früher unterstellte, existieren sie in einem Kontext, der ihrer weiteren Aufrechterhaltung in hohem Maße ungünstig ist. Auf lange Sicht gleicht die Wirkung einer vorsichtigeren Haltung, die man bestimmten stehenden Gewässern gegenüber infolge der Erkenntnis entwickelt, dass diese Gewässer Krankheitskeime enthalten. Wenn die Untersuchung andererseits zeigt, dass eine gegebene Menge bestehender Wertschätzungen, einschließlich der Regeln für ihre Durchsetzung, Wunsch- und Interessenmöglichkeiten des Einzelnen freisetzt, und zwar auf eine Weise, die zur wechselseitigen Verstärkung der Wünsche und Interessen aller Mitglieder eine Gruppe beiträgt, dient dieses Wissen mit Sicherheit als Schutzwall der bestimmten Menge an fraglichen Wertschätzungen und ruft vermehrte Anstrengungen hervor, sie beizubehalten.

II. Diese Überlegungen führen zu der zentralen Frage: Unter welchen Bedingungen wird die Kenntnis der vergangenen und gegenwärtigen Wertschätzungen zu einem Instrument der Wertschätzung bei der Bildung neuer Wünsche und Interessen – und zwar solcher Wünsche und Interessen, deren Kultivierung sich nach Überprüfung der Erfahrung besonders empfiehlt? Unserer Ansicht nach ist es unmöglich, eine abstrakte Theorie der Wertschätzung bestehenden Wertschätzungen als Maßstab sozusagen an die Seite zu stellen.

Die Antwort lautet, dass eine verbesserte Wertschätzung aus bestehenden Wertschätzungen hervorgehen muss, die man kritischen Methoden der Untersuchung, die sie in systematische Beziehungen zueinander bringen, unterworfen hat. Wenn man zugibt, dass diese Wertschätzungen weitgehend und sehr wahrscheinlich in der Hauptsache mangelhaft sind, gleicht die Idee, aus ihrer Verbindung könnte sich eine Verbesserung ergeben, auf den ersten Blick der Empfehlung, sich am eigenen Schopf aus dem Sumpf zu ziehen. Aber ein derartiger Eindruck entsteht nur, weil man sich nicht klar macht, wie sie wirklich in Beziehung zueinander gebracht werden können, nämlich durch eine Überprüfung ihrer jeweiligen Bedingungen und Konsequenzen. Nur wenn man diesem Weg folgt, werden sie auf solch homogene Termini reduziert werden, dass sie miteinander vergleichbar sind.

Diese Methode überträgt in Wirklichkeit einfach jene Methoden, die sich beim Umgang mit dem Stoff der Physik und Chemie als erfolgreich erwiesen haben, auf menschliche oder soziale Phänomene. Auf diesen Gebieten gab es vor dem Aufstieg der modernen Wissenschaft eine Masse von Tatsachen, die voneinander isoliert und anscheinend unabhängig waren. Systematischer Fortschritt datiert von dem Zeitpunkt ab, als Begriffe, die den Inhalt der Theorie bildeten, von den Phänomenen selbst abgeleitet und dann als Hypothesen verwendet wurden, um die sonst unverbundenen Tatsachen miteinander in Beziehung zu setzen. Wenn zum Beispiel gewöhnliches Trinkwasser operativ als H_2O angesehen wird, wird Wasser zu einer immensen Vielzahl von anderen Phänomenen in Beziehung gesetzt, so dass Schlussfolgerungen und Voraussagen unendlich erweitert und gleichzeitig empirischen Überprüfungen unterworfen werden. Auf dem Gebiet menschlicher Tätigkeiten gibt es gegenwärtig eine immense Menge an Tatsachen der Wünsche und Zwecke, die in ziemlicher Isolierung voneinander existieren. Aber hier bestehen keinerlei Hypothesen derselben empirischen Stufe, die sie so miteinander in Beziehung setzen könnten, dass die resultierenden Aussagen zur methodischen Kontrolle der Bildung zukünftiger Wünsche und Zwecke und dadurch neuer Wertschätzungen dienen könnten. Das Material ist umfangreich. Aber es fehlen die Mittel, seine Bestandteile in fruchtbare Verbindungen zu bringen. Dieser Mangel an Mitteln, um wirkliche Wertschätzungen miteinander in Beziehung zu bringen, ist teilweise die Ursache und teilweise die Wirkung des Glaubens an Wertmaßstäbe und Wertideale, die außerhalb (»oberhalb« ist der gewöhnliche Ausdruck) wirklicher Wertschätzungen liegen. Er ist Ursache insofern, als irgendeine Methode der Kontrolle von Wünsche und Zwecken ein derart wichtiges Desiderat ist, dass in Ermangelung einer empirischen Methode nach jeder Konzeption gegriffen wird, die dem Bedürfnis zu genügen scheint. Er ist die Wirkung insofern, als *A-priori*-Theorien, sobald sie einmal gebildet sind und Prestige erlangt haben, dazu dienen, das Bedürfnis nach konkreten Methoden zu verschleiern, um Wertschätzungen miteinander zu verbinden, und dadurch die intellektuellen Instrumente bereitstellen, Impulse und Wünsche in einen Kontext zu stellen, wo gerade die Stelle, die sie einnehmen, ihre Bewertung beeinflusst.

Freilich sind die Hindernisse in der Hauptsache praktischer Natur. Sie speisen sich aus Traditionen, Bräuchen und Institutionen, die weiter bestehen, ohne einer systematischen empirischen

Untersuchung unterworfen zu werden, und die die einflussreichste Quelle weiterer Wünsche und Ziele bilden. Diese wird ergänzt durch *A-priori*-Theorien, die insgesamt dazu dienen, diese Wünsche und Ziele zu »rationalisieren«, um ihnen auf diese Weise den Anschein eines intellektuellen Status und Rufes zu geben. Deshalb lohnt es sich anzumerken, dass dieselben Hindernisse einstmals in den jetzt von wissenschaftlichen Methoden beherrschten Stoffen existierten. Nehmen wir als herausragendes Beispiel die Schwierigkeiten, die es vor ein paar Jahrhunderten bereitete, der kopernikanischen Theorie Gehör zu verschaffen. Traditionelle und gewohnheitsmäßige Überzeugungen, die von mächtigen Institutionen sanktioniert und aufrechterhalten wurden, sahen die neuen wissenschaftlichen Ideen als Bedrohung an. Gleichwohl hielten sich die Methoden, die auf der Basis wirklicher Beobachtungen und experimenteller Evidenz zu verifizierbaren Ergebnissen führten, am Leben, erweiterten ihren Umfang und gewannen kontinuierlich an Einfluss.

Die daraus resultierenden Aussagen, die jetzt den substantiellen Inhalt der Physik, der Chemie und, zu einem wachsenden Ausmaß, der Biologie bilden, stellen genau die Mittel bereit, die den erforderlichen Wandel der Überzeugungen und Ideen, die sich mit menschlichen und sozialen Phänomenen befassen, bewirken können. Bis die Naturwissenschaft in etwa ihren heutigen Stand erreicht hatte, war an eine begründete empirische Theorie der Wertschätzung, die ihrerseits als Methode dienen kann, um die Erzeugung neuer Wertschätzungen zu regulieren, nicht zu denken. Wünsche und Interessen führen nur dann zu Konsequenzen, wenn die Tätigkeiten, in denen sie sich ausdrücken, sich in der Umwelt durch ihre Interaktion mit physischen Bedingungen auswirken. Solange es kein adäquates Wissen von den physischen Bedingungen und keine wohlbegründeten Aussagen über ihre Beziehungen zueinander gab (keine bekannten »Gesetze«), war die Art von Voraussage der Konsequenzen alternativer Wünsche und Zwecke, die in ihrer Bewertung enthalten war, unmöglich. Wenn wir bemerken, seit wie kurzer Zeit – im Vergleich zu der Länge der Zeit, die der Mensch auf der Erde gelebt hat – die Künste und Technologien, die auf rein physikalischem Gebiet verwendet werden, sich auf die Wissenschaft stützen können, dürfte die Rückständigkeit der Bedingungen derjenigen Künste, die mit den sozialen und politischen

Angelegenheiten der Menschen verbunden sind, kaum eine Überraschung darstellen.

Die Psychologie ist jetzt ungefähr auf dem Stand, auf dem die Astronomie, Physik und Chemie waren, als sie zum ersten Mal als echt experimentelle Wissenschaften auftraten. Gleichwohl ist die systematische theoretische Kontrolle der Wertschätzung ohne eine solche Wissenschaft unmöglich; denn ohne kompetentes psychologisches Wissen kann der Einfluss der menschlichen Faktoren, die mit den nicht-menschlichen Umweltbedingungen zusammenwirken, nicht abgeschätzt werden. Diese Aussage ist rein tautologisch, da die Erkenntnis der menschlichen Bedingungen Psychologie *ist.* Obendrein haben die zentralen Ideen des damaligen psychologischen Wissens länger als ein Jahrhundert in Wirklichkeit jene Voraussicht der Konsequenzen behindert, die erforderlich ist, um die Bildung von Zwecken zu kontrollieren. Denn solange man glaubte, das psychologische Substrat bilde ein der physischen Umwelt gegenüberstehendes psychisches oder mentalistisches Reich, wurde die Forschung, so wie sie war, in das metaphysische Problem der Möglichkeit der Interaktion zwischen dem Mentalen und dem Physischen ab- und von dem Problem weggelenkt, das für die Bewertung eine zentrale Rolle spielt, nämlich von dem Problem, die konkreten Interaktionen zwischen menschlichem Verhalten und den Umweltbedingungen zu entdecken, die die wirklichen Konsequenzen von Wünschen und Zwecken bestimmen. Eine begründete Theorie der Phänomene menschlichen Verhaltens ist ebenso sehr die Voraussetzung einer Theorie der Wertschätzung wie eine Theorie des Verhaltens physischer (im Sinne nicht-menschlicher) Dinge. Die Entwicklung einer Wissenschaft der Phänomene lebender Geschöpfe war eine notwendige Voraussetzung für die Entwicklung einer zuverlässigen Psychologie. Bis die Biologie die materiellen Fakten lieferte, die zwischen dem Nichtmenschlichen und dem Menschlichen liegen, waren die sichtbaren Eigenschaften des Letzteren so verschieden von denen des Ersteren, dass die Lehre einer vollständigen Kluft zwischen den beiden die einzig plausible Erklärung zu sein schien. Das fehlende Glied in der Kette der Erkenntnis, die in begründeten Wertschätzungsaussagen endigt, ist das biologische. In dem Maße, wie dieses Glied jetzt geschmiedet wird, können wir erwarten, dass die Zeit naht, da die Hindernisse, die einer Entwicklung einer empirischen Theorie der Wertschätzung im Wege stehen, von den Gewohnheiten und Traditionen ausgehen, die eher institutionellen und Klasseninteressen als intellektuellen Mängeln entstammen.

Das Bedürfnis nach einer Theorie menschlicher Beziehungen in Begriffen einer Soziologie, die man vielleicht ganz lehrreich kulturelle Anthropologie nennen könnte, ist eine weitere Bedingung der Entwicklung einer Theorie der Wertschätzung als eines wirksamen Instruments, denn menschliche Organismen leben in einer kulturellen Umwelt. Wunsch und Interesse sind, im Unterschied zu rohem Impuls und strikt organischem Begehren, das, was sie sind, aufgrund einer Transformation, die in Letzteren durch ihre Interaktion mit der kulturellen Umwelt bewirkt wird. Überprüft man die üblichen Theorien, die mit Recht Wertschätzung zu Wünschen und Interessen in Beziehung setzen, fällt nichts so sehr auf wie die Tatsache, dass sie – so extensiv, dass es schon systematisch ist – die Rolle kultureller Bedingungen und Institutionen bei der Bildung von Wünschen und Zielen und dadurch von Wertschätzungen ignorieren. Dieses Ignorieren ist vielleicht der überzeugendste Beweis, den man finden kann, dass an die Stelle einer Erforschung von Wünschen und Wertschätzungen als konkret existierenden Tatsachen eine dialektische Manipulation des Begriffs des Wunsches getreten ist. Weiterhin hat sich die Vorstellung, eine adäquate Theorie menschlichen Verhaltens – einschließlich insbesondere der Phänomene von Wunsch und Absicht – könne dadurch aufgestellt werden, dass man Individuen unabhängig von der kulturellen Situation betrachtet, in der sie leben, sich bewegen und ihr Sein haben – eine Theorie, die man mit Recht als metaphysischen Individualismus bezeichnen kann –, mit dem metaphysischen Glauben an ein mentalistisches Reich vereinigt, um Wertschätzungsphänomene in Abhängigkeit von ungeprüften Traditionen, Konventionen und institutionalisierten Bräuche zu halten.[22] Die angebliche Trennung zwischen der »Welt der Tatsachen« und dem »Reich der Werte« wird erst dann aus den

22 Die gelegentlich geäußerte Auffassung, metaphysische Sätze seien »sinnlos«, berücksichtigt gewöhnlich nicht die Tatsache, dass sie, kulturell gesprochen, alles andere als frei von Bedeutung sind, in dem Sinne, dass sie signifikante kulturelle Wirkungen haben. In Wirklichkeit sind sie so weit davon entfernt, in dieser Hinsicht sinnlos zu sein, dass es keine dialektische Abkürzung zu ihrer Eliminierung gibt; sie könnten nur durch konkrete Anwendungen der wissenschaftlichen Methode, die die kulturellen Bedingungen modifizieren, eliminiert werden. Die Ansicht, Sätze, die einen nicht-empirischen Bezug haben, seien sinnlos, ist in dem

menschlichen Überzeugungen verschwinden, wenn man begreift, dass Wertschätzungs-Phänomene ihre unmittelbare Quelle in biologischen Verhaltensweisen haben und ihren konkreten Inhalt dem Einfluss kultureller Bedingungen verdanken.

Die feste, unüberschreitbare Linie, die einige Autoren zwischen der »emotiven« und der »wissenschaftlichen« Sprache vermuten, ist ein Reflex der Kluft, durch die jetzt das Intellektuelle und das Emotionale in menschlichen Beziehungen und Tätigkeiten getrennt sind. Der Riss zwischen Ideen und Emotionen im gegenwärtigen sozialen Leben, besonders zwischen Ideen, die eine *wissenschaftliche* Garantie haben, und unkontrollierten Emotionen, die die Praxis beherrschen, der Riss zwischen dem Gefühlsmäßigen und dem Kognitiven, ist wahrscheinlich eine der Hauptquellen der Fehlanpassungen und unerträglichen Spannungen, unter denen die Welt leidet. Ich bezweifle, dass sich auf psychologischer Seite eine adäquate Erklärung für den Aufstieg von Diktaturen findet, die nicht die Tatsache berücksichtigt, dass die Spannung, die durch die Trennung des Intellektuellen und des Emotionalen hervorgerufen wird, so unerträglich ist, dass die Menschen bereit sind, beinahe jeden Preis für den Anschein selbst ihrer nur zeitweiligen Aufhebung zu zahlen. Wir leben in einer Zeit, in der sich emotionale Loyalitäten und Bindungen auf Objekte zentrieren, die nicht länger jene intellektuelle Loyalität verlangen können, die die Unterstützung wissenschaftlicher Methoden besitzt, während Ideen, die ihren Ursprung in dem Verfahren der Forschung haben, bis jetzt noch nicht die Kraft emotionaler Leidenschaft erlangt haben. Das *praktische* Problem, das man ins Auge fassen muss, ist die Schaffung kultureller Bedingungen, die die Arten von Verhalten unterstützen, in denen Emotionen und Ideen, Wünsche und Einschätzungen integriert sind.

Wenn denn also die Diskussion in den früheren Abschnitten dieser Untersuchung den Akzent hauptsächlich auf die Wichtigkeit gültiger *Ideen* bei der Bildung der Wünsche und Interessen, die die Quelle der Wertschätzung sind, gelegt und die Aufmerksamkeit

Sinne vernünftig, dass dem, was sie behaupten oder vorgeben zu bedeuten, keine Intelligibilität gegeben werden kann, und diese Tatsache ist es vermutlich, was die Vertreter dieser Ansicht meinen. Interpretiert als Symptome oder Zeichen wirklich existierender Bedingungen, können sie hoch signifikant sein, und gewöhnlich sind sie es, und die effektivste Kritik an ihnen ist die Aufdeckung der Bedingungen, von denen sie Zeugnis ablegen.

hauptsächlich auf die Möglichkeit und die Notwendigkeit der Kontrolle dieses begrifflichen Faktors durch empirisch gerechtfertigte Tatsachen gerichtet zu haben scheint, dann deshalb, weil die *empirische* (im Unterschied zur apriorischen) Theorie der Wertschätzung gegenwärtig in Termini des Wunsches als eines Emotionalen in Isolierung von dem Begrifflichen formuliert wird. Tatsächlich weist die vorangegangene Diskussion am Ende nicht im Geringsten auf die Überlagerung des Emotiven durch das Intellektuelle hin. Ihr einziger und vollständiger Sinn ist die Forderung nach ihrer Integration im Verhalten – einem Verhalten, in dem nach der gewöhnlichen Sprechweise Kopf und Herz zusammenarbeiten, in dem, um eine etwas technischere Sprache zu sprechen, das Hochschätzen und das Einschätzen sich in Richtung auf das Handeln hin vereinen. Dass das Wachstum des Wissens vom Physischen – im Sinne des Nicht-Persönlichen – den Bereich der Freiheit des menschlichen Handelns in Beziehung zu Dingen wie Licht, Wärme, Elektrizität usf. eingeschränkt hat, ist angesichts dessen, was wirklich stattgefunden hat, so absurd, dass niemand dergleichen vertritt. Die Wirkung des Wunsches bei der Hervorbringung der Wertschätzungen, die menschliches Handeln beeinflussen, wird ebenfalls befreit sein, wenn auch die Wertschätzungen durch verifizierbare Aussagen über Tatsachen geordnet sein werden.

Das hauptsächliche *praktische* Problem, mit dem sich die vorliegende *Encyclopedia*[23] befasst, die Einheit der Wissenschaft, hat hier, wie man mit Recht behaupten kann, ihr Zentrum, denn zum gegenwärtigen Zeitpunkt ist die größte Erkenntnislücke die Lücke zwischen humanistischen und nicht-humanistischen Gegenständen. Der Bruch wird verschwinden, die Lücke gefüllt sein und die Wissenschaft als eine operierende Einheit in der Tat und nicht nur in der Idee manifest sein, wenn die Schlussfolgerungen unpersönlicher, nicht-humanistischer Wissenschaft dazu verwendet werden, den Gang des charakteristisch menschlichen Verhaltens zu lenken, jenes Verhaltens nämlich, das von Emotion und Wunsch bei der Bildung von Mitteln und Zielen beeinflusst wird; denn der Wunsch, der Ziele hat und deshalb Wertschätzungen beinhaltet, ist das Merkmal, das menschliches von nicht-menschlichem Verhalten unterscheidet. Andererseits ist die Wissenschaft, die zu charakteristisch menschli-

23 [A. d. Ü.: Der vorliegende Essay erschien in der *International Encyclopedia of Unified Science*, Vol. II., Nr. 4.]

chen Zwecken verwendet wird, diejenige, in der gerechtfertigte Ideen über die nicht-menschliche Welt mit Emotionen als menschlichen Eigenschaften verbunden sind. In dieser Integration ist nicht nur die Wissenschaft selbst *ein* Wert (da sie der Ausdruck und die Erfüllung eines speziellen menschlichen Wunsches und Interesses ist), sondern sie ist das höchste Mittel der gültigen Bestimmung aller Wertschätzungen in allen Aspekten des menschlichen und sozialen Lebens.

12. Erfahrung, Erkenntnis und Wert
Eine Replik

Es ist keine leichte Aufgabe, meinen Dank an die Autoren, die sich die Mühe gemacht haben, meine Ansichten darzulegen und zu kritisieren, mit einer Antwort auf die Kritik zu verbinden. Ich bin überzeugt, dass ich auf ihr und der Leser Verständnis für diese Schwierigkeit zählen kann. Ich muss gestehen, dass ich den Optimismus nicht teile, der in der Ankündigung der Reihe,[1] zu der dieser Band zählt, hinsichtlich der Möglichkeit zum Ausdruck kommt, Kontroversen zu beenden. Wie die Geschichte philosophischer Diskussion zeigt, kann die Beantwortung des einen Einwandes und die Klärung des einen Missverständnisses durchaus neue entstehen lassen. Aber wie es in derselben Ankündigung auch heißt, ein Unternehmen dieser Art, das für die Interpretation von Seiten freundlicher wie weniger freundlicher Kritiker Raum schafft, sollte eine »geistige Begegnung« erleichtern, so dass, was immer mit den Ansichten und Lehren eines bestimmten philosophischen Autors (in diesem Fall meinen) geschieht, die größere und bleibende Sache der philosophischen Forschung gefördert wird.

Es hilft vielleicht zum Verständnis der Kommentare und Antworten, die sich auf den folgenden Seiten finden, wenn ich etwas darüber sage, nach welcher Methode ich bei der Anordnung meiner Bemerkungen verfahren bin. Ursprünglich hatte ich die Absicht, mir jeden Beitrag einzeln vorzunehmen und *seriatim* auf die verschiedenen Punkte zu antworten. Aber es zeigte sich bald, dass ein derartiges Vorgehen viele Zitate aus meinen eigenen wie aus den Schriften meiner Kritiker erforderlich machen würde, samt der Notwendigkeit einer mehr oder weniger ausführlichen Exegese der zitierten Passagen: sprichwörtlich eher die Quelle als das Ende einer Kontroverse. Wie Mr. Piatt in seinem Artikel sagt, »klären allzu häufig die Klärungen von Meinungen nicht und wiederholen lediglich die anfängliche Schwierigkeit«. Es ist selbst im besten Fall nicht einfach, sich von einem Ideensystem mit einem bestimmten Zentrum und einer

1 [A. d. Ü.: Gemeint ist die von P. A. Schilpp herausgegebene Reihe »The Library of Living Philosophers«, deren erster Band (erschienen im Jahr 1939) J. Dewey gewidmet war; im Folgenden wird dieser Band mit »Schilpp« zitiert.]

bestimmten Ordnung in ein Ideensystem mit einem ganz anderen Brennpunkt und einer ganz anderen Anordnung zu bewegen. Weder ein Kritiker noch ich selbst sind für die Tatsache verantwortlich, dass jedes philosophische Wort, das man verwendet, proportional zu seiner Wichtigkeit mit Mehrdeutigkeiten belastet ist, die aus Jahrhunderten kontroverser Diskussionen stammen. Außerdem kann die Wahl eines Verfahrens wie das eben erwähnte durch die Fülle der Details leicht die eigentlichen Streitfragen verdunkeln, so dass man den Wald vor lauter Bäumen nicht mehr sieht. Eine Zeitlang habe ich deshalb die entgegengesetzte Hoffnung gehegt, ich könnte eine Reihe von allgemeinen Streitfragen diskutieren, die, wie die Aufsätze zeigen, der Klärung bedürfen, und mich damit begnügen, gelegentlich auf spezielle Einwände einzugehen. Meine Erfahrung mit einem entsprechenden Versuch zeigte aber, dass die Gefahr bestand, dass meine Antwort so allgemein wurde, dass spezifische Einwände davon nicht getroffen wurden. Außerdem bildet die Vielzahl der berührten Fragen und die Verschiedenheit der philosophischen Perspektiven, unter denen sie dargestellt werden, ein ernsthaftes praktisches Hindernis. Ich habe deshalb eine Art Kompromissverfahren gewählt – in der nicht allzu großen Hoffnung, dass es am Ende nicht die schlimmsten Eigenschaften der beiden anderen Methoden in sich vereinen möge. Ich habe einige Schwerpunkte gewählt, um meine Ansichten im Hinblick auf die Kritik, die an fundamentalen Prinzipien meiner Philosophie geäußert worden ist, neu zu formulieren, und habe dann in jedem Abschnitt versucht, mit spezifischen Kommentaren auf eine Mehrzahl spezieller Einwände zu antworten.[2]

In der Hoffnung, dass es hilft, dem Gang der Darstellung zu folgen, wie auch zu verstehen, wie viel Raum ich den einzelnen Beiträgen gewidmet habe, versuche ich eine grobe Klassifizierung der vorangehenden Aufsätze. Ratner, Geiger, Childs und Kilpatrick haben zu verschiedenen Zeiten an meinen Kursen in der Columbia-Universität teilgenommen. Einige von ihnen waren Kollegen, wie etwa Randall. Es wäre ein ernsthafter Vorwurf gegen mich, wenn meine Kollegen meinen Büchern kein gerechteres Verständnis entgegengebracht hätten, als man von denen erwarten kann, die allein meine Schriften zu Rate ziehen konnten. Piatt war nach meinem

2 In meinen Antworten auf einige spezielle Einwände setze ich die Vertrautheit mit dem Text der Beiträge voraus, da der zur Verfügung stehende Raum die Reproduktion der Details ihrer Argumentation verbietet.

Weggang Student an der Universität Chicago und genoss den großen Vorzug, die Professoren Tufts, Mead und Moore zu hören. Gerade weil ich mich diesen Mitarbeitern an diesem Band so sehr verpflichtet fühle, habe ich viel weniger über ihre Artikel gesagt als über die in der unten angeführten dritten Gruppe. Eine sorgfältige Lektüre ihrer Artikel wird in vieler Hinsicht eine viel wirksamere Antwort auf einige Einwände sein als alles, was ich selber sagen kann. Auch wenn ich die Loyalität von Studenten gegenüber ihren alten Lehrern – eine Treue, die oft übertrieben wird – einkalkuliere, so möchte ich doch meine Anerkennung für die Art und Weise zum Ausdruck bringen, wie diese Beiträge die Richtung erfasst haben, in die sich meine Gedanken bewegt haben, ihren Sinn für das, was ich getan und was ich gewollt habe. Ich muss sie bitten, anstelle ausführlicher Kommentare meinen Dank und den Dank aller Leser entgegenzunehmen, die wissen wollen, welche Ansichten ich wirklich vertrete.

Die zweite Gruppe besteht aus einer Reihe von Autoren, deren Exposition der Themen, mit denen sie sich befassen, in einigen oder vielen Punkten im Wesentlichen korrekt sind, auch wenn sie gelegentlich zu anderen Schlussfolgerungen gekommen sind als ich. Diesem mir vergleichsweise fremden Personenkreis schulde ich Dank für die Mühe, die sie sich gegeben haben, um sich mit meinen Schriften bekannt zu machen und deren allgemeinen Tenor getreulich wiederzugeben. Dr. Allport, ein professioneller Psychologe, hat diesen Dienst für einen geleistet, der sich schon seit langem nicht mehr als Fachmann auf einem hoch spezialisierten technischen Gebiet fühlt. Dr. Parodi hat mir in seiner sorgfältigen Darstellung der Beziehungen von Wissen und Handeln in meiner Theorie die Aufgabe einer Antwort erleichtert, indem er schon vorweg einige Missverständnisse korrigiert hat, die in anderen Beiträgen zu diesem Thema deutlich werden. Dr. Savery hat eine wertvolle Ergänzung zu den anderen Beiträgen geliefert, indem er meine Ansichten in eine historische Perspektive in ihrem Verhältnis zu Peirce und James gerückt hat, während er ebenfalls im Voraus, durch seine kurzen, aber relevanten Bemerkungen über Pluralismus, Kontinuität und Kontingenz, einige weitverbreitete Missverständnisse korrigiert hat. Professor Whitehead hat mit jener Großzügigkeit geschrieben, die für sein Denken charakteristisch ist.

In die dritte Gruppe fallen die Beiträge, die deutlich eher ablehnend sind – die von Reichenbach und Pepper zum Teil, von Russell, Murphy, Santayana, Stuart und Schaub beinahe zur Gänze. Es ist deshalb wohl verständlich, dass ich ihnen mehr Platz einräume als den Autoren, deren Darstellungen meiner Ansichten verständnisvoller oder zutreffender sind. Meine Dankesschuld dieser dritten Gruppe gegenüber ist von einer anderen Art. Ich bin ihnen für die Anregung dankbar, die ihre Herausforderung darstellt, und für die Gelegenheit, einige Punkte zurechtzurücken, wo ich in der Vergangenheit offensichtlich nicht nur keine Überzeugung bewirken konnte, sondern (was wichtiger ist) nicht einmal meine wirkliche Position klar gemacht habe.

A. Einleitung

Zur Einführung in die leitenden Streitfragen, die die Hauptrubriken meiner Antwort bilden werden (Erfahrung, Erkenntnis in ihrer Beziehung zu Erfahrung, sowie Ethik), werde ich etwas über die Probleme sagen, die den Gang meines philosophischen Denkens bestimmt haben – ein Verfahren, das für jemanden, der die Rolle von Problemen so sehr betont hat wie ich, beinahe verpflichtend ist. Und in diesem speziellen Zusammenhang bin ich für die Beiträge von Ratner und Randall besonders dankbar. Ich habe mich seit mindestens fünfunddreißig Jahren, angefangen mit meinen Essays in den *Studies in Logical Theory* im Jahre 1903, in meinen Publikationen mit der Entwicklung der Grundzüge meiner gegenwärtigen philosophischen Ansichten befasst. Dabei ist es zu Widersprüchen und Veränderungen gekommen; ich kann allenfalls für mich in Anspruch nehmen, mich ziemlich stetig in eine Richtung bewegt zu haben. Ratner hat den Finger auf die wichtigste »Veränderung« in meinen Schriften gelegt. Sie betrifft nicht nur das spezielle Thema Philosophie, sondern das allgemeine Thema Erkenntnis. An verschiedenen Stellen in meinen Schriften habe ich gesagt, dass vom Standpunkt des empirischen Naturalismus aus »Geist« und »Intelligenz« Akkumulieren[3] von Bedeutungen[4] und Signifikanzen[5] bezeichnen, ein Akkumulieren, das sowohl ein Produkt früherer Untersuchungen

3 [*funding*]
4 [*meaning* = Bedeutung von Wörtern]
5 [*significance* = Bedeutung von Dingen]

oder Erkenntnisse wie auch das Mittel ist, um die Substrate späterer Erfahrungen anzureichern und zu beherrschen. Die Funktion der Anreicherung und Kontrolle wird dadurch ausgeübt, dass der Gewinn früherer Erfahrung in Einstellungen und Gewohnheiten verkörpert wird, die in ihrem Zusammenspiel mit der Umwelt das klarere, besser geordnete, »vollere« oder reichere Material späterer Erfahrungen schaffen – ein Prozess, der unendlich fortgesetzt werden kann. Ratner hat ganz Recht mit seinem Hinweis, dass das Wort »Intelligenz« den eigentlichen Kern meiner Ansicht viel besser wiedergibt als das Wort *Erkenntnis*,[6] während es jene Verwechslung von Erkennen – Forschen – mit gewonnener Erkenntnis, das heißt Wissen, vermeidet, die einige meiner Kritiker in ihren Darstellungen meiner Position in die Irre geführt hat. Jetzt, nachdem ich kritische Darstellungen der Art von *Instrumentalismus*, die mir zugeschrieben wird, gelesen habe, ist es klar, dass ich von Anfang an systematisch hätte unterscheiden sollen zwischen Erkenntnis als Ergebnis spezieller Forschungen (die unternommen wurden, weil bestimmte Probleme bestanden) und *Intelligenz* als Produkt und Ausdruck stetig wachsender Akkumulierung der in diesen Spezialfällen gewonnenen Bedeutungen. Nichtsdestoweniger gibt es in meinen früheren Schriften viele Hinweise auf diese Unterscheidung und die Rolle, die sie spielt, wie auch Bezugnahmen auf das Prinzip der organischen Gewohnheit als der physischen Kraft, die den Übergang vom einen zum anderen bewirkt. Ich zitiere zwei Passagen: »Die Aufgabe der Erkenntnis besteht darin, *eine* Erfahrung für andere Erfahrungen frei verfügbar zu machen. Das Wort ›frei‹ bezeichnet den Unterschied zwischen dem Prinzip der Erkenntnis und dem der Gewöhnung«, während spätere Sätze zeigen, dass es sich bei diesem Unterschied letztlich nicht um einen Unterschied zwischen Gewöhnung und Intelligenz handelt, sondern um einen Unterschied zwischen Routine und intelligenten Gewohnheiten.[7] Aus einer späteren, wenngleich nicht der spätesten Schrift zitiere ich die folgende repräsentative Passage:

Die Geschichte des menschlichen Fortschritts ist die Geschichte der Transformation von Akten, die, wie die Interaktionen unbelebter Dinge, unbe-

6 [*knowledge*]

7 *Demokratie und Erziehung*, S. 435. Die ganze Diskussion der Themen von Methode, Substrat und Theorien des Wissens ist relevant.

wusst stattfinden, in Akte, die durch ein Verständnis ihres Gegenstandes gekennzeichnet sind; von Aktionen, die durch äußerliche Bedingungen kontrolliert werden, zu Aktionen, die durch ihren Zweck gelenkt werden: durch die Einsicht in ihre eigenen Konsequenzen. Einzig auf dem Weg über Unterweisung, Belehrung und Erkenntnis kommt diese Eigenschaft der Intelligenz dazu, ursprünglich blinde Akte zu qualifizieren.[8]

Ich bin auf meine Position nicht als eine fertige und vollendete Doktrin gestoßen. Sie entwickelte sich in und mittels einer Reihe von Reaktionen auf eine Anzahl von philosophischen Problemen und Lehren. Während der frühen 90er Jahre [des 19. Jahrhunderts] war praktisch alles wichtige Philosophieren in englischer Sprache vom neukantianischen und hegelschen Idealismus beeinflusst. Pragmatismus und alle Versionen des Realismus sind erst später entstanden. In meinem eigenen Fall brachte mich der Wechsel meines Wohnorts von Chicago nach New York im Jahre 1905 in direkte Berührung mit dem aristotelischen Realismus von Woodbridge und dem monistischen Realismus von Montague. Sie bedeuteten für mich eine ganz neue Herausforderung und einen neuen Anreiz. Es ist vielleicht natürlich, dass ich nicht mit dem von Murphy geäußerten Urteil übereinstimme, meine Diskussion bestimmter wichtiger Streitfragen sei »erst verständlich, wenn wir sie auf die idealistischen und realistischen Philosophien beziehen, im Verhältnis zu denen sie entwickelt wurde«. Aber ich gebe gerne zu, dass meine philosophischen Ansichten sich nicht in einem Vakuum entwickelt haben und dass ich damals gängige philosophische Lehren ernst genommen habe. Zweifellos spielte die Untersuchung der Probleme, auf die sie ihr Interesse richteten, in der Entwicklung meiner eigenen philosophischen Methode und Lehren eine Rolle. Denn ich fühlte mich bei der Entwicklung meiner eigenen geistigen Vorlieben verpflichtet, die Stärken anderer Lehren zur Kenntnis zu nehmen und ihre Schwächen möglichst zu vermeiden.

Wie später deutlich gemacht werden wird, war mein Problem nicht so sehr der Streit zwischen Idealismus und Realismus, sondern die Auswirkung dieser Theorien (wie auch der älteren klassischen Tradition) auf zwei Probleme, die mich hauptsächlich beschäftigten. Ich persönlich habe nicht das Gefühl, die Gewohnheit, wichtige historische Systeme ernst zu nehmen, verteidigen zu müssen. Aber es ist

8 *Die Suche nach Gewissheit*, S. 245.

wichtig, sogar notwendig, sich ein Bild davon zu machen, welche Aspekte des – vergangenen wie gegenwärtigen – historischen Denkens das Denken eines Philosophen bestimmen. Infolgedessen bin ich für zwei Dinge in Randalls Darstellung besonders dankbar. Eins davon ist die allgemeine und grundlegende Erwägung, dass ich die Philosophie jeder Epoche als Reflex viel umfassenderer und weitreichenderer kultureller Leistungen, Bedürfnisse, Konflikte und Probleme ansehe. Das andere ist die Tatsache, dass, in seinen Worten, »ein zentraler Konflikt den Brennpunkt für das Verständnis aller abendländischen Philosophien bildet. Das ist der ständig wiederholte Kampf zwischen der aktiven Kraft wissenschaftlicher Erkenntnis und technischer Macht und der Ablenkung dieser Kraft durch das Zurückbleiben und die Trägheit institutionalisierter Gewohnheiten und Überzeugungen.« Aufgrund der Zentralität dieses Kampfes und des dadurch gestellten Problems der Neuanpassung habe ich mich (wie Randall sagt) unserem »kulturellen Erbe als Kritiker und Erneuerer der Tradition« angenähert, so dass ich »die frühere Erfahrung der Menschheit mit Ideen an der gegenwärtigen Erfahrung überprüfe«. Ob ich mit dieser Einstellung nun Recht habe oder nicht, und ob ich das Ausmaß, in dem sich lebenswichtige kulturelle Probleme – die letztlich über wichtige philosophische Probleme entscheiden – jetzt um das Umarbeiten von Traditionen (Institutionen, Bräuchen, Überzeugungen aller Art) zentrieren, um sie mit den Möglichkeiten der gegenwärtigen Wissenschaft und Technologie in Einklang zu bringen, übertrieben habe oder nicht: Jedenfalls ist dies der Hintergrund, vor dem sich meine Hauptprobleme entwickelt haben.

Die Form, die sie in meinem philosophischen System durch dieses zugrunde liegende sozio-kulturelle Problem angenommen haben, zeigt sich in dem, was ich über die beiden Streitfragen gesagt habe, die in meinen Augen den Hauptverlauf des modernen Denkens gesteuert haben:[9] »Dieses Problem, die Überzeugungen des

9 Es gibt darüber hinaus, wie sich von selbst versteht, im Verlauf des modernen Denkens eine Anzahl von Fragen einer entschieden technischeren Art, von denen einige mit dem Hauptproblem, das ich unten formuliere, enger und einige entfernter verknüpft sind. Meine *Technik* ist direkt aus den Problemen und Methoden historischer Philosophien erwachsen. Ich kenne kaum eine andere Art und Weise, wie eine kompetente Technik gebildet werden kann; obgleich es möglich ist, dass ich die

Menschen über die Welt, in der er lebt, mit seinen Überzeugungen über die Werte und Zwecke, die sein Verhalten lenken sollten, zu verbinden und zu harmonisieren, ist das tiefste Problem des modernen Lebens. Es ist das Problem jeder Philosophie, die sich von diesem Leben nicht abgesondert hat.«[10] Was hier mit der Wendung »Überzeugungen über die Welt« bezeichnet wird, wird in einem Satz auf der nächsten Seite explizit gemacht: »Ihr [der Philosophie] zentrales Problem ist die Beziehung zwischen den naturwissenschaftlichen Ansichten über die Natur der Dinge und den Ansichten über Werte – wobei wir mit diesem Wort all das bezeichnen, dem wir die legitime Autorität zubilligen, unser Verhalten zu lenken.«[11] Das andere Hauptproblem hat in seiner verbalen Formulierung einen technischeren Klang. Es ist »das Problem der Beziehung der Physik zu den Dingen der gewöhnlichen Erfahrung«.[12]

Dies letztere Problem ist mit dem ersten eng verknüpft, insofern Dinge, die begehrt und genossen – oder verabscheut – werden, unter den Dingen der gewöhnlichen Erfahrung vorkommen und außerdem das Material der Werturteile liefern. Es beinhaltet freilich eine sehr spezifische Problematik, die mit der vorexperimentellen und vortechnologischen Tradition der Mußeklasse zusammenhängt. Nach dieser Tradition steht der charakteristische Gegenstand der Erkenntnis in einem privilegierten Korrespondenzverhältnis zu dem, was letztlich »real« ist, im Unterschied zu Dingen der nicht-kognitiven Erfahrungen, die die große Masse der »gewöhnlichen Erfahrungen« liefern. Die meisten der Dualismen, welche die Standardprobleme der modernen Erkenntnistheorie bilden, haben, wie ich zu zeigen versucht habe, ihren Ursprung in den Annahmen, die zu diesen beiden Probleme führen. Erst wenn die philosophische Theorie der Erfahrung radikal erneuert wird, wenn der Standpunkt und die Schlussfolgerungen der wissenschaftlichen Biologie und Kulturanthropologie und die Bedeutung der experimentellen Methode für das Erkennen anerkannt werden, finden diese Probleme, wie ich

Wichtigkeit, technische Fertigkeit zu erwerben, übertrieben habe. Zumindest würde ich, müsste ich meine eigenen Schriften kritisieren, eher diesen Vorwurf erheben als den der vollständigen Lockerheit, den einige Kritiker in dem zu finden glauben, was ich geschrieben habe.

10 *Die Suche nach Gewissheit*, S. 255.

11 *Ibid.*

12 *Ibid.*, S. 252.

argumentiert habe, ihre »Lösung« durch die Erkenntnis, dass sie auf traditionellen Prämissen beruhen, die sich jetzt als falsch erwiesen haben. Einige der willkürlichen Dualismen, die beseitigt wurden, sind, wie ich argumentiert habe, der Dualismus des Objektiven und Subjektiven, des Wirklichen und Scheinenden, des Mentalen und Physischen, der Dualismus von wissenschaftlichen physischen Objekten und Objekten der Wahrnehmung, von Dingen der Erfahrung und von Dingen-an-sich, die hinter der Erfahrung verborgen sind, wobei die Letztere als ein undurchdringlicher Schleier gilt, der den kognitiven Zugang zu den Dingen der Natur verhindert.[13]

Die Quelle dieser Dualismen, so habe ich behauptet, ist die Isolierung kognitiver Erfahrung und ihres Substrats von anderen Arten der Erfahrung und *deren* Substrat; denn diese Isolierung führt unvermeidlich zur Abwertung der Dinge der gewöhnlichen qualitativen Erfahrungen, derjenigen, die ästhetisch, moralisch oder praktisch sind; zur »Herabwürdigung der Dinge, die wir durch Liebe, Begierde, Hoffnung, Furcht und Absicht und die Eigenschaften erfahren, die für die menschliche Individualität charakteristisch sind«[14] – oder zu einer Bemühung, diese Letzteren durch die Behauptung eines überwissenschaftlichen, überempirischen transzendenten Reichs *a priori* zu rechtfertigen. Nun habe ich diese Probleme nicht erfunden; ich habe vielmehr entdeckt, dass sie, oft eher verhüllt als offen, den Gang philosophischer Reflexion steuern und dadurch die erreichten Schlussfolgerungen bestimmen. Wenn die Dringlichkeit dieser Probleme ignoriert oder geschmälert wird (dringlich in der Philosophie, weil sie im wirklichen kulturellen Leben dringlich sind, wenn dieses der Analyse unterworfen wird), wird der Kontext eines Großteils all dessen, was ich geschrieben habe, so verfehlt, dass das, was ich gesagt habe, als fremdartiges, und zwar willkürlich fremdartiges, intellektuelles Abenteuer erscheinen wird, allenfalls – wenn überhaupt – durch das Vorhandensein einer gewissen technischen Geschicklichkeit zu entschuldigen. Denn meine Diskussion historischer Systeme – zunächst idealistischer und

13 Vgl. den Standpunkt, von dem aus Santayana meine Ansicht kritisiert, ein Standpunkt, der durch seine eigene unkritische Annahme verfälscht wird, die Spaltungen, die hier im Spiel sind, seien Angelegenheiten des gewöhnlichen gesunden Menschenverstandes, die als solche von jedem »aufrichtigen« Denker anerkannt werden.

14 *Die Suche nach Gewissheit*, S. 220.

realistischer Theorien der Erkenntnis und später der klassischen Tradition, wie sie von Griechenland auf uns gekommen ist – war von der Überzeugung bestimmt, die kulturellen – wissenschaftlichen, politischen und ökonomischen – Ursachen, die zu der Lehre von der Suprematie der kognitiven Erfahrung und der daraus folgenden angeblichen Notwendigkeit geführt haben, die Dinge aller nichtkognitiven Erfahrungen abzuwerten, seien nicht länger gültig. Im Gegensatz dazu sind meiner Überzeugung nach die Faktoren der bestehenden kulturellen – wissenschaftlichen, technologischen und »sozialen« – Situation derart, dass philosophische Theorien, die praktisch, wenn auch nicht absichtlich, Produkte der vorwissenschaftlichen und vortechnologischen, vornehmlich von der Mußeklasse bestimmten Situation sind, jetzt ebenso hinderlich wie überflüssig sind.

Meine Kritiker scheinen zu meiner Kritik an der virtuellen Unverantwortlichkeit von Theorien nicht allzu viel zu sagen zu haben, die dadurch entstanden sind, dass die kognitive Erfahrung isoliert und der exklusiv »reale« Charakters ihres Substrats im Gegensatz zum Charakter der Dinge der gewöhnlichen, hauptsächlich nichtkognitiven Erfahrung behauptet wurde. Aber wenn diese Ideen die Philosophie (als eine ausgezeichnete Art der Erkenntnis) beherrschen, werden sie zur Quelle der Auffassung, es sei ihre Aufgabe, etwas über die »höchste Realität« zu sagen, die in den Naturwissenschaften nicht zur Sprache kommt; am Ende hat sich Philosophie von den Wissenschaften getrennt und steht in einem Gegensatz zu den Dingen der gewöhnlichen Erfahrungen. Ich möchte damit nicht sagen, spezielle Punkte in meinen philosophischen Positionen könnten weder richtig dargestellt noch gültig kritisiert werden, wenn nicht ihr allgemeiner Rahmen zur Kenntnis genommen wird. Aber einige der Darstellungen meiner Ideen samt den darauf beruhenden Einwänden scheinen ihre Quelle darin zu haben, dass die kontextuellen Probleme, durch die der Gehalt meiner Aussagen bestimmt wird, nicht berücksichtig worden sind – ein Versäumnis, das, wie später gezeigt werden soll, besonders im Fall von Dr. Murphy auffällt, trotz seines angeblichen Respekts vor dem Prinzip des Kontextualismus.

Zu den Faktoren der Gegenwart, die es uns ermöglichen, von heute nicht länger relevanten Streitfragen wegzukommen, zählt der Einfluss der Biologie und Kulturanthropologie bei der Transformation traditioneller psychologischer Ansichten. Man sollte sich in diesem Zusammenhang immer vor Augen halten, wie sich die ältere »subjektivistische« beziehungsweise die neue behavioristische Psychologie auf den philosophischen Begriff der Erfahrung ausgewirkt hat. Es ist für mich eine überaus merkwürdige Tatsache, dass einige meiner Kritiker eine mentalistische Ansicht von Erfahrung für so selbstverständlich halten, dass sie nicht umhin können, mir diese Ansicht zuzuschreiben, wenn ich über Erfahrung rede. Obendrein ignorieren sie recht weitgehend die Schwierigkeiten, die ihrem eigenen Subjektivismus inhärent sind: Schwierigkeiten, die Santayana sieht und die ihn in einen völligen Skeptizismus treiben, der nur durch einen plötzlichen und unvermittelten praktischen Sprung reinen Glaubens in die Dinge der Natur gemäßigt wird – eine Art von willkürlichem Pragmatismus, vor dem ich zurückschrecke. Denn er scheint mir mit dem Pragmatismus identisch, der manchmal Kant zugeschrieben wird, nur dass einerseits der moralische Glaube durch den animalischen und andererseits die noumenale Welt durch eine natürliche ersetzt wird. Die biologisch-anthropologische Methode, sich der Erfahrung zu nähern, bietet einen Ausweg aus der mentalistischen in die behavioristische Interpretation der Erfahrung, sowohl im Allgemeinen wie auch in ihren einzelnen Manifestationen. Mit gleicher Notwendigkeit und Angemessenheit zeigt sie den Ausweg aus der Überzeugung, Erfahrung als solche sei inhärent kognitiv und Kognition sei der einzige Zugang zur natürlichen Welt. Ich denke, jeder, der den sozio-biologischen Gesichtspunkt einnimmt, muss früher oder später die Fragen aufwerfen, die ich in den *Studies in Logical Theory* über die Beziehungen zwischen vorherrschend ästhetischen, moralischen und affektiven Modi und Substraten der Erfahrung und dem kognitiven Modus und seinem Substrat aufgeworfen habe. Ich kann verstehen, dass man diese Streitfrage erwägen kann, ohne zu der Idee des »Instrumentalismus« zu kommen. Aber ich glaube, die Schlussfolgerung jeder ernsthaften Analyse wird den kognitiven Modus zu einem Mittelglied zwischen einer früheren, weniger organisierten, konfuseren und fragmentarischeren Art von erlebtem Substrat und einem stärker geordneten, klareren, freieren, reicheren und hinsichtlich seines Vorkommens besser kontrollierten Substrat machen.

Die andere grundlegende Erwägung entstammt einer Untersuchung über den Gegensatz zwischen der modernen wissenschaftlichen Methode und der griechischen und mittelalterlichen Theorie und Praxis des Erkennens. Es handelt sich natürlich um die Wichtigkeit der experimentellen Methode. Wenn ich in diesem Zusammenhang die Naturerkenntnis betont habe, dann nicht (wie ich viele Male gesagt habe) deshalb, weil sie die einzige Art von Erkenntnis ist, sondern weil sie als Form der Erkenntnis, die einen vergleichsweise hohen Grad an Reife erreicht hat, so augenfällig die notwendige Stelle und Funktion des Experimentierens exemplifiziert; wohingegen Überzeugungen über moralische und soziale Themen immer noch mit minimaler Berücksichtigung der experimentellen Methode erreicht und gebildet werden.

Man hört heute, wie mir sehr wohl bewusst ist, nicht selten sagen, der Wert der experimentellen Methode sei ein derart vertrauter Gemeinplatz, dass man sich nicht lange bei ihren Implikationen aufhalten müsse; die experimentelle Methode der Theorie des unmittelbaren Erkennens entgegenzusetzen heiße nur, die Toten noch einmal zu erschlagen. Ich wünschte, es wäre so. Denn dann hätte ich das Gefühl, ich hätte einen großen Teil meiner Ziele erreicht, und die Philosophie wäre von jetzt ab von diesem Stück Erkenntnistheorie befreit. Aber ich sehe den Glauben an unmittelbare Erkenntnis immer noch in Blüte, und ich sehe auch, dass ein Autor wie B. Russell meine Erkenntnistheorie und die Stellung des Experimentierens (des Tuns und Machens) in der Erkenntnis primär mit einem Zeitalter der Industrie und des Kollektivunternehmens verbinden kann, das besonders in den USA so ausgeprägt sei, dass es meine Philosophie eigentümlich amerikanisch mache. Diese Ansicht ist eine Wiederholung einer Position, die er schon vor langer Zeit einnahm. Als er im Jahre 1922 sagte, er finde »die Liebe zur Wahrheit in Amerika durch den Handelsgeist verdunkelt, dessen philosophischer Ausdruck der Pragmatismus« sei, machte ich die Bemerkung, diese Aussage scheine mir zu »jener Art von Interpretation zu gehören, die den englischen Neo-Realismus zu einer Widerspiegelung der snobistischen Aristokratie der Engländer und die Tendenz des französischen Denkens zum Dualismus zum Ausdruck einer angeblichen gallischen Disposition, sich außer der Ehefrau noch eine Geliebte zu halten, erklären würde«.[15] Und ich glaube immer noch, dass Russells eingefleischte Gewohnheit, die pragmatische Erkenntnistheorie mit

15 Wieder abgedruckt in *Characters and Events*, Bd. II, S. 543.

unerfreulichen Aspekten des amerikanischen Industrialismus statt mit der experimentellen Methode der Erkenntnisgewinnung zu verknüpfen, weitgehend so ist, als wenn ich seine Philosophie mit den Interessen des Landadels in England statt mit seinem überwiegenden Interesse an Mathematik verbände.

Ebenso wenn ich lese, dass ich der Diskussion eines gewissen Problems aus dem Wege gehe, weil »meine *Absicht* praktisch ist«, bin ich ganz sicher, dass alles vergeblich war, was ich darüber gesagt habe – was alles in allem doch ziemlich viel ist –, dass mein Pragmatismus behauptet, *Erkenntnis* beinhalte Handeln, und nicht, Erkenntnis sei dem Handeln oder der »Praxis« untergeordnet – wie es kaum der Fall sein könnte, wenn die starke Betonung der experimentellen Methode ernst genommen worden wäre. Und ich wäre nicht gezwungen, dem Thema *Wahrheit* den Raum zu widmen, der ihm später gegeben werden wird, wenn das, was ich über die *Konsequenzen* gesagt habe, in den Kontext des Experiments gestellt worden wäre. Das Ergebnis der Operationen, die durch eine Hypothese gelenkt werden, ist der einzige Kontext, in dem Konsequenzen in meiner Theorie irgendetwas mit der Wahrheit zu tun haben. Noch wäre ich, wäre dieser Punkt beachtet worden, gezwungen, noch einmal zu wiederholen, dass ich nicht glaube, Erkenntnis sei ein Mittel für das Handeln und Wahrheit ein Mittel für eine private Befriedigung, sondern unveränderlich darauf bestanden habe, Erkenntnis sei, wenn sie gewonnen ist, das einzige Mittel der kontrollierten Bereicherung und Kontrolle der späteren Erfahrungen eines qualitativen, nicht-kognitiven Typs. Aber so wie die Dinge liegen, scheine ich verpflichtet zu sein, eine Passage wie die folgende zu zitieren:

> Viele Kritiker sehen den Sinn einer »instrumentellen« Theorie des Wissens darin, dass der Wert des Wissens nur ein Mittel für den Wissenden sei. Das mag in besonderen Fällen vorkommen; aber gewiss ist in vielen Fällen die Verfolgung der Wissenschaft ein Spiel, das wie andere Spiele um der Befriedigung willen betrieben wird, die es gewährt. Aber »Instrumentalismus« ist keine Theorie der persönliche Disposition und Befriedigung im Wissen, sondern eine Theorie der eigentlichen Objekte der Wissenschaft, wobei, was »eigentlich« heißt, in Begriffen der Physik definiert wird.[16]

Und an anderer Stelle:

> Die Behauptung, dass Wissen als die Frucht des intellektuellen Diskurses

16 *Erfahrung und Natur*, S. 153.

ein Ziel an sich sei, ist für einige Personen ästhetisch und moralisch wahr, sagt aber nichts über die Struktur des Wissens; und deutet nicht einmal an, dass seine Objekte nicht instrumentell sind. Dies sind Fragen, die nur durch eine Prüfung der Dinge, die in Frage stehen, entschieden werden können.

Etwas vorher im selben Absatz heißt es, es sei ein »ein unschätzbarer Gewinn, wenn es (das Gewinnen von Erkenntnis) zu einem um seiner selbst willen gesuchten Vergnügen wird«, während gleichzeitig darauf hingewiesen wird, dass, je stärker diese Möglichkeit betont werde, desto gebieterischer das soziale Problem werde, zu entdekken, warum nur eine derart kleine Anzahl von Personen dieses Privileg genieße.[17] Kurzum, ich habe so getreu wie möglich nach dem Prinzip gelebt, das in der folgenden Passage zum Ausdruck kommt: »Echte intellektuelle Integrität findet sich in experimenteller Erkenntnis. Bis diese Lektion ganz gelernt ist, sollte man besser weder Erkenntnis von Experiment noch Experiment von Erfahrung trennen.«[18] Es wird der glücklichste Tag meines Lebens sein, wenn alles, was ich zu diesem Thema gesagt habe, überflüssig werden wird.

B. Erfahrung und empirische Methode in der Philosophie

Nach dieser Einleitung, die einige meiner leitenden Ideen in ihren eigentlichen Kontext stellen sollte, komme ich zu dem ersten der drei Hauptthemen, die in meiner Antwort zur Sprache kommen sollen. Dr. Piatt bemerkt in seinem Aufsatz, es würde das Verständnis meiner Position erleichtern, würde meinem Naturalismus mehr und meinem Empirismus weniger Aufmerksamkeit gewidmet. Ich stimme von ganzem Herzen zu, mit dem Vorbehalt, dass meine Idee von Erfahrung und deshalb von empirischer Methode naturalistisch ist. Ich habe schon den potenziellen Effekt biologischer und anthropologischer Erkenntnis bei der Transformierung der älteren psycho-

17 *Ibid.*, S. 200. Die Überzeugung, eine Erkenntnistheorie, die in ihrem Ursprung inhärent eine Mußeklassetheorie war, trage dazu bei, den Zustand einer Gesellschaft zu rechtfertigen, in der nur einige ganz wenige auf diese Weise privilegiert sind, infolgedessen dazu, diese letztere Bedingung zu verewigen, *ist* ein Teil meiner vollständigen Theorie. Wenn das Kommerzialismus, Handelsgeist, ist, dann weiß ich nicht, was Humanismus sein würde.

18 Einleitung zu den *Essays in Experimental Logic*, s.o. S. 144.

logischen und philosophischen Idee der Erfahrung erwähnt. Die Modifikation, die auf diese Weise bewirkt wird, ist direkt relevant für Russells Auffassungen, meine Philosophie sei holistisch und mein Empirismus führe zum Subjektivismus; für die Interpretation, die Pepper meinem Gebrauch von Wörtern wie Kohärenz, Integration, Ganzheiten usf. gibt; für Santayanas Vorwurf, meine Theorie der Erfahrung lege mich auf eine Ansicht fest, alles sei »unmittelbarer Vordergrund«, so dass kein Platz mehr für die Natur als Hintergrund bleibe; und, in einer weniger direkten Weise, für einige von Reichenbachs Einwänden. Ich werde dementsprechend die Einwände kritisieren, die sich auf diesen Punkt beziehen, und diesen Abschnitt meiner Antwort mit einigen Bemerkungen abschließen, die durch Allports sorgfältige Untersuchung meiner psychologischen Ansichten angeregt worden sind.

I. Seit vielen Jahren habe ich konsequent – und ziemlich beharrlich – behauptet, der Schlüssel zu einer Theorie der Erfahrung liege darin, sie von Anfang an mit den Prozessen und Funktionen des Lebens zu verknüpfen, wie sie sich in der Biologie zeigen. So gesehen habe ich die Ansicht vertreten, Erfahrung sei eine Sache oder »Angelegenheit« (ohne Santayana zu nahe treten zu wollen) der Interaktion lebender Geschöpfe mit ihrer Umwelt; wobei die *menschliche* Erfahrung das ist, was sie ist, weil Menschen den Einflüssen der Kultur, einschließlich der Verwendung bestimmter Mittel der wechselseitigen Kommunikation, ausgesetzt und das sind, was im Jargon der Anthropologie akkulturierte Organismen genannt wird. Ich bin dementsprechend natürlich etwas überrascht, dass für Santayana die im folgenden Satz ausgedrückte Idee in vollständigem Gegensatz zu meiner Position zu stehen scheint: »Jeder Naturalist weiß, dass Existenz, Qualität, Intensität und Dauer dieses Wachtraums [der unmittelbaren Erfahrung von Dingen] auf unergründlichen Prozessen im lebenden Körper beruht, auf seinem Wechselspiel mit der Umwelt; auf Prozessen, die durch die Kette der Zeugungen bis zu den ersten Anfängen des Lebens auf der Erde zurückreichen.« Denn in einigen fundamentalen Hinsichten scheint diese Ansicht von Erfahrung genau die zu sein, die ich konsequent vertreten habe, wobei sein Wort *Wechselspiel*[19] synonym mit meinem Wort *Wechselwirkung*[20] ist. Allerdings verhindert die Wendung »Wachtraum« die vollstän-

19 [*interplay*]
20 [*interaction*]

dige Identifikation unserer beiden Ansichten, wobei der Vorteil vom Standpunkt des gesunden Menschenverstandes auf meiner Seite zu sein scheint.

Freilich gibt es da eine gewisse Zweideutigkeit in dem zitierten Satz von Santayana, die möglicherweise Licht darauf wirft, warum er die Erfahrung lediglich für einen Wachtraum und einen Schein hält. Diese Zweideutigkeit findet sich in der Wendung »unergründliche Prozesse im lebenden Körper«; denn wenn diese Prozesse aus ihrer Verbindung mit organischen Tätigkeiten herausgelöst werden, die in ihrer Interaktion mit der Umwelt das *Leben* ausmachen, dann schneidet die Abhängigkeit der Erfahrung von unergründlichen Prozessen im *Innern* des Organismus die Erfahrung mit Sicherheit von der immanenten Verbindung mit Umweltbedingungen ab und macht sie zu einem lediglich parasitären Anhängsel an einen privaten Körper. Allerdings ist diese Interpretation des Ausdrucks als Erklärung, weshalb Santayana Erfahrung als einen Traum auffasst, als Schein, als Schleier zwischen uns und der Natur, spekulativ. Es ist sicherer anzunehmen, dass er von der traditionellen »mentalistischen« Ansicht der englischen Psychologie ausgeht und dass er von biologischen Tatsachen hinreichend Kenntnis nimmt, um dieses *Etwas* [diesen Wachtraum] mit dem Körper in seinem Zusammenspiel mit der Umwelt zu verknüpfen. Denn das Produkt dieser Kombination – der Locke'schen Psychologie mit der Bezugnahme auf den Organismus – ist eine Ansicht, in der eine Erfahrung ein Traum ist, während der Traum ein Produkt des Zusammenspiels eines Körpers mit Umweltbedingungen ist.

Da ich im Gegensatz dazu mit der Erfahrung als Manifestation von Interaktionen von Organismus und Umwelt beginne, folgt, dass die Unterscheidung zwischen den Dingen eines Traums und des Wachlebens selber in Begriffen verschiedener Interaktionsarten formuliert werden muss, so dass es witzlos ist, sie beide »Träume« zu nennen. Auf alle Fälle zieht Santayana die von ihm vorgetragene Schlussfolgerung lediglich deshalb aus dem, was er für meine Ansicht hält, weil er mir die Idee der Erfahrung zuschreibt, der er selbst anhängt – eine Ansicht, die in meinen Augen ein vollständiges Aufgeben des angeblichen naturalistischen Standpunktes beinhaltet.[21]

21 Santayanas Aufsatz ist ein beinahe wörtlicher Neuabdruck eines Artikels, den er 1926 im *Journal of Philosophy* veröffentlicht hat. Da er bei diesem Neuabdruck kei-

Santayana schreibt mir aufgrund seiner eigenen Ansicht von Erfahrung und seiner Vorstellung, kein intelligenter Mensch könne eine andere Idee von »Erfahrung« haben als die, die der orthodoxe britische »Mentalismus« entwickelt hat, die monströse Position zu, »nur das Unmittelbare« sei »real«; eine Ansicht, die der Idee der Erfahrung als Interaktion von Organismus und Umwelt offensichtlich widerspricht. Wenn er dann die Implikationen der letzteren Ansicht tatsächlich in meinen Schriften ausgeführt findet, entscheidet er, dass ich nicht nur an einem reinen Subjektivismus, sondern auch an einem äußerlichen Behaviorismus, der weder Unmittelbarkeit noch Erfüllung kennt, sowie an einer Identifikation von Erfahrung mit Konventionen festhalte. Sollte eine solche Kombinationen von Widersprüchen tatsächlich meine Philosophie repräsentieren, würde sie meinen Ideen eine gewisse Vorrangstellung verleihen, freilich keine beneidenswerte. Allerdings sind es Santayanas eigene Prämissen und nicht meine, welche die Erfahrung lediglich unmittelbar, scheinhaft und illusorisch machen; die Natur wird durch sie so vollkommen abgeschirmt, dass der einzig mögliche Naturalismus ein Kniefall ist, der blind in die Richtung eines Objektes reinen Glaubens zielt.

Damit aber meine Antwort hier nicht bloß die Form eines *Adhominem*-Vergleichs der jeweiligen Verdienste unserer beiden Ansichten annimmt, möchte ich einige Worte von etwas allgemeinerem Charakter sagen. Wenn die Dinge der Erfahrung, wie es nach meiner Theorie der Fall ist, durch die Interaktion von Organismus und Umweltbedingungen hervorgebracht werden, dann sind sie als der eigene Vordergrund der Natur keine Schranke, die mysteriös zwischen uns und der Natur aufgerichtet worden ist. Darüber hinaus ist der Organismus – das Ich, das »Subjekt« des Handelns – ein Faktor *innerhalb* der Erfahrung und nicht einer außerhalb ihrer, an den Erfahrungen nur als das Privateigentum des Ich angehängt werden. Meiner Ansicht nach ist eine Charakterisierung eines beliebigen Aspekts, Abschnitts oder Elements der Erfahrung als *mein* keine Beschreibung seiner direkten Realität, sondern eine näher zu spezifizierende Beschreibung der Erfahrung mit Hinblick auf ein besonde-

nerlei Hinweis auf meine Antwort im selben *Journal* im Februar 1927 gibt, muss ich den Leser für eine detaillierte Diskussion vieler Punkte in seinem Beitrag zu diesem Band, die hier nicht behandelt werden, auf jenen Artikel von mir verweisen.

res Problem für eine besondere Absicht.[22] So viel zum angeblichen Subjektivismus, obgleich ich mich nicht enthalten kann, noch einmal zu fragen, wie diejenigen, die eine »subjektivistische« Idee von Erfahrung vertreten, Mittel bereitstellen, um jemals aus ihrem Zauberkreis herauszutreten. Santayana zumindest sieht die Notwendigkeit eines Mittels und liefert deshalb den »animalischen Glauben« als das Hilfsmittel der sonst hilflosen »Erfahrung«.

Die Erklärung ist hier noch nicht zu Ende. Ich habe wiederholt gesagt, ein unentbehrlicher Teil meiner Theorie sei die Tatsache, dass Erfahrung als eine Interaktion aus Verbindungen von Tun-Erleiden-Tun ... besteht und dass die Verbindungen zwischen den beiden in dem Augenblick, da sie bemerkt und formuliert werden, die typisch kognitive Erfahrung entstehen lassen: nämlich eine Wahrnehmung von Beziehungen, die vermittelt und vermittelnd sind. Ich habe darauf hingewiesen, dass es ein Trugschluss wäre, anzunehmen, nur deshalb, weil eine Erfahrung in ihrer Existenz unmittelbar ist – oder direkt das ist, was sie ist, und nichts anderes –, müsse auch ihr *Substrat* unmittelbar sein. Meine Theorie der Beziehung kognitiver Erfahrungen zu anderen Erfahrungsmodi beruht auf der Tatsache, dass *Verbindungen* schon in der unmittelbarsten, nicht-kognitiven Erfahrung bestehen und dass diese Verbindungen dann, wenn die erlebten Situationen problematisch werden, zu charakteristischen Gegenständen der Erkenntnis entwickelt werden, sei es des gesunden Menschenverstandes oder der Wissenschaft.[23] Die Signifikanz der Erfahrung als Vordergrund besteht darin, dass der Vordergrund naturgemäß Material enthält, das dann, wenn es operational behandelt wird, die Anhaltspunkte liefert, die uns direkt in den Hintergrund der Natur und in die Natur *als* Hintergrund führen. Wenn philosophische Autoren nur ihren beherrschenden Vordergrund mentalistischer psychologischer Interpretationen der Erfahrung vergessen würden und könnten, würde die Entstehung der

22 Obgleich die erforderliche Spezifikation hier nicht besonders zur Debatte steht, möchte ich darauf hinweisen, dass ich bei verschiedenen Gelegenheiten erklärt habe, dass die Bezugnahme einer spezifizierten Erfahrung auf »mich«, wie eine Bezugnahme auf »dich«, in denjenigen sozialen Interaktionen entsteht, in denen ein Bedarf für die Übernahme von *Verantwortung* besteht.

23 Vor langer Zeit habe ich von William James gelernt, dass es unmittelbare Erfahrungen der Verbindungen gibt, die sprachlich durch Konjunktionen und Präpositionen ausgedrückt werden. Die Position meiner Lehre ist nur eine Verallgemeinerung dessen, was in dieser Tatsache enthalten ist.

Wissenschaften aus Erfahrungen der Art, wie sie sich bei Naturvölkern finden, ausreichen, um zu beweisen, dass Erfahrung tatsächlich von dieser Art ist. Der Beweis würde noch unterstrichen, wenn man einmal beobachtet, wie sich aus früheren Erfahrungen eine neue Erfahrung entwickelt, deren Basis und Inhalt eine angemessenere und tiefere kognitive Einsicht in die Welt, in der wir leben, ist.

Einige meiner Kritiker sind der Meinung, meine Philosophie sage nicht sehr viel über die Umwelt, die entdeckt wird, wenn die Erfahrung in ihre kognitive Phase eintritt. Ich hoffe, diese Aussage ist korrekt, obgleich sie als Anklage vorgetragen wird. Denn meiner Ansicht nach sind die wirklichen Forschungen, die die Wissenschaften der Astronomie, Archäologie, Botanik, das ganze Alphabet durch bis zum Z der Zoologie ausmachen, diejenigen Verfahren, die uns über die umgebende Welt belehren; sie belehren, weil sie Hinweisen, die in wirklich erlebten Erfahrungen vorkommen, bis zu Ende nachgehen. Es ist nicht die Aufgabe der Philosophie, in der Logik oder der Erkenntnistheorie eine rivalisierende Theorie der natürlichen Umwelt zu liefern, sondern zu analysieren und zu beschreiben, wie und mit welchem Ergebnis sich Forschungen tatsächlich, genetisch und funktional, in ihrem Erfahrungskontext vollziehen. In diesem Zusammenhang zitiere ich die folgende außergewöhnliche Passage aus Santayanas Essay: »Angenommen, ich sage, alles Ideale sei eine Emanation aus etwas Natürlichem. Dewey stimmt zu, *vorausgesetzt, dass alles, was fern ist, eine Emanation aus etwas Unmittelbarem ist.* Aber was ich meinte, war, dass alles Unmittelbare aus etwas Biologischem hervorgeht.« Wenn wir die Wirkung einer gewissen Aura, die dem Wort Emanation anhaftet, eliminieren, ist die in dem letzten Satz konstatierte Meinung auch die meine. Aber ich gebe offen zu, dass darin eine zirkuläre Bewegung enthalten ist und dass die Erfahrung, die aus der Interaktion mit den Umweltbedingungen resultiert, Beziehungen in sich enthält, die, zu Ende verfolgt, uns über den biologischen und den noch weiter entfernten Hintergrund – den astronomischen und geologischen – belehren.

Mit anderen Worten, der Beweis der Tatsache, dass die *Erkenntnis* der Natur, nicht aber die Natur selbst aus der unmittelbaren Erfahrung »emaniert«, ist einfach, dass dies in der Geschichte oder der Entwicklung der tierischen oder menschlichen Erfahrung auf dieser Erde geschehen ist – denn die einzige Alternative zu dieser Schlussfolgerung besteht darin, dass wir außer der Erfahrung als Quelle und

Prüfstein von Überzeugungen eine wundersame Fähigkeit der intuitiven Einsicht in ferne Galaxien und ferne geologische Epochen besitzen. Im letzteren Fall ist es seltsam, dass Astronomen und Geologen so hart arbeiten müssen, um zunächst bestimmte direkte Beobachtungen und dann jene anderen Erfahrungen zu machen, mit deren Hilfe sie den Beweiswert des Beobachteten interpretieren und überprüfen. Ich komme zu dem Schluss, dass der Hauptunterschied zwischen mir und einigen meiner Kritiker darin besteht, dass es mir gelungen ist, mich endlich von der Beobachtung bestimmter Tatsachen allein durch das Medium der traditionellen »subjektiven« Ansicht der Erfahrung zu befreien, während meine Kritiker diese Tatsachen immer noch durch das Brechungsmedium einer unkritisierten psychologischen Lehre sehen.

II. Wenn ich mich Reichenbachs Beitrag zuwende, findet die Diskussion in einem Kontext statt, wo Übereinstimmung über bestimmte grundlegende Punkte besteht. Uns ist beiden der Empirismus gemeinsam, und er stimmt mit mir – im Gegensatz zu den frühen logischen Positivisten und B. Russell, zumindest in einer seiner Perioden – auch darin überein, dass Erfahrung als solche nicht auf Sinnesdaten zurückgeführt werden kann, da die unmittelbare Realität in der Erfahrung »aus Dingen, nicht aus Qualitäten« besteht. Bis zu einem gewissen Grade ist die weitere Differenz zwischen uns meiner Ansicht nach lexikographischer Natur, sie beruht auf verschiedenen gewohnheitsmäßigen Assoziationen mit gewissen Wörtern. Das lässt sich etwa an folgender Tatsache illustrieren: Wenn ich ihn recht verstehe, bedeutet für ihn »subjektiv« das, was durch die Handlung des Organismus in jener bestimmten Hinsicht oder Eigenschaft beeinflusst oder in Mitleidenschaft gezogen wird; wogegen ich dem Wort eine anstößige metaphysische oder epistemologische Bedeutung gebe. Freilich, da Reichenbach das Wort auch synonym zu *scheinbar* verwendet und das, was dadurch bezeichnet wird, in einen Gegensatz zum *Objektiven* und *Realen* stellt, ist der Unterschied zwischen uns nicht gänzlich sprachlicher Art, obgleich Reichenbach ausdrücklich die traditionelle metaphysische Bedeutung der Wörter zurückweist. Da Reichenbach seine Rechtfertigung für die Verwendung dieser Wörter auf meine Vorstellung von der Beziehung des charakteristischen Objekts der Wissenschaft zum Substrat der Wahrnehmungserfahrung gründet, ist es auf jeden Fall notwendig, den letzteren Punkt besonders zu diskutieren.

Grundlage seiner Kritik ist die Überzeugung, meine Identifikation des wissenschaftlichen Objekts mit *Relationen* statt mit irgendeiner Art von existierenden nicht-relationalen Dingen lege mich auf die Lehre von der »*Nicht-Realität*« wissenschaftlicher Objekte fest. Dieser Punkt ist so grundlegend, dass ich Reichenbach für die Gelegenheit dankbar bin, diese Sache zu diskutieren. Denn ich habe gewiss niemals absichtlich den Eindruck erwecken wollen, ich verträte eine »nicht-realistische Interpretation wissenschaftlicher Begriffe«. Ganz im Gegenteil – wie ich auf den unmittelbar vorangehenden Seiten angedeutet habe –, das wirkliche operative Vorhandensein von *Verbindungen* (die, wenn sie formuliert werden, *relational* sind) im Substrat direkter Erfahrung ist ein wesentlicher Bestandteil meiner Idee von Erfahrung. Ich muss also wohl schließen, dass Reichenbach jenen traditionellen partikularistischen Empirismus vertritt, nach dem »Relationen« nicht die empirische Realität haben, die Dinge und Qualitäten besitzen, so dass die Unterstellung, ich verträte dieselbe Ansicht, logischerweise relationale Objekte unwirklich macht. Diese Interpretation wird durch Reichenbachs Bezugnahme auf die »nominalistische Reduktion von Abstrakta auf Konkreta« bestätigt, die er als Bestandteil des uns beiden gemeinsamen Empirismus ansieht. Aber genau hier unterscheidet sich die Ansicht, Erfahrung sei die Manifestation von Interaktionen eines – im Falle menschlicher Erfahrung – akkulturierten Organismus mit der Umwelt, vom traditionellen Empirismus. Reichenbach ist, wie ich seine Position sehe, über den traditionellen psychologischen Empirismus so weit hinausgelangt, dass er als Material der direkten Erfahrung *Dinge* statt nur getrennte Qualitäten zulässt. Aber er ist nicht so weit gegangen einzuräumen, dass *Handlungen* und Handlungsweisen, Arten des Operierens, ebenfalls in dem enthalten sind, was direkt erfahren wird. Aber wenn man von dem biologisch-kulturellen Ansatz aus an die Theorie des Erfahrens herangeht, ist das Vorhandensein von angeborenen und (wie Gewohnheiten) erworbenen *allgemeinen* Arten des Verhaltens eine unausweichliche Gegebenheit.[24]

Reichenbach zitiert aus meinen Schriften freilich eine Passage, deren Interpretation es auf den ersten Blick zu rechtfertigen scheint,

24 Peirces pragmatischer Empirismus ist natürlich in dieser Frage explizit. James schwankt manchmal, aber seine Betonung der Kontinuität und des motorischen Faktors sind derart, dass sie seine Theorie definit aus dem partikularistischen oder nominalistischen Empirismus herausnehmen.

mir die Leugnung der Realität wissenschaftlicher Objekte zuzuschreiben. Diese Passage lautet: »Das physikalische Objekt, wie es wissenschaftlich definiert wird, ist kein verdoppeltes wirkliches Objekt, sondern eine Aussage ... über die Beziehungen zwischen Mengen von Veränderungen, in denen das qualitative Objekt zu Veränderungen in anderen Dingen steht.« Nun besteht das Trügerische von Wörtern darin, dass dieser Satz für sich genommen sich wie eine Behauptung liest, das wissenschaftliche Objekt sei nicht »real«, dem zum Trotz, was das Wort »verdoppelt« suggeriert. Der Kontext, in dem diese Passage steht, hat mit einem der beiden Probleme zu tun, die in meiner Einleitung als die zentralen Probleme der modernen Philosophie erwähnt worden sind, nämlich mit der Beziehung der »begrifflichen« Objekte der Physik zu Dingen der gewöhnlichen Wahrnehmung. Man kann mir nicht vorwerfen, dieses Problem erfunden zu haben. Darüber hinaus bestand *eine* Lösung für dieses Problem in einer Lehre, nach der wahrgenommene und »begriffene« oder wissenschaftliche Objekte miteinander um die Position wetteifern, die »Realitäten« zu sein, auf die sich die Erkenntnis bezieht. Der zitierte Satz bestreitet die Gültigkeit dieser Ansicht. Ihm liegt die Überzeugung zugrunde, dass die qualitativen Züge der Dinge des gewöhnlichen Alltagswissens nicht nur legitim, sondern im Zusammenhang mit *einer* Art von Problemen – den Problemen von Gebrauch und Genuss – notwendig sind, während die so genannten »begrifflichen« Gegenstände der Wissenschaft für die Art von Problemen legitim und notwendig sind, mit denen sich die wissenschaftliche Forschung befasst. Infolgedessen konkurrieren sie nicht miteinander um die Besetzung des Platzes der »realen« Erkenntnis; und die eine verdoppelt nicht in »wahrer« oder objektiver Form, was die andere in einer lediglich scheinbaren und subjektiven Form präsentiert.[25] Oder wie ich diese Sache an anderer Stelle ausgedrückt habe: »Das Verfahren der Physik selbst, nicht irgendeine metaphysische oder epistemologische Theorie, zeigt, dass physikalische Objekte nicht individuelle existierende Objekte sein können.«[26] Die Wendung »das Verfahren

25 Dass an meiner Form des Pragmatismus in der Position, die hinsichtlich des wissenschaftlichen physikalischen Objekts eingenommen wird, nichts Eigentümliches ist, lässt sich aus der Tatsache ersehen, dass ein Autor wie Broad sagen kann: »Was für die Wissenschaft wirklich zählt, ist nicht die innere Natur von Objekten, sondern ihre wechselseitigen Beziehungen.« *Scientific Thought*, S. 39.

26 *Die Suche nach Gewissheit*, S. 241, eine Passage, in der, wie ich hoffe, das Wort

der Physik« soll auf die Tatsache hinweisen, dass die Newton-Locke'schen angeblichen primären *Qualitäten* Masse, Festigkeit, Ausdehnung usf. jetzt in der Physik *nicht* als Qualitäten, sondern als strikt relational behandelt werden.

Was ich mit meiner Feststellung meine, ein wissenschaftliches Objekt sei kein Rivale oder Duplikat eines Objektes im Wahrnehmungsfeld, kann ich vielleicht anhand einer Passage verdeutlichen, die Reichenbach nicht zitiert, die aber, wie ich feststellen muss, für einige Leser in der Vergangenheit ein Stein des Anstoßes gewesen ist. Diese Passage lautet: »Der wahrgenommene und gebrauchte Tisch ist der einzige Tisch.«[27] Nun könnte diese Passage wegen des Gebrauchs des Wortes *einzig* so aufgefasst werden, als bestreite er die Existenz eines wissenschaftlichen physischen Objekts. Hätte die Passage gelautet: »Der wahrgenommene und gebrauchte Tisch ist der einzige *Tisch*«, hätte der Kursivdruck das Missverständnis verhindert. Denn er hätte angezeigt, dass nicht die Existenz eines Schwarms von sich schnell bewegenden Atomen (Elektronen usf.) bestritten wird, sondern die Auffassung, dieser Schwarm konstituiere irgendwie eine geisterhafte Art von *Tisch*, statt einfach das zu sein, was er ist, in Termini von Elektronen, Deuteronen usf. Man dürfte wohl kaum Bücher oder Teller auf Letzteren ablegen oder sich daran zum Essen niederlassen. Dass der Tisch *als* wahrgenommener Tisch in dem einen Kontext ebenso wahr ein Erkenntnisobjekt ist wie die physikalischen Atome, Moleküle etc. es in einem anderen Situationskontext und mit Bezug auf ein anderes *Problem* sind, ist eine Position, deren Darstellung ich beträchtlichen Raum gewidmet habe.[28]

Pragmatistische Philosophen haben die hier vertretene Idee der Natur des wissenschaftlichen Objekts nicht erfunden. Schon vor langer Zeit ist die Aufmerksamkeit auf die Tatsache gelenkt worden, dass die englischen Physiker dazu neigen, nach buchstäblichen Modellen zu suchen, während französische Physiker sich in der Regel damit begnügen, physische Objekte eher symbolisch als buchstäb-

»individuell« den Satz vor dem Missverständnis schützt, zu dem der andere Satz einen Grund bieten könnte – denn *individuell* wird hier mit *relational* als allgemein kontrastiert.

27 *Ibid.*, S. 240.

28 Die Position, dass wahrgenommene Objekte als solche nicht kognitiv sind, steht nicht in Widerspruch zu der Position, dass das, *was* wahrgenommen wird, in der Forschung enthalten sein könnte.

lich zu deuten. So vertrat Duhem vor vielen Jahren die Ansicht, wissenschaftliche Objekte seien symbolische Hilfsmittel, um die Dinge der gewöhnlichen Erfahrung miteinander zu verknüpfen. Andere waren der Auffassung, sie seien Hilfsmittel, um Voraussagen zu erleichtern und zu lenken. Nun geht meine Ansicht nicht ganz so weit wie diese. Vielleicht kann ich, was ich meine, anhand folgender Illustration erläutern. Angenommen, eine der Personen mit außergewöhnlicher Sehschärfe, die in den Grimmschen Märchen so häufig vorkommen, würde ein Objekt mit allen Qualitäten, die ein Physiker dem Atom zuschreibt, wirklich *sehen*, sinnlich wahrnehmen. Sie würde gewiss irgendetwas sehen. Aber würde sie ein Atom in dem bestimmten Sinn *eines Objekts der Physik* sehen? Ich kann nur eine mögliche Antwort finden, nämlich: »Das kommt darauf an. Wenn sie eine wissenschaftliche Ausbildung genossen hätte und wenn sie bei der sinnlichen Wahrnehmung dieses bestimmten Dings ausdrücklich *erkennt*, dass es alle die relationalen Eigenschaften besitzt, die die wissenschaftliche Theorie der Atomstruktur verlangt, und keine der Eigenschaften, die mit letzterer unvereinbar sind, dann lautet die Antwort ja. Aber wenn sie es lediglich sieht, wie ein Mensch mit geringerer Sehkraft einen Stein sieht, ist die Antwort nein.« Mit anderen Worten, was ein charakteristisch physikalisches wissenschaftliches Objekt ausmacht, ist nicht einfach das Ding als wahrgenommen, sondern das Ding, wie und wenn es in einen extensiven begrifflichen oder theoretischen Kontext gestellt wird, *in dem es eine besondere Aufgabe erfüllt.*

Die Erfordernisse der Diskussion haben mich über das Thema der Erfahrung hinaus zum Thema der Erkenntnis geführt, das später in größerer Ausführlichkeit diskutiert werden wird. Ich komme noch einmal auf die Verbindung zurück, die in meiner Theorie zwischen dem wissenschaftlichen physikalischen Objekt und der qualitativen erlebten Situation besteht. Denn nach meiner Auffassung von der Letzteren werden die definitiv relationalen Gegenstände der Wissenschaft hervorgebracht, wenn *Verbindungen*, die in der unmittelbaren Situation bestehen, bemerkt und formuliert werden – ein Prozess, der eine Bearbeitung im Diskurs erforderlich macht. Wenn freilich ignoriert wird, dass schon im Material der gewöhnlichen Erfahrung *allgemeine* Formen der Aktivität (die *Verbindungen* konstituieren) vorkommen, (wenn nicht bemerkt wird, dass ein »Ding«, in dem Sinn, in dem »Ding« ein Äquivalent des lateinischen Wort *res* ist, eine *Art und Weise* ist, sich zu verhalten), dann muss der angebliche Empirist den allgemeinen und relationalen Charakter wissenschaftlicher Objekte bestreiten. Eine derartige Bestreitung war der Anlass für die Entstehung des transzendenten apriorischen Rationalismus, und wird der Anlass bleiben.[29]

Ich bedaure, dass ich den von Reichenbach angeführten Illustrationen nicht die verdiente Aufmerksamkeit schenken kann. Über den angeblich wahrgenommenen geknickten Stab im Wasser möchte ich sagen, dass der *Lichtstrahl* geknickt ist – in *diesem* Punkt handelt es sich weder um eine Illusion noch um eine »Erscheinung«. Nicht die *wissenschaftliche* Erkenntnis setzt die Beugung des Lichts, sowie es von einem Medium zum anderen übergeht, an die Stelle der Beugung des Stabs. Denn »gebeugt« und »gekrümmt« in Objekten der Wahrnehmung bezieht sich auf *motorische* Anpassungsreaktionen. Ich bezweifle, dass irgendein Ruderer jemals die richtige Reaktion verfehlt hat, wobei die Reaktion »richtig« ist, weil sie die in dem Akt des Rudergebrauchs beabsichtigten Konsequenzen hervorbringt. Der Ruderer hat also niemals vermutet, dass das *Ruder* gebeugt ist. Ein Fischer, der Fische durch das Aufspießen mit einem Speer fängt, braucht nur wenige Versuche, ohne jede Hilfe von der »Wissenschaft«, um eine Gewohnheit auszubilden, die sich in wirksamen motorischen Anpassungen ausdrückt.[30] Die Leistung der

29 Dies ist vielleicht ein ebenso guter Ort wie jeder andere, um zu sagen, dass in dem Sinn, in dem Piatt das Wort *Rationalismus* benutzt, meine Theorie *rationalistisch* ist, obgleich ich das Wort *Intelligenz* dem Wort *Vernunft* [*reason*] vorziehe, wegen der langen anti-empirischen Geschichte, die hinter dem letzteren Wort liegt. Die Art von »*a priori*«, die Piatt erwähnt (und die in meiner Theorie *tatsächlich* enthalten ist), ist so radikal verschieden von dem festen *a priori*, das in der inhärenten Natur von Geist, *intellectus purus*, Vernunft als *nus*, die in der Geschichte des Denkens auftreten, seinen Ort hat und durch sie geliefert werden, dass mir scheint, die Wörter Rationalismus und *a priori* sollten entweder vermieden oder nur mit erklärender Qualifikation gebraucht werden.

30 Es scheint mir, dass das Problem, mit dem sich Reichenbach befasst, von derselben Ordnung ist wie das, welches in psychologischen Texten diskutiert zu werden pflegte: Wie kommt es, dass wir Dinge aufrecht sehen, wenn doch die »Bilder« auf der Retina umgedreht sind? Das Problem stellte sich nur deshalb, weil die Phänomene in einen kognitiven statt in einen Reiz-Reaktions-Kontext gestellt wurden. Wir sehen nicht zuerst und »erkennen«, dass die Bilder invertiert sind, und korrigieren sie dann, indem wir an wissenschaftliche Erkenntnis appellieren. Wir *lernen*, wirksame motorische Reaktionen zu zeigen, und falls und sobald *sie* erworben

Wissenschaft besteht nicht darin, das Ding der gewöhnlichen Erfahrung zu korrigieren, indem sie es durch ein anderes ersetzt, sondern *es zu erklären*. Außerdem kann das wahrgenommene Objekt nur dadurch erklärt werden, dass man die »Erscheinung« so nimmt, wie sie sich zeigt; und die Erklärung nimmt die Form einer allgemeinen Korrelation zwischen Veränderungen der Mediendichte und Veränderungen des Refraktionsindex des Lichtes an; diese Korrelation ist in diesem Falle das wissenschaftliche »physikalische Objekt«, so dass die Illustration meine Definition zu beweisen scheint.[31]

Ein weiteres von Reichenbach zitiertes Beispiel scheint mir am natürlichsten eher in meinem als in seinem Sinne interpretiert zu werden – das Beispiel nämlich einer Nadel auf einer Skala, deren Bewegung gewöhnlich als Geschwindigkeitsanzeige dient. Der Zeiger mag freilich durch von einem Magneten induzierte Veränderungen bewegt werden, ohne dass Ortsbewegung im Raum stattfindet. Ich bin außerstande, die Relevanz von Unterscheidungen des *Wirklichen* und des *Scheinbaren*, des *Objektiven* und des *Subjektiven* in Fällen wie diesen zu sehen. Wenn jemand, der gewöhnt ist, motorisch auf die Bewegung eines Geschwindigkeitsanzeigers zu reagieren, diese Gewohnheit anwendet, wo die Veränderung der Zeigerstellung ein Zeichen für etwas ganz anderes ist, liegt gewiss eine fehlerhafte Anpassung in der Reiz-Reaktions-Situation vor. Eine Gewohnheit, die unter einer bestimmten Menge von Bedingungen gebildet worden ist, die in der Vergangenheit konstant waren, funktioniert nicht, wenn die Bedingungen, unter denen diese Gewohnheit effektiv ist, sich plötzlich ändern – und trotzdem wird sie *als* Gewohnheit dazu neigen, zu funktionieren. Das ist eine sehr verbreitete Quelle von Fehlern – das heißt davon, Dinge im Handeln falsch aufzufassen. Warum es nötig ist, im Zusammenhang mit solchen Fällen Zuflucht bei den Kategorien des »Subjektiven« und »Objektiven«, des »Wirklichen« und des »Scheinbaren« zu suchen, sehe ich nicht – außer die Anhänger der traditionellen Psychologie, die systematisch motorische und aktive Elemente in der Erzeugung von Erfahrungen igno-

sind, ist die Natur des Reizes für die Wahrnehmungserfahrung eine Sache ohne Auswirkung oder Relevanz.

31 Die Bedeutung von *Erklärung*, wie es hier gebraucht wird, ist funktional – nämlich eine gegebene Menge von Fällen in eine Beziehung zu Mengen zu bringen, die im Hinblick auf qualitative Erwägungen von verschiedener Art sind, so dass freies und systematisches Folgern möglich ist.

riert hat, sind der natürlichen – und naturalistischen – Mittel beraubt, das Geschehen zu beschreiben.

III. Ich fürchte, meine emphatische Bejahung der »Realität« der *Qualitäten* der direkt erlebten Dinge hat mit zu Reichenbachs Vermutung beigetragen, ich bestritte oder bezweifelte die »Realität« wissenschaftlicher Objekte. In dieser Hinsicht stimme ich mit ihm überein, dass es besser gewesen wäre, ein neutraleres Wort als »real« zu verwenden, nämlich *existierend*.[32] Aber ich fürchte, dass diese sprachliche Veränderung nicht die wirkliche Differenz zwischen uns beseitigt. Als ich das Wort *real* in der folgenden (von ihm zitierten) Passage verwendete, verwendete ich ein Wort, das unglücklicherweise in hohem Maße mehrdeutig ist, so dass ich zum Teil die Verantwortung für jedes dadurch ausgelöste Missverständnis übernehmen muss. »Träume, Wahnsinn und Phantasie sind natürliche Erzeugnisse, so ›real‹ wie nur irgendetwas in der Welt.« Ich sehe jetzt, dass ich mich nicht auf den Schutz der Anführungszeichen um *real* hätte verlassen sollen, um den Satz vor einem Missverständnis zu schützen, selbst im Zusammenhang mit der Wendung »natürliche Erzeugnisse«. Die Bedeutung der Passage kommt unmissverständlicher in einem Satz zum Ausdruck, der auf der Seite vor der von ihm zitierten steht, wo alle Qualitäten, die tertiären wie auch die gewöhnlich »subjektiv« genannten, »ebenso sehr Produkte *der Taten der Natur* wie Farbe, Klang, Druck, wahrgenommene Größe und Entfernung«[33] genannt werden. Es bedeutet, dass alle Erfahrungsmaterialien als Manifestationen von Interaktionen eines natürlich existierenden Organismus und natürlich existierender Umweltbedingungen auf derselben Ebene stehen. Aber es bedeutet *nicht*, dass sie mit Hinblick auf ihren *Beweis*wert, auf ihre Funktion als verlässliche Zeichen, auf derselben Ebene stehen. Ganz im Gegenteil, ich habe wiederholt darauf bestanden, dass die empirische Kontrolle des direkt Gegebenen, eine Kontrolle, die das Material in einfachere, »elementarere« Daten analysiert, für gültige Schlussfolgerungen notwendig ist, und daher immer dann, wenn Erkenntnis ins Spiel kommt. Infolgedessen habe ich die Ansicht vertreten, dass jede Bedeutung, die den Wörtern »real« und »scheinbar«, »subjektiv« und »objektiv« mit Recht zugewiesen werden kann, mit Erfahrungsmaterialien in ihrer beweisenden, bezeichnenden Funktion zu tun

32 [*existential*]

33 *Die Suche nach Gewissheit*, S. 239.

hat und ihnen *nicht* in ihrem ursprünglichen und unschuldigen Vorkommen zukommt. Aus diesem Grunde sehe ich nicht, dass meine Akzeptanz des Wortes »*existierend*« anstelle des mehrdeutigen und deshalb Einwänden ausgesetzten Wortes »*real*«, mag es auch eine Verbesserung des Ausdrucks sein, die grundlegende Differenz zwischen uns ausräumt. Denn was für mich eine Differenz ist, die *innerhalb* des reflexiven oder kognitiven Gebrauchs primären Erfahrungsmaterials entsteht, ist für Reichenbach ein Unterschied zwischen diesem primären Material selbst, das inhärent nur eine »Erscheinung« ist, und dem Material der Erkenntnis als »real«.[34]

Infolgedessen stimme ich vollkommen mit der Feststellung überein, dass »die Unterscheidung zwischen ›Erscheinung‹ und ›Realität‹ eine grundlegende Notwendigkeit für die Konstruktion eines konsistenten Bildes der Alltagswelt ist, insbesondere der Welt des Handelns«. Aber (abgesehen von dem Wunsch nach weniger vieldeutigen Wörtern) ich weise darauf hin, dass das Problem, ein *konsistentes Weltbild zu formen*, offensichtlich in einen bestimmten kognitiven Kontext fällt und insofern, verglichen mit den Materialien primärer, nicht-kognitiver Erfahrungen, sekundär und abgeleitet ist. Abschließend möchte ich sagen, dass, soweit ich sehe, dieser spezielle Aspekt meiner allgemeinen Lehre nichts eigentümlich Pragmatistisches hat, sondern dass meine Position direkt aus einer durch und durch naturalistischen Auffassung von Erfahrung im Allgemeinen und in der Mehrzahl der Fälle folgt. Ich bin freilich hier mehr daran interessiert, meine eigene Position klar zu machen (wobei ich das Urteil darüber, ob sie korrekt oder inkorrekt ist, auf den Zeitpunkt verschiebe, zu dem sie klar gemacht worden ist) als mich in eine Kontroverse mit Reichenbach über diesen speziellen Punkt einzulas-

34 Die Wörter *scheinbar, real, subjektiv* und *objektiv* sind derartig mit metaphysischem und epistemologischem Schutt belastet, dass die Bedeutung der Unterscheidung, wie mir scheint, viel besser durch Wörter wie *verlässlich, unzuverlässig qua* Beweismaterial; *relevant* und *irrelevant*; *effektiv* und *nichtig*; *leitend* und *irreführend* angezeigt werden würde – alle in einem spezifizierten *funktionalen* Sinn gebraucht. Dass Material manchmal in seiner Beweisfunktion unzuverlässig ist, weil es mit Qualitäten überladen ist, die darauf beruhen, dass der Organismus an der Interaktion von Organismus-Umwelt teilhat, ist gewiss wahr – wie in der Tendenz, natürliche Geschehnisse mit animistischen Eigenschaften zu bekleiden. Aber die Eliminierung dieser Quelle des Irrtums involviert nicht, soweit ich sehen kann, irgendein anderes Prinzip als das, welches in jeder experimentellen Bestimmung von Daten als angemessen und effektiv enthalten ist.

sen.[35] Ich komme also zu folgendem Ergebnis: Die Plausibilität der Behauptung, die qualitativen Objekte der direkten Erfahrung würden, mittels Intervention von Folgerungsprozessen derselben Art, die zu wissenschaftlichen Objekten führen, durch andere Objekte *»ersetzt«*, beruht auf einer Verwechslung der Funktion, die motorische Anpassungsreaktionen in Dingen der gewöhnlichen Erfahrung verrichten, mit der Funktion, die kontrollierte und systematische *Folgerung* in kognitiver Erfahrung wissenschaftlicher Art verrichtet.

Um meine eigene Position zu verdeutlichen, möchte ich darauf hinweisen, dass das eigentliche *designatum* des Wortes »Subjekt«, wenn es denn überhaupt benutzt werden soll, meiner Meinung nach der Organismus ist. Infolgedessen bezieht es sich auf eine *Wirkung des Tuns*,[36] nicht auf einen Erkennenden, Geist, Bewusstsein oder was auch immer. Wenn die Wörter »Subjekt« und »Objekt« einander gegenübergestellt werden sollen, sollte es in denjenigen Situationen geschehen, in denen eine Person, ein Ich oder ein Organismus sich als *Tuender* Zwecke setzt, Pläne macht, deren Verwirklichung die jeweiligen Umweltbedingungen Widerstand entgegensetzen. Ein *Gegenstand* ist das, was einem *entgegensteht*; das, was der Ausführung eines Plans im Weg steht, den jemand hegt – wo ›jemand‹ für Peter oder Paul steht. Eine *Person* ist nach dieser Ansicht ein existierendes Ding in der Welt – ein »Objekt« unter anderen Objekten, dessen Merkmale erforscht werden müssen, genau wie der Unterschied zwischen Katzen und Hunden als Dinge in der wirklichen Welt erforscht wird. Ich bin überzeugt, wenn statt der Wörter »subjektiv« und »objektiv« regelmäßig die Wörter *persönlich* und *unpersönlich* als Präfixe von Dingen erschienen (von »Objekten« in dem Sinn, in dem sie sprachlich mit Dingen identifiziert werden), wäre ein künstliches, weil willkürlich geschaffenes Problem aus der Welt.

Im Zusammenhang mit diesem Teil von Reichenbachs Aufsatz bleibt noch die Sache der »tertiären« Qualitäten im Verhältnis zur

35 Gleichwohl kann ich mich nicht enthalten zu sagen, dass (wie Reichenbachs *Erfahrung und Voraussage* deutlich zeigt) seiner Ansicht nach die Existenz einer »Außenwelt« ein *Problem* für die Philosophie ist, wogegen nach meiner Ansicht das Problem durch die Art von Prämissen, die ich epistemologisch nenne, künstlich erzeugt ist. Wenn wir *handeln* und finden, dass sich umgebende Dinge unseren Wünschen und Anstrengungen widersetzen, ist die Äußerlichkeit der Umwelt im Verhältnis zum *Ich* ein direkter Bestandteil unmittelbarer Erfahrung.

36 [*agency of doing*]

Wertschätzung. Es ist natürlich ein inhärenter Teil der naturalistischen Ansicht von Erfahrung, dass Gefühlsqualitäten Produkte des Tuns der Natur sind – der Interaktion von Organismus und Umweltbedingungen. Es folgt ebenso, dass sie sich als direkte Qualitäten direkt auf das Weiterführen des Lebensprozesses beziehen – ich brauche kaum mehr zu tun, als auf die Qualitäten von Dingen als geliebt und gefürchtet anzuspielen. *Wenn* das Objekt der Wissenschaft etwas ist, das im Verhältnis eines realen Dings zu einem Ding direkter Erfahrung als lediglich erscheinend steht und wenn es mit Hilfe von Schlussfolgerungen geeignet sein muss, das Letztere zu ersetzen, dann ist klar, dass im Falle von Gegenständen des Begehrens, der Zuneigung und des direkten Genusses kein solches wissenschaftliches Ersatzobjekt existiert. Unter diesem Gesichtspunkt ist die Möglichkeit von wissenschaftlich gültigen Objekten der Wertschätzung als einer Form von Erkenntnis von Anfang an ausgeschlossen. Aber wenn das wissenschaftliche Objekt eine verallgemeinerte konstante Korrelation von Mengen von Veränderungen ist, gibt es kein unüberwindliches Objekt, das durch von vorneherein feststehende Prämissen gebildet wird. Korrelationen zwischen Veränderungen, die *Bedingungen* von Wünschen etc. bilden, und Veränderungen, die ihre *Konsequenzen* bilden, wenn nach den Bedingungen gehandelt wird, haben auf diesem Feld dieselbe Stellung und Funktion wie physische Objekte auf dem ihren.

Bei der Entwicklung von Forschungsmethoden, die es ermöglichen, zu Schlussfolgerungen hinsichtlich solcher Korrelationen zu kommen, sind viele *praktische* Schwierigkeiten zu überwinden. Aber im Unterschied zu Reichenbach sehe ich keine inhärente theoretische Schranke dagegen, hier eines Tages ein Erfolg zu haben.[37]

IV. Andere Einwände gegen meine Theorie der Erfahrung hängen mit der Tatsache zusammen, dass ich Erfahrungen *Situationen* genannt habe, wobei mein Wortgebrauch, wie ich vermute, der Einführung der Idee des *Feldes* in der Physik vorausgeht, aber, soweit ich sehen kann, nichtsdestoweniger verwendet wird, um ziemlich demselben Bedürfnis zu genügen – einem Bedürfnis, das das Substrat, nicht die Theorie auferlegt. In beiden Fällen ist es – wenngleich bei verschiedenen Substraten – das Bedürfnis nach einer lebensfähigen

37 Ich behandle diese Frage sehr kurz, weil kürzlich eine Monographie zu diesem Thema erschienen ist, die meine Ansicht im Detail schildert: *Theorie der Wertschätzung*, Chicago 1939 [s. o. S. 293ff.].

Alternative zu einem Atomismus, der logisch eine Bestreitung von Verknüpfungen beinhaltet, und zu einem absolutistischen Blockmonismus, der zugunsten der Realität von Relationen keinen Raum für das Diskrete, für Pluralität und für Individuen lässt. In der Philosophie besteht ebenfalls das Bedürfnis nach einer Alternative zu jener Kombination aus atomistischem Partikularismus im Hinblick auf empirisches Material und platonischem *A-priori*-Realismus im Hinblick auf Universalien, der zum Beispiel in der Philosophie von B. Russell offen eingestanden wird. Nach naturalistischer Auffassung ist jede Erfahrung in ihrem direkten Auftreten eine Interaktion von Umweltbedingungen und Organismus. Als solche enthält sie *etwas*, das erfahren *wird*, und Prozesse des *Erfahrens* in einer einzigen Verschmelzung. In ihrer Identität mit einer Lebensfunktion ist sie zeitlich und räumlich ausgedehnter und innerlich komplexer als ein einzelnes Ding, etwa ein Stein oder eine einzelne Qualität wie rot. Denn kein lebendes Wesen könnte – außer rein zufällig – überleben, wenn seine Erfahrungen nicht mehr an Reichweite, Umfang oder Inhalt besäßen, als der traditionelle partikularistische Empirismus vorsieht. Andererseits ist es unmöglich, sich vorzustellen, ein lebendes Geschöpf käme mit dem gesamten Universum auf einmal zurecht. Mit anderen Worten, die Theorie der Erfahrungssituationen, die direkt aus dem biologisch-anthropologischen Ansatz folgt, ist ihrem Wesen nach eine *via media* zwischen dem extremen atomistischen Pluralismus und Blockuniversum-Monismen. Was nur bedeutet, dass sie in einem naturalistischen Sinn wahrhaft empirisch ist.

B. Russell findet freilich, dass das, was ich über Situationen als die Erfahrungseinheiten schreibe, direkt der hegelschen Variante des Absolutismus entspringt und zu ihr führt. Ein indirekter Grund, den er für diese Überzeugung anführt, lautet, in die Form eines Arguments gebracht, etwa folgendermaßen: Dewey gibt nicht nur zu, dass er früher einmal Hegelianer war, sondern dass Hegel eine dauerhafte Spur in seinem Denken hinterlassen hat; Hegel war durch und durch Holist; also verwendet Dewey »Situation« in einem holistischen Sinn. Ich überlasse es Russell als formalem Logiker, zu entscheiden, was er zu jemandem sagen würde, der dieses Argument in einem anderen Kontext vorbrächte. Das folgende Argument entspricht vielleicht eher Russells Idee einer induktiven Beweisführung. Die britische Philosophie ist analytisch; Dewey lehnt sich nicht nur an die synthetische Tendenz der kontinentalen Philosophie an, sondern hat das britische analytische Denken heftig kritisiert; also legt ihn seine Identifizierung von Erfahrung mit Situation auf den »Holismus« fest.

Kommen wir zu einer etwas relevanteren Sache. Die Interpretation, die Russell einigen Passagen gibt, in denen ich das Wort *Situation* verwendet habe, widerspricht dem, was damit nach meinem grundlegenden leitenden Prinzip bezeichnet wird.[38] Diese Position ist freilich nicht einfach eine notwendige Implikation jenes Prinzips. Ich habe den pluralistischen und individualisierten Charakter von Situationen immer wieder und obendrein in direktem Zusammenhang mit dem Prinzip des Erfahrungskontinuums betont. Man nehme zum Beispiel die folgende Passage:

> Wir haben gesehen, dass Situationen prekär und gefährlich sind, weil die Fortdauer der Lebenstätigkeit von dem Einfluss abhängt, den gegenwärtige Akte auf zukünftige haben. Die Kontinuität eines Lebensprozesses ist nur in dem Maße gesichert, wie vollzogene Akte die Umwelt späteren organischen Akten zugänglicher machen. ... Alle wahrgenommenen Objekte sind individuell. Als solche sind sie in sich selbst vollständige Ganze. Alles, was direkt zum Gegenstand der Erfahrung wird, ist qualitativ einzigartig.[39]

Ich erhebe keinen Anspruch auf die Erfindung einer Umwelt, die durch Diskretheit und Kontinuität charakterisiert ist. Ich kann noch nicht einmal den bescheideneren Anspruch erheben, sie entdeckt zu haben. Ich habe lediglich diese Dualität von Eigenschaften in Ausdrücken der Identität der Erfahrung mit Lebensfunktionen interpretiert. Denn im Lebensprozess sind sowohl das Aufgehen in einer gegenwärtigen Situation wie eine Reaktion, die deren Wirkung auf die Bedingungen späterer Erfahrungen berücksichtigt, für die Aufrechterhaltung des Lebens gleichermaßen nötig. Unter einem bestimmten Blickwinkel ist beinahe alles, was ich geschrieben habe,

38 Savery hatte nicht Russells Schwierigkeit, meinen Gesichtspunkt zu verstehen. Vgl. seine Bemerkung: »Konkatenismus ist also eine *via media* zwischen Monismus und Monadismus. Es ist die einzige Form von Pluralismus, die intellektuell haltbar ist.« Es kann keine echte Kontinuität geben, wenn nicht eine Erfahrung, egal wie einzigartig oder individualisiert sie in ihrer eigenen durchgängigen Qualität ist, in sich etwas enthält, das auf andere Erfahrungen hinweist – oder in Saverys Sprechweise, wenn sich Erfahrungen im Hinblick auf ihre Substrate nicht »überschneiden«.

39 *Die Suche nach Gewissheit*, S. 234.

ein Kommentar zu der Tatsache, dass Situationen in ihrem direkten Bestehen *unmittelbar* und in dem zeitlichen Kontinuum, das die Lebens-Erfahrung konstituiert, vermittelnd und vermittelt sind.

Ich habe erläutert, dass eine Einzelperson eine unmittelbare Erfahrung keinem anderen mitteilen kann. Er kann diese andere Person nur auffordern, die Bedingungen zu schaffen, unter denen sie jene Art von Situation selber *haben* wird, deren *Bedingungen* im Diskurs formuliert werden. Selbst wenn diese schwierige Bedingung erfüllt ist, gibt es keinerlei Sicherheit, dass irgendjemand so handeln wird, dass er diese Erfahrung macht. Man kann das Pferd zur Tränke führen, aber trinken muss es selbst. Dieser Problemlage muss sich der Experimentator in der Physik stellen. Er kann allerdings die Vorrichtungen für das Experiment schildern, das enthaltene Material, den verwendeten Apparat, die Reihen von verrichteten Handlungen, die Beobachtungen, die sich ergeben, und kann die erreichten Schlussfolgerungen formulieren. Aber selbst so ist es Sache anderer Experimentatoren, diesen Bericht als Aufforderung aufzufassen, eine bestimmte Erfahrungssituation zu *haben*, und als Anleitung, sie zu erlangen. *Nach Auffassung des echten Empirismus ist dieses Problem unauflöslich in der abgeleiteten Beziehung des Diskurses zur Primärerfahrung enthalten.* Wer sich weigert, sich außerhalb des Diskursuniversums zu begeben – wie zum Beispiel offensichtlich B. Russell –, hat sich natürlich selbst davon ausgeschlossen, zu verstehen, was eine »Situation« als direkt erlebtes Substrat ist.

Ein beinahe komisches Beispiel einer solchen Weigerung und ihrer Konsequenzen findet sich dort, wo Russell schreibt: »Wir hören nur sehr wenig über die Natur der Dinge vor ihrer Erforschung.« Wenn ich auch nur das winzigste Stückchen über die »Natur der Dinge« vor ihrer Erforschung gesagt habe oder versucht habe zu sagen, habe ich nicht nur etwas meiner Position völlig Widersprechendes gesagt, sondern etwas, was mir inhärent absurd zu sein scheint. Oder wenn, wie es ja möglich ist, die Passage meint, dass ich, selbst nachdem die Forschung durchgeführt worden ist, trotzdem nicht sage, wie die Dinge *vor der Zeit* waren, *in welcher die Untersuchung* unternommen wurde, dann kann ich nur sagen, dass meiner Ansicht nach diese Art von Darstellung das spezifische Geschäft der Forschungen selbst ist. Ich bekenne mich schuldig, in meine philosophischen Schriften keine Enzyklopädie der Schlussfolgerungen aller Wissenschaften hineingeschrieben zu haben. Was immer Russell mit dem zitierten Satz gemeint haben mag, meine Position ist, dass Erklären (i) eine Angelegenheit des Diskurses ist, und dass (ii) aller Diskurs aus der Erfahrung von Dingen im nichtdiskursiven empirischen Haben stammt und auf sie inhärent beziehbar ist – so dass es zwar zum Beispiel möglich ist, einem von Geburt an blinden Mann *über* Farbe zu berichten, wir ihm aber durch einen Diskurs nicht das vermitteln können, was in der direkten Erfahrung von Farbe gehabt wird – meine ganze Position in dieser Angelegenheit ist eine Verallgemeinerung dieser trivialen Tatsache.

Wenn Russell zu dem eben von ihm zitierten Satz hinzufügt: »Wir wissen freilich, dass sich Dinge, wie unehrliche Politiker, anders verhalten, wenn sie beobachtet werden, als wenn ihnen keiner Aufmerksamkeit schenkt«, will er vermutlich nicht sagen, dass sich nach dem Heisenberg-Prinzip winzige Partikel mit hohen Geschwindigkeiten wie unehrliche Politiker verhalten. Ich verstehe ihn so, dass er sich auf etwas bezieht, was er als eine legitime Folgerung aus meiner Position ansieht. Im letzteren Fall ist es wahrscheinlich gut für mich, noch einmal zu formulieren, was meine Ansicht ist. Meiner Ansicht nach hat wissenschaftliche Erkenntnis eine Wirkung auf *vorher-direkt-erlebte-aber-nicht-erkannte* Dinge. Nun hätte ich vermutet, dies sei ein Gemeinplatz, wenn auch ein Gemeinplatz, den Philosophen in der Regel nicht zur Kenntnis zu nehmen belieben. Es herrscht zum Beispiel allgemein die Überzeugung, dass Personen sich manchmal anders verhalten, wenn sie wissen, dass sie verrückt sind, als wenn sie verrückt sind, ohne es zu wissen, und dass jemand, der weiß, dass er hungrig ist, sich nicht ebenso verhält, wie wenn er hungrig ist, ohne es zu wissen. Ebenso ist es mit der Kenntnis von Krankheit; die unterschiedliche Reaktionsweise, die man zeigt, ist *ipso facto* eine Modifikation des Substrats einer früheren nichtkognitiven Erfahrung. Und obgleich ich damit auf das Thema des zweiten Abschnitts meiner Antwort, nämlich Erkenntnis, vorgreife, füge ich hier hinzu, dass ich mir nicht den Unsinn vorzuwerfen habe, dessen ich gelegentlich beschuldigt werde. Ich habe nicht die Ansicht vertreten, wie Russells Anspielung auf die Erkenntnis von Sonne und Planeten unterstellt, dass Erkennen das *Objekt der Erkenntnis* modifiziert. Dass ein Planet als *erkannter* eine ganz andere Sache ist als der Lichtfleck, der sich in der direkten Erfahrung findet, ist, denke ich, offensichtlich – obgleich, noch einmal, einer der Gemeinplätze, den Philosophen, die einem künstlichen Problems nachjagen, nicht richtig zur Kenntnis genommen haben. Die Tatsache, dass Kritiker so bereitwillig vergessen, dass der Planet, der Stein (oder was immer genommen wird und was ihrer Meinung nach in meinen Augen durch Erkennen modifiziert wird) *schon* ein Objekt der Erkenntnis ist, ist ein Beweis für ihre Überzeugung, dass das gesamte Substrat philosophischer Theorie im Feld des Diskurses erschöpfend enthalten ist. Ein Empirist dagegen wird glauben, dass das Substrat, um *philosophisch* verstanden zu werden, in eine Beziehung zum Substrat direkt erlebter Situationen gesetzt werden muss.[40]

In diesem Zusammenhang ist Russells Überzeugung, dass meiner Meinung nach »das Rohmaterial *unerkennbar* bleibt«, besonders bezeichnend. Denn sie liefert den endgültigen Beweis, dass Russell außerstande war, der Unterscheidung zu folgen, die ich zwischen dem unmittelbar gehabten Material nicht-kognitiv erlebter Situationen und dem Material der Kognition mache – eine Unterscheidung, ohne die meine Ansicht nicht verstanden werden kann. Ein typisches Beispiel für das, was ich mit solchen nicht-kognitiven Erfahrungen meine, findet sich in meinen nicht seltenen Feststellungen des Inhalts, dass die Annahme, kognitive Erfahrungen seien allgegenwärtig, unvermeidlich zu einer Abwertung von Dingen führt, die durch Liebe, Begierde, Hoffnung, Furcht und andere für die menschliche Individualität charakteristische Eigenschaften erfahren werden. Aber statt dass ich dieses Material für *unerkennbar* halte, ist meine Ansicht vielmehr folgende: Wenn die Situationen, in denen derartiges Material existiert, *problematisch* werden, liefert es genau das, was durch eine Untersuchung erkannt werden *soll.* Aber offensichtlich ist Russell so sehr auf die Idee fixiert, es gebe kein Erfahrungsmaterial außerhalb des Feldes des Diskurses, dass jede Andeutung, es gebe ein solches Material, es *ipso facto* zu etwas »Unerkennbarem« macht.

Obgleich der jetzt explizit zu erwähnende Punkt eher meine Erkenntnistheorie als meine Theorie der Erfahrung betrifft, ist er doch so direkt mit der »holistischen« Bedeutung verknüpft, die Rus-

40 Anders ausgedrückt, das Material der Empfindungen, Impressionen, Ideen als Abbilder etc., mit denen der traditionelle Empirismus operiert hat, ist schon aus dem Kontext der direkten Erfahrung herausgenommen und in den Kontext von Material innerhalb des Diskurses gestellt worden, um den Erfordernissen des Diskurses zu genügen.

sell in das Wort »Situation«, wie es von mir verwendet wird, hineinliest, dass ich ihn an dieser Stelle aufnehme. Russell behauptet, meine Verwendung des Wortes »Situation« lege mich auf die Ansicht fest, das einzige »reale« Objekt der Erkenntnis sei das gesamte Universum, so dass ich logisch auf die von Bradley vertretene Ansicht verpflichtet sei. Wie die Dinge nun einmal liegen, habe ich den fundamentalen Unterschied zwischen meiner und der Ansicht des Bradley'schen Typs explizit festgestellt. Ich zitiere die Passage, weil sie, wenn ich mich nicht täusche, die Quelle von Russells Missverständnis meiner Ansichten zeigt: Er ist für das, was ich über die *problematische* Qualität von Situationen gesagt habe, die die Forschung sowohl auslösen wie kontrollieren, völlig unzugänglich.

Diese Theorie [nämlich des eben erwähnten Typs] missversteht infolgedessen radikal die Vereinheitlichung, auf die sich die Forschung in ihrer vermittelnden reflexiven Stufe tatsächlich hinbewegt. In der wirklichen Forschung besteht eine Bewegung auf eine vereinheitlichte geordnete Situation hin. Aber es ist immer eine Vereinheitlichung des Substrats, das eine *individuelle problematische Situation* ausmacht. Es ist keine Vereinheitlichung überhaupt.

Wird freilich »diese Eigenschaft der Vereinheitlichung über die Grenzen hinaus verallgemeinert, in denen sie stattfindet, nämlich die *Lösung spezifischer problematischer Situationen*«, dann scheint »Erkenntnis in der Gewinnung einer endgültigen allumfassenden Einheit zu bestehen, die dem Universum als einem unbedingten Ganzen äquivalent ist«.[41]

V. Pepper macht in seinen Kommentaren zu meiner ästhetischen Theorie Wörter wie *Kohärenz*, *Ganzes*, *Integration* usf. statt *Situation* zum Grund seiner Kritik. Aber da sein Vorwurf des »Organizismus« etwas mit Russells Vorwurf des »Holismus« gemein hat, werde ich mich an diesem Punkt mit seiner Kritik befassen. Ich muss freilich zuvor etwas über das Thema der Methode im Zusammenhang mit der ästhetischen Theorie sagen. Pepper verweist darauf, dass er zu einer gewissen Zeit den Versuch unternommen habe, eine Theorie der Ästhetik, zumindest in Umrissen, aus den »Implikationen der allgemeinen pragmatistischen Einstellung angesichts relevanter Fakten« abzuleiten, und dadurch veranlasst worden sei, vorauszusagen,

41 *Logik*, S. 610 (kursiv nicht im ursprünglichen Text). Die Passage befindet sich freilich am Ende des Buchs, so dass sie vielleicht Russells Aufmerksamkeit entgangen ist.

was ein guter Pragmatist zu diesem Thema sagen würde. Ich kann Pepper nicht den Vorwurf machen, er habe auf eine dem pragmatistischen Empirismus entgegengesetzte Art und Weise versucht, die ästhetische Theorie ohne Rücksicht auf erlebten Stoff aus allgemeinen Prämissen zu *deduzieren*. Seine Wendung »angesichts relevanter Tatsachen« schützt ihn vor diesem Vorwurf. Nichtsdestoweniger glaube ich, dass seine Übernahme dieser Methode die Quelle der Kritik ist, die er gegen mich vorbringt. Denn wenn er sieht, dass ich in meinem Buch *Kunst als Erfahrung* Ideen vortrage und Worte benutze, die in seinem Schema nicht vorausgesagt waren, nimmt er an, ich hätte eine anti-pragmatistische Position mit einer echt pragmatistischen kombiniert und schwankte zwischen beiden hin und her. Nun habe ich in einem Kapitel in *Kunst als Erfahrung* ausdrücklich gegen typische und übliche Philosophien der Ästhetik aus dem Grunde Front gemacht, dass sie nicht durch die Untersuchung des Substrats ästhetischer und artistischer Erfahrung zustande gekommen seien, sondern dadurch, dass sie aus vorgefassten Meinungen deduzierten, worin sie bestehen *müssen*. Ich wäre nie auf die Idee gekommen, selbst ein Verfahren anzuwenden, das ich an anderen kritisiert habe.

Diese Bemerkungen tragen hoffentlich dazu bei, die Streitfrage zu klären, die darin besteht, ob bestimmte *Wörter*, die ich bei der Beschreibung und Analyse des ästhetischen Substrats verwandt habe, auf echte Eigenschaften des Substrats Anwendung finden; und sie insofern, ob nun einige von ihnen auch von idealistischen (organizistischen) Autoren über Ästhetik verwendet worden sind oder nicht, eine Bedeutung haben, die mit einem naturalistischen und pragmatistischen Empirismus in Einklang steht.[42] Gerade mit Blick auf diese Streitfragen möchte ich die Aufmerksamkeit auf die Tatsache lenken, dass ich in früheren Schriften darauf hingewiesen habe, dass eben der Typ von Philosophie, den Pepper mir zuschreibt, his-

42 Es mag darauf hingewiesen werden, dass eine große Gruppe von Biologen aus ihrer Ansicht nach experimentellen wissenschaftlichen Gründen zu Schlussfolgerungen gekommen ist, die sie *organismisch* nennen, im Unterschied zu früheren »zellulären« Auffassungen, die in der Biologie den alten Ansichten des Atomismus in der Physik vergleichbar sind. Ich weiß nicht, ob Pepper gegen sie die Art von Vorwurf erheben würde, den er gegen mich erhebt, da auch sie mit großer Freiheit Wörter wie *Ganzes*, *Integration* usf. verwenden. Es gibt, wie mir scheint, in dem einen Fall ebenso viel Rechtfertigung dafür wie in dem anderen.

torisch genau aus der Tatsache entstand, dass griechische Denker Kategorien, die tatsächlich auf Kunstwerke und auf ihre als Genuss empfundene Wahrnehmung anwendbar sind, nahmen und sie dann auf das gesamte Universum ausdehnten, wo sie nicht mehr anwendbar sind.[43] Mit anderen Worten, es ist tatsächlich ein integraler Teil meiner Analyse des Materials ästhetischer Erfahrung, dass *es*, im Unterschied zum Material wissenschaftlicher und moralischer Erfahrung *als solcher*, Eigenschaften qualitativer Ganzheit, Integration usf. besitzt, die für es wirklich charakteristisch sind. Wenn meine ästhetische Theorie im Irrtum ist, verdient dieser Punkt kritische Würdigung und Einwände. Aber Pepper diskutiert diesen Punkt an keiner Stelle. Anscheinend genügt mein Gebrauch bestimmter *Wörter*, um eine Diskussion des Substrats überflüssig zu machen, das doch das einzige Kriterium ist, um die Anwendbarkeit einer Theorie zu beurteilen.

In meinem Buch *Die Suche nach Gewissheit* schrieb ich Folgendes:

> Es gibt Situationen, in denen in sich selbst eingeschlossene, diskrete, individuelle Charaktere dominieren. Sie machen den Stoff ästhetischer Erfahrung aus; und jede Erfahrung ist ästhetisch, soweit sie endgültig ist oder nicht die Suche nach einer anderen Erfahrung anregt. Wenn diese vollständige Qualität sinnlich offenbar ist, wird die Erfahrung ästhetisch genannt.[44]

Sollte man den Versuch unternehmen, vorweg zu raten, was ich in einer ausgedehnteren Diskussion von Kunst und Ästhetik wahrscheinlich sagen würde, könnte diese Passage einen Ausgangspunkt bilden. Die Frage, die sie aufwirft, ist eine Tatsachenfrage. Gibt es Erfahrungen dieser Art? Im dritten Kapitel meines Buches *Kunst als Erfahrung* wird diese Frage recht ausführlich diskutiert. Die Antwort dort lautet, dass jede Erfahrung, die den Namen Erfahrung wirklich verdient, so geartet ist. Solche Erfahrungen kann man natürlich nur *machen* und der Diskurs kann auf sie nur deuten. Aber es werden mehrere Seiten darauf verwendet, auf die Eigenschaften zu verweisen, nach denen man in ihnen Ausschau halten soll, im Unterschied zu Erfahrungen, die einerseits gepresst und beschränkt und auf der

43 Vgl. zum Beispiel in Kap. III von *Erfahrung und Natur* (und ganz explizit das letzte Kapitel meiner eben erschienenen *Logik*) den folgenden Satz: »Für ihre Denker [diejenigen der Griechen] waren die ästhetischen Eigenschaften der Erfahrungsgegenstände ebenso beherrschend wie für moderne Denker deren wissenschaftliche und ökonomische (oder relationale) Eigenschaften« (S. 96).

44 *Ibid.*, S. 235.

anderen Seite locker, schlaff und ausufernd sind. Durch alle nachfolgenden Kapitel hindurch beziehen sich die Wörter *Ganzes, vollständig, Kohärenz* genau und exklusiv auf die Materialien dieser Erfahrungen, die in dem erläuterten Sinne individualisiert und vollständig sind.[45]

Die einzige Frage, um die es geht, ist also eine Tatsachenfrage: Haben die Objekte charakteristisch ästhetischer Erfahrungen charakteristische Merkmale, auf die die Wörter *Ganzes, Integration, vollständig* in jenem *besonderen Sinn*, der erläutert worden ist, Anwendung haben? – ein Sinn, der *besonders* ist, gerade weil er ästhetischen Erfahrungen angehört und *nicht* Erfahrungen anderer Art, und gewiss nicht der Welt überhaupt als dem Objekt typisch *kognitiver* Erfahrung.

Was ich gerade gesagt habe, enthebt mich, wie ich meine, der Verantwortung, auf alle Bemerkungen Peppers im Einzelnen einzugehen, da ich in jedem Fall nur auf die besondere Bedeutung dieser Wörter im Kontext einer ästhetischen Erfahrung hinweisen und die Frage aufwerfen könnte, ob dieses Substrat die Verwendung der Wörter in dem Sinn, der ihnen gegeben worden ist, rechtfertigt. Ich werde mich allerdings kurz mit dreien dieser Punkte befassen.

(i) Statt die Wichtigkeit des *Konflikts* in der ästhetischen Erfahrung zu bestreiten, habe ich vielmehr seine unentbehrliche Funktion betont – siehe zum Beispiel die Hinweise unter *Widerstand* im Index. Ich habe zwischen den Fällen von Konflikt unterschieden, die zu Zerstreuung und Zersprengung führen (für die etwa die moderne Psychiatrie so viele Beispiele gibt), und den Fällen, in denen Konflikt und Spannung in Mittel verwandelt werden, um den Genuss[46] des Materials einer individuellen qualitativen Erfahrung zu intensivieren. Die Distanz, die eine solche Ansicht von einer »Theorie der Harmonie, die in der großen kosmischen Harmonie des Absoluten kulminiert«, trennt, ist gewaltig genug, um den Eindruck zu bestätigen, Pepper sei dadurch in die Irre geführt worden, dass er meine Äußerungen über den einzigartig qualitativen individualisierten

45 Zum Beispiel wird darauf hingewiesen, das sei das Substrat einer Erfahrung des Erkennens, während das Erkennen im Verlauf des Erkenntnisprozesses derart ist, dass es die Suche nach einer anderen Erfahrung anregt, aber dass jede nach aktiver Suche erreichte Schlussfolgerung als ein Finden dessen erfahren wird, wonach gesucht worden ist und insofern ästhetische Qualität hat.

46 [*consummatory appreciation*]

und diskreten Aspekt der Situationen, die ästhetische Eigenschaften haben, ignoriert.

(ii) Ich unterscheide zwischen dem Rohmaterial eines Kunstwerks, von dem es heißt, es gehöre einer »gemeinsamen Welt« an und sei nicht *privat* – eben weil es gemeinsam *ist* –, und der individuellen Reaktion der persönlichen und individuellen Vision und Formtätigkeit des Künstlers, durch die ansonsten gemeinsames Material in ein Kunstwerk verwandelt wird. Weil ich sage – zumindest ist es der einzige Grund, den ich entdeckt habe –, dass die Behandlung des vorgängigen *Rohmaterials* als privat, als lediglich dem eigenen Bewusstsein des Künstlers angehörig, uns zum »Zustand eines Irrenhauses« führen würde, findet Pepper etwas eigentümlich Organistisches in dieser Passage. Der Kontext zeigt deutlich, dass ich hier zwischen *vor*künstlerischem Material – das der Erfahrung vieler Menschen gemeinsam ist – und dem Material des Kunstwerks *als solchem* unterscheide, in dem gemeinsames Material durch die Vision und die schöpferischen Verfahren eines Künstlers in etwas Individuelles, Einzigartiges verwandelt worden ist.[47] Den Kontext zu der Diskussion in meinem Text bildet das alte Problem des »repräsentativen« Charakters eines Kunstwerks; meine Schlussfolgerung lautet, dass das Material des Kunstwerks als solches *keine* Repräsentation dessen ist, was vorher in der Erfahrung existierte, da es eine Transformation des Materials gewöhnlicher (gemeinsamer) Erfahrungen darstellt, eine Transformation, die dadurch zustande kommt, dass dieses Material durch einen *neuen* und individuellen Erfahrungsmodus hindurchgeht. Wenn diese Sicht falsch ist, dann ist auf jeden Fall sie die Sicht, die kritisiert werden muss.[48]

47 Ich verwendete, in einfachen Anführungszeichen, das Wort ›universal‹ als Synonym für »*gemeinsam*«. Es kann sein, dass Pepper außerstande war, das Wort, das so gebraucht war, von dem »konkreten Allgemeinen« der idealistischen Philosophie zu unterscheiden.

48 Es liegt ein gewisser Hauch von Komik in der Tatsache, dass Pepper in diesem Zusammenhang sein früheres Diktum umkehrt, dass für »den Organizismus die Kohärenz von Gefühlen zentral ist, während sie für den Pragmatismus sekundär und instrumentell ist ... während Qualität für den Pragmatismus zentral und für den Organizismus nur eine Art von Folgerung ist«. Es ist eine Umkehrung, denn wenn ich sage, nicht das Private, die Gefühle, seien das Substrat eines Kunstwerks, sondern Dinge, die, wie Qualitäten der Farbe, des Klanges usf. *gemeinsam* sind, beschuldigt Pepper mich, den Pragmatismus zugunsten des Organizismus zu verlassen.

(iii) Pepper fühlt sich durch die Tatsache gestört, dass in meiner Theorie der künstlerischen Form die Kohärenz von Relationen, selbst von inneren Relationen, eine gewisse Rolle spielt – denn ist nicht Kohärenz ein Zeichen der idealistischen Erkenntnistheorie und »innere Relationen« das Merkmal ihrer Metaphysik? Aber werfen wir einen Blick auf »das Sündenregister« – in diesem Fall auf meinen Text. Nachdem ich Form in Begriffen von Relationen und ästhetische Form in Begriffen der »Vollständigkeit von Relationen in einem gegebenen Medium« definiert habe, sage ich ganz direkt:

»Relation« ist jedoch ein doppeldeutiger Begriff. Im philosophischen Diskurs verwendet man ihn als die Bezeichnung einer gedanklichen Verknüpfung. Er bedeutet dann etwas Indirektes, etwas rein Geistiges, ja Logisches. Im gewöhnlichen Sprachgebrauch bedeutet »Relation« jedoch etwas Direktes und Aktives, etwas Dynamisches und Energiegeladenes. Sie richtet das Augenmerk auf die Art, wie die Dinge aufeinander einwirken, auf ihren Zusammenprall oder ihre Vereinigung, auf die Art, wie sie sich gegenseitig befriedigen und frustrieren, fördern und behindern, anregen und aufhalten.[49]

Es scheint kaum nötig, noch mehr darüber zu sagen, wie Kohärenz und innere Beziehungen tatsächlich in meine Theorie eingehen. Um zu schließen: Ich glaube nicht, dass irgendeine Schule der Philosophie einen monopolistischen Zugriff auf Wörter wie »Ganzes, vollständig, Kohärenz, Integration« usw. hat. Ich bin außerdem davon überzeugt, dass die Schule des objektiven Idealismus diese Eigenschaften ästhetischen Erfahrungen, wo sie hingehören, entlehnt und dann illegitim ausgeweitet hat, bis sie, mit kosmischem Gehalt versehen, zu Kategorien des Universums überhaupt wurden. Ich habe nicht die Absicht, Autoren dieser Schule echte ästhetische Einsichten abzusprechen; und insofern diese Einsichten echt sind, ist es die Aufgabe einer empirischen pragmatistischen Ästhetik, ihnen gerecht zu werden, ohne die metaphysischen Auswüchse zu übernehmen.

VI. Was ich im Zusammenhang mit Gordon Allports Aufsatz über meine Ansichten zur Psychologie zu sagen habe, passt vielleicht ebenso gut an diese wie an jede andere Stelle. Zunächst möchte ich sagen, dass ich die sorgfältige Untersuchung und getreue Darstellung meiner verstreuten und in den letzten Jahren unprofessionellen Schriften durch einen ausgewiesenen Experten auf diesem Gebiet

49 *Kunst als Erfahrung*, S. 156.

dankbar zu schätzen weiß. Darüber hinaus sind seine Einwände durchaus gerechtfertigt. Insbesondere seine Bemerkung ist zutreffend, ich hätte zwar die Psychologie zum gegenwärtigen Zeitpunkt für ein vernünftiges Philosophieren als unentbehrlich erklärt, es aber versäumt, meine grundlegenden psychologischen Prinzipien systematisch zu entwickeln. Zumindest einige der Einwände gegen meine Theorie der Erfahrung hätten abgewendet werden können, wenn ich meine sozio-biologische Psychologie dargestellt hätte, um zu verdeutlichen, wie und warum – auf der negativen Seite – viele philosophische Ideen, die immer noch als fundamental und als geradezu axiomatisch vertreten werden, auf einer unkritischen Anerkennung zweihundert Jahre alter psychologischer Theorien beruhen; und – auf der positiven Seite – um so zu zeigen, wie und warum ich eine vernünftige Psychologie als Basis für eine Theorie der Natur der Erfahrung und ihrer verschiedenen Arten und ihrer Verbindungen zueinander ansehe. Ich habe den Fehler begangen, bestimmte psychologische Sachverhalte als nebensächlich zu behandeln, die im gegenwärtigen Zustand der Philosophie zentral sind. Ich hatte kein Recht anzunehmen, philosophische Leser seien mit neueren Entwicklungen in der Psychologie so vertraut, dass ich mich ohne weiteres darauf beziehen könnte. Ich sehe nun, wie weit die zeitgenössische Philosophie insgesamt davon entfernt ist, sich die Hauptprinzipien zu eigen gemacht und verdaut zu haben, die sogar schon in der Psychologie von William James vorgebracht worden sind.

Das Bedürfnis nach einer expliziten Formulierung ist umso größer, als Autoren, die die vollständige Unabhängigkeit der Philosophie von der Psychologie proklamieren, oft genau diejenigen sind, denen man am ernsthaftesten vorwerfen kann, einen unkritischen Gebrauch von überholten psychologischen Ideen zu machen, als wären sie über jede Prüfung erhaben. Diese Feststellung trifft vor allem dort zu, wo die Ideen des Subjektiven und Objektiven, des Metaphysischen ins Spiel kommen und wo ein Terminus wie »Sinnesdaten« als objektiver oder natürlicher Ersatz für das ältere, mentalistische Wort *Empfindungen* verwendet wird. Der Einfluss der präbiologischen Psychologie betrifft auch die Bedeutungen von *Ideen* und *Begriffe*. Wie ich im Verlauf meiner hier vorliegenden Replik von Zeit zu Zeit bemerke, hat der Ausdruck »Subjekt« (und verwandte adjektivische Formen) vom Standpunkt einer biologisch-kulturellen Psychologie aus nur die Bedeutung einer gewissen Art von wirklicher Realität; gemeint ist nämlich ein lebendes Geschöpf, das unter dem Einfluss von Sprache und anderen kulturellen Kräften zu einer Person geworden ist, die mit anderen Personen (konkreten Menschen) in Wechselwirkung steht.

In meiner Theorie der Erfahrung und des Erfahrungskontinuums ist diese Art, das Subjekt (oder Ich oder Person oder welcher Name auch immer angewendet wird) zu betrachten, grundlegend. Denn obgleich die psychologische Theorie, die hier im Spiel ist, eine Form des Behaviorismus ist, unterscheidet sie sich grundlegend von einigen anderen Theorien, die denselben Namen tragen. Erstens wird das Verhalten nicht als etwas angesehen, das im Nervensystem oder unter der Haut eines Organismus, sondern das immer, direkt oder indirekt, in Interaktion mit Umweltbedingungen stattfindet, entweder ganz offen oder durch eine Anzahl von intervenierenden Verbindungsgliedern hindurch auf eine Distanz. Zweitens sind andere, ebenfalls akkulturierte Menschen, sogar räumlich und zeitlich weit entfernte Personen, aufgrund dessen, was sie getan haben, um die direkte Umwelt zu dem zu machen, was sie ist, an der Interaktion beteiligt. Würden meine Kritiker anerkennen, dass in der direkten Erfahrung unpersönliche wie persönliche entfernte Umwelteinflüsse enthalten sind, fielen einige der vorgebrachten Einwände in sich zusammen, besonders diejenigen, die auf einer dialektischen Manipulation der Idee der »Unmittelbarkeit« beruhen. Denn mögen auch entfernte Bedingungen nicht *in persona propria* anwesend sein, so sind sie doch durch ihre Wirkungen anwesend; und diese Wirkungen geben der Forschung brauchbare Anhaltspunkte und Indizien zur Erkenntnis des unendlich Entfernten an die Hand.

Um jetzt auf die spezifischen Einwände von Allport zurückzukommen, so muss ich das Fehlen einer adäquaten Theorie der Persönlichkeit zugeben. Über dem Bestreben, mich von dem Einfluss älterer »spiritualistischer« Theorien über die Natur der Einheit und Stabilität des personalen Ich (das als eine eigentümliche Art von substantiellem Stoff angesehen wurde) zu lösen, habe ich versäumt zu zeigen, wie natürliche Bedingungen dazu beitragen, integrierte und potenziell ausgeglichene Persönlichkeitsstrukturen zu entwickeln. Dass dieses »potenziell« oft nicht verwirklicht wird, wird durch psychiatrisches Beweismaterial hinreichend belegt. Aber dasselbe Beweismaterial zeigt, dass Bedingungen, die integrierte Persönlichkeitsstrukturen hervorbringen, ebenso natürlich sind wie die, die pathologische Menschen hervorbringen; die Unterschiede beruhen lediglich auf verschiedenen Arten von *Interaktionen.* Dasselbe Beweismaterial ist gleichermaßen überzeugend hinsichtlich der Rolle, die Interaktionen mit anderen Personen spielen, um einheitliche oder zerfallene Persönlichkeitsstrukturen zu bestimmen. Allport kritisiert meine Schriften auf dem Feld, wo die Psychologie von Personen in ihren sozialen (interpersonalen) Beziehungen von besonderem Gewicht ist, vor allem deshalb, weil es mir nicht gelungen sei, zu zeigen, dass eine Gemeinschaft integrierter Personen mit der Vielfalt segmentaler Öffentlichkeitstypen, die auf Interessenspezialisierung und Arbeitsteilung beruhen, vereinbar ist. Ich gebe gewiss zu, dass im gegenwärtigen Augenblick das Problem ungelöst ist, und würde so weit gehen zu sagen, dass es als praktisches Problem *das* Problem unserer Zeit und Generation ist. Das Bedürfnis nach einer Theorie, die den Weg weisen würde, auf den die Anstrengungen zu einer praktischen Lösung gerichtet werden sollten, zeigt sich in der gegenwärtigen weit verbreiteten Abkehr von den atomistischen »liberalen« Theorien und der Hinwendung zum Totalitarismus. Aber ich kann nicht zugeben, dass die Unvereinbarkeit zwischen individuellen in sich selbst integrierten Menschen und einem Gemeinschaftsleben, das durch Unterschiedlichkeit freiwilliger, verschiedene Interessen repräsentierender Gruppen gekennzeichnet ist, *unaufhebbar* ist. Es ist eine Unvereinbarkeit, die historisch ist und die ihre Bestandteile ständig verändert, so dass die Probleme, die sie stellt, bei der Konstruktion neuer Formen sozialer Beziehungen immer wieder neu gelöst werden müssen.

C. Erkenntnistheorie

I. Ich wende mich nun dem zweiten der Hauptpunkte zu, unter denen ich meine Kommentare anordne, und beginne mit Murphys Kritik, da sie sich direkt auf meine Erkenntnistheorie bezieht. Insbesondere im Falle seines Aufsatzes muss ich meine Leser an die oben ausgesprochene Mahnung erinnern, sich so eng wie möglich an den Text der Originalbeiträge zu halten. Denn obgleich er im Zusammenhang mit seiner Diskussion spezieller Themen eine Anzahl von Stellen aus meinen Schriften anführt, zitiert Murphy in seiner Formulierung meiner grundlegenden Erkenntnistheorie weder irgendwelche Passagen, noch verweist er zur Unterstützung seiner Interpretation auf bestimmte Stellen. Folglich muss ich, obgleich ich seine Darstellung meiner angeblichen Theorie in gewisser Ausführlichkeit zitiere, die Leser bitten, sich auch direkt auf seinen Aufsatz zu beziehen. Sein allgemeiner Vorwurf lautet, dass »der nichtphilosophische Leser, der die Theorie der Forschung in seiner [meiner] *Logik* oder die Theorie der Natur in *Erfahrung und Natur* überprüft, nicht finden wird, was er aufgrund der Ankündigung des Buches erwarten durfte«. Nun weiß ich zwar nicht, welches Kriterium in dem Hinweis auf einen nichtphilosophischen Leser sowie in den nicht seltenen Verweisen auf eine »gewöhnliche Theorie« der Erkenntnis enthalten ist. Aber außer vielleicht als ein Indiz für eine bestimmte undefinierte Vorliebe auf Murphys Seite sind diese Anspielungen nicht wichtig. Denn die Folge macht klar, dass Murphy glaubt, ein philosophischer Leser werde sich ähnlich frustriert fühlen. Als den Grund seiner Einwände nennt er mehrfach die angebliche Tatsache, dass trotz meiner nominellen Opposition gegen das, was ich Epistemologie nenne, meine Theorie der Forschung oder Erkenntnis sich so sehr in Epistemologie verfangen habe, dass ich weit davon entfernt sei, eine verständliche Erkenntnistheorie zu präsentieren.

Was *ist* dann also nach Murphy meine Erkenntnistheorie? Statt uns, sagt er, »wie sie es tun sollte, zu solchen speziellen Arten von Forschung zu führen, die in der Praxis als Mittel dienen, Entdeckungen über die Umwelt oder die Folgen menschlichen Verhaltens in ihr zu machen«, sei, behauptet er, mein Verfahren wie folgt:

> Sie [meine Theorie der Forschung] verweist uns statt dessen auf eine Theorie über die Rolle von Ideen, die als Werkzeuge dienen, um eine gegenwärtige unbestimmte Situation so zu verändern, dass daraus zuverlässig eine genossene zukünftige Erfahrung folgt, die zwar selbst nicht kognitiv ist, aber um ihrer selbst willen lohnt, und zwar durch den Gebrauch von Verfahren, die ihren instrumentellen Wert in dieser Eigenschaft unter Beweis gestellt haben.

An diesem Punkt bedauere ich umso mehr das komplette Fehlen untermauernder oder verifizierender Verweise, weil ich in meiner *Logik* genau das zu tun versucht habe, was Murphy bestreitet: nämlich sich spezifischen Arten von Forschung zuzuwenden und eine verallgemeinerte Theorie des Erkennens durch Analysen ihrer Eigenschaften zu gewinnen. Im Übrigen bin ich so weit davon entfernt, meine Theorie der Forschung in Murphys Darstellung wiederzuerkennen, dass sie mir in der dargestellten Form ebenso unverständlich erscheint wie Murphy und, wie ich annehme, dem Leser. Anstelle von Belegen wiederholt Murphy zweimal seine Interpretation meiner Ansicht über die Natur der Forschung, indem er sagt, dass die »gewöhnliche Erkenntnistheorie« (was immer das sein mag) »ersetzt wird durch eine Bezugnahme von Ideen auf zukünftige Erfahrung und auf die Mittel, um eine gegenwärtige Situation so zu verändern, dass eine erwünschte und erwartete Zukunft verlässlich folgen wird«; und

Wir haben schon gesehen [vermutlich in der soeben zitierten Passage], dass er es [Erkennen] als eine Verwendung von Ideen als Zeichen möglicher zukünftiger Erfahrungen und als Mittel ansieht, um auf eine befriedigende Weise den Übergang zu solchen Erfahrungen zu machen. Diese zukünftigen Erfahrungen werden, soweit sie die Forschung beenden, nicht Fälle von »Erkennen« sein, das heißt des Gebrauchs gegebener Erfahrungen als Zeichen von etwas anderem.

Ich fürchte, ich bin außerstande, irgendeinen Teil meiner Erkenntnistheorie in den oben zitierten Passagen wiederzuerkennen. Tatsächlich kann ich überhaupt keine zusammenhängende und verständliche Theorie anhand der eben zitierten Sätze identifizieren. Ich würde jeden Verfasser solcher Sätze fragen, was in aller Welt sie bedeuten sollen. Aber da ich hier nicht meine gesamte *Logik* neu schreiben kann, werde ich in summarischer Form eine Anzahl von spezifischen Punkten anführen, in denen die mir zugeschriebene Ansicht, soweit ich sie verstehen kann, sich radikal von der unterscheidet, die ich in meinen Schriften dokumentiert habe. (1) Statt zu sagen, dass »*Ideen* Zeichen zukünftiger Erfahrungen sind«, habe ich ihre Eignung bestritten, als Zeichen oder Beweis zu dienen; die Fähigkeit, Zeichen von etwas zu sein, gehört *einzig* beobachteten Tatsachen oder Daten an. (2) Da Murphy in seiner Darstellung meiner angeblichen Theorie der Forschung keinerlei Anspielung auf Letztere macht, lenke ich die Aufmerksamkeit auf die Tatsache, dass ich, statt zu sagen, »gegebene Erfahrungen« seien »Zeichen von etwas anderem«, darauf bestanden habe, »gegebene Erfahrungen« müssten experimentell analysiert werden, um Indizien zu ergeben.

(3) Was genau mit der Feststellung gemeint ist, dass nach meiner Ansicht Ideen sich letztlich auf zukünftige Erfahrungen beziehen, weiß ich nicht. Gesagt habe ich vielmehr, dass Ideen in strikter Korrespondenzbeziehung zu genau untersuchtem Beobachtungsmaterial stehen, wobei Ideen dazu dienen, einen möglichen Modus operativer Lösung anzuzeigen, und das Material dazu, ein Problem zu lokalisieren und einzugrenzen, so dass durch die operationale Interaktion von beobachtetem und begrifflichem Inhalt miteinander eine geklärte Situation erreicht wird (wenn sie denn *wirklich* erreicht wird). Wenn »sich letztlich beziehen auf« bedeutet, dass Ideen *allein* keine Existenzaussage bestimmen, stimmt diese Aussagen mit meiner Ansicht überein – genau wie ich auch vertreten habe, dass Daten allein nicht den Gegenstand eines endgültigen und vollständigen Urteils bilden. (4) Die Verweise auf zukünftige Erfahrungen als antizipiert, erwünscht und genossen in Murphys Darstellung sollen offenbar den innersten Kern meiner Lehre zum Ausdruck bringen. Aber die Verweise sind so locker, dass ich nicht gut genug verstehe, was sie bedeuten, um sie korrigieren zu können. Ich werde deshalb einfach ganz kurz die Ansicht neu formulieren, die in meiner *Logik* oft genug wiederholt worden ist.

Die einzige Art von Erfahrung, die *antizipiert oder angestrebt* wird, ist die operationale Produktion jener Situation, in der das spezifische Problem, das gerade erforscht wird, gelöst ist, so dass es zu einer gerechtfertigten Behauptung kommt. Der einzige *Genuss*, der irgendeine Relevanz hat, ist der Genuss, den jemand empfinden mag, wenn er eine geklärte Situation als glücklichen Abschluss der Untersuchungen, die zu ihm geführt haben, würdigt. Dieser persönliche Genuss hat nichts mit der logischen oder kognitiven Funktion der erreichten geklärten Situation zu tun; trotzdem ist die Tatsache, dass die Lösung von Problemen einen intensiven Genuss erzeugen kann, ein höchst glücklicher Umstand für die Förderung der Disposition zur Forschung. (5) Die Feststellung, dass, nach meiner Theorie über Forschung-als-Erkennen, »zukünftige Erfahrungen, insofern sie die Forschung abschließen, keine Fälle von Erkennen sind«, ist entweder die Tautologie, dass Erkennen-als-Forschung zu einem Ende kommt, wenn sie zu einem Ende kommt, oder, wenn sie sich im Unterschied zum Erkennen als Prozess auf *Erkenntnis als gewonnene* beziehen soll, ein glatter Widerspruch zu meiner wirklichen Position, nach der *einzig* das Substrat, in dem die Forschung endet (in Erfüllung ihrer eigenen Bedingungen) Erkenntnis ist. In keiner von Murphys Aussagen über meine Theorie der Forschung als Erkennen gibt es auch nur den geringsten Hinweis, sei es auch nur beiläufig, auf den beherrschenden Gesichtspunkt meiner Logik, nämlich die Funktion, die eine *problematische* Situation dabei hat, die Forschung auszulösen wie auch zu steuern. Obgleich die katastrophale Wirkung dieser Auslassung am klarsten in den Fällen des dritten und vierten der oben erwähnten Punkte erscheint, führt die Nichtberücksichtigung dieser Funktion meine ganze Theorie der Ideen – sowohl an sich wie in ihrer Beziehung auf einen endgültigen Abschluss – *ad absurdum*. Fände sich dieselbe Auslassung dieses kontrollierenden Faktors meiner gesamten logischen Lehre nicht auch in Russells Kommentaren, hätte ich vermutet, seine Bedeutung für die Bestimmung der Forschung wie der Adäquatheit jeder erreichten Schlussfolgerung so oft betont zu haben, dass seine regulative Funktion nicht zu übersehen war.

Murphys Ignorieren dieses Punktes ist umso auffälliger, weil er nominell das Prinzip des Kontextualismus akzeptiert. Denn die problematische Situation bildet *den* Kontext, in dem alles steht, was ich über Erkennen sage, und auf den alles bezogen werden muss, um verständlich zu sein. Sie bestimmt die Bedeutung von »Ideen«, den Faktor, auf den Murphy seine Darstellung meiner Ansicht praktisch beschränkt. Sie bestimmt meine Theorie der Stellung und Funktion von Fakten oder Daten, über die er nichts sagt, obgleich nach meiner Auffassung Ideen so auf beobachtete Tatsachen bezogen sind, dass sie nur in diesem Bezug verstanden werden können. Sie bestimmt die Natur und Funktion jener »zukünftigen Erfahrungen«, die in Murphys Darstellung meiner Position so mysteriös aus dem Nichts auftauchen. Sie bestimmt schließlich die Bedeutungen, die den *Operationen* beigelegt werden sollen, mit deren Hilfe die endgültige Schlussfolgerung »zuverlässig folgt«. Da ich der Ansicht war, die relativen Mängel sowohl der idealistischen wie der realistischen Epistemologien seien die Folge ihrer Unfähigkeit, das Erkennen in diesen Kontext problematischer Situationen zu stellen, ist es durchaus möglich, dass Murphys Vorstellung, meine Theorie des Erkennens sei ein Produkt der vorrangigen Befassung mit diesen Epistemologien, daher rührt, dass er den Kontext nicht zur Kenntnis nimmt, der in Wirklichkeit meine Theorie bestimmt, sowohl im Allgemeinen wie in all ihren konstituierenden Einzelheiten.

Dieses Versäumnis ist verantwortlich für Murphys wiederholte Feststellung, meine Theorie ignoriere die Tatsache, dass »die im Verlauf der Untersuchung verwendeten Ideen und angestellten Analysen ein Mittel sind, um das herauszufinden, was immer die jeweilige Untersuchung gerade untersucht«. Diese Tautologie ist der Ausgangspunkt meiner ganzen Theorie. In meiner *Logik* sind mehr Kapitel der Feststellung gewidmet, was geschieht, wenn jemand beispielsweise »eine (bislang) nicht wahrgenommene vorgängige Realität« oder »die Struktur eines rein hypothetischen logischen Systems« oder ein vergangenes Ereignis wie »der Schlagdurchschnitt aller Mitglieder der New York Yankees im Jahr 1921« oder »die Ursache von Kinderlähmung« – mein eigenes Beispiel war die Ursache von Malaria – untersucht, als allen anderen Themen zusammen. Infolgedessen bin ich außerstande, den Gesichtspunkt zu verstehen, von dem aus Murphy seine Kritik vorbringt. Glaubt er, es gebe keine Erkenntnistheorie über den Verweis auf die *Tatsache*[50] hinaus, dass die Untersuchungen, die Personen anstellen, ein Mittel sind, um das herauszufinden, was sie gerade suchen? Glaubt er, es gebe nur eine Vielzahl von Spezialuntersuchungen und es sei vergeblich, nach einer gemeinsamen logischen Struktur zu suchen? Meint er, es gebe eine »gewöhnliche Erkenntnistheorie«, die so befriedigend und so allgemein akzeptiert ist, dass sie als Kriterium dient, um jede weitere Theorie zu beurteilen? Ich kenne die korrekte Antwort auf diese Frage nicht. Ich hatte angenommen, es gebe eine ungeheure Anzahl von Forschungen, Untersuchungen von Quantitäten und Qualitäten, von vergangenen Ereignissen, von koexistierenden Dingen, von mathematischen Themen, von gesellschaftlichen Ereignissen usw., die das Material aller Wissenschaften ausmachen; und es sei das Geschäft der Logik, diese verschiedenen Forschungen im Zusammenhang mit ihren Schlussfolgerungen zu untersuchen, um so eine allgemeine Theorie der Forschung zu entwickeln, die auf dem beruht und durch das gerechtfertigt wird, was in diesen besonderen Fällen geschieht. Wenn Murphy glaubt, dass keine solche Untersuchung der Forschung notwendig oder möglich ist, kann ich sehen, dass er meine Theorie als überflüssig ansehen würde. Aber es fällt mir schwer zu glauben, dass er wirklich der Ansicht ist, eine allge-

50 Was Murphy als »die gewöhnliche Erkenntnistheorie« ansieht, scheint mir überhaupt gar keine Theorie zu sein, sondern eine der offensichtlichsten Tatsachen, wovon die Erkenntnistheorie handelt.

meine Theorie der Logik werde durch die Tatsache überflüssig gemacht, dass man auf eine große Anzahl von Fällen wirklichen Erkennens verweist. Obendrein gibt es nicht nur eine Vielzahl von Fällen von Forschung oder Erkennen, sondern auch eine beträchtliche Anzahl verschiedener *Theorien* über das Erkennen, und ich nahm an, wer eine andere Theorie präsentiert, habe auch die Pflicht, von ihnen Kenntnis zu nehmen. Denn anstatt zu glauben, wie Murphy andeutet, dass alle diese Theorien, von Platon über Locke bis zur Gegenwart, wertlos sind, war ich der Meinung, dass sie *alle irgendeinen* wirklichen Bestandteil des Erkennens gesehen haben, es ihnen aber nicht gelungen ist, ihn in den Kontext einzufügen, in dem er tatsächlich eine Funktion hat – eine Sache, die im letzten Kapitel meiner *Logik* ziemlich ausführlich diskutiert worden ist.

Es gibt einige Indizien dafür, dass Murphy meine Erkenntnistheorie deshalb nicht in ihrem Zusammenhang mit dem Kontext, der ihre Bedeutung – sowohl im Allgemeinen wie in allen konstituierenden Teilen – bestimmt, formuliert hat, weil er in seine Darstellung meiner Ansicht über das Erkennen-als-Forschung-im-Prozess etwas hinübergetragen hat, was ich über die Funktion der Erkenntnis als eine Art der Erfahrung in ihrer Beziehung zu anderen nicht-kognitiven Erfahrungsarten sage. So unterstützt er zum Beispiel eine Bemerkung Lovejoys über meine Theorie, nach der »ich bin im Begriff, erkannt zu haben« das pragmatistische Äquivalent zu »ich erkenne« sei. Es trifft zu, dass ich mit Bezug auf *Erkennen*, als Forschung-im-Prozess, der Meinung war, es beziehe sich auf ein Objekt, das noch nicht erreicht und infolgedessen zukünftig ist. Aber wenn man auf meine Ansicht von *gewonnener* Erkenntnis die Bezugnahme auf ein zukünftiges Objekt überträgt, das in einer noch laufenden Forschung enthalten ist, dann ist das ungefähr so, als ob ich sagen würde, dass nach Murphys Ansicht die Aussage »ich versuche gerade zu entdecken« ein Äquivalent für die Aussage ist: »Ich weiß schon, was das ist, was ich zu entdecken versuche.« Solange man mit dem Erkennen beschäftigt ist, liegen die Dinge, die erkannt werden sollen, noch in der Zukunft: Das ist eine Tautologie. Diese Überzeugung ist also keine Eigentümlichkeit meiner Ansicht im Unterschied zu irgendeiner anderen Ansicht. *Wirklich* charakteristisch ist für meine Ansicht, dass sie die Schlussfolgerung, nach der die Forschung sucht, als das definiert, was die problematische Situation, in der die Suche stattfindet, löst.

Die Übertragung dessen, was ich über die Funktion gewonnener Erkenntnis gesagt habe, auf eine angebliche Theorie des Erkennens als Forschung-im-Prozess erklärt wohl auch andere Irrtümer in Murphys Darstellung. So sagt er beispielsweise direkt im Anschluss an die Passage, in der er den Forschungsprozess als Mittel bezeichnetet, um das herauszufinden, was ein bestimmter Forscher jeweils gerade untersucht, dass »der Wert der Erkenntnis für die Verbesserung des Zustands des Menschen etwas anderes ist als ihr Wert als Schlussfolgerung, die auf Beweismaterial und richtiger Methode beruht«. Natürlich besteht hier ein Unterschied, ein Unterschied des Kontextes und daher ein Unterschied der Art. Die erste Sache beruht auf dem Erkenn*en* – der Forschung im Prozess. Für meine Erkenntnistheorie, wie sie in der *Logik* dargelegt wird, ist es charakteristisch, dass sie die *bestimmten Möglichkeiten darlegt*, wie verschiedene Arten faktischer und begrifflicher Aussagen als Werkzeuge dienen, um zu Schlussfolgerungen zu kommen, die auf Beweismaterial und/oder der Anwendung einer richtigen Methode beruhen. Der instrumentelle Wert, den ich für die funktionale Beziehung gewonnener Erkenntnis zu nicht-kognitiven Formen der Erfahrung beanspruche, ist eine andere Sache, die mit einem anderen philosophischen Problem zu tun hat. Ich habe das Problem nicht erfunden, ob es möglich ist, das Vorkommen oder die Existenz konsumatorischer Erfahrungen zu kontrollieren, Erfahrungen also, die durch einen immanenten Wert charakterisiert sind. Ich habe das Problem nicht erfunden, wie solche Erfahrungen durch Klärung und Vertiefung der in ihnen enthaltenen Bedeutungen bereichert werden können, ebenso wenig wie das Problem, wie man den Bereich der Personen und Gruppen, die solche Werte genießen, erweitern kann.[51] Denn das sind Probleme jeder *moralischen* Theorie in ihren sozialen Aspekten. Für meine Theorie ist einfach nur charakteristisch, dass der in Begriffen des Ergebnisses kompetenter Forschung definierte Erkenntnis-Modus der Erfahrung emphatisch als das bezeichnet wird, was diese Funktionen erfüllt; eine Emphase, die so weit geht zu sagen, dass Intelligenz als das Ergebnis solcher Erkenntnis das *einzig* verfügbare Werkzeug für ihre Erfüllung ist. Der eigentliche Gegen-

51 »Verbesserung des Zustands des Menschen« ist nur ein unbestimmter Ausdruck für die drei eben erwähnten spezifizierten Dinge: Erweiterung der Reichweite von Personen, die konsumatorische Erfahrung genießen, Bereicherung ihres Inhalts und gewachsene Kontrolle ihres Vorkommens.

satz besteht zu Theorien, die transzendente Prinzipien *a priori*, rationale Institutionen, Offenbarungen von oben, Treue zu den herrschenden Autoritäten in Staat und Kirche, unvermeidliche soziale Revolutionen usf. als die Kräfte ansehen, um die Werte, deren Erfahrung man gemacht hat, zu sichern und sie immer mehr Menschen zugänglich zu machen.

Ich hatte vermutet, die Kontexte, in denen auf die Zweckdienlichkeit von Aussagen im *Prozess* der Forschung Bezug genommen wird – einerseits auf Erkenntnis als gerechtfertigte Lösung eines Problems und andererseits auf die Zweckdienlichkeit *gewonnener* Erkenntnis für die Bereicherung späterer Erfahrung durch die Entwicklung der Intelligenz –, würden verhindern, das, was über die eine Art von Zweckdienlichkeit gesagt wird, auf die andere zu übertragen. Es mag sein, dass ich mir nicht genügend Mühe gegeben habe, den Übergang von der Diskussion des einen Punktes auf die des anderen klar zu machen. Es gibt darüber hinaus gewisse Faktoren, die beiden Arten von Zweckdienlichkeit gemeinsam sind, die bei einigen Lesern Verwirrung gestiftet haben mögen. So wirkt zum Beispiel innerhalb des Fortschritts der Forschung intelligentes Handeln als Produkt früher gewonnener Erkenntnis stetig weiter. Der Abschluss der Forschung im Hinblick auf die Forschungsverfahren, die zu diesem Abschluss geführt haben, ist eine geklärte Situation, die einen *primär* kognitiven Status und Wert hat. Aber das Abschlussmaterial ist auch eine direkt erlebte Situation und kann deshalb um seiner selbst willen als bereicherte Erfahrung behandelt werden. Es ist durchaus möglich, dass ich das bestimmte Diskursuniversum, das den Kontext einer gegebenen Situation bildet, nicht immer so deutlich gemacht habe, wie es diese Überschneidungen verlangen. Dazu kommt, wie Ratners Beitrag klar gemacht hat, dass das Wort »Erkenntnis« in meinen früheren Schriften durch das Wort »Intelligenz« in meinen späteren ersetzt worden ist. Wenn ich gleichmäßig klar gemacht hätte, dass gewonnene Erkenntnis *Bedeutungen* hervorbringt und dass diese Bedeutungen von den besonderen Fällen von Erkenntnis, in denen sie ursprünglich erscheinen, losgelöst und kumulativ in Gewohnheiten verkörpert und angelegt werden können und auf diese Weise *Geist* und dann, wenn sie in neuen Erfahrungen wirklich angewendet werden, *Intelligenz* ausmachen, dann wäre meine Ansicht sehr wahrscheinlich in geringerem Maß Missverständnissen ausgesetzt gewesen. Die Funktion von Erkenntnis-Erfahrung als Erfahrungsmodus, der, durch die Formierung von Intelligenz in Aktion, das einzige Mittel ist, um Vorkommen und Verteilung konsumatorischer Erfahrungen zu regulieren und ihnen immer mehr an Bedeutungstiefe zu verleihen, wäre dann in unmissverständlicher Weise deutlich geworden.

Ich meine damit nicht, dass ich diese Unterscheidung der Funktionen nicht oft genug klar formuliert habe, sondern dass meine Ausdrucksweise es den Lesern ungebührlich schwer gemacht hat, die Übergänge zu verfolgen. Für meine expliziten Feststellungen ist die folgende Passage repräsentativ:

> Aber Erfahrungssituationen kommen auf zweierlei Art zustande und sind von zweierlei Typus. Einige ereignen sich mit einem Minimum an Steuerung, bei wenig Voraussicht, Vorbereitung und Absicht. Andere treten zum Teil deswegen ein, weil intelligentes Handeln schon vorher stattgefunden hat. Wir haben Anteil an beiden Arten; sie werden erlebt, genossen oder erlitten. Die ersten werden jedoch nicht erkannt; sie werden nicht verstanden; sie sind Gaben des Schicksals oder der Vorsehung. Die zweiten haben so, wie sie erfahren werden, Bedeutungen, die das fruchtbar gemachte Ergebnis von Handlungen darstellen, die eine definite Kontinuität an die Stelle der Erfahrung von Diskontinuität und fragmentarischer Qualität setzen, die auf der Isolation beruht.[52]

Ich empfinde eine gewisse Belustigung bei der Lektüre von Einwänden, die eine Verdammung meines »Pragmatismus« wegen seines angeblichen Opfers der Erkenntnis zugunsten der Praxis mit einer Verdammung meines »Instrumentalismus« wegen seiner maßlosen Übertreibung der potenziellen Funktion der Erkenntnis und der In-

52 *Die Suche nach Gewissheit*, S. 243; vgl. S. 249 f., 258 und Seite 218 f. Ich zitiere eine Passage von Seite 219 und eine andere aus dem Abschluss der Diskussion: »Aber losgelöst vom Erkennen sind die Dinge unserer gewöhnlichen Erfahrung fragmentarisch, beiläufig, von keiner Absicht geregelt, voller Unzulänglichkeiten und Schranken. ... Aber wir kehren von den abstrakten Gedanken zur Erfahrung zurück, mit vermehrter Bedeutung und mit gewachsener Fähigkeit, unsere Beziehungen zu ihnen zu regulieren.« Und aus dem Abschluss der Diskussion: »Es entspricht unserem Idiom, die reflexiven Schlussfolgerungen kompetenter Methoden mit dem Namen Wissenschaft zu bezeichnen. Aber die so begriffene Wissenschaft ist kein Selbstzweck. Ein Selbstzweck ist die Würdigung und Verwendung von Dingen direkter Erfahrung. Diese werden *erkannt*, insoweit ihre Elemente und ihre Form das Ergebnis der Wissenschaft sind. Aber sie sind auch mehr als Wissenschaft. Sie sind natürliche Gegenstände, die in Beziehungen und Zusammenhängen erlebt werden, die ihren Ausdruck in reichen und festen individuellen Formen gefunden haben« (S. 222).

telligenz bei der Lenkung und Bereicherung der Alltagserfahrungen verbinden. Meine Position mag ja unglücklich gewählt sein, aber sie ist nicht so locker in ihren Gelenken, dass die Knochen des Arguments im rechten Winkel zueinander heraus stehen.

Murphy ist nicht der Einzige, der darüber beunruhigt ist, dass ich bestreite, vorgängige Bedingungen bildeten das Objekt der Erkenntnis. *Wenn* ich tatsächlich behauptet habe, vorgängige Objekte könnten nicht erkannt werden und würden auch tatsächlich nicht erkannt, *wenn* ich, in Murphys Sprache, ihre »Unzugänglichkeit« behauptet habe, dann sollte jeder, mich selbst eingeschlossen, beunruhigt sein. Aber die Beunruhigung rührt daher, dass die Kontexte, in denen bestimmte Behauptungen aufgestellt werden, durcheinander gebracht werden. In einer gegebenen praktischen und wissenschaftlichen Forschung gibt es einmal die Frage danach, was das Ziel der Erkenntnis für diese bestimmte Forschung ist. Dann gibt es in der Form der Forschung, die die Theorie der Logik ausmacht, die Frage danach, was das Objekt der Erkenntnis ist und was es bedeutet – ein Problem, das ich nicht erfunden habe. Statt zu bestreiten, dass nicht wahrgenommene vorgängige Bedingungen Ziele der Erkenntnis im ersten Kontext sind, habe ich sehr explizit festgestellt, dass kein Problem, das reale Angelegenheiten betrifft, gelöst werden kann außer durch Forschungen, die *vorgängige Bedingungen, die früher nicht beobachtet worden sind, ermitteln.* Ich habe weiter darauf hingewiesen, dass solche Objekte nicht die Bedingungen erfüllen, die in einer philosophischen Theorie der Logik hinsichtlich der *verallgemeinerten* Bedeutung der Kategorie »Gegenstand der Erkenntnis« erfüllt sein müssen. Das heißt, wie aus einem Satz hervorgeht, der von Murphy zitiert wird, den er aber nicht diskutiert, ich habe gesagt, solche Objekte seien im Hinblick auf die Erfüllung der Bedingungen, die in der philosophischen Forschung ein Kandidat für die Position eines Objekts-der-Erkenntnis in diesem letzteren Kontext erfüllen muss, nicht *final und vollständig.*

Seit der Zeit meiner früheren Essays, die zuerst in den *Studies in Logical Theory* abgedruckt worden sind, habe ich darauf hingewiesen, dass Material, das in der Forschung behandelt wird, durch eine Reihe von zeitlichen Phasen hindurchgeht und dass das, was in der einen Phase von dem Material gesagt wird, nicht auf Material in einer anderen Phase angewendet werden kann, ohne Verwirrung zu erzeugen. Es gibt die Anfangsphase einer nicht-kognitiven Situation, aus der heraus sich das Erkennen entwickelt; es gibt die Abschlussphase der erreichten Erkenntnis; und es gibt die intermediäre Phase, in der das Substrat das, was es ist, ist *als* durch die Forschung bedingt (und infolgedessen bis zum endgültigen Abschluss der Forschung nur vorläufig, provisorisch, ist). In meiner jüngst erschienenen *Logik* werden die Ausdrücke *Substrat,*[53] *Gegenstand*[54] und *Inhalt*[55] in einem technischen Sinne gebraucht, um diese verschiedenen Status des Erfahrungsmaterials zu bezeichnen. Offensichtlich gehören solche Unterscheidungen zu der logisch-philosophischen Analyse des Erkennens; eine Untersuchung eines bestimmten Problems braucht sie nicht explizit zu machen, weil, wie ich in meinem früheren Essay deutlich gemacht habe, die unmittelbaren Erfordernisse der Durchführung seiner Forschung einen Forscher daran hindern, dem Material der einen Phase die Eigenschaften zu verleihen, die dem einer anderen Phase gehören. *Die epistemologische Diskussion ist aber, wie ich erklärt habe, definitiv durch Konfusionen charakterisiert, die aus dieser Quelle stammen.* Deshalb die Notwendigkeit, klarzustellen, was Gegenstand-der-Erkenntnis in seinem definitiven Sinn ist. Wenn der Unterschied zwischen dem bestimmten Gegenstand einer bestimmten Untersuchung als solcher und dem Gegenstand-der-Erkenntnis in seinem philosophisch-logischen Sinn bestritten wird, dann gibt es, wie schon angedeutet, *kein* philosophisches Problem oder *keine* Theorie der Erkenntnis. Es genügt dann, ohne jede weitere Analyse all die speziellen Fälle von Erkennen aufzuzählen, für die man Zeit hat. Was mich anbelangt, so habe ich nicht die Absicht, mit dem epistemologischen Bade auch das Kind auszuschütten.

Es gibt einige wenige Fälle, in denen ich dem Objekt der Erkenntnis, wenn ich von ihm in dem Sinn spreche, den es in der philosophischen Diskussion hat, das Wort »wahr« vorangesetzt habe. Zwei dieser Fälle werden von Murphy zitiert und von ihm so interpretiert, als wenn »wahr« hier sich auf das bezieht, was als wahr in einer besonderen Untersuchung ermittelt wird. Im Zusammenhang mit bestimmten Kontroversen sagte ich: »Sie entstehen aus der Annahme, dass das wahre und gültige Objekt der Erkenntnis das ist, was vorgängig zu und unabhängig von den Operationen des Erkennens Sein hat.« Von seinem Kontext isoliert könnte dieser Satz so

53 [*subject-matter*]
54 [*object*]
55 [*contents*]

verstanden werden, dass er sich auf das Objekt einer spezifischen Untersuchung bezieht statt, wie beabsichtigt, auf das charakteristische Objekt der *Erkenntnis-Funktion*, wie es in der philosophischen Theorie bestimmt wird.[56] Blickt man aber auf den Kontext, so zeigt sich, dass der Ausdruck »wahres Objekt« für eine philosophische Streitfrage relevant ist – wenngleich nicht für die von Idealismus-Realismus. Die Streitfrage, für welche die Passage relevant ist, wird in einem benachbarten Paragraphen wie folgt formuliert:

> [Es gab wiederholt Gelegenheit zu bemerken, dass durch den] Anspruch der natürlichen Gegenstände – der Gegenstände also, zu denen die Naturwissenschaften hinführen –, die wirkliche Natur der Welt auszumachen, die Gegenstände, denen wir einen Wert zuschreiben und mit denen sich unsere Empfindungen und Entscheidungen befassen, in eine äußerst ungünstige Position geraten. ... Das praktische Ergebnis ist die Entstehung der Überzeugung, dass es Wissenschaft nur von den Dingen gibt, die am weitesten von irgendeinem bedeutsamen menschlichen Anliegen entfernt sind, so dass wir, wenn wir uns sozialen und moralischen Fragen und Interessen zuwenden, entweder die Hoffnung auf eine Anleitung durch echte Erkenntnis aufgeben müssen oder uns andernfalls Titel und Autorität der Wissenschaft auf Kosten all dessen erkaufen müssen, was typisch menschlich ist[57]

Es gibt Beiträge im vorliegenden Band, in denen die Möglichkeit jeder erdenklichen gültigen kognitiven Bestimmung von Wertschätzungen durchgängig bestritten wird und die infolgedessen alle moralischen Fragen, persönliche wie soziale, auf den Status privater Wünsche oder auf den Gebrauch von Zwangsgewalt reduzieren. Es ist eine wohlbekannte Tatsache, dass andere Autoren, die in diesem Band vielleicht nicht vertreten sind, die Zuständigkeit der im praktischen und wissenschaftlichen Erkennen verwendeten Methoden in

56 Ich sehe keinen Grund, mich für meine Ansicht zu entschuldigen, eine logische Erkenntnistheorie könne nur in Begriffen des *Objekts* der Erkenntnis gebildet werden, wie dieses in kritischer Analyse wirklicher Fälle von Erkenntnis ermittelt wird. In meinen Augen ist die Bildung einer Theorie der Erkenntnis in Begriffen von Eigenschaften ihres charakteristischen *Objekts* die einzige Alternative zu epistemologischen Erkenntnistheorien, die behaupten, über dessen Natur durch die Analyse von »Geist«, »Bewusstsein«, geistigen Zuständen wie »Empfindungen und Ideen« usf. zu entscheiden. Die einzige Methode, um die nichtige Frage, wie Erkenntnis möglich ist, zu vermeiden, besteht darin, von der Tatsache auszugehen, dass es in der Tat Gegenstände der Erkenntnis im Unterschied zu Gegenständen bloßer Meinung oder von Furcht und Hoffnung gibt.

57 *Die Suche nach Gewissheit*, S. 196 f.

der Moralforschung bestreiten und infolgedessen auf der Notwendigkeit nicht-empirischer Bestätigung für moralische Urteile bestehen. Die Existenz solcher Theorien verleiht einer Theorie ihre Relevanz, die überzeugt ist, dass dieselben Forschungsmethoden, die zu gewöhnlichen praktischen und wissenschaftlichen Schlussfolgerungen führen, angewendet werden können, um zu moralischen Urteilen zu kommen, die so gut bestätigt sind, dass sie in den Bereich der Verifizierbarkeit fallen. Wenn es deshalb heißt, »das wahre Objekt der Erkenntnis« liege »in den Konsequenzen zielgerichteter Handlung«, ist der Kontext eine philosophische Logik der Forschung, *die auf dem beruht, was in spezifischen Untersuchungen* hinsichtlich der Notwendigkeit von Experimenten (zielgerichtetem Handeln) *herausgefunden wird*, wenn eine gültige Schlussfolgerung erreicht werden soll. Wenn der Kontext dieser Passage diesen Punkt nicht klar macht, dann nehme ich gern die Gelegenheit wahr, meine Überzeugung zum Ausdruck zu bringen, (1) dass eine philosophische logische Theorie der Erkenntnis nur in Begriffen der Eigenschaften gebildet werden kann, die die Analyse als Eigenschaften der gewonnenen Erkenntnisgegenstände aufdeckt; und (2) dass physikalische wissenschaftliche Objekte, verstanden als Modelle für die Bildung einer solchen Theorie, durch ihre Abhängigkeit vom Experiment (das *ipso facto* eine Transformation von vorgängigen Erfahrungsmaterialien ist) beweisen, dass bei der Bildung der Theorie reale Konsequenzen berücksichtigt werden müssen; (3) dass ich keineswegs bestreite, dass vorgängige Bedingungen der Forschung oder dem Erkennen zugänglich sind, sondern vielmehr der Auffassung bin, dass alle physischen wissenschaftlichen Objekte Verallgemeinerungen auf statistischer Basis derartiger vorgängiger Bedingungen sind, dass sie aber (4) nichtsdestoweniger nicht allein stehen oder »endgültige und vollständige« Erfüllungen der in der Forschung enthaltenen Bedingungen sind. Um diese Phase meiner Antwort abzuschließen, zitiere ich also die folgende Passage:

Wir erkennen, wann immer wir wirklich erkennen; das heißt wann immer unsere Untersuchung zu Schlussfolgerungen führt, die das Problem lösen, aus dem sie erwuchs. Diese Wahrheit ist das Ende der ganzen Geschichte – *unter der Bedingung, dass wir unsere Erkenntnistheorie nach dem Muster der experimentellen Forschung bilden.*[58]

58 *Ibid.*, S. 198; Kursivsetzung nicht im ursprünglichen Text. [A. d. Ü.: Im Original steht statt »Wahrheit« [*truth*] »Binsenweisheit« [*truism*] und statt »Forschung«

II. Russells Behandlung dessen, was ich über »Apprehension« oder Begreifen sage, ist ein nahes Pendant zu Murphys Umgang mit dem, was ich über »Ideen« sage. In beiden Fällen wird der Bezug von »Ideen« beziehungsweise »Apprehension« auf eine problematische Situation und auf ihre Funktion bei der Auflösung einer solchen Situation ignoriert. Wenn der Leser Russells Aufsatz zu Rate zieht, findet er Zitate von mir, in denen ich ausdrücklich die Existenz direkter Wahrnehmung von Objekten und direkter Apprehension von Bedeutungen und von Dingen anerkenne. Russell zitiert außerdem in diesem Zusammenhang, was ich über die Abhängigkeit solcher Fälle von kausalen Bedingungen gesagt habe, das heißt von organischen Mechanismen, die durch frühere Fälle vermittelter Erkenntnis derselben Objekte gebildet worden sind. Es geht an dieser Stelle darum, dass wir jetzt nur deshalb ein Buch *direkt* als Buch und eine Schreibmaschine *direkt* als Schreibmaschine begreifen, weil wir über bestimmte organische Mechanismen verfügen. Derartige Mechanismen bilden sich dank einer Reihe von vermittelten Untersuchungen, durch die es uns früher einmal gelungen ist, diese Dinge als Dinge der fraglichen Art zu identifizieren und zu unterscheiden. Aber Russells Bemerkungen schweigen über das, was ich im Anschluss an die von ihm zitierten Sätze sage:

Für den Zweck des gegenwärtigen Themas ist folgender Punkt von Wichtigkeit: dass entweder eine unmittelbare offene Reaktion erfolgt, etwa, die Schreibmaschine zu benutzen oder das Buch an sich zu nehmen (in welchen Fällen die Situation nicht kognitiv ist), oder dass das direkt wahrgenommene Objekt Teil eines Forschungsakts ist, der sich auf Erkenntnis als gerechtfertigte Behauptung richtet. Im letzteren Falle [dem einzigen kognitiven] ist die Tatsache der unmittelbaren Apprehension keine logische Garantie dafür, dass das direkt aufgefasste Objekt oder Ereignis jener Teil der »Tatsachen des Falles« ist, als der er *prima facie* genommen wurde. ... Er kann als Ganzes oder als Teil irrelevant sein ... Mit anderen Worten, die unmittelbare *Ap*prehension eines Objektes oder Ereignisses ist mit Erkenntnis in dem geforderten logischen Sinne um nichts mehr identisch als unmittelbares Verstehen oder die *Kom*prehension einer Bedeutung.[59]

[*inquiry*] »Methode« [*method*]]. Angesichts der Tatsache, dass in dem, was beansprucht, eine Darstellung meiner Ansicht zu sein, nichts über problematische Situationen und Probleme gesagt wird, ist es vielleicht nicht überraschend, dass beinahe nichts über die Rolle gesagt wird, welche die *experimentelle* Wissenschaft in meiner Theorie spielt.

59 *Logik*, S. 176.

Vielleicht ist die Bedeutung der eben zitierten Sätze ohne Berücksichtigung des weiteren Kontextes noch nicht deutlich genug. Deshalb füge ich einige weitere erklärende Bemerkungen hinzu; gleichzeitig bitte ich jeden interessierten Leser, sich den vollständigen Originaltext vorzunehmen. »Aber« in der eben zitierten Passage stellt den *wichtigen* Punkt in Gegensatz zu einem »für den Zweck des gegenwärtigen Themas« nicht wichtigen; der Zweck des gegenwärtigen Themas ist die richtige logische Interpretation der direkten Apprehension. Das, was im Gegensatz dazu im Hinblick auf das Problem als nicht wichtig bezeichnet wird, ist eben die Natur und Handlung der organischen Mechanismen, denen Russell seine Aufmerksamkeit widmet. Als wichtig wird die Tatsache bezeichnet, dass dann, wenn *Erkennen* ins Spiel kommt – an Stelle einer direkten motorischen Reaktion auf einen gegebenen Reiz –, das begriffene (apprehendierte) Ding ein Mittel ist, um etwas anderes zu erkennen – mit anderen Worten, ein vermittelnder Faktor, um zur Erkenntnis von etwas anderem zu gelangen. Die Frage, um die es dabei geht, ist eine Tatsachenfrage. Gibt es irgendeinen Fall, in dem das Vorkommen eines direkt begriffenen Objekts ein *endgültiges* Objekt konstituiert, das das Erkennen beendet? Wenn nicht, sind ein direkt apprehendiertes Ding und *das* Ding, welches die Beweisdaten in einem gegebenen Fall liefert, keine Äquivalente. Der Hinweis auf die logische Ähnlichkeit zwischen der *Ap*prehension – dem Begreifen – eines Dinges und der *Kom*prehension – dem Verstehen – einer Bedeutung dient dazu, diesen Punkt etwas weiter auszuführen. Man kann beispielsweise die direkte Komprehension der Bedeutung »Seeschlange« haben, aber ein solches Verständnis der Bedeutung rechtfertigt nicht die Behauptung, dass Seeschlangen existieren. Ähnlich kann man direkt ein langes Ding, das über das Wasser gleitet, apprehendieren, aber seine Apprehension beweist nicht, dass das apprehendierte Objekt Beweismaterial ist, das eine Existenzaussage rechtfertigt, dass Seeschlangen existieren. Es ist, denke ich, eine vertraute Tatsache, dass in wissenschaftlichen Untersuchungen mehr Fehler aufgrund dessen entstehen, dass man wirklich wahrgenommene Dinge für gute Beweisdaten in der vorliegenden Untersuchung hält, anders als Dinge, die aus halluzinatorischen Wahrnehmungen stammen. Man kann eine Menge Dinge sehen und trotzdem im Zweifel sein, *welche* gesehenen Dinge, wenn überhaupt, relevant für eine vernünftige Lösung sind.

Anstatt diesen Punkt zu diskutieren, der im Hinblick auf das Problem unmittelbarer Erkenntnis oder nicht durch Forschung vermittelter Überzeugungen als der *wichtige* bezeichnet wird, diskutiert Russell die Frage der kausalen Erzeugung, also genau die Frage, die ich im Gegensatz dazu als für den fraglichen Streitpunkt *nicht* wichtig ansehe. Wenn ich mich nicht täusche, hat Russell selbst bei Gelegenheit davor gewarnt, kausale Fragen an die Stelle von logischen zu setzen. Soweit es kausale Bedingungen betrifft, ist es für meine Argumentation gleichgültig, welche sie sein mögen, solange nur gewährleistet ist, dass Gewohnheiten gebildet werden, die uns in den Stand setzen, vertraute Objekte wiederzuerkennen. Ich habe deshalb keinen Grund, mit Russells besonderer Ansicht in dieser Frage zu streiten. *Wenn* ich eine holistische Ansicht verträte, wäre sein Hinweis auf unabhängige Kausalketten von großer Bedeutung. Aber da ich diese Position nicht vertrete und in meiner eigenen Behandlung des Themas »Verursachung« ausdrücklich auf einer Pluralität von Sequenzen bestehe, brauche ich lediglich zu bemerken, dass Russells Erwägungen nur unterstreichen, was ich über den logischen Aspekt dieser Angelegenheit gesagt habe. Denn eine gegebene Menge von Kausalbedingungen oder die in einem gegebenen Fall wirksamen organischen Mechanismen können (wie es im Fall einer Halluzination offensichtlich ist) ein Objekt erzeugen, das direkt apprehendiert wird, das aber *nicht* das Datum ist, das als Beweismittel in dem vorliegenden Fall benötigt wird, wodurch es beweist, dass es nicht das »vollständige und endgültige Objekt der Erkenntnis« ist.

Wenn ich an dieser Stelle meine Diskussion der Kritik Russells an meiner Wahrheitstheorie etwas kurz halte, dann teilweise deshalb, weil meine Diskussion bis zu diesem Punkt den bestimmten Kontext verdeutlicht hat – den Kontext der problematischen Situationen –, in dem meine Ansicht steht und der berücksichtigt werden muss, wenn man meine Ansichten diskutiert; und teilweise deshalb, weil frühere, ziemlich ausführliche Richtigstellungen falscher Vorstellungen in dieser Frage mir klar gemacht haben, dass nichts, das ich sagen kann, sie aus den Köpfen einiger meiner Kritiker eliminieren wird. Russells ziemlich ausführliche Exegese meiner angeblichen Auffassung von Wahrheit wäre unnötig gewesen, wenn er nur die Passsage ernst genommen hätte, die er, merkwürdig genug, aus dem Vorwort zu meiner *Logik* zitiert – ich sage »merkwürdig«, weil er diese Passage offensichtlich nur als Mittel benutzt, um mich als Pragmatisten zu identifizieren, aber nicht als Mittel, um zu verstehen, was ich mit einer pragmatischen Theorie der »Konsequenzen« meine, die ich akzeptiere. Die Passage lautet folgendermaßen:

> Das Wort »Pragmatismus« kommt, glaube ich, im Text nicht vor. Vielleicht ist das Wort allzu missverständlich. Jedenfalls haben sich derart viele Missverständnisse und relativ nichtige Kontroversen um das Wort entwickelt, dass es ratsam schien, auf seinen Gebrauch zu verzichten. Aber in der richtigen Interpretation von »pragmatisch«, nämlich in dem Sinn, dass Konsequenzen als notwendige Überprüfungen der Gültigkeit von Aussagen dienen, *vorausgesetzt*, diese Konsequenzen werden operational geschaffen und sind geeignet, das spezifische Problem, das die Operationen heraufbeschworen hat, zu lösen, ist der folgende Text durchweg pragmatisch.[60]

Wenn ich erwähne, dass das Wort *vorausgesetzt* im Original kursiv gesetzt ist, dann deshalb, weil Russell trotz des Hinweises in ebendieser Passage auf »Missverständnisse und relativ nichtige Kontroversen« dem, was in dem Vorbehalt formuliert wird, keinerlei Aufmerksamkeit geschenkt hat und so Vorstellungen über den Pragmatismus wiederholt, die er sich vor langer Zeit gebildet und häufig zum Ausdruck gebracht hat, obwohl ich sie seit mindestens dreißig Jahren ausdrücklich zurückweise.

Der Vorbehalt bezüglich der Art von Konsequenzen, die als Test der Gültigkeit dienen, wurde als Vorsichtsmaßnahme gegen genau die Art von Interpretation eingefügt, die Russell meiner Verwendung von Konsequenzen gibt. Denn hier wird explizit gesagt, es sei notwendig, dass sie *so sind, dass sie das spezifische Problem* der jeweiligen Untersuchung *lösen*. Dagegen bezieht Russell in seiner Deutung die Konsequenzen auf persönliche Wünsche. Das führt am Ende dazu, dass mir ein verallgemeinertes Wunschdenken als Definition von Wahrheit zugeschrieben wird.[61] Russell verfährt so, dass er zunächst eine zweifelhafte *Situation* in einen persönlichen Zweifel ver-

60 *Ibid.*, S. 8.

61 Die folgenden Zeilen von Parodis Beitrag zeigen, dass, lange bevor die *Logik* geschrieben war, einige Leser imstande waren, dem, was ich geschrieben habe, eine korrekte Idee zu entnehmen: »Wahrheit wird nicht verifiziert einfach durch eine beliebige Art von Befriedigung, sondern nur durch die Befriedigung, die aus der Tatsache entspringt, dass eine Arbeitshypothese oder experimentelle Methode auf die Tatsachen Anwendung findet, die sie betrifft und eine bessere Ordnung bewirkt. Kein Missverständnis hinsichtlich der instrumentellen Logik des Pragmatismus ist dauerhafter gewesen als das, das aus ihr einfach ein Mittel für ein praktisches Ziel machen wollte.«

wandelt, obgleich ich den Unterschied zwischen diesen beiden Dingen wiederholt dargelegt habe. Ich habe sogar ausdrücklich betont, dass ein persönlicher Zweifel pathologisch ist, wenn er nicht die Widerspiegelung einer problematischen *Situation* ist. Nachdem der Zweifel in ein privates Unbehagen verwandelt worden ist, wird Wahrheit mit der Beseitigung dieses Missbehagens identifiziert. Nach meiner Ansicht ist der einzige Wunsch, der ins Spiel kommt, der Wunsch, so aufrichtig und unparteiisch wie möglich das in der Situation enthaltene Problem zu lösen. »Befriedigung« ist Befriedigung der Bedingungen, die das Problem vorzeichnet. Eine persönliche Befriedigung, wie sie entsteht, wenn eine Aufgabe nach den Anforderungen der Aufgabe selbst gut erledigt wird, kann hinzukommen; aber sie tritt auf keine Weise in die Bestimmung der Gültigkeit ein, weil sie ganz im Gegenteil durch diese Bestimmung bedingt ist.

In meiner Theorie wird eine Unterscheidung zwischen Gültigkeit und Wahrheit gemacht. Wahrheit wird im Anschluss an Peirce als die ideale Grenze unendlich fortgesetzter Forschung definiert. Diese Definition ist natürlich eine Definition von Wahrheit *als einer abstrakten Idee.* Diese Definition bereitet Russell enorme Schwierigkeiten, wie ich glaube aufgrund der Tatsache, dass er jede Bezugnahme auf die Rolle weglässt, die das Prinzip der Kontinuität der Forschung in der Theorie von Peirce – der ich folge – spielt. Anscheinend fasst Russell diese Aussage so auf, als finde sie *hier und jetzt* Anwendung auf die Bestimmung der Wahrheit oder Falschheit einer gegebenen Aussage – eine Sache, die in dem eben formulierten Sinn von Gültigkeit nach meiner Theorie durch eine infolge spezifischer Forschungsoperationen gelöste Situation bestimmt wird. Denn Russell sagt: »Ich verstehe nicht, wie wir entweder raten können, was geglaubt werden wird oder was von Männern geglaubt werden würde, die viel klüger sind als wir«, als ob die Definition ein Spekulieren über zukünftige Überzeugungen implizierte und folglich die Unmöglichkeit dieser Spekulation eine Widerlegung der Definition ist. Das Gegenteil ist der Fall. Die »Wahrheit« jeder gegenwärtigen Aussage ist definitionsgemäß dem Ergebnis weiterer Forschungen unterworfen; *ihre* »Wahrheit«, wenn denn das Wort gebraucht werden muss, ist vorläufig; ist der Wahrheit so *nahe*, wie die Forschung *bislang* gekommen ist, eine Sache, die *nicht* durch eine Spekulation über irgendeine zukünftige Überzeugung bestimmt wird, sondern durch die Sorgfalt und Mühe, mit der die Forschung bis zum gegenwärtigen Zeitpunkt betrieben worden ist.[62] Was Peirce mit dem Hinweis auf das »Eingeständnis von Ungenauigkeit und Einseitigkeit« als Ingredienz der Wahrheit einer gegenwärtigen Aussage meint, ist das Eingeständnis, dass jede gegenwärtige Aussage notwendig den Ergebnissen unterliegt, die in zukünftiger Forschung zu gewinnen sind. Mit anderen Worten, wer dieses Zugeständnis macht, ist der Wahrheit näher als jeder andere, der dogmatisch Unfehlbarkeit für die Schlussfolgerung beansprucht, zu der er hier und jetzt gerade gekommen ist.

Russells Verdrehung dessen, was Peirce wirklich sagt, nimmt gelegentlich eine amüsante Form an. Während Peirce zum Beispiel Wahrheit in Begriffen der idealen Grenze der *Forschung* bestimmt hat – ideal, da jetzt nicht wirklich erreicht –, sagt Russell: »Wenn die Definition strikt interpretiert wird, ist jede Aussage, die von niemandem untersucht wird, wahr«; woraus hervorzugehen scheint, dass eine *strikte* Interpretation darin besteht, das Gegenteil einer gegebenen Aussage zu behaupten. Russells Fixierung auf den Diskurs zeigt sich in seiner Annahme, *Aussagen* bildeten das Substrat der Forschung, eine Annahme, die so unbewusst gemacht wird, dass er sie Peirce und mir wie selbstverständlich ebenfalls unterstellt. Aber nach unserer Ansicht – und nach der jedes eingefleischten Empiristen – sind *Dinge und Ereignisse* das Material und die Gegenstände der Forschung, und Aussagen sind *Mittel* der Forschung, die als Schlussfolgerungen einer gegebenen Forschung Mittel zu weiteren Forschungen werden. Wie andere Mittel werden sie im Verlaufe der Verwendung modifiziert und verbessert. Gegeben die Überzeugungen, (i) dass von Anfang an Aussagen die Objekte der Forschungen sind und (ii) dass alle Aussagen entweder Wahrheit oder Falschheit als ihre inhärenten Eigenschaften haben, und (iii) dann diese beiden Annahmen in Theorien hineingelesen, die beide Annahmen bestreiten – wie Peirces und meine –, und das Produkt ist genau die chaotische Lehre, die Russell in dem findet, was wir gesagt haben.

Es folgt daraus natürlich nicht, dass unsere Ansichten richtig sind. Aber da sie nun einmal die Ansichten sind, die wir haben, sollten, wenn überhaupt irgendetwas, sie es sein, die kritisiert werden. Weitere Kommentare erübrigen sich wohl. Aber Russells Anspielung auf die Meinungen des »letzten noch lebenden Menschen«, als wenn

62 Die Definition ist natürlich direkt verbunden mit Peirces Prinzip des »Fallibilismus« und seiner Betonung der Wahrscheinlichkeitskoeffizienten aller Aussagen.

dieser Verweis irgendeine Relevanz für Peirces Definition der Wahrheit *in Begriffen fortgesetzter Forschung* hätte, wiederholt nur sein Missverständnis. Seine Ansicht, nach unserer Definition werde die Wahrheit der Relativitätstheorie durch Hitlers Sieg oder Niederlage bestimmt – da dieser die Forschung beenden würde –, zeigt, zu welcher Sinnverdrehung es kommen kann, wenn ein Kritiker es ablehnt, eine Ansicht in ihren eigenen Begriffen zu behandeln, und sei es auch nur als unabhängige Hypothese, sondern darauf besteht, sie in Begriffe seiner eigenen Theorie zu übersetzen, bevor er sie in Erwägung zieht. Für die technischen Zwecke strikt formaler Logik mag die Annahme, jede Aussage sei an sich entweder wahr oder falsch, unschädlich sein. Aber es ist die allerletzte Ansicht, die ein Empirist vertreten kann, der sich damit befasst, dass Wahrheit und Falschheit auf die *Realität* Anwendung haben und mittels der Erforschung der materiellen Wirklichkeit bestimmt werden. Denn im letzteren Fall ist die Frage der Wahrheit oder Falschheit ja genau das, was erst noch bestimmt werden soll.

III. Ich bedauere, dass es im Rahmen meiner Replik nicht möglich ist, adäquat auf Reichenbachs Kommentare zu meiner Theorie der Induktion in Verbindung mit seiner Darstellung seiner eigenen Ansicht einzugehen. Ich bin aber geneigt zu glauben, dass der Unterschied zwischen uns alles andere als unüberwindlich ist. Als ich die Theorie der Induktion durch einfache Aufzählung kritisierte, kritisierte ich diese Theorie in ihrer traditionellen Formulierung. Die Formulierung der Theorie, die Reichenbach gibt, enthält eine grundlegende Revision dieser Theorie in ihrer traditionellen Formulierung. Wenn diejenigen, die sie vertreten haben, damit das meinten, was Reichenbach in ihr sieht, ist es ihnen nicht gelungen, ihre Meinung klar zu machen. Nun, meine Betonung der Tatsache, dass der Kern des induktiven Prozesses die experimentell kontrollierte Analyse ist, mittels deren ein gegebener Fall als repräsentatives oder exemplarisches Beispiel konstituiert wird (eine Stichprobe oder ein *specimen*), lässt die Wichtigkeit *anderer* beobachteter Fälle als Mittel derjenigen Analyse zu, die am Ende zu dem repräsentativen Beispiel führt. Hätte ich das Thema der Wahrscheinlichkeit in jenem unmittelbaren Kontext behandelt, wäre ich gezwungen gewesen zu erkennen, dass eine *unendliche Anzahl* solcher anderer Fälle theoretisch in der Bestimmung des repräsentativen Falles enthalten ist. Wenn die Theorie der Induktion durch einfache Aufzählung *in diesem besonde-*

ren Sinn verstanden wird, sehe ich nicht, dass zwischen Reichenbachs und meiner Ansicht grundlegende Unterschiede bestehen, obgleich es zweifellos Unterschiede im Detail gibt. Wenn eine solche Übereinstimmung besteht, dann sollte die, wie mir scheint, Unangemessenheit des Wortes »Aufzählung«, um die analytische Funktion aufgezählter Fälle zum Ausdruck zu bringen, nicht zwischen uns stehen.

IV. Ich bin Savery für seine Darlegung meiner Hauptideen in ihrer historischen Perspektive mitsamt seiner großzügigen Würdigung der Quelle der Inkonsistenzen, die in meinen verschiedenen Schriften auftreten, so dankbar, dass ich gerne auf eine Antwort auf seine Einwände verzichten würde, sähe ein solcher Verzicht nicht nach deren Missachtung aus. Ich beginne mit der Frage der Verifikation. Wenn eine Aussage über eine Sache in irgendeiner spezifizierten Hinsicht definitiv in Frage steht, scheint mir »Gegenüberstellung« ein guter Terminus zu sein, um damit die Natur der Verifikation zu bezeichnen. Wenn ich zum Beispiel bezweifle, ob die Außenwände eines bestimmten Hauses weiß oder braun angestrichen sind, legt eine Gegenüberstellung mit dem wirklichen Haus die Sache bei. Es scheint mir jedoch, dass im Falle einer *Hypothese* die Verifikation einen etwas komplexeren Charakter hat; sie *beinhaltet* eine Gegenüberstellung, aber nur als *einen* Bestandteil. Der Sinn dieser Bemerkung wird am deutlichsten, wenn die Hypothese eine Theorie von beträchtlicher Reichweite ist. Ein bestimmter Aspekt von Einsteins spezieller Relativitätstheorie wurde durch die Beobachtung von etwas, was bei der Verfinsterung des Merkur geschah, bestätigt. Ich zweifle, ob man mehr sagen kann, als dass die Gegenüberstellung, zu der es kam, zur Bestätigung tendierte. Ein negatives Resultat wäre eine Widerlegung der Theorie, *wie sie vorher formuliert worden war*, gewesen, aber sie hätte eine Modifikation nicht ausgeschlossen. Ich sehe nicht, wie eine Theorie als verifiziert bezeichnet werden kann, wenn nicht *eine Menge von Beispielen, positive und negative, inklusive und exklusive*, beigebracht worden sind. Wenn diese Ansicht korrekt ist, gibt die *Funktion* von Gegenüberstellungen als experimentell bestimmten Konsequenzen ihnen die Macht zur Verifizierung. In meiner *Logik* wird diese Funktion als die »Fähigkeit einer Idee oder Theorie, Einzelheiten in ein kohärentes Ganzes zu ordnen und zu organisieren« bezeichnet – wobei natürlich vorausgesetzt ist, dass diese Organisation nicht »mental« ist, sondern ganz real durch entsprechende experimentelle Operationen bewirkt wird. In dem Kontext, in dem der eben zitierte Satz steht, steht er im Gegensatz zu der Idee, Hypothesen könnten »durch partikuläre Objekte in ihrer Partikularität verifiziert« werden.[63] Das heißt, ich glaube, dass eine Gegenüberstellung eine notwendige, aber keine hinreichende Bedingung für die Verifikation einer Hypothese ist. Die Bemerkungen, die ich über ultra-positivistische Ansichten mache, haben eine ähnliche Zielrichtung, obgleich sie mit der eben erörterten Frage inhaltlich nicht identisch sind. Denn sie zeigen an, dass der primäre Wert von Hypothesen und Theorien in ihrer Macht liegt, die Beobachtung auf die Entdeckung neuer Tatsachen zu lenken, wie auch in ihrer Macht, Tatsachen so zu organisieren, dass sie die Lösung eines Problems fördern. Würde ich sagen, die Theorie der Logik habe die Wichtigkeit der Verifikation von Ideen auf Kosten einiger anderer Verwendungen der Letzteren übertrieben, würde ich wahrscheinlich nur einige Leute wieder in ihrer Auffassung bestärken, ich dächte von Wahrheit ziemlich gering. Aber soweit es wissenschaftliche Hypothesen und Theorien betrifft, habe ich keinen Zweifel, dass der unanfechtbare und oberste Wert der Wahrheit im *moralischen* Sinn oft unkritisch auf den Kontext wissenschaftlicher Forschung und auf die logischen Werte von Ideen und Theorien übertragen worden ist. Ein Wissenschaftler verlangt von seinen Hypothesen, dass sie fruchtbar sind, dass sie ihm helfen, seine Beobachtungen und Beweisführungen zu lenken. Die Gegenüberstellung mit einer beobachteten Tatsache, die mit einer Hypothese nicht zusammenstimmt, ist folglich ebenso erwünscht wie eine, die dazu passt – da sie ihn in den Stand setzt, seine Idee so zu verändern, dass sie in seiner zukünftigen Forschungsarbeit effizienter wird. Wenn dagegen ein Lügner mit etwas konfrontiert wird, was dem widerspricht, was er sagt, ist seine Aussage hundertprozentig widerlegt, ohne dass ihm wegen der negativ verlaufenen Gegenüberstellung Gelegenheit zur Fortentwicklung gegeben wird. In der Wissenschaft ist die Entdeckung einer Ausnahme, einer Tatsache, die einer Theorie in ihrer bislang gültigen Form widerspricht, ein positives Mittel des Fortschritts. Sie ist nicht nur erwünscht, wenn man auf sie stößt, sondern sie wird aktiv gesucht.

Diese Frage der Verifikation hängt, wie Savery zeigt, aufs Engste mit dem umfassenderen Problem der Erkenntnistheorie zusammen.

63 *Logik*, S. 192.

Dementsprechend verweise ich den Leser auf das, was er zu diesem Punkt sagt, besonders zu der Frage der Zukünftigkeit im Verhältnis zur Erkenntnis. Das hier enthaltene Problem hinsichtlich der Zukünftigkeit ist nicht identisch mit dem früher diskutierten. So zitiert er im Zusammenhang mit dem andernfalls mehrdeutigen Satz »Alle Erkenntnis ist Erkenntnis der Zukunft« meine Behauptung, die Aussage »Dies ist rot« habe zu ihrem logischen Äquivalent den Satz »Dies hat seine Farbe verändert«. Offensichtlich ist in diesem Fall das, was erkannt ist, etwas, was geschehen *ist.* Es mag also helfen, meine Theorie zu erläutern, wenn ich auf drei verschiedene Kontexte verweise, in denen Zukünftigkeit in der theoretischen Analyse der Erkenntnis erscheint. Einer von ihnen ist der offensichtliche Fall, der schon früher erwähnt wurde. Während die Forschung noch im Gange ist, liegt ihr Gegenstand, das heißt die Schlussfolgerung der Forschung, noch in der Zukunft. Das ist tautologisch. Der zweite Fall ist weit davon entfernt, tautologisch zu sein. Er wird in dem eben zitierten Fall hinsichtlich der Farbe eines Dings exemplifiziert. Hier ist die Pointe, dass das *materiale* Substrat einer Existenzaussage sich als *zeitlich* erweist, wenn die Aussage analysiert wird. Als zeitlich beinhaltet es eine Veränderung dessen, was ein Ding war, zu etwas, was zeitlich (aber nicht für unser Erkennen) zukünftig ist, das heißt zeitlich zukünftig zu dem, was *es* war. Mit anderen Worten, jede reale Veränderung vollzieht sich von einer *Vergangenheit* in eine Gegenwart, in etwas zu seiner Vergangenheit Zukünftiges, so dass in jeder Existenzaussage das »ist« in seinem Bezug ebenso zeitlich ist wie das »war« oder das »wird sein«. Infolgedessen ist es datiert und hat keinerlei Bedeutung, wenn es aus dem Zusammenhang mit der Zukünftigkeit oder dem »wird sein« dessen, was war, herausgerissen wird. Die dritte Unterscheidung der Zukünftigkeit im Zusammenhang mit der Erkenntnis betrifft den Fall, dass erst noch zu erlangende Konsequenzen als das Ergebnis experimenteller Operationen in der Forschung dazu dienen, die jeweiligen Ideen, Hypothesen und Theorien zu überprüfen. Der unmittelbare *Bezug* einer Idee ist nicht der Bezug auf diese zukünftigen Konsequenzen, sondern auf Tatsachen, Beobachtungsdaten. Aber die *Gültigkeit* ihres Bezugs auf eine beliebige Menge von Tatsachen wird durch die Konsequenzen bestimmt, die sich ergeben, wenn die gegebene Idee und die gegebenen Tatsachen bei der Schaffung einer neuen Erfahrungssituation zusammenwirken – eine Ansicht, die klar impliziert, dass der Bezug einer Idee auf Tatsachen schon als eine Bedingung da ist. Diese drei Arten von Verknüpfung mit der Zukünftigkeit finden sich in einer Erkenntnistheorie, die durch die Analyse der Forschungsvorgänge erreicht wird. Die potenzielle Auswirkung erlangter Erkenntnis durch das Medium intelligenten Handelns auf nachfolgende nichtkognitive Wert-Erfahrungen gehört nicht in die Erkenntnistheorie als solche, sondern in die Theorie der Beziehung der Erkenntnisfunktion der Erfahrung zu anderen Erfahrungsformen.

Eine weitere wichtige Frage, die Savery aufwirft, hat mit dem realen Charakter wissenschaftlicher Gegenstände zu tun. Ein Aspekt dieser Frage ist schon im Zusammenhang mit Reichenbachs Kritik behandelt worden. Savery wirft diese Frage freilich in einer etwas anderen Form auf, so dass die obige Antwort – wissenschaftliche Gegenstände sind statistisch standardisierte Korrelationen realer Veränderungen – vielleicht die Frage, wie er sie stellt, nicht beantwortet. Aber jene Antwort deutet schon an, dass ich das Problem in der Form, wie Savery es stellt, nicht akzeptieren kann, nämlich ob wissenschaftliche Gegenstände real *oder* operational sind. Denn nach meiner Auffassung sind sie real, *weil* sie Operationen, die wirklich stattfinden, formulieren. Die bestimmte Passage, die Savery in diesem Zusammenhang zitiert, befasst sich mit »begrifflichen« Substraten, und ihnen *als begrifflichen* wird der deskriptive Charakter abgesprochen. Wenn er also sagt, »eine solche Ansicht führe zu reinem Positivismus« – im Sinne, so verstehe ich es, eines reinen Phänomenalismus –, überträgt er unbewusst das, was über *Theorien* gesagt wird, auf *Erkenntnis*.

Kritiker meiner Erkenntnistheorie haben die Idee, für die Erkenntnisgewinnung sei eine qualitative Umformung vorgängiger Bedingungen erforderlich, als Stolperstein empfunden. Es ist dementsprechend interessant, wenn nicht gar überraschend, dass Stuart, ein Kritiker meiner Theorie des moralischen Urteilens und Handelns, umgekehrt fast der Meinung ist, dass das Fehlen dieser – oder einer vergleichbaren – Kategorie die Quelle der Mängel meiner Moraltheorie ist. Denn da er sich, und das mit Recht, des Unterschiedes zwischen Operationen, die das Gegebene manipulieren oder die Bedingungen lediglich an alte Ziele und Gewohnheiten anpassen, und Operationen, die Gewohnheiten an neue Ziele neu anpassen, bewusst ist, glaubt er, meine Theorie habe mit den Ersteren gemeinsame Sache gemacht. Nun trifft es zu, dass ich an eine gemeinsame logische Struktur von wissenschaftlicher und moralischer Erkenntnis glaube. Aber statt zuerst die traditionelle Erkenntnistheorie zu akzeptieren, nach der das Erkennen eine Anpassung des Ich und seiner Überzeugungen an schon fixierte Bedingungen ist, habe ich die Ansicht vertreten, wissenschaftliches Erkennen beinhalte eine bewusste Modifikation des schon Bestehenden durch arbeitende Ideen – wofür die notwendige Rolle des Experiments in der Naturwissenschaft als Beleg diente. Da zwischen dieser Schlussfolgerung und der idealistischen Theorie, dass der Geist die objektive Welt konstituiert, eine gewisse Ähnlichkeit zu bestehen schien, wurde meine Ansicht anfangs in der Regel so interpretiert, dass sie aus einer ziemlich willkürlich ersonnenen, allenfalls verbal neuen Version der idealistischen Erkenntnistheorie bestehe. Die wirkliche Pointe meiner Theorie besteht aber darin, dass Eigenschaften, die bislang der Funktion des moralischen Urteils vorbehalten waren, auf die Prozesse des gewöhnlichen und wissenschaftlichen Erkennens übertragen werden. Ich glaube deshalb, dass der Unterschied zwischen Stuart und mir nicht da liegt, wo er ihn sieht, sondern in der Tatsache, dass ihn seine Auffassung von wissenschaftlichem Erkennen zu einem starren Dualismus zwischen wissenschaftlichem und moralischem Erkennen zwingt, während ich überzeugt bin, dass die Eigenschaften, die er dem moralischen Erkennen vorbehält, in jeder Forschung überhaupt impliziert oder enthalten sind. Auf jeden Fall lassen sich viele der Einwände gegen meine Erkenntnistheorie darauf zurückführen, dass ich auf der Funktion der Transformation, Rekonstruktion und Neuanpassung vorgängigen Materials im Erkennen beharre, während ein angebliches Nichtvorhandensein dieser Kategorien Quelle und Grund von Stuarts Kritik an meinen ethischen Ansichten zu sein scheint.

Reichenbach trifft in seinem Artikel eine Feststellung, die zeigt, wie genau er eine wichtige, vielleicht fundamentale »leitende Tendenz« in meiner Philosophie zu würdigen weiß. Er sagt:

> Wenn Dewey die Welt des alltäglichen Lebens als die Basis der Erkenntnis wiederherstellt, dann will er nicht nur Erkenntnis in einer besseren und solideren Form begründen. Er beabsichtigt vielmehr, die Sphäre der Werte, der menschlichen Wünsche und Ziele auf derselben Basis und in einer analogen Form wie das System der Erkenntnis zu errichten.

Diese Passage beweist, dass Reichenbach die Richtung begreift, in die sich meine Gedanken bewegt haben. Sie erkennt deutlich, welche Rolle jenes Problem in der Entwicklung meiner Ideen spielt, das ich in meinen einleitenden Bemerkungen als das zentrale Problem der modernen Philosophie bezeichnet habe, weil es das zentrale Problem des modernen Lebens ist.

Müsste ich als anonymer Kritiker meiner eigenen Philosophie auftreten, wäre dies der Ort, von dem aus ich beginnen würde. Ich würde zeigen, wie Dewey zunächst auf der Echtheit emotionaler und anderer »tertiärer« Qualitäten als dem »Tun der Natur« besteht, dann aber in seiner Theorie des Erkennens, wie es sich in Wissenschaft und gesundem Menschenverstand zeigt, die Operationen der Umformung, Neugestaltung, Beherrschung und die Vereinigung von Theorie und Praxis in der experimentellen Tätigkeit betont, die den in der moralischen Tätigkeit enthaltenen Operationen ganz analog sind. Ohne diese Linie der Kritik weiterzuverfolgen und mich dann selbst dagegen zu verteidigen, möchte ich meine Dankbarkeit über den Aufsatz von Stuart zum Ausdruck bringen, weil er mir die Gelegenheit bietet, alle möglichen Zweifel auszuräumen hinsichtlich der Richtung, in welcher ich die Gemeinsamkeit der Struktur lese, die ich im naturwissenschaftlichen und moralischem Urteil finde.

Da ganz offensichtlich die Verwendung des Wortes »Naturalismus« zur Charakterisierung meiner allgemeinen Position Stuart von der Fährte abgebracht hat, möchte ich die Aufmerksamkeit wieder auf folgende Tatsache lenken: Statt jene Art von mechanistischem Naturalismus zu präsentieren, der gezwungenermaßen die »Realität« der Qualitäten bestreitet, die das Rohmaterial der Werte, mit denen sich die Moral befasst, ausmachen, habe ich wiederholt darauf bestanden, dass unsere Theorie der Natur diese Qualitäten gerade so, wie sie sich darstellen, anerkennen sollte. Keine philosophische Theorie hat ein Monopol auf die Bedeutung, die dem Begriff *Natur* gegeben werden sollte, und gerade die Bedeutung, die dem Begriff *Natur* gegeben wird, entscheidet über die Art von Naturalismus, die man vertritt. Der Naturalismus steht im Gegensatz zum idealistischen Spiritualismus, aber er steht auch im Gegensatz zum Supra-Naturalismus und dessen gemäßigter Version, die auf transzendente Prinzipien *a priori* in einem Reich oberhalb der Natur und jenseits der Erfahrung zurückgreift. Dass die Natur rein mechanistisch ist, ist eine bestimmte metaphysische Lehre; es ist keine Idee, die notwendig in der Bedeutung des Wortes enthalten ist. Und in meinem Buch *Erfahrung und Natur* habe ich versucht klar zu machen, dass ich zwar überzeugt bin, die Natur *habe* einen Mechanismus – denn sonst könnte Erkenntnis kein Werkzeug zu ihrer Beherrschung sein –, dass ich aber ihre *Reduktion* auf einen Mechanismus ablehne.

Es gibt Passagen in Stuarts Aufsatz, die anzunehmen scheinen, ich *müsse Natur* und *Naturalismus* eine Bedeutung geben, die sie auf einen Mechanismus oder doch etwas, was dem nahe kommt, reduziert. Denn er redet, als wenn ich ein besonderes Gebiet der Moral nur als »ein widerwillig ertragenes Anhängsel an die Biologie« einräumte, und er widmet einer Passage in meiner *Logik* beträchtliche Aufmerksamkeit, die seiner Auffassung nach alles Denken auf ein lediglich biologisches Phänomen reduziert – trotz der Tatsache, dass der Titel des Kapitels, aus dem die zitierte Passage stammt, »die biologische Grundlage der Forschung« lautet und das nächste Kapitel über die »kulturelle Grundlage« *expressis verbis* von der radikalen Veränderung handelt, die eintritt, sobald biologische Bedingungen und Tätigkeiten in den typisch menschlichen Kontext von Institutionen und Kommunikation geraten. Darüber hinaus wird in engem Zusammenhang mit eben der von ihm zitierten Passage darauf hingewiesen, dass es selbst auf der biologischen Ebene mehr gibt als nur die bloße Wiederherstellung dessen, was früher existierte, nämlich die Erzeugung *neuer* Bedingungen im *Organismus* wie in der Umwelt.[64] Der überraschendste Vorstoß, den Stuart auf dieser Linie der Interpretation unternimmt, findet sich in der Auffassung von Überlegung, die er mir zuschreibt. Seiner Ansicht nach kann ich sie nur von »außen« betrachten und reduziere sie dadurch auf ein reines »Muskel«phänomen. Zu Beginn seines Aufsatzes zitiert Stuart eine Anzahl von Passagen von mir, wo ich ausdrücklich Arten geistigen Verhaltens von anderen Formen aus dem Grund unterscheide, weil sie Reaktionen auf das *Zweifelhafte* als solches sind. Es ist überraschend, dass Stuart diese *differentia* innerhalb weniger Seiten vollständig vergisst, da sie bei der Unterscheidung von Überlegungs- und bloßem Muskelverhalten besonders augenfällig ist.

Auf alle Fälle sieht Stuart »im Naturalismus, dem beherrschenden Thema« meiner späteren Schriften, implizit eine Auffassung von der Natur des »Supremats der Methode« enthalten, die so ziemlich das Gegenteil meiner wirklichen Ansicht ist (eine Ansicht, die ich in meiner Unfähigkeit, alle möglichen Interpretationen vorauszusehen, für klar gehalten hatte). Denn seiner Ansicht nach impliziert mein Naturalismus, dass meine Idee vom Supremat der Methode sich mit der Ansicht vereinbaren lässt, dass Methode, betrachtet als Verfahren des wirklichen Erkennenden, der nicht in eine epistemologische Untersuchung, sondern in die direkte Lösung eines Problems aus eigener Erfahrung verstrickt ist, weder »vorrangig« ist noch sein kann. Das Gegenteil ist der Fall. Die ganze Pointe meiner Position ist genau die, dass die Methode bei der direkten Lösung jedes Problems aus eigener Erfahrung vorrangig *ist*, so dass eine epistemologische Untersuchung – *logische* Untersuchung in meiner Terminologie – einzig die Aufgabe hat, die Merkmale der Methode darzulegen, die in diesen Untersuchungen erster Hand vorrangig sind. Aus einer Verdrehung dessen, was ich in meinem Kapitel über den »Supremat der Methode« sagen wollte und meiner Ansicht nach klar gesagt hatte, folgen die weiteren Missverständnisse meiner Ansichten über Ethik, auf die Stuart seine Einwände basiert.

64 Die Bedeutung meines Beharrens darauf, im Gegensatz zu Rignano, dass es die *Beziehung* von Organismus und Umwelt ist, die wiederhergestellt wird, scheint Stuart entgangen zu sein. Denn ohne Wiederherstellung der Beziehung von Harmonie oder Gleichgewicht kann das Leben nicht andauern, während spezifische *Bedingungen*, die sowohl Organismus wie Umwelt konstituieren, in gewissen Grade umgestaltet werden müssen, damit *diese* Relation wiederhergestellt werden kann. Mit anderen Worten, *Trans*formation hat eine natürliche biologische Basis.

Die Streitfrage wird vielleicht durch eine frühere Passage klarer, in der er sagt, Methoden würden durch ihren Erfolg gerechtfertigt und »Resultate leiten ihren Wert nicht von der Methode her, durch die sie zustande gekommen sind«. Diese Ansicht hält er anscheinend für so axiomatisch, dass er sie ganz selbstverständlich auch mir unterstellt – obgleich ich wiederholt festgestellt habe (wie im ersten Kapitel meiner *Logik*), dass Schlussfolgerungen ihren wissenschaftlichen Wert der Methode verdanken, durch die sie erzielt werden, während das einzige Ergebnis, das ein Forscher ansteuert, der die durch die Forschung selbst gesetzten Bedingungen beachtet, die Auflösung der jeweiligen problematischen Situation ist. Wie Stuart oder jeder andere Beobachter der Verfahren der Wissenschaften sagen kann, für einen individuellen Forscher könne »keine Methode vorrangig sein«, da »das Ergebnis, das er wünscht und beabsichtigt, gesetzgebend ist«, ist mir unerklärlich. Denn wenn es bedeutet, dass die wissenschaftliche Forschung durch die Erlangung eines besonderen Ergebnisses beherrscht wird, dann enthält diese Bemerkung die beste Beschreibung der Verletzung der wissenschaftlichen Methode, die sich nur finden lässt.[65]

Durch die Reduktion meiner Äußerungen über die Methode auf ihre Identifikation mit »einer Formel der Geschicklichkeit, die je nach Bedarf zu benutzen ist«, wird der Supremat der Methode so verneint, dass Stuart sich doch eigentlich hätte fragen müssen, warum ich einen so total unangemessenen Titel verwendet habe. Auf jeden Fall ist meine wirkliche Auffassung, um das noch einmal zu wiederholen, dass die Methode bei der Erkenntnis physischer Objekte keine Formel für die Ausführung geschickter Manipulationen ist, die entweder das Ich einem vorherbestehenden Material oder das vorherbestehende Material einem vorherbestehenden Impuls des Ich unterordnet, sondern dass sie vorgängige Situationen rekonstruiert; in dieser Rekonstruktion wird das Ich als Erkennender ebenso verändert wie die Umweltbedingungen. Die Funktion des Kapitels »Der Supremat der Methode« besteht auf diese Weise ganz buchstäblich darin, die Diskussionen des nächsten Kapitels vorzubereiten, das den Titel trägt »Die Konstruktion des Guten«. Das heißt, ebendeshalb, weil ich der Meinung bin, dass die experimentelle Methode als Einheit von Theorie und Praxis, von Ideen

65 Die Verdrehung meiner Ansicht ist in dem letzten Abschnitt von Stuarts Aufsatz besonders ausgeprägt, in dem er sich auf »vorherbestimmte Ziele« bezieht.

und ideengeleiteten Operationen den Vorrang vor einer vorgängigen Situation besitzt, bin ich auch der Meinung, dass ein und dieselbe Methode bei der Bestimmung des naturwissenschaftlichen Urteils und der Werturteile der Moral zur Verwendung kommen sollte. Infolgedessen glaube ich, dass Genüsse, Objekte der Begierde, wie sie gerade entstehen, *keine* Werte sind, sondern problematisches Material für die Konstruktion – wenn man so will, für die Erschaffung – von Werten. Der Dualismus von wissenschaftlichem und moralischem Erkennen entstand, wie ich erläutert habe, vor dem Aufstieg der experimentellen Methode in der Wissenschaft. Die Theorie des wissenschaftlichen Erkennens, die diese Bedingung widerspiegelte – die ihrer Substanz nach vorwissenschaftlich war –, beschränkte das Erkennen auf die Ermittlung der vorgängigen Realität, während eine Theorie des *experimentellen* Erkennens den »Supremat der Methode« aufweist und beweist. Wieder einmal beklagt Stuart, dass genau derjenige Punkt in meiner Erkenntnistheorie, dessen Vorhandensein die Einwände anderer Beiträge hervorgerufen hat, in meiner Theorie des wissenschaftlichen Erkennens so sehr abwesend ist, dass dadurch meine Theorie der Moral hinfällig wird. Meine Behauptung des Supremats der Methode ist identisch mit meiner Behauptung, dass »intelligentes Handeln die einzige letzte Zuflucht der Menschheit auf jedem nur denkbaren Gebiet ist«. Denn intelligentes Handeln, manifest gemacht, wie es in der experimentellen Methode der Wissenschaft der Fall ist, erkennt zwar die Notwendigkeit an, vorgängige Bedingungen zu entdecken, verwendet sie aber, wenn sie einmal entdeckt sind, als *Mittel* für die Konstruktion einer neuen einheitlichen und geordneten Situation. Oder wie es in ebendem Kapitel, das zur Diskussion steht, heißt: »Die Kenntnis spezieller Bedingungen und Relationen ist ein Werkzeug für das Handeln, das seinerseits ein Instrument der Erzeugung von Situationen ist, die Qualitäten zusätzlicher Bedeutsamkeit und Ordnung haben.«[66] Beinahe am Schluss desselben Kapitels steht folgende Passage, die als Übergang zur Diskussion im

66 *Die Suche nach Gewissheit*, S. 250. Der Inhalt der Diskussion wird in einer Schlussfolgerung deutlich gemacht, die aus der umformenden Kraft der Folgerungen der wissenschaftlichen Methode gezogen werden, die Eliminierung des Dualismus zwischen den Kategorien der Freiheit und Zweck zu involvieren, die, nach der alten Theorie, die Ursache dafür waren, dass wissenschaftliches und moralisches Erkennen als zwei völlig getrennte Arten angesehen wurden.

nächsten Kapitel »Die Konstruktion des Guten« dient: »Welche Möglichkeiten der kontrollierten Transformation des Inhalts gegenwärtiger Überzeugung und Praxis in menschlichen Institutionen und Assoziationen werden dadurch eröffnet, dass die Naturwissenschaft natürliche Energien unter ihre Kontrolle gebracht hat?«[67] In dieser Passage wird ein wirklicher Unterschied zwischen Stuart und mir deutlich. Ich glaube, dass eine auf der experimentellen Methode basierende Philosophie des Erkennens es möglich macht, die Schlussfolgerungen der Wissenschaft über natürliche Energien nutzbar zu machen, so dass diese zu positiven Mitteln werden, um Werte zu konstruieren, um das Vorkommen von angereicherten Werten zu kontrollieren (wie ich es auf den vorangegangenen Seiten gesagt habe). Stuart scheint auf den typisch Kantischen Dualismus von wissenschaftlichem und moralischem Erkennen zurückzugreifen, eine Ansicht, die impliziert, dass das, was wir über natürliche Strukturen und Ereignisse herausfinden, für die Bildung und Erreichung moralischer Ziele völlig belanglos ist. Diese *splendid isolation* moralischer Werte wird zu einem zu hohen Preis erkauft.

Soweit ich sehen kann, glaubt Stuart, ich finge mit zwei getrennten Entitäten an, die man gewöhnlich Erkennendes-Subjekt und Zu-erkennendes-Objekt nennt, und stellte mir dann das Erkennen als eine Art von Transaktion vor, die zwischen diesen beiden Endtermini stattfindet. Das scheint seine eigene Ansicht zu sein, und er unterscheidet im Weiteren die Erkenntnis physischer Gegenstände, die die Unterwerfung des Ich als Erkennenden unter die von dem zu erkennenden Gegenstand gesetzten Bedingungen enthält, während in der Moralerkenntnis das Gegenteil der Fall ist – hier besteht das Ich auf der Unterordnung des bestehenden Materials unter ein Ziel, das *es* selbst, in eben seiner Eigenschaft als Ich, setzt. Auf alle Fälle formuliert er meine Ansicht wie folgt:

Wenn man auf Bedingungen trifft, die sich als nicht »vollkommen gut« erweisen, dann deshalb, weil irgendein *gegenwärtiges Ziel des Individuums* durch sie beeinträchtigt wird. In einer solchen Situation haben wir, nach dem Schema von Professor Deweys Naturalismus, den *Trieb oder die Trägheit der gestörten oder unterbrochenen Aktivität des »Organismus«*, der immer weiter nach vorn drängt. Dabei erweitert er sich zu sich fortwährend ver-

67 *Ibid.*, S. 252.

zweigenden Ketten des Aufmerksamkeits- und *Manipulations*verhaltens, durch das die Umwelt erforscht und rekonstruiert wird.[68]

Derselbe Gesichtspunkt findet sich, wenn er an einer Stelle, wo er über meine angebliche Ansicht spricht, sagt, dass sich »eine Situation *dem* Erkennenden als zweifelhaft« oder prekär »darstellt«, als wenn ich glaubte, die Situation bestehe *außerhalb* des Erkennenden, und an anderer Stelle, wo er, angeblich in meinem Sinne, behauptet, »eine wahrgenommene Gefährdung« biete dem *Erkennenden* Gelegenheit, »seine Zuflucht bei der *Methode*« zu suchen. Häufig spricht er auch von einer »Störung«, die den Anlass bilde, dass sich das Ich dem Erkennen zuwende. Vor diesem Hintergrund sieht er sich zu der Annahme veranlasst, ich glaubte an den Supremat der Methode nur in jenem ziemlich trivialen – oder zumindest eindeutig sekundären – Sinne, in dem er sich, seiner Auffassung nach, nicht auf jene Forschung anwenden lasse, die sich »mit der direkten Lösung eines Problems aus eigener Erfahrung« befasst – also genau dort, wo er sich anwenden lässt. Aus dieser Unterstellung – und aus ihr allein – folgt der Schluss, für mich bestehe Erkennen, selbst im Fall moralischer Urteile, nur in der Anwendung einer Methode der Geschicklichkeit, um sich von den äußeren Bedingungen zu befreien, die dem Ich und dem Erkennenden zu schaffen machen, die stören, die sich aufdrängen.

Ich kann gut verstehen, dass Stuart seine eigene Auffassung vom moralischen Erkennen vielleicht im Gegensatz zu einer Ansicht wie der soeben formulierten entwickelt hat, und ich kann gewiss verstehen, wieso er auf einem starren Dualismus von wissenschaftlichem und moralischem Erkennen beharrt, wenn er eine solche Ansicht für die korrekte Formulierung und die »gewöhnliche Theorie« des wissenschaftlichen Erkenntnisvorgangs hält. Ich verstehe allerdings *nicht*, wie er dazu kam, diese Ansicht mir zuzuschreiben, da sie so ziemlich genau das Gegenteil dessen ist, was ich vertrete. Abgesehen von seiner fragwürdigen Deduktion dessen, worin eine naturalisti-

68 [Schilpp, S. 305.] Kursivsetzungen nicht im Text. Sie werden betont, um anzuzeigen, wie Stuart in meine Theorie definitiv eine ursprüngliche Trennung von Ich und Objekt, Organismus und Umwelt, hineinliest und diese Störung, die das Erkennen auslöst, als etwas ansieht, das in Ersterem durch irgendeine Veränderung im Letzteren hervorgebracht wird; im Unterschied zu meiner wirklichen Theorie, in der die Störung die einer *Situation* ist, in der Organismus und Umwelt funktional vereint sind.

sche Ansicht bestehen müsse, ist er, nach seinen Zitaten von Passagen aus dem ersten Teil des Kapitels »Der Supremat der Methode« zu urteilen, sehr wahrscheinlich auch dadurch in die Irre geführt worden, dass er einen Teil meiner Ansicht für das Ganze gehalten hat. Denn in dem ersten Teil jenes Kapitels gebe ich eine ziemlich summarische Darstellung des emotionalen, willensmäßigen und kognitiven Verhaltens von einem *psychologischen* Standpunkt aus – das heißt vom Standpunkt des organischen Faktors in der totalen Lebensfunktion. In dieser Darstellung werden psychologische Phänomene als *Verhaltensreaktionen auf das Zweifelhafte als solches* interpretiert. Diese Darstellung ist freilich so weit davon entfernt, eine Formulierung der *Methode* des Erkennens zu sein – die mit Recht Vorrang genießt –, dass sie bewusst mit Bedingungen beginnt, wie sie bestehen, *nachdem* eine totale, qualitative, reale Situation von innen aufgesprengt worden ist und infolgedessen das Ich – der Organismus – und die Umweltbedingungen, da sie in dieser Situation keine Einheit mehr bilden, sich praktisch nicht mehr länger miteinander vertragen. Sie geht dann dazu über, die charakteristischen Phänomene des Organismus vom eben erwähnten Standpunkt aus zu beschreiben – Verhaltensreaktionen auf das Zweifelhafte –, wobei sie sich dementsprechend, und zwar absichtlich, nur mit einem partiellen Faktor der Methode befasst. Die Darstellung, die in diesem Zusammenhang gegeben wird, ist so weit davon entfernt vollständig zu sein, dass dieser Abschnitt meiner Diskussion vielmehr lediglich durch die Notwendigkeit ausgelöst wurde, eine Theorie der gewöhnlich geistig oder psychologisch genannten Phänomene vorzutragen, in denen das »Ich«, das »Subjekt«, der »Geist«, der »Erkennende« *keine* ursprünglich getrennten Entitäten sind (wie sie es ja auch für mich nicht sind), die Objekten und der Welt gegenüberstehen. Selbst vom Standpunkt dieses absichtlich partiellen Berichts – partiell, weil aus einem speziellen Blickwinkel vorgetragen – gibt es keine Rechtfertigung für die Einführung der Kategorien »Störungen« und »Manipulationen«. Das Zweifelhafte ist keine Störung, und das Zweifelhafte zu manipulieren ist das Allerletzte, was eine Verhaltensreaktion an oder mit ihm tun kann. Nur das, was definitiv und mechanisch bewältigt ist, kann nach Regeln der Geschicklichkeit manipuliert werden. Ich glaube, dass Francis Bacon die Ansicht vertrat, man könne Regeln der Geschicklichkeit entwickeln, die bei notwendiger Übung alle Personen auf praktisch dieselbe Stufe bringen, genauso wie Personen Fertigkeit im Gebrauch von Werkzeugen wie Hammer oder Flugzeug erwerben können. Aber wenn ein Wissenschaftler mit einer problematischen Situation konfrontiert wird, sind Regeln der Geschicklichkeit durch ebendie Tatsache ausgeschlossen, dass die Situation so durchgängig problematisch ist.

In einer bestimmten Passage weist Stuart ausdrücklich darauf hin, dass nach meiner Theorie Bestimmungen wie *Geist*, *Körper* und *Außenwelt* in »der Situation« entstehen und fungieren, »die in ihrem problematischen Charakter als Ganzes aufgefasst wird«. Für sich genommen könnte diese Passage einen zu der Frage veranlassen, wieso er nicht gesehen hat, dass die Unterscheidung von *Organismus* und *Umwelt*, *Erkennendem* und *Zu-Erkennendem* ebenfalls innerhalb der problematischen Gesamtsituation als Mittel zu ihrer Auflösung entsteht und fungiert – ein Prozess, durch den *beide* bis zu einem bestimmten Grad modifiziert oder neu konstituiert werden. Aber der vorhergehende Satz erklärt, warum er meine wirkliche Ansicht nicht begriff. Denn der lautet: »Der *Handelnde* muss deshalb der prekären *Umwelt* so unvoreingenommen und mutig wie möglich gegenübertreten und sie dann *als Ganzes* als problematisch begreifen.«[69] Diese Passage beweist nicht nur, das Stuart mir von Anfang an eine Unterscheidung und Gegensätzlichkeit von »Erkennendem« und »Zu-Erkennendem« unterstellt, sondern auch annimmt, dass es die *Umwelt* ist, die als problematisch begriffen wird – während nach meiner Ansicht eine *Situation* vor jedem »Begreifen« oder »Auffassen« problematisch ist und der erste Akt des Erkennens darin besteht, *ein Problem* durch eine selektive oder analytische Unterscheidung einiger der beobachtbaren Bestandteile der Gesamtsituation zu lokalisieren.

Es sollte also klar sein, dass meine Ansicht von der Natur des Erkennens in viel größerem Umfang als die von Stuart die Grundlage und den Grundriss einer Theorie des moralischen Erkennens bereitstellt, die in ihren allgemeinen Zügen seiner eigenen ähnelt, die er in seinem Artikel beschrieben hat, als stünde sie im Gegensatz zu meiner. Denn seine Theorie schafft einen unüberschreitbaren Dualismus zwischen den beiden Arten von Urteilen, während meine Theorie Kontinuität behauptet, die, wie ich gesagt habe, sowohl

69 [Schilpp, S. 294.] Kursiv von mir.

Differenz wie Gemeinsamkeit beinhaltet. Jeder echte Forschungsakt beinhaltet folglich die Bildung eines Ich, das in gewisser Hinsicht oder bis zu einem gewissen Grade neu ist. In der kognitiven Situation als solcher liegt der Akzent offen und ausdrücklich auf der Auflösung der Situation mittels einer Veränderung der Umweltbedingungen, während in der typisch moralischen Situation die Erneuerung des Ich als das typisch verlangte Mittel betont wird. Aber der Unterschied ist auf jeden Fall ein Unterschied des *Akzents*. Gelegentlich ist das eigentliche Problem die Wiederherstellung des mit der Forschung befassten *Ich*, damit eine sachangemessene Forschung als beherrschendes Interesse gewährleistet ist. Das ist dann der Fall, wenn die Durchführung eines Forschungsvorhabens vom Forscher unter dem Zwang der Sache die Bereitschaft verlangt, eine von ihm favorisierte Theorie fallen zu lassen beziehungsweise auf eine favorisierte Schlussfolgerung zu verzichten. Andererseits kann das Problem, das Ich zu rekonstruieren, nicht gelöst werden, wenn die Forschung nicht die Neugestaltung bestehender Bedingungen berücksichtigt. Für die Lösung dieses Problems ist wissenschaftliche Erkenntnis unentbehrlich, wenn man wirklich zu einem Ergebnis kommen will, das den Anforderungen der Situation genügt.

Bei der Darlegung einer Theorie des Erkennens habe ich darauf bestanden, dass die Forschung *in ihrer eigenen Natur* Bedingungen enthält, denen genügt werden muss. Autonomie der Forschung ist gleichbedeutend mit der Forderung nach Integrität der Forschung. Genau diese Tatsache führt zu der Definition von Wahrheit im intellektuellen oder kognitiven Sinn in Begriffen der Erfüllung forschungsimmanenter Bedingungen. Aber der Wille, die Disposition, an der forschungsimmanenten Integrität festzuhalten, ist eine moralische Sache. In dieser Hinsicht gehen die Operationen der Wertschätzung, die, wie ich betont habe, in jedem Fall von Erkennen enthalten sind – in der Auswahl der Daten und Hypothesen wie in den auszuführenden experimentellen Operationen –, in eindeutig moralische Wertungen über, wann immer die bestehenden Gewohnheiten und der Charakter eines Forschers Hindernisse gegen die Aufrechterhaltung integraler Forschung errichten. Die Umbildung zu einem Ich, das in einigen Hinsichten neu ist, ist dann nicht zufällig, sondern zentral. Ich habe früher angedeutet, dass die übliche Theorie der Verifikation und der kognitiven Wahrheit von Aussagen – der Gültigkeit, wie ich sie nenne – daran leidet, dass die moralische

Bedeutung von Wahrheit in sie hineingelesen wird. Aber wann immer das unmittelbare Problem bei der Suche nach Erkenntnis den Willen beinhaltet, Beweismaterial ausfindig zu machen, es fair abzuwägen, die Karten nicht zu zinken, die Vorliebe für eine bestimmte Theorie so zu beherrschen, dass sie nicht die erreichte Schlussfolgerung beeinträchtigt, hat die Kategorie der Wahrheit in ihrem *moralischen* Sinn den Vorrang. Deshalb hat die Leugnung der Möglichkeit gültig begründeter Wertungsaussagen den Selbstmord wissenschaftlicher Erkenntnis zur Folge, eine logische Zerstörung, die sich nicht durch die Beteuerung abwenden lässt, Aussagen seien an sich wahr oder falsch.

Vielleicht kann ich meine Auffassung durch den Verweis auf eine beiläufige Bemerkung von mir illustrieren, der Stuart große Bedeutung beimisst: »Wären die bestehenden Bedingungen vollkommen gut, würde der Begriff von zu verwirklichenden Möglichkeiten gar nicht erst entstehen.« Ich glaube, die gewöhnliche Erfahrung und das Beweismaterial der Geschichte bezeugen, dass das Auftreten von problematischen Situationen, das die Denkanstrengungen erzwingt, gemeinhin als *schlecht*, als unangenehm galt, bis Forschung um ihrer selbst willen als gut empfunden wurde. Wenn Forschung als ein Gut empfunden wird, dann wird das Auftreten von problematischen Situationen als Beitrag zum genossenen Besitz eines Gutes begrüßt. Ich kann in dem zitierten Satz nicht die ominöse Bedeutung finden, die er in den Augen von Stuart zu haben scheint. Der Satz »Wären die Bedingungen *vollkommen* gut« formuliert eine vollständig allgemeine und umfassende Bedingung. Seine Reichweite beschränkt sich nicht auf Bedingungen, wie sie sich zu einer bestimmten Zeit präsentieren. Er gilt für die totale dauernde Erfahrung jeder Person. Wer jemals Situationen erlebt hat, die nicht vollkommen gut sind, ist sich, je nach Lernfähigkeit, der Möglichkeit bewusst, dass Bedingungen sogar in Situationen, die oberflächlich gesehen harmlos sind, nicht vollkommen gut sind. Genau wie der Forscher als solcher auf der Suche nach *Problemen* sein wird, so wird jeder gewissenhafte Mensch auf der Suche nach etwas Besserem sein, statt sich mit üblichen Gütern zufrieden zu geben. Mit anderen Worten, die Unvereinbarkeit, die Stuart zwischen dem zu finden meint, was ich in meinem Kapitel in meinem und Tufts' Buch *Ethics* über die gewissenhafte Person gesagt habe, und dem, was nach meiner Aussage geschehen würde, wenn die Bedingungen »vollkommen gut wären«, besteht gar nicht. Niemand lebt in einer Welt, in der er alles zu allen Zeiten vollkommen gefunden hat. Wenn er die Bedeutung dieser Tatsache versteht, hat er gelernt, für Möglichkeiten aufgeschlossen zu sein. Das mögliche *Bessere* wird dann als das Gute – und zwar als das einzig Gute – jeder Situation angesehen werden, eine Feststellung, die ebenso auf die wissenschaftliche Forschung anwendbar ist wie auf jede moralische Sache. Eine Disposition, die unter sichtlich nicht vollkommen guten Bedingungen gebildet wird, kann, wie die experimentelle Methode selbst, zur Ausübung kommen, wenn sie auf der Oberfläche gut zu sein scheinen.

Man wird bemerken, dass ich Stuarts Auffassung von meiner Theorie des Erkennens weit mehr Aufmerksamkeit gewidmet habe als seinen speziellen Einwänden gegen das, was er für meine ethische Position hält. Der Grund ist der, dass Stuarts Überzeugung, ich bestritte die »Inkommensurabilität« und Disparität von Zielen und Werten und reduzierte infolgedessen wirkliche Konflikte auf eine durch »Manipulation störender« Faktoren überwindbare Differenz, das Produkt seiner falschen Deutung meiner Forschungstheorie ist. Denn nach dieser Theorie lässt sich der Konflikt, der in jeder problematischen Situation enthalten ist, nur durch qualitative Transformationen auflösen. Ich habe bei dem, was ich über Moral, besonders in ihrem sozialen Aspekt, gesagt habe, tatsächlich die Idee betont, die Erzeugung neuer Umweltbedingungen sei eine Voraussetzung für die der Erschaffung eines dauerhaften neuen Ich. Aber mit dieser Betonung war keine Herabsetzung der Wichtigkeit eines neuen Ich verbunden, sondern der Protest gegen die subjektivistische Moral, die »den guten Willen« mit Moralität identifiziert und die dadurch der aktiven Anstrengung ihre Bedeutung nimmt, die – genau wie das Experiment in der wissenschaftlichen Forschung – ständig die früheren Bedingungen verändert.[70] Wenn es eine Differenz zwischen uns hinsichtlich des Grundproblems in der moralischen Situation gibt, des Problems, was das Ich werden und sein soll (als das auf dem Spiel stehende *Ziel*), dann liegt sie in der Tatsache, dass ich den Unterschied zwischen diesem Problem und dem Problem der Anpassung von Mitteln mit Bezug auf ein akzeptiertes Ziel als *relativ*, nicht als absolut behandle. Ich zitiere die folgende Passage aus

70 Das Problem beim Kantischen *Guten Willen* liegt nicht in der Betonung der aktiven Disposition und dem entschlossenen Charakter, sondern in der Trennung des Willens von allen empirischen Bedingungen von Wunsch und Absicht.

meiner und Tufts' *Ethics*: »Jemand, der den Zusammenhang der größeren Zahl mehr oder weniger gewohnheitsmäßiger Handlungen mit der kleinen Zahl, bei denen es um eine klare moralische Entscheidung geht, vollständig ignorieren würde, wäre äußerst unzuverlässig«; und an anderer Stelle: »Jeder Akt hat eine potenzielle moralische Bedeutung, weil er durch seine Konsequenzen[71] Teil eines größeren Ganzen des Verhaltens ist«; und noch einmal:

> Jede Wahl steht in einer doppelten Beziehung zum Ich. Sie enthüllt das bestehende Ich und sie bildet das zukünftige Ich ... Sie formt das Ich, macht es in gewissem Grade zu einem neuen Ich. Diese Tatsache ist in kritischen Augenblicken besonders ausgeprägt, aber sie charakterisiert bis zu einem gewissen Ausmaß jede Wahl, wie geringfügig auch immer sie sein mag.[72]

Und auch in diesem Fall folgt diese Position direkt aus der rekonstruktiven Funktion der Forschung bei der Erlangung gesicherter Erkenntnis. Nun will ich nicht folgern, dass Stuart tatsächlich eine scharfe Trennung macht zwischen »ökonomischen« Situationen, in denen das Problem sich einfach auf einen Konflikt von *Mitteln* im Hinblick auf ein akzeptiertes und unbezweifeltes Ziel bezieht, und »moralischen« Situationen, wo der Konflikt inkommensurabler Ziele das Problem der Bestimmung des zukünftigen Ich aufwirft. Ich sage nur, *wenn* er an einer solchen Trennung festhält, dann gehe ich in der Richtung, die nach seiner Darlegung für echtes moralisches Erkennen notwendig ist, weiter als er selbst. Denn ich lasse nichts anderes zu als eine strikt relative Unterscheidung zwischen Mitteln und Zielen. Infolgedessen habe ich immer dann, wenn ich in meinen Arbeiten über Sozialphilosophie ökonomische und politische Probleme berührt habe, daran festgehalten, dass alle derartigen Probleme Probleme der Wertschätzung im moralischen Sinn sind. In genau *diesem* Kontext habe ich mich ausführlich mit der *intelligenten Handlung* als der einzigen und höchsten Methode befasst, um mit ökonomischen und politischen Streitfragen umzugehen, und habe versucht, diese Feststellung dadurch aus dem Bereich harmloser Binsenweisheiten herauszuheben, dass ich die Möglichkeit der Intelligenz in Aktion mit jener gesicherten Erkenntnis von Bedingungen und Konsequenzen verknüpft habe, die durch die Ver-

71 Konsequenzen nämlich für die Bildung von Gewohnheiten und deshalb die Bildung eines Ich.

72 *Ethics*, S. 178 f., 317.

wendung naturwissenschaftlicher Methoden gewonnen wird. Wir kehren so zu jener instrumentellen Auffassung von Erkenntnis zurück, die einigen meiner Kritiker so viel Kopfzerbrechen bereitet hat.[73]

II. Geigers Arbeit begrüße ich vor allem deshalb, weil sie den moralischen Kontext ökonomischer und politischer Streitfragen in meiner Sozialphilosophie erkennt, *moralisch* hier verstanden als eine Sache der durch Wertungen bedingten Entscheidung. Die Wichtigkeit der praktischen Frage, die er gegen Ende seiner Exposition aufwirft, ist nicht zu bestreiten. Meiner Ansicht nach laufen sie auf Folgendes hinaus: Ist das Missverhältnis zwischen der Anwendung der wissenschaftlich-experimentellen Methode auf die physischen Bedingungen der menschlichen Gemeinschaften und ihrer Nicht-Anwendung in direkten sozialen Angelegenheiten so, dass die Erwartung einer Änderung beim gegenwärtigen Weltzustand hoffnungslos ist? Ich weiß keine pauschale Antwort auf diese Frage. Aber das Problem ist ein Problem des Grades, kein Problem von alles oder nichts. Unbestreitbar hat sich unser gesellschaftliches Leben stark verändert, weil die Methode des intelligenten Handelns bei der Bestimmung der physischen Bedingungen sozialer Wirkungen verwendet worden ist, während sie bei der Bestimmung sozialer Ziele und Werte kaum je versucht wurde. Man könnte darauf verweisen, dass die Verwendung anderer Prinzipien, wie Brauch, äußere Autorität, Gewalt, so genannte absolute Ideale und Maßstäbe – die, weil absolut, außerhalb des Bereichs empirischer Beurteilung liegen –, anstelle der intelligenten Handlung für die Entstehung der Situation verantwortlich ist, die die Anwendung der Methode der intelligenten Handlung so extrem schwierig macht. Obwohl diese Tatsache nichts an den Bedingungen ändert, die diese Schwierigkeit schaffen, beginnt die Anwendung der Methode vor der eigenen Haustür.[74] Es geht um die

73 Ich habe hier nichts über Stuarts Kritik an meiner Ansicht über die Rolle der Konsequenzen gesagt. Im Prinzip ist deren Rolle in der Moral dieselbe wie in der wissenschaftlichen Forschung. Sie sind wichtig nicht als solche oder für sich, sondern in ihrer Funktion als *Überprüfungen* von Ideen, Prinzipien und Theorien. Es ist möglich, dass ich gelegentlich, im Gegensatz zu *Ipse-dixit*-»Intuitionen« und dogmatischer Behauptung absoluter Maßstäbe, die Wichtigkeit von Folgen so sehr betont habe, dass es scheint, als machte ich sie an und für sich zum Höchsten. Wenn das der Fall ist, bin ich von meiner eigentlichen Ansicht abgewichen, der ihrer Verwendung als Überprüfung vorgeschlagener Ziele und Ideale.

74 [Anspielung auf das engl. Sprichwort: *charity begins at home*]

Anwendung auf die Methoden, die *wir* bei *unseren* ökonomischen und politischen Schwierigkeiten verwenden, nicht auf das, was die Menschen auf der anderen Seite der Welt tun.[75] Wenn wir, statt unsere Phantasie in alle Richtungen schweifen zu lassen und uns bei den Schwierigkeiten anderer Nationen und Personen bei der Verwendung dieser Methode aufzuhalten, unsere Aufmerksamkeit auf unser eigenes Problem richten, sind die Schwierigkeiten bei ihrer Anwendung viel geringer. Wollte man in diesem oder ähnlichem Zusammenhang den Zustand der Welt ganz allgemein in Erwägung ziehen, würde man selbst ein Verfahren anwenden, das den Supremat der Methode verletzt. Denn wir befinden uns hier in einer spezifischen sozialen und historischen Situation, die eine wertorientierte Entscheidung erzwingt, und wir, wir ganz allein müssen Wertentscheidungen mit Hinblick auf unsere eigenen spezifischen Probleme treffen.

Auf jeden Fall geht es nicht, wie Kritiker es manchmal ausgedrückt haben, um Intelligenz oder Erkenntnis im Unterschied zum Handeln, sondern um *intelligente* Handlung im Unterschied zu einer anderen Art von Handlung – ob diese sich nun auf Willkürentscheidung durch Gewalt oder »dialektische Notwendigkeit«, auf Dogmen der Rasse, des Blutes, der Nationalität oder auf eine übernatürliche Lenkung verlässt. Die Methode intelligenter, experimenteller Handlung wird zuweilen aus dem Grund kritisiert, dass übermächtige Klasseninteressen ihre Anwendung verhinderten, so dass die einzige Alternative die Methode des Klassenkampfs mit einem Sieg für den Stärksten sei. Es genügt nicht, diesem Argument mit dem Hinweis entgegenzutreten, dass die meisten seiner Anhänger sich einer dialektischen Spielerei hingeben und nur selten erkennen, worin die konkreten Konsequenzen eines solchen Rückgriffs auf Gewalt bestehen würden. Aber wenn an ein Dogma – ein so genanntes »Gesetz« – unabänderlicher historischer Evolution appelliert

75 Ich möchte die Gelegenheit nutzen, um meine völlige Übereinstimmung mit dem zum Ausdruck zu bringen, was Randall in seinem Aufsatz über die Wichtigkeit sagt, die Fertigkeiten zu entwickeln, die eine politische Technologie konstituieren würden, wenn sie hervorgebracht würden. Die Tatsache – auf die er verweist –, dass ich selbst wenig oder nichts in dieser Richtung getan habe, beeinträchtigt nicht meine Erkenntnis, dass ganz konkret die Erfindung einer solchen Technologie der Kern des Problems der intelligenten Handlung in politischen Angelegenheiten ist.

wird, kann man darauf antworten, dass die Streitfrage nicht die ist, ob es Zusammenstöße und Konflikte von Interessen gibt, sondern wie man ihnen begegnen soll und für welche *Art des Handelns*, die unter gewissen Bedingungen wahrscheinlich die positive Verwendung von Gewalt beinhaltet, man sich entscheiden soll. Die Alternative ist kein extremer Pazifismus, der Passivität zum Fetisch macht. Der grundlegende Unterschied besteht darin, dass die eine Theorie, die Theorie des unvermeidlichen Klassenkampfs und des unvermeidlichen Siegs der einen Klasse, Situationen ganz mechanisch und pauschal auffasst, wogegen die Methode der intelligenten Handlung *bei jedem Schritt* auf einer Analyse der konkreten dann und dort bestehenden Situation beharrt und ihre Hypothese hinsichtlich dessen, was getan werden sollte, auf die Resultate dieser Analyse gründet und obendrein die Angemessenheit der Hypothese bei jedem Schritt durch die Konsequenzen überprüft, die sich aus einem daran orientierten Handeln ergeben. Die Frage ist eine Frage der Wahl – der Wahl zwischen einem Verfahren, das starr ist, weil es auf einem starren Dogma beruht, und einem Verfahren, das flexibel ist, weil es auf der Überprüfung der wirklich erlebten Probleme beruht und weil es Strategien als Hypothesen, die experimentell überprüft und modifiziert werden sollten, vorschlägt.

Ich kehre zu Geigers Aufsatz mit einigen wenigen Worten über die Streitfrage »kritisch gegen graduell« zurück. Ich glaube nicht, dass die Antithese gut gewählt ist. Es gibt etwas Kritisches in jeder problematischen Situation; es bezeichnet eine qualitative Wende, eine Divergenz; es ist eher eine Art »Mutation« als eine darwinistische »Variation«. Krisen unterscheiden sich natürlich stark an Tiefe und Reichweite der in ihnen enthaltenen Konflikte. Aber die kritische Qualität bleibt trotz der Gradunterschiede. Die *Ausführung* jeder Strategie, um die Veränderung eher zu dem einem als dem anderen Ergebnis hin zu lenken, ist nichtsdestoweniger eine graduelle Sache; je kritischer der Notfall, desto gradueller wird die Ausführung der Pläne und Strategien, durch die er schließlich bewältigt wird. Die Vorstellung, die Bewältigung einer Krise geschehe ebenso abrupt wie ihre Entstehung, ist eine utopische Konfusion. Ein revolutionäres Ereignis ist eine Krise von einer hohen Intensität. Aber die Vorstellung, die Revolution in ihrem unmittelbaren Auftreten zu einem bestimmten Datum, 1789 oder 1917/18, sei mehr als der Anfang eines graduellen Prozesses, ist ein Fall utopischer Selbsttäuschung. Die Methode der intelligenten Handlung muss bei jedem Schritt jenes Prozesses angewendet werden, in dem eine Revolution »ihren Gang nimmt«. Ihr schließliches Ergebnis hängt nicht von dem ursprünglichen abrupten revolutionären Ereignis ab, sondern von der Art, wie intelligentes Handeln bei jedem Schritt ihres Verlaufs eingreift – wie die gesamte Geschichte zeigt, trotz der »Unvermeidlichkeit« *ex post facto*, die konstruiert wird, *nachdem* die Entscheidung ihre Wirkungen gezeigt hat. Vielleicht ist die schlimmste Eigenschaft der Sozialphilosophien, die materialistische Zwänge an die Stelle von moralischen, weil nach einer intelligenten Bewertung getroffenen Entscheidungen setzen, gar nicht die, dass sie die Entscheidung loswerden, sondern dass sie durch die Eliminierung der intelligenten Wertung eine Prämie auf willkürliche Entscheidungen setzen.

Ich nehme gern die Gelegenheit wahr, etwas über eine weitere Frage in Geigers Beitrag zu sagen. Es betrifft das, was er über *letzte* Werte sagt. Ich habe immer gegen die Letzt- und Endgültigkeiten polemisiert, weil sie als Dinge präsentiert wurden, die inhärent absolut sind, wie »Ziele-an-sich« statt Ziele-im-Verhältnis-zu. Der Grund, weswegen sie als Absoluta ausgegeben worden sind, ist, dass sie aus jedem und allem *zeitlichen* Kontext herausgelöst worden sind. Ein Ding kann etwas Letztes in dem Sinne sein, dass es in einer gegebenen zeitlichen Reihe als Letztes kommt, so dass es *für diese Reihe* ein Letztes ist. Es gibt Dinge, die in reflexiven Wertungen am Ende stehen, und als abschließende sind sie »letzte Dinge«. Nun hat Geiger mit seiner Behauptung vollkommen Recht, für mich sei die Methode der intelligenten Handlung genau ein solcher letzter Wert. Sie ist die letzte, die endgültige oder abschließende Sache, auf die wir bei der Untersuchung der Forschung[76] stoßen. Aber sie wird zu einem solchen Wert durch die Stelle, die sie in der *zeitlichen* Manifestation der Forschung einnimmt, nicht durch irgendeine Eigenschaft, die sie an und für sich, in der Isolierung der Nicht-Bezogenheit, besitzt. Sie ist etwas Letztes in Gebrauch und Funktion; sie behauptet nicht, etwas Letztes aufgrund einer absoluten »inhärenten Natur« zu sein, die sie sakrosankt, zu einem transzendenten Gegenstand der Anbetung, machte.

III. Das Thema Religion, wie es von Schaub dargestellt wird, ist

76 [*inquiry into inquiry*]

nicht besonders eng mit den eben diskutierten Themen verknüpft. Aber Kommentare zu seinem Aufsatz scheinen eigentlich eher hierher als an irgendeine andere Stelle zu gehören. Ich werde Schaubs Darstellung darin folgen, dass ich meine Ansicht über Religion zum größten Teil von meiner größeren und umfassenderen philosophischen Position trenne, obgleich es meiner Ansicht nach ganz ergiebig wäre, über meine philosophische Interpretation der Erfahrung in ihrem religiösen Aspekt unter dem letzteren Gesichtspunkt zu sprechen. Wie die Dinge liegen, glaubt Schaub, ein früher Artikel von mir[77] sei für meine spätere, explizitere Behandlung der Religion prophetisch. Obwohl er erwähnt, dass die Zitate, auf die er sich stützt, einem Artikel entnommen sind, der sich der Frage widmet, ob Religion zu den Unterrichtsgegenständen an unseren öffentlichen Schulen gehören soll, scheint er nicht bemerkt zu haben, wie direkt und beinahe exklusiv die Passagen, die er zitiert, mit diesem speziellen Streitpunkt zu tun haben. Eine Auseinandersetzung mit dem Versuch, Religionsunterricht auf den Lehrplan zu setzen (eine Bewegung, die der gesamten sozialen und erzieherischen Tradition in den USA entgegenläuft), ist nicht der Ort, wo ich nach Material zu jemandes allgemeiner Einstellung gegenüber der Religion suchen würde. Ich unterstelle auch nicht, dass es Schaub darum geht, meine Ansichten in dieser speziellen Hinsicht zu kritisieren, oder dass er selber dafür plädiert, den Religionsunterricht zu einem Teil unseres aus Steuermitteln finanzierten öffentlichen Schulsystem zu machen. Und trotzdem habe ich einige Schwierigkeit, zu einem Urteil darüber zu kommen, warum er diesem speziellen Artikel so viel Bedeutung beimisst – der doch weitgehend geschrieben worden ist, um einem englischen Publikum den Unterschied zwischen der englischen und der amerikanischen Einstellung in dieser Frage zu erklären. Aber da Schaub ihn wegen seiner angeblich »prophetischen« Qualität zum Gegenstand seiner besonderen Aufmerksamkeit gemacht hat, werde ich mich ebenfalls mit ihm unter diesem Aspekt befassen.

Zunächst einmal ist es wahr, dass ich den Zerfall jenes sektiererischen Geistes erhoffte, der zu dem Zeitpunkt, als ich diesen Artikel verfasste, ein stark ausgeprägtes Merkmal der Religion der Kirchen war, und auf das Erscheinen eines »breiteren und katholischeren und

77 [*Religion and our Schools* (1908), jetzt in: MW 4, 165.]

in einem echteren Sinne religiösen Geistes« wartete. Vielleicht waren diese Hoffnungen übertrieben optimistisch; sie sind gewiss noch weit von ihrer Erfüllung entfernt. Aber wieso eigentlich diese Tatsache, dass ich diese speziellen Hoffnungen hegte, ein Zeichen für meine unsympathetische Einstellung gegenüber der Religion ist, verstehe ich nicht. Ich kann kaum glauben, dass Schaub implizit für ein Fortbestehen eines engen sektiererischen Geistes argumentiert. Die alternative Erklärung ist, könnte ich mir vorstellen, meine Überzeugung, dass die Verbindung von Religion mit dem *Übernatürlichen* ihrem eigenen Wesen nach dazu tendiert, den dogmatischen und spalterischen Geist zu erzeugen. Dieser Überzeugung bekenne ich mich schuldig, und ich finde in dem, was Schaub anzubieten hat, nichts, was diesem, wie mir scheint, Gemeinplatz der Geschichte widerspricht. Denn je mehr eine gegebene Kirche auf dem Übernatürlichen beharrt, desto stärker muss sie auch auf der Anerkennung bestimmter Glaubensinhalte beharren – drohte doch sonst der unsterblichen Seele Gefahr. Wenn Schaub eine Passage von mir über die Möglichkeit »einer religiösen Lebensform« zitiert, »die die schöne Blüte der Errungenschaft des modernen Geistes ist«, kann er diese Passage kaum als Beleg meiner kalten und feindseligen Einstellung gegenüber allem Religiösen auffassen. Deshalb könnte ich mir vorstellen, dass das Problem, das er hier findet, auch aus meiner Bezugnahme auf den »modernen Geist« entsteht, als etwas, was den Supranaturalismus einer noch unreifen Menschheit wegräumt und sich auf die Mittel der wissenschaftlichen Suche nach Wahrheit und auf eine demokratische Lebensform verlässt, um eine humanere, liberalere und breitere religiöse Einstellung zu erzeugen.

Damit der Leser die Art von Sache vor Augen hat, die ich – in einem vielleicht allzu hoffnungsfrohen Geiste – »prophezeit« habe, zitiere ich aus demselben Artikel einige zusätzliche Bemerkungen über den potenziellen religiösen Aspekt der menschlichen Erfahrung, wenn sie von Supranaturalismus und Dogmatismus befreit ist.

> Dass Wissenschaft denselben geistigen Gehalt wie der Supranaturalismus hat; dass sich die Demokratie in dieselbe religiöse Einstellung übersetzen lässt wie der Feudalismus; dass es nur eine Sache geringfügiger Veränderung der Ausdrucksweise ist, einer Umsetzung der alten Symbolismen in neue Bedeutungsschattierungen – solche Überzeugungen bezeugen jene Trägheit der Phantasie, die die gleichförmige Wirkung dogmatischen Glaubens ist.

Und an anderer Stelle: »Es ist das Los der Menschen, ausdauernd und geduldig an der Klärung und Entwicklung des positiven Glaubensbekenntnisses des Lebens, das in Demokratie und Wissenschaft enthalten ist, zu arbeiten.« Und noch einmal: »Nach allem, was wir wissen, ist die Integrität des Geistes, der die Macht, die all diese Dinge [Riten, Symbole und Ideen, die mit dogmatischen Glaubensüberzeugungen verknüpft sind] über ihn haben, lockert, potenziell viel religiöser als alles, an dessen Stelle er tritt.« Und noch einmal: »Soweit es die Erziehung betrifft, müssen diejenigen, die an die Religion als natürlichen Ausdruck menschlicher Erfahrung glauben, sich der Entwicklung der Idee des Lebens hingeben, die implizit in unserer noch neuen Wissenschaft und unserer noch neueren Demokratie enthalten sind.« Ich könnte weitere Passagen zitieren, die im selben Geiste geschrieben sind. Aber diese hier sollten genügen. Ich kann verstehen, warum Schaub gegen die in diesen Passagen enthaltene Interpretation des Religiösen Einwände erhebt, denn ich kann verstehen, dass seine Idee von Religion möglicherweise radikal anders ist, vielleicht den Dingen, gegen die ich mich in der traditionellen Religion wende, stärker verwandt. Aber er geht weiter. Er findet in dem Artikel, der solche Passagen wie die zitierten einschließt, Zeichen einer Einstellung, die dem religiösen Aspekt der Erfahrung Bedeutsamkeit und Wert überhaupt abspricht. Für mich andererseits ist seine Interpretation ein ziemlich typisches Zeichen jenes sektiererischen Geistes, der Kritik an bestimmten Ansichten über Religion für selbst anti-religiös hält.

Was ich dementsprechend über die späteren Schriften zu sagen brauche, für die die zitierten Passagen *tatsächlich* prophetisch sind, beläuft sich in etwa darauf, dass sie der Explizierung der religiösen Werte gewidmet sind, die in dem Geist der Wissenschaft als einer undogmatischen Verehrung der Wahrheit in jeder Form enthalten sind, sowie der religiösen Werte, die in unserem gewöhnlichen Leben enthalten sind, besonders in der moralischen Bedeutsamkeit der Demokratie als einer Form des Zusammenlebens. Schaub zieht eine andere Art von Religion vor – was sein persönliches Recht ist. *Ein allgemeiner Glaube*[78] wandte sich nicht an diejenigen, die mit Traditionen zufrieden sind, in denen »metaphysisch« im Wesentlichen mit »übernatürlich« identisch ist. Es richtete sich an diejenigen, die

78 [Siehe in diesem Band S. 229.]

den Supranaturalismus aufgegeben haben und die aus diesem Grunde von den Traditionalisten dafür getadelt werden, dass sie allem Religiösen den Rücken gekehrt haben. Das Buch war ein Versuch, solchen Menschen zu zeigen, dass sie trotz allem in ihrer Erfahrung alle die Elemente vorfinden, die der religiösen Einstellung ihren Wert verleiht. Die Reaktion der Menschen, an die sich das Buch insbesondere richtete, war so herzlich, das sie das Missfallen, das es in anderen Kreisen erregte, mehr als wettmachte.

E. Einige »metaphysische« Fragen

Es gibt bestimmte Streitfragen – der Art, die gewöhnlich als »metaphysisch« bezeichnet werden –, die gleich in mehreren Kritiken berührt werden; »metaphysisch« in dem Sinne, in dem ein empirischer Naturalist diesen Namen vielleicht den stärker verallgemeinerten Aussagen über die Natur gibt, die er für gerechtfertigt hält. Sie finden sich in Parodis Artikel und in einigen der von Savery und Murphy vorgetragenen Einwände. Bevor ich die von Parodi aufgeworfene Streitfrage aufnehme, möchte ich ihm für sein Verständnis der Hauptabsicht meiner philosophischen Schriften danken: »Die menschliche Erkenntnis und Tätigkeit wieder in den allgemeinen Rahmen der Realität und Naturprozesse zu integrieren.« Denn ich bezweifle, dass sich ein ähnlich kurzer Satz finden lässt, der das Problem, das mich am meisten beschäftigt hat, ebenso gut zum Ausdruck bringt.

I. Das spezielle Problem, das Parodis Kritik aufwirft, ist typisch für mein allgemeineres Bestreben nach Re-Integration. Wie er es formuliert, hat es zwei Seiten. Von der einen Seite aus gesehen ist es das Problem, wie sich unsere bewusste Wahrnehmung in einen Bezugsrahmen bringen lässt, der auch physische Ereignisse einschließt; von der Seite der freiwilligen Handlung aus gesehen ist es das Problem, innerhalb desselben Bezugsrahmens von einer bewussten Absicht zu einer physiologischen und physischen Bewegung überzugehen. Die erste Frage wird durch die Fragen der Beziehung von physischen Schwingungen und Nervenveränderungen zu Empfindungen illustriert. Da das allgemeine Problem viel zu umfassend ist, als dass es hier angemessen betrachtet werden könnte, werde ich nur den Punkt diskutieren, der meine Position zu der größeren Frage illustriert. Parodi sagt, dass man in der Sequenz physiologischer und nervöser Prozesse nirgendwo »die Farbe Rot als etwas Gefühltes, als die eigentlich so genannte Empfindung und Wahrnehmung findet«. Dieser Satz verdeutlicht den Unterschied zwischen dem Problem, wie es sich mir selbst und wie es sich Parodi darstellt. Denn in meiner Theorie ist das Problem nicht das Problem der Beziehung des Physischen und Äußeren zum Geistigen oder Inneren. Es ist, wie einige meiner vorangehenden Bemerkungen hoffentlich klarer gemacht haben, als es vielleicht vorher gewesen ist, das Problem der Beziehung von unmittelbaren *Qualitäten* zu Gegenständen der Wissenschaft. Nach meiner Lösung dienen die Letzteren als die realen Kausalbedingungen der Ersteren, da Qualitäten die konsumatorischen, das heißt die abschließenden und als Wert empfundenen Manifestationen dieser Bedingungen sind. In diesem Kontext habe ich darauf bestanden, dass alle Qualitäten, selbst die tertiären, und *a fortiori* Farbqualitäten wie rot, ein »Tun der natürlichen Bedingungen« sind. Wenn man Kontinuität als eine natürliche Kategorie akzeptiert, dann ist das Problem, *wie* im Fall von Qualitäten spezifische Übergänge gemacht werden, genau dieselbe Art von Problem, die sich in jedem Fall einer zeitlichen Sequenz findet, wo eine spätere Stufe einer früheren qualitativ ungleich ist. Die allgemeine Tatsache, dass qualitative Übergänge vorkommen – wie zum Beispiel in der Erzeugung von *Wasser* –, ist etwas, was Natur ganz allgemein charakterisiert. Man muss es einfach hinnehmen und nicht als eine besondere Schwierigkeit ansehen, die es zu bewältigen gilt. Es sind Probleme, die besonderen Bedingungen zu ermitteln, unter denen spezifische qualitative Übergänge stattfinden, aber nicht das Problem, warum das Universum so ist, wie es ist.

Wenn ich sage, dass Parodi die Schwierigkeit in Begriffen seiner eigenen philosophischen Prämissen zum Ausdruck bringt, meine ich damit, dass er eine Qualität, sagen wir *rot*, als etwas auffasst, was seinem Wesen nach *gefühlt* wird, eine »Empfindung«[79] an und für sich. Meine Ansicht ist realistisch naiver. Die *Qualität* tritt im Prinzip genau so auf wie jedes andere natürliche Ereignis, etwa ein Gewitterschauer. Es gibt keinen Übergang vom Physischen zum Mentalen, von einer äußeren Welt zu etwas Gefühltem oder zu etwas Bewusstseinsartigem, sondern von Objekten mit der einen Menge von Qualitäten zu Objekten mit anderen Qualitäten. Wenn

79 [*sensation*]

freilich eine Qualität »Empfindung« genannt wird oder explizit im Zusammenhang mit einem Wahrnehmungsakt gesehen wird, dann ist etwas Zusätzliches geschehen. Sie wird jetzt in eine speziell ausgewählte Verbindung gebracht: in die zum Organismus oder zum Ich. Bis zum endgültigen Ergebnis einer noch nicht vollendeten Untersuchung weiß man vielleicht nicht, ob eine Qualität, sagen wir rot, zu *diesem* oder zu *jenem* Objekt in der Umwelt[80] gehört, ja nicht einmal, ob sie nicht das Produkt innerorganischer Prozesse ist, wie im Fall des »Sternesehens« nach einem Schlag auf den Kopf. Mit anderen Worten, das Auftreten von Qualitäten ist nach meiner Ansicht ein rein natürliches Ereignis. Wissenschaftlich-physische Objekte in ihrem relativ qualitätslosen Charakter sind Selektionen von Korrelationen zwischen Veränderungen, für deren Konstitution Qualitäten ohne Bedeutung sind.

Der endgültige Bezug von Qualitäten auf innerorganische Ereignisse ist selbst ein Bezug auf eine bestimmte Art von Objekt *in* der natürlichen Welt. Wenn wir einen seltsamen Aberglauben erklären, dem Angehörige eines wilden Stammes anhängen, tun wir das, nach meiner Theorie, ebenfalls nicht dadurch, dass wir ihn auf das »Bewusstsein« beziehen, sondern auf spezifizierbare natürliche Bedingungen – wobei in diesem Fall Traditionen und Institutionen unter die natürlichen Bedingungen gerechnet werden. Nach meiner Position besteht das Problem, wie es von Parodi formuliert wird, nur dann, wenn das, was sekundär ist, weil es in einer eindeutig kognitiven Situation entsteht, für primär gehalten wird. Wenn es für primär gehalten wird, zeigen sich alle die Schwierigkeiten, die sich in epistemologischen Theorien finden – in denen die Kontroverse niemals endgültig beigelegt wird: Nämlich ein getrenntes reales Reich des Bewusstseins oder des Mentalen einmal gegeben, wie gelangt man dann aus dieser Welt heraus in eine Welt, die ihm »äußerlich« ist?

Mit dieser Ansicht, dass Qualitäten und individuelle und unwiederholbare Dinge echt natürliche Realitäten sind, ist eine andere Streitfrage verbunden. Sie ist zu umfassend, als dass sie hier diskutiert werden könnte, soll aber wenigstens erwähnt werden. Wäre der

80 In diesem Zusammenhang identifiziere ich gewisse Formen von Verhalten, diejenigen, die »psychologisch« genannt werden, als Reaktionen auf das Zweifelhafte als solches. Hier wie im Zusammenhang mit Stuarts Aufsatz sind sie abgeleitet, nicht ursprünglich; sekundär, nicht primär, sie treten auf, wenn eine erlebte *Situation* problematisch wird.

Begriff der »Emergenz« nicht so vieldeutig, könnte sie mit dieser Idee verknüpft werden. Wenn wissenschaftliche Gesetze und Gegenstände so sind, wie ich gesagt habe, dann sind die *Verbindungen*, die bei der Erzeugung qualitativer Objekte im Spiel sind, notwendig, aber nicht die Qualitäten selbst. Die Natur lässt also Raum für Kontingenz und Neuheit, für Potenzialitäten, die unter so komplexen Bedingungen verwirklicht werden, dass sie nur im Verlauf lang andauernder Entwicklungsprozesse auftreten. *Nachdem* die Bedingungen entstanden und die neuen Qualitäten erschienen sind, ist es möglich, Verallgemeinerungen über Gleichförmigkeiten zu formulieren und Voraussagen über das zukünftige Auftreten der Qualitäten zu machen. Aber das erste Auftreten der fraglichen Qualitäten kann völlig unvoraussagbar gewesen sein. Kurzum, nach meiner Auffassung von der Beziehung zwischen qualitativen Dingen und wissenschaftlichen Objekten ist die natürliche Welt selbst durch Kontingenzen charakterisiert und kein geschlossener Kasten voll dichter Notwendigkeiten. Unter spezifizierbaren Bedingungen präsentieren sich diese Kontingenzen selbst als Unbestimmtheiten, die bestimmt werden müssen, wenn gewisse Lebensaktivitäten weitergehen sollen. Dann tritt die Art von Reaktionsverhalten auf, das durch Qualitäten charakterisiert ist, die dann, wenn sie abstrahiert werden, Empfindungen, Bilder, Ideen usf. in einem mentalistischen Sinn heißen. Natürlich soll diese Bemerkung nicht als Lösung des Problems dienen, das Parodi aufgeworfen hat. Aber ich glaube, es ist klar, dass das Problem der Beziehung des »Mentalen« zu den Prozessen der natürlichen Welt anders formuliert werden muss, wenn diese Welt eine Welt der geschlossenen mechanischen Notwendigkeiten ist, als wenn sie durch Kontingenzen charakterisiert ist, die Platz für noch nicht manifestierte Potenzialitäten lassen. Denn im ersteren Fall stehen die Termini des Problems an und für sich im Widerspruch zueinander, im letzteren Falle dagegen nicht.

II. Nach Murphy können bestimmte Dinge, die ich über die Beziehung der Erfahrung zur Welt gesagt haben, in Übereinstimmung mit dem Prinzip des objektiven Relativismus verstanden werden, so dass die Idee der Bifurkation der Natur vermieden wird. Aber unglücklicherweise findet er jenen Strang oder Aspekt in meiner Lehre durch einen anderen und dauerhafteren Strang in meiner Erkenntnistheorie zunichte gemacht – womit er ein veritables Skelett in meinem philosophischen Schrank erzeugt. Denn es besteht eine unglückliche Diskrepanz zwischen der Erfahrung, wie sie sein soll, wenn ihre Stellung in der natürlichen Welt verständlich gemacht werden soll, und der Erfahrung, wie sie sein muss, wenn Deweys Epistemologie richtig ist. In der ersteren Eigenschaft ist »Erfahrung« das wesentliche Bindeglied zwischen dem Menschen und einer Welt, die seinem Erscheinen in ihr vorausgeht. In Letzterer ist »Erfahrung« der Abschluss aller Erkenntnis, in dem Sinne, dass unsere (sic!) kognitiven Ansprüche sich letztlich auf das beziehen, als was sich Erfahrung in einem geklärten Zustand erweist, und auf nichts anderes. Wenn diese letztere Erklärung richtig ist, werden alle Aussagen über eine natürliche Umwelt außerhalb dieser unmittelbaren Erfahrungen bei näherer Analyse einfach zu Mitteln, um kognitive Übergänge zu solchen genossenen Unmittelbarkeiten und der Welt zu erleichtern, und die Welt ... sinkt in Unmittelbarkeit zusammen.

Die zitierte Feststellung ist unglücklicherweise nicht frei von Mehrdeutigkeit. Bedeutet Murphys Verweis auf die Tatsache, dass nach *meiner* Ansicht Erkennen in *Erfahrung* endet, dass nach *seiner* Ansicht die kognitive Bezugnahme auf die Welt (sagen wir, auf die Welt, die dem Erscheinen der Menschen in ihr vorausging) *keine* Bezugnahme auf Erfahrung beinhaltet? Bedeutet er, dass die Erkenntnis der Welt *in keinerlei Sinn* eine Erfahrung ist? Diese Fragen legen den Gedanken nahe, dass das Problem, das Murphy so aufwirft, als ob es sich einfach auf meine Theorie bezöge, ein Problem ist, das irgendwie von jeder Theorie überhaupt beantwortet werden muss. Wenn Murphy zum Beispiel meint, die Erkenntnis einer Welt, die der Erfahrung vorausgeht, sei an sich in *keiner* Weise eine Erfahrung von irgendjemandem, ist seine Ansicht gewiss außergewöhnlich. Aber wenn er das nicht meint, muss auch er annehmen, dass das Erkennen in einem solchen Fall seinen Abschluss in der Erfahrung haben muss – nämlich in einer Erfahrung der Welt als so und so in Zeit und Raum. Wenn er diese letztere Ansicht vertritt, dann kann die Tatsache, dass ich ebenfalls glaube, dass Erkennen in einer Erfahrung endet, kaum ein eigentümlich privates Skelett ausmachen. *Wenn* denn also seine Kritik begründet ist, dann nicht einfach deshalb, weil ich glaube, dass das Erkennen seinen Abschluss in einer Erfahrung findet, sondern wegen der *Art* der Erfahrung, bei der, wie er annimmt, Erfahrung meiner Theorie nach enden muss – eine Ansicht, die, wie ich denke, in seiner Wendung »und auf nichts anderes« enthalten sein muss. Da er keinerlei Beleg zur Unterstützung seiner Ansicht anführt, dass die geklärte Situation (die nach meiner Theorie den Abschluss der Erkenntnis darstellt) keine Gegenstände oder Ereignisse zum Substrat haben kann, die unabhängig vom Erkennenden in der Welt existieren, weiß man kaum, wie oder wo man sein Argument packen kann. Anscheinend ist sein Anliegen jedoch irgendwie in dem Satzglied »als was sich Erfahrung in einem geklärten Zustand erweist, und auf nichts anderes« ausgedrückt. Ich bin allerdings außerstande, diesem Satz irgendeinen verständlichen Sinn abzugewinnen. Denn wenn Erfahrung, wie ich gesagt habe, immer Erfahrung *von* etwas ist, nämlich von der Umwelt (obgleich nach meiner Theorie nicht notwendig eine *kognitive* Erfahrung von ihr), dann ist es unmöglich zu begreifen, warum die beteiligten Umweltbedingungen verschwinden oder in sich zusammensinken sollten, wenn und weil sie so geordnet sind, dass sie eine abschließende geklärte Situation konstituieren. Fest steht, dass Murphy keinerlei Grund für die Schlussfolgerung anbietet, ein solches Verschwinden sei in meiner Darstellung der durch experimentelle Forschungsoperationen bewirkten Umformung des realen Materials oder einer unbestimmten Situation in die geordneten Objekte einer geklärten Situation impliziert. Wenn das Problem ist, wie wir aus Erfahrungsmaterialien der *gegenwärtigen* Umwelt gültig auf Bedingungen einer zeitlich vergangenen Umwelt schließen – wie auf die einer längst vergangenen geologischen Epoche –, dann ist das Problem eines, dem sich jede Theorie überhaupt konfrontiert sieht. Und es ist darüber hinaus ein Problem, dem ganz speziell ein Kapitel meiner *Logik* gewidmet ist.

Da man nur raten kann, was Murphy als den logischen Kern seiner Kritik ansieht, mag es sein, dass dieser sich in dem Bezug auf die Tatsache findet, dass nach mir die abschließende Erfahrung, die der geklärten Situation, »unmittelbar« ist. Nun, wie schon weiter oben in dieser Replik gesagt worden ist – und nicht zum ersten Mal –, jede Erfahrung, überhaupt jede Existenz ist in ihrem Vorkommen unmittelbar. Wenn man sie *unmittelbar* nennt, bedeutet das nur, dass sie genau das ist, was sie ist. Es gibt freilich einen Sinn von *unmittelbar*, in dem es im Gegensatz zu *vermittelnd* steht. Nun ist die geklärte Situation *per definitionem* oder tautologisch, insofern sie abschließend ist, nicht vermittelnd. Aber Unmittelbarkeit in diesem Sinne hat nicht das Geringste mit dem Substrat und dem objektiven Bezug der geklärten Situation zu tun. Wenn endgültige Schlussfolgerungen oder Abschlüsse der Forschung aufgrund ihres endgültigen, nicht vermittelnden Charakters ihr *Substrat* unmittelbar machen, würde, nach Murphys implizierter Logik, *jede* Schlussfolgerung nach jeder Theorie »in Unmittelbarkeit zusammensinken«. Da sie es nicht nach anderen Theorien tun, tun sie es auch nicht nach meiner.

Da es unter keinem Gesichtspunkt irgendeine mögliche Interpretation der zitierten Passage gibt, aus der die Schlussfolgerung, die Murphy zieht, wirklich folgt, hat man guten Grund zu der Annahme, dass seine Schlussfolgerung aus irgendeiner anderen Quelle stammt. Angesichts seiner Verwechslung der beiden Bedeutungen von instrumentell, die schon diskutiert worden ist, würde man in jener Richtung nach einer Erklärung suchen, besonders wegen der andernfalls überflüssigen Erwähnung der »genossenen Unmittelbarkeiten«. Man findet auf einer früheren Seite von Murphys Essay die folgende Passage:

> Die entscheidende Tatsache ist folgende: Wo der Wert einer Idee als Mittel, um die Wahrheit zu entdecken, mit ihrem Wert als Mittel, um irgendwelchen aus anderen Gründen als wichtig angesehenen Interessen zu dienen, verwechselt worden ist, gibt es einfach keinen Grund mehr für eine unabhängige Schätzung der Wahrheit als solcher

– eine Aussage, die niemand in Frage stellen kann. Aber als praktizierender und nicht nur bekennender Kontextualist habe ich die Kontexte unterschieden, in denen Ideen (in ihrer Korrelation mit Tatsachen der Beobachtung) als Mittel dienen, um Erkenntnis als gerechtfertigte Behauptung (oder Wahrheit) zu gewinnen, und den Kontext, in dem *gewonnene* Erkenntnis (*weil* sie durch den vorhergehenden Prozess gewonnen worden ist) als potenzielles Mittel für die Kontrolle und Bereicherung konsumatorischer nicht-kognitiver Erfahrungen dient. Ich gestehe, die Idee, dass Erfahrungen von Dingen in der letzteren Eigenschaft möglicherweise durch irgendetwas kontrolliert werden könnten, *ausgenommen* wirkliche Bedingungen der wirklichen Welt, ist mir niemals in den Sinn gekommen, da ich nicht an Zauberei glaube. Die Tatsache, dass äußere Umweltbedingungen die Ursachen – und die einzigen Ursachen – der vorkommenden Erfahrungen sind, ist genau der Grund, warum meine Theorie die Tatsache betont hat, dass Erkenntnis, durch die Vermittlung der intelligenten Handlung, das einzige Mittel ist, um die Existenz von Werten oder konsumatorischen Objekten in der Erfahrung zu regulieren. Es ist auch der Grund, warum im Gegensatz zu den meisten sozialen und moralischen Theorien den potenziellen Funktionen der Schlussfolgerungen, die in den Naturwissenschaften erreicht werden, so viel Bedeutung beigelegt wird. Ich zitiere noch einmal eine typische Passage:

> Den Abschluss bildet die Würdigung und Verwendung von Dingen der direkten Erfahrung. Diese sind *erkannt*, insofern ihr Inhalt und ihre Form (die der Bestandteile) das Ergebnis der Wissenschaft sind. *Aber sie sind auch mehr als Wissenschaft*. Sie sind in Beziehungen und Verbindungen erlebte natürliche Objekte, die in reichen und definiten individuellen Formen zusammengefasst werden.

Eine derartige Beschreibung – »*erkannte* natürliche Gegenstände zu sein und trotzdem *mehr* als Gegenstände der Wissenschaft zu sein« – ist wohl kaum eine Art zu sagen, dass die Erfahrung einer geklärten Situation wegen ihrer Abschlussstellung alle Verbindungen zu der natürlichen Welt abschneidet.

III. Die letzte »metaphysische« Frage, die ich berühren will, hat mit einer Frage zu tun, die Savery aufgeworfen hat – Naturalismus oder Materialismus? Ich bin mir darüber im Klaren, dass die Bevorzugung eines Wortes vor einem anderen oft durch emotionale Ursachen diktiert wird. Es ist dann ganz richtig zu fragen, ob die Abneigung gegen Assoziationen mit dem Wort *Materialismus* meine Verwendung von *Naturalismus* diktiert hat, um meinen philosophischen Gesichtspunkt zu bezeichnen. Da ich der Ansicht bin, dass das gesamte Substrat der Erfahrung auf physischen Bedingungen beruht, kann gefragt werden, warum ich nicht offen damit herausrücke und das Wort *Materialismus* benutze? In meinem Fall gibt es dafür zwei Hauptgründe. Einer von ihnen ist, dass in dieser Ansicht eine metaphysische Theorie der *Substanz* enthalten ist, die ich nicht akzeptiere; und ich sehe nicht, wie irgendeine Ansicht Materialismus genannt werden kann, die nicht »Materie« als Substanz, und zwar als die *einzige* Substanz ansieht – im traditionellen metaphysischen Sinn von Substanz. Der andere Grund ist eng damit verbunden, da er vielleicht nur eine spezifische empirische Version des eben Gesagten ist. Die Bedeutung von Materialismus und von Materie in der *Philosophie* ist durch den Gegensatz zum Psychischen und Mentalen als *spirituell* bestimmt. Wenn diese antithetische Stellung vollständig aufgegeben wird, dann sehe ich nicht mehr, welche Bedeutung »Materie« und »Materialismus« für die Philosophie haben.

Materie hat eine bestimmte zuweisbare Bedeutung in der Physik. Es bezeichnet etwas, das in mathematischen Symbolen ausgedrückt werden kann, die sich von denen unterscheiden, die *Energie* definieren. Es ist nicht möglich, die bestimmte Bedeutung, die »Materie« in diesem Kontext der Physik hat, zu einer philosophischen Ansicht zu verallgemeinern – was Materialismus ganz entschieden ist. Dieses letztere Unternehmen scheint mir auf exakt derselben Stufe zu stehen wie der Enthusiasmus, den eine bestimmte Gruppe zeigt, wann immer *Energie* als wichtiger wissenschaftlicher Faktor angesehen wird; besonders wenn, wie manchmal irrtümlich gesagt wird, angenommen wird, die Wissenschaft habe »Materie«, in dem strikt technischen Sinn, den sie in der Physik hat, in Energie aufgelöst. Ich sehe im Prinzip keinen inhärenten Unterschied, ob nun das, was in der Physik mit Materie gemeint ist, zu einem Materialismus oder das, was in der Physik als Energie bezeichnet wird, zu einer spiritualistischen Metaphysik verallgemeinert wird. Die Philosophie muss natürlich akzeptieren, was die Wissenschaft als das eigentliche *designatum* von »Materie«, als das, wofür Materie denotativ steht, bezeichnet. Aber wenn diese Akzeptanz ohne Vorbehalt ist, wird sie die Philosophie, statt sie zu einem metaphysischen Materialismus zu führen, befähigen, sich selbst von Assoziationen zu befreien, die sich in den vorwissenschaftlichen Tagen um »Materie« herum gebildet haben, als es seine Bedeutung durch angebliche Opposition zu einer anderen und »höheren« Substanz erwarb, der Seele, dem Bewusstsein,[81] dem Geist[82] oder was auch immer.

Wenn dem Terminus »Materie«, im Unterschied zu seiner technischen wissenschaftlichen Bedeutung – zum Beispiel bis vor kurzem *Masse* – eine philosophische Interpretation gegeben wird, sollte diese Bedeutung meiner Ansicht nach darin bestehen, eine *funktionale* Beziehung und nicht eine Substanz zu benennen. Folglich könnte *Materie*, falls ein Bedürfnis nach einem Namen für reale Bedingungen in ihrer Funktion *als* Bedingungen aller speziellen Formen sozio-biologischer Aktivitäten und Werte besteht, sehr wohl ein angemessenes Wort sein. Aber die Erkenntnis, dass all diese Aktivitäten und Werte real bedingt sind – und nicht aus heiterem Himmel oder aus einer abgetrennten Substanz namens Geist[83] entstehen –, ist

81 [*mind*]
82 [*spirit*]
83 [*spirit*]

weit davon entfernt, Materialismus in seinem metaphysischen Sinn auszumachen. Denn die Forschung kann nur dadurch die Schlüssel zur Entdeckung ihrer Bedingungen finden, dass sie von den Aktivitäten und Werten in der Erfahrung, so wie sie *tatsächlich* erfahren werden, ausgeht. Wenn man bestreitet, dass die Ersteren genau das sind, was sie sind, zerstört man deshalb die Möglichkeit, ihre Bedingungen zu erforschen, so dass der »Materialismus« Selbstmord begeht. Es ist sehr wohl möglich, anzuerkennen, dass alles Erfahrene, gleichgültig wie »ideal« und erhaben, seine eigenen bestimmten Bedingungen hat, ohne in jene Verallgemeinerung über die Grenzen hinaus zu verfallen, die den metaphysischen Materialismus ausmacht.

Ich kann hier, am Ende meiner Ausführungen, die Augen nicht vor der Tatsache verschließen, dass meine Replik zu weiten Teilen von Kontroversen geprägt war. Aber der Plan des Bandes forderte, und zwar völlig zu Recht, zu ablehnenden wie zu freundlichen Stellungnahmen auf, und es ist schwierig, auf Kritik, wo sie als unzutreffend erscheint, anders zu antworten als polemisch. Eine relevantere Kritik an meiner Replik könnte sein, dass ich, wenn ich behaupte, von meinen Kritikern in einer ganzen Anzahl von grundlegenden Punkten missverstanden worden zu sein, in Wirklichkeit einen Mangel an Klarheit in meinen früheren Schriften eingestände. Dass dies in einigen der Fälle zutrifft, wo Missverständnisse der Grund der Kritik sind, gebe ich ohne weiteres zu. Ich möchte mich deshalb bei diesen Kritikern bedanken, dass sie mich gezwungen haben, nicht nur die Sprache, die ich verwendet habe, neu zu überdenken – Wörter, die aus den am Anfang genannten Gründen bei jedem Versuch einer ungewohnten philosophischen Formulierung eigentümlich trügerisch sind –, sondern auch die Ideen, die hinter diesen Worten stehen. In dieser spezifischen Hinsicht ist meine Verpflichtung, wenn auch natürlich nicht meine menschliche und persönliche Dankbarkeit, größer gegen meine Kritiker als gegen die, deren Exposition wohlwollend war. Falls mir vorgehalten werden sollte, dass ich bei der Auswahl der Diskussionspunkte und bei der Bemessung des Raums für die Antwort eher von meinen eigenen Interessen geleitet worden bin als von denen meiner Kritiker, kann ich nur sagen: Mir scheint die Annahme vernünftig, dass ein Hauptziel dieser kontroversen Diskussion darin besteht, zu helfen klar zu machen, welche

Punkte für meine Position *tatsächlich* zentral und welche nur subsidiär sind. Unter anderen Umständen hätte ich sehr wohl Einwänden, die ich jetzt übergangen habe – weil sie mir verhandelbare Differenzen zu sein schienen, eher Angelegenheiten des Grades als zentraler Prinzipien –, meine Aufmerksamkeit geschenkt.[84]

Auf jeden Fall ist es angenehm zu glauben, dass, im Unterschied zu einer gewalttätigen Auseinandersetzung, ein Konflikt von Ideen eine notwendige Bedingung für ein besseres wechselseitiges Verstehen ist und dass Übereinstimmungen, die deshalb existieren, weil es an kritischem Kontakt und Vergleich fehlt, oberflächlich sind. Ich glaube, Jane Carlyle hat einmal gesagt, das große Übel bestehe darin, Dinge zu vermengen, die nicht zusammenpassen. Eine Konfusion, die aus einer solchen üblen Mixtur herrührt, muss existieren, wo Kritik nicht ständig auf der Hut ist. Differenzen, die aus dem klaren Bewusstsein strittiger Fragen hervorgehen, sind ein positiver Gewinn. Sie sind Bedingungen für einen weiteren Fortschritt, weil sie die Richtung anzeigen, in die sich das Denken bewegen sollte. Aber sie sind auch ein Gewinn an sich, da sie unseren Horizont erweitern. Obgleich unsere Erkenntnis sich nicht *auf* Perspektiven als ihr Substrat richtet, fällt das, was erkannt wird, in irgendeine Perspektive, und aus der perspektivischen Anordnung der Ideen jedes aufrichtigen Forschers lässt sich etwas lernen.

Außerdem besteht, nach meiner eigenen Denkweise, eine enge Verbindung zwischen den lebenswichtigen Problemen der Philosophie und den Bedingungen, die sich in meiner gegenwärtigen Kultur manifestieren. Aus diesem Grunde habe ich die Ansicht vertreten, dass Philosophie genau genommen keine wichtigen Probleme lösen kann, sondern nur die, die aus verschiedenen sprachlichen Gewohnheiten entstehen und deshalb durch Analyse in Ordnung gebracht werden können. Wenn grundlegende Probleme nur dort beigelegt werden können, wo sie entstehen, nämlich in den kulturellen Bedingungen unseres Gemeinschaftslebens; wenn Philosophie im Grunde eine Kritik ist, die diese Probleme ans Licht bringt und ihnen die Klarheit gibt, die aus einer definiten Formulierung entsteht; und wenn die Philosophie nach der Formulierung dieser Pro-

84 Diese Bemerkung gilt besonders für die Frage, die Randall gegen Ende seines Aufsatzes aufgeworfen hat. Ich möchte nicht den Eindruck entstehen lassen, ich hätte mich dessen, was in seinem Aufsatz meiner Position gegenüber positiv ist, bedient, nur um das zu ignorieren, was ablehnend ist.

bleme nicht mehr tun kann, als den Weg zu weisen, den *intelligentes Handeln* nehmen muss – dann besteht der größte Dienst, den irgendeine bestimmte philosophische Theorie leisten kann, darin, den Sinn für diese Probleme zu schärfen und zu vertiefen. Kritik, die sich dieses Geben-und-Nehmen der Diskussion zunutze macht, ist eine unentbehrliche Triebkraft, um diese Klärung zu bewirken. Diskussion ist Kommunikation, und durch Kommunikation werden Ideen geteilt und zu einem gemeinsamen Besitz.

Im Zusammenhang mit dem Verhältnis von Philosophie und Kultur können wir uns schließlich dazu beglückwünschen, dass wir an einem Ort leben, wo freie Diskussion und freie Kritik noch Werte sind, die uns nicht durch eine Macht verweigert werden, die sich ein Monopol über das kulturelle und spirituelle Lebens anmaßt. Die Tatsache, dass gegenwärtig Menschen in so vielen Teilen der Welt der freie Austausch von Ideen unmöglich gemacht wird, sollte uns, durch die Macht des Gegensatzes, das Privileg bewusst machen, das wir immer noch genießen, wie auch unsere Pflicht, es zu verteidigen und zu erweitern. Es sollte uns bewusst machen, dass freies Denken, freie Forschung, durch die Unterdrückung freier Kommunikation verkrüppelt und endgültig paralysiert wird. Freie Kommunikation schließt das Recht und die Verantwortung ein, jede Idee und jede Überzeugung der strengsten Kritik auszusetzen. Es ist weniger wichtig, dass wir alle die gleiche Überzeugung haben, als dass wir alle gleich frei forschen und einander unsere Einsichten in die Wahrheit zur Verfügung stellen, nach der wir suchen. Wenn mir meine Teilnahme an den Diskussionen, die diesen Band ausmachen, eine Sache mehr als jede andere deutlich gemacht hat, dann ist es das Ausmaß und die Tiefe meiner Schuld gegenüber Ideen, die andere zum Ausdruck gebracht haben – nicht nur meine Lehrer, Studenten, Kollegen und gegenwärtigen Mitarbeiter, sondern die lange Reihe von Denkern, deren Namen als Träger des unaufhörlichen Unternehmens verzeichnet sind, das Philosophie ist.

Bibliographie

Die Werke von Dewey sind in einer Gesamtausgabe (John Dewey, *Works*, hg. von Jo Ann Boydston, Southern Illinois University Press, Carbondale/ Edwardsville) in drei Gruppen erschienen:
Earlier Works [EW, 1887-1898]
Middle Works [MW, 1899-1924]
Later Works [LW, 1925-1953]

Ayer, Alfred Jules, *Sprache, Wahrheit und Logik*, Stuttgart 1970.

Bentley, Arthur, »On a certain Vagueness in Logic«, in: Journal of Philosophy Vol. XLII (1945), S. 6-27 und S. 39-51.

Bonar, James, *Philosophy and Political Economy in Some of Their Historical Relations*, London / New York 1893.

Boyd H. Bode, »Consciousness and Psychology«, in: *Creative Intelligence. Essays in the Pragmatic Attitude*, New York 1917, S. 228-281.

Breasted, James Henry, *The Dawn of Conscience*, New York 1933.

Broad, Charlie Dunbar, *Scientific Thought*, New York 1932.

Butler, Joseph, *The Analogy of Religion, Natural and Revealed*, New York 1906.

Darwin, Charles, *Die Entstehung der Arten durch natürliche Zuchtwahl* (1859), Stuttgart o.J.

–, *The Life and Letters of Charles Darwin* (3 Bde.), London 1887.

Delaisi, François, *Political Myths and Economic Realities*, New York 1927.

Dewey, John, *Characters and Events* (2 Bde.), New York 1929.

–, *Demokratie und Erziehung*, Braunschweig 1964.

–, *Erfahrung und Natur*, Frankfurt/M. 1995.

–, *Essays in Experimental Logic*, Chicago 1960, S. 340ff.

–, *Die menschliche Natur, ihr Wesen und ihr Verhalten*, Stuttgart/Berlin 1931.

–, *Die Suche nach Gewissheit*, Frankfurt/M. 1998.

–, *Kunst als Erfahrung*, Frankfurt/M. 1980.

–, *Logik. Die Theorie der Forschung*, Frankfurt/M. 2002.

–, *Logical Conditions of a Scientific Treatment of Morality*, Chicago 1903.

–, »Religion and Our Schools«, in: MW 4, 165ff.

–, »Social as a Category«, in: LW 3, S. 41ff.

–, »Ethical Subject-Matter and Language«, in: LW 15, 127ff.

Dewey, John und Tufts, J. H., *Ethics*, New York 1932 [LW 7].

Dewey, John et al., *Creative Intelligence*, New York 1917.

Guizot, François Pierre Guillaume, *Histoire de la civilisation en Europe* (1828); [engl.: *History of Civilisation in Europe, from the Fall of the Roman Empire to the French Revolution*, New York 1885].

Haldane, Richard Burton u. a. (Hg.), *Essays in Philosophical Criticism*, London 1883.
James, William, *The Principles of Psychology*, London 1890.
–, *Essays in Radical Empiricism*, Cambridge 1976.
–, *Das pluralistische Universum*, Darmstadt 1994.
Joergensen, J., »Imperatives and Logic«, in: Erkenntnis VII (1938), S. 288 ff.
Kallen, Horace M., »Value and Existence in Philosophy, Art and Religion«, in: *Creative Intelligence*, New York 1917.
Köhler, W., *Place of Value in a World of Fact*, New York 1938.
Kraft, Viktor, *Die Grundlagen einer wissenschaftlichen Wertlehre*, Wien 1937.
Laird, John, *The Idea of Value*, Cambridge 1929.
Lamb, Charles, *The Essays of Elia*, 18: A Dissertation upon Roast Pig, London 1823 [dt.: *Essays*, München 1965].
Locke, John, *Über den menschlichen Verstand*, Hamburg 1962.
Mead, George Herbert, »Wissenschaftliche Methode und wissenschaftliche Behandlung moralischer Probleme« (1932), in: *Gesammelte Aufsätze*, Bd. 1, Frankfurt/M. 1987, S. 371 ff.
Mill, John Stuart, *A System of Logic. Ratiocinative and Inductive* (1843); dt.: *System der deduktiven und induktiven Logik*, übers. von Th. Gomperz, Leipzig 1884 (Neudruck Aalen 1968).
Moore, George Edward, *Principia Ethica*, Stuttgart 1970.
Morris, Charles, *Foundations of the Theory of Signs*, in: International Encyclopedia of Unified Science, Vol. I, Nr. 2, Chicago 1938; dt.: *Grundlagen der Zeichentheorie*, München 1972.
Murray, Gilbert, *Four Stages of Greek Religion*, New York 1912.
Neurath, Otto, *Empirische Soziologie; der wissenschaftliche Gehalt der Geschichte und Nationalökonomie*, Wien 1931.
Peirce, Ch. S., *Collected Papers* (6 Bände), hg. v. Ch. Hartshorn u. P. Weiss, Cambridge (Mass.) 1931; Bd. 7 und 8, hg. v. A. W. Burks, Cambridge (Mass.) 1958.
Pell, O. A. H., *Value Theory and Criticism*, New York 1930.
Perry, Ralph Barton, *General Theory of Value*, New York 1926.
Prall, David W., »A Study in the Theory of Value«, in: University of California Publications in Philosophy III, 2 (1918), 179 ff.
–, »In Defense of a ›Worthless‹ Theory of Value«, in: Journal of Philosophy XX (1923), S. 128 ff.
Reichenbach, Hans, *Erfahrung und Prognose*, Ges. Werke, Bd. 4, Braunschweig 1983.
Reid, John, *A Theory of Value*, New York 1938.
Russell, Bertrand, *Philosophical Essays*, New York 1910.
Schlick, Moritz, *Fragen der Ethik*, Frankfurt/M. 1984.
Sidgwick, Alfred, *Fallacies*. A View of Logic form the Practical Side, New York 1884.

Stuart, Henry Waldgrave, »Valuation as a Logical Process«, in: *Studies in Logical Theory*, hg. von John Dewey et al., *The Decennial Publications of the University of Chicago*, Vol. XI, Chicago 1903.

Textnachweise

1. Vom Absolutismus zum Experimentalismus
From Absolutism to Experimentalism (1930): LW 5, 147 ff.

2. Der Einfluss des Darwinismus auf die Philosophie
The Influence of Darwinism on Philosophy (1909): MW 4, 3 ff.

3. Die »sokratischen Dialoge« Platons
The »Socratic Dialogues« of Plato (1925): LW 2, 124 ff.

4. Das verschwindende Subjekt in der Psychologie von William James
The Vanishing Subject in the Psychology of William James (1940): LW 14, 155 ff.

5. Peirces Theorie der sprachlichen Zeichen, des Denkens und der Bedeutung Peirce's Theory of Linguistic Signs, Thought and Meaning (1946): LW 15, 141 ff.

6. Einleitung zu den »Essays in experimenteller Logik«
Essays in Experimental Logic: Introduction (1916): MW 10, 320 ff.

7. Die Notwendigkeit einer Selbsterneuerung der Philosophie
The Need for a Recovery of Philosophy (1917): MW 10, 3 ff.

8. Philosophie
Philosophy (1929): LW 5, 161 ff.

9. Ein kurzer Katechismus, die Wahrheit betreffend
A Short Catechism concerning Truth (1910): MW 6, 3 ff.

10. Ein allgemeiner Glaube
A Common Faith (1934): LW 9, 1 ff.

11. Theorie der Wertschätzung
Theory of Valuation (1939): LW 13, 189 ff.

12. Erfahrung, Erkenntnis und Wert. Eine Replik
Experience, Knowledge and Value. A Rejoinder (1939): LW 14, 3 ff.

Index

Hans Joas. Pragmatismus und Gesellschaftstheorie. stw 1018. 323 Seiten

George Herbert Mead

- Geist, Identität und Gesellschaft. Aus der Sicht des Sozialbehaviorismus. Übersetzt von Ulf Pacher. stw 28. 456 Seiten
- Gesammelte Aufsätze. Band 1. Herausgegeben von Hans Joas. Übersetzt von Klaus Laermann u. a. 476 Seiten. Gebunden. stw 678. 475 Seiten
- Gesammelte Aufsätze. Band 2. Herausgegeben von Hans Joas. Übersetzt von Hans Günter Holl, Klaus Laermann u. a. 485 Seiten. Gebunden. stw 679. 484 Seiten

Charles W. Morris

- Pragmatische Semiotik und Handlungstheorie. Herausgegeben von Achim Eschbach. Übersetzt von Achim und Stefan Eschbach. stw 179. 423 Seiten
- Symbolik und Realität. Herausgegeben und übersetzt von Achim Eschbach. stw 342. 367 Seiten

Helmut Pape. Erfahrung und Wirklichkeit als Zeichenprozeß. Charles S. Peirce' Entwurf einer Spekulativen Grammatik des Seins. 530 Seiten. Kartoniert

Helmut Pape (Hg.). Kreativität und Logik. Charles S. Peirce und das philosophische Problem des Neuen. stw 1110. 361 Seiten

Charles Sanders Peirce

- Naturordnung und Zeichenprozeß. Schriften über Semiotik und Naturphilosophie. Herausgegeben von Helmut Pape. Übersetzt von Bertram Kienzle. stw 912. 484 Seiten
- Phänomen und Logik der Zeichen. Herausgegeben und übersetzt von Helmut Pape. stw 425. 182 Seiten
- Semiotische Schriften. Band I-III. Herausgegeben und übersetzt von Christian J. W. Kloesel und Helmut Pape.

NF 110/2/6.07

Norbert Elias

- Engagement und Distanzierung. Arbeiten zur Wissenssoziologie I. Herausgegeben und übersetzt von Michael Schröter. stw 651. 272 Seiten
- Die Gesellschaft der Individuen. Herausgegeben von Michael Schröter. stw 974. 316 Seiten
- Die höfische Gesellschaft. Untersuchungen zur Soziologie des Königtums und der höfischen Aristokratie. Mit einer Einleitung: Soziologie und Geschichtswissenschaft. 552 Seiten. Leinen. stw 423. 456 Seiten
- Humana conditio / Über die Einsamkeit der Sterbenden in unseren Tagen. 264 Seiten. Leinen
- Los der Menschen. Gedichte / Nachdichtungen. 98 Seiten. Leinen
- Mozart. Zur Soziologie eines Genies. Herausgegeben von Michael Schröter. st 2189. 187 Seiten
- Studien über die Deutschen. Machtkämpfe und Habitusentwicklung im 19. und 20. Jahrhundert. Herausgegeben von Michael Schröter. stw 1008. 555 Seiten
- Über den Prozeß der Zivilisation. Soziogenetische und psychogenetische Untersuchungen. Zwei Bände in Kassette. 826 Seiten
  Erster Band: Wandlungen des Verhaltens in den weltlichen Oberschichten des Abendlandes. stw 158. 334 Seiten
  Zweiter Band: Wandlungen der Gesellschaft. Entwurf zu einer Theorie der Zivilisation. stw 159. 492 Seiten
  Die Bände sind auch einzeln erhältlich.
- Über die Einsamkeit der Sterbenden in unseren Tagen BS 772. 100 Seiten
- Über die Zeit. Arbeiten zur Wissenssoziologie II. Aus dem Englischen von Holger Fliessbach und Michael Schröter. stw 756. 198 Seiten

NF 121/2/4.03

- Über sich selbst. A. J. Heerma van Voss und A. van Stolk, Biographisches Interview mit Norbert Elias. Norbert Elias, Notizen zum Lebenslauf. Das biographische Interview wurde von Michael Schröter übersetzt. es 1590. 199 Seiten

Norbert Elias/Eric Dunning. Sport und Spannung im Prozeß der Zivilisation. Übersetzt von Detlef Bremecke, Wilhelm Hopf und Reinhardt Peter Nippert. Bearbeitet von Reinhard Blomert. 532 Seiten. Leinen

Norbert Elias/John L. Scotson. Etablierte und Außenseiter. Übersetzt von Michael Schröter. Leinen und st 1882. 315 Seiten

Zu Norbert Elias

Gesellschaftliche Prozesse und individuelle Praxis. Bochumer Vorlesungen zu Norbert Elias' Zivilisationstheorie. Herausgegeben von Hermann Korte. stw 894. 280 Seiten

NF 121/3/4.03

Religionswissenschaft im Suhrkamp Verlag
Eine Auswahl

Johann Jakob Bachofen. Das Mutterrecht. Eine Untersuchung über die Gynaikokratie der alten Welt nach ihrer religiösen und rechtlichen Natur. Eine Auswahl, herausgegeben von Hans-Jürgen Heinrichs. stw 135. 500 Seiten

Eric Robertson Dodds. Heiden und Christen in einem Zeitalter der Angst. Aspekte religiöser Erfahrung von Mark Aurel bis Konstantin. Vorwort von Georges Devereux.
stw 1024. 198 Seiten

Emile Durkheim. Die elementaren Formen des religiösen Lebens. Übersetzt von Ludwig Schmidts. stw 1125. 607 Seiten

Mircea Eliade. Schamanismus und archaische Ekstasetechnik. Übersetzt von Inge Köck. stw 126. 480 Seiten

Clifford Geertz. Religiöse Entwicklungen im Islam. Beobachtet in Marokko und Indonesien. Übersetzt von Brigitte Luchesi. Mit einem Essay von Bassam Tibi. stw 972. 206 Seiten

Werner Gephart/Hans Waldenfels (Hg.). Religion und Identität. Im Horizont des Pluralismus. stw 1411. 271 Seiten

Alois M. Haas. Mystik als Aussage. Erfahrungs-, Denk- und Redeformen christlicher Mystik. stw 1196. 529 Seiten

Hans G. Kippenberg. Die vorderasiatischen Erlösungsreligionen in ihrem Zusammenhang mit der antiken Stadtherrschaft. Heidelberger Max-Weber-Vorlesungen.
stw 917. 604 Seiten

NF 113/1/8.09

Raymond Klibansky/Erwin Panofsky/Fritz Saxl. Saturn und Melancholie. Studien zur Geschichte der Naturphilosophie und Medizin, der Religion und der Kunst. Übersetzt von Christa Buschendorf. stw 1010. 640 Seiten

Niklas Luhmann. Die Religion der Gesellschaft. Herausgegeben von André Kieserling. stw 1581.362 Seiten

Maxime Rodinson. Islam und Kapitalismus. Übersetzt von Renate Schubert. Einleitung von Bassam Tibi.
stw 584. 417 Seiten

Wolfgang Schluchter. Religion und Lebensführung, Band 1: Studien zu Max Webers Kultur- und Werttheorie.
stw 961. 389 Seiten

Wolfgang Schluchter. Religion und Lebensführung, Band 2: Studien zu Max Webers Religions- und Herrschaftssoziologie. stw 962. 675 Seiten

Verantwortliches Handeln in gesellschaftlichen Ordnungen. Beiträge zu Wolfgang Schluchters ›Religion und Lebensführung‹. Herausgegeben von Agathe Bienfait und Gerhard Wagner. stw 1348. 365 Seiten

Wolfgang Schluchter (Hg.)

- Max Webers Sicht des antiken Christentums. Interpretation und Kritik. stw 548. 568 Seiten
- Max Webers Sicht des okzidentalen Christentums. Interpretation und Kritik. stw 730. 589 Seiten
- Max Webers Studie über das antike Judentum. Interpretation und Kritik. stw 340. 330 Seiten

Gershom Scholem

- Judaica I-VI. Sechs Bände. Zusammen 1288 Seiten

NF 113/2/8.09

- Judaica I. Essays. BS 106. 234 Seiten
- Judaica II. BS 263. 227 Seiten
- Judaica III. Studien zur jüdischen Mystik. BS 333. 272 Seiten
- Judaica IV. Herausgegeben von Rolf Tiedemann. BS 831. 286 Seiten
- Judaica V. Erlösung durch Sünde. Herausgegeben, übersetzt und Nachwort von Michael Brocke. BS 1111. 154 Seiten
- Judaica VI. Die Wissenschaft vom Judentum. Herausgegeben und Nachwort von Peter Schäfer, in Zusammenarbeit mit Gerold Necker und Ulrike Hirschfelder. BS 1269. 110 Seiten
- Die jüdische Mystik in ihren Hauptströmungen. stw 330. 490 Seiten
- Über einige Grundbegriffe des Judentums. es 414. 170 Seiten
- Von der mystischen Gestalt der Gottheit. Studien zu Grundbegriffen der Kabbala. stw 209. 324 Seiten
- Zur Kabbala und ihrer Symbolik. stw 13. 303 Seiten
- Zwischen den Disziplinen. Herausgegeben von Peter Schäfer und Gary Smith. es 1989. 295 Seiten

Frederic Spiegelberg. Die lebenden Weltreligionen. Übersetzt von Dora Fischer-Barnicol. st 2739. 614 Seiten

Gianni Vattimo/Richard Rorty. Die Zukunft der Religion. Aus dem Amerikanischen von Michael Adrian. Herausgegeben und mit einer Einleitung von Santiago Zabala. 114 Seiten. Gebunden

Alfred North Whitehead. Wie entsteht Religion? Übersetzt von Hans Günter Holl. Leinen und stw 847. 128 Seiten

Karin Wieland. Worte und Blut. Wandlungen des männlichen Selbst im Übergang zur Neuzeit. es 1740. 367 Seiten

NF 113/3/8.09